LE SANG
ET LE DROIT

MARIE-ANGÈLE HERMITTE

LE SANG ET LE DROIT

ESSAI SUR LA TRANSFUSION SANGUINE

OUVRAGE PUBLIÉ AVEC LE CONCOURS
DU CENTRE NATIONAL DU LIVRE

ÉDITIONS DU SEUIL
27, rue Jacob, Paris VIe

ISBN 2-02-028149-X

Sommaire

CINQUIÈME PARTIE

La responsabilité des gardiens de troupeaux

La leçon oubliée de la syphilis

Une maladie si cruelle

SIXIÈME PARTIE

La délinquance technologique. Délits et crimes involontaires conscients

Avant-propos

Je ne sais pas combien dura le temps de mon enfermement en transfusion sanguine, plus de cinq ans sans doute.

J'avais commencé à travailler sur le statut du sang, ou plutôt sur les modalités de son échange entre les humains, régime juridique contre nature fonctionnant sur la gratuité de la matière première et l'absence de profit réalisé sur la transformation ; l'interrogation était importante, car les choix effectués à cette occasion passaient pour le modèle à reproduire ou à adapter pour tous les éléments et produits du corps humain. Mais leur origine était obscure. Les débats qui les avaient sans doute précédés, les conflits qu'ils avaient pu susciter avaient disparu de la doctrine juridique ; ils étaient présentés comme une conséquence évidente de la dignité humaine, hissés au rang de principes que l'on ne pouvait négocier.

Pourquoi le bénévolat ici, la rémunération là-bas ? Le droit comparé donnait des résultats mystérieux, avec une Allemagne plus utilitariste que la Grande-Bretagne. La multiplication des échanges de produits du corps humain, l'influence croissante des normes européennes imposaient pourtant une certaine urgence : le Conseil de l'Europe – Europe des droits de l'homme – confortait les choix politiques français, tandis que le Marché commun imposait, à la suite de l'Allemagne, une vision commerciale des choses qui sapait à la base l'ancien équilibre des pays bénévoles. Travailler le conflit entre les deux systèmes de pensée, les deux types de rapports au corps humain, paraissait d'autant plus intéressant que la diversité des systèmes juridiques semblait relever autant de l'histoire des peuples, de contraintes anthropologiques oubliées, que du conflit apparent entre le libéralisme et l'idéologie du service public.

Au cours de cette étude, je fus rejointe par ce qui devint le « drame du sang contaminé ». Parce qu'il s'agissait d'une catastrophe tout à la fois naturelle, culturelle et industrielle, elle fut perçue très vite comme un fait de société, exemplaire à tous égards des mécanismes internes du système technique, puis comme une affaire d'État. Près de deux mille recours en justice, deux lois et une révision de la Constitution furent nécessaires pour recoudre, tant bien que mal, le tissu social. C'est un cas unique dans l'histoire, qu'un phénomène isolé, aussi précis et circonscrit que le fut la contamination par le virus du sida, ait donné lieu à une telle production de droit. Le fait est d'autant plus remarquable que les solutions nouvelles, dégagées à l'occasion de cette affaire, furent nombreuses, et qu'elles engagent profondément l'avenir : mises bout à bout, elles constituent une étape majeure dans la réorganisation du corps social et politique autour de l'idée de société technologique. Car, si nous vivons depuis longtemps dans un univers scientifique et technique, il se développa d'abord de manière autonome, il fut cantonné à l'extérieur des systèmes de régulation politiques et juridiques. Les victimes obligèrent à penser que la technique implique le système politique, qu'elle est partie intégrante de l'État de droit, et que les auteurs des normes techniques doivent être comptables de leurs effets.

Il y avait tout à défricher : le passé, pour comprendre l'origine mystérieuse des choix socio-politiques réalisés pour assurer l'échange des produits du corps humain ; une actualité diffuse, qui permet d'observer les revendications qui se jouent autour de la technique. Était-on en train d'assister à la construction d'une technoscience apprivoisée, sur le modèle des revendications sociales qui conduisirent au capitalisme assagi ? Ainsi perçue, la transfusion sanguine devenait un objet d'étude assez particulier, objet total, fermé et ouvert à la fois.

*
* *

Objet total au sens où aucune discipline ne permet à elle seule de comprendre les logiques qui furent à l'œuvre. Plus que tout autre ensemble technique, la transfusion fut pétrie par son passé. Ses mythes en premier lieu, toujours actifs, parfois dans les prescriptions médicales, plus généralement chez les donneurs de sang – et je m'aperçus que le bénévolat ne pouvait se développer qu'en s'appuyant sur des mythes et des fantasmes ; le don n'est pas rationnel, au premier degré en tout cas.

On ne peut rien comprendre non plus si l'on ne retourne pas aux origines philosophiques de l'acte transfusionnel. La première transfusion fut effectuée au XVIIe siècle, à partir de sang d'animal, dans un cercle de pensée attaché à la défense de la philosophie cartésienne. Elle se termina par la mort du receveur et un procès, où furent discutés les rapports de la science et du droit. Le décor était planté pour plusieurs siècles. La pulsion philosophique originelle se transforma en contrainte idéologique, et les procédures de collecte en furent toujours les victimes.

La transfusion fut encore victime de ses drames antérieurs. Si le public découvrit avec stupéfaction la contamination par le virus du sida, c'est qu'il avait oublié les contaminations syphilitiques et occulté la transmission des hépatites. Le milieu transfusionnel, lui, vivait depuis toujours dans la quotidienneté de la mort donnée, prix à payer pour les vies sauvées.

A côté des drames côtoyés en permanence, les transfuseurs vivaient aussi dans leurs grandes légendes et leurs figures héroïques : souvenirs flous, partiels, reconstruits. Plus mon enquête progressait, plus je prenais conscience de l'importance des guerres, sur les plans technique et scientifique bien sûr, mais sur le plan social surtout. La Première Guerre mondiale fait sortir la transfusion de la clandestinité, de son aura de technique un peu louche. La guerre de 1939-1945 va nouer le conflit entre les donneurs de sang rémunérés, que Vichy réorganise autour de nombreux privilèges, et quelques bénévoles recrutés discrètement pour assurer les transfusions dans les maquis. Le mouvement va se déployer pour assurer les besoins des armées de libération : la volonté politique nécessaire à la généralisation du bénévolat était née.

Cette longue investigation qui parcourait les territoires du mythe, de l'histoire et de la philosophie, n'était pas académique ; juriste de formation, je ne pouvais prétendre proposer un contexte historique général et cohérent à la construction juridique de mon objet. Mais je pouvais recueillir la mémoire vive des transfuseurs, ce qui avait laissé une trace dans leur culture, leurs pratiques, leurs mentalités, trace si ténue parfois qu'elle n'était plus qu'un reflet. Le filtre est drastique et produit certainement des erreurs de perspective pour l'historien ou l'anthropologue. Mais il me semble que ce sont précisément ces gauchissements de la réalité historique qui furent producteurs d'utopie, et, à ce titre, de choix politiques étrangers à la rationalité économique et sociale classique. Le résultat ne ressemblait à rien : ni droit, ni philosophie, ni histoire, ni anthropologie, ni sociologie, simple enquête sur des réalités trompeuses.

Élucidé le mystère du bénévolat et du non-profit, il fallait s'attaquer à l'autre mystère, celui du traitement social de l'affaire de la contamination, véritable raz de marée impliquant la totalité du système juridique. Ici encore, la transfusion pouvait passer pour un objet privilégié.

Objet rond, fermé, au sens où, comme un corpus antique, il est envisageable de tout connaître de cette part étroite du système juridique, d'avoir lu chaque décret, chacune des décisions de justice – privilège rare pour qui veut recoudre la totalité d'une réalité sociale dont il ne perçoit toujours que des fragments.

Objet fermé, au sens où l'on peut tout voir de la réaction d'un système juridique à une catastrophe industrielle. On assistera d'abord à la marche du droit privé et du droit public vers une uniformisation de la responsabilité du fait des produits. Les deux juridictions suprêmes, appelées à donner la mesure de la responsabilité des centres de transfusion, qu'ils soient privés ou publics, en tant que fabricants de produits sanguins, affirmèrent l'obligation de réparer tout dommage, même si le vice qui a causé le dommage était indécelable en l'état de la science et de la technique. Prenant ainsi parti, pour des motifs très différents, en faveur de la prise en charge par l'industriel de ce que l'on appelle le risque de développement, les juridictions françaises confirmèrent pour l'une, inaugurèrent pour l'autre, un rapport à la technique qui refuse que des victimes désignées par le sort payent le prix du progrès technique. C'est aux opérateurs économiques à le faire puisque c'est eux qui créent le risque.

La nation tout entière peut prendre le relais lorsque le Parlement le juge utile, en votant une loi d'indemnisation. Celle qui facilita l'indemnisation des victimes de la transfusion comporte des particularismes qui permettent d'affirmer qu'il ne s'agit plus ici de solidarité entre les citoyens d'une communauté frappée dans ce qui la constitue en nation, mais d'une solidarité nouvelle entre les victimes du progrès et ceux qui furent épargnés. Il n'est plus nécessaire d'être français pour en bénéficier ; on repère dans les textes l'apparition d'une communauté nouvelle, biologique, thérapeutique en quelque sorte.

Les opérateurs économiques ne sont pas seuls en cause. Par son activité réglementaire ou par son abstention et ses retards, l'État est responsable des conséquences de ses choix techniques. La proposition n'était pas inconnue du droit français. Toutefois, par leur généralité, leur motivation, le type de décision qu'elles ont concerné, les solutions ont renouvelé profondément la nature de l'engagement de l'État. En effet, si l'État ou des collectivités locales avaient pu être déclarées responsables de déficiences diverses, principalement en cas d'inapplication d'une réglementation dont les fondements scientifiques n'étaient pas contestés, il était nouveau de contester la conception même de la réglementation dans un contexte d'incertitude scientifique résiduelle.

Car c'est une véritable théorie de la décision administrative dans l'univers technique que construisent progressivement conventions internationales, institutions européennes, législateurs nationaux et tribunaux autour du « principe de précaution ». En affirmant qu'il n'est pas nécessaire d'avoir une totale certitude scientifique pour agir, le principe de précaution a une vertu fondamentale qui n'a peut-être pas été perçue tout de suite, mais qui apparaît nettement à la lumière de l'affaire de la transfusion. Il a en effet pour conséquence évidente, et peut-être pour fonction essentielle, de séparer de manière crue l'univers scientifique, où la preuve s'acquiert lentement suivant des méthodes auxquelles il est indispensable de conserver leur pureté et leur exigence interne, de l'univers politique, où l'urgence requiert parfois la pesée de risques divergents entre lesquels il convient de circuler sur de simples présomptions. Ce peut être le début d'une nouvelle forme de séparation des pouvoirs entre la science et le politique. Si ce principe était vraiment appliqué, ce serait aussi le point de départ d'une société plus réfléchie, plus lente, dont la finalité ne serait pas absorbée par la mise au point toujours plus rapide de produits nouveaux dont les effets sont forcément inconnus, mais bien davantage dans la conception de produits viables à long terme.

Cette nouvelle perception du rôle de l'État dans une société technologique ne se suffit pas à elle-même. Si l'État, personne morale, est en cause devant les juridictions administratives, ses agents peuvent voir leur responsabilité pénale engagée à titre personnel. L'activité réglementaire n'est pas un concept abstrait, mais le fait d'un ensemble de personnes physiques. Le droit pénal est donc venu compléter dans la douleur le travail du droit civil et du droit administratif, en s'efforçant d'isoler la part de la personne dans la production collective de la décision contestée. Les juridictions pénales ont montré à suffisance qu'il existe une délinquance technologique, et que le Code pénal n'en saisit que des fragments. La distinction entre les infractions volontaires et involontaires perd de sa force pour des comportements qui relèvent en permanence de la prise de risque, et la faille qui s'est creusée entre ceux qui voyaient un crime là où les autres ne voyaient qu'un délit a montré la nécessité de criminaliser certains comportements industriels.

Enfin, la volonté un peu folle de « faire toute la lumière » sur la question a révélé le besoin des victimes, et peut-être du public, de savoir comment, concrètement, les règles dont dépend leur sécurité sont fabriquées. Il fut manifeste que la circulation de l'information scientifique entre les sphères techniques, administratives et politiques, se faisait mal, que l'information était progressivement diluée, perdait de sa consistance à deux reprises : quelque part entre l'échelon technique et le dernier échelon de l'administration, et une seconde fois entre la haute administration et le personnel politique. Ce phénomène paraît général. Or il semble bien que la rupture entre l'échelon politique, qui décide sans information ou avec une information insuffisante, et les échelons scientifiques ou administratifs, qui sont – inégalement – informés mais ne décident pas, n'est plus acceptée. Ce qui fut vécu comme la recherche hallucinée de responsables, peut-être inexistants dans un système de décision qui serait collectif, était plutôt la revendication d'une organisation plus claire des pouvoirs et des obligations de chacun. C'est une révision de la Constitution qui est sortie de cette demande, à laquelle elle ne répond que très partiellement : envisagée dans la logique du droit constitutionnel *stricto sensu*, elle est importante car elle ajoute à la responsabilité politique des membres du gouvernement une responsabilité pénale qui était jusqu'ici assez théorique.

Envisagée dans le cadre de la réflexion sur la société technologique, elle prend une tout autre dimension. En effet, les productions sous autorisation préalable, les productions répondant à des normes nationales, européennes, internationales, la circulation internationale de ces biens sont chaque jour davantage insérées dans un réseau étroit de réglementations impliquant une décision politico-administrative dont le fondement est scientifique. Le schéma de la transfusion sanguine est partout. Pendant ce temps, le niveau d'information sur les corrélations entre les produits et la santé publique augmente de manière parallèle. L'énorme réseau des textes signés par des ministres sera donc lié de plus en plus finement à l'état de santé de la population. L'affaire de la transfusion sanguine va inspirer sans aucun doute les victimes de l'amiante, de la pollution atmosphérique, et tant d'autres. Les parts techniques du travail administratif et politique sont désormais sous contrôle du juge administratif, du juge pénal et de la Cour de la République, devant laquelle les victimes peuvent porter plainte. Ce rôle nouveau dévolu au citoyen, qui peut contester directement les conséquences pénales d'une décision gouvernementale, pourrait être révolutionnaire, avec les dangers que comporte toute révolution. Lorsque cette possibilité sera intégrée par les avocats, ne sera-t-on pas dans une nouvelle configuration politique ?

Droit civil dans plusieurs de ses branches, droit administratif, droit pénal, droit constitutionnel ; nul juriste ne peut prétendre tout maîtriser. Les études sur la transfusion n'ont donc que très peu inspiré les commentateurs, qui n'ont fait que des études techniques et fragmentaires, chacun dans sa matière. Le résultat est décevant au regard des enjeux ; pourtant cela se conçoit, car aucun des fragments ne peut être parfaitement compris, aucun d'entre eux ne révèle ces profondes évolutions s'il n'est examiné en relation avec les autres. L'évolution interne de chaque matière, loin d'être inexistante, est malgré tout moins frappante que l'évolution conjointe, remise dans le contexte d'une société technique. Il aurait donc fallu, idéalement, être universel en droit tout en ayant longuement travaillé sur les rapports difficiles de la science et du droit. Cet analyste idéal n'existant pas, le choix n'était plus très ouvert. On pouvait renoncer, et passer à côté d'un fait de société dont chacun est pourtant convaincu qu'il a marqué le système juridique de manière durable. On avait tenté des ouvrages collectifs : ils ont juxtaposé les analyses sans les faire travailler ensemble. On pouvait enfin accepter les inévitables erreurs techniques du non-spécialiste confronté à la cruauté disciplinaire, pour bénéficier de la cohérence d'une analyse qui se poursuit sur trois siècles. C'est le risque que j'ai voulu courir. Si ce livre est une enquête, il est aussi une quête personnelle : pouvoir enfin sortir des visions fragmentaires que la technicité du droit impose, et raconter de bout en bout une histoire.

PREMIÈRE PARTIE

MÉMOIRE DES TEMPS SAUVAGES

Le monde de la transfusion sanguine est un monde qui se cache : à la surface, on ne voit que le drame de la contamination, qui a tenu en haleine un public attentif à ce que passe la justice. Juste en dessous, on trouve, presque intact, l'attachement des Français à leur système de transfusion sanguine, quelque chose de populaire, avec des camions et une ambiance solidariste un peu surannée... Chacune de ces deux strates a une histoire qui n'a jamais été racontée. Plus profond gît la mémoire refoulée des temps sauvages. Car la transfusion est un outil sauvage, par la communauté du sang partagé, par les vieux mythes qui resurgissent avec une violence intacte, par les références sanglantes des premières expérimentations sur l'homme. Il ne s'agira ici que des histoires incertaines que se racontaient les transfuseurs ; récits légendaires sans grand souci de vérité, figures que l'on se plaisait à évoquer dans les colloques, faits glorieux que l'on se transmettait d'une génération à l'autre, une sorte de mémoire qui s'éteint, comme une histoire de famille, et qui a sa beauté. Des grands ancêtres, il ne reste plus que des clichés figés ; c'est dommage, certains d'entre eux auraient pu servir d'exemple...

Il avait d'ailleurs été question de réaliser un musée de la transfusion – dont certains se sont gaussés –, comme d'une preuve de plus de la mégalomanie du Dr Garretta. Probable, mais n'était-ce que cela ? Les transfuseurs de la vieille école avaient fait don de leurs précieux papiers, livres, lettres, affiches de propagande pour le don... Ils avaient commencé à réunir l'appareillage effrayant des premiers temps, les thèses – la première thèse française sur la transfusion remonte à 1667 –, des souvenirs du Dr Tzanck, fondateur peu contesté de la transfusion française, l'iconographie étrange du XVIIe siècle qui montre les chiens écartelés, artère crurale ouverte, les agneaux déversant leur sang dans les veines d'une jeune fille qui se ranime. Le vent mauvais du sida a emporté cela aussi : la bibliothécaire a été sacrifiée sur l'autel de la compétitivité, et le modeste trésor attend dans une pièce fermée à clé, où l'on a cru sceller ensemble bons et mauvais souvenirs.

Il y avait les mythes et, en rupture, les premières expériences : sauvages au XVIIe siècle, rationnelles au XIXe, le cortège d'erreurs et de mensonges, les réussites impossibles ; rupture dans les méthodes, continuité dans les désirs. Mais ce livre est un livre de droit ; les origines mythiques, philosophiques, techniques de la transfusion n'étaient là que pour alimenter un propos juridique. Il fallait montrer comment les juges se saisirent de la médecine pour tenter de la faire entrer dans l'État de droit : je raconterai le face-à-face inachevé du Dr Double, affirmant l'irresponsabilité par nature de l'art médical, et du procureur général Dupin qui, en 1836, en fera un métier presque comme les autres.

1. Poussière de mythes

« Aujourd'hui comme autrefois, chacun croit savoir qu'il n'est aucun peuple dont l'histoire ne commence par des fables ou avec la mythologie », dit Marcel Détienne[1]. On pourrait tout aussi bien le dire des métiers. *Le récit qui concerne la technique de la transfusion* est rare. Il s'agit plutôt d'épisodes légendaires qui mettent en scène le remplacement miraculeux du sang vicié des malades, du sang affaibli des vieillards, ou bien d'une rumeur portant sur une transfusion effectivement réalisée ; entre les deux, les médecins ne prennent guère la peine de distinguer. Je dirais que les références retenues par les transfuseurs commencent « près du mythe », et se rapprochent de plus en plus du compte rendu d'expérimentation au fur et à mesure que l'on avance dans le temps. Ce qui compte pour eux, c'est l'ancienneté de l'idée de transfusion ; elle fait d'eux les enfants d'un rêve.

L'épisode favori emprunté à l'Antiquité est un passage superbe des *Métamorphoses* d'Ovide : de retour à Iolcos avec Médée, Jason trouve son père aux portes de la mort. Il demande à son épouse magicienne de retrancher une part de ses années pour les ajouter à celles de son père. Médée lui oppose l'injustice de son projet, et s'engage à rajeunir le vieillard par une « grande entreprise ». La préparation est complexe, car ce n'est pas du sang que Médée va utiliser mais une décoction, qu'elle va faire absorber et transfuser après avoir saigné le vieillard. Par une nuit de pleine lune, elle fait cuire des racines, des graines, des fleurs et des sucs noirâtres ; des pierres rapportées des confins de l'Orient, et du sable de l'Océan, de la rosée de pleine lune et les ailes maudites de chauves-souris ; des entrailles de loup-garou ; une peau de serpent, le foie d'un cerf très vieux, le bec et la tête d'une corneille qui avait vécu sept siècles ! Avec mille autres substances sans nom, la fille des barbares a préparé « l'exécution de ce dessein qui dépasse la condition mortelle[2] » ; au contact du philtre, les vieilles branches reverdissent et l'herbe repousse. Alors, Médée tire l'épée de son fourreau, ouvre la gorge d'Éson, « laisse écouler son vieux sang et le remplace par les sucs qu'elle a préparés ; à peine Éson les a-t-il absorbés par sa bouche ou par sa blessure que sa barbe et ses cheveux, de blancs deviennent noirs ; sa maigreur disparaît ; la pâleur et la flétrissure de son visage s'évanouissent ; une substance

1. *L'Invention de la mythologie*, Paris, Gallimard, 1981.

2. On retrouvera cette idée dans les imprécations de Lamy et de La Martinière qui, au XVIIe siècle, luttèrent contre la transfusion sortie de la « boutique de Satan » ; cf. p. 32.

nouvelle comble le creux de ses rides, et ses membres reprennent toute leur vigueur. Éson s'étonne ; il se retrouve tel qu'il était quarante ans auparavant[1]. »

L'idée de la vieillesse comme un affaiblissement du sang va traverser les temps : lorsque le jeune Jonathan Harker soulève le couvercle du comte Dracula, il frémit d'horreur : « Oui, le comte gisait là, mais il paraissait à moitié rajeuni, car ses cheveux blancs, sa moustache blanche étaient maintenant d'un gris de fer, les joues étaient plus pleines et une certaine rougeur apparaissait sous la pâleur de la peau[2]. » Le rajeunissement ponctue les récits des transfuseurs ; celui du pape Innocent VIII se faisant transfuser sans succès le sang de trois enfants par un médecin juif est très apprécié. On raconte aussi qu'un rabbin d'Amsterdam conforta les premières expérimentations en montrant aux médecins des récits de transfusions empruntés au Talmud[3]. Marsile Ficin[4] s'exalte en un grand délire masculin : « Et pourquoi nos vieillards [...] ne suceront-ils pas le lait d'une jeune fille ? et le sang d'un jeune adolescent qui le veuille bien, qui soit sain, gai, tempéré, qui ait le sang fort bon et par aventure trop en abondance ? Qu'ils le sucent donc à la façon des airondes de la veine du bras gauche ouverte jusques à une ou deux onces ! »

Ces légendes confortèrent longtemps l'idée d'un lien entre le sang et le vieillissement. Quand le XVIIe siècle se livra aux délices de l'expérimentation, le rajeunissement fut une prescription prise au sérieux. En 1930 encore, on trouve dans le numéro de décembre du *Bulletin de la société de dermatologie* l'invraisemblable récit de contaminations syphilitiques subies par des patients en cure de rajeunissement dans une clinique privée ! Le traitement était présenté comme la pointe de la technique, puisque l'on ne transfusait au cours d'une cure intensive que le « plasma » – magie du mot scientifique – de jeunes gens vigoureux. Le vieux fantasme aurait-il disparu aujourd'hui ? Pas tout à fait... On le retrouve, qui l'eût cru, chez un parlementaire, J.-M. Bélorgey, qui évoqua, lors du vote de la loi du 4 janvier 1993 sur la transfusion sanguine, la possibilité de payer des donneurs issus de populations jeunes pour satisfaire les besoins des populations vieillissantes[5] !

Les transfuseurs n'ont pas un grand souci de précision : ils se reconnaissent aussi dans l'hématothérapie telle qu'on la pratiquait à Rome, et affectionnent le récit de Pline l'Ancien faisant état du droit accordé aux épileptiques d'aller les premiers « sur les lèvres de la plaie [boire] le sang chaud et fumant des gladiateurs[6] ». On ne peut évidemment pas voir dans l'ingestion l'origine de la transfusion, mais il existe des points communs entre les deux : qu'il soit ingéré

1. Ovide, *Les Métamorphoses*, liv. VII, Paris, Les Belles Lettres, p. 47 et suiv.

2. Bram Stoker, *Dracula*, Marabout, p. 106.

3. D'après La Martinière, qui serait à l'origine de cette rumeur, il s'agirait de Ben Israël Manassé. Ce dernier aurait raconté que Naaman, roi de Syrie, atteint de lèpre, avait recours à des bains de sang, ce qui s'éloigne assez considérablement de la transfusion.

4. *Les Trois Livres de la vie*, Paris, Abel l'Angelier, 1581, p. 60 ; « aironde » est sans doute l'orthographe incertaine du mot « aronde » qui signifie hirondelle.

5. Cf. *infra*, p. 191.

6. Pline, *Histoire naturelle*, Nat. 28, 4, et voir surtout Celse, 3, 23, 7.

ou transfusé, le sang a une action thérapeutique, et les deux hypothèses reposent sur l'idée qu'il peut y avoir quelque chose de vicié dans le sang, et que ce vice est à l'origine de nombreuses maladies. Il faut donc enlever le sang vicié – c'est la saignée – et, selon certains, apporter un sang neuf, que ce soit par ingestion, transfusion ou injection d'un médicament purificateur : les quatre techniques seront utilisées ou expérimentées au XVIIe siècle.

Autre rapprochement, entre ingestion et transfusion cette fois, les deux techniques furent prescrites pour soigner les maladies « mentales » : épilepsie, dépressions, manies, folie, débilité... Cela durait encore à la fin du XIXe siècle. Rien n'était plus logique : le sang était le siège de l'âme, de la nature, de la personnalité ; les premiers transfuseurs s'attachèrent donc des animaux dociles et doux, comme les agneaux et les veaux, dont ils transfusaient le sang pour calmer les fous furieux.

Ces mythes-là semblent presque morts. Restent vivants aujourd'hui ceux qui hantent l'univers baroque des donneurs et des receveurs[1]. Le don du sang et le refus du don, le recul, voire le dégoût du transfusé, ou au contraire sa satisfaction, sont, eux, directement liés aux mythes traditionnels de la pureté ou de l'impureté, de la force contenue dans le sang, de l'interdit de faire couler le sang, du fait qu'il est le siège de l'âme, donc de la personnalité, le lien qui cimente la communauté, etc. Il est possible que l'oubli de ces vieilles croyances par la modernité conduise à faire des erreurs, par exemple dans la conception des campagnes en faveur du don. J.-P. Roux dit que le sang demeure en nous, « enfoui mais intact, un sang métaphysique aussi nécessaire à la vie spirituelle que le sang matériel l'est à la vie physique », et il pense que « l'une des causes de la crise moderne est précisément de privilégier le second au détriment du premier[2] ».

On ne prendra toute la mesure de l'impact contemporain des mythes qu'en étudiant l'histoire des donneurs de sang. Mais on peut évoquer quelques constantes, et en premier lieu son *ambivalence*. Le sang est double car son effet dépend des circonstances : il donne la mort ou la vie, stérilise ou fertilise la terre, attire la bénédiction ou le mauvais œil. C'est pourquoi certains donnent, d'autres pas, *et pour les mêmes raisons*, car les arguments se retournent. L'un donne parce que cela fait maigrir, l'autre parce que cela fait grossir ; l'un refuse de donner parce que cela le ferait maigrir, l'autre parce que cela le ferait grossir ! Certains transfusés gardent une reconnaissance éternelle à la transfusion qui les a sauvés et se sentent les débiteurs du système transfusionnel ; d'autres conservent une pénible impression de dédoublement ou d'intrusion.

Autre constante, la motivation essentielle du donneur reste la *communauté des liens du sang*, par-delà l'espoir d'un contre-don. Le don établit un lien abstrait *et* concret avec les individus qui en sont les destinataires, et plus largement avec une humanité qui souffre. Les vieux rites de la fraternité de sang ne sont jamais bien loin[3]. Le donneur voudra transmettre sa force ; à l'inverse, le non-

1. On peut consulter le tour d'horizon proposé par J.-P. Roux, *Le Sang. Mythes, symboles et réalités*, Fayard, 1988, et la IIe partie du présent ouvrage.

2. *Op. cit.*, p. 12.

3. Notons au passage que la mafia chinoise, qui intronisait les nouveaux venus par un échange des sangs, a sagement renoncé à ce rite ancestral à cause de l'épidémie de sida.

donneur estime qu'il a juste la quantité de sang qui lui est nécessaire pour vivre. Car si les mythes poussent à donner, ils poussent aussi à refuser le don. On peut ainsi s'interroger sur l'idée curieuse qui conduit certains à refuser parce qu'ils craignent de « ne plus pouvoir s'arrêter de donner » : ne serait-ce pas lié à la fatalité du sang qui attire le sang ? Et que penser du jugement très défavorable porté sur les marchands de plasma, accusés de vampirisme et non de simple exploitation ?

Je ferai juste une dernière remarque, qui m'est suggérée par le vampirisme. Jamais je n'ai trouvé chez les transfuseurs la moindre référence au *Dracula* de Bram Stoker. Normal, me direz-vous. Certes, on ne saurait les comparer à des vampires. Mais ce n'est pas à la figure du comte que je pense. Bram Stoker a écrit là un bien curieux roman, qui aurait dû rester comme un hymne à la transfusion sanguine, même si la science et la technique, finalement gagnantes, reculent un temps devant les puissances du monde du dessous. Et pourtant, qui se souvient des quatre transfusions qui rythment le roman et constituent une sorte de florilège des impressions des donneurs et des receveurs ?

Car la belle Lucy, celle que le comte a choisie pour première victime sur le sol anglais, subira quatre transfusions, du sang des quatre hommes qui l'aiment, chacun à sa manière. Son fiancé d'abord, l'ami psychiatre, le savant Dr Van Helsing et, enfin, l'aventurier américain dont le sang ne parviendra pas à la sauver une fois encore : Quincey Morris en mourra dans la lointaine Transylvanie, où s'achève le combat de manière moins scientifique qu'il n'avait commencé. La première transfusion est un classique du genre : « Avec des gestes rapides, mais précis, et procédant avec méthode, il commença la transfusion ; peu à peu, la vie sembla de nouveau animer les joues de Lucy tandis que le visage d'Arthur, de plus en plus pâle, rayonnait de joie[1]. » Arthur le fiancé se remettra avec un verre de porto et un sommeil réparateur, et Lucy, troublée, avouera à son journal : « Arthur me semble très proche, plus proche que d'habitude ; j'ai même l'impression de sentir sa chaude présence. »

Lorsque Seward, le psychiatre, donne son sang, quelques pages plus loin, il admet qu'il est « pénible de sentir que votre sang s'écoule de vos veines, même si on le donne de plein gré ». En fin de compte, la fierté domine quand il voit ces joues si pâles et ces lèvres livides reprendre quelques couleurs. « Un homme doit en avoir fait l'expérience pour savoir ce qu'on éprouve à donner son sang pour sauver la vie de la femme que l'on aime. » Et il s'étonne, un peu jaloux, que le Dr Van Helsing lui prenne moins de sang qu'il n'en avait pris au fiancé. Le professeur précise qu'il ne faut rien dire de cette deuxième transfusion au pauvre Arthur, qui pourrait être froissé dans ses sentiments d'époux. Puis ce sera le tour du professeur et enfin celui de Quincey Morris, dont le geste ne parviendra pas à éviter la mort de Lucy ; il sera aussi le seul à laisser sa vie dans le combat contre le vampire.

Parce que l'image du vampire l'a emporté sur celle de la science, Dracula n'est pas devenu un mythe scientifique.

1. Bram Stoker, *Dracula*, Marabout, p. 192, 197, 198.

2. Le transfuseur philosophe du XVIIe siècle

Outre leurs mythes, les transfuseurs ont une histoire scientifique et technique qu'ils se plaisent à évoquer. Tout commence, évidemment, par un conflit de paternité. Qui, des Allemands, des Italiens, des Anglais ou des Français, peut se vanter d'être à l'origine de la transfusion sanguine ?

En France, on fait souvent remonter la naissance de la transfusion sanguine à 1667, année de la première expérience sur l'homme réalisée par J.-B. Denis, professeur de philosophie et de mathématiques, qui fut reçu un peu plus tard médecin à Montpellier avant d'être rapidement nommé médecin du roi et attaché au Dauphin. D'autres, plus attachés à l'idée de la transfusion que sa réalisation effective, se reconnaissent en dom Robert des Gabets, moine et professeur de philosophie qui, en 1658, exposa le principe de la transfusion et montra l'instrumentation qu'il construisait depuis le début des années 1650, mais qui apparemment n'a jamais été expérimenté[1]. Les Anglais, quant à eux, retiennent Lower et Boyle, qui agissaient de concert à la Société de philosophie et sur ordre de la Société royale, un peu avant Denis ; mais ils se contentaient d'expérimenter sur les animaux. Tout le monde ôte son chapeau devant Harvey, médecin de génie qui fit l'exposé complet de la circulation sanguine et du rôle du cœur, rompant avec deux mille ans de médecine et de philosophie grecques. Tous ces noms sont lancés dans le plus grand désordre, sans que soient établis les liens, moins encore les relations de causes à effets entre les événements. Pourtant, quand on démêle l'écheveau, on commence à voir deux lignes de force intéressantes.

La première concerne la généalogie intellectuelle d'une grande invention thérapeutique. Elle révèle un monde cosmopolite complexe où savants, rois, philosophes, ministres, académies, facultés, jouent un rôle convenu, entraînant

1. G. Rodis-Lewis démontre de manière convaincante qu'il est impossible de savoir, en l'état actuel de la documentation disponible, si dom Robert était ou non passé à l'acte (in *L'Anthropologie cartésienne*, Paris, PUF, Épiméthée, 1990, p. 215). B. Noël fut l'un des rares transfuseurs, directeur du centre de Chambéry, à faire une véritable recherche d'archives (*Les Débuts expérimentaux de la transfusion sanguine*, t. III, « Transfusion », nº 3, 1960, p. 287). En s'intéressant davantage à l'instrumentation qu'à la transfusion proprement dite, dom Robert avait eu une intuition forte. En effet, pendant longtemps, un certain nombre de difficultés graves tinrent aux instruments plus qu'à la transfusion : ils provoquaient des dommages irréversibles dans le système veineux et impliquaient le passage du sang à l'air libre, ce qui provoquait sa coagulation.

quelques pauvres diables, victimes consentantes – parfois foudroyées – du génie expérimentateur, sans même parler de l'arche de Noé sacrifiée sur l'autel d'une science qui n'avait pas encore les moyens de ses ambitions et de ses intuitions.

J'avoue avoir été étonnée de la hardiesse d'esprit qui dut présider à la première transfusion du sang d'un veau dans les veines d'un être humain, à une époque où le maître mot de la médecine était de saigner ! Nous avons une si piètre idée de la médecine du XVIIe siècle qu'il semble invraisemblable qu'une technique contemporaine ait pu être pensée et expérimentée au temps où Molière menait sa charge. Pourtant, quand on renoue les fils de l'histoire, tout devient logique, rationnel... et moins révolutionnaire qu'on ne le croyait ! L'origine de la transfusion, on va le voir, fut un projet philosophique.

La seconde ligne de force montre comment l'histoire de la transfusion s'empêtre tout de suite dans des présupposés idéologiques qui vont l'inscrire d'emblée dans le drame et la condamnation pénale. Car ce qui devait arriver arriva... et tout se termina par un mort et un procès retentissant qui eut le mérite de calmer les esprits le temps que la science progresse [1]. La transfusion tombera au XVIIIe siècle dans un oubli bienfaisant. Elle fut reprise dès le début du XIXe, ce qui était prématuré : ce n'est en effet qu'avec la découverte des groupes sanguins par Landsteiner, en 1901, que la transfusion pourra enfin être pratiquée sans mettre en péril la vie des receveurs. Il n'empêche, le XIXe siècle sera celui des premiers balbutiements de l'esprit scientifique, et le début de la confrontation entre la médecine et le droit.

L'histoire scientifique de la transfusion commence lorsque Harvey put démontrer la circulation d'une quantité définie de sang, en opposition aux théories médicales de l'Antiquité selon lesquelles le sang, en perpétuel renouvellement, se perdait pour nourrir la chair. L'idée vint alors de le changer lorsqu'il était vicié. C'est une idée de *médecins*. Pourtant, ceux qui vont « porter » la transfusion jusqu'à l'expérimentation sur l'homme seront des *philosophes*. C'est pour conforter la philosophie cartésienne que sera tentée la première expérimentation sur l'homme. L'implication idéologique du milieu transfusionnel, qui put être si tragique quand on songe aux collectes dans les prisons, ne date pas d'hier. C'est un débat philosophique qui a précipité la réalisation de la première transfusion ; c'est un présupposé non scientifique qui va conduire les expérimentateurs à transfuser du sang animal plutôt que du sang humain, condamnant pour longtemps la nouvelle thérapeutique à l'échec.

1. On en trouve un récit assez exact dans *L'Union médicale*, n° 108, mardi 8 septembre 1874.

1. Circulateurs et anti-circulateurs

Pendant longtemps le sang ne circula pas ; il avait un trajet. Il naissait quelque part, veines et artères le conduisaient dans le corps où il se perdait en produisant la matière vivante. Harvey le fit circuler. Dans le premier modèle, le corps renouvelle le sang en permanence ; il peut être utile de saigner, mais il ne sert à rien de transfuser, puisqu'il renaîtra vicié. Dans le second, une quantité déterminée circule en circuit fermé ; dès lors, s'il est vicié, il peut être efficace de le remplacer par un sang pur. Cette révolution majeure, dont la transfusion n'est qu'une retombée parmi d'autres, fut assez simplement admise en Angleterre, après quelques résistances, mais déclencha en France une querelle des anciens et des modernes. Les théories de l'Antiquité y étaient si respectées qu'il ne fallut rien moins que l'intervention du roi pour clore le débat par un argument d'autorité : Louis XIV choisit parmi ses médecins deux circulateurs, et chargea Dionis, en 1673, d'enseigner la théorie de la circulation au Jardin royal pour combattre l'influence qu'exerçait Patin, anti-circulateur acharné, au Collège royal.

Aristote, Galien et la Faculté de Paris

Il n'est besoin que de quelques repères simples sur le rôle du foie et le trajet du sang dans les veines et les artères pour comprendre à la fois la résistance aux théories de Harvey et la facilité avec laquelle on put néanmoins concevoir la première transfusion, dès lors que la circulation était admise [1].

L'Antiquité honore trois organes, à juste titre finalement : le cerveau, le foie et le cœur. Le foie et le cœur se disputent la fonction d'origine du sang. En effet, l'évidence de l'implication mécanique du cœur oblige à lui donner un rôle important. Mais, pour Aristote, il est seul en cause dans la production du sang, alors que Galien fait partager ce rôle entre le cœur, qui aurait une fonction mécanique, et le foie, qui aurait une fonction créative, nutritionnelle : il « existe dans chacune des artères une certaine faculté qui dérive du cœur, et en vertu de laquelle elles se dilatent et se contractent ». L'utilisation prudente du terme faculté semble exprimer la conscience d'une ignorance, comme le fait remarquer Annie Bitbol-Hespériès, qui cite Galien : « Tant que nous ignorons l'essence de la cause agissante, nous la nommons faculté [2]. » Et Galien s'oppose à Aristote sur le rôle du foie, siège de la « faculté végétative », correspondant

1. Cette simplicité n'est qu'un leurre, mais il ne saurait être question, ici, de retracer l'histoire de la découverte de Harvey. On peut en lire un récit agréable *in* Annie Bitbol-Hespériès, *Le Principe de vie chez Descartes*, Paris, Vrin, 1990, avec une bibliographie importante qui croise les sources anglaises et françaises.

2. *Op. cit.*, p. 149.

à la croissance et à la nutrition. Cette faculté est transportée par les veines, alors que le cœur serait le siège de l'« esprit vital », transporté par les artères. Le foie est finalement, pour Galien, l'organe central, le système veineux s'y « enracinant » pour que le sang soit débarrassé de ses impuretés. Dans certains de ses écrits, il le présente comme le « lieu d'élaboration du sang[1] ».

Or les médecins ont retenu la doctrine de Galien et ont délaissé celle d'Aristote. Ils enseignent que la coction qui se réalise dans le foie peut être imparfaite, ce qui entraîne un grand nombre de malaises et de maladies, et principalement les maladies liées au tempérament. Par l'intermédiaire du foie, le sang est le véhicule des humeurs, et plus particulièrement de toute mélancolie et de toute frénésie.

Le sang ne circule donc pas, il a un trajet que l'on sait complexe : sont concernés le foie (origine ou purification) et le cœur (développement et chaleur), mais aussi l'estomac, dont on suppute le rôle nutritif, les poumons et le cerveau. De l'origine (cœur selon les uns, foie selon les autres), le sang va vers la périphérie comme par des canaux d'irrigation, et il se dépose sur place comme un limon, constituant en quelque sorte la matière de tout le corps.

L'empreinte de cette croyance durera jusqu'au XIXe siècle, où l'on qualifie le sang de « chair liquide ». En 1952, lors des débats parlementaires qui se sont déroulés à l'occasion du vote de la première loi sur la transfusion sanguine, on parlera encore de la transfusion comme d'une « greffe ». Et un grand nombre de transfuseurs, qui comptent le sang au nombre des organes, se sentent plus proches des transplanteurs que des industriels qui retraitent certains éléments du corps humain, comme les cellules, les gènes, les protéines.

L'idée que le sang se renouvelle spontanément et qu'il se métamorphose en chair menait directement à la saignée pour un grand nombre de prescriptions. Sang trop chaud qui rend malade parce qu'il est rôti, trop abondant qui fait suffoquer parce qu'il y en a pléthore, sang trop froid qui caille dans les veines, sang vicié… il convient d'en soulager le malade. On va donc le vider du sang qui l'empoisonne, et laisser à la nature le soin de le remplacer par un sang neuf : la saignée est dans la logique d'un sang qui, perpétuellement, se recrée ; il ne servirait à rien de le changer puisque le sang étranger serait incontinent remplacé par l'autorenouvellement du sang malade.

Si, à l'inverse, chaque individu a une quantité de sang déterminée, limitée, il devient intéressant d'ôter le mauvais sang (saignée préalable), pour le remplacer par un sang pur, en bonne santé (transfusion subséquente). *Finalement, de l'autorenouvellement spontané du sang vicié de l'individu par le sang neuf de la même personne, sur lequel reposait la saignée, au remplacement du sang vicié de l'individu par le sang neuf d'un tiers, sur lequel repose la transfusion, il n'y avait qu'un pas ; mais la théorie de la circulation était nécessaire pour permettre de le franchir.*

La Faculté se montrera très attachée à la vision traditionnelle du corps et refusera pendant longtemps, à Paris du moins, de remettre en cause le savoir

1. Annie Bitbol-Hespériès, *Le Principe de vie chez Descartes*, p. 167.

antique. Même à Montpellier, Faculté de toutes les audaces, l'un des médecins qui avait écouté l'exposé de la nouvelle théorie se serait écrié : « Mais qu'advient-il de la médecine[1] ? » Pourtant, dès le début du XVIe siècle, la marche vers la reconnaissance de l'idée de circulation avait commencé.

Harvey, pour que le sang circule

Harvey commença à enseigner l'idée de circulation dans ses cours de l'année 1619. Il expérimenta longuement, de préférence sur des animaux comme les poissons et les lézards, et ce n'est qu'en 1628 qu'il publia à Francfort *Exercitatio de motu cordis et sanguinis in animalibus*, qui passa quelque temps inaperçu avant de provoquer un certain émoi.

La rupture paraît immense. Pourtant, on a pu montrer que, dès 1533, Michel Servet avait décrit la « petite circulation », puis Césalpin en 1593 la circulation pulmonaire ; Fabrici d'Acquapendente découvrait en 1603 les valvules et améliorait la connaissance du trajet du sang dans les veines. Il fut le professeur de Harvey, qui vint synthétiser ces découvertes successives, leur donner la cohérence d'un système, et surtout rompre explicitement avec le passé pour fonder une nouvelle conception du fonctionnement du corps humain. Désormais, le cœur est le seul organe impliqué dans le mouvement du sang. Le sang n'est plus perpétuellement recréé, il a une masse constante et circule en irriguant le corps et les organes. Il est successivement admis et expulsé des diverses cavités du cœur. Dès 1630, en Angleterre, aux Pays Bas et en France, puis en Allemagne et en Italie, les réfutations commencent, ce qui montre la vigueur internationale du débat[2]. Mais, en 1631, une première thèse de médecine est soutenue à Oxford sur la nouvelle conception de la circulation du sang ; en 1640, l'hypothèse de Harvey est reconnue par la science officielle, et il l'enseigne à Oxford. Sa présentation du cœur comme un automate est bien dans la ligne de pensée du XVIIe siècle et va, à ce titre, passionner les philosophes français, mais il sera plus long de la faire admettre par les médecins.

En France, circuler est cartésien

C'est le père Mersenne, très au courant des choses de l'Angleterre, qui fit part à Descartes de l'étonnante découverte. A partir de là, tout s'enchaîna de la manière la plus parisienne qui soit. Il semble bien que Descartes ait « vu[3] » l'ouvrage de Harvey en 1632, mais qu'il ne l'ait pas lu. Cela ne l'empêchera pas de rendre un hommage constant au médecin anglais « auquel il faut don-

1. Jean Héritier, *La Sève de l'homme, de l'âge d'or de la saignée aux débuts de l'hématologie*, Denoël, 1987.
2. Annie Bitbol-Hespériès, *op. cit.*, p. 186.
3. Annie Bitbol-Hespériès, *op. cit.*, p. 47.

ner la louange d'avoir rompu la glace en cet endroit », cependant que Harvey félicitait « René Descartes, esprit remarquable, homme très avisé (que je remercie de la mention honorable qu'il a faite de mon nom) » ; ils purent ainsi s'envoyer des grâces, nectar des beaux esprits, mais aussi débattre à fleurets mouchetés de leurs conceptions respectives du corps humain. Leur accord sur le cœur-automate était évident, car Descartes n'aurait pu rêver plus belle occasion d'illustrer la disjonction entre l'âme et les phénomènes de la vie. La circulation, phénomène mécanique par essence, va même constituer pour lui l'archétype du fonctionnement du vivant. L'importance qu'il lui accorde doit être reliée à son souci de comprendre de manière générale le « principe de vie », qui fait l'objet de ses écrits posthumes, publiés en 1701. « Descartes s'est préoccupé de comprendre la séquence d'événements qui conduit à la constitution du corps vivant adulte en désignant comme principe de la génération, l'action de la chaleur. Ce principe, qui intervient à toutes les étapes de la formation du corps et qui se localise en un foyer cardiaque, est en définitive une expression du mouvement universel, et en dernière analyse des lois éternelles de la nature, établies par Dieu[1]. »

Mais il se sépare du médecin anglais sur le mode de fonctionnement du cœur. Homme de science, Harvey se contente modestement du rôle pulsatile du cœur, qu'il ne parvient pas à expliquer ; il reste quelque chose d'inachevé qui ferait songer à la « faculté » des Anciens, et par où pourrait se glisser l'ombre insupportable de la transcendance. Philosophe amoureux d'un système, Descartes veut démontrer l'existence d'un cycle biologique et mécanique totalement autonome dès son origine, et qui serait susceptible de s'appliquer à l'ensemble des mouvements du corps[2]. Pour être encore plus moderne, il va s'enfoncer dans l'archaïsme : le cœur restera l'organe de la chaleur, comme chez les Anciens ; mais au lieu que ce soit une chaleur « innée », produite par une certaine « faculté » que les Anciens ne s'expliquaient pas, il va lui trouver une origine chimique. Dans le cœur se produit une sorte de fermentation, comme dans le foin, dit-il, comme on en voit tous les jours en chimie ; et cette fermentation du sang, qui « sert de nourriture à la chaleur, donne l'impulsion qui fait circuler le sang. Il nie à cette occasion que la vie dépende du mouvement des muscles[3]. » Le mouvement pulsatile du cœur n'est que l'effet de l'abondance et de la dilatation du sang qu'il contient. C'est Sténon qui, dans ses observations anatomiques, aura l'audace de soutenir que le cœur n'est qu'un muscle qui ne diffère en rien des autres[4].

Il y eut alors de curieux chassés-croisés entre médecine et philosophie. Le débat sur la circulation a, en tout état de cause, certainement existé dans le corps médical. Mais la lecture des documents de l'époque incite à penser qu'il devint une affaire majeure pour des raisons philosophiques plutôt que purement

1. Annie Bitbol-Hespériès, *op. cit.*, p. 28.
2. Annie Bitbol-Hespériès, *op. cit.*, p. 65.
3. Annie Bitbol-Hespériès, *op. cit.*, p. 40 et 77.
4. *Le Journal des savants*, lundi 28 mars 1665.

médicales. En effet, le milieu cultivé s'enthousiasma pour la thèse de la circulation, essentiellement d'un point de vue philosophique, pour ce qu'elle apportait au matérialisme naissant. A l'inverse, les médecins furent, certes, anti-circulationnistes par conformisme scientifique, mais aussi dans le but clairement exprimé de s'opposer aux thèses cartésiennes de la séparation de l'âme et du corps, et leur engagement était lui-même philosophique autant que médical. C'est en tout cas ce que dit La Martinière, « médecin chymique et opérateur du Roy » qui, pour le compte de la plus grande partie de la Faculté de Paris, va s'instituer pourfendeur officiel des thèses de la circulation : « Je me suis mis à examiner les opinions ridicules de René Descartes qui, par un arrangement de points, prétend faire voir la figure de l'âme [1] », écrit-il dans une lettre dirigée contre la transfusion, où il reprend une sorte d'historique du conflit.

L'académie du comte de Montmort, furieusement cartésienne, va mettre toute son influence, toute son intelligence à pousser les idées circulationnistes, et l'on va voir qu'en matière de grandes intelligences cette société scientifique était bien pourvue. Cela devint un vrai débat : « Il n'y eut jamais de matière où l'on remarqua plus de différence entre les esprits que l'on en remarque présentement à l'occasion de la transfusion. Chacun semble y prendre quelque part ; on en parle dans les cercles ; on s'en divertit à la Cour ; les philosophes en font le sujet de leurs disputes et les médecins s'en entretiennent dans toutes leurs consultations. Les expériences s'en font dans tous les endroits du monde », s'écrie un avocat [2] !

L'académie de Montmort et la transfusion sanguine

L'académie de Montmort était un cercle brillant, créé juste après la Fronde, qui réunissait des gens aussi divers que Ménage, Chapelain, Molière, Boileau et Gassendi, divers épigones de Hobbes et Bacon, Descartes parfois, tous les cartésiens bien sûr. Le comte de Montmort, grand protecteur des lettres et des sciences, conseiller du roi en ses Conseils, maître des requêtes, faisait partie de l'Académie française depuis l'origine. S'il s'intéressait aux lettres, son originalité fut sans doute de s'intéresser plus encore aux sciences et surtout aux outils, aux appareillages, aux techniques. Il avait évidemment un fort beau cabinet de curiosités, et s'attacha à créer après la période troublée de la Fronde une société savante dont l'objet, tel qu'il résulte des statuts, n'était rien moins que « la recherche des causes naturelles » et des « choses naturelles de la méde-

1. Lettre au révérend père supérieur des religieux de la Doctrine chrétienne ; la plupart des documents qui vont suivre sont des lettres écrites par des circulateurs et anti-circulateurs, transfuseurs et anti-transfuseurs, qui furent publiées par leurs auteurs pour contribuer au débat. On les trouve à la Bibliothèque nationale. Merci à R. Carvais qui m'a guidée dans cette recherche.

2. « Réflexions de Louis de Basril, avocat au Parlement, sur les disputes qui se font à l'occasion de la transfusion », Bibliothèque nationale, s.l.n.d., *in* 4ᵉ pièce, cote Te13-11.

cine, des mathématiques, des arts libéraux et mécaniques[1] ». Le comte admirait Descartes au point d'avoir commis un poème en latin, *De rerum natura* (demeuré inédit), où il exposait les principes de Descartes de manière « plus aisée à entendre que dans les écrits de leur auteur »... Au point, semble-t-il, d'avoir offert à Descartes – qui refusa – une maison de campagne de 3 000 à 4 000 livres de rente, située au Mesnil-Saint-Denis. L'occasion ne fut pas perdue pour tout le monde, car c'est Gassendi qui en profita, et y mourut[2].

Montmort semble, en fait, avoir repris une initiative de Théophraste Renaudot, commissaire général des pauvres du royaume sous le règne de Louis XIII, créateur du bureau d'adresse, d'un dispensaire de soins gratuits pour les indigents, de *La Gazette*, entreprises auxquelles il avait ajouté une académie où l'on venait conférer en français de sujets divers, propres à intéresser un large public : économie politique et sociale, médecine et hygiène, physique, morale, conférences sur l'Être et l'Esprit universel, sciences occultes. L'académie fut reprise par le père Mersenne ; on se réunissait irrégulièrement, chez l'un ou chez l'autre, on manquait d'organisation et d'argent. On avait donc besoin du comte de Montmort qui, avec les moyens importants dont il disposait, va réorganiser tout cela à partir de 1657. L'académie est alors dotée d'un secrétaire général, Sorbière, de statuts, d'un lieu de réunion, l'hôtel de Montmort, d'argent et d'un excellent réseau d'influence.

Ce qui frappe le plus, c'est la prédilection pour l'expérimentation concrète. On y pratiqua des dissections avec Pecquet, on y testa l'explosion du canon avec Petit, l'ascension de l'eau dans les tuyaux de Thévenot, on y expérimenta mille machines et instruments qui fascinaient Montmort. Lorsque l'académie sera menacée d'éclatement et que Sorbière intéressa Colbert à sa reprise sous une forme plus officielle, il insista sur ce goût de l'expérimentation qui lui paraissait à juste titre constituer la spécificité de l'assemblée, opposée aux options plus théoriques des autres sociétés savantes.

Les membres de l'académie étaient tous des circulateurs convaincus ; d'ailleurs, nul n'y entrait s'il n'était cartésien. Mais leurs réunions avaient commencé trop tard pour les débuts de la querelle de la circulation. Ils se rattrapèrent avec l'épisode de la transfusion en s'appuyant sur une double stratégie : réunions et conférences sur la circulation, les idées cartésiennes sur le principe de vie et l'anatomie, publications sur tous ces sujets dans *Le Journal des savants*[3] et lettres-libelles très polémiques publiées à compte d'auteur.

Comme tous les bons esprits de son époque, Montmort s'était enthousiasmé pour les théories de Harvey dès qu'elles lui avaient été connues. Il reçut donc avec plaisir un jeune moine bénédictin, professeur de philosophie, qui enseignait la philosophie cartésienne dans son monastère, dom Robert des Gabets, invité

1. G. Bigourdan, *Les Premières Sociétés scientifiques de Paris au XVIIe siècle, les conférences du bureau d'adresse, les réunions de P. Mersenne et l'académie de Montmor*, Comptes rendus de l'Académie des sciences (1916, p. 937 ; 1917, p. 129, 159, 216).

2. *Ibid.*

3. Journal de vulgarisation scientifique qui pourrait aujourd'hui être comparé à *Science et Vie* ou *Science et Avenir*.

à venir exposer ses théories à l'académie en 1658, soit déjà trente ans après la découverte de Harvey. Dom Robert, amené à quitter son monastère et à séjourner à Paris quelques mois, avait été présenté au comte par Clerselier, l'éditeur de Descartes ; il pensa que c'était l'occasion favorable pour « pousser la pensée de la transfusion plus loin [qu'il n'avait pu le faire] dans sa province [1] ». « En effet, l'estime de la philosophie de Monsieur Descartes m'ayant porté à me rendre fort assidu aux assemblées qui se faisaient chez Monsieur Montmor, j'eus l'honneur d'y parler à mon tour [2]. »

Il soutint, lors d'une conférence, que l'on ne devait pas s'arrêter à la simple constatation de la circulation, mais qu'il fallait passer du mouvement interne de la circulation à la *communication*, « passage effectif du sang d'un homme sain ou de quelque autre animal dans les veines d'un homme faible ou malade [3] ». « Ayant supposé pour constante l'opinion de la circulation du sang, il s'ensuit nécessairement que si ayant lié le bras, par exemple à un homme, comme pour le saigner, on lui ouvre la veine au dessus de la ligature vers l'épaule et qu'on insère un petit tuyau dans l'ouverture de la veine, le sang étranger qui serait poussé et reçu dans ce tuyau, entrerait dans la veine et de là passerait dans les artères et se distribuerait par tout le corps. »

Le lien entre circulation et transfusion était fait, le concept de communication servant de passage d'une idée à l'autre. Dom Robert ayant remarqué « par quelques petites railleries que quelques-uns traitaient cette pensée de ridicule », il ne poussa pas plus avant, s'attachant plutôt à améliorer l'appareillage nécessaire. Il le décrivit en détail dans son traité de « méchanique pratique », précisant la technique d'expérimentation qu'il conviendrait d'utiliser. Bien que cette conférence de 1658 ne semble pas avoir été suivie d'expériences, l'idée de la transfusion resta dans les esprits. Le docteur Oré, transfuseur du XIXe siècle, soutint que dom Robert n'avait pas eu l'idée le premier. Ce serait à l'Italien Francesco Folli que serait revenu cet honneur, lui qui écrivait : « J'ai lu le livre de G. Harvey qui traite du mouvement du cœur et de celui du sang. Cette lecture, avec quelques notions que j'avais sur la greffe des plantes, produisit dans mon esprit ce troisième problème, que la circulation du sang étant donnée, il serait possible de faire la transfusion, au moyen de laquelle on pourrait non seulement guérir, mais rajeunir et devenir robuste [4]. »

1. Lettre écrite à monsieur Sorbière par J.-B. Denis, 2 mars 1668. Toutes les lettres qui sont citées ici ont été publiées et se trouvent réunies, soit dans un opuscule publié chez Cusson en 1667, soit dans le recueil Thoisy, t. XIX et XX, soit encore dans un recueil des lettres de La Martinière. Elles se trouvent à la Bibliothèque nationale, la cote pouvant en être retrouvée au nom de l'auteur de la lettre.

2. Même référence ; cette lettre qui est reproduite par Denis n'est pas attestée par son auteur.

3. Même référence. Voir également les réflexions de G. Rodis-Lewis, *L'Anthropologie cartésienne*, p. 211, 212, et B. Noël, *Les Débuts expérimentaux de la transfusion sanguine*, t. III, « Transfusion », nº 3, p. 287.

4. Dr Oré, *Études historiques, physiologiques et cliniques sur la transfusion du sang*, Paris, Baillère et fils, 1876, 2e éd., p. 13. Sur la question de la généalogie imaginaire de cette idée, cf. G. Rodis-Lewis, *op. cit.*, p. 210-211. Cette phrase permet aussi de revenir sur les liens entre greffe et transfusion.

En fait, l'idée de transfusion se préparait de multiples manières, avec la pratique des « injections intraveineuses » par exemple. Ces expériences, également liées à l'intérêt que l'on portait à la circulation du sang, furent tentées sur des animaux, à peu près dans tous les pays européens, dès 1657 à Oxford par Christopher Wren, mais également en Allemagne et en Italie. Les médecins, qui pratiquaient sur des chiens, rivalisaient d'imagination : pour voir si la substance utilisée transformait l'état de l'animal, ils injectèrent de l'extrait d'urine, des sucs alimentaires, du vin, de la bière, de l'opium, de la semence de grenouille, de la corne de cerf, de la teinture de corail, du safran, et même un peu de sang[1] !

A partir de 1665, *Le Journal des savants*, lui aussi totalement dévoué à la pensée cartésienne, avait préparé les esprits en multipliant comptes rendus et informations sur l'anatomie, le rôle du cœur, la théorie de la circulation, avant d'ouvrir le débat sur la transfusion. Je crois pouvoir dire que l'affaire commença de manière anodine le lundi 5 janvier 1665, par le compte rendu de la dernière publication de Descartes, « L'homme » et « Le traité de la formation du fœtus ». L'auteur du compte rendu explique très bien que le dessein de Descartes est de « distinguer les fonctions qui appartiennent au corps de celles qui appartiennent à l'esprit » et, précise-t-il, le particularisme de ce livre est que l'auteur ne « s'arrête qu'à expliquer les choses sur lesquelles il a des opinions particulières, comme la circulation du sang ».

Cela suffit à relancer le débat entre les partisans de Descartes et ceux de Plempius, anti-circulateur officiel. Le lundi 1er février 1666, *Le Journal* poursuit par un commentaire aigre du traité de médecine de Plempius, adversaire principal de Descartes dans l'affaire de la circulation. Il signale que l'auteur a inséré dans son traité « deux lettres inédites » du philosophe, et qu'il « traite fort mal M. Descartes ; car il a fait exprès une longue Préface pour décrier sa doctrine qu'il veut faire passer non seulement pour fausse, mais encore pour contraire à la religion. Il dit que plusieurs articles de cette doctrine ont été censurés par la Faculté de théologie de Louvain, et que ses livres ont été condamnés à Rome par l'Inquisition, dont il apporte le décret ».

En 1667, le 31 janvier, *Le Journal* traduit un extrait de son équivalent anglais, *Philosophical transactions*, concernant la manière de faire passer le sang d'un animal dans un autre. Car s'il est possible que dom Robert ait donné à la France la primeur de l'idée de la transfusion, c'est à l'Angleterre que revient l'honneur de l'avoir expérimentée pour la première fois *in vivo*, sur des animaux. L'expérience fut tentée en faisant passer le sang d'un chien dans un autre grâce à un petit tuyau de plume.

La France se devait de reprendre l'avantage, ce qu'elle fit à l'initiative de Denis et d'Emmerez, qui allèrent trouver le comte de Montmort pour le convaincre de tenter l'expérience au sein de son académie. Denis va orchestrer l'effet d'annonce en publiant le lundi 14 mars 1667 dans *Le Journal des*

1. J.-J. Peumery, *Les Origines de la transfusion sanguine*, BM Israël, Voorburgwal, Amsterdam, 1974.

savants une sorte d'invite à participer à une expérience de transfusion sanguine : « Vous savez qu'ayant avancé dans une de mes conférences que la transfusion par laquelle on faisait passer le sang d'un ou plusieurs animaux dans les veines d'un autre était une preuve nouvelle et tout à fait convaincante pour confirmer le sentiment de ceux qui soutiennent la circulation, plusieurs personnes se prirent à rire et traitèrent cette transfusion de chimérique et de ridicule. » Pour en finir avec les incrédules, le philosophe et futur médecin propose de faire mieux que les Anglais : il réalisera la transfusion en évitant la mort du chien donneur – les Français sont élégants… Il donne rendez-vous pour le 19 mars prochain, à 2 heures, quai des Grands-Augustins, dans les salons de l'académie de Montmort. Devant témoins, il fait passer le sang d'un chien jeune et sain dans les veines d'un vieux galeux, qui sera déclaré guéri à l'issue de l'opération.

En juin de la même année, *Le Journal des savants* récidive ; tandis que Denis continue de faire ses expériences sur les chiens (19 semblent avoir été répertoriées), la publication rend compte de la thèse de médecine de Tardy[1], qui suggère de passer à l'être humain. Il fait remarquer que ce serait encore plus facile, les humains étant capables de se tenir plus tranquilles que les animaux pendant l'opération. L'année 1667 est marquée par un débat violent entre les partisans de Denis et ses détracteurs ; le passage à l'acte de l'expérimentation sur l'homme n'est pas loin.

Car Denis va passer à l'homme, non sans avoir pris un certain nombre de précautions élaborées à partir de ses expériences sur l'animal. On pourrait presque dire que le récit que fait Denis de son « parcours expérimental » répond aux canons modernes du droit de l'expérimentation. Dans la lettre qu'il écrit à monsieur de Montmort le 25 juin 1667, il rappelle les différents types d'expériences réalisées sur les chiens, sans qu'il y ait eu un seul mort ; il a ainsi transfusé du jeune au vieux, du froid au chaud, en se demandant ce qui se passerait si l'on allait du hardi au timide, ou de l'apprivoisé au sauvage[2]. *Il pensait avoir abordé la question de savoir ce que l'on transportait avec le sang* : l'âme pour les traditionalistes, l'essence de l'espèce pour les modernes[3] ? Il expérimenta ensuite le passage de la transfusion intraspécifique à la transfusion interspécifique, allant du veau au chien le 28 mars, sans connaître apparemment de difficulté, ce qui peut s'expliquer par les faibles quantités transfusées. Il publia son observation pour enrichir sa réflexion personnelle de celles d'autres philosophes et médecins, qu'il invite à réagir.

Car tout cela prête à réflexion. Si la composition du sang est liée à la nature de chaque espèce (et tous ceux qui le pensaient n'étaient pas des opposants à la transfusion), ne doit-on pas s'interdire la transfusion interspécifique ? Tardy,

1. *Traité de l'écoulement du sang d'un homme dans les veines d'un autre et de ses utilités*, Paris, chez l'auteur, 1667.

2. J.-J. Peumery, « J.-B. Denys et la recherche scientifique au XVIIe siècle », extrait de l'*Ouest médical*, *L'Expansion*, 1971.

3. L'essence étant entendue ici comme l'ensemble des caractères propres à l'espèce.

s'appuyant sur l'expérience du fœtus qui se nourrit du sang de sa mère, soutenait qu'il était préférable de transfuser à l'intérieur d'une même espèce. D'ailleurs, il explique qu'il « est aisé d'avoir du sang de personnes saines et qui n'ont point de passions déréglées, puisqu'on en a le choix, sans qu'il soit nécessaire de préjudicier à leur santé, car on ne doit tirer que ce qu'elles ont de superflu. Le sang se fait bien tôt et se répare en se divertissant et faisant bonne chère. Les mouvements de l'âme sont indifférens et ne sont ni bons ni mauvais dans leur nature, mais étant modérés ils perfectionnent les humeurs et purifient le sang[1]. » A l'inverse, Tardy estimera qu'il est faux d'affirmer que chaque homme a un sang qui lui est propre et que l'on ne saurait remplacer. Il légitime donc la transfusion, mais recommande de l'effectuer avec des donneurs humains.

Pourtant, les circulationnistes, dans leur grande majorité, préféraient du sang de bête, probablement parce qu'ils craignaient qu'un accident toujours possible vienne frapper le donneur, arrêtant l'aventure. Mais la transfusion interspécifique mettait en fureur les opposants à la transfusion, qui trouvaient insupportable l'idée d'introduire du sang de veau chez des êtres humains ; ils soutenaient avec force qu'on transfuserait, en même temps que le sang, l'âme stupide de la bête. En « démontrant » que des transfusions interspécifiques réussissaient dans le règne animal, Denis et ses amis cherchaient à prouver l'unité de la nature du sang. Ce fut la première dérive idéologique de l'histoire de la transfusion. Puis ils s'attachèrent à lever les uns après les autres les obstacles pratiques, la corruption du sang sorti de son lieu naturel, sa coagulation à l'air, le transfert de maladies, et décidèrent de passer à l'acte. Ce n'est donc qu'après de multiples expérimentations sur les animaux, intraspécifiques puis interspécifiques, et un large débat d'idées, que Denis et Emmerez tentèrent l'expérience sur un être humain.

Apparemment, le parcours était sans faute ; et l'on ne sait aujourd'hui qui croire, de Denis qui n'admet que des réussites légitimant le passage à l'acte, ou de La Martinière qui fait état de « la mort de tant de veaux, de chiens, de moutons, du cheval de ce grand seigneur qui, de pesant devait devenir adroit et vite, et du perroquet de cette procureuse qui mourut aussi tot qu'on luy eut transfusé le sang de deux excellents sansonnets, pour luy faire advenir plus d'esprit qu'il n'en avoit[2] ».

1. Lettre écrite à M. Le Breton, Dr Régent en la faculté de médecin de Paris par Claude Tardy, aussi Dr Régent en la même faculté pour confirmer les utilités de la transfusion sanguine et répondre à ceux qui les utilisent trop. On remarquera la contradiction du raisonnement de Tardy, qui souhaite des donneurs sans passions déréglées et soutient que les mouvements de l'âme sont indifférents.

2. Médée ressuscitée affirmant l'utilité de la transfusion du sang, Ensemble la réponse à la lettre du sieur Denys sur sa folie guérie et les bigarrures sur l'ombre de Jupiter, Lettre à Monsieur Jacques, Docteur en médecine de la Faculté de Paris, 28 février 1668. Le cheval était apparemment celui du duc de Guise. D'après Denis, le vieux cheval, tout requinqué, s'était remis à manger avec appétit, Lettre de Louis de Basril, avocat au Parlement, sur les disputes qui se font à l'occasion de la transfusion.

Le premier sujet d'expérimentation choisi fut un jeune garçon, resté stupide probablement après une fièvre typhoïde. On le saigna un peu, puis on le transfusa, avec un plein succès, prétendit Denis (juin 1667). Il y eut ensuite un jeune aristocrate suédois, qui mourut ; mais tout le monde convint, même les ennemis de Denis, qu'on l'avait transfusé trop tard (sauf La Martinière, qui le compte au nombre des victimes). Il passa ensuite à un homme de 45 ans en bonne santé, qui survécut ; puis à une paralytique, qui « guérit ». Vint enfin l'affaire du malheureux Anthoine Gaullier, dit sieur du Mauroy, « disetteur dépourvu d'argent, sacrifié à la curiosité et à la satisfaction de quelques riches inhumains[1] ».

Resté célèbre chez les transfuseurs, le procès intenté par Denis à ses ennemis qui le « diffamaient » est souvent présenté comme l'exemple type du refus de la modernité scientifique par le droit. La réalité est bien différente ; ce sont en fait les « mandarins » de la Faculté de médecine qui eurent raison des expériences en matière de transfusion, et l'on ne peut finalement que les approuver, car la science et les techniques accessibles à cette époque ne pouvaient guère permettre de transfuser sans danger.

Après ses premières « réussites » sur l'être humain, Denis pratiqua une nouvelle transfusion sur le sieur Mauroy, 34 ans, affligé d'une folie intermittente que nul ne contestait. Le sujet d'expérimentation était un protégé du comte de Montmort, qui avait voulu le placer à l'hôpital. Denis ne laissa pas passer l'occasion de vérifier ses idées sur l'utilisation de la transfusion comme thérapeutique des maladies mentales ; il proposa donc de retirer le sang du patient, siège de la folie, pour le remplacer par du sang de veau, réputé pour sa douceur et sa fraîcheur. En décembre 1667, Denis pratiqua une première opération, enlevant dix onces de sang qu'il remplaça par cinq onces de sang de veau, à deux reprises. L'opération se passa très bien et la rumeur admit que le malade en fut soulagé. Denis écrira que la transfusion avait tellement « tempéré les fougues et les bouillons du sang du fou qui depuis quatre mois couroit jour et nuit tout nud dans les ruës de Paris, qu'il s'estoit endormy deux heures après l'opération, et qu'après un sommeil de dix heures il s'estoit éveillé dans un sens fort rassis...[2] ».

On ne saura sans doute jamais ce qui se passa au début de l'année 1668 ; les ennemis de Denis prétendirent qu'une rechute décida le jeune philosophe à réitérer l'opération et que le sujet mourut entre ses mains. Denis prétend, pour sa part, que c'est la femme du malheureux qui vint le supplier de recommencer, achetant elle-même le veau nécessaire à la transfusion, menaçant de présenter une requête au procureur général pour lui faire exécuter de force la transfusion. Toujours est-il que, dès la ponction de sang préalable à la transfusion, le malade fut affligé de tremblements. Selon Denis, il ne mourut que le lendemain. Mais il mourut.

1. La Martinière, lettre à Colbert, non datée.

2. « Lettre de Denys à Monsieur Oldenburg, gentilhomme anglois et secrétaire de l'Académie Royale d'Angleterre, touchant les différents qui sont arrivés à l'occasion de la Transfusion du sang », 15 mai 1668. Merci à Robert Carvais, historien du droit, qui m'a aidée dans la recherche de cette documentation.

C'est alors que Perrine, la femme du défunt, voulut obtenir des subsides de Denis et d'Emmerez, qui avaient ensemble pratiqué l'opération. Devant leur refus, elle se répandit en injures qui réjouissaient la Faculté. Du coup, c'est Denis lui-même qui décida de contre-attaquer et porta plainte devant le lieutenant criminel, pour que « deffenses soient faites à l'accusée de récidiver ses discours et invectives, et obtenir réparations, amendes et dépens ». Mal lui en prit : tout en renvoyant prudemment à plus ample informé, le lieutenant criminel du Châtelet rendit le 17 avril 1668 une sentence qui concluait que « deffences soient faites à toutes personnes de faire la transfusion sur aucun corps humain, que la proposition n'ait été reçue, et approuvée par des médecins de la Faculté de Paris, à peine de prison[1] ». D'après la correspondance publiée, Denis fut soulevé d'indignation et fit appel.

Pour qui sait lire, il ne s'agit pas là d'une interdiction, mais d'un encadrement qui suggère deux régimes juridiques distincts : les expériences sur les animaux peuvent être réalisées librement, les transfusions concernant l'être humain doivent être réalisées, ou au moins approuvées… par la Faculté. Mais la manière dont le magistrat établit les faits montre à suffisance qu'il approuve gaillardement les belles potentialités de la technique. Il tient pour établi que les deux premières transfusions ont été réussies et ont permis au malade de jouir de tout son bon sens pendant deux mois. Il souligne la prudence de Denis, qui voulait demander la permission du procureur général, et rappelle que le fou eut un malaise immédiat, qui ne paraissait donc pas lié à la transfusion. Qu'avait-il donc pu se produire ?

Le magistrat, tout en renvoyant à une instruction complémentaire, désigne finalement assez clairement les coupables selon son cœur : la femme en premier lieu, une vraie virago, probablement empoisonneuse, qui après les premières opérations eut l'audace de coucher avec son mari malgré l'interdiction de ceux qui le traitaient, et de lui donner bouillons et liqueurs spiritueuses auxquels elle mêlait « certaine poudre » ; qui avait de fréquentes querelles avec son mari et le battait ; qui insista de manière louche pour pratiquer la troisième opération et interdit l'examen du cadavre. Quant aux médecins, jaloux d'un progrès qui ne leur devait rien, ils sont soupçonnés d'avoir offert de l'argent à cette femme afin qu'elle formule une plainte contre la transfusion qui aurait tué son mari. On ne peut décidément être plus clair : le magistrat paraît convaincu à la fois de l'utilité de la transfusion et de la nécessité de faire encadrer le développement de cette technique par les autorités médicales de l'époque, ne serait-ce que pour couper court aux réflexes corporatistes.

Denis va se plaindre amèrement de cette limite dans sa lettre à monsieur Oldenburg : « Les médecins de Montpellier, Reims et autres universités de France, qui tiennent à Paris les premières places auprès de leurs majestés, princes et princesses du sang, sont en quelque façon blessés par cette sentence ;

1. On ne peut pas retrouver aux Archives nationales le texte original de cette sentence, probablement brûlé dans l'incendie du Châtelet. La lettre à Oldenburg en donne une copie que l'on peut penser exacte, même si elle est de la main de Denis.

ils ne se croient pas obligés d'attendre le jugement des docteurs de Paris pour y pouvoir ordonner aucune opération. » Et il félicite son interlocuteur anglais de ce que « les magistrats de Londres n'avaient jamais eu la pensée de donner aucun arrêt pour défendre la pratique de la transfusion du sang ».

La suite de l'affaire est finalement moins intéressante. En appel, le débat semble avoir porté sur le terrain de la compétence, Denis n'étant pas encore médecin à l'époque des faits. Il ne fut pourtant pas condamné, mais le Parlement interdit, le 2 janvier 1670 en l'audience de la Grand-Chambre, à tous médecins et chirurgiens d'exercer la transfusion du sang à peine de punition corporelle. Malheureusement l'arrêt n'est pas motivé.

La technique n'avait pas manqué d'appuis chez les juristes de l'époque, comme en témoignent les « Réflexions de Louis de Basril, avocat au Parlement, sur les disputes qui se font à l'occasion de la transfusion [1] ». Sans se soucier des dangers, il s'en prend violemment aux « deux ou trois médecins qui ameutent toute la Faculté contre ceux qui s'occupent à faire sans cesse de nouvelles découvertes ».

Tous les juristes ne furent pas aussi aveugles, et l'affaire fut l'occasion de quelques lignes prémonitoires sur les rapports de la science et du droit. En 1722, à une époque où la transfusion est unanimement condamnée par le corps médical, un annotateur de l'arrêt d'interdiction rendu par le Parlement, maître Jean du Fresne, fait état de la déception des médecins qui « espéraient que la cour renvoyerait pardevant eux pour donner leur avis [...], mais l'on jugea sans qu'il fût besoin de leur avis, ni sans entrer dans le détail de la question par des raisons de police, de bienséance et d'honnêteté, et par les abus et inconvéniens qui pourraient arriver. Cela marque l'étendue du pouvoir de la justice et de la cour, et que sans être obligée d'examiner les raisons qui dépendent de l'art et des sciences particulières, elle peut se déterminer par des raisons générales et supérieures [...]. L'on traita amplement et curieusement la question de savoir si les nouveautés en la médecine étaient à recevoir, et s'il les fallait autoriser, celle-ci principalement ayant quelque chose d'inhumain et de répugnant à la nature ; l'on y expliqua l'origine et le progrès de la transfusion, qui était une suite de l'opinion de la circulation du sang [2]. »

Cette interdiction prudente de la transfusion du sang des animaux vers les êtres humains n'eut guère de suite. Quelques expérimentations furent encore signalées, mais depuis l'affaire Mauroy, l'engouement était passé. Sorbière, secrétaire de l'académie de Montmort, prend ses distances en publiant, le 1er décembre 1668 chez Jean Cusson, un « Discours touchant diverses expériences de la transfusion sanguine », dont la tonalité est assez acide. Il évite de mettre en avant le rôle de l'académie qu'il anime, et insiste sur la priorité qu'il faut reconnaître aux Londoniens dans cette affaire. Il conclut qu'il ne faut pas

1. Lettre non datée, disponible à la Bibliothèque nationale.

2. *Journal des principales audiences du Parlement, avec les arrêts qui y ont été rendus... depuis l'année 1622 jusqu'en 1722*, par maître Jean du Fresne, Paris, 1754-1757, t. III, liv. III, chap. XVIII, p. 145.

désespérer de l'avenir de la transfusion, mais que l'on doit prendre bien des précautions et se livrer à nombre d'expériences avant de songer à réussir, « ce qui coûtera la vie et le martyre à un grand nombre d'animaux ». Pour faire bonne mesure, il glorifie en même temps l'esprit qui anime les transfuseurs, les comparant à Christophe Colomb et aux grands découvreurs.

La Martinière, qui avait mis en avant sa volonté « d'étouffer dans le berceau ce monstre transfusionnaire resorty de la boutique de Satan », semble avoir gagné son combat. Il faut dire qu'il n'a rien épargné. Il a publié de nombreux opuscules, « à Paris, chez l'Auteur, rue de la Coutellerie, à l'Espérance vis-à-vis la Fleur de Lys ». Il a appelé à son aide toutes les ressources de la mythologie, Jupiter, Minerve, Phaéton, l'ombre d'Apollon. Il met en scène Médée qu'il rencontre en rêve sur son char. Elle le menace de l'écarteler s'il ne quitte pas son dessein d'abolir la transfusion : « C'est donc toi, exécrable Médée, funeste sorcière qui d'un zèle méchant, par tes enchantements métamorphose les plus sages en fous pour les ranger à ton parti ; mais je proteste malgré les menaces, que jamais je n'abandonnerai l'interêt de la chose publique[1]. » Il a fait appel à tout ce qui compte dans le royaume, l'abbé Bourdelot, docteur de la Faculté de Paris et premier médecin de la reine, Colbert, le prince de Toscane, le doyen de la Faculté de médecine, le révérend Danty, supérieur des religieux de la Doctrine chrétienne... Lui, le « vray médecin chimique et opérateur ordinaire du roy », il a rabaissé Denis, tour à tour Denis le mathématicien, Denis le philosophe, Denis qui fut « loueur de marionnettes hydroliques aux foires Saint-Germain et Saint-Laurent » !

Le montreur de marionnettes fera encore une transfusion « réussie » en 1668, sur une femme paralysée et aveugle qu'il prétendit avoir guérie. En tout cas, elle ne mourut pas. Puis il arrête, complètement semble-t-il. On le retrouve familier du *Journal des savants* ; tout au long de 1672, il publiera les « Conférences présentées à Monseigneur le Dauphin », qui était devenu son protecteur. Il aborde les sujets les plus divers, depuis la végétation des plantes, l'ambre, une corne prodigieuse venue sous la jambe d'un homme, l'ablation sans danger de la rate, jusqu'à la nature de la rosée du mois de mai. Il est nommé médecin du roi, c'est un personnage honorable.

L'affaire agita encore quelque temps les esprits éclairés. Thomas Diafoirus offrit à Angélique la thèse qu'il venait de soutenir contre les circulateurs, et Boileau se fendit d'une charge contre l'arrêt du Parlement : en 1675, soit cinq ans après l'interdiction judiciaire d'effectuer la transfusion, il publie son « Arrêt burlesque en la Grand-Chambre en faveur des maîtres ès arts, médecins, professeurs de l'université de Stagyre, au pays des chimères, pour le maintien de la doctrine d'Aristote[2] ».

« Attendu que depuis quelques années une inconnue, nommée la Raison, a entrepris d'entrer par force dans les écoles de l'université ; et par une procédure

1. *In* « Médée ressuscitée... ».

2. Reproduit *in* Jacques Roger, *Les Sciences de la vie dans la pensée française du* XVIII*e siècle*, Albin Michel, 1993.

nulle de toute nullité a attribué au cœur la charge de recevoir le chyle appartenant ci-devant au foie, comme aussi de faire voiturer le sang par tout le corps avec plein pouvoir audit sang d'y vaguer, errer, et circuler impunément par les artères et les veines, n'ayant autre droit ni titre pour faire lesdites vexations que la seule expérience dont le témoignage n'a jamais été reçu dans lesdites écoles. Plus, par un attentat et voie de fait énorme contre la faculté de médecine, se serait ingérée de guérir quantités de fièvres intermittentes, tierces, doubles tierces, quartes, triples quartes et même continues, avec poudre et écorces de quinquina et autres drogues inconnues à Aristote et à Hippocrate ; et ce sans saignées ni purgations, ce qui est non seulement irrégulier mais tortionnaire et abusif ; la cour ordonne au chyle d'aller droit au foie sans plus passer par le cœur et au foie de le recevoir ; fait défense au sang d'être plus vagabond, errer ni circuler dans le corps. Défend à la raison et à ses adhérents de guérir les fièvres par quinquina et autres drogues non approuvées ni connues des Anciens ; et, en cas de guérison irrégulière par icelles drogues, permet aux médecins de ladite faculté de rendre, suivant leur méthode ordinaire, la fièvre aux malades avec casse, séné, sirops, juleps et autres remèdes propres à ce, pour être ensuite traités selon les règles, et, s'ils n'en réchappent, conduits du moins en l'autre monde suffisamment purgés et évacués. »

Le style est beau, mais on peut se demander, au fond, si la raillerie était de mise : en 1673, Louis XIV lui-même avait tranché en nommant Dionis au Jardin royal pour enseigner la circulation du sang ; deux de ses médecins, dont Denis lui-même, étaient officiellement circulateurs. Il ne fut jamais question d'interdire l'enseignement de la circulation du sang, mais seulement la transfusion appliquée à l'être humain, ce qui était plus raisonnable. Sous l'influence de la faculté de médecine, la technique tomba effectivement dans un certain discrédit, jusqu'au XIXe siècle.

2. Le silence transfusionnel

Le XVIIIe siècle semble avoir été un temps de silence : quelques expériences isolées ici et là en Europe, un discrédit généralisé dans les ouvrages de médecine, qui signalent parfois la technique en la présentant comme une erreur, mi-diabolique, mi-scientifique, du siècle précédent. Ce creux entre le XVIIe et le XIXe siècle laisse perplexe. Les encyclopédistes, pourtant, se fendirent d'un long article sur cette « opération célèbre qui consiste à faire passer du sang des vaisseaux d'un animal immédiatement dans ceux d'un autre ». Le débat est traité de frivole, et les débatteurs suspectés de mensonges intéressés. L'expérience de Denis est jugée avec une grande sévérité, l'auteur la qualifiant de meurtrière : « La prudence aurait ce semble exigé qu'il fît les premières tentatives d'une opération si douteuse sur un criminel condamné à mort ; quelles qu'en eussent été les suites, personne n'aurait eu lieu de se plaindre ; le criminel, voyant une espérance d'échapper à la mort, s'y serait soumis volontiers ;

c'est ainsi qu'on devrait souvent tirer parti de ces hommes que la justice immole à la sûreté publique ; on pourrait les soumettre à des épreuves de remèdes inconnus, à des opérations nouvelles, ou essayer sur eux différentes façons d'opérer, l'on obtiendrait par là deux avantages, la punition du crime et la perfection de la médecine. » L'esprit des Lumières avait soufflé, avant le temps qui lui était fixé, sur Harvey, Descartes et le comte de Montmort pour s'éteindre dans l'échec.

3. Le XIXe siècle : naissance de l'esprit scientifique et État de droit

Pour celui qui recherche les origines des rapports entre le droit et la transfusion sanguine, le XIXe siècle est une période de transition où médecine et droit sécrètent lentement les caractéristiques de deux systèmes de pensée et d'action qui oscilleront désormais entre confrontation et coopération. Les médecins n'en finissent pas d'hésiter entre l'expérimentation objective, qui permettrait de progresser en méditant les échecs, et le désir d'avancer des résultats convaincants, qui entretiennent erreurs et illusions. Ils se sentent totalement étrangers au monde juridique. Les juristes ne se préoccupent pas de transfusion : contrairement à ce qui s'était passé au XVIIe siècle, les nouvelles victimes n'intenteront pas de procès. Mais le XIXe siècle va forger les instruments législatifs et jurisprudentiels qui aboutiront un siècle plus tard à la triple condamnation civile, pénale et administrative des « responsables » de la transfusion durant les « années sida ».

Côté science, on mélange follement les vraies et les fausses sciences. On entreprend les premières observations raisonnées, publiées, en principe vérifiables. En France, plus de vingt thèses de médecine portent sur la transfusion. Les résultats obtenus dans les différents pays sont diffusés et débattus. On construit progressivement des séries de cas qui permettent de faire de véritables déductions : aux médecins sans préjugés, il devient évident que la transfusion doit se pratiquer à l'intérieur de l'espèce humaine.

Mais ces observations mêlent étroitement constatations crédibles (on va enfin transfuser pour combattre les hémorragies) et résultats fantaisistes. Le nombre de guérisons enregistrées est trop élevé par rapport à ce qui était possible, le nombre de morts trop faible, les guérisons de leucémies, cancers ou épilepsies laissent sceptique. Avec le recul du temps, on réalise que le progrès était bloqué par un obstacle intellectuel : on voulait tellement imposer la transfusion comme une thérapeutique de routine que l'on se refusait à admettre qu'elle pouvait tuer. En s'interdisant l'échec, on s'interdisait de remonter à ses causes. Pour la même raison, on voulait tout guérir par la transfusion, et l'on ne parvenait pas à admettre de limites raisonnables aux prescriptions.

Au XIXe siècle, la transfusion restera donc une technique un peu louche, car l'ensemble du corps médical ne parvint pas à distinguer les pratiques triomphantes des illuminés du travail plus modeste des scientifiques sérieux.

Malgré les accidents, il n'y aura aucune plainte, et le droit n'aura pas l'occasion de croiser le fer avec la transfusion sanguine. Pourtant, le XIXe siècle juridique n'est pas indifférent pour celui qui recherche l'origine des règles qui ont été appliquées lors de la contamination par le virus du sida. En effet, trois grands pans de la législation et de la jurisprudence vont servir directement au règlement de cette affaire : c'est au début du XIXe siècle que vont être posés certains principes de la responsabilité médicale ; c'est au XIXe siècle que va se construire l'idée moderne de santé publique, du rôle de l'État et de ses responsabilités dans la protection de la santé des citoyens. C'est au XIXe siècle enfin que l'extension de la syphilis et une meilleure connaissance scientifique des phénomènes de contagion vont donner lieu à des obligations juridiques relativement claires et sanctionnées par les tribunaux : qu'il s'agisse de l'obligation du propriétaire d'un immeuble de fournir à son locataire des locaux exempts de maladies contagieuses, de la condamnation des nourrices syphilitiques ayant contaminé des nouveau-nés, ou encore des obligations de l'État et des communes en matière d'assainissement, on assiste à la « pastorisation du droit ». De manière plus générale, le droit entre résolument dans l'ère de la reconnaissance d'obligations juridiques fondées sur des données scientifiques [1].

Par un jeu subtil de coopération et de conflit entre la science et le droit, le siècle travaille à faire entrer une société qui devient technoscientifique dans sa construction de l'État de droit. Le mouvement n'est pas terminé, et l'affaire de la transfusion constitue une étape majeure de cette évolution.

A. CÔTÉ SCIENCE

Il faudra attendre 1901 pour que Landsteiner conçoive l'existence des groupes sanguins, montrant à la fois l'unité de l'humanité au regard du sang, sa division en grands groupes relativement homogènes, et sa différence de nature avec les autres mammifères [2]. Le XIXe siècle n'aura donc pas apporté le progrès majeur qui était nécessaire au démarrage d'une médecine transfusionnelle maîtrisée ; mais il résoudra de nombreux problèmes techniques, et posera les questions : c'est le XXe siècle qui en récoltera les fruits.

Pourtant, dès 1802, le Danois Paul Scheel reprend le flambeau des expérimentateurs, avec l'ambition de réhabiliter la transfusion et l'injection de médicaments dans le sang [3]. Il sera suivi vers 1815 par un Anglais, James Blundell,

1. Une étude plus générale du phénomène est proposée par R. Carvais, historien du droit, dans l'ouvrage dirigé par C. Salomon-Bayet, *Pasteur et la révolution pastorienne*, Payot, 1986. Il y démontre de manière approfondie les avancées et les limites de la « pastorisation du droit ».

2. Karl Landsteiner, *The Specificity of Serological Reactions*, Cambridge, 1945. Sur Landsteiner, voir P. M. Mazumdar, *Karl Landsteiner and the Problem of Species*, P. D. Thesis, Baltimore, Johns Hopkins University Press, 1976.

3. Achille Perrier, *De la transfusion appliquée à l'espèce humaine*, thèse de médecine, Paris, Rignoux, 1851.

lequel, très marqué par la mort d'une jeune accouchée qui s'est vidée de son sang, veut diminuer la mortalité des accouchées. Il compte sur la transfusion, et commence prudemment par une longue série d'observations sur les animaux [1]. Puis il passe à l'être humain, avec du sang défibriné, qu'il juge moins toxique, car on savait déjà que ce composant du sang était pour quelque chose dans la coagulation, accusée à juste titre de provoquer nombre d'accidents ; il inventera une seringue à piston qui exclut la pénétration de l'air et permet d'éviter des anastomoses pathologiques qui laissaient donneurs et receveurs en triste état [2].

Il sera suivi par un assez grand nombre d'expérimentateurs, dans tous les pays. Ce sont des tentatives individuelles qui ne font pas l'objet d'une organisation académique. Elles permettent pourtant, à travers la publication rétrospective de séries d'expériences, de disposer d'un début d'organisation collective de la pensée ; certains vont les utiliser pour poser des questions pertinentes sur les prescriptions, les outillages, les causes des accidents.

La première question du XIXe siècle fut celle du choix entre les transfusions intra- ou interspécifiques. La plupart des transfuseurs préféraient encore utiliser du sang animal, car il était plus simple, en tout état de cause, d'avoir une source d'approvisionnement animale : il n'était pas nécessaire de se poser la question des donneurs, et s'il arrivait un accident, le décès du « donneur » ne gênait personne. Or la hantise des tenants de la transfusion était la mort d'un donneur, événement tragique qui aurait condamné la technique. La question de l'approvisionnement en matière première conduisit dès cette époque le minuscule monde transfusionnel à manipuler l'information scientifique pour résoudre de manière idéologique une question technique : il fallait fuir la nécessité d'utiliser du sang humain.

De grands efforts expérimentaux et théoriques furent déployés pour démontrer l'unité de la nature du sang : on essaya sur les animaux toutes les combinaisons possibles pour démontrer la légitimité de la transfusion interspécifique. On transfusa du sang de cheval, de brebis et de veau à un chien ; du sang de grenouille à un chien, du sang de veau, successivement à des brebis, des chamois, des chats, des lapins ; du sang de chien à des oiseaux, du sang de poissons à des mammifères divers, et même du sang de limaçon à un lièvre ! Ces expériences furent synthétisées et rationalisées en fonction des grandes catégories du vivant : on chercha des corrélations entre la mortalité et le passage d'un genre à l'autre, d'une famille à l'autre, d'une espèce à l'autre, d'un individu à l'autre, en tenant compte de l'âge des deux animaux, de leur état de santé, etc. On expé-

1. *Experiments on the Transfusion of Blood by the Syringe*, Lancet 1.431, 1828-1829 ; la transfusion a été très liée à la volonté des médecins de sauver les jeunes femmes qui mouraient en couches ou des suites d'un avortement.

2. Il faut bien comprendre que l'on dénudait et coupait de grosses veines, et même des artères, alors que l'on n'arrivait pas forcément à les aboucher de nouveau après l'opération. Cela se terminait parfois par de graves handicaps, voire dans certains cas par des gangrènes et des amputations.

rimenta sur des chiennes à différents moments de la gestation pour observer le résultat sur les portées.

Il faudra attendre les travaux de Landois, en 1875, pour que les expérimentations interspécifiques soient analysées de manière scientifique, en montrant qu'au-delà d'un certain volume de sang la transfusion se terminait *toujours* par l'empoisonnement du receveur ; ceux qui pratiquaient la transfusion interspécifique devaient le savoir confusément car ils se limitaient à de petites doses qui n'avaient pas grand intérêt sur le plan thérapeutique, mais qui évitaient généralement la mort du receveur. Landois va effectuer un pas important en proposant une démonstration expérimentale *in vitro* du phénomène : il montre que le mélange des globules rouges d'êtres humains avec du sérum de diverses espèces animales provoque toujours une agglutination des globules qui suffit à expliquer l'issue malheureuse des expériences [1].

Mais il ne convaincra pas tous les expérimentateurs, tant s'en faut. Certains continueront, au début du XXe siècle, à plaider pour le sang animal ! Et l'on voit les erreurs en chaîne : puisqu'il est plus prudent d'utiliser du sang animal, il faut ne transfuser que de petites quantités ; du coup, les hémorragies ne sont pas la bonne indication car il faut alors beaucoup de sang, et l'on préfère s'en tenir aux prescriptions fantaisistes, folie, cancers, etc.

La synthèse des tentatives isolées entra pourtant, dès le milieu du XIXe siècle, dans le travail académique : à partir des années 1840, un certain nombre de thèses de médecine vont s'y consacrer, avec pour objectif commun la volonté de « réhabiliter » la transfusion en la dissociant des escroqueries d'un certain nombre d'illuminés qui voulaient « rendre courageux ceux qui étaient poltrons par l'injection de sang de lion... [2] ». Au fichier de la bibliothèque de la faculté de médecine de Paris, on trouve une douzaine de thèses qui délimitent une première période, jusqu'en 1870 : elles sont très générales, accumulent toujours les mêmes expériences, les classent et prêchent la prudence scientifique. La conclusion est qu'une application à l'homme ne doit être tentée qu'à la dernière extrémité, et principalement pour des hémorragies et des anémies post-hémorragiques menaçant d'être mortelles.

Les années 1870 ouvrent une seconde période où l'approche scientifique va dominer ; la grande question de la transfusion interspécifique étant sur le déclin, on résout de nombreux petits problèmes pratiques, d'appareillage notamment.

En effet, des articles faisaient état de la mort très particulière de certains malades, mort qui n'est pas isolée dans les statistiques, mais qui correspond bien au premier type d'accident transfusionnel reconnu comme tel. Le cœur et la respiration du malade s'accélèrent, il renverse la tête en arrière, les sphincters se détendent et la mort intervient en quelques minutes ; à l'autopsie, le cœur est distendu, c'est la bulle d'air, la « tragique bulle d'air »... Le Dr Oré et ses confrères feront de multiples expériences sur les animaux pour comprendre

1. M. Landois, *Blood Transfusion*, Leipzig, 1875.
2. Louis Carré, *De la transfusion*, thèse de médecine, Paris, Rignoux, 1844, p. 5.

le phénomène et mettre au point des appareils et des techniques de transfusion qui évitent le passage de la bulle d'air. Oré préfère élaborer une méthode pour en contrecarrer les effets : si la bulle d'air passe, il dénude prestement le nerf pneumo-gastrique et le stimule à l'électricité. Le cœur se dilate alors et réussit à absorber la bulle d'air[1] !

Autre mort spécifique, qui ne fut pas plus isolée dans les séries statistiques que la précédente : la coagulation du sang. Au contact de l'air dans l'instrumentation, il était fréquent que le sang du donneur coagule. Le malade décédait le plus souvent avec des troubles assez proches de ceux de la bulle d'air. Il s'ensuivit un long débat sur la « défibrination[2] » du sang, la fibrine étant repérée comme l'agent essentiel de la coagulation. Oré préférait le sang total, et assortissait ses instruments d'un petit treillis métallique où venaient se prendre les éventuels caillots. Il explique comment, lors d'une transfusion pratiquée devant deux cents personnes, un caillot boucha son appareil : il le déboucha tranquillement et continua la transfusion sans dommage pour la patiente. On perçoit ainsi un peu mieux le caractère spectaculaire de la technique en cette fin de siècle. Une certaine confusion était entretenue entre la coagulation véritable, liée au contact de l'air, et l'agglutination, phénomène qui se produit lorsque les sangs du donneur et du receveur ne sont pas compatibles[3].

On fait encore de multiples expériences pour vérifier la numération globulaire de l'animal, la qualité des urines après la transfusion, le temps que met le sang de l'animal donneur pour « s'effacer » dans celui du receveur ; elles vont préparer la pensée à l'existence des groupes sanguins.

Pourtant le XIXe siècle se terminera, lui aussi, par une désaffection de la transfusion[4]. Trop d'accidents, malgré les observations optimistes ? Peut-être. Le sentiment, aussi, de ne pas faire de progrès marquants… Cette tristesse transfusionnelle concerne l'Europe, mais épargne les États-Unis où l'on commence à transfuser largement. Il faudra le voyage aux États-Unis d'Alexis Carrel d'une part, la guerre de 1914 d'autre part, pour que tout redémarre une troisième fois ; ce sera la bonne.

1. Le Dr Oré fut l'auteur d'une véritable somme sur la transfusion sanguine, et le fondateur de l'école transfusionnelle de Bordeaux ; il mélange étrangement rigueur scientifique et conclusions fantaisistes. Cf. *Études historiques, physiologiques…*, p. 523 et suiv.

2. La technique consistait à battre le sang pour enlever la fibrine ; cf. Farny, *Considérations sur la transfusion avec du sang non défibriné*, thèse, Paris, 1874 et Oré, *op. cit.*, p. 526.

3. L'agglutination des globules rouges peut être observée à l'œil nu : sous l'action des anticorps, on voit apparaître des amas d'hématies prises en bloc.

4. E. Lefèvre, *La Transfusion du sang et ses applications en obstétrique*, Paris, Jouve, 1913, p. 9.

B. CÔTÉ DROIT

Deux grands pans du droit élaboré au XIXe siècle sont au cœur des phénomènes contemporains : le premier concerne la reconnaissance de la responsabilité des médecins, tant sur le plan pénal que civil, en cas de faute dans l'exercice de leur profession ; le second touche à la reconnaissance juridique des phénomènes de contagion. Malgré les vives controverses scientifiques, le droit va insérer la transmission des maladies dans la mécanique juridique générale : devoirs de l'État en matière de santé publique, responsabilité de l'employeur ou du propriétaire d'un local malsain, etc. *La reconnaissance d'une responsabilité des personnes privées et publiques dans l'affaire de la contamination par le virus du sida n'était donc pas un événement inconnu du droit : on ne fit que retrouver de vieux réflexes datant des débuts de l'hygiénisme. Ce qui a changé radicalement, ce ne furent pas tant les solutions juridiques que l'importance de l'appel au droit par les victimes – les mentalités plus que le droit.*

1. L'affrontement du droit et de la médecine sur le principe de responsabilité

Au XIXe siècle, l'ensemble du droit médical moderne est à construire, en particulier le droit de la responsabilité[1]. Le Code civil donnait des éléments de solution pour la responsabilité des animaux et celle des commettants, mais il ne disait rien des médecins. Pour le corps médical, ce « vide juridique » signifiait l'irresponsabilité par nature de la médecine, « art conjectural » auquel le droit était inadapté, pour lequel les magistrats étaient incompétents[2]. Pour les magistrats, les médecins relevaient comme n'importe quel autre corps professionnel du droit commun de la responsabilité, suffisamment souple pour proposer un régime adapté aux spécificités de l'art médical.

Sur le plan pénal, les magistrats disposaient en effet des articles 319 et 320, qui traitent de l'homicide et des coups et blessures involontaires ; pourquoi ne pas les appliquer au médecin qui tue ou mutile par maladresse ? Sur le plan civil, ils avaient l'article 1382 : « Tout fait quelconque de l'homme qui cause

1. André Laingui et Jean Illes, « La responsabilité du médecin dans l'ancien droit », in *Études de droit et d'économie de la santé*, dir. D. Truchet, coll. « Travaux et recherches », faculté des sciences juridiques de Rennes et *Répertoire Guyot de jurisprudence universelle*, Paris, 1775-1786, v° Chirurgien, Homicide.

2. Il s'agissait là de l'avis général, incarné par le rapport du Dr Double présenté en 1829 à l'Académie de médecine ; d'autres avaient vu plus loin et affirmaient, comme Legrand de Saule, aliéniste et cofondateur de la Société de médecine légale, que personne ne devait se placer au-dessus des lois (cité par L. Kornprobst, *La Responsabilité médicale*, Paris, Baillère, 1946, p. 44).

à autrui un dommage oblige celui par la faute duquel il est arrivé à le réparer » ; et le médecin ne cause-t-il pas parfois des dommages ? Par sa généralité, ce texte constituait un fondement idéal : « Attendu que ces articles contiennent une règle générale, celle de l'imputabilité des fautes et de la nécessité de réparer le dommage que l'on a causé, non seulement par son fait, mais encore par sa négligence ou son imprudence ; que toute personne, quelle que soit sa situation ou sa profession, est soumise à cette règle, qui ne comporte d'exceptions que celles qui sont nominativement formulées par la loi ; qu'aucune exception de cette nature n'existe au profit des médecins, soit dans les lois de droit commun, soit dans la loi du 19 ventôse an XI, qui est le code de leur institution[1]. »

Cette opposition entre une médecine qui se voudrait irresponsable par nature et le droit qui lui applique la responsabilité de droit commun va affecter la forme d'un véritable combat. Il débuta par trois affaires qui émurent tant les populations que le monde judiciaire.

Au pénal, il y eut d'abord la condamnation du Dr Hélie qui, lors d'un accouchement difficile, avait amputé des deux bras le nouveau-né, qui survécut à l'opération[2]. Le Dr Hélie avait soutenu qu'il était irresponsable, du seul fait de sa qualité de médecin. Le tribunal confia l'enquête à l'Académie royale de médecine, dont les avis furent partagés, certains experts concluant à la faute médicale tout en laissant au tribunal le soin de dire si cette faute entraînait la responsabilité juridique, tandis que d'autres concluaient à l'absence de faute.

Le tribunal de Domfront mentionne avec sévérité le refus de coopération du milieu médical, explique la nécessité de faire de la médecine une profession responsable comme n'importe quelle autre : « Appréciant l'avis de l'Académie, considérant qu'il ne pouvait prendre pour règle ces avis incomplets où les questions sont éludées plutôt que résolues, et délibérées sous l'influence de cette pensée prédominante : que les médecins dans l'exercice de leur profession ne sont pas justiciables des tribunaux pour les fautes graves résultant du défaut de science, de l'imprudence ou de quelque cause que ce soit, pourvu qu'il n'y ait pas coupable application des moyens de l'art faite sciemment, avec préméditation, dans de perfides desseins ou des intentions criminelles, pensée que le tribunal ne peut partager. » Considérant que le Dr Hélie avait pratiqué l'opération mutilante en dehors de toute urgence, sans avoir utilisé les techniques palliatives existantes, ni fait appel à des confrères, le tribunal condamna le Dr Hélie à une rente à vie en faveur de l'enfant, de 100 F par an jusqu'à 10 ans, 200 F ensuite.

Le tribunal signifiait ainsi qu'une faute commise dans le cadre de la profession médicale pouvait constituer en même temps une infraction réprimée par le Code pénal. Il s'agirait le plus souvent de coups et blessures involontaires ou d'homicides involontaires.

Il y eut ensuite une sordide affaire d'expérimentation sans bénéfice thérapeutique. Elle fut jugée par le tribunal correctionnel de Lyon, le 15 décembre

1. Chambre des requêtes, 21 juillet 1862, Dalloz, 1862, I, 420.
2. Tribunal de Domfront, 28 septembre 1830, *Jurisprudence générale*, Dalloz, 1854, v° Responsabilité, nº 128.

1859, à la requête du ministère public, et n'est pas sans rappeler certains faits tragiques de l'affaire de la contamination par le virus du sida.

En ce milieu du XIXe siècle, les débats sur les modes de transmission de la syphilis battaient leur plein, et l'on se demandait plus précisément si les accidents secondaires de la syphilis étaient contagieux. Un interne de l'hospice de l'Antiquaille, à Lyon, voulut démontrer qu'ils ne l'étaient pas, en inoculant à un enfant hospitalisé pour une teigne du pus prélevé sur les plaques muqueuses d'un malade. L'enfant, soigné gratuitement, fut changé de service pour subir plus aisément l'expérimentation. Il présenta des signes modérés de la maladie et finit, aux dires des experts, par guérir complètement. Le médecin publia triomphalement son observation dans *La Gazette hebdomadaire* du 15 avril 1859, sans soupçonner le scandale qu'il allait déclencher. Le ministère public poursuivit pour blessures « faites volontairement et par pure curiosité scientifique ».

Le médecin, soutenu par nombre de ses confrères, tenta de se défendre en affirmant qu'il avait agi dans la limite de son droit de médecin, *sans intention malveillante*, et qu'il ne relevait de ce fait que de lui-même.

Le tribunal statua en des termes qui constituèrent le droit positif de l'expérimentation médicale, jusqu'au vote de la loi de 1988 qui légalisa l'expérimentation sans bénéfice thérapeutique direct pour le sujet : « Attendu que les droits du médecin et ses obligations envers la science ont des limites ; que ses droits, il les tire de son dévouement envers ses semblables, et de son ardent désir de les soulager ; que ses obligations envers la science doivent s'arrêter devant le respect dû au malade ; qu'il suit de là que, toutes les fois que, dans l'application d'une méthode curative nouvelle, le médecin aura eu essentiellement pour but la guérison du malade et non le dessein d'expérimenter, il ne relèvera que de sa conscience, et que, dans ce cas, si la médication, thérapeutique par son but, amène par son résultat une découverte scientifique, il jouira légitimement de la considération et de la gloire qui s'attachent à son nom ; que telle n'est pas la situation des prévenus : tout dans la cause démontre que leur pensée dominante, leur but principal a été de résoudre, au moyen d'une expérience, la question médicale qui faisait l'objet de vives controverses… »

Dans cette deuxième affaire, le juge passe du terrain de la thérapeutique à celui de l'expérimentation. Il ne s'agira plus d'infraction involontaire comme dans le cas précédent, mais du *délit de blessures volontaires perpétrées par curiosité scientifique*. Sur le plan pénal, le médecin est donc responsable pour l'ensemble de son activité, de l'expérimentation à la thérapeutique.

Il y eut, au civil, l'affaire Thouret-Noroy, terminée par un arrêt lapidaire de la Cour de cassation, qui posa définitivement le principe général de la responsabilité civile du médecin, dans les termes du droit commun. Son retentissement particulier ne tient pas uniquement à son caractère d'arrêt de principe, mais aussi aux célèbres conclusions du procureur général Dupin, qui tenta de démêler les rapports possibles de la science et du droit dans le cadre d'un procès en responsabilité médicale.

A propos de cet accident de saignée qui s'acheva par une amputation, le Dr Thouret-Noroy avait revendiqué, lui aussi, une irresponsabilité de principe :

« Le médecin, dans l'exercice de sa profession, n'est soumis pour les prescriptions, ordonnances, opérations de son art, à aucune responsabilité. La responsabilité ne peut être invoquée contre lui que si, oubliant qu'il est médecin, et se livrant aux passions, aux vices, aux imprudences de l'homme [...] il cause un préjudice au malade. La responsabilité s'exercera contre l'homme, jamais contre le médecin[1]. » Pour soutenir cette position, il s'appuie sur trois arguments : le médecin, du simple fait de ses diplômes, a une capacité légale d'exercer qui l'exonère de toute responsabilité puisque le malade lui confère dès lors un « mandat illimité » : c'est la thèse du Dr Double ; la loi n'a pas prévu de responsabilité, sauf dans le cas très particulier des officiers de santé (il y aurait donc un « vide juridique ») ; enfin, et surtout, la médecine est un art conjectural : sur un plan théorique, il ne serait guère pensable de rendre quelqu'un responsable d'une activité aléatoire, sur un plan pratique ; si l'on rend le médecin responsable, il « abandonnera le malade à son sort ».

Aux yeux des juristes, le procureur général Dupin va détruire irrémédiablement cette vision des choses[2]. Sur un plan politique, tout d'abord, il affirme qu'une irresponsabilité de principe de « l'homme de l'art » ne pourrait être admise « sans mettre en péril le reste de la société ».

Cette affirmation curieuse faisant état d'un péril social lié à l'irresponsabilité me semble presque visionnaire à la lumière de l'attitude des victimes dans les procès contemporains, car c'est bien le lien social que l'on a demandé au droit de rétablir. Dupin n'explique pas clairement en quoi l'irresponsabilité constitutive de la médecine serait un facteur de désordre, mais on peut reconstituer son raisonnement. Il lie la responsabilité au fait d'être un citoyen ; il s'agit là d'un principe du droit naturel et même d'un principe constitutionnel, seul le roi étant irresponsable. Tous les corps de métiers sont responsables, qu'il s'agisse du charpentier, du notaire ou de l'agent de change ; ils constituent ensemble une nation formée de citoyens responsables de leurs actes.

Il établit ensuite que, s'il y a un principe commun de responsabilité, le contenu des obligations dépend du particularisme de la profession. Il rappelle, « comme les médecins eux-mêmes ont la modestie d'en convenir, que la médecine est un art conjectural » et que les plus grands scientifiques peuvent avoir

1. Cela rappelle étrangement ce passage de *La République* : « Tu es un sycophante, Socrate, dans la discussion ; appelles-tu médecin celui qui se trompe à l'égard des malades, au moment même et en tant qu'il se trompe ? ou calculateur celui qui commet une erreur dans un calcul, au moment même où il commet cette erreur ? Non ; c'est par façon de parler, je pense, que nous disons : le médecin s'est trompé, le calculateur, le scribe se sont trompés. Mais je crois qu'aucun d'eux, dans la mesure où il est ce que nous l'appelons, ne se trompe jamais ; de sorte que, pour parler avec précision, puisque tu veux être précis, nul artisan ne se trompe. Celui qui se trompe, le fait quand sa science l'abandonne, dans le moment où il n'est plus artisan ; ainsi, artisan, sage ou gouvernant, personne ne se trompe dans l'exercice même de ces fonctions, quoique tout le monde dise que le médecin s'est trompé, que le gouvernant s'est trompé. » (Platon, *La République*, I, 340b-341b, Garnier-Flammarion, p. 89.)

2. Cour de cassation, chambre des requêtes, 18 juin 1835, Sirey, 1835, 1, 402.

des opinions divergentes sur les maladies. Il en conclut que l'on ne saurait donc imposer aux professions scientifiques l'obligation d'obtenir un résultat. Trancher entre les diagnostics ou les thérapeutiques pose des « questions scientifiques à débattre entre docteurs, et qui ne peuvent pas constituer des cas de responsabilité civile ni tomber sous l'examen des tribunaux » ; c'est ce que R. Carvais appelle le « principe de non-ingérence dans les controverses scientifiques[1] ». La faute seule doit être sanctionnée, lorsque l'ignorance reprochée au médecin sur ce point « ne lui était pas permise dans sa profession. C'est aux tribunaux à faire cette application avec discernement, avec modération, en laissant à la science toute la latitude dont elle a besoin ; mais en accordant aussi à la justice et au droit commun tout ce qui lui appartient. » Il précise encore que l'on ne jugera pas le talent, mais que l'on garantira « contre l'imprudence, la négligence, la légèreté, et une ignorance crasse de choses qu'on devait nécessairement savoir et pratiquer dans sa profession ». En somme, il faut apprendre à distinguer entre la part conjecturale de la médecine et un certain nombre de savoirs et de comportements moyens qui constituent le minimum de ce que l'on peut demander à un médecin.

Les conclusions de Dupin n'ont jamais perdu de leur intérêt[2]. On retiendra que les tribunaux ne se mêlent pas de science, mais peuvent apprécier le comportement normal du scientifique, et sa volonté de mettre en œuvre le savoir communément partagé[3].

Le recul des tribunaux devant la science est un mécanisme de régulation des conflits qui a une grande importance. En effet, les tribunaux se trouvent le plus souvent devant des expertises contradictoires ou incertaines, comme celle donnée par le Dr Flaubert pour la cour d'appel de Rouen, concluant que la gangrène qui avait fait tomber la main d'un enfant était due, *soit* à la nature de la fracture dont il souffrait, *soit* à la constriction trop forte des bandages imposés par l'officier de santé. La cour, obligée de choisir, se décida en faveur de la faute, et donc de la thèse de la constriction. Faut-il admettre, comme le pensent certains, que la cour s'immisce alors dans les débats scientifiques pour aboutir à une solution, ou simplement qu'elle tranche en donnant la *vérité juridique* de ce qui reste une *incertitude scientifique*[4] ? Je penche pour la seconde vision des choses : on est en présence d'une forme de fiction juridique, destinée à produire des effets sociaux – plus grande prudence des praticiens, indemnisation des victimes –, et non pas de l'énoncé juridique d'une vérité scientifique.

1. *In* C. Salomon-Bayet, *Pasteur et la révolution pastorienne*, p. 244.

2. La deuxième grande étape aura lieu un siècle plus tard ; la Cour de cassation fonde désormais la responsabilité du médecin sur le contrat qui le lie à son malade. Le choix en faveur de l'obligation de moyens n'a jamais été remis en cause, même si la matière a été subtilement aménagée par des présomptions, le recours à l'obligation de résultat pour l'« acte mécanique » ou, dans les établissements publics, pour des situations exceptionnellement risquées. Sur ce point que je ne traiterai pas ici, cf. R. Carvais, *op. cit.*, p. 253, et *infra*, Ve partie.

3. Sur ce sujet, cf. M. Harichaux, « L'Obligation du médecin de respecter les données de la science », *Semaine juridique*, Éd. G, 1987, I, 3306.

4. 21 juillet 1862, Dalloz, 1862, I, 419.

Le désir d'irresponsabilité des médecins n'a jamais été totalement écarté. En 1946, lors de la première condamnation d'une « Œuvre transfusionnelle » par la cour d'appel de Paris pour transmission de la syphilis, le père des transfuseurs français écrit : « Dans ces conditions, toutes les précautions exigées ayant été prises, la condamnation du médecin est *à la fois une injustice et un danger*. Une injustice parce que la contamination peut être inévitable. Un danger parce que de telles condamnations risquent de restreindre la transfusion aux seuls cas désespérés, ce qui condamne une foule de malades qu'une transfusion pratiquée en temps voulu eût sauvés. C'est à vous et non aux juristes qu'il appartient de décider. Or des décisions juridiques récentes, outrepassant l'avis des experts, ont condamné[1] [...]. »

Les événements contemporains autour de la contamination par le virus du sida relanceront cette revendication, presque dans les mêmes termes, un siècle et demi après les arrêts fondateurs de la responsabilité médicale. Il y eut un premier acte, lors des inculpations ; Michel Garretta demanda à être jugé par un jury d'honneur composé d'experts internationaux en transfusion sanguine[2]. On peut facilement imaginer quelle aurait été l'attitude de ce jury, lorsqu'on se souvient que J.-P. Allain et M. Garretta n'eurent aucun mal à être employés en Grande-Bretagne et aux États-Unis au moment précis où se déroulait leur procès.

Il y eut un deuxième acte avec l'« affaire de la grâce » : le 18 janvier 1993, un an après la condamnation définitive des Drs Garretta et Allain à des peines de prison ferme, deux demandes de grâce parvenaient au président de la République. L'une d'entre elles émanait d'une centaine de médecins et scientifiques français et étrangers, l'autre d'une trentaine de prix Nobel.

La lettre des médecins, publiée dans *Le Monde* du 20 janvier, était un modèle du genre, reprenant sans le savoir les mots de 1946 : « Nous, médecins, chercheurs, acteurs de santé [...], tenons à vous exprimer le sentiment d'*injustice et l'inquiétude* que nous inspirent cette décision et les conséquences qui vont en découler au plan de la santé publique et de la recherche biomédicale. » L'inquiétude porte sur les conséquences de ces condamnations au regard de l'« intérêt public » : elles provoqueraient « l'arrêt des progrès en matière de santé publique ». C'est ce qu'avaient dit le Dr Hélie au XIXe siècle et le Dr Tzanck en 1946. Mais les pétitionnaires de 1993 sont allés plus loin que la vieille menace sommaire, portant le débat sur le terrain d'une *irrépressible opposition entre deux systèmes de responsabilité relevant de deux univers de pensée de nature différente : le droit et la médecine*. Ils ont su prendre les choses de haut et, même quand on ne peut être d'accord avec eux, le propos est intéressant. Ils affirment en effet, que « ces condamnations sont inquiétantes car, sous l'influence des mêmes forces, elles risquent de se reproduire à propos d'autres problèmes médicaux aux frontières de la connaissance. Elles vont à l'encontre des progrès de la médecine car, par crainte de représailles judiciaires, elles dissuadent les scientifiques d'assumer les devoirs et responsabilités qui sont les leurs. »

1. *Bulletin de la Société de médecine des hôpitaux de Paris*, 1987, p. 303.
2. Tribune libre du *Monde*, 4 décembre 1991.

Si l'on suit la logique de la pétition, on doit admettre que l'application de la responsabilité pénale empêcherait les médecins d'assumer leurs responsabilités, au sens de la médecine. *La responsabilité vue par le droit conduirait à l'irresponsabilité vue par la médecine et, pour que la médecine soit responsable selon ses critères de jugement, il faut que les médecins soient irresponsables selon les critères juridiques. Une incompatibilité de nature entre deux types de responsabilité est affirmée.*

Un conflit aussi grave, que l'on ne peut ramener à l'affrontement de deux corporatismes étroits, me conduit à penser que le « principe de responsabilité » auquel certains s'accrochent aujourd'hui est bien plus un slogan qu'un principe directeur, chacun l'interprétant selon sa culture au mieux, ses intérêts au pire.

2. La coopération du droit et de la médecine pour la santé publique

Au XIXe siècle, quelque chose de fondamental va se produire : non pas la découverte du rôle de l'État ou des collectivités locales dans la protection de la santé publique, car depuis la plus haute Antiquité, diverses autorités avaient asséché les marais, prodigué les secours pendant les épidémies, protégé tant bien que mal l'eau potable, distribué les simples, mis des médecins à la disposition des pauvres, etc. Mais tout cela était fait dans le désordre, sur la foi d'intuitions et de volontés individuelles, avec des moyens aléatoires. En s'attachant à comprendre les modes de transmission des maladies, le XIXe siècle va donner les bases scientifiques nécessaires pour rationaliser une politique de santé publique cohérente et pérenne.

Médecins et juristes, réconciliés sur ce point, travaillèrent de concert à imposer à un corps social récalcitrant les normes qui allaient permettre d'augmenter si considérablement la durée de la vie humaine. On peut admettre que cela commence en 1807 avec la loi sur l'assèchement des marais, citer la loi de 1822 sur l'incitation à la vaccination antivariolique (qui offrait au plus zélé vaccinateur de l'année une prime de 1 500 F, des médailles d'or et d'argent), le décret de 1848 créant le Comité consultatif d'hygiène de France, la loi de 1850 sur les logements insalubres, la loi de 1874 sur le travail des enfants, la loi de 1881 sur la police sanitaire des animaux, celle de 1884, année d'un choléra ravageur, sur les pouvoirs des maires et des préfets en cas d'épidémie, celle de 1892 sur les constructions de la ville de Paris, celle de 1892 sur la déclaration obligatoire des maladies épidémiques...

Mais il fallut bien admettre que cette politique morcelée manquait d'efficacité. Le choc de la guerre de 1870, où l'épidémie de variole tua plus de 23 000 soldats alors qu'il n'y eut « que » 4 862 victimes de guerre, puis l'épidémie de choléra de 1884 qui ravagea les quartiers populaires, contribuèrent à mettre en chantier deux grandes lois dont l'objet serait d'assurer la protection de la santé publique. La première fut votée le 15 février 1902, après vingt ans de travaux préparatoires et de débats[1]. Le courant hygiéniste la considéra comme un demi-échec, le Parlement ayant amputé le projet d'origine, mais pour les juristes ce fut un monument considérable qui constitue aujourd'hui encore le schéma directeur du Code de la santé publique. La seconde fut la loi de 1905 sur la répression des fraudes, celle-là même qui servit à condamner les Drs Allain et Garretta[2].

Les deux caractéristiques de la loi de 1902 sont peut-être d'impliquer l'ensemble des autorités publiques, à tous les échelons du territoire – maires, préfets, président de la République –, et de comprendre toutes les disciplines fonctionnellement utiles à la santé publique, même si elles ne relèvent pas de la médecine – règles d'urbanisme, législation du permis de construire, par exemple. Cette caractéristique faisait de la santé publique un vrai projet politique et pas seulement un enjeu de la médecine ou de la pharmacie.

Le mouvement des idées de la science vers le droit y est évident. La science a permis de démonter la mécanique de la contagion ; elle indique les moyens d'en atténuer les effets (vaccination, isolement, désinfection, assainissement) ; elle donne des moyens de surveillance par l'élaboration de statistiques sanitaires (la Société de statistique fut l'un des groupes de pression actifs dans la préparation de la loi). Tout cela doit s'inscrire dans une évolution du rôle de la puissance publique, qui aura désormais des obligations précises à l'égard de la santé de la population.

Désiré Dalloz, auteur d'une encyclopédie juridique inégalée, exprime cette conviction dans le style du droit révolutionnaire dont il avait gardé le secret : « C'est une obligation et une dette sacrée de l'autorité publique de faire des lois et règlements nécessaires pour parvenir à préserver les citoyens de l'invasion des maladies contagieuses et des épidémies qui portent atteinte à la vie humaine. Le gouvernement, quel que soit son titre, est évidemment investi, par suite de la tutelle administrative qui lui appartient, du droit de veiller à la conservation de la santé publique [...]. Nous n'avons point à nous occuper des arguments mis en avant de part et d'autre par les contagionnistes et par les non-contagionnistes, arguments que la science médicale seule peut apprécier ; nous devons seulement constater que la législation a accepté jusqu'ici la contagion comme un fait certain, qui a été la base de ses dispositions préventives[3]. »

Nous avons peut-être ici un idéal type de pensée juridique ; en face d'une incertitude scientifique (le débat sur les modalités précises de la contagion), le droit s'en tient à la simple connaissance du principe de la propagation des maladies, qui lui suffit pour établir un socle de mesures préventives ; et rien n'empêche de modifier la norme lorsque l'état des connaissances s'améliore. L'affirmation des droits et des devoirs de l'État au regard de la santé publique

1. On trouve tous les éléments de la perspective de l'époque dans A. J. Martin et A. Bluzet, *Commentaire administratif et technique de la loi du 15 février 1902*, Paris, Masson, 1903.

2. Pour une étude récente de cette loi dans le contexte de la période hygiéniste, cf. R. Carvais *in* C. Salomon-Bayet, *Pasteur et la révolution pastorienne*, p. 289 et suiv. ; je l'ai replacée dans son contexte actuel, *infra*, p. 374 et suiv.

3. *Jurisprudence générale*, Dalloz, 1854, v° Salubrité publique, n° 2 et suiv.

est claire, et la condamnation de l'État français pour n'avoir pas pris les mesures nécessaires lors de la pénétration du virus du sida dans la transfusion sanguine n'est que la *mise en œuvre d'une obligation générale d'intervention reconnue depuis un siècle*.

Pourtant, les mentalités ont changé. Si, depuis l'origine du mouvement hygiéniste, il était difficile de faire admettre que l'intervention de l'État au nom de la santé publique puisse porter atteinte aux libertés et droits fondamentaux [1], il était bien rare que l'on se plaigne d'un défaut d'intervention de l'État. Cela arriva parfois, dans le domaine de la fourniture d'eau potable et de la gestion des épizooties par les services vétérinaires, mais resta exceptionnel. E. H. Perreau, l'un des fondateurs du droit médical, notait que, face à une calamité publique comme la peste ou le choléra, « on ne songeait guère à plaider [2] ». Ce n'est pas le droit qui a changé, mais la manière dont les victimes s'en servent. Ne se percevant plus comme victimes d'une calamité naturelle mais d'un système technique ou scientifique non maîtrisé par ceux qui en ont la charge, les plaideurs peuvent demander raison de leur malheur.

3. La responsabilité pour contaminations syphilitiques

Les connaissances médicales sur la transmission des maladies n'eurent pas pour seul effet de donner à l'État un pouvoir d'intervention en matière de santé publique, elles vont donner naissance à un contentieux spécifique. On évitera soigneusement de condamner les « responsables » d'une contamination intervenue au cours d'un rapport sexuel, mais on n'hésitera pas à le faire dans tous les autres cas : nourrices contaminant les nourrissons ou nourrissons contaminant leurs nourrices [3], oto-rhino-laryngologistes qui contaminaient plusieurs personnes en examinant l'oreille avec un instrument que l'on ne stérilisait pas, tatoueurs – déjà –, ouvriers souffleurs de verre qui se passaient leur instrument, vaccinations de la variole qui transmettaient la syphilis, circoncisions [4]...

A partir du moment où il y eut une certitude scientifique globale suffisante sur le cheminement du tréponème, les médecins pouvaient remonter le fil des contaminations en chaîne, et le droit pouvait s'emparer du problème, même si toutes les incertitudes n'étaient pas levées : « La science s'est appliquée à la recherche de la vérité, et à l'analyse rigoureuse de ces accidents pathologiques. Aidée, éclairée par la science, la justice a eu son tour et a fait à chacun son

1. Selon les cas, les mesures d'hygiène impliquent des atteintes aux libertés des personnes, à l'intégrité du corps humain, à la liberté d'entreprise, au droit de propriété...

2. E. H. Perreau, « Maladies contagieuses et baux à loyer », in *Études de droit civil à la mémoire de Henri Capitant*, Paris, Dalloz, p. 601.

3. Camille Appay, *Des maladies communiquées et notamment de la transmission de la syphilis par l'allaitement*, Paris, Georges Masson, 1876, p. 16. Cf. professeur Tardieu, *Étude médico-légale sur les maladies communiquées*, Paris, 1864.

4. *Id.*, p. 68.

droit ; de là une branche de médecine légale », dira Camille Appay. Le droit prend la science au sérieux : on trouve donc au XIXe siècle de nombreuses condamnations pour transmission de la syphilis.

Dans l'hypothèse la plus classique, ce sont les parents qui sont condamnés pour avoir confié imprudemment un enfant contaminé à une nourrice saine. Dans la plupart des cas, les enfants paraissaient en bonne santé à la naissance et présentaient les premiers symptômes entre quinze jours et trois mois, la nourrice étant déjà contaminée quand elle commençait à s'inquiéter. Par un arrêt classique, la cour d'appel de Lyon retint la responsabilité des parents, la mère présentant à l'examen des signes clairs de syphilis, tandis que la nourrice, examinée peu de temps avant de s'être chargée de l'enfant, avait paru en bonne santé. La cour estime qu'il était du devoir des parents, « et qu'il leur était facile, dans leur situation de fortune, de se rendre compte, dans les premiers jours, de la santé de l'enfant, et qu'instruits promptement des graves symptômes si précipitamment révélés, ils auraient pu le reprendre, avant qu'il eût contaminé la nourrice [...] il leur incombait de garder l'enfant ou, tout au moins de l'observer et de le retirer à temps [1] ».

Dans ce genre d'affaires, les nourrices appelaient un médecin pour soigner l'enfant. S'il révélait parfois le mal dont celui-ci était atteint, il pouvait se contenter de mettre l'enfant et la nourrice sous traitement, sans dire de quelle maladie il s'agissait. Dans une affaire probablement marginale, le mari contaminé d'une nourrice qui mourut de la syphilis après de terribles souffrances terminées par « une oblitération profonde de l'intelligence », réussit à faire admettre à la cour d'appel de Dijon la responsabilité de principe du médecin, pour avoir « sciemment laissé ignorer à la nourrice la maladie dont l'enfant était porteur ». Une telle affirmation était importante, si on l'oppose à l'argumentation du médecin qui prétendait qu'il n'avait rien à dévoiler du fait du secret médical, ayant été appelé pour l'enfant et non pour la nourrice [2]. Le tribunal avait été manifestement choqué du propos, qui lui paraissait « blesser les lois de la morale », la nourrice étant dans une situation qui lui imposc la confiance dans le médecin choisi pour l'enfant. Le praticien ne fut pourtant pas condamné en l'occurrence, le tribunal et la cour ayant estimé qu'au moment où il avait été appelé la nourrice était déjà contaminée ; le silence, reconnu fautif, n'avait pas porté préjudice. Cette décision fut critiquée par le commentateur qui la trouvait trop indulgente, et pensait que cette réserve avait pu aggraver le préjudice.

1. J. Lachèze, *La Transfusion sanguine au point de vue juridique*, Toulouse, Imprimerie Saint-Michel, 1924, p. 173 et tribunal civil (trib. civ.) de la Seine le 12 août 1856, *Gazette des tribunaux* (*Gaz. trib.*), 16 et 17 août 1856 (5 000 F) ; ou 21 janvier 1858, *Gaz. trib.*, 18 février 1858 (8 000 F), trib. civ. de la Seine, 10 août 1860, *Gaz. trib.*, 15 août 1860 (3 000 F seulement, alors que le mari de la nourrice avait été aussi contaminé).

2. Dalloz, 1869, II, 198 et Sirey, 1869, II, 12 ; que l'on pense aux médecins qui n'ont pas prévenu, en 1984 et 1985, les hémophiles de leur contamination, les laissant contaminer leur femme et parfois les enfants, que l'on pense au débat de 1994 sur la nécessité ou non de garder le secret face au conjoint d'un malade : on voit que les problèmes n'ont guère changé.

Divers organismes, publics ou privés, furent condamnés à la place des parents, lorsqu'ils s'étaient chargés du placement de l'enfant syphilitique : ce fut le cas d'un bureau des nourrices de Lyon[1]. De la même manière, la cour d'appel de Paris condamna l'Assistance publique qui avait placé un enfant abandonné sans l'avoir soumis à un examen sérieux, alors qu'il était d'une origine inconnue, « et par suite suspecte », son aspect chétif et des symptômes inquiétants suffisant à provoquer le doute[2].

A l'inverse, la cour d'appel de Poitiers refusa de condamner l'Assistance publique pour le placement en nourrice d'un enfant né de père inconnu, la mère et l'enfant ayant été examinés et reconnus sains l'un et l'autre lors de la naissance[3]. Cette affaire est particulièrement intéressante. En effet, en première instance, le tribunal avait condamné l'Assistance publique pour n'avoir pas pris la précaution de garder en observation un nourrisson né de père inconnu, en s'appuyant finalement sur la présomption que sa naissance illégitime était un facteur de risque dont la nourrice aurait dû au moins être prévenue. Ce facteur de risque lui paraissait d'autant plus probant que la nourrice et son mari, de leur côté, avaient fait l'objet d'« excellents renseignements ». L'arrêt de la cour d'appel de Poitiers, qui infirme, refuse les présomptions et exige la preuve de la faute de l'administration, qui n'était pas rapportée en l'espèce.

L'hypothèse la plus proche des circonstances actuelles de la contamination par le virus du sida mit en scène une sage-femme de Brive-la-Gaillarde qui continua d'exercer son métier pendant un an, contaminant un grand nombre d'accouchées, par un chancre curieusement placé au bout du doigt. Si l'on tient compte de toutes les contaminations en chaîne des enfants et des maris, elle fut semble-t-il responsable d'une centaine de cas. Elle fut condamnée à deux ans de prison et 100 F d'amende, parce qu'*elle connaissait son état et agissait sciemment*. On ne peut pas dire qu'elle voulait inoculer la syphilis, au sens où ce n'était pas son objectif, mais *elle en prenait sciemment le risque en se désintéressant des conséquences*[4].

Les nourrices ne furent pas les seules concernées. L'hypothèse la plus curieuse fut sans doute celle du souffleur de verre : le patron d'une soufflerie fut condamné pour ne s'être pas renseigné sur les antécédents de l'aide-souffleur Moreau, avant de l'engager. Or il avait été renvoyé d'une précédente verrerie après avoir communiqué la syphilis à plusieurs ouvriers, ce qui ne manqua pas d'arriver dans son nouvel emploi, les échanges de cannes étant fréquents. La cour d'appel de Dijon fait une application de l'article 1384 du Code civil (responsabilité des maîtres et commettants) : le maître ayant le libre choix des ouvriers, la loi l'a rendu « nécessairement garant des rapports forcés

1. Sirey, 1853, II, 474 et Dalloz, 1854, II, 93 ; refus de condamnation, la nourrice ayant refusé de se déplacer pour la visite médicale, Lyon, 8 février 1867, Dalloz, 1869, II, 195.

2. Paris, 24 février 1893, Dalloz, 1893, II, 189 ; contra, *Gaz. trib.*, 5 février 1876.

3. Niort, 5 juillet 1892 et Poitiers, 26 décembre 1892, Dalloz, 1893, II, 349.

4. Adrien Peytel, *La Responsabilité médicale*, Paris, J.-B. Baillière, 1935, p. 107 ; R. Carvais *in* C. Salomon-Bayet, *Pasteur et la révolution pastorienne*, p. 235.

établis entre eux par son fait dans l'exercice de leur industrie[1] ». Ayant établi que la contamination « résulte de l'usage qu'ils ont fait en commun, dans l'exercice de leur profession, du tube en fer creux servant à la fabrication des bouteilles et passant des lèvres viciées de Moreau à celles de l'appelant », la cour fonde les obligations du maître, solidairement responsable des dommages-intérêts mis à la charge de Moreau (qui devait être insolvable) par les premiers juges : « Que la fréquence de ces accidents, dont la science se préoccupe à si juste titre, n'étant point ignorée des directeurs de verreries, en présence d'un danger connu et prévu, la loi, à défaut de règlements spéciaux, prescrivait à l'intimé les mesures de vigilance nécessaires pour préserver ses ouvriers des effets de la contagion par l'introduction dans son usine d'un individu depuis longtemps infecté. »

On discerne ici un courant jurisprudentiel qui est finalement très proche des choix contemporains des tribunaux : en effet, on ne trouve pas de condamnation pour contamination par voie sexuelle, sphère de la vie privée, laissée hors du droit et de la responsabilité. Mais sont condamnées toutes les personnes qui mettent la santé et la vie des autres en danger par imprudence ou indifférence dans le cadre de leur vie professionnelle ou plus largement d'une activité autre que sexuelle, par exemple placer son enfant en nourrice.

Pour que ces condamnations soient prononcées, il faut un minimum de connaissances scientifiques, même si elles ne sont pas totalement avérées. L'idée d'une science qui « libère » un nouveau pan du droit de la responsabilité sera confirmée par E. H. Perreau. Étudiant l'influence des maladies contagieuses sur les baux à loyer[2], il signale que, depuis la fin du XIXe siècle, les locataires intentent des procès aux propriétaires qui ne désinfectent pas un appartement qui a été le siège d'une maladie contagieuse : « Le motif de cette nouveauté, c'est que la science médicale a montré soit leur cause de transmission, soit les moyens de l'empêcher. D'où l'idée de responsabilités nouvelles. » Et, effectivement, les locataires gagneront leurs procès, et obtiendront même en référé le droit de s'opposer à « l'introduction, dans le même immeuble, d'enfants atteints de scarlatine[3] ». Il faut tout de même un minimum de certitudes. R. Carvais montre très bien que, si le juge était assez à l'aise dans les contaminations syphilitiques, il le fut nettement moins dans la querelle sur l'asepsie et l'antisepsie, ce qu'il attribue aux incertitudes des scientifiques eux-mêmes, et à une certaine ambiguïté des experts, même les plus pastoriens d'entre eux. Les victimes, elles, semblent avoir été plus convaincues si l'on en croit les procès intentés en cas de fièvre puerpérale, mais beaucoup d'entre eux se solderont par des échecs.

Lorsque le XIXe siècle s'achève, tout est en place et rien n'est fait. On est prêt à entrer dans l'ère scientifique qui va s'ouvrir, avec le siècle, sur la découverte

1. Dijon, 23 avril 1869, Dalloz, 1869.
2. E. H. Perreau, « Maladies contagieuses et baux à loyer », in *Études de droit civil à la mémoire de Henri Capitant*, Paris, Dalloz, p. 601.
3. Tribunal de la Seine, 2 décembre 1916, *Gaz. trib.*, 1916, 2, 595.

des groupes sanguins. Il faudra la guerre de 1914 pour que la transfusion sorte de son halo irrationnel en prouvant son utilité en temps de guerre : c'est en quelque sorte le service rendu à la patrie qui va laver la transfusion de son passé douteux. Au retour de la guerre, les transfuseurs du front vont chercher à organiser des services transfusionnels avec l'obsession de « faire profiter les civils des progrès effectués au front ». Commence alors la longue course à l'approvisionnement. La page du sang animal étant définitivement tournée, il faut le sang des humains, et toujours plus de sang ; chaque pays, fidèle à son histoire et à ses mœurs, organisera la collecte du sang par le bénévolat, la rémunération ou un mélange plus ou moins visible des deux formes. C'est l'histoire étrange de cette longue traque qui permit aux États développés de passer des transfusions occasionnelles à des systèmes lourds d'organisation et de production, parfois transnationaux, qu'il faut maintenant raconter. Le droit français restera longtemps muet, avant de poser en 1952 les bases d'un système original qui fut tout sauf ce que l'on a dit qu'il était.

DEUXIÈME PARTIE

LE SANG DES HUMAINS ENTRE DEUX GUERRES

Le XXe siècle s'ouvre de manière symbolique sur la découverte des groupes sanguins, en 1901 ; elle passa inaperçue et ne modifia pas les pratiques de la transfusion, qui ne se préoccupe des groupes que si l'urgence lui en laisse le temps. C'est la guerre de 1914 qui va tout changer, non pas tant par les progrès techniques médiocres qu'elle permet de réaliser, qu'en réussissant à effacer le passé trouble de la transfusion. De manière encore exceptionnelle, on transfuse sur le front, et on sauve des blessés condamnés. Quelques jeunes médecins reviendront convaincus : la transfusion va gagner sa légitimité au champ d'honneur. Au retour commence la longue marche vers la transfusion de masse et, avec elle, l'obsession de l'approvisionnement : avoir du sang humain, toujours plus de sang.

Les choses commencèrent dans le plus grand désordre. Dans les villes d'origine des transfuseurs du front, un petit artisanat se met en place, chaque médecin recrutant à la diable les donneurs dont il avait besoin. Les succès sont évidents et l'augmentation de la demande exponentielle. Débordés par une demande qui fait plus que doubler chaque année, les médecins sont obligés de s'organiser. Il faut sortir du cercle aléatoire des infirmières, de la famille ou du voisin de palier, et recruter des donneurs que l'on puisse appeler de nuit comme de jour en fonction des besoins.

Ne pouvaient répondre à ces urgences que des professionnels rémunérés. On commença dans le cadre de structures privées, mais on demanda rapidement à l'Assistance publique d'accompagner le mouvement pour assurer la rémunération de donneurs toujours plus nombreux. Ce fut une grande aventure, et l'on ne savait jamais si l'on pourrait satisfaire les besoins du prochain trimestre, on ne savait jamais si l'on pourrait payer les donneurs le lendemain. Cette période, qui dura de la Première à la Seconde Guerre mondiale, fut marquée par la personnalité d'un certain nombre de grands médecins, entraînés par Arnault Tzanck, le plus charismatique de tous. Il n'y avait pas là de spécificité française.

Puis il y eut la guerre de 1940 et son cortège de progrès techniques ; mais ce n'est pas là le fait le plus marquant. Le retour de guerre aurait dû conduire à une reprise en main du ministère de la Santé, pour créer un système transfusionnel fondé sur une logique géographique et démographique, semi-public semi-privé comme le reste du système de santé publique. Il n'en fut rien, quelques individus continuèrent à construire le système à leur convenance, autour de leur personne. Pourtant, la guerre les avait fait changer de mentalité, de projet, d'idéologie. Pour transfuser au maquis, pour accompagner les énormes besoins des armées de libération, le Dr Benhamou avait eu l'idée géniale d'utiliser la TSF pour faire appel à des bénévoles, et ils s'étaient présentés en masse. Cela donnait à penser : le retour à la paix ne devait pas signifier le retour à la rémunération des donneurs de sang, la lutte devait se perpétuer au quotidien, et c'est ainsi que s'imposèrent le bénévolat puis le non-profit. Les hommes du parti communiste n'y furent pas étrangers.

Cette hypothèse étrange que je vais développer est bien sûr contestable ; j'essaierai de montrer qu'elle explique, seule, le développement du bénévolat, l'idéologie de l'autosuffisance, le choix politique qui a imposé aux centres de transfusion de ne pas faire de bénéfices. J'ai mieux compris ainsi les particularismes des systèmes transfusionnels dans les différents pays : ils ont une histoire nationale, pour ne pas dire nationaliste, fortement marquée par les tragédies du XXe siècle. Chaque peuple a trouvé ses solutions, profondément ancrées dans son passé, et l'harmonisation européenne n'est sans doute pas pour demain.

Médecine, guerres et idéologies sont au cœur d'un moment de l'histoire transfusionnelle qui va s'achever sur les ruses de la loi de 1952. Tout cela est bien oublié et l'on pourrait s'interroger sur la nécessité de faire revivre ce passé ; à tort ou à raison, il me semble que ce pan de l'histoire explique seul l'attachement des Français à leur système, sa persistance malgré le drame de la contamination, et en miroir l'acharnement judiciaire des victimes : en manquant à leurs obligations, les transfuseurs trahissaient l'héroïsme des origines. La France est ainsi pétrie de guerres, des figures chatoyantes des Tzanck et des Benhamou, d'idéal, de ruse et de hargne.

1. Les artisans des années vingt

La phase d'expérimentation sauvage n'avait pas posé de véritable problème d'approvisionnement : pour le sang des animaux, il suffisait de détenir une animalerie. Bien sûr, cette nouvelle forme d'exploitation du corps animal ne fut pas du goût de tous ; le Dr Cruchet raconte les soucis que lui causait son animalerie, en butte aux plaintes et aux tracasseries du voisinage. Peut-être un peu paranoïaque, il prétendit que ses voisins organisaient la fuite des animaux qui, errant à l'aventure, provoquèrent des accidents, que le médecin dut indemniser à ses frais !

Les praticiens russes en tenaient pour le sang de cadavre, source d'approvisionnement prétendument illimitée, qui n'enthousiasma jamais le corps médical français. Sur le plan médical, le risque de contamination était élevé, et, sur le plan social, on connaît mieux aujourd'hui la difficulté de s'attaquer aux « dépouilles mortelles ».

En fait, tant qu'il ne s'était agi que de transfusions expérimentales, les quantités requises étaient si faibles qu'il était facile de se procurer des volontaires rémunérés ou bénévoles, philanthropes ou amateurs de sensations fortes. Le problème de l'approvisionnement ne se posa que lorsque la transfusion commença à être pratiquée de manière routinière. L'histoire montre qu'il fut résolu empiriquement, en agissant au coup par coup. Les médecins transfuseurs donnaient leur propre sang, celui de leurs assistants et de leurs infirmières. Ils ponctionnaient la famille et, quand ils ne trouvaient personne, ils lançaient un appel aux passants dans la rue, devant le domicile du malade parfois. Les récits sont bigarrés, balzaciens. On y voit l'héritier refusant le sang à son auteur, le mari qui bamboche dans une pièce tandis que sa femme accouche et se vide de son sang à côté, la jeune domestique dévouée craignant que son patron ne se vexe de savoir qu'un sang si modeste coule désormais dans ses veines. Récits de la vie ordinaire, rumeurs ? Allez savoir ! dans le monde de la transfusion, les histoires vont bon train.

Les donneurs occasionnels ne pouvaient suffire. Il fallait s'organiser, fonder des associations pour assurer par la rémunération la disponibilité constante de donneurs stables. Le médecin et son association constituèrent ainsi, dans un cadre purement libéral, le creuset des futurs centres de transfusion. L'entre-deux-guerres montre ce glissement progressif du recours aux occasionnels vers la mise en place de corps de donneurs professionnels.

A. LES DONNEURS OCCASIONNELS

J. Lachèze, médecin qui soutint en 1924 une thèse de doctorat en droit sur la transfusion sanguine, fut amené à réfléchir à l'organisation qu'il conviendrait de mettre en place pour répondre aux besoins prévisibles à cette époque [1] : pour lui, les indications thérapeutiques sont, en l'état, limitées aux hémorragies et aux anémies, ce qui requiert des quantités de sang peu importantes. Il montre aussi les contraintes de transport : on transfuse dans quelques villes pionnières, mais les campagnes sont inaccessibles. L'essentiel de ces besoins est satisfait dans le cadre des relations intrafamiliales, mais il faut parfois faire appel à un donneur rémunéré occasionnel. Comment ces échanges de sang, si nouveaux en médecine, vont-ils être analysés en droit ?

1. Les transfusions intrafamiliales, une convention à titre gratuit

Le contexte est simple : le malade est chez lui, mourant faute de sang ; on va donc en demander à ceux qui se trouvent à proximité, le plus souvent la famille. En bon juriste, Lachèze va chercher le contrat tacite qui se cache derrière cette demande, et retenir le modèle de la convention à titre gratuit : on ne saurait se faire payer au sein de sa propre famille.

Cette figure du don intrafamilial, aujourd'hui interdite par la loi sauf nécessité thérapeutique, était recommandée par nombre de médecins transfuseurs, persuadés que le don intrafamilial pouvait limiter les refus de transfusion de certains malades. Mais ils signalaient en retour l'importance des risques de transmission de la syphilis que l'on hésite à dévoiler, la trop grande émotivité des donneurs qui s'évanouissent ou, brusquement paniqués, se retirent au milieu de l'opération, les refus obstinés qui tournent au drame [2].

Lachèze le juriste va s'attacher à trouver les moyens de passer outre ces refus en démontrant qu'il existe une « obligation de don » à l'égard des membres de la famille du malade. Il s'agirait là d'une forme nouvelle de la vieille obligation alimentaire. Il admet certes que le sang n'est pas exactement un bien matériel, contrairement à ce qui se passe pour les obligations alimentaires, puisque le don du sang aboutit à transférer quelque chose de la personnalité du donneur, « une partie bien déterminée de sa personnalité physique ». Mais il signale que l'obligation alimentaire est une catégorie souple, à laquelle on a pu déjà rattacher l'obligation de payer les funérailles [3].

1. J. Lachèze, *La Transfusion du sang au point de vue juridique*, Toulouse, Imprimerie Saint-Michel, 1924.

2. Agnès Parturier, *La Transfusion d'urgence, organisation de l'œuvre de la transfusion sanguine d'urgence*, thèse de médecine, Paris, 1933, p. 17.

3. J. Lachèze, *op. cit.*, p. 52 et suiv.

Il se demande ensuite si celui qui a rempli l'obligation pourrait exiger une compensation des autres membres de la famille, pour conclure par la négative, la prestation étant strictement personnelle et peu susceptible d'appréciation monétaire, dans le cadre intrafamilial tout au moins : il s'agit d'un acte d'une « intimité si profonde qu'il serait déplacé d'évaluer en argent la prestation fournie ». Et il conclut : « Le parent qui donne son sang, tenu par une obligation morale, ne peut exercer la répétition du prix du sang transfusé contre la succession du malade, ni contre les autres parents directs obligés au même titre que lui. » Il s'attarde ensuite sur les différents cas de figure envisageables. Outre les ascendants et descendants, l'époux est-il tenu ? oui. Les collatéraux ? oui. L'amant de la fille séduite ? oui, en raison du « lien de conscience *ex fornicatione* » découvert par la jurisprudence dans d'autres domaines [1]. D'une manière générale, « entre parents naturels, les solutions applicables entre parents légitimes en ligne directe, s'imposent » (les collatéraux sont évidemment exclus ici, puisqu'ils ne sont pas liés au sujet).

Y a-t-il place pour l'application de la théorie des « vices du consentement » ? Avec une certaine finesse, Lachèze concentre son étude sur la possibilité de violences morales, et plus particulièrement sur le chantage à la mort [2]. Mais il ajoute aussitôt, avec raison, qu'il sera bien difficile de convaincre le juge de la réalité de la violence [3].

2. Le donneur rémunéré occasionnel et le contrat de transfusion sanguine

La famille n'est pas toujours disponible, alors on recrute dans l'urgence : parfois on lance un appel en pleine rue, on propose un prix. Lachèze va étudier le contrat de vente qui se noue alors entre donneur et receveur, le médecin jouant le rôle d'un intermédiaire. Qui dit contrat, dit obligation. L'obligation de l'acheteur serait de payer le prix. Le vendeur serait tenu de se soumettre à l'acte chirurgical permettant d'effectuer le prélèvement et de livrer une certaine quantité de sang.

Un premier problème vient à l'esprit de Lachèze : en droit commun des contrats, la quantité de matière, objet de l'obligation de livraison, doit être déterminable pour que le contrat soit valable. Concernant le sang, la chose pouvait être délicate : si la transfusion était opérée directement, par abouchement

1. Notamment celui de la sépulture, tribunal de la Seine, 13 mai 1903, Sirey, 1907, 2, 242.

2. J. Lachèze, *op. cit.*, p. 58 et suiv.

3. Ces réflexions valent aujourd'hui pour le don de moelle osseuse que les jeunes enfants histocompatibles avec un frère ou une sœur leucémique n'ont guère le choix – pourtant protégé par la loi – de refuser. Il est peu probable que le juge s'en mêle un jour, car on ne voit pas très bien qui irait porter concrètement devant les tribunaux le refus du mineur, tout le monde étant bien conscient de la difficulté de sa position au sein de la famille s'il va jusqu'au bout de sa rébellion.

des veines, il était impossible de mesurer la quantité versée. Il n'y aurait pas, alors, de véritable contrat, les parties ne sachant pas à quoi elles s'engagent ! Avec l'appareil du Dr Jeanbrau, tout devenait possible : l'ampoule graduée qui recueille le sang du vendeur avant de le transférer à l'acheteur permettait de mesurer la quantité transférée.

Mais cette difficulté est mineure ; il faut surtout résoudre le problème, premier, de la validité de ce contrat de vente : le sang, objet du contrat, est-il dans le commerce ou hors commerce[1] ? Cette partie de sa réflexion, pourtant sommaire, est toujours intéressante, car elle rassemble, dès 1924, une bonne partie des arguments utilisés encore aujourd'hui pour tenter de qualifier les produits, éléments, ou dérivés du corps humain.

Il commence par encadrer techniquement le problème, pour montrer que le prélèvement sanguin n'est plus mutilant, ce qui le distingue d'un prélèvement d'organe ; en effet, l'appareil de Jeanbrau permet d'éviter de sacrifier l'artère radiale du donneur et de se contenter de « veines de moyen calibre » dont le sacrifice est « presque nul » au regard de la densité du réseau veineux[2]. Il fait remarquer dans le même ordre d'idées que Jeanbrau a pu désormais fixer scientifiquement autour de 800 g les limites du prélèvement « raisonnable » qui permet au corps d'assurer la reconstitution facile de l'état de santé du donneur[3].

Ayant démontré qu'il n'y a pas d'atteinte irréversible au corps du donneur envisagé dans son fonctionnement général, il rattache la vente du sang à d'autres ventes du même ordre, qui n'ont pas été déclarées illicites, tout en admettant que rien n'est exactement comparable. Il s'agit bien sûr de la vente du lait par les nourrices et de la vente des dents. Il fait remarquer que le lait est à la fois un produit moins « noble » que le sang, ce qui permet d'admettre plus facilement la faculté de le vendre, mais qu'il est en même temps plus « immoral » pour la nourrice de s'en départir puisqu'elle en prive son enfant, tandis que le vendeur de sang ne se prive lui-même que de manière imperceptible et momentanée. Il pense à la vente de squelettes, mais admet que l'on ne peut comparer le vivant et le mort[4] ; il évoque la possibilité de transiger sur le montant des dommages-intérêts dus par le responsable d'un préjudice corporel, transaction qui représenterait une certaine forme de commercialisation du corps humain. Il en déduit qu'il existe une « coutume » permettant la vente de certains produits du corps humain.

1. Un objet dit « hors du commerce juridique » ne peut être ni donné ni vendu ; il est hors de tout échange (par exemple, la nationalité ou le droit de vote). Ici, J. Lachèze n'examine que la question de savoir s'il est possible de vendre le sang.

2. J. Lachèze, *La Transfusion du sang au point de vue juridique*, p. 72 et suiv.

3. C'est en réalité considérable ; de plus, il n'évoque pas le problème le plus délicat, celui des dangers liés à la répétition du prélèvement, dangers qui ne seront connus que beaucoup plus tard. Aujourd'hui encore, les vendeurs de plasma américains ont des désordres biologiques inquiétants, liés à des prélèvements annuels trop considérables.

4. Cf. J.-P. Baud, *L'Affaire de la main volée. Une histoire juridique du corps*, Éd. du Seuil, coll. « Des travaux », 1993. L'auteur part du régime juridique du cadavre pour induire un certain nombre de conclusions sur le corps vivant.

Il parvient alors à sa définition de la nature du sang humain, « *pseudo médicament dont les personnes valides se démunissent en partie pour secourir un de leurs semblables* ».

La définition est contestable, car la finalité « secourable » n'est pas évidente dans le cas d'une vente. L'analyse de l'objet et de la cause du contrat de vente du sang montre au contraire que la finalité poursuivie par le « donneur » est le paiement ; si un supplément d'âme n'est pas à exclure chez certains vendeurs, la philanthropie n'existe qu'en arrière-plan et ne saurait entrer dans la qualification du contrat. Cette confusion des genres est toujours d'actualité ; les entreprises qui rémunèrent les donneurs insistent toujours sur la double nature du geste du vendeur de sang, individu qui cherche une compensation financière, mais ne serait pas indifférent à l'utilité de son geste pour les malades.

La qualification bizarre de « pseudo médicament » est bien intéressante dans le contexte actuel, puisque la loi de 1993 portant réforme de la transfusion sanguine a séparé l'activité transfusionnelle en deux branches distinctes ayant des régimes juridiques différents : *le sang*, qui n'est toujours pas qualifié en droit, et *les produits stables* qui en dérivent, désormais qualifiés de *médicaments* par Bruxelles. Qui dit médicament, dit marchandise et principe de libre circulation dans l'espace européen. Or, on le verra, cette qualification a finalement suscité tant de réactions défavorables que Bruxelles est en train d'imaginer un régime juridique transactionnel, qui, inconsciemment, traduirait ce concept de pseudo médicament[1]. Mais alors, en quoi cette substance incontestablement thérapeutique n'est-elle qu'un pseudo médicament ? Lachèze avance plusieurs raisons, dont aucune ne m'a paru parfaitement convaincante.

Il retient en premier lieu *le caractère vivant*, le « principe de vitalité » insufflé par le Créateur à cette matière. Outre l'impossibilité d'utiliser un argument religieux pour fonder une solution dans un État de droit laïque, le vitalisme, même expurgé de toute racine religieuse, n'est pas un fondement satisfaisant pour assurer un régime juridique spécifique au *vivant humain*. Ce n'est pas en soi qu'une cellule humaine est respectable, mais parce qu'elle implique concrètement la personne qui en est la source et, de manière plus abstraite, la représentation que l'on se fait de l'humanité.

Pourquoi ce vivant humain mérite-t-il un régime juridique particulier ? Pour éviter l'exploitation des corps, et celle des plus démunis en particulier. Mais si l'on s'en tenait là, il suffirait de fixer un prix suffisamment élevé pour que, cessant l'exploitation, cesse aussi l'atteinte à la dignité. Allant plus loin que l'impossible recherche du juste prix de la chair humaine, le bénévolat sert à instituer par un régime juridique spécifique une différence non pas de nature mais de culture entre le vivant humain et le vivant non humain qui, seul, peut être commercialisé. Lachèze, qui n'imaginait que la vente, ne pouvait pas tenir ce raisonnement.

Outre le caractère vivant, il retient de manière encore plus contestable *le caractère noble du sang* qui, partie intégrante de l'organisme du donneur,

1. Cf. *infra*, p. 171 et suiv.

devient partie intégrante de l'organisme du receveur : *le sang contient un médicament et « quelque chose de plus que nous ne pouvons définir*[1] *»* ; mais il ne définit pas ce « quelque chose de plus », s'arrêtant à l'instant précis où il commençait à nous intéresser !

Il est vrai qu'il lui était difficile d'aller plus loin, sa position n'étant guère cohérente : si le sang peut être vendu – ce qu'il souhaite – quel « statut spécial » lui conférer pour marquer l'origine humaine ? On pourrait penser aux biens protégés, comme le patrimoine architectural. On se contenterait alors de la recherche du juste prix et de l'établissement de « bonnes pratiques » (nombre de prélèvements, quantités prélevées, analyses sanguines...). Mais de telles précautions relèvent de la santé publique et non du respect de la dignité humaine. Il n'y aurait donc pas de différence entre les produits biologiques d'origine humaine, animale ou végétale, qu'il convient dans tous les cas de gérer au mieux pour ne pas épuiser la ressource et se trouver dans de bonnes conditions sanitaires. Ce « quelque chose de plus » qu'il reconnaît au sang humain ne peut donc se réduire à la contrainte d'une bonne gestion, commune à tous les règnes du vivant. Le « plus » de la différence symbolique implique le bénévolat, marque au demeurant modeste du respect de la dignité humaine.

Passé ce cap, l'auteur va tirer le fil rouge du contrat de vente jusqu'au délire. Il se demande, par exemple, quels moyens de contrainte le droit peut offrir à l'acheteur de sang contre son vendeur défaillant[2]. « Le moyen de contrainte le plus commode (pour obliger celui qui a consenti au prélèvement et se récuse) sera l'astreinte. » Il fait remarquer que la jurisprudence use de ce procédé en abondance, et qu'elle l'a étendu progressivement à la sphère des intérêts matériels et moraux ; selon lui, elle n'hésiterait pas à appliquer cette technique pour obliger le donneur à s'exécuter. Il suggère que l'astreinte soit calculée sur la base d'un certain prix par heure de retard, le tarif étant progressif au fur et à mesure que le temps passe, au moins tant qu'un autre donneur ne se manifeste pas. Si le préjudice est finalement réalisé, et que le malade meurt faute du sang du vendeur récalcitrant, celui-ci sera condamné à payer des dommages-intérêts aux héritiers de la victime.

On imagine mal un juge suivre cette suggestion, mais elle permet d'apprécier où peut conduire la logique des institutions juridiques existantes – ici le contrat de vente – quand on veut les appliquer à des situations nouvelles sans les adapter. Je croyais la question de la contrainte plutôt folklorique ; elle l'est malheureusement moins qu'on ne l'imagine. Des déportés non malades ont été utilisés à Buchenwald uniquement comme source de sang[3]. Il est illusoire de penser qu'une telle pratique a été abolie avec le nazisme. Dans quelles geôles se perpétue le crime ?

1. J. Lachèze, *La Transfusion du sang au point de vue juridique*, p. 76.
2. *Ibid.*, p. 90.
3. P. Portal, *Deux Aspects de la criminalité systématique dans les camps de concentration allemands*, mémoire pour la section de droit criminel de l'université de Paris, Chambéry, Imprimeries réunies, 1947.

B. LA CRÉATION D'UN CORPS DE DONNEURS PROFESSIONNELS

Lachèze le médecin écrit un peu avant 1924 : la transfusion est encore exceptionnelle, mais il en perçoit très bien les possibilités de développement et se réfère fréquemment à un article de M. Tuffier, paru le 15 juillet 1923 dans *Le Journal médical français*, qui montre le développement d'une vision pharmaceutique du sang : « A côté des globules rouges et blancs, il existe le sérum, des produits organiques, physiologiques, substances minérales et albuminoïdes, toxines et antitoxines venues des glandes vasculaires sanguines et des produits pathologiques résultant de toutes les maladies que le donneur a eues avant de donner son sang. Il faut savoir comment tout cela va agir. » Si l'on commence à entrevoir que le sang est composé de multiples éléments, chacun d'entre eux pouvant répondre à un besoin thérapeutique particulier, les perspectives deviennent immenses. Il est évident que le recrutement occasionnel ne pourra pas suffire longtemps à assurer ces besoins, et qu'il faut s'attacher à imaginer la constitution d'un corps de professionnels. C'est la partie forte du travail de Lachèze. Il quitte l'observation du réel pour construire abstraitement une organisation qui commencera, effectivement, à exister quelques années après.

1. Les vendeurs professionnels imaginés par la doctrine

« Avec ce troisième chapitre, nous abordons l'étude des rapports du donneur de sang et du malade à leur plus haut degré de perfection[1]. » C'est par ce jugement lapidaire que Lachèze aborde ce qui lui paraît constituer l'avenir de la transfusion sanguine : la création d'un véritable corps de donneurs professionnels. Selon lui, l'homme de métier aura deux traits de caractères essentiels.

Il est *compétent* physiquement pour réaliser son travail au mieux des intérêts de tous : c'est un homme robuste, de tempérament sanguin, et bien nourri. Il a entre 18 et 40 ans. Il est parfaitement sain, exempt de syphilis, tuberculose, paludisme, eczéma, herpès, pelade. Il supporte bien la vue du sang et l'atmosphère de drame qui accompagne les transfusions.

Il est *apte à comprendre le particularisme de son travail*, apte à être éduqué, et responsable. Lachèze le naïf est persuadé que le professionnel, dûment averti des risques qu'il peut faire courir aux receveurs, surveillera attentivement son état de santé, s'attachant à repérer le moindre signe d'infection, mènera une vie de couple exemplaire, et n'hésitera pas à se séparer de sa femme s'il la croit capable de céder aux instances d'un séducteur syphilitique. Cette rigueur

1. J. Lachèze, *op. cit.*, p. 94 et suiv.

morale, soutenue « en début de carrière » par la surveillance du médecin, est analysée comme un *droit* du receveur qui peut « compter à bon droit que [le donneur] aura reçu une éducation spéciale ; la rémunération serait moindre sans doute s'il était un donneur quelconque ».

A partir de là, le juriste suit de nouveau la logique du contrat de vente. *Le « donneur » doit se mettre en « état d'offre permanente » et publique*[1]. Par voie de presse ou de prospectus, il annonce son intention, et cette publicité le lie, selon le droit commun des contrats, à l'égard du premier acceptant. Il lui est conseillé de bien prévenir qu'il ne sera pas forcément en état physique de répondre à la demande, s'il vient d'être prélevé, ou s'il est malade. Mais il lui faut alors un certificat médical, faute de quoi il pourrait se trouver contraint de se soumettre au deuxième prélèvement. Il ne peut retirer son offre qu'en suivant les mêmes circuits d'information que ceux qu'il avait utilisés – les mêmes journaux, par exemple. S'il refuse sans certificat médical, il devra payer les honoraires d'un remplaçant, voire des dommages-intérêts s'il est arrivé un accident au malade. Ainsi le veut l'esthétique juridique du parallélisme des formes.

Comme il s'agit d'un travailleur, il peut recourir à une grève, dans les termes du droit commun. Autrement dit, il pourrait y avoir des grèves licites – obtenir plus d'argent – et des grèves illicites – réaliser une vengeance[2].

2. Les associations de donneurs rémunérés

On arriva bien à la création d'un corps de donneurs rémunérés, mais on ne tomba jamais dans les dérives juridiques de Lachèze : il n'y eut, faut-il le dire, ni astreinte ni condamnation pour grève illicite. La structuration du milieu des donneurs répondait à un double besoin, quantitatif d'une part, qualitatif de l'autre. Il paraissait préférable de disposer d'un groupe de donneurs universels qui évitaient les incompatibilités entre les groupes puisque l'on n'avait ni le temps ni les moyens de grouper les sangs avant la transfusion. On pouvait de plus surveiller leur état de santé, et la rémunération était un moyen commode pour s'assurer la disponibilité des donneurs.

Cela ne suffisait pas, bien sûr, comme tendrait à le prouver l'accident d'Églantine, tel que le raconte Jean Giraudoux dans son roman. « Fontranges était étendu près d'elle, mais en sens inverse, la tête en face de sa tête, et un tube d'argent reliait son bras gauche au bras droit d'Églantine. Ce n'était pas avec enthousiasme d'ailleurs que le chirurgien avait accepté le dévouement du baron. Jusqu'au dernier moment, il avait tenu pour Montazeau. On était sûr dans la clinique du sang de Montazeau. Il convenait à tous les sangs, il s'alliait à leurs trois familles, il était le sang de ce que les transfuseurs appellent un donneur universel. Mais donneur universel aussi en piston et en bugle, Monta-

1. J. Lachèze, *La Transfusion du sang au point de vue juridique*, p. 97.
2. *Ibid.*, p. 103 et 104.

zeau avait été prêté pour le dimanche par la fanfare du XIIIe à celle de Cormeilles et il alimentait de délire et de patriotisme les échos de toutes les familles du Parisis. Il avait bien fallu à l'aube, puisque les éléments professionnels étaient en vadrouille, accepter l'offre de ce brave homme, malgré son âge, et l'on avait examiné le sang de Fontranges. » C'est en poète que Giraudoux va décrire les sensations de Fontranges, inversant les banalités habituelles : « Uni à Églantine par cet organe d'argent et cette caresse inconnue, c'est lui qui sentait pénétrer dans ses artères un vide, une aération douce, le sang ailé d'Églantine, le bonheur. »

En 1928, le Dr Tzanck crée la première organisation collective à l'hôpital Saint-Antoine.

Tzanck le magnifique

Arnault Tzanck était l'archétype du médecin dont on rêve. Savant curieux à l'origine de multiples découvertes fondamentales autant que d'inventions techniques[1], il était au tout premier plan dans des domaines aussi divers que la dermatologie (où il participa aux débuts de la connaissance des allergies), les maladies vénériennes (qui expliquent sa sensibilité aux risques de contagion dans la transfusion sanguine), et l'hématologie bien sûr ; il eut sa place dans les débuts de la construction d'une théorie cohérente de l'immunité, convaincu que les tissus « savent reconnaître les agents extérieurs qu'ils refusent[2] ». Homme de terrain, il officiait à l'hôpital, visitait les indigents, comprenait tout et tout le monde, avait dix idées par jour et les mettait en application. Homme de tête, il organisa la transfusion civile, avant et après la guerre, et une partie de la « transfusion aux armées ». Habité par un courage qui semble si naturel lorsqu'il raconte ses souvenirs, il fut décoré de la croix de guerre en 1914. Ayant fui l'occupation allemande et les attaques de *Je suis partout* qui le traitait d'avorteur[3], il partit pour le Chili puis s'engagea en 1942 auprès du général de Gaulle.

Ce ne sont pourtant pas ces belles qualités qui m'ont retenue si longtemps près de lui, à fouiller dans la vieille caisse marquée « Tzanck », que la bibliothèque de l'Institut Cabanel conserve dans une cave, à défaut de place à l'étage. J'ai même traqué son fils, toujours appelé Tzanck le Jeune par le milieu transfusionnel, bien qu'il ait aujourd'hui près de quatre-vingts ans. Les photographies montrent un petit homme rond, à la moustache bonhomme, pipe et blouse blanche, affairé, courant, s'étonnant, expérimentant un nouvel outil ou une nouvelle technique, conseillant inlassablement la prudence tout en pratiquant, toujours à bon escient, une politique hardie.

1. L'appareil à transfuser Tzanck-Jubé fut utilisé très largement pendant des années.
2. Baruk, *Revue d'histoire de la médecine hébraïque*, nº 26, 1er juin 1955.
3. Attaque fréquente contre les transfuseurs qui, dès l'origine, refusèrent de distinguer entre les hémorragies des femmes qui avaient accouché et les hémorragies de celles qui avaient avorté.

Il eut le cran, par exemple, de confectionner lui-même une aiguille à transfuser très particulière, qui permettait d'atteindre directement le cœur à travers la cage thoracique. Son idée était de sauver des malades jusque-là inaccessibles à la transfusion, lorsque les veines totalement vidées de leur sang ne peuvent plus être trouvées. Au chevet d'une accouchée déjà passée de l'autre côté, il sortit son aiguille, transfusa directement dans le cœur, et la sauva.

L'esprit rôde encore, et l'on s'attarde pour découvrir le secret de l'œuvre d'un juste. Il me semble bien l'avoir trouvé en croisant des petites phrases éparpillées dans ses travaux scientifiques, avec la philosophie du vivant qu'il développe dans ses livres, particulièrement dans celui qu'il écrivit au Chili pendant les années du nazisme[1].

En opposition aux modes de pensée dominants, qui séparent irrémédiablement vitalisme et matérialisme, il créa pour son usage personnel la « méthode ou la doctrine biologique », qui se caractériserait par une utilisation conjointe de l'imagination permise par le vitalisme et de la rationalité à laquelle oblige le matérialisme, sous contrôle permanent de l'expérimentation. Chacune des deux doctrines lui paraît fournir des éléments valables pour fonder le plan des hypothèses et des expérimentations à venir. Il lutte ouvertement contre l'enfermement du corps médical dans une pensée pasteurienne réduite au « dogme de l'agent extérieur » : croire à l'existence d'une cause unique et nier l'influence de la réponse propre du malade, support neutre de l'agression. Or Arnault Tzanck resta fidèle toute sa vie à la vieille conception d'une médecine qui aide le malade à trouver les voies de la guérison. C'est dans cette optique qu'il s'intéressera à l'immunité comme moyen de défense de l'organisme, qu'il adhérera à la théorie de la « mémoire cellulaire » telle que la formulait Richet, qu'il admirait.

Pour lui, le propre du vivant est de ne jamais mettre l'observateur en présence de son essence, mais seulement des « témoins » accessibles à l'observation et à l'expérimentation. L'essence de la vie reste inaccessible car elle est le fruit de l'hypothèse, toujours en « position d'attente du verdict expérimental », et ne fait que se déplacer au fur et à mesure que de nouvelles connaissances viennent reculer les bornes du savoir. Il dit curieusement qu'il se sépare des vitalistes lorsqu'ils font intervenir la notion de vie à l'intérieur de la réaction physico-chimique, et des matérialistes lorsqu'il s'agit d'interpréter les réactions qui se manifestent dans un sens et selon des plans inconnus dans la matière inerte. Pour lui, tout le vivant est animé par des formes diverses de conscience, de la cellule à l'être humain, c'est-à-dire par le sentiment de l'existence et du monde qui entoure cette existence[2]. Le complément de cette conscience créatrice serait la mémoire biologique qui assure la répétition des mécanismes et rappelle le vivant à la matière. Mais la conscience intervient

1. On peut consulter tout particulièrement Arnault Tzanck, *Immunité, intolérance, biophylaxie – Doctrine biologique et médecine expérimentale*, Masson, 1932, et *La Conscience créatrice, entretiens sur la vie et la pensée*, Alger, Charlot, 1944.

2. *La Conscience créatrice*, p. 70 et 83.

dans la genèse de l'automatisme. Baruk disait qu'il avait fini par créer une sorte de spiritualisme biologique, je parlerai plutôt d'un néo-vitalisme matérialiste.

Le livre a vieilli sans aucun doute. Je m'y suis attardée car il est évident pour moi que ce néo-vitalisme de bon aloi le poussa à des choix sociaux et juridiques précis : son profond respect pour la personne humaine n'était pas sans lien avec sa vision des cellules, des tissus et du sang, comme matières animées d'humanité. Et, si l'on veut bien s'attarder un peu sur les raisons d'être de la grande loi de 1952 sur le sang, on constate que médecins et juristes étaient arrivés à la même conclusion, par les voies propres à chacune des deux disciplines : le sang n'est ni une marchandise, ni un médicament, ni une chose par opposition à la personne. Il participe d'une double nature, d'une catégorie complexe, de chose d'origine humaine. Tzanck le médecin y arrivait par sa conception particulière de la biologie. Les juristes E. H. Perreau, R. Savatier, et même J. Lachèze à sa façon, reconnurent tous ce « quelque chose de plus » que personne ne savait définir, et qui déjoue les catégories dualistes du vieux droit romain. Chose ou personne ? Et si c'était une troisième catégorie, entre chose et personne, faudrait-il s'en offusquer ?

L'entêtement du Dr Tzanck à plaider la cause de la transfusion s'explique, dit-on, par un drame familial, puisque sa sœur mourut d'une hémorragie obstétricale. Pour lui, qui avait vu les premières transfusions sauver les blessés de la guerre de 1914-1918, il devenait criminel de ne pas agir. On ne devait plus en rester aux petits bricolages locaux qui laissaient sans secours la plupart des malades. En 1928, il réussit à obtenir à l'hôpital Saint-Antoine un réduit de 2,50 mètres sur 3 et constitue une association sous le régime de la loi de 1901, la Transfusion sanguine d'urgence [1]. Tout commence au début de 1929 : il installe une table, une chaise, une secrétaire qui tient le fichier des 15 donneurs et répond – luxe suprême – au téléphone.

Le premier souci de cet homme, qui assura des années durant la consultation du soir à Saint-Antoine, fut de préciser les engagements des uns et des autres : permanences des médecins et des donneurs, jour et nuit ; un prélèvement par mois, ce qui constituait un engagement lourd de conséquences car le donneur devait se rendre à l'hôpital ou chez les particuliers, et que les quantités prélevées étaient très importantes. Autre souci dominant, celui de l'urgence. Michèle Loubet nota, en consultant les fiches de Saint-Antoine, que le temps qui s'écoulait entre l'appel et la réalisation de la transfusion était variable, mais jamais très long : entre 5 et 25 minutes, ce qui était une belle réussite si l'on songe qu'il fallait réunir au chevet du malade [2] un ou plusieurs donneurs et un ou plusieurs transfuseurs.

Dès la première année, le succès est immense : les femmes, qui payaient un lourd tribut aux hémorragies lors des avortements et des accouchements, sont

1. Une tentative faite en 1927 par le Dr Rosenthal avait échoué.

2. Ou des blessés, comme dans le cas de la catastrophe ferroviaire de Langny où dix donneurs et trois transfuseurs furent au chevet des blessés un quart d'heure après le coup de téléphone passé à la permanence, Michèle Loubet, *L'Œuvre de la transfusion sanguine d'urgence de 1928 à 1938*, thèse de médecine, Tours, 1983, p. 84.

les premières concernées. Le taux de mortalité diminue de 90 % dans la zone d'action du Dr Tzanck. De 1931 à 1935, à la maternité de l'hôpital Saint-Antoine, sur un total de 12 000 accouchements ou avortements, le Pr Lévy-Solal fait pratiquer 50 transfusions pour hémorragie de la délivrance, 20 pour *placenta praevia*, 75 en *post abortum* et 14 après césariennes ou grossesses extra-utérines[1] : la mortalité en couches fut un puissant moteur de développement des débuts de la transfusion.

Mais c'était un véritable défi que de vouloir suivre l'augmentation des besoins :

1929, 262 transfusions ;

1930, 787 transfusions ;

1931, 2 037 transfusions, soit un montant de 20 850 F par mois pour la rémunération des donneurs (dès cette date, l'Assistance publique, destinataire d'une grande partie des transfusions, paye déjà les 3/4 des rémunérations) ;

1932, 3 738 transfusions, pour un montant de 39 380 F au mois de janvier, 66 370 au mois de février, pour le seul poste de Saint-Antoine qui comprend désormais 500 donneurs réguliers et régulièrement contrôlés[2] ;

1948, 35 000 transfusions ;

1950, 110 000 transfusions ;

1951, 150 000 transfusions.

Par la suite, la courbe va se tasser, les besoins augmentant de 10 % l'an jusqu'à l'épidémie de sida.

Le Dr Tzanck organisa ce développement avec une rigueur mêlée de génie du marketing[3]. Du côté de la rigueur, trois femmes convaincues composaient l'essentiel du conseil d'administration, mesdames Christian Lazard, de Cobo et Pierre Simon ; Raba Deutsch de la Meurthe apporta les premiers fonds nécessaires à la rémunération des donneurs. Elles avaient pour tâche de soulager les médecins de l'organisation du recrutement des donneurs par la voie d'affiches, de soumettre ceux-ci à des examens de laboratoire (les fiches de Saint-Antoine montrent, à cette époque, un test syphilis tous les trois ou quatre mois), et de les rémunérer, problème qui deviendra rapidement insoluble par des moyens privés.

Pour le marketing, le Dr Tzanck s'entoure de la grande France scientifique et installée en prenant dans le comité d'honneur Charles Richet et le Dr Roux, de la France politique et juridique avec Achille Fould et Léonce Bernheim, de la France mondaine avec la marquise de Crussol ou la duchesse d'Uzès, présidente du comité. Le « comité de propagande » est présidé par la princesse de Faucigny Lucinge ! Côté finances, le docteur ne manque jamais d'idées : il obtient le concours du grand patronat, avec Renault et Citroën. Pour trouver des

1. M. Loubet, *L'Œuvre de la transfusion sanguine d'urgence de 1928 à 1938*, p. 95.

2. *Bulletin de la Société de médecine des hôpitaux de Paris*, nº 9, 10 mars 1933.

3. A. Parturier, *La Transfusion d'urgence, organisation de l'œuvre de la transfusion sanguine d'urgence*, thèse de médecine, Paris, 1933 ; cette thèse fut soutenue sous la direction du Pr Gosset, chirurgien qui, avec le Dr Lévy-Solal, participa à l'effort d'organisation du Dr Tzanck.

donneurs disponibles en bonne santé, il décide en 1930 le préfet de police à autoriser les gardiens de la paix à se faire inscrire comme donneurs ; ils sont tout simplement appelés au poste où ils travaillent. Ce sera peu de temps après le tour des pompiers. Le soutien de la France mondaine sera bien utile pendant toute la période où les moyens de financement du système transfusionnel n'existent pas encore. Les bonnes dames organiseront galas, loteries, soirées théâtrales, ventes aux enchères, frôlant en permanence mais avec élégance la cessation de paiement.

Le passage à la rémunération, devenu inévitable à la suite de l'explosion de la demande, ne plaisait sans doute pas beaucoup au Dr Tzanck puisqu'il s'appliqua, par des contorsions intellectuelles, à « trouver une formule particulière qui permît d'indemniser les donneurs de leurs frais de déplacement, de leur temps perdu, et même de la fatigue causée, mais sans prétendre donner "le prix du sang", pour conserver ainsi au geste du donneur son caractère généreux [1] ». Cette interprétation semble avoir convaincu la plupart des gens. Tzanck le Jeune, qui commença également son œuvre de transfuseur à l'époque de la rémunération, est encore persuadé qu'il n'y avait là qu'un phénomène de *compensation* pour le temps de travail perdu ainsi que les trajets, alors qu'il analyse les médailles des donneurs bénévoles comme une rémunération, symbolique certes, mais non négligeable. Je ne peux être d'accord avec cette analyse. Vérifications faites, les donneurs étaient le plus souvent payés en plus des rémunérations qu'ils recevaient dans le cadre de leur travail habituel, et surtout on *payait en fonction de la quantité prélevée*, comme pour une quelconque vente de marchandise.

Ce refus de considérer qu'il s'agissait bel et bien du prix du sang était à l'évidence une hypocrisie. Mais qui peut se permettre d'en juger avec certitude les effets ? L'hypocrisie est parfois l'instance conservatoire de l'idéal impossible à atteindre ; en l'occurrence, elle a servi à certains médecins à garder à l'esprit l'idée du bénévolat, à une époque où il paraissait impossible à mettre en œuvre.

En attendant, on s'attachait surtout à dessiner le profil du « bon » donneur : pour le Dr Parturier, il s'agit pêle-mêle d'anciens malades ou de leur famille qui ont une dette vis-à-vis de la transfusion, des membres du personnel médical, des gens amenés par voie de presse, des gardiens de la paix et des sapeurs pompiers. Ils seront en bonne santé (eux et leur famille), donneurs universels, ils auront un bon système veineux et une bonne présentation personnelle pour ne pas effaroucher le malade et, surtout, ne seront pas émotifs ! Le donneur est confronté à la salle d'opération, au lit sanglant de l'accouchée, à des situations toujours pénibles. On insiste sur sa valeur morale, que l'on ne définit pas clairement, mais il semble que l'on cherche à vérifier ici la vie sexuelle du donneur, pour éviter les risques de syphilis. Pourtant, l'exigence de moralité est plus large : M. Loubet raconte que des donneurs qui avaient fondé une amicale avaient prêté leur concours à une publicité de vin fortifiant [2]. Ceux qui avaient

1. M. Loubet, *op. cit.*, p. 104.
2. *Ibid.*, p. 70.

complaisamment donné (vendu ?) leur photo furent suspendus, et le président de l'amicale radié. La Fédération des donneurs de sang bénévoles reprendra par la suite cette fonction de « police des donneurs ».

Et c'est encore le dynamisme du bon médecin qui va conduire le centre de Saint-Antoine à devenir, après la Seconde Guerre mondiale, un lieu d'animation et de réflexion, assumant des fonctions d'enseignement et de recherche, qu'il fallait bien coordonner. Il dessine ainsi le futur Centre national de transfusion sanguine : il s'agit de réunir ses confrères une fois par trimestre pour centraliser les observations, en essayant de mettre un peu de rationalité dans la description des échecs et des réussites. On met en commun des documents, et on essaie de publier plus systématiquement. On fait des conférences, et c'est là que l'on va donner aux plus jeunes la formation théorique qui complétera la formation pratique qu'ils reçoivent sur le tas, en suivant le patron. Pourtant, A. Parturier y insiste bien, « chaque transfuseur est maître de choisir sa technique », tant pour la dose à transfuser, que pour l'instrument qu'il va utiliser. On voit en germe l'autonomie qui fit des centres de transfusion de petites féodalités si critiquées, alors que le bilan de cette liberté est difficile à faire. Lors des contaminations, la perspicacité de certains directeurs sauva bien des vies humaines qu'une centralisation aurait perdues puisque la tutelle ne sut pas jouer son rôle dans cette affaire ; mais ce fut une affaire d'hommes, et l'inverse aurait aussi bien pu être vrai.

La diffusion provinciale

Tzanck ne se contenta pas d'organiser son action parisienne, il fut un inlassable voyageur de la transfusion. Tous les vieux transfuseurs ont le souvenir des récits de la création du centre où ils travaillent, et tous savent que Tzanck y fut présent. Quand il n'existait rien, il se rendait sur place, faisait les premières démonstrations techniques, procurait l'appareillage, donnait les conseils fondamentaux. Dans d'autres cas, la transfusion avait déjà démarré sur une base locale. C'est alors son organisation associative qui servait de modèle pour structurer le milieu des donneurs. Dans les comptes rendus d'activité de l'association parisienne, on trouve la trace de la création de multiples branches provinciales de l'Œuvre de la transfusion sanguine d'urgence, qui fonctionnent à peu près toutes de la même manière, souvent en relation avec le dispensaire de la Société de secours aux blessés militaires. Des médecins et des pharmaciens sont attachés au centre pour pratiquer les prélèvements, les examens hématologiques, et assurer la gestion des fiches : ils gardent le nom du donneur, celui du receveur, et la quantité de sang transfusé. Ils versent la rémunération du donneur, calculée en fonction de la quantité, et sont payés eux-mêmes à l'acte. Le centre se charge d'assurer les donneurs contre les recours, ce qui laisse à penser que, si les centres n'ont jamais été poursuivis avant 1940[1], il y eut des

1. Cf. *infra*, p. 226 et suiv.

poursuites contre les donneurs, qui se sont peut-être terminées à l'amiable puisque les recueils de jurisprudence n'en portent pas la trace.

Le démarrage se fit à des époques très diverses selon les régions, généralement à l'initiative d'un médecin de talent, qui fut parfois obligé de lutter contre la prudence de l'administration hospitalière, comme à Toulouse. Le Dr Stillmunkes prit les choses en main en 1934. Les hôpitaux tentèrent de freiner l'initiative en demandant la formation d'une « commission » chargée d'étudier la question. Mais ils jouèrent le jeu en nommant le Dr Stillmunkes membre de la commission. Il fut très vite conclu qu'il était souhaitable d'installer un centre de transfusion dans la ville, et la création en fut confiée à Stillmunkes lui-même, parce qu'il « avait déjà eu l'occasion en 1933 de pratiquer des transfusions sanguines et possédait une seringue à transfusion [1] ». Il était admis que la chose, encore critiquée, devait rester discrète. Stillmunkes prit son bâton de pèlerin, visita les centres existants, se rendit aux États-Unis pour un voyage d'étude et, prudent, effectua une étude médico-juridique en collaboration avec le professeur H. Perreau. Le fait est assez rare pour qu'il mérite d'être souligné ; on se souvient que Perreau, professeur à la faculté de droit de Toulouse, fut l'un des premiers juristes spécialisés dans la responsabilité médicale, directeur de thèse de Jean Lachèze. Il avait donc déjà eu l'occasion de réfléchir aux problèmes susceptibles de se poser dans l'organisation d'un centre.

Sur le plan scientifique, le projet de Stillmunkes était d'avant-garde, puisqu'il mettait l'accent non seulement sur la transfusion sanguine classique, mais aussi sur la fabrication des « sérums de convalescents », les premières gammaglobulines. C'était une invention thérapeutique toute récente ; on transfusait à un malade les anticorps fabriqués par un convalescent ou un donneur sain spécialement immunisé par un vaccin. Stillmunkes s'attacha tout particulièrement aux sérums contre la poliomyélite, la rougeole, la coqueluche, qui faisaient encore beaucoup de ravages.

Après deux ans de fonctionnement clandestin sans téléphone, le centre acquit droit de cité, grâce à deux événements heureux, de portée inégale : une épidémie de coqueluche et de rougeole fut enrayée dans un préventorium grâce aux fameux sérums, et une « haute autorité municipale » fut sauvée grâce à une transfusion ! Dès lors, tout put se débloquer : des locaux furent trouvés, les subventions accordées, et le téléphone installé. Après avoir recruté huit donneurs dans l'hôpital même, Stillmunkes fait des appels dans la grande presse, ce qui amena 12 donneurs en 1936 et 50 à la fin de 1937. Il organise aussi la coopération avec les « industries dangereuses », comme beaucoup d'autres centres, et passe un accord avec la SNCF, dont le dispensaire compte

1. On réalise par ces simples mots le dénuement des débuts de la transfusion ; la possession d'une aiguille à transfusion constitue le point de départ de l'aventure (document non répertorié qui m'a été fourni par le Pr Ducos, qui connaissait mon intérêt pour l'histoire de la transfusion ; qu'il en soit remercié). La consultation de Perreau n'a malheureusement pas été retrouvée.

1 500 donneurs en 1939. C'est donc à partir d'un homme et d'une seringue que démarra le centre de Toulouse, qui abrite aujourd'hui une équipe de recherche de l'INSERM (Institut national de la santé et de la recherche médicale).

*

* *

L'histoire de la transfusion, telle que la donnent les apparences, aurait pu s'arrêter là ; quelques références à la guerre de 1914, cet impressionnant développement civil, 1945 et le début de l'industrialisation, la construction de centres de dessiccation puis fractionnement du plasma. Une loi, enfin, qui en 1952 vient organiser les choses, et la routine jusqu'à la contamination par le virus du sida. Mais où était né le bénévolat, et pourquoi ? La loi de 1952, me répondait-on toujours. Seulement, voilà, la loi de 1952 n'en disait pas un mot.

2. Le sang et la guerre

Mille petits indices me signifiaient qu'il manquait quelque chose à mon histoire. Combien de fois avais-je laissé de côté une référence à une revue militaire, à un fait précis de la Première ou de la Seconde Guerre mondiale ? Plus j'avançais, plus j'étais intriguée par les liens mystérieux entre la médecine civile et la médecine militaire. Il me fallait comprendre les obsessions de Tzanck : en 1920, faire profiter les civils des progrès accomplis au front ; mais aussi, en 1935, faire profiter l'armée des progrès accomplis dans le civil. Petit à petit, je me laissais aller à la lecture de la *Revue des corps de santé* ; petit à petit je pus réaliser que les techniques de réanimation des SAMU venaient directement de l'expérience de la guerre. Très progressivement, je compris à quel point la transfusion sanguine fut – techniquement sans doute, moralement surtout – un enfant des deux guerres.

Car chacune joua son rôle. La guerre de 1914 donna la première impulsion scientifique et morale. La guerre de 1940 eut une influence plus complexe et plus subtile. On retrouve l'impulsion scientifique, bien sûr ; mais le progrès de la technique d'organisation d'une transfusion de masse est sans doute plus important. Enfin et surtout, une nouvelle idéologie de la transfusion va naître avec la Résistance et les armées de libération. Il faut du sang et des transfuseurs pour ceux des maquis, et l'on ne peut plus s'adresser aux organismes officiels soumis au contrôle de Vichy ; on va donc organiser une petite transfusion clandestine servie par des bénévoles discrets. Il faut aussi du sang, en grandes quantités cette fois, pour les armées de libération, l'armée d'Afrique du Nord et l'armée de l'Ouest. Une opération de grande envergure comme celle-là se prépare longtemps à l'avance. C'est là que va naître le bénévolat, je crois que plus personne ne le sait aujourd'hui.

Les liens de la science et de la guerre sont connus ; il sera plus difficile de retrouver le fil rouge de l'histoire de la conquête du bénévolat : de petites phrases dispersées dans les discours des officiels, une lecture attentive de *La Revue du donneur de sang*, les souvenirs des uns et des autres, les vieux papiers des amicales de donneurs de sang. Commençons par la fin : contrairement à ce que l'on croit, la loi de 1952 n'a pas imposé le bénévolat en France ; nous vivons dans un pays qui s'est rapidement approché de l'autosuffisance et qui a pratiqué rigoureusement le bénévolat, sans que cela n'ait jamais été une obligation légale, tout juste le fruit de la charte des donneurs de sang. Le bénévolat fut une conquête populaire de longue haleine ; on paya des donneurs de sang jusqu'en 1976, date à laquelle est supprimée l'autorisation de prélever (dérogatoire) accordée à l'Institut Mérieux.

A. LA SCIENCE ET LA GUERRE

« Qu'il existe une compensation à l'horreur des guerres peut paraître monstrueux, cependant, il faut bien admettre que si l'émulation des peuples en conflit stimule le génie du mal, elle permet aussi aux sciences de progresser à pas de géant pour le bien de l'humanité – juste réparation. [...] C'est précisément au cours de la Première Guerre mondiale qu'a été répandu, sinon innové, l'usage de la transfusion du sang. » C'est en ces termes que le médecin général J. Julliard – créateur du Centre de transfusion sanguine des armées en France – commence, en 1966, le premier article d'un numéro spécial de la *Revue des corps de santé* consacré à la transfusion sanguine[1]. Ce numéro, passionnant à bien des égards, reprend l'histoire de la transfusion sanguine vue par l'armée française : les deux guerres mondiales, l'Indochine, l'Algérie.

1. La guerre de 1914 et le mythe de Jeanbrau

Le personnage le plus apparent des récits des transfuseurs est le Dr Jeanbrau. Il avait appris le métier avant la guerre, auprès du Dr Hédon qui l'avait formé à Montpellier. Hédon était un maître qui n'y allait pas par quatre chemins, considérant par exemple que la juste quantité à transfuser se reconnaissait à la pâleur du donneur et la proximité de l'évanouissement[2]. Pour de tels hommes, « la guerre, les guerres devaient constituer un vaste champ d'observation clinique puisqu'il s'agira à la fois d'une épidémie de traumatismes et d'une épidémie de chocs[3] ». Hédon, trop âgé, n'alla pas au front, mais soutint activement le projet de Jeanbrau en effectuant pour lui les recherches et dosages nécessaires

1. Tome VII, novembre 1966, p. 821.

2. Hédon est resté dans les annales pour avoir fait des expériences sur des condamnés à mort ; c'est ainsi qu'après l'exécution de l'un d'entre eux, il avait injecté du sang de chien dans les artères coronaires, pour vérifier la reprise des contractions du cœur après arrêt complet de ses battements. Hédon et Gils, *Compte rendu hebdomadaire des sociétés biologiques*, 1892, 169, Séances et mémoires.

3. A. Larcan, « Anesthésie, transfusion, réanimation et secours d'urgence », article dactylographié, Archives du CNTS. Le choc (ou shock) est une notion complexe désignant un état somatique général d'affaiblissement corporel qui résultait tant de l'épuisement antérieur à la blessure que de l'hémorragie elle-même, des réactions au froid, au chaud, aux toxines provoquées par la souffrance, le transport douloureux, etc. C'est donc un état plus global que le collapsus hémorragique. Il fut admis, au début de la Seconde Guerre mondiale, que cet état rendait la transfusion et l'intervention chirurgicale inefficaces, ce qui limitait assez considérablement les possibilités de soins. Ce dogme ne fut que progressivement remis en cause.

aux améliorations techniques qui allaient rendre la pratique de la transfusion plus acceptable.

Au départ, la poignée de médecins civils qui voulut pratiquer des transfusions sur le front se heurta aux chirurgiens militaires de la même manière qu'ils se heurtaient dans le civil à leurs confrères. Si le mythe Jeanbrau recouvre une série d'exagérations, il n'en reste pas moins qu'en imposant le sang citraté qui permettait d'éviter les accidents de coagulation, le jeune médecin fit beaucoup pour désarmer l'opposition des militaires. Ce fut sa principale utilité.

Contrairement à ce que l'on avance habituellement, les premières transfusions de la Grande Guerre ne furent pas celles de Jeanbrau en 1917. Il est d'ailleurs impossible de donner une date et un nom, car toutes les transfusions effectuées n'ont pas été publiées et retenues par l'histoire. Mais il est avéré que plusieurs médecins commencèrent dès 1914[1]. En fait, l'anarchie, qui était le lot de la transfusion dans le civil, continuait à l'armée : chaque médecin qui avait l'habitude de transfuser dans le civil transfusa dans son coin, avec sa méthode. L'entreprise était d'ailleurs difficile à généraliser, car l'appareillage archaïque faisait de chaque transfusion une opération. Les chirurgiens militaires s'opposèrent donc largement à la diffusion d'une technique qui blessait donneurs et receveurs.

Il y eut pourtant des progrès, auxquels Jeanbrau participa effectivement. C'est pendant la guerre de 1914-1918 que l'on commence à synthétiser un certain nombre d'accidents de transfusion jusque-là passés sous silence : les réactions qui suivaient la transfusion faite à partir d'un donneur qui venait de recevoir du sérum antitétanique, la transmission par le sang du paludisme commencèrent à démontrer l'idée de la transmissibilité des maladies ou des immunités par le sang. Jeanbrau publia ainsi un cas de paludisme transmis par un tirailleur sénégalais.

Sa réussite principale fut, en mai 1917, la démonstration qu'une solution de sang citraté évitait les accidents de coagulation. Cette découverte, qui fut réalisée en même temps dans plusieurs pays, jointe à la mise au point d'un nouvel appareil à transfuser qui permettait de prélever le sang du donneur à travers la peau au lieu d'être obligé de dénuder et de sectionner la veine, permit de vaincre une partie des résistances des chirurgiens de l'armée. Ces deux solutions techniques seront retenues par la postérité comme le point de départ de la transfusion de masse, contrairement à la découverte des groupes sanguins[2].

1. Guillot, Dehelly et Morel, *La Transfusion*, 1917 ; il faut citer le nom de Tuffier, qui transfusait bien avant la guerre, et qui me semble, à l'époque, avoir été plus connu que Jeanbrau. Il fit à plusieurs reprises l'aveu de son échec à convaincre les chirurgiens de guerre de l'intérêt de la transfusion ; on peut citer G. Rosenthal, qui se plaindra après le conflit que Jeanbrau lui avait ravi la vedette, et Benhamou, qui mettra son expérience au service des blessés de la Seconde Guerre mondiale, mais transfusait déjà en 1914.

2. Jeanbrau prétendra que les accidents dus aux différences de groupes sanguins ne dépassaient pas 3 % des transfusions réalisées, même lorsque les donneurs étaient choisis totalement au hasard. Cf. A. Mignon, *Le Service de santé pendant la guerre de 1914-1918*, Masson, 1926, t. IV, p. 603.

Ce sont donc les inventions purement techniques (utilisation du citrate et d'appareils moins barbares) qui prirent le pas sur la découverte de science fondamentale dans les mémoires. Pourtant, il ne reste plus rien aujourd'hui des solutions techniques, alors que la notion de groupe sanguin n'a jamais cessé de gagner en importance.

Jeanbrau réussit certainement à faire passer une partie des préventions contre la transfusion, mais il est tout de même exagéré de penser que celui qu'on appela le « pèlerin des terres sanglantes » ait pu sauver des milliers de vies comme on l'affirma par la suite[1]. La description, par le doyen Giraud, de centres chirurgicaux transfusant en masse lors de la grande offensive de 1918 est sans doute exagérée si l'on se fie au bilan médical du conflit. Les contemporains n'accordèrent pas tant d'importance à Jeanbrau, ni d'ailleurs à la transfusion. En 1926, à une époque où il était devenu possible de faire le point, A. Mignon, l'auteur d'un ouvrage classique, *Le Service de santé pendant la guerre de 1914-1918*, n'évoquera même pas la transfusion dans le chapitre sur le traitement des hémorragies[2], où il ne compte que la ligature des vaisseaux et l'emploi de sérums divers ! Pour lui, la meilleure solution était encore d'amputer à temps. Mais il va tout de même rédiger un chapitre sur la transfusion sanguine dans la quatrième partie du livre, sous le titre « Derniers progrès de la thérapeutique chirurgicale[3] ». C'est là qu'il évoque le rôle qu'aurait pu jouer cette technique dans « la thérapeutique des champs de bataille où les blessés viennent verser glorieusement leur sang pour la patrie ». Il fait remarquer d'emblée que le petit nombre des transfusions publiées fait songer à une expérience plutôt qu'à une thérapeutique. Il rappelle les « préjugés » des chirurgiens qui lui préféraient les injections de sérum physiologique, suffisants pour remonter la tension, et souligne que Jeanbrau ne sut convaincre qu'à l'extrême fin de 1917. Cette prise de conscience tardive aboutit en 1918, juste avant la fin de la guerre, à ce que les corps expéditionnaires se décident à créer « les premières équipes de “ressuscitation” destinées à former rapidement des transfuseurs affectés, après leur stage, dans les formations sanitaires de l'avant et les hôpitaux d'évacuation[4] ». Il avait aussi fallu convaincre que les donneurs n'étaient pas si difficiles à recruter parmi les « éclopés » légers, à qui l'on décida de donner dix jours de permission, et parfois la médaille d'honneur des Épidémies ou celle du Dévouement, ce qui était non négligeable.

Une anecdote rapportée par la feuille *La Bretagne à Paris*[5] rend bien compte de ce que furent les premières transfusions durant la Grande Guerre. Sous le titre « Le soldat Colas (Bannalec) fut-il en 1914 le premier donneur de sang ? », le journal raconte l'édifiante histoire de l'amitié tissée par les liens du sang

1. *Ve Congrès de transfusion sanguine*, 1965, p. 13.
2. Masson, t. I, p. 479.
3. *Ibid.*, p. 599.
4. A. Mignon, Julliard, p. 835.
5. N° 1109, 2 février 1968 ; la photocopie de cet article a été faite par Mireille Richard qui était chargée du centre de documentation du musée de la Transfusion sanguine.

entre Isidore Colas, « dur comme du granit breton », qui était en convalescence à l'hôpital de Biarritz, et Henri Legrain qui mourait d'hémorragie. Le Dr Lostalleau cherchait sans succès un donneur lorsque Isidore Colas, convaincu par une infirmière qui était sa « payse », s'offrit pour sauver le caporal Legrain. Sitôt dit, sitôt fait. La chose parut suffisamment mémorable pour qu'on organise à l'hôpital une collecte et que l'on offre à Isidore une montre en or qui témoignerait de son exploit : « Le soldat Colas a donné de son sang à son camarade Legrain. Biarritz, le 16 octobre 1914. » Il reçut de plus une médaille d'argent des mains de l'épouse de l'ambassadeur d'Espagne. Le plus joli, c'est la fin de l'histoire : en 1963, les deux hommes vivaient toujours, correspondaient régulièrement, et Isidore Colas était... président d'honneur de l'Amicale des donneurs de sang de Bannalec.

Moralement, un pas était franchi ; le donneur de sang n'était plus l'outil mercenaire de pratiques expérimentales douteuses, mais un patriote sauvant son camarade. Quant au récit du soldat Colas devenu prosélyte de la transfusion, c'était la meilleure démonstration de la continuité entre les temps de guerre et de paix.

2. 1918-1939 : les occasions perdues de l'armée française

Autant le passage de l'expérience de guerre à la transfusion civile fut réussi, autant l'expérience transfusionnelle de la Grande Guerre ne sembla pas convaincre les militaires du caractère impératif de l'existence d'une unité de transfusion. Devant cette impéritie, Tzanck fit des propositions en 1932 dans un article, puis en 1933 dans son grand livre sur la transfusion. Il suggérait de constituer un service autonome de transfusion aux armées qui serait doté de possibilités de formation de personnels spécialisés, d'ambulances et de matériels normalisés ; il demandait que soit inscrit le groupe sanguin de chaque soldat sur sa plaque d'identité – ce qui ne fut réalisé systématiquement que dans les armées alliées – et que soit constitué un corps de donneurs propre à l'armée.

C'est en 1937, seulement, que les autorités militaires commencèrent à entendre le message. C'était évidemment un peu tard, et ce rendez-vous manqué n'est pas sans rappeler le combat solitaire du général de Gaulle en faveur des chars ; la transfusion « régulière » de 1939-1940 restera archaïque et mal organisée, et il faudra attendre la relève par les Forces françaises libres pour qu'elle soit moderne et efficace. Les deux histoires sont étrangement parallèles : c'est sans doute à ce moment que l'identité idéologique nouvelle de la transfusion commence à devenir perceptible.

En 1937, le IIe Congrès international de transfusion sanguine réussit à convaincre quelque peu la hiérarchie militaire. On mit en place une commission spéciale pour étudier le problème de la conservation du sang : la commission Jeanneney. Elle n'avança pas vite, et continua, malgré l'expérience favorable de la guerre d'Espagne, à s'interroger sur l'utilité et l'intérêt du sang conservé[1]. A partir de 1938, Tzanck, inquiet du retard mais pas découragé, décida d'aider l'armée malgré elle en quelque sorte, en lui proposant le soutien de la logistique de Saint-Antoine. Avec l'aide de la fidèle Mme Lazard, il constitua au sein de l'Œuvre de la transfusion sanguine d'urgence un corps de donneurs bénévoles spécialement recrutés pour les besoins d'un conflit. Le choix de faire appel à des civils de l'arrière – sur le fondement d'un geste patriotique – plutôt qu'aux « éclopés » de l'armée – sur le modèle de la guerre de 1914 – est important : c'est ce choix que l'on voudra perpétuer après la guerre en instituant le bénévolat. Las, en 1939, la coopération entre Saint-Antoine et le service de santé de l'armée n'aura abouti qu'à la fabrication de mallettes de transport, l'aménagement d'automobiles de la Croix-Rouge, la disponibilité de quelques centaines de litres de sang par jour et la formation de cent cinquante techniciens spécialisés[2]. Rien de tout cela n'était à la hauteur du conflit qui se préparait.

3. La guerre de 1940 et le concept de réanimation-transfusion

La période 1939-1940, non préparée, fut un échec patent. C'est en 1942 que tout va recommencer ; la mise au point, entre 1942 et 1945, du concept et des techniques de réanimation-transfusion sauvera un très grand nombre de vies humaines, pendant le conflit et après le retour à la vie civile, puisque l'expérience acquise sera utilisée tant pour les catastrophes civiles que, d'une manière plus générale, par les SAMU. Le vieux problème de toutes les guerres, qui est aussi celui des catastrophes, avait ressurgi : où et quand faut-il apporter les soins aux blessés ?

On semblait pris dans une contradiction. Si l'on intervient très tôt, sur le front, on est obligé de disperser les soins dans un grand nombre d'équipes mobiles très exposées. Elles ne seront alors pas suffisamment dotées en matériels et en personnels formés. De plus, le blessé soulagé par les premiers soins doit encore subir tous les aléas du transport. L'expérience permit de constater qu'il n'existait de bon déshockage qu'à la condition d'assurer la continuité du traitement jusqu'à l'intervention chirurgicale, qui ne pouvait avoir lieu qu'à l'arrière. Il était donc généralement préférable de temporiser le déshockage et d'accélérer l'évacuation : sur le front lui-même, l'essentiel est de permettre l'évacuation la plus rapide. Mais ensuite, il faut disposer d'un matériel en bon état, de gens bien formés et de réserves de sang et de plasma en abondance, tout

1. La guerre d'Espagne fut le premier conflit où l'on utilisa avec succès du sang conservé ; même si l'armée française n'avait pas été concernée, l'expérience était connue et diffusée dans le monde de la transfusion.

2. A. Tzanck, *Transfusion et réanimation aux armées*, Académie de chirurgie, 7 février 1945 ; et Tzanck *et al.*, « La transfusion de sang conservé », in *Bulletin de l'Union fédérale nationale des médecins de réserve*, 1939, p. 587.

ce qui n'avait pas existé en 1939. Il faut enfin assurer la mobilité de cette énorme infrastructure.

C'est cet ensemble pluridisciplinaire qui fut créé à partir de 1942, avec l'ORT (Organisation de réanimation transfusion) au sein des Forces françaises libres, avec l'aide des Alliés. La figure emblématique n'est plus le Dr Tzanck, réfugié pour le moment au Chili, mais le Pr Benhamou [1].

4. Le professeur Benhamou crée la route du sang

En novembre 1942, les Américains débarquent à Alger et une armée française se reconstitue, qui doit faire mouvement par la Tunisie et l'Italie. Le directeur du service de santé militaire convoque les médecins et leur demande d'organiser un service de transfusion moderne, propre à suivre le mouvement des troupes dans cette longue reconquête. Mais il précise « qu'il n'a à sa disposition ni récipients de verre, ni tubes de caoutchouc, ni aiguilles, ni matériel de réanimation, ni aucun moyen industriel de conservation. Les organisateurs doivent se débrouiller avec les seules ressources du continent africain – sachant qu'il n'existe pas non plus de corps de donneurs organisé –, et qu'ils doivent prévoir un plan adapté aux besoins, par hypothèse évolutifs, d'une armée en marche !

Cela paraît impossible, et pourtant tout sera réalisé en temps et en heure, grâce au Pr Benhamou, spécialiste des maladies tropicales et d'hématologie, après avoir été chef de clinique obstétricale, formé à la transfusion lors de la guerre à Verdun. Dès 1940, il avait organisé en secret, dans les sous-sols de l'hôpital Mustapha d'Alger, un petit service clandestin de transfusion sanguine, et préparé un certain nombre d'élèves. Après 1942, il va travailler avec un environnement humain exceptionnel : le Dr Aujaleu, qui sera l'artisan de la grande loi de 1952 sur le sang, les meilleurs médecins du Maghreb, et Tzanck, qui les rejoindra en 1944. Ils formeront, à partir d'Alger, douze promotions de réanimateurs-transfuseurs. L'efficacité de leur action repose sur trois éléments : une fabrication autocentrée, un recours minimal mais bien choisi aux technologies étrangères, une organisation en maisons mères et ailes marchantes, concepts issus de l'art militaire et appliqués à la transfusion.

Une fabrication autocentrée

Tel fut sans doute l'élément le plus original de son organisation, celui qui aurait mérité d'être médité par les industriels de l'Algérie indépendante. Benhamou avait peu de moyens, mais il connaissait parfaitement les ressources du continent africain. Il résolut le problème des aiguilles en faisant travailler les

1. G. Duchesne, « Évolution de la transfusion de guerre de 1914 à nos jours », in *Revue des corps de santé*, numéro spécial, 1986, p. 839.

bijoutiers d'Alger, le problème des récipients de verre en s'adressant à un verrier espagnol réfugié au Maroc, le problème du caoutchouc en le réquisitionnant à Dakar, et celui des donneurs de sang en parcourant le Maghreb inlassablement et en lançant des appels à la radio. De conférence en émission, de ville en village, *il inventa le bénévolat de masse*. Il n'eut pas besoin, à l'inverse des Américains, de faire appel à des agences de publicité pour lancer et soutenir l'opération auprès de divers groupements, confréries, organisations religieuses, unions, bureaux, etc.[1] : les collectes eurent un très grand succès, y compris chez les Algériens (curieusement, il n'est resté dans les mémoires que la participation des Kabyles[2] !).

Un recours bien choisi aux technologies étrangères

Les ressources locales d'un pays sous-développé atteignent vite leurs limites. Lorsque, en 1944, il parut nécessaire d'adjoindre au sang conservé du plasma sec et des fractions plasmatiques[3], il devint évident que cela dépassait les possibilités de l'artisanat local. Benhamou travailla (avec Pugliese) aux plans d'une usine de dessiccation à grand rendement à partir d'un modèle anglais fourni par son alter ego anglais, sir Lionel Whitby, mais adapté aux contraintes locales. Deux mécènes, les frères Borgeaud, donnèrent le terrain et assurèrent toutes les dépenses. Cette usine algérienne fut la première unité française de dessiccation du plasma.

Maisons mères et ailes marchantes

La transfusion de masse nécessite une base géographique stable pour réaliser un ensemble d'opérations fixes, telles la collecte et la fabrication. La guerre implique une grande mobilité. Il faut donc articuler les deux exigences, ce qui fut réalisé par les concepts de maisons mères et d'ailes marchantes. La première maison mère fut Alger, qui fournit tout ce qui était nécessaire à la campagne de Tunisie. Cette première base était insuffisante et trop lointaine pour assurer la campagne d'Italie. Benhamou conçut alors une sorte de filiale napolitaine qui

1. J. A. Phalen, *La Question du plasma sanguin*, édité par l'Office de l'information médicale à Washington, le 25 juillet 1944, bibliothèque de l'INTS.
2. E. Benhamou, « Notes pour servir à l'histoire de la transfusion sanguine dans l'armée française de 1942 à 1945 à partir de l'Afrique du Nord », in *Revue des corps de santé*, numéro spécial, 1966, p. 859.
3. La technique des dérivés, mise au point par le Soviétique Fitaliv en 1932 avait peu pénétré en Europe occidentale ; en France on semble avoir appliqué les techniques de fractionnement du plasma qui avaient été pensées par l'Américain Cohn avant la guerre, et mises au point de manière industrielle au sein de son équipe grâce à un extraordinaire effort de guerre. Celui qu'on appela par la suite le « roi des protéines » ouvrait la voie à la transfusion actuelle… et à ses problèmes.

s'occupait de la collecte et de la conservation, et dépêcha une deuxième aile marchante vers le Nord, et ainsi de suite. Les nouvelles promotions de réanimateurs-transfuseurs accompagnèrent le mouvement, et il n'est pas sans intérêt de constater qu'un certain nombre de ceux qui furent ainsi formés à cette époque restèrent de près ou de loin liés à la transfusion : Tzanck le Jeune, qui assura ensuite la direction du centre de la Pitié-Salpêtrière, J. Dausset, découvreur du système HLA (système tissulaire qui complète les groupes sanguins), Bessis, qui dirige le service d'écologie cellulaire à la Salpêtrière, Duchesne, qui participa à la création du Centre de transfusion sanguine des armées après la guerre.

L'effort transfusionnel de l'armée du Sud fut complété par celui du front de l'Ouest, où les Américains assuraient néanmoins l'essentiel du travail. Il n'est toutefois pas inintéressant de constater qu'on retrouve dans cette deuxième entreprise un peu les mêmes caractéristiques que dans la première : la présence de futurs grands noms de la médecine, comme Jean Bernard, et l'inscription de l'opération dans un contexte idéologique précis, puisque l'opération reposait sur le service de santé des FFI (Forces françaises de l'intérieur)[1].

Cette expérience marqua profondément les esprits : « En résumé, dans le domaine de la réanimation-transfusion, l'expérience de la guerre et surtout celle de la campagne d'Italie furent riches d'applications maintenant classiques. Pour la première fois, il apparaissait que la transfusion sanguine devait être pensée, non plus à l'échelle individuelle, mais à l'échelle collective, à l'échelle d'une armée en campagne, d'une ville, avec des réserves en plasma, à l'échelle d'une catastrophe minière, routière, ferroviaire, à l'échelle d'un séisme[2]. » La description oublie les débuts de l'industrialisation (techniques de conservation, développement rapide des produits dérivés du sang), et plus encore l'empreinte idéologique : *la transfusion portera désormais la marque d'une solidarité, d'un geste volontaire et bénévole, d'un effort commun de la nation tout entière. Le bénévolat, quant à lui, est devenu la marque des hommes de la Libération.* Tout est en place, scientifiquement, techniquement, moralement, pour l'après-guerre et le retour à la transfusion civile sur de nouvelles bases.

5. Guerres coloniales

Après la Seconde Guerre mondiale, les gens vont rentrer chez eux. Les militaires continuent. Ils sont désormais convaincus de la place de la transfusion sanguine dans leur métier. Le Centre de transfusion des armées sera donc enfin créé le 30 janvier 1945. Il aura une double activité : d'une part, il servira les besoins « civils » des militaires dans la médecine courante ; d'autre part, il va organiser la transfusion en temps de guerre, en l'occurrence les guerres colo-

1. J. Blomet, « La transfusion-réanimation aux armées, ORT 1 et 2 », in *Revue des corps de santé*, numéro spécial, 1966, p. 875.
2. E. Benhamou, art. cit., p. 862.

niales. Le centre fonctionne en principe comme n'importe quel centre de transfusion. Il réalise des collectes, le groupage des militaires, et en même temps le dépistage de la syphilis [1], prépare des dérivés sanguins, a une certaine activité de recherche et d'expérimentation [2]. Les jeunes recrues sont très sollicitées pour devenir donneurs. En effet, s'il faut subvenir aux besoins de l'armée, on n'a pas que cela en tête : on estime que c'est le lieu idéal pour habituer les jeunes au don du sang. Ce n'est d'ailleurs pas faux ; les études faites sur les donneurs de sang montrent qu'un bon nombre d'entre eux ont effectué leur premier don lors du service. Dans les années soixante, on les incitait au don par des avantages douteux qui firent se lever les ligues hygiénistes : une tasse de café, un verre de vin blanc, un cognac, un casse-croûte, un paquet de Gauloises et une tablette de chocolat !

Mais les nouvelles guerres de la France ne soulèvent pas le même enthousiasme que la guerre de libération. En Indochine, tout paraît compliqué. Les besoins en sang, liés entre autres à la guerre des mines, furent considérables, alors que les moyens d'évacuation étaient sommaires – quand ils existaient – et que les stratégies de collecte étaient difficiles à concevoir : l'hétérogénéité des groupes sanguins selon les origines ethniques des militaires, l'état de santé précaire des donneurs (parasites, multivaccinations) compliquaient beaucoup les choses et provoquèrent de nombreux accidents de transfusion. On en arriva à transfuser le moins possible, et des quantités minimales [3].

Pendant ce temps, en métropole, on était divisé non seulement sur la légitimité de la guerre, mais aussi sur celle des dons de sang qui risquaient de profiter aux militaires. Que ce soit dans *La Revue du donneur de sang* ou dans les débats parlementaires précédant le vote de la loi de 1952, on trouve des échos un peu sordides de cette querelle. L'unité fragile du temps de la Résistance a vécu.

B. LES ORIGINES DU BÉNÉVOLAT

A Alger, le Dr Benhamou avait su attirer les premières foules de bénévoles pour servir les besoins des armées de libération. N'était-il pas possible de conserver quelque chose de la solidarité du temps de guerre, une fois la paix revenue ? Telle fut l'utopie des associations de donneurs bénévoles, qui se donnèrent pour tâche d'extirper du sol français le « don mercenaire » : elles utilisèrent toutes les ressources de la conviction et d'une propagande, qui allait

1. Tzanck considérait depuis longtemps que le dépistage de la syphilis chez les donneurs militaires et civils, nécessaire à la sécurité des receveurs, prenait toute son importance en santé publique, permettant un dépistage de masse.

2. *Le Centre de transfusion-réanimation de l'armée Jean Julliard, organisation et fonctionnement*, édité par l'École d'application du service de santé militaire, 1961.

3. P. Ripoll, *Les Transfusions massives en chirurgie de guerre – Étude statistique portant sur 144 cas à l'hôpital Maillot d'Alger*, thèse de médecine, Paris, 1964.

parfois jusqu'à la violence morale, et se passèrent du concours de la loi. On retrouve autour de ce projet des forces politiques très proches de ce qui avait constitué la mosaïque de la Résistance : individus disparates qui se lèvent un jour par conviction personnelle ou par éducation, membres du parti communiste, catholiques...

Les associations furent soutenues par les premiers dirigeants de la nouvelle transfusion, où l'on trouve une étrange proportion d'anciens résistants. Le système qu'ils purent construire ensemble fut un système militant, engagé, qui donna naissance à un « service national du sang », fondé sur un véritable *pacte* : les associations s'engageaient à militer pour développer le bénévolat, tandis que les transfuseurs s'engageaient à prélever les donneurs bénévoles plutôt que les rémunérés, d'où l'intérêt du monopole légal de prélèvement institué par la loi de 1952 pour protéger la dynamique du système. En contrepartie du monopole de prélèvement dont ils jouissaient, les transfuseurs s'engageaient à ne pas faire de profit sur le sang donné. Tel fut le pacte social imaginé pour développer rapidement le bénévolat ; il repose sur une synergie entre les associations de bénévoles et les centres de transfusion, et il est clairement dirigé contre les rémunérés.

J'ai beaucoup hésité avant de lier guerre, Résistance, bénévolat, monopole et service public : images d'Épinal et simplifications idéologiques m'ont toujours fait peur. Or, si cette généalogie spirituelle est souvent évoquée à propos de tel ou tel acteur de la transfusion, si les sorties dominicales des donneurs de sang ont longtemps montré une étrange prédilection pour les monuments aux morts, il me semblait anormal que personne n'ait fait état de cette filiation de manière plus théorique, et n'ose dire que le service public du sang, tel qu'il fut conçu et organisé en France, avait été directement lié à l'occupation allemande, à la Résistance et à la libération du territoire. Pourtant, plus j'avançais dans mon travail, plus le lien me devenait évident. Ce n'est qu'en racontant cette bataille pour la conquête du bénévolat que l'on pourra apprécier la validité de l'hypothèse.

1. L'esprit de la résistance et la bataille du bénévolat

Essayons d'accentuer les traits. Entre les deux guerres, la transfusion artisanale de bras à bras avait pris un essor considérable, avec une demande qui augmentait de mois en mois dès que l'on proposait quelque part un service transfusionnel. L'offre de sang bénévole des familles et du personnel hospitalier étant insuffisante, la rémunération était la seule solution. Elle ne souleva aucune réprobation morale avouée, juste une gêne perceptible dans les légitimations paternalistes et embarrassées.

En 1938, les pays se préparent à la guerre et, à quelques mois de distance, se dotent tous d'un corps de donneurs qui s'engagent à fournir leur sang gratuitement en cas de conflit. Curieusement, quel que soit le pays, cette offre fut bénévole ; dans les mentalités, le bénévolat de temps de guerre occupe donc désormais une certaine place à côté de la vente. Il semble qu'il alla de soi partout dans le monde, alors que rien n'était plus simple que de recruter de nouveaux donneurs rémunérés.

Au retour de la guerre, des noyaux de donneurs bénévoles convaincus s'organisèrent pour tenter d'imposer le bénévolat. Ils eurent gain de cause dans certains pays, pas dans d'autres. En France, les bénévoles entamèrent une lutte sans merci qu'il leur faudra trente ans pour gagner : commencée en 1945, elle s'achève en 1976 par le retrait de l'autorisation de prélèvement accordée à l'Institut Mérieux, qui rémunère ses donneurs.

Or cette victoire est étrange si l'on y songe ; pendant la même période de temps, le monde occidental est allé dans le sens d'une rémunération croissante de tous les biens et services assurés jusque-là gratuitement par l'économie familiale et les solidarités traditionnelles. Acheter le sang est plus simple, plus souple, moins coûteux que d'organiser le don. Il fallait donc une pulsion idéologique forte pour dominer ces incitations objectives à la vente. C'est l'origine et le sens de cette pulsion[1] vers le don que je voudrais évoquer, en traçant des sortes de portraits des vendeurs et des donneurs de sang, portraits rêvés, images d'Épinal cette fois, car c'est en termes d'images que fut menée la bataille.

Images des rémunérés

La commercialisation du sang peut résulter de systèmes divers. La France était passée entre les deux guerres d'un système de rémunération artisanal de proximité à un système semi-professionnel, sans jamais franchir le stade de l'achat massif par des entreprises dont c'est le seul objet. On vint à bout de la commercialisation par un long travail psychologique de destruction de l'image des rémunérés. Ce n'était pas évident car, avant la Seconde Guerre mondiale, les médecins avaient soigné l'image de leurs vendeurs, présentés comme de robustes et généreux prolétaires. Dans les années cinquante, le prolétaire se transforme brutalement en infâme mercenaire, probablement collaborateur. Lorsque la bataille du bénévolat paraîtra gagnée, le ton s'adoucira, et les rémunérés, désormais hors des frontières, ne sont plus que de malheureux exploités.

Le robuste et généreux prolétaire

Le robuste prolétaire qui vend un sang généreux dont il a pléthore apparaît au XIXe siècle. On l'appelle si la famille fait défaut ; et si l'on ne trouve pas de

1. Quelles qu'aient été les rationalisations ultérieures, je crois que le choix du bénévolat relève d'une pulsion très profonde, ce que J. Godbout appelle le désir de don ou l'appât du don, qu'il estime aussi fort que l'appât du gain (Cf. *L'Esprit du don*, La Découverte, 1992, p. 31).

prolétaire, on a recours à un animal. « Une tranche de beefsteak bien saignant, arrosée d'un ou deux grands verres de vin généreux, suivie d'une légitime rétribution, suffisent largement à le remettre de toute émotion[1]. » Le ton est condescendant.

Durant la guerre de 1914-1918, le geste du prolétaire, « le brave soldat Colas », est brusquement magnifié. Il assure une fonction dans l'effort de guerre et sort de son rôle de simple pourvoyeur de matière première. Mis à part les premiers donneurs dont le geste fut totalement spontané et altruiste, on sait pourtant qu'ils reçurent une médaille, divers avantages, et surtout dix jours de permission : l'incitation était forte.

A la fin de la Grande Guerre commence l'expansion des besoins, et les médecins rémunèrent régulièrement les donneurs au sein de petites structures de proximité. L'anarchie et la surenchère s'installent très vite. Dès 1922, un décret va tenter d'harmoniser les tarifs pour mettre de l'ordre, mais en 1927 les pouvoirs publics commettent l'erreur d'accepter la *rémunération à la quantité* : 50 F pour les premiers 150 cm^3, 50 F pour chaque 100 cm^3 supplémentaires. Le vendeur était incité à vendre le plus possible, quelles que soient les conséquences pour sa santé. Il y eut ainsi de nombreuses syncopes, anémies, et même des décès.

Cette rémunération n'épuisait pas l'incitation. On donnait un complément en nourriture et en boissons, et la personne transfusée couronnait le système en offrant une prime quand elle en avait les moyens : c'était peu de chose pour celui qui avait été arraché à la mort. Il est difficile de faire le tour des avantages dont bénéficiaient les vendeurs de sang. En effet, la nécessité de se regrouper les conduisit, dans certains cas, à créer des sortes de mutuelles qui furent très actives avant la guerre, mais disparurent progressivement, lorsque apparut la Sécurité sociale. La mutuelle pouvait comprendre aussi bien un groupement d'achat qu'une prise en charge partielle ou totale des frais médicaux (ou des frais d'enterrement !) des mutualistes. Elle était financée par un pourcentage prélevé sur la vente du sang, et pouvait constituer un avantage plus recherché que le prix du sang.

Mais, dans certains cas, la mutuelle fut au contraire le moyen de pratiquer le bénévolat. En effet, les hôpitaux qui prélevaient le sang obligeaient les donneurs à accepter la rémunération légale pour respecter les règles de comptabilité du service public ; on devenait alors rémunéré malgré soi. Les premiers bénévoles eurent l'idée de se regrouper en mutuelles auxquelles ils fournirent le sang gratuitement, la mutuelle le revendant à certains patients, le donnant aux nécessiteux.

Avant la Seconde Guerre mondiale, on va donc trouver çà et là des poches de bénévolat, mais personne ne conteste la légitimité de l'incitation financière, et ce bénévolat ne fait l'objet d'aucun prosélytisme. On pensait, comme E. Sammartino, que le « corps de donneurs rétribués est formé par la classe ouvrière qui donnerait son sang avec générosité si elle ne se voyait forcée, par

1. *Le Donneur de sang bénévole*, nº 372, février 1978.

la dure nécessité de la vie, d'accepter une récompense en monnaie[1] ». Cette légitimité sociale de la vente du sang menait à des affirmations qui nous paraissent aujourd'hui bien désagréables ; celle, par exemple, d'un transfuseur qui s'intéressait tout particulièrement aux Tziganes, souvent donneurs universels : « Au lieu de les traiter en nomades, et de les chasser de partout, on ferait mieux de les honorer, de les payer, d'en faire des professionnels du sang[2]. » La suggestion, heureusement non suivie d'effet, illustre bien l'intégration sociale que l'on attendait de la vente du sang : les nomades pourraient enfin être respectés s'ils devenaient des professionnels payés comme tout le monde.

A l'époque du bras à bras, la vente de sang était d'ailleurs humanisée par le contact physique entre donneurs et receveurs. Les vendeurs ont souvent fait état de leur satisfaction à voir se recolorer une accouchée ou un grand blessé ; les hémophiles d'un certain âge ont parlé des liens affectifs qui pouvaient s'établir entre eux et « leur » donneur, lorsqu'ils se retrouvaient à l'occasion d'hémorragies récurrentes. Tous les donneurs qui ont connu cette époque l'évoquent avec regret, et parlent de l'effort d'abstraction qu'il fallut consentir pour « donner à un flacon ». Aujourd'hui, la rémunération est brutale : le vendeur entre, s'allonge, passe au guichet, puis s'en va. Certains évoquent cinéma porno et prostitution[3].

La guerre de 1939-1945 ne changea pas grand-chose à la vie des donneurs rémunérés, qui continuèrent d'offrir leurs services dans les hôpitaux. A dire vrai, ils bénéficièrent d'avantages considérables liés au temps de guerre, avantages que le Dr Jubé négocia avec le gouvernement de Vichy : ils purent disposer d'un *Ausweis* leur permettant de circuler pendant le couvre-feu, de suppléments alimentaires, de lignes téléphoniques et de bons d'essence, mais aussi d'une dispense du STO (Service du travail obligatoire) et des corvées de « gardes des ponts[4] ». Comme il avait loué la générosité du prolétaire, l'establishment transfusionnel loua le courage de ces hommes obligés de traverser Paris sous les bombardements sans insister sur les privilèges qui allaient de pair avec leur activité. Mais on ne retrouve pas le ton exalté de la guerre de 1914 : les rémunérés sont utiles, ils ne sont plus des héros.

Après la guerre, tout laissait à penser que les bénévoles qui avaient œuvré dans les maquis et dans le sillage des armées de libération rentreraient dans leurs foyers, comme les soldats. Cette fois encore, les rémunérés négocièrent des avantages en nature qui restaient agréables en ces temps difficiles : en 1946, à Lille, ville très touchée par les restrictions, les « volontaires du sang », accep-

1. *IIe Congrès international de la transfusion sanguine*, Paris, J.-B. Baillière, 1937, t. II, p. 333.

2. Cette phrase est attribuée au Pr Cazal de Montpellier, dans un article signé Michel Borri, tiré d'un journal que je n'ai pu identifier. Il se trouve à la bibliothèque de l'INTS, dans une caisse marquée « Tzanck ».

3. L. Anderson et D. A. Snow, « L'industrie du plasma », in *Actes de la recherche en sciences sociales*, nº 104, septembre 1994, p. 25.

4. *Le Donneur de sang*, nº 5, 1950 et nº 101, 1951.

tant soi-disant de ne pas être payés, recevaient à chaque prélèvement des tickets de ravitaillement pour 6 kg de pain, 600 g de graisse, 1 kg de viande, 8 litres de vin et… 500 F, avec en prime un examen médical gratuit[1] !

Mais la guerre a changé les mentalités. Les militants désœuvrés cherchent de nouveaux terrains pour continuer la lutte idéologique : le conflit entre rémunérés et bénévoles peut commencer. Le ton entre les deux communautés va monter très vite : « Ces groupements locaux [les rémunérés] sont restés indéfectiblement fidèles aux droits stricts des donneurs – leur propagande est hostile à la charité interhumaine sans contrepartie avantageuse, et leurs journaux ne se font pas faute d'injurier quiconque croit à cette charité du sang. […] Ils ne voient pas sans appréhension pour leurs intérêts la marée montante des donneurs bénévoles, et plutôt que de reconnaître loyalement qu'ils ne sont plus de leur temps – sans pour cela qu'ils aient démérité, ils cherchent à maintenir, coûte que coûte une situation qui ne correspond plus aux progrès sociaux[2]. » Peut-on dire plus crûment les choses ? Le rémunéré a profité des avantages en temps de guerre ; il n'est plus qu'un vichyssois parmi d'autres.

C'est évidemment excessif, mais dans la guerre des images, l'affaire est simple : l'espace d'un conflit, on est passé du généreux prolétaire, prêtant sa force brute à la médecine de pointe, à l'infâme mercenaire, homme d'un autre temps, qui fait obstacle à ce que le progrès technique se double d'un progrès social.

Dans tous les pays, les dix années d'après-guerre sont celles où vont se jouer les caractéristiques des systèmes transfusionnels : c'est pendant cette période que le bénévolat se gagne ou se perd.

En effet, l'effort de guerre avait provoqué partout un élan vers le bénévolat, y compris aux États-Unis qui sont pourtant aujourd'hui le symbole de la commercialisation du corps humain en général, du sang en particulier. C'est ainsi qu'en 1949 une étude comparative effectuée par J. Julliard et Y. Menasché porte sur l'Amérique le diagnostic suivant : « Certaines banques de sang appartiennent encore à des particuliers (et à des entreprises) […]. Mais tous ces organismes tendent à perdre de l'importance vis-à-vis du gigantesque *National Blood Program* que la Croix-Rouge américaine a été chargée d'établir en 1947 […]. Le programme a pour but, dans un délai de trois à cinq ans, de fournir gratuitement tout le pays en sang et produits dérivés […]. Tous les centres privés existants ont été invités, s'ils le désirent, à faire partie du *National Blood Program* à condition qu'ils se soumettent à ses directives[3]. » Cet espoir de gagner la partie sera vite enterré. Avec la guerre de Corée, les besoins augmentent brutalement, et le conflit n'est pas très populaire. Le bénévolat régresse.

1. Ces renseignements m'ont été aimablement fournis par Nicole Bastin-Vieillard qui me fit remarquer en outre que les 500 F équivalaient à 1/12 du salaire mensuel de la femme de service du pavillon de transfusion sanguine, ce qui était considérable, même si les avantages en nature pouvaient paraître encore plus déterminants à cette époque.

2. *Le Donneur de sang*, nº 108, 1951.

3. *Revue de la Croix Rouge*, 1949, p. 6.

Ce sont les entreprises privées de collecte qui vont assurer l'approvisionnement. Désormais puissantes, elles vont imposer l'idée, facile pour tous, d'un partage du marché américain : au bénévolat, la collecte du sang total, dont l'utilisation est difficile et non rentable ; à la rémunération, le prélèvement du plasma, qui permet l'industrialisation de produits stables, sur lesquels on peut faire du bénéfice. La solution sera la même en Allemagne.

L'infâme mercenaire

La figure du généreux prolétaire ne survivra pas à la guerre. Elle sera pourtant défendue avec vigueur par les associations de rémunérés, par certains des médecins recruteurs de l'époque artisanale, de moins en moins nombreux au fur et à mesure que le temps passe, ou encore par la Fondation Mérieux. La Fédération des donneurs de sang, qui fédère les associations de « réguliers » (rémunérés) et de bénévoles va tenter de concilier les positions des frères ennemis, et d'obtenir un certain respect réciproque. Non seulement elle ne l'obtiendra pas, mais son journal, *Le Donneur de sang*, va devenir le support de la lutte idéologique. C'est une lutte qui part de la base ; le milieu médical, légèrement en retrait, ne fera que suivre ses troupes, en s'engageant soit du côté des réguliers, comme le Dr Jubé, soit du côté des bénévoles, comme le feront les anciens résistants, Tzanck, Aujaleu, Cagnard…

Jubé prend la tête des réguliers, pour une curieuse raison, qui lui permet d'éviter de prendre position directement sur la commercialisation d'un élément du corps humain ; il est, comme Tzanck et beaucoup d'autres, l'héritier d'une période où le système transfusionnel ne pouvait fonctionner qu'en s'appuyant sur des œuvres privées rémunérant les donneurs. Il avait donc monté sa propre association, et défendit son système au nom de la médecine libérale et de l'initiative privée, contre le dirigisme et le droit de regard du ministère de la Santé que lui paraissait impliquer le bénévolat[1]. Il y a là un conflit qui dépasse le monde de la transfusion, entre un libéralisme économique portant sur les éléments du corps humain et la recherche d'un système juridique qui choisit d'exprimer son respect du corps humain par le refus de la commercialisation. Ce second modèle implique que l'effort soit soutenu par des mesures publiques impliquant tutelles, agréments et contrôles, qui répugnent aux partisans du libéralisme total.

Pour tenter de trouver un compromis, Jubé entreprendra de bien distinguer les rôles des différents partenaires : aux bénévoles, le sang conservé et distribué de manière anonyme ; aux réguliers, dont le nombre diminue très vite, les gardes hospitalières et la fin du bras à bras. Cette position, qui paraît mesurée et raisonnable, évite d'évoquer l'enjeu véritable de la rémunération, qui n'est déjà plus l'urgence hospitalière du bras à bras condamnée à court terme, mais le don régulier et massif, et celui de sangs particuliers, rares ou immunisés, destinés à l'industrialisation[2]. Dans son propre centre, il pratique le système

1. *Le Donneur de sang*, nº 105, 1951.
2. *Le Donneur de sang*, nº 2, 1950.

américain des banques de sang, où le malade doit trouver un donneur bénévole qui paie à sa place sa « dette de sang ». S'il n'en trouve pas dans les délais de l'exigence thérapeutique, il paie un donneur pour le remplacer ; il reçoit alors un bon, qui fonctionne comme une sorte de crédit. Une fois guéri, s'il trouve un donneur, ou s'il acquitte personnellement sa dette en venant donner son sang, il sera remboursé de ce qu'il a payé.

Les réguliers seront rapidement cernés. Dès le congrès de 1947, ils acceptent de donner un flacon gratuit tous les trois mois : cette initiative du Dr Jubé entend démontrer que rémunération et générosité ne sont pas incompatibles.

La participation des rémunérés au bénévolat ne suffira pas à faire taire les critiques. J'ai ainsi trouvé un document (non daté et non répertorié), émanant de la Fédération des Bouches-du-Rhône, signé du Dr Ranque, qui déclare que les rémunérés furent incapables de répondre à la demande du temps de guerre, tâche à laquelle s'attelèrent les bénévoles. « Durant les combats de la Libération, seuls intervinrent les donneurs bénévoles. A la fin de la guerre, l'ancienne organisation des donneurs rémunérés récupérait ce qu'elle considérait comme son monopole, et nous commencions nous-mêmes à faire figure d'intrus ! » Les souvenirs de la guerre sont encore proches, où les rémunérés obéissaient aux autorités sanitaires de Vichy, tandis que des bénévoles soigneusement choisis pour leur discrétion couraient le maquis. *Rémunérés-collabos, bénévoles-résistants : l'assimilation n'est pas loin.*

Les critiques vont rapidement dépasser le monde clos de la Fédération pour atteindre le grand public. En 1950, c'est dans *France Dimanche* que les rémunérés sont attaqués, « donneurs professionnels qui se battent pour donner leur sang mais ne sont héroïques que dans la mesure où ils sont bien payés ». Le président de la Fédération répondra dans sa revue, sous le titre « Un peu de respect, SVP ». En fait, tout le monde est conscient que l'année 1950 doit être vécue comme une période de transition. B. Rouzet, délégué à la propagande du CNTS (Centre national de transfusion sanguine), fait le point de la situation dans un article intitulé : « Le donneur de sang, problème social[1] ». Après avoir retracé l'étape du bras à bras, toujours nécessaire mais en voie de dépassement, du système de la banque du sang, insuffisant pour les besoins, il évoque la mise en place d'un « service civique », qui n'est pas encore achevé. Il en résulte un système mixte, pour quelques temps encore.

Toujours dans le même esprit, il est décidé, en mars 1952, de supprimer le paiement au centimètre cube pour essayer d'enlever l'image de vénalité attachée aux rémunérés ; on s'approche de l'indemnisation forfaitaire plus que du prix du sang. En même temps, la Fédération envoie un grand questionnaire sur le bénévolat et la rémunération ; les réponses montrent une préférence massive pour le bénévolat[2]. Les rémunérés font alors sécession, tandis qu'ils sont lâchés par Jubé qui fait machine arrière : « J'ai mis longtemps à comprendre que ce

1. *Le Donneur de sang*, nº 5, 1950.
2. *Le Donneur de sang*, nº 115, 1952.

n'était pas du dirigisme, contre lequel mes idées de médecin libre s'insurgeaient. J'ai fait amende honorable[1]. »

La nouvelle Amicale des donneurs de sang des CTS (Centre de transfusion sanguine), qui est en fait l'association des rémunérés, est amère. Son président écrit à la Fédération des donneurs de sang, qui, après avoir cherché à plaider le respect réciproque entre les deux catégories de donneurs, se fait de plus en plus le porteur du bénévolat : « La Fédération a renié ceux qui furent à son origine. » Et il fait valoir leur détermination à défendre « le véritable don du sang, de notre bras à celui du malade[2] ». Un bénévole de Dunkerque rétorque dans le même numéro : « Que les marchands de sang, que sont quelques donneurs réguliers de la région, se groupent pour défendre leur point de vue de rapaces, libre à eux, mais qu'ils ne viennent pas dire que la Fédération a renié ceux qui sont à son origine. Car bien au contraire la Fédération a souvent, et non sans mal, défendu les réguliers auprès des bénévoles et auprès des pouvoirs publics en les faisant bénéficier de nombreux avantages plus ou moins justifiés. » Et pour faire bonne mesure, il qualifie la constitution de l'Amicale de « chant du cygne et d'agonie des marchands de sang ».

Effectivement, plus le temps passe, plus le bénévolat s'impose : en 1958, la revue de la Fédération change de titre pour devenir *Le Donneur de sang bénévole*. Pour certains la transition se fera sans peine ; on trouve même à l'origine du développement spectaculaire du bénévolat l'initiative d'anciens réguliers, par exemple ces trois donneurs de garde et un bénévole qui s'associent avec l'hôpital Saint-Antoine pour créer la première banque de sang d'entreprise[3]. A la fin de la guerre des donneurs, tout rentrera dans l'ordre, même si quelques-uns font violemment état de leur rancune, tel cet homme qui vendait son sang parce qu'il « en avait trop », mais qui refuse de le donner. Il dit se taillader régulièrement l'oreille au-dessus de son lavabo pour se « soulager », mais refusera obstinément le don gratuit et le don « au flacon », déshumanisé. Une époque est révolue.

Rapidement, il ne restera plus qu'une communauté de rémunérés, ceux qu'organise la Fondation Mérieux qui, du fait de son prestige, jouit d'une autorisation exceptionnelle de prélèvement jusqu'en 1976. La dernière trace écrite dont je dispose concerne l'Amicale parisienne des donneurs de sang immunisés et semble pourtant dater de 1977. Le prospectus propose de « se faire 200 F d'argent de poche par mois » (quatre plasmaphérèses à 50 F chacune), avec visite médicale gratuite et vaccination contre le tétanos et la coqueluche notamment.

Durant toute cette période de guerre idéologique, il n'est jamais question de la meilleure qualité du sang bénévole. Le bénévolat est un problème de dignité humaine sans rapport avec la santé publique. Cet argument en faveur du bénévolat n'apparaîtra que dans la phase suivante. On sait qu'il joua un rôle très négatif lors de la contamination par le virus du sida.

1. *Le Donneur de sang*, mars 1952.
2. *Le Donneur de sang*, nº 116, 1952.
3. *Le Donneur de sang*, nº 3, 1950.

L'exploité

A l'instant où les bénévoles estimèrent avoir gagné la bataille de France, ils changèrent de discours sur les rémunérés. Il n'y a plus de mercenaires mais des exploités ; le bénévolat est toujours un symbole de la défense des droits de l'homme, mais il devient en plus un garant de la santé publique.

Il est difficile de se faire une idée exacte de l'exploitation dont sont victimes les vendeurs de sang. Pendant longtemps, il y eut en ligne de mire les vendeurs de pays du tiers monde. Ces prélèvements sauvages étaient désastreux tant pour la santé des donneurs, souvent malades et sous-alimentés, que pour la santé des receveurs[1]. L'intensité de ces prélèvements destinés aux pays développés semble avoir beaucoup diminué depuis l'épidémie de sida. Les entreprises pharmaceutiques achètent moins aux intermédiaires du marché international dont les sources sont opaques, et ont développé un système interne d'approvisionnement qui contribue à la transparence et paraît relativement satisfaisant sur le plan des contrôles de qualité[2].

Mais cet effort est loin de résoudre les problèmes. Les États-Unis fournissent aujourd'hui l'essentiel du plasma échangé sur le marché international. Le plasma est collecté par des entreprises privées sous un contrôle de principe de la FDA (Food and Drug Administration), qui ne délivre d'agrément qu'à la condition de respecter des normes de prélèvement précises. Reste à déterminer la manière dont ces normes sont mises en œuvre par les collecteurs privés, ce qui est sujet à débat[3]. Reste aussi le problème des populations qui se prêtent aux prélèvement rémunérés, sur le territoire américain lui-même[4] : il faut bien, en effet, constater que la critique de la rémunération a resurgi aux États-Unis à travers les études consacrées aux problèmes de santé des sans domicile fixe ! L'étude d'Anderson et Snow montre clairement que ces populations peuvent trouver dans la vente du plasma une solution à leurs difficultés pendant les deux premières années de leur « galère ». Ensuite les centres de collecte leur ferment les portes, car leur état de santé n'est plus satisfaisant.

En Europe, l'Allemagne et l'Autriche achètent une grande partie du plasma banal aux États-Unis, où il est le moins cher. Sur le territoire national, les tarifs sont beaucoup plus élevés, et les deux pays s'intéressent surtout aux donneurs

1. *Marchands de sang, un commerce dangereux*, Éditions P. M. Favre (collection du CETIM), 1986, p. 227 ; les informations de ce livre ne sont pas toutes exactes, ou du moins par toutes à jour, ce qui n'enlève pas son intérêt à une enquête qui fut sans doute très difficile.

2. Au moins dans le cadre de techniques d'inactivation efficaces pour les agents pathogènes connus à ce jour.

3. *Marchands de sang, un commerce dangereux*, p. 87 et 98, et Anderson et Snow, in *Actes de la recherche en sciences sociales*, nº 104, septembre 1994, p. 99.

4. La FDA a le pouvoir d'agréer des entreprises de prélèvement aussi bien sur le territoire américain qu'à l'étranger, lorsque le pays d'accueil s'y prête. Son rôle est de donner les normes de prélèvement, de vérifier que tests et questionnaires ont bien été effectués selon les normes américaines et non les normes locales.

très professionnels. Le profil type est l'individu qui s'engage sur une plasmaphérèse par semaine et accepte diverses vaccinations permettant de produire un plasma immunisé. Le vaccin peut être un vaccin classique, du type coqueluche ou tétanos, mais aussi la rage ou la méningite. Dans certains cas, les donneurs ont été vaccinés avant même que le vaccin ait reçu son autorisation de mise sur le marché, cumulant les avantages financiers de l'expérimentation et ceux de la vente de sang rare[1]. Le plasma immunisé vaut environ deux fois plus cher que le plasma « normal ». Le grand problème des centres de collecte étant de fidéliser les donneurs, ils fonctionnent avec un système plus ou moins élaboré de primes : une petite prime à la dixième prise, plus importante à la cinquantième et plus importante à la centième. De même certains centres donnent une prime au vendeur qui amène un autre vendeur. Ils s'intéressent plus encore à la qualité qu'à la quantité. Ainsi le plasma est souvent payé en fonction du nombre et de la rareté des anticorps[2].

En façade au moins, le contrôle des prélèvements par les entreprises pharmaceutiques devrait permettre de protéger assez bien la santé du donneur. Mais de nombreux indices permettent de penser que les contrôles ne sont exercés que mollement, ce qui permet aux vendeurs de fréquenter plusieurs centres ou de venir plus souvent que prévu, en fonction de leurs besoins financiers. La santé du vendeur est d'ailleurs difficile à protéger de manière rationnelle, à la fois parce que ce n'est pas son problème au moment où il est contraint de vendre, et parce que l'on ignore les effets à long terme des prélèvements réguliers de plasma. A l'inverse du don de sang total, ils ne provoquent pas d'anémie, symptôme flagrant des excès, mais seulement des déficits en protéines, dont on connaît mal la fonction. Les recherches dans ce secteur semblent assez molles, et l'on comprend mal le fondement scientifique des différences de cadence de prélèvement, entre l'Italie – maximum de 5 litres par an – et les États-Unis – 62 litres. Les bénévoles français font donc toujours allusion non seulement à l'exploitation du tiers monde, mais aussi à celle des Européens et des Américains.

Ces vendeurs constituent une catégorie à part, le vendeur hyperprofessionnel en quelque sorte. Ils imposent une image du corps humain source de matière première et source de profits. Il n'est pas de meilleur exemple, pour comprendre à quelle vision de soi-même mène la professionnalisation, que de prendre connaissance d'une action en justice intentée aux États-Unis par une femme qui déclarait 7 170 dollars de revenu par an, pour la vente de son plasma d'un groupe sanguin rare, le groupe AB négatif. Cette habile personne avait déclaré 2 355 dollars de frais professionnels, somme que contesta le fisc. Toujours réaliste, l'administration des impôts admit un abattement de 225 dollars pour l'alimentation riche en protéines et 475 dollars de frais de transport, rien de plus. Le demandeur fit valoir un motif d'abattement supplémentaire,

1. *Marchands de sang, un commerce dangereux*, p. 140.

2. En Allemagne, un vendeur de plasma bien organisé semble pouvoir gagner, sans problème avec la loi, au moins 1 000 F par mois ; aux États-Unis, le même vendeur gagne davantage.

« l'affaiblissement progressif de son corps » qui perdait peu à peu sa capacité à régénérer certains composants sanguins, en proposant un rapprochement avec la loi sur l'appauvrissement des réserves minérales qui permet aux exploitants de mines d'augmenter leurs abattements au fur et à mesure que le site s'épuise[1] !

A côté de ces circuits officiels ayant une certaine transparence, il reste des circuits obscurs. Certains d'entre eux sont carrément mafieux. Citons un exemple qui a le mérite d'être authentifié par Interpol[2] : il s'agissait d'une importation illégale de sang humain en RFA, par un individu apatride connu pour ses activités en matière de trafic de drogue, armes et fausse monnaie. D'après les recherches entreprises par la police, le circuit aurait été le suivant : « Un laboratoire belge a introduit en contrebande en Belgique du plasma provenant du Zaïre ou des États voisins. La dirigeante du laboratoire se trouve au Zaïre et organise le trafic à partir de là-bas. Au laboratoire, ce plasma est réidentifié comme provenant du Canada, puis exporté en RFA. Le transport est assuré par un transitaire de Francfort, qui est soupçonné d'avoir lui-même falsifié les documents du fret. » Le plasma fut livré notamment à Armour-Pharma, entreprise dont la maison mère est désormais sous contrôle de Rhône-Poulenc.

D'autres se font dans l'illégalité, mais de manière moins connotée : le livre du journaliste allemand Egmont Koch donne un grand nombre d'exemples d'entreprises « boîtes à lettres » qui se livrent au commerce du plasma en utilisant des filières douteuses et en se passant gaillardement d'autorisations d'importation. La valse des étiquettes semble pratiquée sans vergogne, et l'ensemble finit par arriver dans des circuits au-dessus de tout soupçon, service hospitalier incontestable ou entreprise de fabrication de produits dérivés.

*
* *

Le bénévolat suffit assez facilement, sans campagnes trop coûteuses, à fournir un pays en produits labiles. Il n'en va pas de même pour les produits stables, dont le nombre augmente sans cesse. Ces produits très consommateurs de matière première requièrent des quantités considérables de plasma. Il en résulte que l'Europe ne couvre en réalité que 30 à 40 % de la totalité de ses besoins. On réalise l'importance de la demande qui pèse dès lors sur d'autres populations, et l'on se demande d'ailleurs s'il est si vraisemblable que ces quantités manquantes viennent effectivement des seuls États-Unis comme on le dit aujourd'hui. Le combat contre la rémunération entamé par la génération de la guerre est loin d'être achevé, il a simplement changé d'unité territoriale : le théâtre des opérations est désormais l'Europe, mais il n'existe pas actuellement de véritable plan d'action pour s'atteler à ce travail. Le Conseil de l'Europe, institution chargée de défendre les droits de l'homme et l'idéal démocratique,

1. *Marchands de sang, un commerce dangereux*, p. 11 et 12 ; la référence de cet arrêt n'étant pas indiquée, je n'ai pu le retrouver, et le cite sous réserve.

2. Egmont Koch, *Sang rouge, sang noir, chronique d'un scandale médical*, Frison-Roche, 1992, p. 145 et 310 ; l'affaire date de 1987.

apôtre du bénévolat absolu depuis la fin des années cinquante, est conscient des difficultés puisqu'il réunit des pays bénévoles et des pays qui ne le sont pas.

Il justifie en partie son choix par la recherche de la sécurité : il s'agit, pour les experts, d'éviter que l'argent ne serve à attirer les « couches défavorisées de la population », davantage atteintes de maladies transmissibles par le sang[1]. Cette affirmation paraîtra étonnante en France, où de nombreux observateurs ont montré de manière convaincante que le bénévolat avait joué un rôle négatif dans l'affaire de la contamination par le virus du sida. Il convient donc de remettre chaque affirmation à sa place. Il est exact que le bénévolat draine des populations de donneurs qui sont globalement en meilleure santé, ce qui procure une matière première brute de meilleure qualité. Mais cet avantage s'estompe après la mise en œuvre des tests de dépistage et des questionnaires. Il devient nul en cas de produits poolés puisque le mélange des sangs de milliers de donneurs conduit à tomber automatiquement sur des personnes contaminées, même si l'on n'utilise que des bénévoles. De même, l'avantage du bénévolat s'estompe au fur et à mesure que progressent les techniques d'inactivation.

En France, ce n'est pas le bénévolat qui fut négatif, mais l'usage idéologique qu'en firent certains porte-parole de la transfusion, pour éviter de prendre les mesures drastiques qui s'imposaient – économie de sang, sélection des donneurs, chauffage des produits. Un retour sur l'histoire de la conquête du bénévolat nous a permis de nous souvenir que celui-ci n'avait pas été recherché pour des raisons de sécurité, mais uniquement dans le but de défendre la dignité humaine. Dès lors, lorsque A.-M. Casteret, dans son livre pourtant bien documenté, écrit : « Peut-on suggérer, sans encourir l'anathème, que le bénévolat protège aujourd'hui bien plus le donneur que le receveur », on s'étonne[2]. Non seulement on n'encourra aucun anathème, mais on remarquera que la protection du donneur fut, historiquement, la seule et unique motivation du bénévolat, et que cela sera chaque jour davantage sa seule légitimité.

L'image de soi du donneur bénévole

Le bénévolat du don du sang me semble être l'une des grandes utopies créatrices de la seconde moitié de notre siècle, j'entends par là une institution contraire à la logique économique du système dominant, voulue par la base, soutenue et permise par une loi qui ne l'imposa pas. Depuis quarante ans, la geste se perpétue malgré la nécessité de trouver chaque année trois cent mille nouveaux donneurs, malgré l'évolution des mentalités et l'oubli progressif des temps de la Résistance. Les succès et les échecs d'une telle utopie, ses grandeurs et ses ridicules doivent être racontés avec précaution : les bénévoles forment un monde mouvant, hétérogène, dont les motivations profondes sont

1. *Produits dérivés du plasma et autosuffisance en Europe*, Conseil de l'Europe, Comité pour la santé publique, Strasbourg, 1992, p. 17.
2. A.-M. Casteret, *L'Affaire du sang*, La Découverte, 1992, p. 246.

difficiles à décrire car elles mêlent archaïsmes et rationalité. C'est de leurs pratiques, de leurs discours et de leurs grandes légendes que l'on peut repartir pour tenter de saisir les ressorts mystérieux d'un système contre nature et contre-culture.

Il existe deux catégories de bénévoles : les donneurs occasionnels, qui entrent une fois ou deux dans leur vie dans un lieu de collecte, et n'ont qu'une idée floue des raisons pour lesquelles ils sont venus, comme des raisons qui font qu'ils ne reviendront peut-être pas. Il existe des donneurs militants. Le bénévolat est pour eux quelque chose d'important et de réfléchi ; ils sont 800 000 à appartenir à l'une des 2 000 associations de donneurs de sang qui se partagent le sol et le peuple français [1]. Il s'en crée chaque année de nouvelles, ce qui démontre l'actualité du mouvement.

Le donneur militant

C'est lui le plus facile à décrire car il passe du temps à se définir lui-même, à rechercher le sens de son acte ; il analyse le particularisme du don qu'il consent, la place qu'il occupe dans la société, l'homme particulier qu'il est.

• Le sang et la personne

Pour beaucoup de donneurs, le don du sang n'est pas un acte neutre : il n'y a là ni héroïsme ni charité [2], c'est *un peu de la personne, du « moi physique et psychique »*, et surtout ce n'est pas une matière première. Le premier paragraphe de la charte du donneur pose le postulat de l'indivisibilité de la personne humaine, condition du « respect de l'homme » : « Tous les éléments du corps humain, cellules, tissus, sang et composants, sont indissociables de l'entité à laquelle ils appartiennent. » Tout cela est développé de manière rationnelle, de discours en conférence, de commémoration en rencontre et dans les petits poèmes dont les donneurs de sang sont friands.

Pour le militant, le lien particulier entre le sang et la personne, l'adéquation de l'un à l'autre, rendent nécessaire un régime juridique spécifique qui puisse exprimer l'idée que, malgré toutes les manipulations dont il fait l'objet, le dérivé du sang le plus éloigné de son origine garde l'empreinte de la personnalité. Ce n'est pas tant la personnalité de l'individu que le symbolisme de son humanité qui est en cause.

Cette « empreinte d'humanité » met à mal les catégories juridiques traditionnelles. Clairement séparé en choses et en personnes, l'univers de la pensée juridique est déséquilibré par les éléments et produits du corps humain, qui devraient être des choses, et uniquement des choses, dès l'instant où elles sont

1. En réalité, il y en a plus, ce chiffre n'étant que celui des associations regroupées dans la Fédération française.

2. D'après un sondage BVA effectué pour *Viva*, sur la base (non représentative du militant) de personnes ayant fait au moins un don du sang, 43 % jugent leur acte important ou très important, 56 % plutôt pas important ou pas du tout important, in *Viva, La vie mutualiste*, septembre 1992.

séparées de la personne. Pourtant, dès que l'on tire les conséquences de cette qualification rationnelle, quelque chose résiste – que l'on se souvienne de l'embarras du pauvre Lachèze avec son « quasi-médicament » et son « quelque chose de plus » !

Ce n'est pourtant pas dans la discussion rationnelle que l'on peut prendre la mesure de ce qui résiste, mais bien plutôt dans l'anecdote, en commençant par l'étrange récit du Dr Cagnard, inventeur des équipes mobiles de prélèvement, grand raconteur d'histoires de transfusion sanguine. Il lui fut demandé un jour de retrouver et de restituer un flacon de plasma desséché qu'il avait peut-être encore en sa possession, requête insolite qui émanait de la famille d'un ouvrier tombé dans une poche d'acier en fusion. Ces accidents effrayants qui émaillent la vie des entreprises sidérurgiques ont donné naissance à un rite funéraire particulier : à la place du cadavre absent, on enterre un fragment d'acier. Ce reste froid parut insupportable à la famille qui demanda la restitution du flacon de plasma pour pouvoir se recueillir sur une tombe réhabitée[1].

Ce curieux symbolisme n'est pas l'apanage des seuls donneurs de sang, il concerne peu ou prou tous les produits et éléments du corps humain. Un médecin des CECOS[2] raconte quelles furent ses difficultés pour détruire les paillettes de sperme congelé d'un jeune homme, mort d'un cancer des testicules. Depuis cinq ans, les parents demandaient le report de la destruction de cette dernière trace du corps de leur fils. Ce deuil ultime de leur descendance impliquait l'invention d'un rite : il fallut du bleu de méthylène dans de l'eau pour faire du geste de destruction une dissolution dans le bleu.

Aux États-Unis, un homme pyrophobe fut amputé d'une jambe à la suite d'un accident. A son réveil, il apprit que sa jambe avait été incinérée par l'hôpital. Il intenta une action en justice, comme si sa jambe, pourtant détachée de lui, avait pu partager sa phobie, ou du moins comme si sa phobie pouvait légitimement s'exercer sur une partie détachée de son corps. Le tribunal le débouta de sa demande parce qu'il n'avait pas fait état de son opposition préalablement à l'incinération, ce qui laisse à penser *a contrario* que cette opposition, dûment enregistrée, aurait dû être respectée.

On pourrait continuer à l'infini ces histoires vraies, auxquelles il faut bien donner un sens : au sein d'une société globalement indifférente au sort des produits du corps humain utilisés chaque jour pour développer la biomédecine, quelques individus se lèvent pour affirmer devant les médecins et parfois devant les tribunaux que quelque chose de la personne subsiste dans les parties détachées de leur corps, et que les amputations, les abandons, les industrialisations successives ne changent rien à l'affaire. Ils demandent que l'ordre juridique, qui est aussi l'un des ordres du symbolique, trouve dans son chapeau de magicien le moyen d'exprimer qu'une chose puisse porter l'empreinte de son origine humaine : le bénévolat est une réponse – modeste – à cette demande.

1. *Le Donneur de sang bénévole*, nº 1, 1989.
2. Centres de conservation des œufs et du sperme humain.

• Le sang et la communauté

Pour les bénévoles militants, dire que le sang est la personne n'épuise pas le sentiment qu'ils éprouvent. Le sang donné relève en même temps du *rapport à l'autre*, les enfants, la femme, les parents, l'humanité ; il lie les sujets l'un à l'autre. Ph. Oliviero dit qu'il y a alors une « communisation du sang, nécessaire à ce qu'il puisse être partagé [1] ». C'est mon sang, et c'est un sang pour l'autre ; c'est parce qu'il appartient aussi à autrui que je ressens l'obligation de le céder. « Le sujet se dessaisit de son sang parce qu'il se sait participer à autre chose que lui-même. Il se sait partager l'humanité avec les autres humains. Cette humanité partagée fonde son altruisme humaniste [2]. »

> Offrir son sang, c'est offrir à soi-même,
> De l'espoir, de l'amour dans ce monde troublé,
> C'est souder un maillon de cette chaîne humaine,
> Qui est la garantie d'une fraternité.

M. Gilson, l'auteur du poème, révèle quelque chose d'important : le bénévolat est un rempart dans un monde troublé, c'est avant tout un lien social dans un univers d'individus. R. M. Titmuss, l'auteur du célèbre ouvrage *The Gift Relationshift*, le disait déjà, la rémunération « rompt les liens communautaires… et le vide ainsi créé se voit comblé par l'hostilité et le conflit social [3] ». Jacques Godbout le dit encore, quand il insiste sur la fonction du don, non pas tant pour le donateur que pour l'ensemble de la société [4]. Cette fraternité, ce sentiment communautariste entrent facilement dans les vieux cadres de pensée : le sang versé du Christ pour les chrétiens – et toutes les études sur les donneurs constatent la proportion élevée de pratiquants dans leurs rangs –, l'humanité universelle chez les laïques sont des concepts dont l'abstraction est acceptable, car ils plongent leurs racines dans les vieilles communautés soudées par le serment du sang [5].

Mais le lien communautaire est ambivalent ; si la communauté est l'humanité tout entière, le don sera consenti dans une conception universaliste. Si la communauté est réduite à l'ethnie, à la religion, à la famille, le cercle des dons se réduit d'autant, et des obstacles se dressent – xénophobie, racisme, ou tout simplement indifférence à l'autre.

1. Ph. Oliviero, *Les Représentations sociales des liquides du corps humain*, thèse EHESS, 1991, p. 243 ; cf. aussi A.-M. Moulin, *Le Dernier Langage de la médecine, histoire de l'immunologie de Pasteur au sida*, PUF, coll. « Pratiques Théoriques », p. 152 ; elle parle de circulation cosmique des substances humaines. Elle lie ce désir d'échanges à l'individualisme naissant.
2. Ph. Oliviero, *op. cit.*, p. 244.
3. Allen and Unwin, Londres, 1970, p. 199.
4. *L'Esprit du don*, La Découverte, 1992, Introduction.
5. Ph. Oliviero, *op. cit.* ; cf. aussi quelques développements sur les reliques hématiques de J.-P. Baud in *L'Affaire de la main volée*, Éd. du Seuil, 1993.

• Le sang et la vie

Don de la personne, le sang est aussi un don de vie, et c'est probablement ce qui revient le plus souvent dans les poèmes des donneurs. Depuis que les émotions fortes du « bras à bras » n'existent plus, les donneurs sont contraints de se réjouir de manière plus abstraite des vies qu'ils sauvent. L'accidenté et l'accouchée sont leurs receveurs favoris. Les besoins de sang pour les actes chirurgicaux sont déjà moins fantasmatiques ; et l'on sent une certaine gêne à l'égard des transfusions dites « de confort », puisqu'elles ne « sauvent » pas la vie. Les rapports entre les associations de donneurs de sang et les hémophiles sont ainsi toujours empreints d'un reste de tension.

• Le bénévole est un homme libre

Le particularisme de ce qui est donné – la personne et la vie – n'épuise pas le geste du donneur. Donner son sang, et le donner de manière bénévole, campe un type d'homme particulier, défini en 1959 en ces termes : « C'est un homme libre, sociable, utopiste, conscient, mais surtout convaincu de sa raison d'être [1]. » Il me semble qu'il est difficile de mieux coller à l'image que le bénévole militant se fait de lui-même. Si le propos est ancien, le sentiment est vivace.

Au congrès de Grenoble, en 1990, on retrouve l'affirmation de *liberté* : « Inflexible est la volonté du donneur de sang bénévole français de préserver son état d'homme libre, inflexible est son refus d'être asservi, voire exploité quelles qu'en soient les justifications. » Ou encore, le président de l'association des Vosges, parlant des Vosgiens : « L'histoire a souvent été cruelle pour eux. Ils ont souvent versé leur sang pour ne pas vendre leur âme, pour défendre leur petit bout de terre, leur coin de bois, leur liberté [...]. Les donneurs de sang d'ici sont de ceux-là, obstinés, patients, animés par une foi indéracinable. » C'est la liberté du donneur de sang qui le distingue du rémunéré en transformant un geste utile en geste sociable [2].

• Le bénévole est utopiste

L'utopie n'a guère besoin d'être démontrée. Par le truchement du bénévolat, un marché considérable a été retiré aux mécanismes directs de régulation par les prix. Les phénomènes de marché n'en existent pas moins : la recherche de l'adéquation de l'offre de sang à la demande de produits qui ne sont pas forcément nécessaires, la concurrence entre centres de collecte « pour l'accès au sang », entre centres de fractionnement pour la fourniture des produits dérivés, les obstacles à des transferts de technologies dont dépend pourtant la santé publique en constituent autant de preuves. Mais quelque chose se passe tout de même, puisque ce ne sont pas les plus misérables qui donnent leur sang en France, même si ce sont plutôt les classes moyennes que les cadres supérieurs. Centres de transfusion et mouvements associatifs acceptent une organisation anti-économique, plus coûteuse qu'une collecte payante, et l'ensemble de la

1. *Le Donneur de sang bénévole*, nº 188, 1959.
2. *Le Donneur de sang bénévole*, nº 18, 1991.

population française est attachée au système[1] : le sondage BVA de juillet 1992, effectué tant auprès des donneurs que des non-donneurs, montre que 96 % des Français sont tout à fait d'accord ou plutôt d'accord avec la règle du bénévolat.

• Le bénévole, garant de la santé publique

Le donneur bénévole est « *conscient* ». La charte des donneurs de sang prévoit qu'il prend un « engagement moral vis-à-vis du sang offert ». *Cet engagement le contraint en premier lieu à surveiller sa santé* pour que le don ne devienne pas un acte dangereux, et à s'abstenir en cas de doute. Il doit se soumettre à tous les contrôles jugés indispensables, entre autres au questionnaire sur sa vie privée, qui est devenu extrêmement lourd et, il faut bien le dire, désagréable depuis le début de l'épidémie de sida. Homosexualité même exceptionnelle et ancienne, partenaire bisexuel, partenaires multiples ou partenaire ayant des partenaires multiples, toxicomanie ou partenaire toxicomane, tout cela n'est pas forcément agréable à dire.

Imposé en 1983 par une circulaire de J. Roux, le questionnaire fut mal reçu par les médecins qui organisaient les collectes : perte de temps dans des conditions de travail déjà difficiles, perte de matière première, pudeur, changement dans la routine. Fut-il mal reçu par les donneurs ? Beaucoup le disent et justifient par des réactions violentes la mise à l'écart du questionnaire qui fut pourtant à l'origine d'un taux de contamination anormalement élevé chez les transfusés non hémophiles[2]. Il y eut effectivement de telles réactions ; on peut en retrouver la quintessence dans un article paru dans le journal *Libération* le 16 juin 1983, sous le titre : « Les pédés, groupe sanguin indésirable. » Le texte, qui voulait être une vigoureuse réponse à un « dérapage discriminatoire », pourrait passer aujourd'hui pour le modèle d'une irresponsabilité aveuglée et aveuglante.

Mais au-delà de l'apparence, quatre-vingt-dix-neuf centres de transfusion participèrent à une enquête sur les réactions des donneurs au questionnaire, enquête qui fut exploitée début 1984 par J.-P. Saleun, du CTS de Brest[3], et les réticences des donneurs n'y sont pas évidentes. En fait, moins d'un établissement sur deux évoquait explicitement les facteurs de risque de sida, montrant que la réticence venait bien davantage des centres que des donneurs.

1. L'enquête d'Alain Bernard portant sur une population d'Amiens fait état de 66,5 % de personnes interrogées favorables au bénévolat. Les proportions sont un peu moins fortes pour le sperme et les organes, mais largement majoritaires tout de même. Seule la maternité de substitution paraît légitimer une forme ou une autre de rémunération pour 55 % des personnes interrogées. Cette inversion de tendance est généralement expliquée par le fait que la femme ne donne alors rien de son corps, mais exécute une forme de travail ; je ne peux m'empêcher de penser que les gens établissent inconsciemment un rapport avec la prostitution, ce qui légitime la rémunération.

2. Sur l'analyse de l'importance du questionnaire pendant les quatre années qui précédèrent la fabrication du test de dépistage, cf. M. Setbon, *Pouvoirs contre sida. De la transfusion sanguine au dépistage…*, Éd. du Seuil, coll. « Sociologie », 1993.

3. J.-P. Saleun, « Impact pratique des instructions concernant le sida », in *Revue française de transfusion*, nº 4, 1984, p. 513.

Il reste aujourd'hui que les passions sont un peu apaisées, que le bénévolat permet toujours d'obtenir un sang brut de qualité meilleure que celui que l'on obtient par la rémunération. Mais cet avantage est presque totalement évincé par différentes procédures qui suivent ou précèdent le prélèvement : le questionnaire et un rapide examen en premier lieu ; les tests de dépistage en deuxième lieu ; enfin, l'industrialisation d'un grand nombre de produits, dont les effets sont d'ailleurs ambivalents. L'industrialisation permet en effet une inactivation aujourd'hui très efficace à l'égard des agents pathogènes connus. Quant aux agents inconnus, nombre d'entre eux seront sensibles aux mêmes procédés. Reste l'incertitude d'agents encore inconnus présentant des résistances aux procédés en vigueur. A leur égard, l'industrialisation est un danger car elle mélange le sang de milliers de donneurs, démultipliant le risque statistique, et conduit pour des raisons économiques à pousser les médecins à des utilisations massives, souvent pour des raisons de confort. En bref, le bénévolat reste une sécurité, marginale mais effective, principalement pour les produits labiles.

• Le bénévole, garant de l'universalisme du don

Parce qu'ils sont « conscients », les donneurs ont la charge de contrôler la destination du sang donné ; ils revendiquent un pouvoir de contrôle parce que c'est un don, non une vente : « Personne n'a le droit de s'estimer sans réserves, propriétaire de ce qui est donné », dit la Fédération des donneurs de sang[1]. Le sang n'est donné que sous condition, et le contrôle est surtout idéologique. *Les donneurs de sang sont les garants d'une conception universaliste du don* : ni race, ni religion, ni frontière, telle est la devise de la Fédération internationale des donneurs de sang. « La politique ne doit jamais pénétrer au sein de notre société, car celle-ci perdrait son caractère et sa raison d'être », rappelle régulièrement la Fédération, excluant ceux qui se parent de leur titre de donneur de sang dans des réunions politiques par exemple[2]. Cet universalisme a caractérisé tout de suite les bénévoles. Il est manifeste lors des grandes catastrophes – inondations ou tremblements de terre. On le retrouve dans les voyages des associations de donneurs qui organisent des journées amicales internationales. Un don solennel des Nancéens à Karlsruhe, en 1957 puis en 1959, fut salué comme le signe de la réconciliation franco-allemande, sous le titre du « sang de la paix[3] ».

Mais l'universalisme n'est pas toujours simple à tenir. Une forte tension eut lieu lors de la guerre d'Indochine, et le journal des donneurs des années cinquante est rempli du débat entre ceux qui appliquaient l'universalisme à la lettre, ne voulant donc pas refuser du sang à des militaires qui n'en étaient pas moins des hommes, et ceux qui refusèrent de donner : « Il y a en Indochine des hommes qui se battent, et parmi eux d'anciens SS revêtus de l'uniforme fran-

1. *Le Donneur de sang bénévole*, nº 1, 1989.

2. *Le Donneur de sang*, nº 111, 1952 ; à l'inverse, les pays de l'apartheid ont tous connu des centres de collecte où les sangs n'étaient pas mélangés ; sur l'Afrique du Sud, cf. E. Meyer, *Les Jeunes et le don du sang*, thèse de médecine, Strasbourg, 1967.

3. *Le Donneur de sang bénévole*, nº 188, 1959.

çais qui se livrent aux mêmes atrocités qu'ils avaient déjà commises sur notre propre sol. Ils sont physiquement nos semblables, mais je me refuse absolument à donner la moindre goutte de mon sang pour sauver la vie de l'un d'eux[1]. »

Cette querelle alimenta les débats parlementaires lors du vote de la loi de 1952. Le député communiste Albert Mora demandait à la séance du 14 mars « qu'il soit confirmé qu'en aucune manière la propagande du CNTS ne tende à la constitution de stocks de guerre, ni même à l'envoi de plasma sur les théâtres d'opérations extérieures ». Henri Mallez : « Alors vous préférez voir nos enfants mourir plutôt que de leur envoyer du sang ? » (Exclamations à gauche). Albert Mora : « Les Français veulent bien donner du sang pour la cause de la paix [...], pas pour la cause de la guerre [...], voilà pourquoi le groupe communiste s'abstiendra. »

On aurait pu croire que cette époque était révolue. Pourtant, l'épisode a suffisamment marqué la Fédération pour que, en 1991 encore, unc campagne d'information prévue à la télévision soit déprogrammée à cause de la guerre du Golfe : il ne s'agissait pas de parler « entre un obus et un canon, l'amalgame aurait été trop facile[2] ». En Angleterre, au contraire, le vieux réflexe patriotique fut le bienvenu, et il y eut un afflux de « donneurs pour le Golfe[3] ». Que nos cultures et nos histoires sont donc différentes !

Les refus de don du sang permettent de constater la pérennité d'attitudes racistes ; « on ne sait pas à qui on donne » ; « je n'ai pas envie que mon sang profite à des étrangers... » Les choses ne sont pas moins compliquées chez les receveurs. On est étonné du nombre de transfusés qui font état de leur mécontentement à l'égard d'une transfusion, même lorsqu'elle leur a sauvé la vie. La peur d'un sang d'origine inconnue, et pour certains d'un sang étranger, joue alors un rôle important[4].

• Le bénévole, garant d'une industrialisation sans profit

En fait, le contrôle des donneurs s'est concentré sur les modalités économiques de l'utilisation de leur don au cours des différentes opérations, préparation, industrialisation, stockage, échanges internationaux.

Dès le départ, les donneurs avaient souhaité que le sang provenant des dons bénévoles soit administré gratuitement aux malades, et principalement à ceux dépourvus de moyens financiers (à une époque où la transfusion n'était pas remboursée par la Sécurité sociale). L'idée que le sang donné puisse être revendu, même à prix coûtant, ne plaisait pas ; on parlait de « brassage d'argent autour d'un don gratuit », de « mauvaise formule d'une manipulation d'argent autour d'un flacon dont la matière irremplaçable est fournie gratuitement », critiques très actuelles aujourd'hui[5].

1. *Le Donneur de sang*, n° 6, 1950.
2. *Le Donneur de sang bénévole*, n° 18, 1991.
3. *Le Donneur de sang bénévole*, n° 13, 1991.
4. Étude de Y. Delord et M. Diallo, in *Nouvelle Gazette de la transfusion sanguine*, juin 1991.
5. *Le Donneur de sang*, n° 2, 1950.

Il fallut du temps pour faire admettre que la collecte, le stockage, la préparation avaient un coût même si le sang était donné. C'est pour avoir beaucoup débattu, entre 1945 et 1952, de ce problème que les donneurs bénévoles, soutenus par certains médecins, purent élaborer un système qui leur paraissait cohérent avec le don, et convaincre le Parlement. Il s'agissait de mettre en place une série de contre-prestations (pour les juristes), contre-dons (pour les anthropologues).

A l'origine, il y avait le don du sang. En considération de cet effort, les établissements de transfusion sanguine ne feront pas de profit ; en compensation de cette absence de profit, on leur donne un monopole qui les protège d'une concurrence qui serait conduite sur d'autres bases, économiquement plus favorables[1].

Cette exigence originale, qui fut l'apport de la loi de 1952, a été très critiquée par les analystes de la contamination. A.-M. Casteret, qui décidément n'est pas tendre avec les donneurs, affirme de manière un peu péremptoire : « Peut-être y aurait-il aujourd'hui un bilan à tirer d'une si amère expérience avant d'encourager les donneurs de sang à manifester pour défendre ce qui les regarde – le sens de leur geste – et ce qui ne les regarde pas – le monopole[2]. » Or, précisément, leur geste n'a de sens que s'il a une contrepartie. Toute la chaîne du sang humain, même après transformation par un procédé industriel, se trouve modifiée par la nature de l'acte originaire. *Il s'agit d'un don sous condition, transformé en véritable pacte social* : le don exige le non-profit comme contre-prestation ; le non-profit exige la fermeture des frontières et le monopole, à la fois comme contre-prestation et parce que les autres pays ne fonctionnent pas sur les mêmes règles, ce qui provoque des distorsions de concurrence qui peuvent rétroagir négativement sur l'équilibre interne du système.

La charte du donneur fait état de cette exigence de non-profit à plusieurs reprises : « Le non-profit découle de la règle première du respect de l'homme [il s'agit de la] volonté de s'opposer au lucre sur les activités liées au don du sang volontaire et non rémunéré. » Le « non-profit » est défini comme « le non-intéressement financier lié au chiffre d'affaires et aux excédents, la non-distribution de dividendes, la non-rémunération de capitaux, l'utilisation des excédents pour investir dans les missions de la transfusion ». *La charte distingue donc les profits capitalistiques interdits des excédents souhaitables, qu'il convient de réinvestir.*

Ces exigences sont-elles légitimes ou tout cela ne les regarde-t-il pas, comme le prétend A.-M. Casteret ? Si l'on suit l'enseignement de J. Godbout, il s'agit là de contreparties, inhérentes au don envisagé comme système, comme « trame des relations sociales interpersonnelles[3] ». Pour l'auteur, un don sans retour cesse d'être un acte structurant le lien social pour devenir un acte idéal,

1. *Le Donneur de sang*, nº 1, 1950.
2. *L'Affaire du sang*, p. 246 ; elle met l'accent, avec raison, sur les attitudes contestables de quelques permanents qui furent d'ailleurs contraints de démissionner.
3. *L'Esprit du don*, p. 26 et suiv.

d'ordre religieux. Le don a donc une double fonction : il protège l'individu de l'exploitation, de la tentation de monnayer son corps, et il établit sur un plan collectif un lien social particulier, il permet à nos sociétés, marchandes et éclatées, d'exprimer un sentiment altruiste et communautariste. C'est ce lien qui peut être détruit, soit par la rémunération qui en fait un acte de commerce, soit par l'absence de réciprocité qui en fait un acte unilatéral idéal. Si l'on suit l'analyse anthropologique du don, les donneurs de sang formulent une exigence légitime en se préoccupant de la manière dont leurs dons sont utilisés dans le processus économique et thérapeutique[1].

Telles sont les caractéristiques avancées, chez les donneurs militants, pour camper l'image du bénévole et les exigences du système. Le bénévolat lui-même n'est guère remis en cause. A l'inverse, les exigences des donneurs de sang concernant le non-profit des dérivés du sang et du plasma ont été presque unanimement critiquées par les commentateurs de la contamination, et la loi de 1993 permet d'échapper largement à l'exigence du non-profit si les acteurs le souhaitent[2]. En effet, le Laboratoire français du fractionnement et des biotechnologies (LFFB), qui a désormais en charge la fabrication des produits dérivés du sang, est un groupement d'intérêt public (GIP), astreint au non-profit. Mais cette formule juridique permet de passer des conventions d'association avec des entreprises privées, ce qui peut aboutir à faire du LFFB une sorte de holding délocalisant le profit dans des sociétés annexes. C'était d'ailleurs à peu près le projet du Dr Garretta.

Un tel système serait directement contraire aux souhaits des donneurs de sang qui, très combatifs jusqu'en 1990-1991, sont rentrés dans l'ombre au fur et à mesure que se dévoilait l'ampleur de la contamination, comme si le fait d'avoir donné un sang contaminé ôtait toute légitimité à leur idéal. On a beaucoup dit que l'idéologie décrite serait l'apanage de quelques dirigeants d'association et de la Fédération, mais ne représenterait en aucun cas la base, attachée au seul bénévolat. C'est à l'évidence inexact pour les donneurs militants regroupés en association alors que rien ne les y oblige.

Mais cela semble bien être également faux pour le public si l'on en croit le sondage effectué par BVA pour le magazine *Viva*. A la question : « Trouvez-vous très choquant, plutôt choquant, plutôt pas choquant ou pas du tout choquant que le système de transfusion français fonctionne pour partie selon une logique commerciale ? », il fut répondu :

très choquant, 24 %	65 %	plutôt pas choquant, 16 %	30 %
plutôt choquant, 41 %		pas du tout choquant, 14 %	

ne sait pas, 5 %

1. Parlant de la circulation des biens donnés, J. Godbout raconte une anecdote qui est très éclairante : « J'ai retrouvé chez des amis le cadeau que j'avais offert à François pour son anniversaire quand on était ensemble. Il le leur a même vendu. C'est répugnant ! » dit une interviewée. A partir d'un don, le bien « circule au service du lien » précise l'auteur, p. 32 ; le non-profit respecte cette circulation déviée par rapport aux règles économiques normales, et le système reste au service du lien. Ce n'est pas le cas autrement.

2. Cf. *infra*, p. 213.

Les donneurs occasionnels

Les deux tiers des Français ont donné leur sang une fois dans leur vie[1], mais la plupart d'entre eux ne donnent qu'une ou deux fois. C'est ce phénomène qui rend l'approvisionnement aléatoire. L'objectif est donc toujours de faire de l'occasionnel un régulier, d'où l'intérêt de mieux comprendre les motivations du donneur occasionnel, personnage mystérieux qui ne s'explique pas de lui-même : on le fait parler dans des études de motivation.

Il est généralement moins personnaliste que le militant et insiste davantage sur l'utilité du don que sur sa noblesse. En donnant une ou deux fois, il estime être quitte de toute dette vis-à-vis de la société. Il ne se préoccupe guère de la destination de son don, qui appartient à la société. Les dons du donneur occasionnel ont souvent été provoqués par une pression de l'entourage, la famille, l'armée, le syndicat, l'entreprise : « Au syndicat, tout le monde le faisait, alors il fallait faire comme tout le monde : faire un don de soi, c'était par idéologie syndicale, et moralement une obligation. Cela faisait partie de la mission morale et humanitaire du syndicalisme[2]. » Dès que cette pression se relâche, l'occasionnel disparaît. L'efficacité marginale de cette pression explique l'intérêt de ces regroupements, qui permettent aux militants d'entraîner les occasionnels, mais elle a perdu de son importance, en même temps que l'armée ou le syndicalisme[3].

La pression sur les occasionnels peut venir d'un événement dramatique : un tremblement de terre, l'explosion dans une usine. Les donneurs occasionnels se présenteront en masse, mais ils ne reprendront pas le chemin des centres de transfusion, une fois la crise passée.

C'est une telle occasion qui poussa le Dr Cagnard, ancien résistant, à retrouver la solidarité du temps de guerre; il eut l'idée des équipes mobiles – qui prirent une telle importance dans le développement du don du sang en France, puis jouèrent un rôle négatif lors de la contamination puisqu'elles furent pour beaucoup dans les collectes à risques des quartiers chauds. Des ouvriers avaient été blessés dans l'explosion d'une usine à Vincennes et avaient bénéficié de l'intervention rapide des services de l'hôpital Saint-Antoine. Le maire voulut que la ville « fit quelque chose en compensation » – où l'on constate l'importance du contre-don. Le Dr Cagnard décida d'aller « au-devant » des Vincennois plutôt que de leur demander de venir à Saint-Antoine. Le succès de cette collecte fut tel qu'il décida de faire de la mobilité un principe[4].

1. Ph. Oliviero, *Les Représentations sociales des liquides du corps humain*, thèse EHESS, 1991, p. 235. Selon Roger Moore, un quart des Anglais seulement donnent une fois dans leur vie (*Transfusion Today*, nº 9, 1991). Ceux qui se chargent des collectes sur les lieux touristiques font tous remarquer que certaines nationalités, particulièrement les Belges et les Hollandais, donnent plus volontiers que d'autres, les Anglais ou les Allemands par exemple.

2. Ph. Oliviero, *op. cit.*, p. 236.

3. Munzenberger *et al.*, *Enquête psychosociologique*, DESS de psychologie du travail, 1992, Aix-Marseille II, chap. « Comment fidéliser les nouveaux donneurs ».

4. Excellente pour accroître la participation au don, la mobilité n'est sans doute pas favorable à la sélection des donneurs, tentés d'entrer sur un coup de tête.

D'autres opérations du même genre furent mises sur pied avec succès dans les industries dangereuses, les mines par exemple. Il se souvenait que des milliers de donneurs de Merlebach se présentèrent, avec à leur tête le président des houillères, la femme d'un mineur décédé faute de plasma, et un mineur aux deux mains coupées, sauvé par la transfusion[1].

L'utilitarisme du donneur occasionnel conduit à panacher les campagnes de promotion en faveur du don ; arguments altruistes d'un côté, auxquels on ajoute des arguments plus concrets : « Automobilistes, prenez une assurance sang, semez un peu de votre sang, la récolte sera peut-être un jour pour vous[2]. » Mais comment savoir si le motif utilitariste avancé par le donneur est le vrai ? Un jeune du contingent expliquait à l'enquêteur qu'il voulait donner son sang uniquement pour connaître son « rhésus ». On lui expliqua qu'il fallait pour cela un test de confirmation qui impliquait un deuxième don. Il donna quand même alors qu'il n'avait pas l'intention de revenir faire le contrôle, « pour avoir donné une fois ». Rappelons que l'utilitarisme du don a été terriblement dangereux pendant la trop longue période où les établissements de transfusion furent les seuls à pratiquer le test de dépistage du virus du sida gratuitement ; cela provoqua un afflux de donneurs à risques.

Le refus du don

Le don et le refus du don s'éclairent mutuellement, car le contenu des arguments des donneurs et des non-donneurs est le même, bien qu'il conduise à deux décisions opposées. Certains donnent parce que leur sang, c'est eux. Mais quand l'identification devient indifférenciation, le don n'est plus possible : « c'est mon sang », « c'est personnel », « il est adapté à mon état seulement », « il y a mon caractère dedans », « c'est le sang de ma naissance », « celui de mon père », « mon patrimoine[3] ». Ph. Oliviero « constate que l'affirmation qu'il existe des différences entre les sangs augmente au fur et à mesure que l'on monte dans l'échelle sociale. Ainsi, le sang chez les cadres supérieurs est souvent considéré comme le substrat de l'identité psychologique et spirituelle des êtres humains ; les professions intermédiaires admettent que les sangs sont différents du point de vue physico-chimique, sans que ces différences aient une incidence sur la personnalité ou la spiritualité de la personne. Enfin, les sangs deviennent très égalitaires chez les ouvriers et les employés[4]. » Ces appréciations expliquent sans doute en partie le fait que l'essentiel des dons du sang vienne des ouvriers et des employés. Foi dans l'égalité ou revendication d'éga-

1. *Histoire de la transfusion sanguine à Paris et des journées du sang*, Éd. CNTS, juin 1984.
2. Slogans des donneurs de Perpignan, « Sempre en devant », *Le Donneur de sang bénévole*, nº 186, 1959.
3. Ph. Oliviero, *op. cit.*, p. 257.
4. *Ibid.*, p. 259.

lité ? Il est impossible de trancher, mais on reste dans un schéma traditionnel où les ouvriers paient de leur corps.

Donneurs et non-donneurs évoquent la possibilité que le prélèvement du sang ait un impact sur leur corps ; certains donneront parce que « cela fait maigrir », d'autres refuseront parce que « cela fait grossir ». De même, les donneurs parleront de la satisfaction que leur procure le don, alors que les non-donneurs évoqueront la peur de cette satisfaction : ils ne donnent pas, car ils risqueraient de s'y accoutumer comme à une drogue.

D'après toutes les études, le motif principal du refus du don vient de la peur de l'aiguille. Le non-donneur fait état de sa peur de transmettre des maladies ou d'en attraper; le donneur dit qu'il surveille sa santé pour autrui. Le non-donneur dit n'avoir pas assez de sang pour lui, ou pour ceux à qui il est « normalement » destiné : tel homme donnerait bien, mais n'a pas le droit de retirer à sa femme ou à son patron ce sang qui leur revient en priorité. Le donneur à l'inverse va associer sa femme (ou son mari), ses enfants, son patron, à son geste, le moment du don étant pour lui l'occasion de partager un idéal avec ses proches.

Cette réversibilité est étrange, et me fait douter de l'intérêt des réflexions très élaborées que les responsables des collectes essaient de mener.

2. Donneurs et systèmes bénévoles aujourd'hui

Définir le système bénévole

1º *Définir le don bénévole* avec précision est nécessaire, car les systèmes de collecte n'hésitent pas à jouer sur les mots pour profiter de l'image positive du bénévolat, tout en rémunérant les donneurs d'une manière ou d'une autre.

Une attitude extrême consisterait à interdire toute forme de contrepartie, idéalisme religieux peu représentatif d'une société laïque. Il faut donc trouver des contreparties qui ne soient pas des rémunérations. La définition, contenue dans la charte du donneur, me paraît acceptable : « Un donneur bénévole est une personne qui offre son sang, son plasma ou ses cellules sans recevoir de paiement en contrepartie, en argent ou sous quelque forme que ce soit. Le bénévole n'attend rien en retour, aucune compensation, son acte est généreux, altruiste. Les avantages liés au don du sang dans le cadre des actions de promotion doivent garder un caractère aléatoire et ludique et ne jamais présenter une quelconque systématisation. »

Depuis que l'argent a été supprimé et que la France ne connaît plus de restrictions alimentaires, les compensations matérielles qui ont posé le plus de problèmes sont les jours de congé, certaines administrations ayant pris l'habitude d'autoriser les donneurs à prendre une demi-journée de repos, non pas au moment de la prise de sang, mais en différé, ce qui permettait d'allonger un week-end ou des vacances. Cette incitation est puissante à une époque où les loisirs ont pris une place considérable. A partir d'un certain niveau de rémunération, elle est plus stimulante qu'un paiement, et le geste du donneur cesse d'être un geste libre. Il a donc été décidé par les associations de donneurs que les congés différés excluaient le bénévolat[1]. Certaines administrations n'ont pas abandonné la pratique de don différé, mais elle se fait rare, ne serait-ce que pour des raisons de compétitivité.

Les autres critiques me semblent injustes ; elles portent sur les incitations symboliques, pin's, stylos, tee-shirts, médailles, décorations (mérite du sang), titres, que les associations attribuent pour récompenser la régularité des donneurs. Tout cela est distribué à l'ombre des drapeaux des associations, à l'occasion de petites fêtes où l'on se répète les faits héroïques que l'on partage. Certains ont considéré que l'on sortait là du bénévolat, ce qui est bien excessif. Ces compensations symboliques tissent le lien social en affirmant un système de valeurs donné et en le dotant de signes de reconnaissance. On peut bien sûr brocarder cette symbolique archaïque, le côté « scout toujours prêt » et la tendance à l'autosatisfaction : faiblesses pour A.-M. Casteret[2]. Si l'on veut, mais alors tout ce qui n'est pas stoïque et intériorisé n'est que faiblesse ! Les êtres humains sont comme ils sont, et il est préférable d'utiliser le goût des médailles pour le don du sang plutôt que pour la guerre. L'auteur nuance d'ailleurs son propos en indiquant que cette faiblesse n'est l'affaire que de quelques dirigeants, la base se satisfaisant de l'idée de sauver des vies humaines. On peut en douter quand on songe au nombre de décorations distribuées chaque année : pour ne donner qu'un seul exemple, la Fédération faisait état pour l'année 1991 de 1 106 promotions dans l'ordre du Mérite du sang. Cette distinction fonctionne de manière très structurée, chaque région recevant un quota à distribuer dans chaque type de distinction, chevalier, officier, commandeur. Chaque proposition est examinée et les refus passent devant une commission des recours. Le système est donc vivant et personne n'est obligé de le subir.

Ce qui mériterait plus d'attention critique que les innocentes médailles est le mécanisme de financement des associations de donneurs de sang, que les centres de transfusion et les collectivités locales subventionnent largement. Même si je n'ai pu connaître les chiffres avec précision, ils m'ont paru anormalement importants. Or s'il est bien nécessaire d'avoir un lieu de réunion, des moyens de promotion et peut-être quelques permanents, on peut toutefois s'interroger pour savoir si c'est vraiment limité au strict nécessaire.

2º Mais cette réflexion sur le don bénévole ne dit rien de ce qu'est un système ou un pays bénévole. Si l'on s'en tient aux législations, on peut croire que treize pays européens sur quinze sont bénévoles. Pourtant, *l'obligation de gratuité est limitée aux prélèvements effectués sur le sol national* ; comment alors définir un pays qui, par insuffisance de dons autochtones et de capacités

1. Fédération française des donneurs de sang bénévoles (FFDSB), Colloque de Cognac, 14 et 15 décembre 1991.
2. *L'Affaire du sang*, p. 17 et 44.

d'industrialisation, importe du plasma commercial ou des produits dérivés issus de plasma commercial ? Toute importation pèse sur des populations étrangères qui ont pourtant droit à la dignité. Si ces importations excèdent ce qui est nécessaire pour pallier des déficits mineurs de la production bénévole en produits très spécifiques, on ne peut plus prétendre être dans un système bénévole. C'est la raison pour laquelle *le bénévolat du don, sans l'autosuffisance, n'a pas de sens.* Quand on l'examine ainsi, la situation européenne change de visage ; en effet, l'Europe des Quinze, avec ses treize pays « bénévoles », n'est autosuffisante que pour 30 à 40 % de ses besoins. *Le bénévolat, si bien implanté dans les droits européens si l'on excepte les droits allemand et autrichien, est une réalité contestable en fait.*

Cette situation est critiquée aussi bien au sein de l'Europe élargie du Conseil de l'Europe que de l'Europe restreinte du Marché commun. Mais alors, comment conquérir un bénévolat véritable, c'est-à-dire bénévolat et autosuffisance ? L'expérience française, assez bien réussie à cet égard, peut être instructive.

Les conditions de la conquête du bénévolat

Quel fut le travail nécessaire pour réaliser le bénévolat intégral en 1977 et une autosuffisance jamais inférieure à 85 % des besoins ? La partie la plus difficile concernait la « déconstruction » de l'image des rémunérés telle que je viens de la décrire. L'image du donneur bénévole fut, en retour, soutenue par une socialité sans laquelle rien n'aurait été possible, et par une loi rusée : confrontée à l'impossibilité d'imposer d'en haut le bénévolat sans risque de pénurie, la loi de 1952 donna des pouvoirs considérables au milieu professionnel partisan des collectes bénévoles. La rémunération disparut presque d'elle-même. Or la situation européenne actuelle comporte un élément nouveau : l'industrie des produits dérivés du sang, dont il faut dissocier, malgré leurs liens, l'industrie de la collecte et de la vente de plasma. Partenaire obligé, l'industrie est actuellement majoritairement convaincue par les facilités du système rémunéré ; mais cela peut sans doute être transformé. A l'inverse, l'industrie de la collecte repose uniquement sur la rémunération, et disparaît le jour où le bénévolat est interdit et le commerce international réglementé. En étudiant le rôle de l'intervention publique dans la conquête du bénévolat après la guerre, il faudra donc garder à l'esprit les différences entre les deux situations.

Le rôle des associations de donneurs

Toutes les études de motivation insistent sur l'importance de l'aspect social du don du sang, défini comme un « espace de haute sociabilité [1] ». *C'est la qua-*

1. D. Lazrens et L. Hemerit, *Les Pratiques de don du sang*, centre de transfusion sanguine de Marseille, mai 1988, p. 3 ; cette constatation est plus vraie pour les hommes que pour les femmes.

lité du lien des donneurs entre eux qui détermine le geste, plus que le lien du donneur avec les malades ou l'humanité ; ou du moins, le don à l'humanité ne peut être pensé que par la médiation d'une communauté de donneurs. Il peut s'agir des associations de donneurs, mais aussi, de manière plus floue, de réseaux sociaux n'ayant rien à voir avec le don et pourtant capables de mobiliser efficacement leurs troupes.

Les associations sont efficaces lorsqu'elles sont diverses : c'est cette diversité qui permet à tous les types de solidarité de trouver à s'exprimer.

On va donc prendre des associations qui ont une *base géographique* : pour structurer un geste humanitaire universel, elles vont jouer la carte de l'âme régionale. Les titres de leurs journaux sont évocateurs : *Bulletin de l'Amicale des donneurs de sang de Dôle, Le Maillon, Le Lien du sang de Béziers, Les Donneurs du Loiret, La Bonne Veine* (Amicale du Douaisis), *Le Donneur de sang basque, Sang et Survie* (les bénévoles des Hautes-Pyrénées), *Notre Sang* (bénévoles de la Gironde)... On n'hésitera pas à lier les qualités morales traditionnelles et l'histoire des Basques, des Vosgiens, des gens du Nord, etc., avec leur actuelle générosité en matière de don du sang. La Fédération des donneurs de sang bénévoles a d'ailleurs débuté son action en organisant des concours entre les villes et les régions, et l'on s'aperçoit que des traditions de générosité particulières à une municipalité ou une région existent bel et bien, certaines villes s'étant retrouvées régulièrement en tête du concours.

Le lien peut être aussi celui du *métier*. Plus facile à structurer que le secteur privé, le service public joue un rôle considérable dans le maintien du bénévolat ; trois grandes associations nationales regroupent au sein de la Fédération 83 000 donneurs de la Poste, 84 000 donneurs de l'Éducation nationale, 23 000 donneurs de la SNCF. Comme les associations régionales font leur histoire et recherchent l'origine de leur geste dans l'âme des habitants, chaque association du service public a son histoire propre et enracine le geste dans une tradition, par exemple celle du cheminot résistant et donneur de sang.

Mais la solidarité s'organise également dans l'entreprise privée, dès la fin des années quarante, où la revue *Le Donneur de sang* commence à faire état de la multiplication des banques d'entreprises privées. On voit apparaître ici et là des groupes de 50 donneurs en 1949 à ABG, à L'Union, 60 donneurs en 1950 chez MRU, 80 à la Shell, 30 à la Séquanaise, 30 aux Parfums Lubin, etc. C'est l'époque du paternalisme, et *Le Journal du donneur de sang* est rempli de récits de collectes, où l'on voit au coude à coude le directeur et l'ouvrier clairement et symboliquement unis dans le geste humanitaire, autant qu'ils pouvaient être clairement et symboliquement divisés par les conflits sociaux.

Aujourd'hui, cette tradition se perpétue sous d'autres formes. Il convient avant tout de mieux satisfaire les besoins en plasma. Ainsi, sous le titre « Un grand de l'informatique tend ses bras », la Fédération a annoncé la création d'une unité de plasmaphérèse permanente chez IBM dans une usine de semi-conducteurs. On retrouve dans cette réalisation contemporaine la plupart des ingrédients qui avaient fait le succès des premières banques d'entreprise quarante ans plus tôt. A l'origine, il y a la réflexion de donneurs de sang, salariés de l'entreprise. Ils partent de l'idée qu'une entité de cinq mille personnes constitue un potentiel suffisant pour justifier l'achat d'une machine à plasmaphérèse et l'installation d'un poste permanent. Après un sondage auprès des employés, l'accord de la direction, du service « travaux » de l'usine et du centre médico-social, ils trouvent la surface nécessaire. Il y aura treize lits et deux machines ; dès la première année, il y eut mille cinq cents dons, traités par le centre départemental de transfusion sanguine d'Évry et, dans la vieille tradition, la direction participa à l'inauguration. Une telle expérience est fondamentale, car sa réussite montre que l'on peut aller contre l'avis de ceux qui estiment que le bénévolat n'est compatible qu'avec le don de sang total.

Il y avait autrefois d'autres réseaux que ceux des associations ; l'instituteur, le maire, le curé, qui allaient volontiers donner leur sang, à la tête de leurs ouailles respectives. Ces modes de structuration n'ont pas été remplacés. Seuls l'école et le service militaire jouent encore un certain rôle.

De même, les héros de la transfusion ont à peu près disparu : on n'a pas trouvé l'équivalent du donneur de sang qui fut prélevé au cou parce qu'il avait été amputé de ses deux bras, déchiquetés par une rafale de mitraillette pendant la guerre[1] ; on ne voit plus trop l'éloge funèbre du héros, qui avait donné 348 litres de sang entre 1923 et 1952[2] ! Il y a bien l'histoire d'un ex-informaticien, chômeur et sans domicile fixe, qui s'impose pour rester dans le monde, d'être propre, de faire du jogging et de la musculation, et de continuer de marquer sa solidarité malgré tout en donnant son sang et en portant à son blouson la « larme de sang », insigne de la Croix-Rouge[3]. Ou encore l'image du Père Noël de Forbach qui se prête depuis plusieurs années à la plasmaphérèse en costume de Père Noël, pour « inciter petits et grands à participer aux collectes[4] ». Est-ce aussi efficace qu'autrefois ?

En tout état de cause, associations et réseaux étaient insuffisants pour donner le substrat social nécessaire au bénévolat. *Il fallut aussi le soutien du milieu médical.* Après avoir soutenu la rémunération sans états d'âme, la plupart des médecins concernés se dévouèrent à l'utopie. S'ils n'avaient pas fait des efforts considérables pour aller au devant des donneurs, se tenir constamment à leurs côtés, s'ils n'avaient pas refusé de s'adresser aux rémunérés chaque fois que c'était possible, s'ils n'avaient pas accepté les contraintes, les difficultés d'organisation et les coûts du bénévolat, l'aventure n'aurait pas eu lieu. L'organisateur d'une collecte bénévole doit, en effet, être à la disposition des donneurs, alors que la rémunération permet de convoquer les vendeurs en fonction des besoins.

C'est la raison pour laquelle aucun système bénévole n'est jamais parvenu, jusqu'à ce jour, à une autosuffisance totale ; la France, par exemple, n'a jamais pu être autosuffisante en plasma anti-D, nécessaire pour sauver les bébés qui

1. *Le Donneur de sang bénévole*, nº 103, 1951.
2. *Le Donneur de sang bénévole*, nº 116, 1952.
3. *Le Donneur de sang bénévole*, nº 9, 1990.
4. *Le Donneur de sang bénévole*, nº 19, 1992.

ont une incompatibilité Rhésus avec leur mère (maladie hémolytique du nourrisson). Les mères bien soignées n'ont plus le plasma nécessaire, les autres viennent généralement de milieux peu favorisés, souvent étrangers, difficiles à faire entrer dans un système de dons réguliers. La règle, dans ce domaine, est donc l'importation[1]. Une mobilisation très particulière du milieu médical serait nécessaire pour franchir cet obstacle.

Les ruses de la loi de 1952

D'une vision de la personne et de sa dignité, les donneurs de sang avaient pu déduire la nécessité du bénévolat, que la loi ne pouvait imposer sans provoquer de pénuries. Il fallait donc ruser. Instituant l'absence de profit des centres de transfusion sanguine et leur monopole de prélèvement, la loi allait donner aux centres le pouvoir de choisir leurs donneurs, et donc de favoriser les bénévoles jusqu'à rendre les rémunérés inutiles : puisqu'il était impossible d'imposer le bénévolat en 1952 sans provoquer de pénurie, la ruse de la loi fut de donner le pouvoir à ceux qui s'étaient tacitement engagés à le favoriser. « Une grande loi française », dit sur-le-champ René Savatier, civiliste célèbre, spécialiste de droit médical, juriste catholique très fin, qui fut le premier à tenter de penser les rapports entre la biologie et le droit, dès 1948[2]. « Loi exemplaire », redira Alain Bernard, alors assistant à l'université d'Amiens, à trente-cinq ans de distance, dans un article sur le corps humain[3]. Ces deux jugements de valeur ne sont pas isolés, et une telle continuité sur une aussi longue période n'est pas fréquente.

Pour Savatier, la loi de 1952 réalisait l'idéal des rapports médecine-droit, car elle transcendait l'approche physico-chimique et biologique du sang qui conduit à en faire une matière première, pour lui accorder un régime juridique particulier qui respecte le symbolisme du sang, le moi psychique et physique dont parlent les donneurs[4]. La solution du conflit entre la vision symbolique et la vision biologique n'était pas évidente : « Pour la plupart des individus qui composent l'espèce humaine, le sang est encore un bien inaliénable, de sorte que sa cession spontanée représente, pour eux, un sacrifice presque sublime. Pour nous qui avons besoin de sang pour son application à l'une des plus notables conquêtes de la science contemporaine, le sang représente seulement la matière première, rémunérée ou non, sans laquelle l'hémothérapie ne sera jamais qu'un souriant espoir[5]. »

De fait, la loi de 1952 est une curiosité : l'idée de ses rédacteurs était de créer un service public du sang et de ses dérivés, fondé sur la gratuité du don

1. Enquête nationale sur l'approvisionnement français en plasma anti-D, in *Gazette de la transfusion sanguine*, nº 93, décembre 1993, p. 21.

2. *Les Métamorphoses économiques et sociales du droit civil d'aujourd'hui*, Dalloz, 1948.

3. « Le corps humain, objet du contrat », in *Bioéthique et Droit*, études rassemblées par R. Draï et M. Harichaux, CURAPP, Paris, PUF, 1988, p. 170.

4. R. Savatier, *op. cit.*, chap. VII.

5. *IIe Congrès international de la transfusion sanguine*, Paris, J.-B. Baillière, 1937, t. II, p. 340.

et l'absence de but lucratif des établissements qui préparent le sang et ses dérivés, puisque telle était la volonté des bénévoles et des médecins qui les soutenaient. Le Parlement chercha à fonder ce particularisme sur la nature juridique du sang, le député Fredet affirmant la nécessité de trouver « un statut juridique pour fixer la situation légale de ce liquide vital ».

« Tout dérive de la règle que le sang humain n'est pas une marchandise. Fraction du corps humain prélevée *in vivo*, et restant un certain temps vivante, le sang comporte, de la part du droit, une manifestation de ce respect qui s'attache à l'homme lui-même, raison d'être du droit. Même lorsque plus tard, avec le temps et les préparations de laboratoire, les éléments du sang humain, de matières vivantes qu'ils étaient, évoluent par mutations progressives, vers des substances thérapeutiques, quelque chose demeure de ce respect primitif[1]. » « Greffe de tissu vivant[2] » ; « je sais bien que les nouvelles techniques de lyophilisation et de fragmentation du plasma et même de sélection d'éléments figurés peuvent faire perdre en apparence au sang humain son caractère de greffon humain pour lui donner l'aspect d'un produit inerte. *Mais en dehors de toute considération scientifique, et en se plaçant au seul point de vue psychologique, il y a un intérêt majeur à ne point identifier le sang et ses dérivés à des médicaments tirés du sol, d'une plante ou d'un animal, ne serait-ce que pour la sauvegarde de la dignité humaine. C'est là un des buts fondamentaux du projet de loi*[3]. » On ne saurait être plus clair ; il s'agit de faire du sang humain un élément personnaliste identifié à l'humanité de l'homme, une chose portant l'empreinte de la personne, incongruité absolue pour la pensée juridique qui ne connaît que les choses et les personnes. Le Parlement se divisa en deux groupes opposés. Le premier, largement majoritaire, était favorable au service public total, gratuité et non-profit ; il n'entendait de concessions à la sphère commerciale que dans une perspective transitoire, le temps de laisser les bénévoles gagner la partie en ce qui concerne la collecte, et les centres de transfusion gagner la partie de l'autosuffisance industrielle. Le second était favorable à l'industrie privée ; s'il ne remettait pas en cause l'objectif d'atteindre le bénévolat au niveau de la collecte, il contestait la notion de service public et l'absence de but lucratif pour l'industrialisation du sang. Il voulait séparer nettement le sang, produit humain à statut spécial, des produits dérivés, produits industrialisés relevant des règles de l'économie de marché pures et dures, schéma qui sera réalisé par la réforme de 1993. Bien que les rapports parlementaires n'aient pas été de grands rapports et que les débats n'aient pas été du plus haut niveau, l'analyse de la confection de la loi n'est pas sans intérêt, car l'affrontement sur l'utopie y est très net.

Fredet va instituer le pacte social du bénévolat en deux phrases : si l'on veut que le donneur de sang soit « assuré que la valeur sociale de son geste humanitaire soit conservée », il n'est pas possible d'admettre que l'on puisse « réa-

1. R. Savatier, *De sanguine jus*, Dalloz, 1954, chr. 141.
2. Assemblée nationale (Ass. nat.), document parlementaire, annexe nº 1749, p. 2984.
3. Fredet, Ass. nat., séance du 14 mars 1952, p. 1322.

liser des bénéfices sur le trafic du sang humain[1] ». La phrase est connue, c'est le pivot de l'idéologie des donneurs de sang. Le non-profit, institué par le législateur, est donc offert en contrepartie du bénévolat des donneurs qui, lui, n'était même pas évoqué, et pour cause, dans la loi : « Toute politique du sang ne peut réellement être viable que si elle est basée sur le don du sang et le trafic du sang humain et de ses dérivés serait de nature à décourager les donneurs de sang. C'est pourquoi il est apparu indispensable de séparer des médicaments le sang humain utilisé en vue des indications thérapeutiques précitées, d'en confier exclusivement le contrôle aux médecins et d'exclure tout profit au bénéfice des organismes de préparation et de vente du sang humain. »

La loi de 1952 repose bien sur une ruse : sans imposer le bénévolat, elle en donne les contreparties pour obtenir qu'il s'impose de lui-même.

*
* *

Utiliser des éléments du corps humain à des fins thérapeutiques est une activité à haut risque social et moral. Le sang ne fut que le premier d'une longue série, qui va des organes les plus personnalisés – les yeux, le foie, le cœur – jusqu'à des produits très communs – poudre d'os, veines –, en passant par les plus dématérialisés, les gènes, et ceux qui me paraissent les plus liés à la personne et à sa lignée tout entière, le sperme et les ovocytes. Le sang est le plus ancien des éléments du corps humain que l'on a utilisés à des fins thérapeutiques ; c'est aussi celui dont l'échange a le moins sidéré la population, peut-être parce qu'elle y avait été progressivement préparée, plus probablement parce que le sang a toujours été échangé, sous d'autres formes, pour renforcer la cohésion des communautés humaines. Le traitement social du sang peut, à cet égard, faire figure de modèle, et ce modèle est d'autant plus précieux que chaque pays l'a construit de manière autonome, en fonction de son histoire. Enfin, l'expérience que je viens de raconter me paraît être l'une des rares hypothèses où le peuple a, par l'intermédiaire des associations de donneurs bénévoles et des médecins, fait œuvre de législateur et imposé de bout en bout sa volonté.

Cette volonté n'était ni raisonnable ni rationnelle : elle fut forgée dans l'exaltation de la Libération, donnant naissance à un pacte social de non-exploitation. Car l'activité transfusionnelle, située à la frontière de la médecine et de la pharmacie, pouvait réinscrire au cœur de la modernité l'exploitation directe du corps des plus pauvres. Cela n'a pas manqué, et dans certains pays, des hommes sous-alimentés en meurent. Les donneurs étaient en position de force pour imposer ce qu'ils considéraient comme une sorte de havre au sein de l'économie de marché. L'utopie proposée rencontrait les désirs latents d'une grande partie de la population. L'image du bénévole, telle qu'elle fut construite, avait de quoi convaincre des anarchistes, des communistes, des chrétiens, et plus largement tous les hommes de bonne volonté qui rêvent d'autre chose que

1. Ass. nat., document parlementaire, annexe nº 1749, p. 2985.

de soumission aux contraintes du quotidien. Ce fut un communautarisme consensuel, une sorte d'union sacrée assurant la défense du territoire humain, comme elle avait assuré la défaite des territoires de l'ombre. La loi de 1952 prit en charge l'utopie, avec pragmatisme, souplesse et conviction. Mais, on le verra, il ne sera pas facile de recommencer l'opération à l'échelon européen.

TROISIÈME PARTIE

LE SERVICE PUBLIC À L'ABRI DES FRONTIÈRES (1952-1993)

En 1952, la loi vint donc organiser en quelques grands principes un tissu transfusionnel que le corps médical avait créé spontanément. Les principes seront mis en œuvre et complétés par des décrets d'application qui accusent fortement le dessin idéologique du texte législatif ; la légitimité des choix politiques sera confirmée par des arrêts du Conseil d'État, qui ont une grande importance dans l'histoire. L'ensemble fonctionnera sans modification majeure pendant quarante ans. En 1993, tout sera remodelé sous une double contrainte : contrainte formelle, imposée par une directive communautaire qui vient contrecarrer l'objectif d'autosuffisance nationale fondé sur la fermeture des frontières ; contrainte politique, liée à la contamination par le virus du sida.

La loi de 1952 n'avait fixé que quelques cadres, essentiellement le *monopole de prélèvement* d'établissements de transfusion sanguine dirigés par des médecins, *monopole de type corporatiste*, et la nécessité pour eux de fonctionner « *hors profit* ». Le décret de 1954 va ajouter un *quasi-monopole de fabrication* des produits sanguins, *monopole économique* qui sera confirmé par le Conseil d'État, et organiser l'implantation territoriale, si importante en matière de transfusion sanguine.

On verra concrètement comment ont pu fonctionner, malgré l'absence de profit, de véritables marchés de la matière première ou du produit fini. On constatera qu'un certain nombre de pouvoirs de direction industrielle et de contrôle de la qualité et de la sécurité, offerts à la tutelle par la réglementation, ont été mal utilisés. On observera à de multiples reprises une ignorance et un refus de tout l'environnement juridique dans lequel était pourtant inscrite la transfusion : tous les analystes ont remarqué que la fameuse circulaire que J. Roux avait rédigée en 1983 pour recommander aux services de collecte de sélectionner les donneurs à risques n'avait pas été appliquée, provoquant le désastre que l'on sait. On sait moins que ce n'était pas la première à subir ce sort : sans rester lettre morte, la réglementation n'était appliquée qu'à la condition de faire l'objet d'un consensus. On notera enfin, chaque fois qu'il sera nécessaire, les multiples critiques qui avaient été adressées à la transfusion sanguine et à sa tutelle, principalement par la Cour des comptes, qui fit en 1971 un travail remarquable[1]. Il fut enterré avec toutes les autres critiques ; c'est

1. Le rapport Blin-Bestaux de novembre 1971 (Comité central d'enquête sur le coût et le rendement des services publics).

d'autant plus malheureux que les observations étaient formulées sur fond de bienveillance et de partage des grandes options idéologiques. Si elles avaient été prises en compte, la contamination aurait été moins importante, et la crise d'identité qui affecte aujourd'hui le monde transfusionnel moins profonde.

1. La féodalité républicaine du décret de 1954

1. D'un monopole corporatiste à un quasi-monopole industriel

Ce n'est pas la loi de 1952 qui a créé le « monopole » des établissements de transfusion, mais bien plutôt le décret de 1954. Les portes d'un énorme marché se refermaient devant les industries pharmaceutiques, très conscientes de l'enjeu économique et peut-être aussi symbolique. Elles contestèrent aussitôt la légalité du décret, qui fut confirmée en des termes qui méritent que l'on s'y attarde : l'arrêt du Conseil d'État, ou plutôt les conclusions de son commissaire du gouvernement constituent sans doute une épure de la pensée politique de l'après-guerre.

Le quasi-monopole industriel du décret de 1954

La loi de 1952 n'avait retenu que deux principes directeurs. Le premier, véritable monopole corporatiste en faveur des médecins et des pharmaciens, avait été posé par l'article L. 667 du Code de la santé publique : « Le sang humain ne peut être *prélevé* que par un docteur en médecine [...]. La préparation de sang humain [...] ne peut être effectuée que par un docteur en médecine ou par un pharmacien [...], uniquement dans les établissements agréés par le ministre de la Santé. » Le second principe concernait l'interdiction de faire du profit sur la fabrication et la distribution des produits sanguins. Il n'était pas question d'un monopole industriel de fabrication.

Ce sera l'œuvre du décret de 1954, que de compléter le monopole de prélèvement par un monopole de fabrication, atténué en quelque sorte. L'article 1 et l'article 2 du décret vont en constituer la base juridique. L'article 1, reprenant les termes de la loi, rappelle la nécessité de l'agrément, et crée les centres et les postes de transfusion sanguine. Mais l'article 2 précise que l'agrément prévu par la loi de 1952 sera limité à des établissements choisis en fonction de la personne morale qui les crée : ce ne pourront être que l'État, les départements, les communes, les établissements publics, les sociétés mutualistes, les organismes de Sécurité sociale, les associations sans but lucratif, cela pour être cohérent avec l'exigence générale d'absence de but lucratif. Il en résulte une limitation à la liberté d'entreprise, réalisée par le double mécanisme de l'agrément et de l'origine financière et juridique de l'établissement agréé.

Il ne s'agit pourtant que d'un monopole atténué, indirect. Rien n'empêche le secteur privé de demander un agrément s'il respecte la règle du non-profit : il lui suffit de créer une association sans but lucratif. Mérieux avait ainsi créé une fondation ; il disposait d'une autorisation exceptionnelle de prélèvement et de l'autorisation de produire des gammaglobulines. Ce n'était donc pas une possibilité artificielle, vidée de tout contenu réel faute d'incitation pour le secteur privé, appelé par hypothèse à faire du profit. Même si une entreprise ne fait pas de profit sur certains éléments de sa production, elle peut trouver un avantage à maîtriser l'ensemble d'une filière, en se rémunérant sur l'appareillage par exemple, ou en utilisant sa technologie dans des pays moins regardants. Quant aux pouvoirs publics, ils étaient, en fait, assez hésitants, attachés à la cohérence du service public qu'ils étaient en train de créer, mais également très liés à un industriel prestigieux. J'ai le sentiment que, si Mérieux n'avait pas provoqué les associations de donneurs de sang en s'accrochant à des formes diverses de rémunération, l'agrément dont il disposait pour fabriquer certains produits dérivés ne lui aurait pas été retiré.

Ce monopole de fabrication était-il pour autant semblable à celui d'EDF ou de France Télécom ? Cela semble improbable. Le curieux système mis en place, à la fois départemental, régional et national, n'avait pas cette unité d'inspiration et de commandement qui caractérise la situation monopolistique. Seule la tutelle aurait pu la réaliser, et l'on verra qu'elle ne l'a pas fait. Le système transfusionnel a fonctionné comme une sorte de *féodalité républicaine*, s'épuisant dans la concurrence interne entre unités jalouses de leur indépendance.

M.-A. Tiger, qui fit un mémoire d'économie en 1974 sur la transfusion sanguine, soutint qu'il n'y avait qu'une « apparence de monopole », et que l'intervention de la puissance publique aurait dû être plus rationnelle pour coordonner la concurrence de fait dans les pratiques de collecte et de distribution[1]. Il ressort de l'ensemble de son mémoire que l'intervention publique a rarement été réfléchie. La tutelle lui paraît n'avoir fait que promouvoir l'organisation spontanée de la profession, pérennisant de petites féodalités (deux centres par département), évitant la rationalisation de services faisant double emploi (le service d'hémobiologie de l'hôpital qui concurrence celui du centre de transfusion), ne s'intéressant pas aux conflits de collecte entre centres de fractionnement et centres de transfusion classiques, etc.

Quel observateur du système transfusionnel n'a fait remarquer qu'il tenait du système féodal ? Il suffit pour le comprendre de mettre en rapport la tradition mandarinale de la médecine avec les impératifs territoriaux de toute organisation transfusionnelle : la collecte et la distribution des produits périssables impliquent un maillage fin du territoire, alors que les produits stables peuvent

1. M.-A. Tiger, *La Transfusion sanguine en France. Essai d'approche économique*, mémoire, Paris I, 1974, p. 35 et suiv.

circuler, sans difficulté mais non sans risques, d'un bout à l'autre de la planète. Il y a une tension permanente entre les deux aspects du métier.

Pour les phases « territorialisées », peu importe que l'on soit dans un système public ou privé : le territoire, qu'il soit délimité par la concurrence ou par une attribution ministérielle, est fondamental. Les systèmes marchands se font la guerre des prix d'achat du plasma pour conserver leurs territoires de collecte : en face de vendeurs nombreux et inorganisés, les prix tendent à la baisse, et les petits centres fleurissent ; des vendeurs très organisés peuvent au contraire arriver à obtenir dans certaines villes des États-Unis le double du prix de marché, à la condition de s'engager à une certaine régularité. Ce besoin de stabilité entraîne les systèmes marchands à conclure des accords entre entreprises pour ne pas empiéter sur le territoire du concurrent. Les systèmes publics se font la guerre de l'agrément dans les couloirs du ministère.

Si l'on articule l'assise territoriale avec la tradition mandarinale de la médecine, on obtient inévitablement un système féodal où le roi – la tutelle – a relativement peu de pouvoirs réels même s'il dispose de tous les outils juridiques pour les exercer ; les grands seigneurs – les fractionneurs – font régner le type d'ordre qui leur convient (hypostasie du plasma par rapport au sang total), et se font souvent la guerre, pendant que les « petits centres provinciaux » tentent avec un certain succès de conserver des marges d'autonomie, en utilisant le pouvoir que leur donne l'accès privilégié à la matière première. L'histoire de la contamination mettra en évidence les stratégies hétéroclites des fractionneurs pour acquérir la technologie du chauffage des facteurs VIII destinés aux hémophiles : Lille, Strasbourg et Paris avaient une certaine capacité technologique mais n'ont pas coopéré. Lille a mis au point une technologie propre, Strasbourg acquerra gratuitement la technologie de Travenol, tandis que Paris achètera à prix d'or la technologie d'Immuno. Quel dommage[1] !

Le système transfusionnel a donc été construit par une loi-cadre, que le décret de 1954 a modifiée assez profondément, puisqu'il est passé d'un monopole de prélèvement de la profession médicale à un monopole économique de fabrication en faveur d'établissements publics, ce qui correspond sans doute à l'esprit de la loi et aux travaux préparatoires mais pas à la lettre du texte. La question de la légalité de ce décret, qui empêchait l'intervention de l'industrie privée dans ce secteur, ne pouvait pas ne pas se poser.

Le Conseil d'État et le service national du sang

Le conseil national de l'Ordre des pharmaciens, qui dispose de la personnalité juridique et peut à ce titre défendre les intérêts de la profession, ne tarda pas à intenter un recours pour excès de pouvoir contre le décret de 1954. Lu à la

1. Sur les absurdités de la concurrence, voir le rapport Blin-Bestaux de novembre 1971 (Comité central d'enquête sur le coût et le rendement des services publics) et la thèse de N. Bastin-Vieillard, précitée, p. 304 et suiv.

lumière des passionnantes conclusions de M. Tricot, illustre commissaire du gouvernement, l'arrêt rendu le 9 mai 1958 par le Conseil d'État ne manque pas d'intérêt, car on y trouve la démonstration d'une conviction, perle rare dans l'univers retenu de la pensée juridique[1].

Le recours faisait essentiellement valoir que les possibilités d'agrément imposées par le décret étaient plus restrictives que ne l'avait prévu la loi de 1952, qui, elle, se limitait à exiger que tout établissement de transfusion soit préalablement agréé par le ministre de la Santé, et ne fasse pas de profit, n'excluant aucune personne morale prête à satisfaire à ces deux conditions.

Le décret prévoit effectivement deux conditions étrangères à la loi : l'article 2 impose une condition économique nouvelle concernant le financeur de l'établissement de transfusion – peuvent seuls être agréés les établissements créés par l'État, les départements, mutuelles, associations, etc. –, tandis que l'article 3 ajoute à la loi une condition géographique – un seul centre par département. La conjonction des deux articles limite sévèrement les possibilités de laisser une entreprise privée s'installer ; M. Tricot admet que « le décret n'est donc pas loin de créer une sorte de service public ayant une organisation hiérarchisée, et un monopole, alors que la loi semble avoir voulu rester sur le terrain de la police[2]. Le décret n'a-t-il donc pas dénaturé la loi ? »

M. Tricot examine en premier lieu l'article 2, admettant qu'il réserve la possibilité d'agrément aux centres créés par des personnes morales publiques ou privées, qui ont en commun d'être désintéressées. Cette restriction a pour effet d'interdire aux industriels, et plus particulièrement à l'industrie pharmaceutique, de créer un centre de transfusion.

A l'inverse, si la loi, dans son article 5, interdisait bien de réaliser des profits sur les opérations liées au sang humain, elle n'empêchait pas que des établissements à but lucratif puissent être agréés s'ils acceptaient de ne pas faire de profit. *Autrement dit, la loi imposait de s'abstenir de profit, mais ne disait rien de l'origine des capitaux. Le décret permettait de contrôler cette origine*[3]. Il ajoutait donc bien quelque chose de fondamental à la loi, la question était de savoir si cet ajout ne devait pas être analysé comme un excès de pouvoir.

Pour répondre à la question, M. Tricot lève d'abord l'obstacle qui aurait pu être constitué par le principe de liberté du commerce et de l'industrie. Il affirme que *le cadre juridique dans lequel sont situés la loi de 1952 et le décret de 1954 n'est pas celui de la liberté économique, mais celui de la dignité humaine et de la solidarité*. La transfusion est étrangère à la sphère juridique de la liberté économique parce qu'il s'agit de sang humain, différent par nature de produits tirés du sol, des plantes et des animaux, et même des déchets du corps humain.

Après cette première mise au point, le commissaire du gouvernement cher-

1. Conseil d'État, 9 mai 1958, Sirey, 1958, II, p. 220.
2. Au sens de la surveillance et du contrôle des objectifs de santé publique.
3. Le système de Mérieux, qui par sa fondation sans but lucratif fabriquait des produits sanguins, était légal au regard de la seule loi de 1952, mais pouvait être interdit à la suite du décret de 1954 : la fondation, simple écran de la société commerciale, réalisait une « fraude à la loi ».

cha à exprimer juridiquement la différence entre l'origine humaine et les autres[1] : « La dignité exige que le corps humain ne puisse, ni dans son ensemble, ni dans ses éléments, faire l'objet d'un commerce. Et il ne suffit pas de décider que ce commerce sera exclusif de tout profit ; il faut encore que soit assurée une distinction bien nette entre les opérations portant sur le sang humain et ses dérivés et toute activité commerciale. Un établissement pharmaceutique industriel qui ferait, sans réaliser à cette occasion de bénéfices, des opérations relatives au sang humain, tirerait pourtant de cette activité des avantages d'ordre commercial. Grand laboratoire, ce serait pour lui un élément de publicité ; officine de pharmacie, ce serait une occasion d'attirer des clients qui pourraient faire d'autres achats. [...] Quant à la solidarité, celle-ci n'a de chance de s'exercer que si ceux qui donnent leur sang savent que celui-ci ou ses dérivés ne feront l'objet, directement ou indirectement, d'aucun commerce. Les prélèvements de sang dans un but thérapeutique sont à base de volontariat [...]. Les dons de sang [...] sont une forme de solidarité active dont le développement contemporain est un des faits encourageants de notre époque. Mais entre un sacrifice honorable et un trafic dégradant il n'y a qu'une différence : c'est un total désintéressement. *Ainsi des principes qui sont au-delà de la loi justifient le décret qui vous est déféré.* »

Ces conclusions sont passionnantes : en effet, le commissaire du gouvernement admet que le décret va plus loin que la loi, et que ce dépassement impliquerait peut-être un excès de pouvoir si la logique de la loi de 1952 n'était éclairée par des principes généraux du droit spécifiques, en l'occurrence la non-commercialité absolue étendue à l'ensemble du processus de production. *Le fondement des droits de l'homme, conjugués en dignité et solidarité, écarte la liberté économique*. Tirant jusqu'au bout le fil rouge de sa pensée, M. Tricot précise que l'utilisation thérapeutique du sang humain ne saurait constituer « une branche normale de l'exercice de la profession des pharmaciens. C'est au contraire d'un domaine très particulier qu'il s'agit où les connaissances techniques des pharmaciens et des médecins sont requises mais où ne s'applique pas, sauf disposition législative contraire, la notion de médicament et sur lequel la profession de pharmacien n'a aucun droit à faire valoir. »

Il examine en second lieu la légalité de l'article 3 du décret qui limite l'agrément à un établissement par département. Pour justifier cette limitation, il réaffirme que l'activité transfusionnelle doit rester totalement étrangère au système commercial ; or la possibilité de créer librement des établissements est un trait de la liberté du commerce et de l'industrie, qui a pour finalité de promouvoir la concurrence. « On ne se trouve pas ici dans un domaine commercial où doit jouer en principe la concurrence. Il ne s'agit même pas d'un domaine normalement réservé à l'initiative privée désintéressée, où le respect de la liberté commande, même lorsque le souci de l'efficacité sociale y trouverait des objec-

1. Le problème est moins artificiel qu'on ne le croit : le Service central de la pharmacie a retenu une rubrique unique « sérums d'animaux ou de personnes immunisées ». Cf. règlement CEE 2041-68 du 10 décembre 1968, rubrique 3001, cité par M.-A. Tiger, p. 68.

tions, d'admettre la multiplicité et la diversité des efforts. » La finalité que doit poursuivre le décret, outre la protection de la dignité de la personne, est l'efficacité sociale, qu'il s'agisse de la sécurité, de la disponibilité, du moindre coût, etc. C'est au regard de cette finalité que le décret lui semble « avoir tiré les conséquences extrêmes des notions de police, de contrôle et d'agrément administratives qui sont dans la loi, sans excéder la mission qui leur était confiée de fixer les modalités d'application de celle-ci ».

Un service public d'un nouveau genre était créé, que certains appelaient déjà le *service national du sang*. Il excluait le secteur privé de manière assez radicale, pour marquer l'empreinte de l'origine humaine du sang et des produits qui en sont dérivés.

2. Une tutelle sans convictions

On craint, en règle générale, que les institutions abusent de leur pouvoir. Ici, ce fut l'inverse. Le ministère de la Santé semble avoir été peuplé de médecins qui, respectant le caractère libéral du « sacerdoce » de leurs confrères, entendaient ne gouverner que par consensus, sans froisser les intérêts locaux. Ils n'avaient pas réalisé que les directeurs de centre étaient devenus de petits industriels, et la transfusion une grande entreprise, même si elle restait ce service public dont beaucoup rêvaient. Comme toute autre entreprise, un service public doit être dirigé, évoluer en fonction d'une impulsion précise. Ce rôle de direction appartenait à la tutelle, qui ne l'a pas compris. On retrouvera dramatiquement cette incertitude sur son propre pouvoir dans la défense du professeur Roux, qui eut le malheur d'être le responsable de la Direction générale de la santé (DGS) pendant les années noires de la contamination[1].

Et pourtant, la loi de 1952 et ses décrets d'application avaient donné au ministère de la Santé toutes les fonctions et tous les pouvoirs nécessaires à une activité de direction véritable. Mais les ministres successifs ne surent tirer de l'ampleur de leurs tâches ni la certitude intérieure nécessaire à leur accomplissement, ni les moyens scientifiques et financiers qui auraient permis de les accomplir.

Le ministre et le directeur général de la Santé – lui-même assisté du Bureau 3B, sur le plan administratif, et du Laboratoire national de la santé (LNS), sur le plan technique – avaient des tâches précises de direction : sans choisir directement les produits à fabriquer, les techniques de fabrication, l'organisation des contrôles, ils devaient les agréer et fixer les prix de cession, toutes activités classiques de la direction d'une entreprise industrielle, même s'ils devaient permettre de la réaliser dans l'esprit du service public.

1. Cf. *infra*, p. 426 et suiv.

L'organisation de la production

Le ministère eut, en 1952, la tâche de déterminer les produits qui seraient fabriqués par le secteur privé – l'albumine d'origine placentaire, les sérums antitoxiques d'origine humaine – et ceux qui reviendraient au secteur agréé disposant d'un monopole de fabrication sur certains produits énumérés dans une liste (art. L. 666). Cette liste de produits a donc pour *première fonction de fixer l'étendue du monopole industriel des ETS* (établissement de transfusion sanguine). Aucun produit ne peut être cédé par un centre s'il ne figure sur cette liste ; sa *deuxième fonction est alors l'équivalent d'une autorisation préalable de production.*

Le ministère doit ensuite *agréer les établissements de transfusion sanguine.* Le décret du 16 janvier 1954 est venu préciser les objectifs et les conditions de cet agrément. L'objectif premier est de réaliser le *maillage territorial* : deux postes, l'un à Bastia, l'autre à Briançon, marquent les deux points extrêmes du « territoire » du centre régional de Marseille. C'est à l'occasion de l'attribution des territoires que le pouvoir politique montra pour la première fois sa faiblesse, n'osant pas supprimer les centres qui se partageaient un territoire trop étroit[1].

C'est encore le ministère qui fixe les *attributions de chaque centre*, c'est-à-dire qui les autorise à fabriquer tel ou tel type de produit, à exercer telle ou telle activité (art. 16 à 18, 21) ; on est au cœur du *pouvoir de décision d'une entreprise*, puisque c'est ainsi que l'on répartit les tâches entre les différents établissements qui participent à la réalisation de l'objet social. Il est difficile de dire à quel moment l'organisation de la production, qui semble avoir été satisfaisante pendant la période semi-industrielle, a cessé de l'être. Mais il est certain que le passage au fractionnement industriel a été mal conçu au regard de l'intérêt général : sur le plan strictement industriel, un seul centre de fractionnement aurait certainement suffi pour approvisionner en produits dérivés l'ensemble du territoire français, et c'était probablement la meilleure solution au regard des critères de rentabilité ; l'usine du CNTS aux Ulis avait à elle seule la capacité de production requise, alors qu'il existait déjà six centres de fractionnement en France quand elle a été construite. Pour une fois, le jacobinisme n'a pas fonctionné, et les traditions locales – initialement quinze centres de dessiccation du plasma – ont joué un rôle important dans ce mauvais choix de la tutelle.

Mais le jugement peut-il être totalement négatif quand on réalise que la concentration des fabrications dans une seule unité industrielle implique un monolithisme des procédés de fabrication qui est rarement la meilleure solution pour les utilisateurs ? Les taux régionaux de contamination des hémophiles

1. Le pouvoir d'agrément s'accompagne d'un pouvoir de retrait (cf. CTS de l'Indre, *Lex sanguinis*, p. 1633). Durant son procès, J. Roux a expliqué qu'on ne lui avait pas accordé le retrait de l'agrément donné au Dr Garretta. Il avait pourtant de sérieux arguments et l'appui de personnalités importantes. *Lex sanguinis* est un recueil de textes intéressant la transfusion sanguine et édité par les ETS.

– malheureusement mal connus – laissent penser qu'ils furent beaucoup moins importants pour les hémophiles qui reçurent uniquement des produits de Lille ou de Strasbourg, contrairement à ceux qui achetaient à l'étranger ou à Paris. On est donc ici pris entre deux feux, et il n'existe aucun moyen de résoudre cette tension. C'est un choix politique.

Le contrôle de la qualité

Responsable du choix des établissements, responsable de leurs directeurs, maître de l'attribution des fabrications et des lieux de dépôt, le ministère est encore chargé de *réglementer la délivrance du sang et des produits* qui en dérivent (art. 669), et d'effectuer le choix des personnes qui vont assurer « le *contrôle* de la préparation, de la conservation et de la qualité de ces substances, ainsi que de leur détention et de leur délivrance » (art. 670).

La notion de délivrance est un peu obscure : le ministre ne va évidemment pas « prescrire » lui-même les produits sanguins aux malades, mais doit *fixer les conditions auxquelles un produit peut être délivré et prescrit par un médecin* à un malade. Après avoir fixé les produits qui peuvent être fabriqués, le ministre fixe donc les conditions de délivrance de chacun de ces produits : à telle pathologie, tel type de produit. De plus, pour que le produit puisse être inscrit sur la liste, il faut que son procédé de fabrication ait été enregistré par le Laboratoire national de la santé [1].

Quoi qu'en aient dit ses représentants lors des différents procès, le ministère avait donc tout en main pour décider quels produits pouvaient être mis sur le marché et quels procédés de fabrication étaient admissibles, ce qu'il a d'ailleurs fait dans de multiples circonstances. Les instruments juridiques existaient, ils étaient utilisés. On voit donc mal pourquoi beaucoup de commentateurs se réjouissent de la possibilité offerte par la loi de 1993 de faire de « vrais » contrôles de qualité dans le cadre d'une « vraie » procédure d'autorisation de mise sur le marché : les contrôles de qualité ont toujours été possibles en droit, et la procédure d'autorisation de mise sur le marché a toujours existé, en droit. Ce sont les pratiques qui n'ont pas suivi, par manque de moyens d'une part, par manque de volonté d'autre part.

La détermination des territoires de collecte

Le ministre de la Santé doit encore délimiter les *territoires de collecte du sang* (art. 4 du décret de 1954). C'est en utilisant ce pouvoir si fondamental que les ministres successifs ont progressivement multiplié les circuits de collecte distincts. Certains établissements autorisés à collecter mais n'ayant pas de territoire

1. Arrêté du 29 février 1980.

propre se sont lancés dans la collecte de rue, devenue parfois collecte en quartiers chauds. Ce fut l'une des causes du caractère massif de la contamination.

3. Les services communs à l'ensemble de la transfusion

On ne s'attardera pas sur ces services communs. Ce sont principalement des structures « scientifiques », qui assurent sous diverses formes un rôle d'expertise, de recherche, de conseil, d'information, d'enseignement. Elles paraissent anormalement nombreuses au profane, et la contamination conduira à mettre en cause leur fiabilité. Composées de transfuseurs actifs, elles n'ont pas de capacité d'expertise indépendante des intérêts en présence. Il est intéressant de se souvenir que ce constat, qui est au cœur de l'analyse de Michel Sethon sur les causes de la contamination, avait déjà été fait en 1971 dans le rapport Blin-Bestaux. Pour autant, lorsque apparaît le sida, qui pose un problème sur lequel elles n'ont pas de compétences particulières, elles délèguent la tâche à des comités *ad hoc*, ce qui est normal, mais se révèlent incapables de transformer les résultats de ces groupes de travail en aide à la décision.

On rencontre en premier lieu la *commission consultative de la Transfusion sanguine*, qui aurait dû jouer un rôle essentiel lors de la contamination puisqu'elle regroupait tous les acteurs et utilisateurs de la transfusion. Elle avait pour rôle d'éclairer les décisions de la tutelle, et l'on aperçoit tout de suite le conflit dans lequel elle fut enfermée : les « experts » étaient des transfuseurs chargés de conseiller la tutelle sur la réglementation qu'il conviendrait de leur appliquer. Elle devait diffuser l'information vers les utilisateurs et fut particulièrement inefficace à cet égard, ses membres cherchant au contraire à rassurer. Il était essentiel de contraindre les chirurgiens, obstétriciens et anesthésistes de la nécessité de supprimer les transfusions de confort. Rien ne fut même tenté.

Il y avait aussi l'*Institut national de la transfusion sanguine*, chargé de la recherche et de l'enseignement. La recherche en transfusion resta à un niveau honorable durant la phase de production artisanale. Il en alla de même pour ce qui concerne les recherches fondamentales. Mais l'Institut n'a pas su concevoir une politique de recherche industrielle à l'échelle du pays. La recherche-développement industrielle fut laissée à la responsabilité des établissements fractionneurs, probablement trop peu dotés et trop divisés pour les politiques ambitieuses qu'ils auraient aimé mener. On a le cœur un peu serré en entendant raconter que J.-P. Soulier, à l'époque directeur du CNTS, fit, tout seul semble-t-il, des essais au bain-marie pour chauffer les fractions coagulantes des hémophiles. Le Dr Garretta avait jeté les premières pierres d'une politique de recherche moderne et bien dotée ; ce fut d'ailleurs l'une des raisons (parmi bien d'autres) de ses difficultés financières. Il restera impossible de savoir si elle aurait porté ses fruits ou non. Les remaniements qui résultèrent de l'affaire de la contamination ont totalement changé les données du problème et provoqué l'arrêt de nombreuses recherches en cours. Quant à Lille et Strasbourg, qui eurent à l'époque une politique de développement honorable, on ne peut parler de recherche de pointe, mais d'un bricolage efficace.

Si le bilan de la politique de recherche est contrasté, celui de l'organisation de l'enseignement semble uniformément négatif. L'enseignement fut, dès le départ, l'objet d'un conflit au sein de la profession, et quelques transfuseurs n'hésitent pas à attribuer certains des échecs actuels à ce qui s'est passé à l'Université dans les années cinquante. C'est en effet en 1953, à l'extrême fin du règne de Tzanck, que l'évolution de la transfusion sembla imposer l'idée d'en faire une discipline médicale à part entière, avec enseignement universitaire et concours d'assistanat. Mais Tzanck mourut avant de réaliser son projet, et personne ne le reprit. On en fait souvent porter la responsabilité aux hématologues : en hissant à un très haut niveau leur propre spécialité, ils se seraient opposés consciemment ou non à la reconnaissance de la transfusion comme discipline autonome, la laissant au rang d'outil non reconnu par la Faculté, d'où la nécessité de créer un institut d'enseignement, en marge de l'Université. Ce cursus séparé, qui ne permettait pas l'internat, était peu attractif pour les plus brillants, ce qui aurait contribué à l'enfermement du milieu transfusionnel.

On retrouve, dans les services communs, le *Centre national de transfusion sanguine*, qui assura un certain nombre de tâches générales transmises par Tzanck. L'arrêté de 1989, qui lui donna le dernier agrément avant sa suppression, prévoyait même qu'il exerçait auprès du ministre de la Santé un rôle de conseiller technique, doublant ainsi la commission consultative de la Transfusion sanguine et la coordination de la politique transfusionnelle nationale. Cela ne faisait que consacrer un état de fait : M. Garretta avait déjà commencé à passer des accords techniques avec les structures transfusionnelles les plus proches de Paris, créant une sorte de méga-région où l'impulsion pouvait être donnée tant par le CNTS que par le centre de Lille par exemple (on parle de rôle interrégional) ; l'objectif était de rationaliser la production en créant des pôles technologiques spécialisés, ce qui était loin d'être absurde mais aurait dû relever de la tutelle et d'experts indépendants. On assistait en fait au passage sournois à une direction parisienne de type privé venant prendre le relais d'une tutelle défaillante.

Il eut malheureusement à partir de 1982 le monopole de l'importation des produits dérivés du sang, pour « mettre de l'ordre » et obtenir de meilleures conditions que ne pouvaient le faire les centres qui agissaient en ordre séparé. Cette initiative eut un effet désastreux lors de la crise du sida, M. Garretta voulant démontrer la réussite de sa politique technologique d'autosuffisance en produits dérivés, certes contaminants : importer revenait à avouer la tragique erreur industrielle, il n'importe donc pas.

Il reste maintenant à expliquer comment ce système, créé pour s'affranchir des contraintes économiques, a retrouvé sur certains segments bon nombre des mécanismes du marché.

2. Un marché hors profit ?

Even Saints have to economise. Avec quelque raison, N. Bastin-Vieillard mit cet aphorisme en tête de sa thèse. Le plaisir du marché, chassé par la porte, rentra par la fenêtre.

Que l'on soit dans un système commercial ou non, l'équation de la matière première est toujours la même : il existe des établissements fractionneurs qui ont besoin de sang pour réaliser leurs fabrications et ne collectent jamais à hauteur de leurs besoins. D'autres établissements, bien placés au niveau de la collecte, ont des excédents. Offre et demande de sang induisent des phénomènes de marché, même en France où la cession du sang se fait « hors profit », et l'incitation au marché est démultipliée par la manière dont les prix de cession sont calculés, voire manipulés.

1. Offre et demande de sang

Pour comprendre la « circulation économique du sang », il faut tenter de se représenter la carte transfusionnelle et les attributions de chacun. Le désordre géographique qui résulte des recouvrements des zones d'action des établissements transfusionnels avait été critiqué vertement, dès 1971, par le rapport Blin-Bestaux[1], qui dénonçait déjà les voyages de la matière première.

Les points névralgiques sont les sept centres de fractionnement, surdimensionnés par rapport aux besoins du pays. Cette surcapacité, normale dans les industries classiques qui ont l'ambition d'exporter, n'a aucune raison d'être dans des systèmes non commerciaux ; exporter signifierait que l'on demande aux donneurs du territoire français un effort de solidarité pour compenser l'indifférence trop souvent organisée d'autres populations[2], et du même

1. « L'organisation et le fonctionnement des services et organismes de transfusion sanguine », rapport de la Cour des comptes, p. 22.

2. Je pense ici aux exportations régulières destinées à combler des déficits chroniques. Il n'en va pas de même des exportations exceptionnelles en cas de catastrophe, qui sont parfaitement légitimes. Elles sont organisées d'une part dans le cadre du Conseil de l'Europe (c'est l'objet de l'accord 24), d'autre part en cas de participation à une aide humanitaire lorsque les infrastructures du pays sont insuffisantes.

coup l'encourager. La surcapacité est désastreuse car elle oblige chaque centre, pour faire tourner ses équipements et tenter de les rentabiliser, à envisager une double surenchère qu'un système de non-profit devrait normalement ignorer.

Surenchère à la vente pour placer auprès des hôpitaux les produits finis ; et l'on constate la tendance croissante des centres de fractionnement à passer de la fonction d'information technique à celle de marketing appuyé par une force de vente utilisant toutes les méthodes de l'industrie privée, malgré l'interdiction de la publicité formulée par la loi de 1952 (art. 671). Les centres se sont d'ailleurs dotés d'une « force de vente » qui travaille à la commission, ces commissions étant soumises à la TVA.

Surenchère dans la compétition pour l'accès à la matière première. Les centres de fractionnement ont des moyens étendus qui dépassent leurs possibilités de collecte. Ils s'entendent donc avec les centres départementaux et les postes de transfusion pour que ceux-ci les approvisionnent en plasma à fractionner. La concurrence induite par la surcapacité fait que les fractionneurs sont prêts, sinon à payer plus cher que le concurrent le plasma fourni par un centre puisque c'est interdit par la loi, du moins à assortir leur achat d'avantages en nature.

C'est ainsi que le plasma d'une région peut-être fractionné dans une autre. Certains liens sont stables, réglés par de véritables contrats d'approvisionnement, d'autres se font en fonction des besoins et des disponibilités, sorte de marché libre. Certains fractionneurs traitent du plasma en provenance d'autres pays et restituent les produits finis, ce qui leur permet de mieux rentabiliser leurs installations. On n'a guère de renseignements sur les prix auxquels sont effectuées ces opérations, mais il est fort probable qu'il s'agit des prix du marché mondial, et non des prix « protégés » du marché français.

Les avantages en nature que le prix de cession autorisé par le ministère ne prévoit pas sont à l'origine d'un deuxième dysfonctionnement. Ils constituent en effet le moyen pour des petits centres de se doter d'appareils d'analyse dont le prix d'achat leur serait normalement inaccessible : ces appareils, conçus pour traiter des milliers de dons chaque jour, travaillent, eux aussi, très en dessous de leurs capacités. Ils permettent néanmoins à de petits centres de continuer une activité d'analyse, qu'ils ne devraient pas, en principe, avoir les moyens de mener, alors que ces analyses pourraient parfaitement être regroupées dans des structures régionales où les appareils seraient rentabilisés. Autrement dit, le surdimensionnement du fractionnement en France se répercute à l'échelon inférieur, et devient un surdimensionnement de l'activité d'analyse.

Le système conduit à un phénomène de marché classique qui joue en faveur de ceux qui ont accès à la matière première, mais la loi du marché s'arrête là, et ne joue pas son rôle régulateur; normalement certains fractionneurs devraient disparaître, ainsi que certains centres d'analyse. Dans le système français, c'est la tutelle qui aurait dû se charger de ce travail à la place du marché, et c'est ce qu'elle n'a pas su faire, méconnaissant la fonction de direction industrielle qui lui était assignée par la loi[1]. Cela dit, il semble bien que dans les systèmes commerciaux il existe aussi des surcapacités permanentes de fractionnement, l'activité étant suffisamment rémunératrice pour pouvoir le supporter. Beaucoup d'analystes étrangers pensent que ces surcapacités sont l'une des causes de la surconsommation de produits dérivés du sang dans le monde développé, ce qui pèse sur les donneurs, les Sécurités sociales, et constitue un facteur de risque en cas de non-maîtrise technique.

Mais, ce qui peut paraître mystérieux, c'est la « richesse » des fractionneurs en France. Qu'ils fassent du profit dans les pays commerciaux, on le comprend, mais qu'ils puissent se permettre de surpayer le sang ou le plasma en France où les prix sont fixés de manière à exclure tout profit, voilà qui est plus étonnant.

2. La manipulation des prix de cession

L'article 673 n'était clair qu'à première vue : « Les prix des opérations concernant le sang humain, son plasma et leurs dérivés, tant au stade de la préparation et du dépôt qu'à celui de leur délivrance, à titre onéreux, sont fixés par arrêté du ministre de la Santé publique et de la Population de façon à exclure tout profit. »

Trois éléments paraissent certains.

– L'article 673 concerne tous les produits de l'activité transfusionnelle, depuis le sang total jusqu'aux produits les plus industrialisés, comme les protéines, et toutes les étapes de production depuis la cession des produits de la collecte jusqu'à la délivrance du produit fini.

– Le non-profit n'empêche pas qu'il y ait un prix matérialisant les échanges, même s'il ne répond pas à la loi de l'offre et de la demande ; on est dans le cadre d'opérations à titre onéreux, qui seront plus tard qualifiées de ventes par les tribunaux. Effectivement, le profit n'est pas de l'essence de la vente.

– Il est nécessaire de disposer d'un arrêté du ministre de la Santé pour pouvoir céder les produits. C'est la raison pour laquelle les deux premiers décrets d'application furent, en 1953, la liste des produits issus de l'activité transfusionnelle et la détermination de leurs prix de cession.

– Le dernier point est plus délicat : le prix de cession est fixé « de façon à exclure tout profit ». Prise au pied de la lettre, cette disposition implique que le prix recouvre exactement le coût de production. Deux difficultés apparaissent alors immédiatement. La première concerne la disparité des coûts de production selon les centres, qui conduirait en toute logique à fixer *autant de prix qu'il y a de centres*, ce qui renforcerait la concurrence entre les établissements, permettrait de conserver une forme de vérité des prix et d'aboutir à la dispari-

1. Cela constitue l'essentiel de la réforme de 1993 qui, en créant l'Agence française du sang et en la dotant de moyens non négligeables pour assumer ses fonctions de conception de la sécurité, permet à la tutelle d'exister ; cf. *infra*, p. 202 et suiv.

tion des établissements ayant des coûts de production trop élevés, que l'on pourrait toujours subventionner si on les estime utiles.

La seconde difficulté concerne la *détermination des éléments que l'on doit inclure dans les coûts de production* : tout ce qui est effectivement dépensé, bien sûr, mais aussi les sommes destinées aux investissements nécessaires pour la recherche et le remplacement progressif des technologies et des équipements ; on entre alors dans des appréciations subjectives. La Fédération des donneurs de sang bénévoles propose la définition suivante du profit interdit : « Tout excédent de recettes qui serait affecté à une rémunération de capitaux privés, ou toute affectation de résultats à des activités autres que celles qui les ont générées, en d'autres termes, tout ce qui ne serait pas réinvesti dans la transfusion sanguine. » Le réinvestissement ne doit pas être confondu avec une réaffectation aux salariés de la transfusion à titre de primes ou avantages divers.

Cela dit, la tutelle est allée bien au-delà de la fixation de règles objectives de fonctionnement : elle a manipulé les prix pour leur faire servir des objectifs divers, depuis la limitation des dépenses de santé jusqu'à l'incitation faite aux producteurs, par des prix de cession artificiellement élevés, de fabriquer un type de produits plutôt qu'un autre.

La légalité du système des prix de cession

Le conseil de l'Ordre des pharmaciens, opposé à l'ensemble des choix de société effectués par la loi de 1952, ne pouvait guère contester directement le système même du non-profit, choix politique imposé par la loi. Il essaya, sans succès, de montrer que l'arrêté de 1953 n'excluait précisément pas tout profit. Il est probable que cette instance attaqua trop tôt, à une époque où la manipulation des prix n'était pas aussi évidente qu'elle le devint par la suite. On peut se demander ce que le Conseil d'État aurait jugé quelques années plus tard.

L'argument, en effet, frappait juste : le conseil de l'Ordre fit remarquer que le ministre fixait pour chaque produit un prix unique pour l'ensemble du territoire malgré des coûts de production variables d'un établissement à l'autre. Certains pouvaient donc dégager des excédents, tandis que d'autres ne le pouvaient pas, situation bien connue de tous les analystes de la transfusion. Ces excédents sont-ils des profits interdits par la loi ? Sinon, que doit-on en faire ? A quel niveau faut-il fixer le prix de cession, au niveau le plus haut qui protège des établissements les moins rentables ou au niveau le plus bas qui les supprime ?

Le Conseil d'État ne fut, cette fois, guère brillant : il se débarrassa partiellement du problème en invoquant un douteux manque de preuves. Pour le reste, il se contenta de constater que la contrainte législative consistait, pour exclure tout profit, à « poser les principes d'après lesquels les prix de cession doivent être établis, mais qu'en l'absence de toute disposition expresse en ce sens, et compte tenu des méthodes habituellement suivies en matière de détermination des prix, ces principes n'avaient pas pour effet d'obliger le ministre à fixer un prix différent pour chaque établissement en fonction de ses conditions particulières de production ».

Or il n'existe aucune méthode « habituellement » suivie, qui aurait eu en quelque sorte la force d'une coutume ; si rien n'oblige le ministre à moduler ses prix en fonction des coûts de production de chaque établissement, rien ne lui interdit non plus, et cette deuxième solution serait sans doute plus conforme à la lettre comme à l'esprit de la loi. En réalité, et c'est là que le bât blesse, le premier décret d'application aurait dû précisément fixer les règles de calcul. Faute de méthode de référence, la tutelle était libre pour en établir les règles, et le risque était grand de tomber dans une appréciation discrétionnaire autorisant toutes les manipulations, ce qui n'a pas manqué d'arriver.

Des coûts de production au compromis économique et médical

La tutelle a deux fonctions autonomes, qu'elle tend sinon à confondre, du moins à lier, ce qui ne va pas sans effets pervers. La première consiste à établir la liste des produits qui peuvent être cédés en France. Par l'intermédiaire de cette liste, le ministère peut exprimer son refus de voir vendre un produit qui serait dangereux ou trop coûteux par rapport à son avantage en matière de santé publique. Les autorités belges sauvèrent inconsciemment la plus grande partie des hémophiles en refusant d'importer et de fabriquer les concentrés antihémophiliques, trop coûteux pour le budget général de la Sécurité sociale.

La seconde fonction consiste à fixer un prix de cession pour ces produits. La liste des prix est extrêmement détaillée, puisqu'il faut prendre chaque type de produit et chaque qualité – taux de pureté, taux de concentration en anticorps par exemple. D'un point de vue strictement économique, il ne fait aucun doute que le prix de cession doit couvrir l'intégralité du coût de revient, y compris les provisions pour les investissements nécessaires à la recherche et au développement. Mais la tutelle a utilisé les prix de cession pour satisfaire de multiples objectifs, qui étaient le plus souvent légitimes mais qui auraient dû, en tout état de cause, être satisfaits par d'autres moyens : incitation à consommer un produit plutôt qu'un autre, maîtrise des coûts de santé. Manipuler les prix de cession à des fins multiples revient à rompre avec la vérité des prix, qui peut parfaitement exister dans un fonctionnement hors profit à la condition de respecter certaines exigences de transparence.

Les choix politiques de la liste des produits cessibles

Aucun pays ne peut prétendre fabriquer tous les produits dérivés du sang qui existent à l'instant *t* sur le marché mondial. L'ambition des pays qui tendent à l'autosuffisance en limitant leurs importations est de fournir une *gamme de produits* capable de satisfaire les besoins de santé fondamentaux à un coût social raisonnable.

Cette limitation de la liberté de choix des prescripteurs est critiquée par ceux qui voudraient pouvoir choisir à tout moment le produit le plus performant dans sa catégorie, d'où qu'il vienne, quelle que soit sa méthode de fabrication, qu'il soit élaboré à partir de plasma de donneurs rémunérés ou bénévoles. C'est une optique consumériste, avec ses qualités et ses limites. Du côté des qualités, on trouve la possibilité pour le prescripteur de caler ses demandes sur les « meilleurs » produits du marché mondial. Il faut relativiser cet avantage : l'analyse des connaissances des prescripteurs montre qu'ils connaissent mal ou très mal les qualités des différents produits ; l'expérience du sida a montré que la liberté de choix dont jouissaient les prescripteurs de produits antihémophiliques dans des pays comme la Suède ou la Grande-Bretagne n'a pas joué de rôle protecteur du malade [1]. L'approche consumériste a encore l'inconvénient de ne faire aucun cas d'autres objectifs : ni l'équilibre général du système transfusionnel autochtone, qui peut être atteint par les changements brutaux de consommation, ni la protection des donneurs.

Les pays qui tendent à l'autosuffisance ne peuvent tout produire eux-mêmes, et doivent compléter leur politique de production par une politique d'importation. Il s'agira en principe de produits peu courants mais indispensables, par exemple le plasma anti-D, nécessaire pour la maladie hémolytique du nourrisson. La difficulté est alors de contrôler la qualité des importations alors que l'on ne maîtrise pas les procédures de collecte et de fabrication du négociant [2].

Le problème le plus délicat est de savoir si un pays qui dispose d'un système de sécurité sociale doit offrir aux prescripteurs plus que le strict minimum nécessaire à la sauvegarde de la santé publique, et surtout si des considérations de maîtrise des coûts doivent le guider dans le choix des produits à commercialiser.

La détermination du prix de cession

On sait que la loi ne donne que le principe général de l'interdiction de tout profit. Il fallait donc fixer un prix calé sur les coûts de production ; pour le différencier du prix calculé selon la loi de l'offre et de la demande, on choisit l'expression de « prix de cession », qui fut critiquée lors de l'affaire de la contamination alors qu'elle paraît relativement bien appropriée ; ce prix n'empêche pas l'existence d'une vente, au sens juridique du terme, mais indique par convention qu'elle est réalisée sans bénéfice. Que doit-il couvrir ?

• La couverture des coûts de production

Contrairement à ce que l'on pourrait croire, le calcul des coûts de production n'est pas simple. Prenons l'exemple des sérums-tests destinés à réaliser en

1. Cf. le travail de M. Setbon, qui a bien montré la réussite de ces deux pays dans l'administration des produits sanguins labiles ; il s'attarde peu sur leur politique à l'égard des hémophiles, mais elle apparaît comme un échec.

2. E. Koch, *Sang rouge, sang noir, chronique d'un scandale médical*, Frison-Roche, 1992.

routine les analyses biologiques, tant dans le secteur public que dans le secteur privé ; ils sont composés des globules rouges d'un pool de trois donneurs réguliers, toujours les mêmes, qui, à eux trois, disposent de tous les antigènes connus, permettant le spectre d'analyse le plus large qui soit. Pour composer ces trios, un énorme travail de typage préalable sur l'ensemble des donneurs est donc nécessaire ; il faut ensuite convaincre les élus de donner régulièrement, et ensemble. Si on considère l'opération comme une retombée du système global, son coût de revient est faible. Si au contraire on isole le coût de l'opération, il devient considérable ; si l'on se référait à la demande, c'est-à-dire au prix que des laboratoires privés sont prêts à payer ce matériau rare auquel ils n'ont pas accès, et qui leur permet de substantiels bénéfices sur l'appareillage et les prestations de services, il est également considérable.

D'inéluctables phénomènes de marché reviennent toujours. Ainsi, le plasma est cédé sous trois formes différentes, dites cryo 1, 2 et 3, dont le prix de cession va du simple au double. La différence de prix entre les trois qualités tient au délai écoulé entre le moment du prélèvement et celui de la congélation. Liée à l'utilité industrielle du produit, elle dépasse largement ce qui résulterait de la seule prise en compte des coûts de revient.

• **Fixation des prix, fixation des rabais**

Toutes les autorités qui ont eu à fixer les prix savent que le système échappe si l'on ne contrôle pas les politiques de rabais : par une politique de libre négociation des rabais, les acteurs peuvent en effet retrouver la liberté des prix. Ainsi en fut-il ici comme ailleurs. Il y eut donc des types de rabais autorisés... et des rabais sauvages. Entre les centres, les échanges étaient fréquents, les rabais aussi. Certains échanges étaient légitimes : les régions où vivent beaucoup de personnes âgées sont traditionnellement en déficit, d'autres en excédent ; mais les échanges entraînent les premières à la paresse, les secondes à l'exploitation des donneurs.

• **Les prix des produits importés**

Comment fixer les prix des produits importés ? Leur coût de revient est-il le prix d'achat ? S'il n'existe pas d'équivalent français, oui, et on lui ajoute 9 % pour frais divers et 5 % pour le stockage. S'il y a un produit français proche, cette simplicité n'est pas toujours de mise. En effet, si le produit étranger est beaucoup moins cher, son faible prix peut déstabiliser le marché intérieur. On le vend alors au même prix que son équivalent français, ce qui permet de substantiels bénéfices à l'établissement importateur.

• **Le prix comme incitation**

Le pire fut sans doute de vouloir utiliser la politique des prix comme un instrument d'incitation économique et industrielle. Les termes officiels du compromis ont changé au fil du temps, car ils ont ajouté aux contraintes traditionnelles la compétitivité internationale et le développement des biotechnologies : « La Transfusion sanguine française, dans son ensemble, sera dans les prochaines années, sinon les prochains mois, confrontée à de profondes mutations liées essentiellement au progrès scientifique et technique et à l'essor des biotechnologies, et surtout à la réalisation en 1992 du marché intérieur européen, permettant la libre circulation des marchandises entre les 12 pays de la Communauté. Pour faire face à ces enjeux, il importe que la production française de dérivés sanguins atteigne rapidement un niveau de compétitivité satisfaisant, tant sur le plan de la sécurité et de la qualité que sur celui des prix. Il faut prendre en compte les impératifs de santé publique et les contraintes économiques qui conditionnent la production et l'utilisation de ces produits[1]. » « La fixation des tarifs est un exercice difficile qui doit concilier des intérêts antagonistes et tenir compte de nombreux paramètres : [...] ils doivent être compatibles avec les contraintes budgétaires des établissements de soins qui sont les débiteurs essentiels des ETS et avec l'évolution des dépenses d'assurance maladie puisque la Sécurité sociale est le payeur final des produits sanguins. Les ressources des ETS proviennent donc de la collectivité[2]. »

Ce qui n'est jamais dit, c'est la manière dont la tutelle a favorisé le maintien d'un nombre élevé de fractionneurs, pensant à tort favoriser l'industrialisation alors qu'elle poussait ainsi aux surcapacités et au mandarinat.

Les faveurs faites aux fractionneurs avaient conduit la France à être très largement au-dessus des cours du marché mondial pour tous les produits stables. Comme il fallait ne pas trop peser sur la Sécurité sociale, on avait au contraire laissé stagner le prix des produits labiles, qui se sont retrouvés largement en dessous des cours mondiaux. Cette distorsion reflétait le souci de la tutelle d'aider l'industrialisation, au détriment des produits artisanaux qui n'en sont pas moins nécessaires à la santé publique. L'ouverture des frontières devait changer tout cela si l'on ne voulait pas voir les hôpitaux acheter automatiquement les produits étrangers moins chers. En 1986 et 1987, le prix de cession du plasma de fractionnement fut donc baissé de 6,5 %, et celui de l'albumine de 12 % ; pour améliorer la qualité des produits finis, on distingua entre les différentes qualités de plasma de fractionnement, pour inciter financièrement les centres de collecte à congeler le plasma tout de suite après l'avoir récolté. Les produits rouges étaient augmentés de 6,5 %. La tutelle fit remarquer que cette opération économique était favorable à la santé publique, l'albumine étant plus sûre que les produits labiles auxquels elle est en partie substituable. En 1991, la même opération fut recommencée, les produits labiles étant augmentés à nouveau de 5 à 9 % selon leurs caractéristiques[3]. Or les questions de sécurité doivent être réglées par un contrôle de l'utilisation des produits qui sont potentiellement dangereux et néanmoins indispensables, et non pas en renchérissant leur prix !

Il est très difficile de juger les résultats concrets de ces manipulations successives, dont l'intention était rarement mauvaise, mais il semble que le bilan

1. Circulaire du 2 juillet 1987, *Lex sanguinis*, p. 3510.1.
2. Lettre du 28 décembre 1989, *Lex sanguinis*, p. 3410.7.
3. Lettre du 7 mai 1991, *Lex sanguinis*, p. 3410.9.

global soit plutôt négatif. Dans l'optique d'un service public, il est légitime que les prix de cession permettent de prendre en compte les surcoûts liés au bénévolat, au maillage très fin du territoire, ou à la disponibilité de produits utiles à la santé publique et difficilement rentables, mais il n'est pas légitime de multiplier les équipements sous-utilisés. Autrement dit, il était bon que la sanction classique de l'économie de marché puisse être évitée dans certaines hypothèses, à la condition que l'on n'use de cette possibilité que dans la limite des objectifs de la loi.

*
* *

Pour sévère que puisse être cette analyse, on est loin de la condamnation sans appel du monopole et du non-profit entreprise par A.-M. Casteret, ou du bénévolat rayé d'un trait de plume par C. Bettati. D'où viennent alors les dérives qui ont été décrites ? Il me semble que les choix idéologiques de la loi de 1952 ne sont pas en cause, mais que les hommes qui se sont succédé à la tutelle n'ont pas eu de vision claire de la politique industrielle de service public dont la loi les avait chargés. C'est le mandarinat médical qui bloqua les évolutions, plus que les institutions. C'est la manipulation du prix de cession par des acteurs juges et parties qui put induire des effets pervers, plus que le non-profit. La réforme la plus importante à adopter ne concernait pas l'idéologie de l'organisation transfusionnelle, mais le calcul des prix par une autorité indépendante.

A l'abri de ses frontières, le transfuseur français ignorait l'Europe. Or il se passait en Europe bien des choses étranges. Deux Europe, en effet, s'étaient dessinées depuis la guerre. Dans le cadre juridique du Conseil de l'Europe, une Europe des droits de l'homme s'occupait de transfusion sanguine : réunissant les experts européens de toute l'Europe bénévole, elle fit un travail considérable qui ne fut jamais lu par d'autres que ceux qui avaient réalisé ces rapports. D'excellentes résolutions sans valeur juridique s'entassaient au fil des ans, pour rien. A côté, le Marché commun fourbissait ses armes économiques. Ici, les entreprises étaient les reines d'un lobbying auprès d'institutions dont le transfuseur français ignorait tout. Un jour, il se retrouva, sidéré, avec une directive dont le contenu allait devenir obligatoire dans douze États membres, et qui avait toutes les chances de pulvériser le réseau européen du non-profit. C'est cette double histoire qu'il faut maintenant raconter.

QUATRIÈME PARTIE

L'EUROPE DU SANG : NI GAUCHE NI DROITE, TOUS COMMERÇANTS

Il y a deux Europe, voilà qui est troublant pour le citoyen.

Le monde politique a dans son sac à malices une *Europe des droits de l'homme*, dont le siège est à Strasbourg. Son territoire est très grand : vingt-trois États. Elle a un caractère procédural, en ce sens qu'elle n'a pas le pouvoir d'édicter directement des normes juridiques obligatoires, mais celui d'inciter les États à conclure des conventions internationales, négociées en son sein, avec l'aide technique de ses fonctionnaires. Seules ces conventions auront un caractère normatif selon le droit commun des traités. A côté de cette fonction juridique indirecte, l'Europe de Strasbourg produit des recommandations et des résolutions qui n'ont pas de valeur juridique.

Dès 1958, Strasbourg s'est préoccupé de transfusion sanguine, travaillant dans deux directions : la négociation d'accords juridiquement contraignants, malheureusement limités à des points secondaires, et la réalisation d'expertises aboutissant à des recommandations sans valeur juridique. Ce sont ces expertises qui sont passionnantes ; si on les avait suivies, les contaminations par les virus des hépatites puis du sida auraient été beaucoup plus limitées.

En 1988, ces experts, issus du milieu transfusionnel non-profit, demandent une fois de plus aux États de marcher vers l'autosuffisance régionale et nationale, d'imposer rapidement le bénévolat pour ceux qui ne l'ont pas encore fait, de protéger le secteur non-profit, et d'encadrer de manière rigoureuse les entreprises privées et les importations. Depuis plusieurs années déjà, *ils cherchent à limiter la circulation internationale des produits sanguins*, partant de l'idée simple que l'état sanitaire des populations varie selon des données géographiques : il faudrait donc éviter de transporter d'un lieu à un autre des produits biologiques potentiellement contaminants. Voilà qui est raisonnable et prudent.

Pendant ce temps, l'autre Europe travaillait : *l'Europe du marché*, qui a en charge les marchandises, donc les médicaments (qualifiés depuis longtemps de marchandises), *veut qu'elles circulent en vertu du principe fondateur de « libre circulation des marchandises »*. Bruxelles entreprit, et l'on ne peut que s'en féliciter, de libérer progressivement le marché des produits pharmaceutiques. On peut en attendre, si tout va bien, de nombreux effets favorables pour les produits de la pharmacopée traditionnelle. Était-il pour autant opportun de considérer les produits dérivés du sang comme des médicaments devant circuler sur le même mode que les autres ? Non, si l'on en croit ceux qui sont avant tout attentifs à l'aspect « territorialisé » des maladies comme du système transfusionnel ; oui disent ceux qui font confiance à la maîtrise de la qualité des produits, plus particulièrement à la possibilité d'inactiver un jour tous les types d'agents pathogènes, existants ou à venir.

Ce conflit entre deux visions européennes si opposées mérite que l'on s'y arrête, pour de multiples raisons. Il éclaire d'un jour cru les incohérences inévitables de la construction européenne et met à nu l'une des faiblesses majeures du traité de Rome : son incapacité actuelle à passer du projet économique au projet politique ; il montre encore la schizophrénie des États, dont les représentants peuvent soutenir à Strasbourg une idée qu'ils combattront à Bruxelles. On verra ensuite quel parti la France a tiré de cette situation, adoptant dans la refonte de la loi de 1952 une position ambiguë, exactement à mi-chemin entre les deux thèses.

1. Quelle Europe ?

A. STRASBOURG
ET LE SERVICE HUMANITAIRE DU SANG

Le Conseil de l'Europe a la charge des droits de l'homme en Europe. Son rôle consiste à rapprocher les positions des différents États sur des sujets toujours délicats, et très empreints de différences culturelles, pour les inciter progressivement à conclure un traité. C'est une machinerie à produire des traités, dont le plus beau fleuron est la Convention européenne de sauvegarde des droits de l'homme et des libertés fondamentales.

Le Conseil de l'Europe compte à son actif 140 conventions et des milliers de recommandations et résolutions. Pour effectuer ce travail, il a été créé 15 comités directeurs spécialisés, dont le Comité de la santé, qui ont eux-mêmes créé 75 comités d'experts, dont celui sur la transfusion sanguine ; de là émanent encore des groupes de travail *ad hoc* accouchant de rapports lus des seuls experts qui les ont rédigés, et de quelques universitaires papivores.

C'est ce schéma un peu fou qui a présidé à l'absence de destinées de la transfusion sanguine européenne. Il n'était pourtant pas absurde, après la Seconde Guerre mondiale, de concevoir une doctrine européenne de l'organisation de la transfusion sanguine, car les États membres étaient sans doute dans des situations moins différentes et surtout moins cristallisées qu'elles ne le sont aujourd'hui. Aucun État n'était totalement bénévole, aucun n'était autosuffisant, aucun n'était industrialisé. Désormais, les différences sont considérables. Rien n'empêchait, en 1958, quand le Conseil de l'Europe se saisit pour la première fois de la transfusion sanguine, d'organiser une marche commune vers le bénévolat et l'autosuffisance. Malgré plus de vingt rapports en ce sens, cela n'a pas été réalisé, probablement parce que les États ont préféré ne pas montrer au grand jour le conflit latent entre le secteur privé et le secteur public ou associatif. Les recommandations se succédaient à vide. Les experts du Conseil de l'Europe avouent clairement leur manque total d'information sur les activités du secteur privé. Combien de litres de plasma sont traités ? combien sont importés ? d'où ? « Pour des raisons compréhensibles, l'industrie du plasma n'est pas prête à donner accès à ses statistiques détaillées[1]. » Ils recommandent alors, au nom de la transparence, la mise en place d'un système d'autorisation d'importation avec traçabilité internationale des produits. Il y a peu de chances qu'ils soient entendus.

1. Des textes obligatoires à caractère mineur : l'échange en cas de catastrophe ou de pénurie

Avec un art très sûr de l'esquive, les États européens ont accepté l'instrument juridique obligatoire dans trois hypothèses d'importance relativement mineure, puisqu'elles concernent des situations marginales. Il s'agit des accords dits 26, 39 et 84, concernant les échanges de (toutes) substances thérapeutiques d'origine humaine pour le premier, de réactifs de détermination des groupes sanguins pour le deuxième, de réactifs de détermination des groupes tissulaires pour le troisième. Dans tous les cas, il s'agit d'*organiser une situation de pénurie* exceptionnelle ou d'urgence, et *non un échange économique de droit commun*. Ce sont des mécanismes de solidarité justifiés par un besoin urgent et conjoncturel, sans rapport avec la régulation humaniste d'un marché stable.

Le modèle est l'accord 26, datant du 15 décembre 1958. Il concerne le sang et ses dérivés, mais peut être étendu à n'importe quelle autre substance thérapeutique d'origine humaine. Les États s'engagent à mettre à la disposition des autres États parties ces substances thérapeutiques « sans autre rémunération que celle nécessaire au remboursement des frais de collecte, de préparation et de transport », et sans bénéfice (nous disons « hors profit »), à la double condition que les propres besoins de l'État donateur soient satisfaits et que l'État receveur en ait un « besoin médical urgent ». L'échange est exempté de tous droits d'importation. C'est un accord conçu pour répondre aux situations de catastrophe ferroviaire, naturelle, etc., ou de pénurie exceptionnelle ; il est dit que les substances d'origine humaine proviennent d'un acte du donateur humain, et que leur échange doit rester un témoignage de la solidarité européenne, limité aux cas où la nécessité s'en fait sentir.

La résolution de 1968 a permis la création, à Amsterdam, d'une banque européenne de sangs congelés de types rares à laquelle n'importe quel État partie peut faire appel en cas de besoin. Elle n'a pas une très grande activité, mais permet de répondre à des demandes précises qui ne peuvent être satisfaites autrement.

L'accord nº 39 concerne l'échange de réactifs pour la détermination des groupes sanguins « chaque fois que la nécessité s'en fait sentir ». En principe, l'approvisionnement doit prendre les voies économiques normales – production locale ou importation –, et l'accord n'a pour objet que de couvrir une pénurie.

1. *Produits dérivés du plasma et autosuffisance en Europe*, Strasbourg, 1992, p. 6, et *La collecte et l'utilisation de plasma humain*, Strasbourg, 1993. Ces rapports indiquent clairement que le ministre allemand de la Santé ne dispose d'aucune statistique concernant l'industrie du plasma. Un tel aveu est inquiétant, même sur le strict plan de la sécurité.

L'accord nº 84 facilite l'échange de sérums pour la détermination de l'histocompatibilité. Ici aussi, il existe des sérums très rares, et une coopération en ce domaine est particulièrement nécessaire.

Très marginaux, ces accords ne concernent que quelques poches de sang chaque année. Ils ne sont pas représentatifs des modes de circulation des produits sanguins en Europe.

2. Des textes facultatifs à caractère majeur : éthique et sécurité

Le travail du Conseil de l'Europe a eu pour objet de trouver les moyens requis pour économiser le sang, assurer la qualité et la sécurité, organiser dans le respect des droits de l'homme le processus de collecte et de fabrication. Prônant le bénévolat et le non-profit, ce travail ne pouvait qu'être voué à l'échec car il ne rassembla pas toutes les parties prenantes. L'expertise technique réalisée par le secteur du non-profit ne déboucha jamais sur une négociation politique avec les industries du sang. Dans ce domaine, les fonctionnaires du Conseil de l'Europe ne semblent pas avoir pu ou su mener à bien ce qui est habituellement le fondement de leur travail : le rapprochement progressif des positions.

Économiser le sang

Le premier travail d'envergure fut mené entre 1976 et 1978 [1], avec un rapport sur les produits labiles (1976) et un sur les produits stables (1978). L'introduction du premier rapport présente l'objectif poursuivi : « Préoccupé [depuis 1971] par le fort accroissement de la consommation de dérivés du plasma humain, en particulier de l'albumine et du facteur VIII, [le Comité] a prévu que l'on allait avoir grand besoin de plasma humain. Il a jugé qu'un recours plus fréquent aux concentrés érythrocitaires de préférence au sang total pourrait contribuer à résoudre ces problèmes. » En clair, le Comité recommande de mieux utiliser les possibilités offertes par les techniques de fractionnement du sang total, pour ne donner à chaque malade que le produit dont il a besoin, et rien d'autre : ainsi, une poche de sang fractionnée en plusieurs composants pourra servir aux besoins de plusieurs malades, chacun prenant le composant qui lui est nécessaire. L'économie de sang total est acquise dans les pays de l'Europe du Nord. L'effort est déplacé vers les pays de l'Europe du Sud [2].

1. Comité européen de santé publique, recherches coordonnées sur la transfusion sanguine, programme de 1974 : *La Production et l'utilisation des éléments cellulaires du sang aux fins de transfusion*, Strasbourg, 1976, et *Indications d'emploi de l'albumine, des solutions de protéines plasmatiques et des succédanés du plasma*, Strasbourg, 1978.

2. *La Collecte et l'utilisation de sang et de plasma humains en Europe*, Strasbourg, 1993.

Dans le second rapport, les choses ont empiré, et il devient clair que l'utilisation plus judicieuse du fractionnement ne suffira pas, car celui-ci conduit en fait à proposer de nouveaux produits qui engendrent de nouveaux besoins ; au lieu de se stabiliser grâce au fractionnement, la demande augmente de son fait. Il est donc recommandé aux systèmes bénévoles de s'organiser pour passer de la collecte de sang total à celle du plasma. Plus contraignante, la plasmaphérèse, qui nécessite des machines coûteuses, oblige le donneur à rester trois quarts d'heure allongé : le sang prélevé passe dans une machine qui sépare le plasma des globules rouges, lesquels sont ensuite restitués au donneur. Certains pensaient qu'aucun bénévole ne se soumettrait à cette contrainte. Pourtant, des expériences semblaient prouver le contraire, tels les centres de plasmaphérèse belges abritant des clubs d'échecs. Le rapport demande de l'imagination pour que les systèmes de collecte bénévoles puissent s'adapter à cette technique de prélèvement.

Les experts vont plus loin : ils demandent que collecte, production et distribution soient confiées « à des services nationaux de transfusion sanguine, placés sous l'égide des administrations nationales de la santé » sans but lucratif, mais ces exigences seront abandonnées par la suite. Décrivant la situation fragile de ce marché en rapide extension, ils pressent les gouvernements de prendre tous les moyens nécessaires pour réaliser autosuffisance et gratuité. Ils signalent que l'utilisation croissante de l'albumine ne permet plus d'espérer couvrir les besoins en plasma à partir des seules retombées des dons de sang total. Ils ne tiennent pourtant pas encore suffisamment compte de la demande de facteur VIII, qui va exploser rapidement.

Les experts vont se heurter à l'absence de volonté politique des États qu'ils pressent de « créer des laboratoires de fractionnement et de promulguer une législation appropriée, si l'on veut réellement combattre l'hypocrisie de la double règle actuellement existante[1] ». Ils se heurtent aussi à l'indifférence des utilisateurs de sang, médecins et anesthésistes, chirurgiens et obstétriciens, peu conscients d'utiliser un produit d'origine humaine qu'il faut économiser, et qui est toujours dangereux. Les prescripteurs transmettent cette indifférence à leurs malades. De nombreux opérés ne savent même pas qu'ils ont été transfusés, tandis que certains hémophiles ont pu dire, lors du procès pénal, qu'ils se perfusaient « comme ils prenaient un cachet d'aspirine, ou presque[2] ».

Les vieux transfuseurs ne maîtrisent plus une réalité dont malades, prescripteurs et entreprises privées sont désormais des acteurs autonomes qui poussent à la surconsommation. En 1980, le groupe d'experts fera un gros travail sur l'hémophilie[3]. Même si les choses ne sont pas dites de manière trop crue, les experts montrent nettement leur perplexité à l'égard de l'évolution des trai-

1. Il s'agit évidemment du double système profit, non-profit, rapport précité, p. 55.

2. Témoignage de Thierry Choquet, cité dans le réquisitoire de M. Bernard-Requin, *in* Laurent Greilsamer, *Le Procès du sang contaminé*, Le Monde Éditions, 1992, p. 22.

3. *Préparation et utilisation des facteurs VIII et IX de coagulation aux fins de transfusion*, Strasbourg, 1980.

tements et des produits utilisés par les hémophiles. L'autotraitement à domicile par de larges quantités injectées en permanence à titre préventif gagne du terrain. Si les transfuseurs y voient un progrès et font appel aux donneurs pour qu'ils adaptent leur effort à ce progrès, ils ne cachent pas non plus leur anxiété devant la quantité de plasma nécessaire, qui favorise le développement de la rémunération, solution la plus facile. Le problème est d'autant plus crucial que tout progrès dans la purification puis dans l'inactivation des concentrés de facteur VIII se marquera par une perte de rendement de la matière première. La demande de plasma continue d'exploser.

La consommation de facteur VIII augmente toujours aujourd'hui. C'est elle qui constitue l'obstacle majeur à l'autosuffisance européenne et à la suppression de la rémunération. Si les facteurs VIII issus du génie génétique ne provoquent pas d'effets secondaires indésirables, la demande de plasma devrait s'inverser – à moins qu'un autre produit destiné à une pathologie jusqu'ici inaccessible à la thérapeutique ne vienne prendre le relai.

Sécurité et qualité

A partir des années quatre-vingt, Le Conseil de l'Europe va ajouter à l'objectif d'économie du sang et du plasma celui de la qualité et de la prévention des maladies transmissibles : hépatites, paludisme, puis sida.

Le grand risque est celui des hépatites, étudié dans le rapport sur les préparations hémophiliques (1980). Il insiste sur l'importance de l'origine géographique des donneurs, certaines régions du monde étant beaucoup plus touchées que d'autres par l'hépatite (le Sud plus que le Nord[1]) ; la recommandation R (80) 5 demande donc que l'origine géographique des dons soit mentionnée sur le produit, et que l'on applique au maximum la théorie de l'autosuffisance, qui est promue ici jusqu'au niveau régional : « Dans la mesure du possible, chaque pool ne devrait contenir que des produits d'un même centre ou d'une même région[2]. » Il insiste ensuite sur la rémunération des donneurs, les donneurs rémunérés étant plus touchés que les donneurs non rémunérés, et demande que l'indication de provenance soit marquée sur le flacon. Les experts du Conseil de l'Europe recommandent enfin avec insistance d'en rester à des petits pools de donneurs. Personne n'en tiendra compte. Les entreprises vont au même moment passer de pools de mille à quinze mille donneurs en moins de dix ans.

Quelques pays s'en tiendront à une fabrication très surveillée, faite par des petits pools, et vont éviter la contamination massive des hémophiles, directe-

1. *Évaluation des risques de transmission des maladies infectieuses par le transfert international du sang, de ses composants et de ses dérivés*, Strasbourg, 1981.

2. Cela n'empêche évidemment pas qu'il puisse y avoir une circulation ultérieure ; mais si l'on suit cette logique jusqu'au bout, la circulation n'est pas recommandable. On signalera que la loi italienne semble appliquer un principe d'autosuffisance régionale, cf. question écrite 2400-93 de J. L. Velverde Lopez à la commission le 1er septembre 1993, *JOCE* du 28 novembre 1994, nº C 332-15.

ment liée à la taille des lots utilisés. La Finlande, l'Écosse et la Belgique le feront plus pour des raisons d'économie que de sécurité. Qu'importe, c'était le bon choix.

Après ce rapport sur l'hépatite, le Comité européen de la santé publique en fera un autre, plus général, portant sur « l'évaluation des risques de transmission des maladies infectieuses par le transfert international du sang, de ses composants et de ses dérivés » (1980, publié en 1981). L'absence d'autosuffisance des États membres, liée à l'essor des dérivés plasmatiques, prend ici la force d'un constat contre lequel on n'essaie plus vraiment de lutter [1]. Les experts estiment que « les firmes commerciales devraient être obligées de déclarer la qualité du produit d'origine (plasma ou placenta), l'importance du pool, la source du plasma » et encouragent vivement les États à édicter des réglementations concernant les importations de sang, de plasma et de dérivés, ce qui n'a jamais été fait [2].

Le rapport analyse techniquement toutes les maladies contagieuses susceptibles d'être transmises par la transfusion, liste impressionnante : dans l'ordre de fréquence, hépatites, paludisme, syphilis, puis toutes les maladies rares causées par le cytomégalovirus et le virus Epstein-Barr, la varicelle, l'herpès, la fièvre de Lhassa, la maladie à virus de Marburg et celle à virus Ébola, la maladie de Creutzfeldt-Jacob, la maladie de Chagas, la trypanosomiase africaine, la filariose, la leishmaniose, la toxoplasmose, la brucellose, la salmonellose, auxquelles il faut ajouter les contaminations bactériennes diverses et les accidents toxiniques dus aux toxines libérées par les microbes, et qui peuvent être mortels. On est en 1980 lorsque le rapport est rédigé ; le virus du sida est déjà présent, mais on l'ignore.

Le rapport ne va pas au bout de sa logique trop explosive. Il en ressort pourtant nettement que la transfusion est un facteur non négligeable de diffusion des maladies, voire d'épidémies.

De même, il semble impossible, politiquement, de tirer toutes les conséquences moralement gênantes de la répartition sociale et géographique des « groupes à risques », mais le rapport dessine cruellement les inégalités en matière de santé.

La première inégalité est d'ordre géographique. Pour l'hépatite, le nombre de donneurs contaminés est évalué à 0,1 pour 1 000 en Europe du Nord, contre 50 pour 1 000 en Europe du Sud. Le paludisme implique essentiellement les populations d'Afrique intertropicale. On estimait que 60 % des paludismes transfusionnels observés en France étaient imputables à des donneurs originaires d'Afrique, qui interviennent pour 10 % des dons. La maladie de Chagas (parasitose des zones rurales) est, quant à elle, strictement limitée au nord de l'Amé-

1. Rapport sur l'évaluation des risques de transmission des maladies infectieuses [...], p. 48, nº 1.

2. Ce serait certainement l'utilité la plus évidente de la contestable directive de Bruxelles que de moraliser les pratiques d'importation ; mais on ne voit pas très bien, pour l'instant, ce qui est mis en place à cet égard.

rique du Sud. Les foyers européens de leishmaniose sont situés autour de la Méditerranée, mais il y a quelques foyers bien circonscrits au nord de la Loire.

Dans un tel contexte, il est difficile d'harmoniser les tests de dépistage : généraliser le test anti-HBs (hépatite B) dans certaines régions de l'Europe du Sud reviendrait à rejeter 40 à 50 % des donneurs potentiels, ce qui pose un vrai problème d'approvisionnement, alors que le même test en Europe du Nord, ne concernant que 2 % de la population, représente un coût considérable pour un faible résultat[1].

Pour prendre en compte ces « inégalités » géographiques, les experts recommandent une prudence particulière aux pays qui sont peu touchés par une épidémie, suggérant de ne pas importer en provenance des zones contaminées. Si cette recommandation avait été respectée tant au niveau international qu'au niveau régional, les contaminations par le virus du sida auraient été beaucoup moins effrayantes, le plasma de quelques grandes villes américaines ayant été à l'origine d'une grande partie de la contamination des produits poolés exportés dans le monde entier.

La seconde inégalité est socioculturelle. Toute politique de prélèvement doit éviter les « groupes à risques », notion qui n'est pas née, on s'en doute, avec le sida. Là encore, la réalité est cruelle. La faille se situe non seulement entre le Nord et le Sud, mais entre les riches et les pauvres, les normés et les autres. Le rapport va plus loin, sans s'expliquer sur chacune des catégories qu'il trace ; parlant de la seule hépatite B, il distingue selon l'origine ethnique, la religion, le comportement culturel, le niveau d'hygiène et de logement[2]. On apprend que la variation du cytomégalovirus dans la population est considérable. 50 % des habitants des pays occidentaux seraient séropositifs à l'âge adulte, mais le pourcentage varie de 10 à 80 % selon la situation socio-économique. Pour le virus Epstein-Barr, la variation est de 30 à 70 %. Et l'on trouve déjà ceux qui seront les grands groupes à risques des années suivantes, les homosexuels masculins et les toxicomanes, maltraités par les hépatites et les maladies sexuellement transmissibles.

Deux grands lieux de contamination, pourtant connus à cette époque, ne sont pas mentionnés : la ville et les prisons. L'oubli de cette réalité sera essentiellement à l'origine de la contamination française[3].

Pourtant, aucun conseil d'exclusion catégorielle n'est donné à la suite de ces amères constatations. Lorsque les tests ne sont pas disponibles, on n'envisage que le seul recours au questionnaire, qui ne porte pas encore sur la vie privée des gens, mais uniquement sur les maladies qu'ils ont pu avoir ou les symptômes dont ils souffrent. L'efficacité de ces questionnaires est limitée, ce qui a été bien mis en évidence avec le paludisme ; le rapport signale que les donneurs contaminants interrogés après l'accident n'ont pas reconnu avoir

1. *Produits dérivés du plasma et autosuffisance en Europe – Collecte, préparation et utilisation*, Strasbourg, 1992, p. 14.
2. *Ibid.*, p. 13.
3. M. Aquilino Morelle, *Esprit*, nº 10, 1993, p. 5.

eu d'antécédents paludéens[1]. Ce rapport marque la fin d'une période. Au moment de sa publication, le CDC (Center of Disease Control) d'Atlanta signale l'apparition de cas étranges qui annoncent peut-être l'apparition d'une nouvelle maladie.

Deux ans plus tard, la recommandation R (83) 8 du Conseil de l'Europe sera consacrée au sida. Elle sera inégalement suivie selon les pays.

On est frappé de la lucidité de l'analyse. Le Conseil de l'Europe parle de l'« ampleur croissante d'un risque nouveau et grave pour la santé ». Les groupes à risques sont connus : homosexuels et bisexuels, Haïtiens, toxicomanes, et les partenaires sexuels de ces trois groupes. Cette « maladie d'origine inconnue récemment identifiée se transmet, pense-t-on, par contacts personnels intimes et peut-être par transfusion sanguine ». Il faut transfuser *a minima* à partir de donneurs sélectionnés par questionnaire portant sur la vie sexuelle. Le questionnaire proposé est simple et suffisant. L'accent est mis sur une information sincère des donneurs. Il faut n'exposer les hémophiles qu'à un nombre minimal de produits, ce qui impliquait l'arrêt des traitements préventifs à partir de concentrés. Ils conseillent encore de cesser les importations en provenance des pays à risques se fournissant auprès de donneurs rémunérés. Sans que les États-Unis soient désignés, il est pourtant clair qu'ils sont les premiers visés. A l'époque où la recommandation est rédigée, le conseil était déjà tardif, et n'anticipait pas assez le fait que l'épidémie avait gagné l'Europe et les donneurs bénévoles. Lucidité, encore, dans l'effort de transparence qui est proposé : « Nécessité de fournir une information pertinente aux donneurs, aux médecins traitants, [...] aux groupes de receveurs sélectionnés, tels les hémophiles, des risques potentiels de l'hémothérapie... » La recommandation sera appliquée par quelques pays seulement, sans que l'on propose d'explications de ces différences.

L'étape suivante, ouverte en 1986, précisée et mise à jour en 1992[2]*, change de nature : elle concerne, de manière très technique, les procédures de contrôle de qualité et même d'assurance de la qualité des produits sanguins.*

En proposant, au nom de la sécurité, des normes de fabrication précises, le Conseil de l'Europe rentre dans le champ de compétence du Marché commun, puisque l'élaboration des normes techniques communes est l'un des moyens privilégiés de réaliser la libre circulation des marchandises sans provoquer de distorsions de concurrence. Ce n'est pas un phénomène anormal, et cette évolution se retrouve dans d'autres domaines[3]. Les deux traités ont des domaines différents à l'origine, mais l'approfondissement de chacune des deux logiques conduit à des zones de recouvrement et de conflits ; les normes choisies ne sont

1. M. Aquilino Morelle, *Esprit*, nº 10, 1993, p. 35.

2. « Contrôle de qualité dans les services de transfusion sanguine, produits dérivés du plasma et autosuffisance en Europe », *Guide to the preparation, use and quality assurance of blood components.*

3. Par exemple celui de la télévision transfrontière, des normes de publicité et de la liberté d'expression.

pas identiques puisque le Conseil de l'Europe poursuit des objectifs plus larges. La chose ne serait pas gênante en soi, si l'on apercevait des règles satisfaisantes de hiérarchie des normes, ce qui n'est pas le cas.

Le premier document expose bien le principe de tout contrôle de qualité, qui repose sur une double procédure, la définition de normes de qualité et la mise au point de procédures permettant de vérifier qu'elles ont été obtenues. Si la définition des procédures de vérification est un travail relativement bien maîtrisé, la définition des normes souffre de plein fouet de toute incertitude scientifique. C'est ainsi que le CNTS, qui disposait au moment de la contamination d'un dispositif de contrôle de qualité, pouvait sortir des produits « conformes » parce que les procédures à respecter n'incluaient pas l'inactivation du virus du sida.

Le contrôle de qualité implique de choisir le degré de performance des méthodes d'analyse des échantillons de contrôle, la définition de la fréquence des contrôles à effectuer, le degré de qualification des contrôleurs. Il faut définir des contrôles de routine et des vérifications plus exceptionnelles permettant de tester l'efficacité du contrôle lui-même (contrôle du contrôle). Les premiers sont effectués au sein de l'entreprise dans un premier service, les seconds étant effectués par un autre service qui doit impérativement être dégagé de toute contrainte économique ou hiérarchique.

Dans le cas des produits sanguins labiles, les experts ont estimé que le contrôle de qualité impliquait neuf étapes définissant une procédure écrite de bout en bout :

– la sélection des donneurs (examen clinique, questionnaire, tests) ;

– la technique de prélèvement ;

– les règles de préparation (avec liste des paramètres à vérifier, liste des normes à respecter, fréquence du contrôle de chaque paramètre, compétence du laboratoire qui effectue le contrôle) ;

– les règles de stockage et conservation (avec système de contrôle identique au précédent) ;

– les règles de transport (*idem*) ;

– les règles de travail des différents laboratoires impliqués selon qu'ils effectuent un travail de routine ou un contrôle exceptionnel ;

– les méthodes transfusionnelles ;

– le contrôle des équipements utilisés ;

– l'archivage de toutes les données recueillies, des procédures de contrôle, des agents qui les ont effectuées.

Ce type d'organisation de la production était, dans son principe, parfaitement connu des industriels bien avant la crise du sida. Il fallut cette catastrophe pour que l'on transpose l'assurance de qualité de l'aéronautique à la transfusion.

1988 : l'année du conflit entre les deux Europe

1988 sera une année étrange. Le comité des ministres du Conseil de l'Europe adopte, le 7 mars, une recommandation sur les « responsabilités sanitaires dans le domaine de la transfusion sanguine[1] ». Il est une fois de plus demandé aux États d'imposer le bénévolat au sein de structures à but non lucratif, un programme permettant de réaliser l'autosuffisance et de limiter les importations, l'organisation d'un réseau transfusionnel cohérent, incluant toutes les étapes depuis le prélèvement jusqu'au suivi post-transfusionnel et tous les acteurs, parmi lesquels les entreprises privées ne sont qu'un élément qui doit être dirigé et contrôlé.

La recommandation reprend donc toutes les vieilles revendications du secteur public, abandonnées depuis quelques années ; mais elle les pousse avec une autorité sans précédent. Pour la première fois, il est dit que le bénévolat doit être imposé et que toutes les importations doivent être sous le contrôle d'autorités publiques avec une préférence pour les plasmas issus de donneurs bénévoles.

Cette année-là, les premiers fonds d'indemnisation ont commencé à fonctionner, et en France ce sont les premières plaintes devant les juridictions pénales. Au même moment est publié aux Communautés européennes un projet de directive imposant la libre circulation des produits dérivés du sang. Il est fait référence, dans l'exposé des motifs – sans valeur juridique –, aux « efforts du Conseil de l'Europe pour promouvoir le don volontaire et non rémunéré du sang, pour tendre vers l'autosuffisance de l'ensemble de la Communauté en matière d'approvisionnement en produits sanguins et pour assurer le respect des principes éthiques dans les échanges de substances thérapeutiques d'origine humaine » ; mais l'idée n'est pas reprise dans le corps du texte. Rien n'est dit des principes éthiques, aucune obligation n'est imposée, on n'envisage même pas qu'il y ait à aborder l'organisation de cette production sur un plan social et politique.

Le texte sera voté l'année suivante par un Conseil des ministres du Marché commun représentatif de douze gouvernements constituant le noyau dur du comité des ministres des vingt-trois membres du Conseil de l'Europe ! Tout et son contraire, au même moment, par des hommes presque semblables et de même culture, simplement pris dans deux logiques différentes produisant des experts différents.

1. Le titre est un peu mystérieux. Il ne s'agit pas de responsabilité au sens juridique du terme. Le problème du droit est abordé, mais l'ensemble du texte établit plutôt la responsabilité morale et politique des gouvernements dans l'organisation générale de la transfusion sanguine ; cf. R (88) 4.

B. BRUXELLES ET LA LIBRE CIRCULATION DES MARCHANDISES

Avril 1990, les associations de donneurs de sang du Sud-Ouest font l'actualité des grands journaux nationaux : *Le Monde* titre : « Les donneurs du Sud-Ouest veulent rester des bénévoles » ; *Libération* annonce : « Les donneurs de sang s'insurgent contre l'arrivée des marchands de plasma[1]. » La motion rédigée par l'assemblée générale des associations de donneurs de sang bénévoles de la Gironde méritait bien l'attention des médias – on y retrouvait le souffle des temps héroïques des Forces françaises libres :

« Constatant qu'à moins de deux ans de l'ouverture des frontières aucune décision officielle [...] n'a été prise dans le domaine de la transfusion sanguine française, constatant que la FFDSB n'a pas clairement exprimé son attachement au système transfusionnel français actuel, constatant que des projets connus (modalités d'application de la directive européenne du 14 juin 1989) pourraient, s'ils étaient mis en application, porter gravement atteinte à la transfusion sanguine dans son ensemble, les donneurs de sang bénévoles de la Gironde se déclarent :

– prêts à défendre, par tous les moyens, le bénévolat, le volontariat et l'anonymat du don du sang,

– prêts à tout entreprendre, pour que le sang et le plasma, liquides biologiques issus du corps humain, ne fassent pas l'objet, au même titre que les organes humains, de tractations commerciales visant à rémunérer des intérêts privés ou publics,

– défavorables à la séparation, au sein de la transfusion sanguine française, de deux domaines, d'un côté la collecte de sang, de l'autre le fractionnement du plasma humain.

Par ailleurs, pour sauvegarder une des valeurs de la nation française d'une part, et d'autre part l'intérêt national dans le domaine de la santé, et faisant référence notamment à l'article 3 paragraphe 4 de la directive européenne en juin 1989, ils demandent :

– [...]

– que toutes mesures soient prises pour empêcher ou contingenter l'importation de produits sanguins humains, sur le territoire national, dès lors qu'il apparaîtrait que ces produits ne sont pas issus de donneurs de sang bénévoles et anonymes. »

Que s'était-il passé au pays du bénévolat, du monopole, du non-profit et de l'autosuffisance pour que soit ainsi brandi l'étendard de la révolte ? Pourquoi les donneurs de sang s'affichaient-ils contre un texte annonçant la libre circulation des produits dérivés du sang dans l'espace européen quand ils affirment par ailleurs des convictions universalistes ?

1. Respectivement, 24 avril 1990 et 16 avril 1990.

L'occasion avait été donnée par un projet d'accord entre le centre de fractionnement de Bordeaux et l'entreprise autrichienne Immuno. Toutes les bonnes fées s'étaient pourtant penchées sur l'opération : les autorités locales, qui espéraient dynamiser le technopôle bordelais et le centre de fractionnement, bien vieilli, mais aussi les autorités nationales, qui préparaient l'intégration de la transfusion sanguine dans la grande Europe de 1993. L'ensemble était dans la ligne de la politique du Dr Garretta, consistant à créer des filiales commerciales, pour coopérer avec le secteur privé et rentrer dans une logique de profit à l'abri de structures fondées sur le non-profit servant d'écran. Le nom seul d'Immuno provoquait la colère des bénévoles, la société s'étant fait une véritable doctrine de la rémunération du plasma, seul moyen de se « libérer » de l'emprise des donneurs.

Le contenu de l'accord faisait l'objet de rumeurs diverses. Il y aurait une façade associative sans but lucratif pour que l'entreprise soit conforme à la loi de 1952 et puisse ainsi bénéficier de l'agrément ministériel ; une partie des activités satisferait les normes françaises, sang bénévole, fabrication hors profit, distribution sur le territoire français. Pour le reste, l'importation de plasmas rémunérés permettrait de réaliser en France un fractionnement destiné à l'exportation, à des fins lucratives bien sûr.

Le but évident poursuivi par le centre de fractionnement était d'atteindre une dimension industrielle de classe internationale et d'avoir accès aux technologies de l'entreprise autrichienne. Le but d'Immuno était moins transparent. L'entreprise mettait en avant son souci d'avoir une « plate-forme dans la CEE afin de bénéficier en 1993 des avantages du marché unique [1] ».

« Bénéficier des avantages du marché unique. » L'idée est simple. Pendant des décennies, chacun des pays européens avait géré son marché de produits dérivés comme il l'entendait ; en France et en Belgique, c'était le règne de l'autosuffisance de principe avec des stratégies d'importations limitées décidées par les autorités de tutelle à la demande du milieu transfusionnel ; en Grande-Bretagne, autosuffisance pour les produits labiles, importations massives pour les dérivés, etc. En 1989, la directive européenne « libérant » les produits dérivés du sang marquait la fin de l'autonomie de ces choix politiques : dès 1993, tout produit dérivé bénéficiant d'une autorisation de mise sur le marché dans un État A pourrait être importé librement dans un État B, sans que les autorités nationales puissent s'y opposer pour des raisons d'opportunité ou de politique d'autosuffisance. La demande des prescripteurs serait libérée.

Mais cela n'expliquait pas entièrement la stratégie bordelaise d'Immuno. L'entreprise autrichienne pouvait en effet jouir des possibilités offertes par le Marché commun à partir de n'importe quel pays européen. Le plus simple pour elle était de le faire à partir de l'Allemagne, pays où elle était déjà implantée et où aucune réaction défavorable des donneurs de sang n'était à redouter. Choisir la France était donc une décision symbolique consistant à se loger au cœur du bénévolat et du non-profit, afin de signifier sa volonté de gagner des

1. *Le Monde*, 24 avril 1990.

marchés autrefois interdits. Les conséquences à long terme paraissaient claires à tous ceux qui connaissaient les contraintes économiques des systèmes transfusionnels fondés sur le bénévolat : les coûts de production du sang des donneurs bénévoles étant plus élevés que ceux du sang des donneurs rémunérés, l'avantage concurrentiel des produits du secteur privé était évident. Il en résulterait assez rapidement une sorte de spécialisation, le système public français se chargeant des produits labiles bénévoles et déficitaires, le secteur privé captant rapidement les produits stables sources de profits considérables ; c'était, à moyen terme, la généralisation du système allemand à toute l'Europe.

Par quelle alchimie juridique et politique la France, dotée d'une loi symbolique fondée sur le bénévolat et le non-profit, avait-elle voté sans coup férir une directive qui impliquait la mort du système ? Même si je n'ai pu acquérir rétrospectivement de certitude absolue, il semble bien que l'on puisse assigner une double origine, politique et administrative, à cette décision troublante pour l'idée démocratique : politique car on était en plein consensus sur les vertus d'un absolutisme libéral et libre-échangiste, administrative car la directive fut l'œuvre des structures émanant de la direction générale du marché intérieur, et non de celles de la santé publique. Voté à Bruxelles, le nouveau système pouvait s'imposer par force dans l'ordre juridique français sans que le Parlement puisse véritablement réagir.

1. Projet économique et topographie administrative

Un projet économique libre-échangiste

La réaction violente des donneurs de sang, soutenus par une partie du milieu transfusionnel, ne faisait que porter au grand jour un conflit qui couvait depuis longtemps entre traditionalistes, attachés au système de la loi de 1952, et modernistes, partisans de l'ouverture des frontières et du retour à un système d'économie de marché.

Dès le milieu des années quatre-vingt, la tutelle s'était engagée en faveur du second courant en présentant délibérément l'ouverture des frontières comme inéluctable. Dans une lettre du 31 mars 1987 [1], le Pr J.-F. Girard, directeur général de la Santé, s'adresse à madame et messieurs les conseillers régionaux de transfusion sanguine, en leur signalant que la signature par la France de l'Acte unique européen fait de la réforme de la transfusion sanguine une urgence impliquant l'abandon du monopole et, plus largement, celui de la loi de 1952 ; mais il ne dit pas que rien n'oblige à compter effectivement les dérivés du sang dans l'entreprise de libération de l'Acte unique. Il signale que la nouvelle procédure de vote au sein de la CEE (majorité et non plus unanimité) supprime la possibilité du veto et en déduit que la France n'a que cinq ans pour se mettre

1. *Lex sanguinis*, p. 1228 ; l'engagement est sans doute en réalité plus précoce.

au niveau de la compétitivité internationale, sans céder sur le bénévolat du don. La possibilité d'une résistance de la France, d'autant plus envisageable qu'elle aurait été appuyée par d'autres pays européens, n'est pas évoquée. On s'engouffre avec délices dans la privatisation.

Il semble bien, au fond, que le choix du Dr Garretta, spécialement formé à l'organisation et au commerce pour remplacer le Pr Soulier à la tête du CNTS en 1984, ait été effectué dans cet esprit, avec la mission claire de doter le pays d'un système technologique rénové et d'une structure que l'on pourrait qualifier de paracapitaliste. La construction par le Dr Garretta de la nébuleuse d'associations et de sociétés commerciales regroupées dans Espace-vie lui fut reprochée lors du procès pénal et pendant la campagne médiatique ; mais elle avait été soutenue par les autorités de la santé, conçue dans la perspective de cette confrontation européenne, et elle était conforme à tous les dogmes de l'époque.

Or le projet libéral des autorités de la santé, qui conduisait à l'abrogation de la loi de 1952, n'aurait probablement pas pu voir le jour directement dans le cadre du Parlement français, les députés étant en général très liés avec le milieu transfusionnel de base et les associations de donneurs de sang : le détour par Bruxelles était indispensable pour court-circuiter ces groupes de pression dont l'efficacité était limitée au territoire national. En effet, le grand avantage des directives est que le texte est préparé dans la clandestinité au regard du système politique français. Tout s'élabore entre un très petit nombre de fonctionnaires européens et nationaux, conseillés par les milieux professionnels les plus efficaces, l'efficacité étant globalement proportionnelle à la production de la valeur ajoutée. Un fonctionnaire de chaque État, représentant son ministre, est le médiateur à l'échelon national. Dans le cas de la directive sur les produits du sang, ce ne sont pas des fonctionnaires représentant la filière transfusionnelle qui furent envoyés à Bruxelles, mais des *représentants de la pharmacie*. Ce choix impliquait une solution favorable à la vision pharmaceutique des produits dérivés.

Ensuite joue la mécanique des directives, qui revient à imposer aux pouvoirs législatifs le compromis négocié par un très petit nombre de fonctionnaires représentant les pouvoirs exécutifs : *les normes qui émanent de Bruxelles sont supérieures à celles de l'ordre juridique interne ; la mécanique d'élaboration et d'application du droit européen est faite pour pouvoir détruire tout ce qui, dans les ordres juridiques internes, entrave l'émergence du nouvel ordre européen.*

Cette primauté du droit communautaire soutient son expansion constante, expansion dont la double logique n'est pas toujours bien perçue. On constate facilement l'expansion « visible » du droit européen, par exemple lorsque les autorités de Bruxelles annoncent la « libération » de trois cents nouveaux produits. On réalise moins bien l'expansion « invisible » qui est induite par la première, mais on peut la comprendre facilement avec l'exemple des facteurs VIII. Les concentrés antihémophiliques constituent au premier chef un médicament, mais leur origine biologique induit des choix dans trois domaines distincts : celui de la santé publique, puisque les produits sont susceptibles de diffuser des maladies ; celui des droits de l'homme, puisqu'ils impliquent une collecte massive de plasma qui peut être rémunéré ou bénévole. Enfin, parce que symboliquement, ils peuvent être fabriqués par des réseaux non-profit ou par des entreprises privées. *Déclarer la libre circulation des produits dérivés du sang a donc des conséquences qui dépassent l'apparence du médicament comme simple marchandise : la diffusion des maladies empruntera des chemins différents, posant des problèmes de santé publique ; le droit applicable au corps humain dans les différents États subira des transformations ; les principes fondateurs de certains systèmes transfusionnels seront modifiés. Telle est l'ambivalence des marchandises.*

Cela pose des questions que l'on aborde rarement. La compétence des Communautés européennes était à l'époque limitée au secteur économique ; cette limite était très visible dans le choix des libertés fondamentales constitutives du traité de Rome, les libertés de circulation et de concurrence, de nature économique. Dans la hiérarchie des valeurs, il s'agit *normalement de libertés de second rang* si on les place en regard des droits de la personne, *libertés de premier rang* qui restent dans le cercle de souveraineté des États. Or chaque fois que ces libertés économiques de second rang, défendues par le droit communautaire, entraient en conflit, au sein d'une marchandise, avec les libertés publiques de premier rang défendues par un droit national, la logique économique du droit européen s'imposait sur le fondement de la primauté du droit communautaire sur le droit national. *La construction européenne se nourrit d'un paradoxe, d'une inversion des priorités qui s'est durement fait sentir à l'occasion du vote de la directive sur la libre circulation des produits dérivés du sang.*

Une topographie administrative inachevée

On peut évidemment se demander pourquoi les autorités de Bruxelles ont choisi de favoriser la voie du secteur privé alors que plusieurs États avaient une forte tradition contraire. C'est ici que la structure du travail au sein de la Commission des Communautés européennes est intervenue pour soutenir – voire provoquer – le choix politique.

Disposant du pouvoir de proposition des directives, la Communauté avait une position dominante dans le travail de confection du texte définitif réalisé à partir de la proposition[1]. La mise au point de la proposition est la phase la plus importante de l'élaboration du texte, tous les observateurs ayant remarqué que les interventions ultérieures du Conseil économique et social ou du Parlement européen, sans être inutiles, contribuent davantage à aménager le texte qu'à en transformer l'équilibre politique initial.

La confection de la première proposition par la Commission dans une phase non publique est le moment clé du processus. Or, si la proposition est effecti-

1. Les raisonnements qui suivent sont valables pour la période précédant le traité de Maastricht qui a augmenté les pouvoirs du Parlement européen ; les choses se seraient peut-être passées autrement aujourd'hui.

vement rédigée par « la Commission », cette affirmation maintes fois répétée n'est qu'une fiction destinée à sauvegarder l'unité formelle d'une institution évidemment hétérogène. La Commission est composée de directions générales, (les DG, actuellement au nombre de vingt-trois), qui ont la charge plus particulière de tel ou tel secteur d'activité, l'énergie, l'industrie, l'agriculture, etc. Cette division est utile pour concentrer les savoirs et les capacités d'expertise, mais aussi et surtout pour faire valoir des points de vue, des solidarités, des logiques, sous des angles différents. S'il n'existe pas dans un pays, sous une forme ou sous une autre, de ministère des Affaires sociales ou de ministère de la Santé, la politique de la santé en sera transformée. C'est la raison pour laquelle la création des ministères de l'Environnement ou aujourd'hui de la Ville peut avoir une importance si considérable pour la reconnaissance d'une nouvelle valeur sociale ou d'un nouveau problème que la société souhaite traiter.

Or il n'existait ni DG de la santé capable de proposer une vision globale d'un système de santé européen et *a fortiori* d'un système transfusionnel[1], ni DG des droits de l'homme capable d'opposer à la vision économique initiale du Marché commun une hiérarchie des valeurs plus conforme à l'habitus des sociétés démocratiques. Les questions qui impliquaient la santé étaient donc prises en charge par une DG sympathique mais fourre-tout : la DG XI (environnement, sécurité nucléaire, protection civile). Cette DG n'a jamais pu prendre en charge la protection des personnes, et plus largement la défense des valeurs qui se trouvent impliquées et souvent mises à mal par un tout-économique non maîtrisé[2]. La situation n'est pas la même, il faut le noter, au sein du Parlement européen, qui dispose d'une commission « droits des citoyens » qui assume la réflexion sur les droits de l'homme. Il en résulte un déséquilibre institutionnel patent.

Cette topographie administrative était d'emblée défavorable à la prise en charge équilibrée de dérivés du sang, définis comme marchandises ambivalentes. On se souvient en effet qu'ils mettent en cause trois logiques différentes : la pharmacie en tant qu'industrie, la santé publique dans sa dimension épidémiologique, les droits de la personne au regard des produits de son corps. Or la proposition de directive va émaner de la DG III – marché intérieur, industrie –, sans que la DG XI ne parvienne à faire valoir sa vision de la santé publique. Les droits de l'homme étaient, quant à eux, absents du schéma.

1. Ce n'est que dans une communication de 1994 que la Commission va reconnaître l'unité du concept de filière transfusionnelle, et en tirer logiquement la conséquence qu'elle doit prendre en main non seulement le produit fini, mais aussi la matière première, COM (94) 652 final du 21 décembre 1994.

2. A moins de considérer que la protection des consommateurs, qui est de son ressort, est équivalente au droit des personnes. Je signale pour les amateurs d'observations sociales que le Dr Habibi, gravement mis en cause dans le procès pénal, parla des hémophiles en terme de « consommateurs ». Il provoqua les foudres des journalistes et des pamphlétaires rapides ; il n'avait été qu'à bonne école de l'Association française des hémophiles dont le président, A. Leroux, exhortait à adopter l'attitude mentale des consommateurs exigeant les meilleurs produits.

2. La directive de 1989 : le sang-médicament

L'erreur politique commise par la directive sur les produits dérivés du sang est l'exemple type des dérives bruxelloises. Dans la frénésie du grand marché, il ne paraissait pas supportable que certains produits puissent échapper à l'avenir radieux de la libre circulation des marchandises[1].

La DG III, chargée de l'industrie et du marché intérieur, avait entrepris depuis 1965 un important travail de rationalisation de l'industrie pharmaceutique européenne, et pouvait être légitimement fière de son travail. Elle avait imposé à tous les États le principe salvateur de l'autorisation et de l'évaluation préalables à toute mise sur le marché d'un médicament (AMM), et progressivement harmonisé des protocoles d'expérimentation, d'évaluation et de contrôle qui garantissent aujourd'hui une sécurité globalement assez satisfaisante du secteur pharmaceutique[2]. Ces procédures furent adaptées et approfondies en 1986 pour les médicaments de « haute technologie, notamment ceux issus de la biotechnologie ».

Le secteur des produits sanguins échappa à cette logique, quoique la Commission, avec une certaine innocence, ait essayé en 1965 de les inclure dans le mouvement. Le texte resta lettre morte, et en 1975 les produits sanguins furent expressément sortis de la logique du marché intérieur. L'Acte unique fut donc l'occasion pour l'industrie pharmaceutique de représenter son projet, avec succès cette fois, mais sans plus de considérations pour la spécificité d'un produit d'origine humaine.

La proposition de la Commission

Le 12 janvier 1988, la Commission propose des directives destinées à réaliser les objectifs prévus par le livre blanc sur l'achèvement du marché intérieur dans le secteur pharmaceutique. L'extension et l'adaptation du principe de l'AMM aux produits antérieurement exclus y figurent en bonne place : vaccins, toxines, sérums, allergènes, produits dérivés du sang et médicaments radiopharmaceutiques.

La proposition semble ne voir aucun des pièges du secteur. Elle place en pre-

1. D'après un groupe d'experts, ayant travaillé il est vrai « pour le compte de la Commission », l'impact de l'Acte unique aurait dû être considérable ; la croissance aurait dû augmenter de 4 à 7 %, les prix auraient dû fléchir d'au moins 6 %, le nombre d'emplois créés aurait dû être de 2 à 5 millions, *in* Mattera, *Le Marché unique européen*, Éd. Jupiter, 1990, p. 2.

2. Mais les autorisations de mise sur le marché (AMM) sont restées nationales jusqu'en 1993. Les industriels ont désormais le choix entre une procédure centralisée donnant une AMM unique et une procédure décentralisée reposant sur la reconnaissance mutuelle des AMM nationales ; dans ce second cas, les clauses de sauvegarde nationales paraissent encore assez libérales pour les États.

mière priorité les échanges (considérant n° 1), sans proposer aucune réflexion sur le lien entre circulation et diffusion des maladies ; elle affirme secondairement que l'objectif essentiel est la sauvegarde de la santé publique (considérant n° 2). Rien n'est indiqué pour marquer le fait que l'origine humaine du produit pose un problème particulier : les produits dérivés du sang sont qualifiés de médicaments, purement et simplement, ce qui gomme toute la complexité potentielle de leur régime juridique. La seule allusion aux droits de l'homme porte sur un *soutien de principe* aux efforts du Conseil de l'Europe « pour promouvoir le don volontaire et non rémunéré du sang, pour tendre vers l'autosuffisance de l'ensemble de la Communauté en matière d'approvisionnement en produits sanguins et pour assurer le respect des principes éthiques dans les échanges de substances thérapeutiques d'origine humaine ». Cette affirmation, située dans l'exposé des motifs qui n'a pas de valeur juridique, ne se retrouve pas dans le corps du texte.

La proposition définit le champ d'application de la directive – les produits *dérivés* du sang humain –, ce qui laisse hors du champ le sang, le plasma[1] et les cellules sanguines. Elle s'applique indifféremment au secteur public et au secteur privé.

L'article 2 pose le principe de la description obligatoire quantitative et qualitative du produit commercialisé. Le contrôle de la sélection des donneurs de sang, procédure si fondamentale, est renvoyé aux recommandations du Conseil de l'Europe (art. 3). Cela revient à se débarrasser sur une autre institution sans pouvoir juridique contraignant de la phase la plus importante d'un système de transfusion. En revanche, il est admis que les États membres ont l'obligation de mettre en place un dispositif de contrôle de la conformité des lots qui permette de « garantir l'absence de contamination virale » (*sic*). Un État peut exiger du fabricant le contrôle d'un échantillon de chaque lot de fabrication lorsque la sécurité publique l'exige. Rien n'est dit d'une éventuelle responsabilité en matière de contamination.

C'est un texte court de six articles, comprenant trois idées qui sont celles du droit commun de la pharmacie : il faut supprimer les entraves à la circulation, décrire la composition du médicament, et valider les procédés de fabrication et de contrôle. Il n'y a rien sur le particularisme des dérivés du sang, ni sur le plan épidémiologique ni sur le plan sociopolitique.

Or, on le sait, l'équilibre politique d'un texte est à peu près figé lorsque la proposition est publiée. Dès janvier 1988 donc, le lobby pharmaceutique avait gagné. Il avait frappé à la bonne porte, celle de la DG III, réussissant à faire croire à tout le monde que l'on pouvait régler le problème des dérivés du sang sans se préoccuper des systèmes transfusionnels ni des droits de la personne.

1. L'enjeu actuel porte sur le plasma. Sous sa forme brute, personne ne conteste qu'il soit hors du champ de la directive. Sous sa forme retravaillée, inactivée par exemple, les représentants de l'industrie souhaitent qu'il entre dans leurs activités. Autant dire que toute la transformation serait rattachée à court terme au secteur pharmaceutique, à l'exception de la collecte bénévole et des produits cellulaires.

Le travail de confection du texte

Si le sort en était jeté pour l'essentiel, le Conseil économique et social et le Parlement européen auraient pu tenter d'infléchir le texte. Ni l'un ni l'autre n'eurent dans cette affaire un comportement particulièrement brillant.

Le Conseil économique et social : 2 juin 1988

Peu écouté et souvent intéressant, le Conseil économique et social a pour fonction de donner un avis *consultatif* sur les propositions de directives. Il tente, en règle générale, de mettre en évidence les catégories d'intérêts que la Commission a eu tendance à oublier. Il rappelle l'existence d'un point de vue plus global que le-libre-échange-qui-aurait-réponse-à-tout, il essaie d'imposer à la nature exclusivement économique de la Communauté la complexité des points de vue qui devrait caractériser les systèmes politiques.

Son avis du 2 juin – qui porte sur tous les nouveaux produits pharmaceutiques, dont les produits dérivés du sang – est succinct, terne et peu travaillé. Manifestement prisonnier de la logique traditionnelle d'approfondissement du marché des produits pharmaceutiques, il n'a pas compris l'enjeu de l'extension à de nouveaux produits politiquement sensibles. Sur le sang, quelques lignes seulement : « Le Comité est d'avis qu'il existe un rapport évident entre la réglementation applicable aux prélèvements de sang et la fabrication industrielle de produits dérivés du sang humain. »

C'était une bonne manière de poser le problème, car les autorités communautaires sont déjà habituées à l'idée qu'il faut parfois réguler le régime juridique des produits finis pour protéger la matière première dont ils sont issus. C'est le cas, pour ne citer que quelques exemples, des produits issus des cétacés, de la vente d'ivoire ou de l'utilisation de bois exotiques, qui visent à protéger les animaux ou la forêt tropicale. Et le problème est bien le même si l'on suit l'expérience historique des différents États membres : le régime juridique du prélèvement dépend étroitement du régime juridique de production du produit fini. Malheureusement, dans le cas du sang, la réflexion n'alla pas aussi loin. Rien ne fut organisé, ni même évoqué pour réguler le marché des produits dérivés en fonction d'une stratégie européenne de collecte [1].

Le Conseil économique et social se contenta d'affirmer qu'il « faudra accorder une attention suffisante aux considérations éthiques liées à la collecte du produit de base, c'est-à-dire du sang humain ». Le terme « attention suffisante » indique la volonté de compromis et non le projet de faire du régime de la collecte une priorité ; le terme « considérations » indique que ce problème est sujet à débats et qu'il dépend de considérations subjectives ; le fait de situer le débat sur le terrain de « considérations éthiques » évoque plus le cadre des discussions

1. La proposition de certains consistant à admettre un double circuit d'échanges, celui des produits « bénévoles » et celui des produits « rémunérés », ne fut pas examinée.

de salon que de la réflexion sur les droits de la personne. L'emploi du futur permet de constater que la libération du marché est pour tout de suite, tandis que la solution des problèmes éthiques est renvoyée à un avenir indéterminé.

Or il faut bien dire que le Conseil économique et social, institution qui secoue facilement les eurocrates, n'habitue pas les observateurs à tant de frilosité. Il n'a vu ici qu'un problème de protection des consommateurs sans apercevoir, derrière les étiquettes, les droits de l'homme.

Le Parlement européen : 13 octobre 1988

Au Parlement aussi, les choses vont mal se passer, en raison peut-être d'un mauvais partage des tâches. Comme ses homologues nationaux, le Parlement européen est divisé en commissions parlementaires spécialisées. Lorsqu'une proposition de directive est élaborée par l'une des DG de la Commission, le deuxième acte politique consiste à choisir la ou les commissions parlementaires auxquelles le texte va être envoyé pour rapport. Or, par une aberration que l'on ne s'explique pas, il semble bien que le président du Parlement européen ait soumis la question des nouveaux produits pharmaceutiques à la seule commission de l'environnement de la santé publique et de la protection des consommateurs, sans saisir la commission juridique et des droits des citoyens, ni la commission des affaires sociales, dont l'importance était d'autant plus évidente que cette sensibilité particulière ne pouvait pas être représentée à la Commission.

Le rapport, confié à José Luis Velverde Lopez, fut aussi terne que l'avait été l'avis du Conseil économique et social[1]. Les parlementaires réussiront pourtant à proposer quelques amendements. Ils vont, en premier lieu, faire admettre que les médicaments dérivés du sang humain méritent une réglementation *spéciale* ; en second lieu, exiger qu'un certain nombre de précautions de sécurité soient prises, non seulement pour les produits fabriqués en Europe, mais aussi pour les produits *importés des pays tiers*. Malheureusement, cette précaution n'est assortie d'aucune disposition permettant d'organiser efficacement un contrôle qui devrait s'avérer difficile. Le Parlement limite enfin la responsabilité du fabricant aux hypothèses où l'état des techniques permet d'éviter les contaminations.

C'est la refonte de l'article 3 qui constitue son apport principal. La proposition de la Commission s'était limitée en effet à une référence vague à l'obligation pour les États membres de « prendre en considération les mesures recommandées dans le cadre du Conseil de l'Europe et de l'Organisation mondiale de la santé (OMS) notamment pour la sélection et le contrôle des donneurs de sang ». La question du bénévolat et de l'autosuffisance était limitée à l'exposé des motifs, qui n'a pas de valeur juridique.

Le Parlement va donner à l'article 3 sa physionomie définitive. La mise en place de mesures de sélection des donneurs devient une obligation (art. 3-1).

1. Documents de séance, 1988-1989, série A, document A2-0175/88.

Elles devront répondre aux exigences de la pharmacopée européenne, d'une part, et aux mesures du Conseil de l'Europe et de l'OMS, d'autre part. Si tout cela était effectivement appliqué, la sécurité serait maximale. Les États membres devront prendre « toutes mesures utiles pour promouvoir l'autosuffisance de la Communauté en sang et plasma humains. A cette fin ils encouragent les dons de sang ou de plasma volontaires et non rémunérés et prennent toutes mesures utiles pour le développement de la production et de l'utilisation des produits dérivés du sang ou du plasma humains provenant de dons volontaires et non rémunérés » (art. 3-4).

Cette initiative allait dans le bon sens, mais péchait par sa mollesse et son indécision. Lorsque les autorités communautaires veulent obtenir un plan de transformation des pratiques et des réglementations des États membres, elles savent parfaitement imposer des obligations précises, souvent échelonnées dans le temps pour que les États arrivent au but jugé souhaitable. Or, ici, rien de précis n'est suggéré : aucun délai, aucun plan.

Il y eut là une opportunité ratée, ce dont le Parlement ne tarda pas à prendre conscience. Dans les mois qui suivirent, les choses allèrent très vite. La seconde mouture de la Commission fut présentée au Conseil le 11 novembre 1988. La seconde lecture fut effectuée le 12 avril 1989 par un Parlement qui tenta d'imposer en séance plénière un amendement qui aurait permis que les États membres puissent développer et protéger la production et l'utilisation des produits dérivés provenant de dons non rémunérés. Mais la Commission refusa [1], et le texte fut définitivement voté, à l'unanimité, le 14 juin 1989 [2]. Cette unanimité, qui impliquait plusieurs États dont la législation et l'idéologie populaire étaient clairement contraires au texte de la directive, aurait mérité quelques explications, qui ne furent jamais données.

Les réactions contre la directive

Les premières réactions furent mal conçues – donc ? – inefficaces. Petit à petit, pourtant, les choses s'organisèrent autour de l'idée d'une transposition à géométrie variable permettant d'envisager une renégociation sur de nouvelles bases. Un texte trop éloigné du tissu social auquel il est censé s'appliquer rencontre des résistances.

Les donneurs de sang

En France, en Belgique, aux Pays-Bas, en Grande-Bretagne et au Danemark au moins, les associations de donneurs de sang se mobilisèrent contre la directive, mais ils commirent de lourdes erreurs de stratégie. Au lieu de saisir dès l'origine leurs représentants au Parlement européen, ils s'adressèrent aux dépu-

1. Ass. nat., rapport M. Dolez, nº 3050, session 1992-1993, p. 17.
2. *JOCE* du 28 juin 1989, nº L 181/44.

tés nationaux. En France, j'ai relevé dix-sept questions écrites entre 1988 et le début de 1989. Elles n'obtinrent qu'une réponse dilatoire en juillet 1989, c'est-à-dire après que la directive, votée, fut devenue définitive. Le ministre répond qu'il faut être « réaliste » devant le grand marché, présenté comme une fatalité [1].

Le Comité consultatif national d'éthique

Le Comité consultatif national d'éthique (CCNE) se saisit de la question en pleine affaire de la contamination, le 2 décembre 1991, beaucoup trop tard pour être efficace. Partant d'une réflexion d'ensemble sur le thème « Éthique et argent », il stigmatise la crise du « système de non-commercialité » du corps humain, que l'évolution du Centre national de la transfusion sanguine lui paraît illustrer. Il en désigne les causes : transformation des techniques, dumping américain sur le plasma, influence néfaste de l'Allemagne, dernier pays européen à payer ses donneurs, et de l'Europe du Sud, grande importatrice de produits issus de plasmas rémunérés. Il lui semble difficile de réagir contre ces fragilisations diverses, alors que la France a perdu son autonomie de décision du fait du vote de la directive de 1989. Il s'ensuit une critique sévère de la directive qui, « si elle devait s'imposer, aurait de graves conséquences concernant l'éthique, le système transfusionnel, la santé publique et les rapports sociaux » [2].

Le Comité en déduit que la directive ne devrait pas prévaloir sur les principes fondamentaux du droit français. C'était évidemment irrecevable sur le plan juridique, du fait de la primauté du droit communautaire sur le droit interne ; mais, à partir de là, le système politique va rebondir.

Le gouvernement français

L'avis du CCNE va d'abord redonner du courage aux défenseurs du système français et mettre le gouvernement en face de sa légèreté lors de la préparation et du vote de la directive. Le changement de ministre qui amena le Dr Kouchner au ministère de la Santé sera l'occasion d'un changement de cap fructueux. Les gouvernements français, belge et néerlandais vont en effet saisir le Conseil des ministres des Communautés européennes des difficultés que suscitait la transposition de la directive. Ce dernier accepta le 25 mai 1992 l'idée de reconsidérer le problème, dix États semblant prêts à réviser la directive. En interprétant cette concession, B. Kouchner put déduire que le principe d'une renégociation pouvait être considéré comme accepté et en tirer des conséquences pour l'élaboration de la réforme de la transfusion sanguine. La loi de 1993 fut donc sciemment conçue dans l'optique de cette renégociation, et partiellement contraire au texte de la directive [3].

1. Ass. nat., questions écrites, *JO* du 2 octobre 1989, p. 4416 et suiv.
2. On peut consulter sur ce thème les analyses de Lucien Sève, *Pour une critique de la raison bioéthique*, Odile Jacob, 1994, p. 285 et suiv.
3. Cf. *infra*, IVe partie, chap. 2.

Cette résistance inattendue de la part d'un pays qui avait voté la directive, avait été préparée par le rapport d'information « sur l'application de la directive communautaire du 14 juin 1989 sur les médicaments dérivés du sang ou du plasma humains », présenté par Marc Dolez, député du Nord[1]. Le rapport est bien senti ; l'auteur ne cache pas sa désapprobation, passant tout de même sous silence les raisons qui avaient pu pousser le gouvernement français à voter en 1989 une directive qui fait l'objet d'une volée de bois vert en 1992, par les représentants d'un même groupe politique. Il constate que la directive « fait entrer les produits dérivés dans un système concurrentiel » par un texte qui présente de « graves ambiguïtés ». « Les formulations retenues, peu exigeantes, placent les États membres qui souhaitent maintenir l'exigence éthique de gratuité dans une situation difficile. » Le rapporteur en déduit que le régime juridique du sang et de ses dérivés ne fait pas l'objet d'un consensus européen et devrait rester dans l'orbite de la souveraineté des États membres.

Le rapporteur approuve comme tout le monde le système de l'AMM en précisant qu'il faut l'adapter au particularisme biologique et éthique de ces produits. Il faudrait donc laisser à l'État membre qui le désire la possibilité d'*imposer le bénévolat parmi les conditions de délivrance de l'AMM*. Cette idée d'une exigence éthique comme condition de la mise sur le marché et de la libre circulation des produits commence à peine à voir le jour avec le droit de l'expérimentation animale, et devrait être sollicitée dans nombre de secteurs sensibles, tests génétiques ou animaux transgéniques.

Le rapporteur va plus loin, et estime qu'il serait souhaitable que la directive renégociée laisse à chaque État la possibilité de choisir un système fondé sur le non-profit, ce qui impliquerait la consécration, en droit européen, d'un double circuit d'échanges, circuit bénévolat et non-profit d'un côté, circuit rémunération et profit de l'autre.

Le Parlement européen

Si les parlementaires n'avaient pas su réagir lors du vote de la directive, ils s'organisèrent après coup. Cela commença par les initiatives isolées de sir James Scott Hopkins et de Léon Schwartzenberg en 1991. Puis la Commission de l'environnement et de la santé publique décida d'entreprendre un « rapport d'initiative » sur la transplantation d'organes et la transfusion sanguine, pour « réaffirmer » un certain nombre de principes éthiques[2]. Ce rapport fut confié à Adriana Ceci, qui eut également la charge d'un rapport sur l'autosuffisance et la sécurité de l'approvisionnement en sang et en produits dérivés dans la Communauté européenne. En date du 25 février 1993[3], ce rapport est

1. Ass. nat., Délégation de l'Assemblée nationale pour les Communautés européennes, 19 novembre 1992, nº 3050.

2. Le Parlement n'a pas le pouvoir d'initiative qui appartient à la Commission, mais il peut chercher à l'influencer en présentant des rapports et des projets de textes pour l'inciter à se saisir d'une question dans un sens déterminé.

3. Parlement européen, documents de séance, PE 203.436/def.

d'une tonalité complètement différente de celle qui avait prévalu en 1989. Il comprend une partie fondamentale sur les « Limites de la législation communautaire en matière de transfusion », qui établit clairement que la seule perspective de la libre circulation des produits dérivés est incomplète et doit être réinsérée dans une réflexion sur la transfusion sanguine et la santé publique.

Il est rappelé que le *traité de Maastricht* reconnaît désormais à la Communauté une *compétence sanitaire* qui lui permet de dépasser le cadre du marché intérieur pour concevoir une politique de santé. Mme Ceci constate ensuite que certains États membres ne peuvent transposer une directive qui va à l'encontre de leurs choix éthiques et sanitaires. Elle établit que la libre circulation des produits dérivés n'autorise pas, en l'état actuel du texte, d'entraves à la circulation de produits issus de plasmas rémunérés, ce qui « invalide de fait le choix éthique de plusieurs États de recourir exclusivement à des produits issus de sang provenant de donneurs bénévoles ». Or ce choix lui semble être celui qui doit prévaloir à terme dans l'ensemble de la Communauté. Elle conclut à la renégociation de la directive.

Il est donc demandé à la Commission de « présenter une proposition de modification de la directive 89-381 qui tienne compte des objections soulevées par certains États membres ainsi qu'une communication complémentaire qui réglemente les prélèvements et transfusions sanguines… ». L'ensemble de la proposition de résolution renverse l'ordre des priorités établi jusqu'alors, faisant des contraintes économiques de l'échange un élément second par rapport aux choix éthiques et aux choix de santé publique. Il est dit que les progrès de la transfusion ont été obtenus autant par les dons gratuits que par les innovations technologiques de l'industrie. Enfin et surtout, la résolution affirme que « *l'achat et la vente de sang sont contraires au principe d'inaliénabilité et de non-commercialisation du corps humain et des parties du corps humain* ». Un tel énoncé, tout à fait inexact au regard de certains droits nationaux, a donc l'ambition d'être créateur de droit au niveau européen. Ce dernier point est important car la nouvelle Union européenne, sortant de la sphère économique, consacrerait alors un principe de droit civil.

Toujours est-il que le député demande à la Commission et au Conseil d'approuver un plan d'action visant à l'autosuffisance en produits bénévoles, plan d'action qui s'imposerait ensuite aux États. Cette demande est en rupture avec la position initiale de la Commission qui refusait d'intervenir pour harmoniser la collecte des dons de sang en Europe, ce qui empêchait en même temps d'harmoniser les conditions de sécurité[1]. L'idée du double circuit, l'un étant protégé de l'autre, commençait donc à s'imposer en droit ; car, en fait, la liberté de prescription semble désormais de mise, pour les produits hémophiliques en tout cas.

Du coup, les choses vont commencer à bouger et repartir lentement sur

1. *JOCE* du 20 juin 1988, n° C 160/11, et l'évolution des mentalités que l'on peut observer dans la réponse donnée par la Commission le 26 avril 1991, in *JOCE* du 8 juillet 1991, n° C 177/35.

d'autres principes. L'année 1993, en effet, va s'achever sur un « dont acte » du Conseil de l'Union européenne[1]. Dans ses conclusions, le Conseil prend note des trois fondements qui devront servir de base à la suite des travaux : la directive de 1989, la résolution du Parlement européen, les travaux du Conseil de l'Europe. Les termes utilisés ont leur importance : on met désormais en avant la nécessité de parvenir à une double autosuffisance européenne en sang *et* produits dérivés ; on ne parle plus d'échange marchand (bien que personne n'envisage de le supprimer) mais de coopération entre États dans le respect du don volontaire et non rémunéré. Il s'agit clairement d'une incitation à coopérer dans le cadre des services publics.

Le virage sans enthousiasme des autorités communautaires

Sans enthousiasme excessif, la Commission va montrer par deux communications successives qu'elle a entendu le message[2]. Sa réflexion porte sur la collecte et sur les produits dérivés.

Elle admet, en premier lieu, qu'elle a sous-estimé son rôle dans la réalisation de l'autosuffisance européenne en dons gratuits et qu'elle ne pouvait se contenter de renvoyer ce problème au Conseil de l'Europe, qui ne dispose pas de moyens de contrainte sur les États. Elle signale les dangers de surexploitation des donneurs de plasma (pourquoi quinze litres par an en moyenne dans les pays bénévoles et vingt-cinq litres pour les rémunérés d'Allemagne) et reconnaît qu'il n'est pas plus éthique de peser sur les rémunérés des pays tiers que d'avoir ses propres rémunérés. Il faut bien dire, toutefois, que ces communications n'offrent pas de solution. Rien d'obligatoire n'est mis en projet. La Commission pointe seulement quelques difficultés : conflits sur la définition de ce qu'est la rémunération et sur la légitimité de l'autosuffisance en produits finis. En effet, la réalisation de cet objectif limiterait inéluctablement l'importation en provenance de pays tiers, et donc la liberté de prescription des médecins.

Mais la Commission met au jour une difficulté plus profonde. Après avoir reconnu que la libre circulation des personnes et des marchandises était un facteur de diffusion des maladies, elle admet aussi que les produits sanguins ne se prêtent pas bien à l'établissement de normes communes[3]. En effet, chaque bassin de prélèvement a ses caractéristiques, qui impliquent certains tests et pas d'autres. Elle n'en poursuit pas moins son objectif de libre circulation qui devrait pourtant, logiquement, être revisité.

1. 13 décembre 1993, *JOCE* du 18 janvier 1994, nº C 15/6.

2. 25 mai 1993, COM (93) 198 final et 21 décembre 1994, COM (94) 652 final.

3. Résolution du Conseil du 13 novembre 1992 sur le contrôle et la surveillance des maladies transmissibles, *JOCE* du 11 décembre 1992, nº C 326/1. Dans ce texte, il est admis que la mobilité des personnes mais aussi les échanges de denrées alimentaires sont des facteurs de diffusion des maladies. On n'en déduit toutefois que la nécessité d'une mise en commun des informations sous forme de réseau. Voir aussi les conclusions du Conseil du 13 décembre 1993 relatives à la mise en place d'un réseau en matière d'épidémiologie dans la Communauté, *JOCE* du 18 janvier 1994, nº C 15, p. 6.

Le Conseil va la suivre dans cette voie embarrassée, en adoptant la résolution du 2 juin 1995[1]. L'autosuffisance européenne en sang et produits dérivés devient l'objectif de base, sachant que la Communauté est invitée à y parvenir, « notamment par une coopération entre les États membres, dans le respect du principe du don volontaire et non rémunéré ». Le « notamment » indique évidemment que le Conseil admet que l'échange n'a qu'un rôle second, et non plus premier. Le principe du bénévolat est affirmé, mais il n'est pas repris directement dans les recommandations du texte, qui ne portent que sur les aspects techniques (procédures de collecte, tests de dépistages, critères d'évaluation, système d'hémovigilance, utilisation optimale, formation d'inspecteurs). Le Conseil insiste à deux reprises sur la collaboration avec le Conseil de l'Europe, mais prévoit d'un autre côté le respect des différences socioculturelles. Or la plus importante d'entre elles est la rupture entre les pays bénévoles et les autres. Le texte ne fait donc guère avancer les choses.

Voilà donc l'histoire d'un grand cafouillage législatif. La directive de 1989 peut passer pour une sorte d'exemple type des dérèglements de la construction européenne. Elle est historiquement très connotée, située entre deux événements importants de l'évolution du système politique européen : l'Acte unique, qui vint accélérer la construction du libre-échange et aggraver le renversement de la hiérarchie des valeurs, et le traité de Maastricht, qui, malgré sa tentative pour rééquilibrer les pouvoirs et les valeurs, fut fraîchement accueilli. Cette réception a montré que les peuples ne se retrouvent plus dans cette technique d'élaboration du droit. Reste aux autorités européennes à se saisir des nouvelles opportunités données par le traité pour rétablir l'équilibre.

Lors du vote de la directive, on était en pleine « furie réglementaire » libérale : les produits dérivés n'étaient que des médicaments, soumis comme tels à un principe de libre circulation des marchandises pur et dur. Les pays qui reconnaissaient aux produits dérivés un régime juridique spécial protégeant les droits de la personne captifs dans le produit devaient céder. Avant même que la directive ne soit transposée, le Parlement européen reconnaît cette erreur, demande la renégociation. Le principe de non-commercialité du corps humain et de ses éléments est placé en tête, et le Parlement souhaite qu'un plan de développement du bénévolat soit adopté. Tant qu'il n'est pas réalisé, les différences de législations devraient pouvoir justifier des entraves à la libre circulation des marchandises. Dans une première réponse à une question écrite posée par J. L. Velverde Lopez, la Commission se montre séduite par l'idée du double circuit. Au député qui avait souligné que la transposition de la directive réalisée par la loi française de 1993 était incompatible avec le texte de la directive, la Commission répond sur le fondement de l'objectif européen d'autosuffisance en dons non rémunérés : « La volonté de certains États membres de promouvoir efficacement le don du sang volontaire et non rémunéré, en n'autorisant que des dérivés sanguins provenant de tels dons apparaît comme un des

1. *JOCE* du 30 juin 1995, n° C 164/1.

moyens pour mettre en œuvre les recommandations de la directive[1]. » *C'est l'admission du double circuit d'échanges : l'un rémunéré, l'autre pas*. L'avancée est immense, car elle permet aux États de transposer en opposition au texte clair de la directive. La France ne s'en privera pas, incluant des conditions éthiques dans l'attribution de l'AMM pour les produits dérivés.

Mais, à une autre question écrite du même député, la Commission reprend la même phrase, en ajoutant : « Toutefois, les États membres ne pourront appliquer cette disposition pour les médicaments bénéficiant d'une autorisation communautaire (unique) en vertu de la procédure d'autorisation de mise sur le marché centralisée. » Dont acte. La Commission semble revenue à sa position de départ… à moins qu'elle n'exige le bénévolat comme condition de cette autorisation, ce qui semble peu probable.

3. Principe de circulation, principe de proximité

La version « traité de Rome » du Marché commun avait été fondée sur une vision simple de la marchandise. Les produits, objets innocents, étaient totalement soumis à un idéal de circulation pour qu'un consommateur vigilant et averti choisisse librement le meilleur produit au meilleur prix sur les rayons ordonnés du grand marché européen. La protection du consommateur passe alors par l'étiquette, qui permet à chacun de se diriger vers l'objet de son choix. Telle est l'utopie de la simplicité des choses, de la vigilance des hommes et de la transparence de leurs rapports. A cette utopie correspond le principe de libre circulation des marchandises.

Mais dans la réalité, il en va tout autrement. Les étiquettes sont trompeuses, les consommateurs ne savent pas lire, et surtout les marchandises sont des objets complexes qui perdent leur innocence sous le regard froid de l'analyste. On l'a vu, derrière le flacon neutre du dérivé sanguin se cachent des technologies de fabrication et d'inactivation, des collectes plus ou moins bien faites, rémunérées ou non, des virus et des hommes. Dès que l'on prend en compte la complexité des marchandises, on réalise que le principe de libre circulation doit être aménagé dans certains cas, répudié dans d'autres au profit d'un « principe de proximité », dégagé pour éviter la circulation perverse des déchets destinés à l'élimination, par exemple. Tant que le principe de libre circulation des marchandises ne fut appliqué qu'à un petit nombre de produits simples, la validité du concept fut confirmée ; au fur et à mesure que la libération de nouveaux produits étendait le champ d'application du principe à des produits plus complexes, il perdait l'universalité de sa pertinence[2].

1. Question écrite du 1er septembre 1993, *JOCE* du 28 novembre 1994, nº C 332/15.
2. Je traite ce sujet de manière détaillée dans un article à paraître en 1996 sous le titre « Droit du marché, territoire et précaution », in *Le Droit européen de l'environnement. Actes du colloque de la CEDECE*, Documentation française.

L'aménagement ou la mise à l'écart des principes fondateurs du droit du marché ont été décidés dans des domaines aussi divers que les psychotropes, les déchets, les animaux vivants, les technologies duales (militaires, civiles), les œuvres d'art. L'unité du droit du marché est donc en cours d'éclatement, au profit de régimes juridiques plus divers. L'aventure européenne des produits dérivés du sang en est une illustration assez extraordinaire, dans la mesure où le texte initial s'est révélé d'emblée inapplicable en l'état ; il heurtait à la fois des considérations de sécurité virale et la dissension européenne sur la question des droits de la personne au regard de son propre corps. J'ai déjà suffisamment expliqué par quels mécanismes la libre circulation conduisait à mettre en péril les systèmes des pays bénévoles, proches de l'autosuffisance, je n'y reviendrai pas. Mais il convient de se demander ce qu'il en est de la libre circulation au regard de la sécurité des dérivés sanguins.

Le problème mérite en effet d'être posé, car de nombreux groupes de pression s'appuyant sur l'histoire française de la contamination avaient estimé que la sécurité ne pouvait résulter que de la libre circulation des dérivés sanguins permettant aux prescripteurs de choisir à chaque instant le meilleur produit disponible sur le marché mondial, position qui semble relever du bon sens. Un petit éditorial de la revue *L'Hémophile*, en janvier 1992, rend parfaitement compte de cet état d'esprit : « Nos vœux vont [...] vers tous ces jeunes qui n'ont pas encore de séquelles, pour qu'ils puissent bénéficier des meilleurs traitements dans une Europe enfin débarrassée de ces querelles mesquines menées en vertu des grands principes au nom de raisons dépassées [...] il faut avancer et essayer de gagner par l'exemple plutôt que par la fermeture de nos frontières. » Les hémophiles ont en effet gagné ce qu'ils souhaitaient depuis toujours : la liberté d'importer les produits de leur choix. 1992 est l'année de la directive nue, le Parlement européen n'a pas encore réagi.

Alors, a-t-on avancé ou régressé quand, en 1993-1994, on reconnaît du bout des lèvres la possibilité d'un double circuit ? Entre les deux dates ont été découverts de nouveaux scandales, et il est apparu que le milieu des entreprises privées, si encensé par certains, avait eu lui aussi ses failles, aussi profondes que celles du secteur public. Ne découvre-t-on pas en Allemagne deux entreprises qui continuèrent au moins jusqu'en 1993 la vente de produits contaminés [1] ?

Deux thèses opposées en matière de sécurité peuvent être présentées. La thèse dominante est celle qui découle de la logique industrielle. Les produits dérivés du sang sont des produits stables qui peuvent être stockés sans contrainte, dont le marché est mondial et très rémunérateur. Seule la collecte de la matière première échappe à cette logique, puisqu'elle continue d'impliquer des millions de gestes de prélèvement qui demandent une solide organisation géographique et sociale. Une fois que cette matière première est congelée, elle peut être acheminée sans encombre sur les lieux de production.

D'un point de vue économique, on a tout intérêt à concentrer cette production pour la traiter dans les meilleures conditions techniques afin de profiter des

1. Il s'agit des entreprises UB Plasma et Biotest, *JOCE* du 5 décembre 1994, n° C 340/41.

économies d'échelle. Il est probable que deux ou trois unités de production suffiraient largement à toute l'Europe. Elles auraient un retour d'investissement considérable qui devrait permettre de consacrer des sommes importantes à la recherche, d'améliorer la sécurité et de passer dans les meilleures conditions possibles aux produits issus du génie génétique. D'ores et déjà, on sait que les technologies d'inactivation sont aujourd'hui très fiables pour tout ce qui concerne les agents pathogènes connus. Il n'y a donc aucun inconvénient sanitaire à ce que les produits circulent.

Qu'en est-il des agents pathogènes inconnus ? C'est là que l'on peut légitimement hésiter. On s'accorde à penser que de nouveaux agents apparaîtront ; la question est de savoir s'ils seront automatiquement inactivés par les processus existants, auquel cas les mesures de sécurité actuelles sont valables pour l'avenir et n'imposent aucune précaution particulière, ou s'il est concevable qu'ils échappent aux procédures actuelles. Dans cette seconde hypothèse, rien n'empêche de penser que la concentration des productions et leur circulation ultérieure n'est pas le choix le plus rationnel.

Beaucoup pensent que les procédures actuelles sont valables pour l'avenir ; ils fondent leur conviction sur une vision catégorielle du monde vivant. C'est ainsi que le procédé solvant-détergent détruira *tous* les virus enveloppés puisqu'il s'attaque à l'enveloppe ; la filtration retiendra *tous* les agents qui ne sont pas des virus ; le chauffage détruira *toutes* les catégories sensibles à une certaine température pendant un certain temps, et ainsi de suite. On peut espérer ainsi, en additionnant plusieurs techniques d'inactivation, venir à bout de la totalité des agents pathogènes.

Je me méfie bien davantage du monde vivant. Des mutations provoquant des résistances me paraissent possibles ; d'autre part et surtout, de nouveaux agents pathogènes ne rentrant pas dans les catégories connues sont toujours susceptibles d'apparaître ou de se généraliser. Cela pourrait être le cas des fameux prions que l'on ne sait pas repérer, et qui ne sont pas détruits par la chaleur[1]. On peut alors attendre que les premières manifestations se fassent sentir chez les receveurs, tout en mettant le temps à profit pour apprendre à connaître l'organisme suspecté, de le surveiller en quelque sorte. C'est ce qui est fait pour les prions[2]. Cela me semble être une attitude « imprudente » étant donnée la longueur de l'incubation de la maladie, qui ne permettrait de réagir que lorsque les receveurs seraient infectés depuis longtemps.

Mais alors, quelle serait l'attitude prudente au regard de ces agents inconnus ? D'une part, bien sûr, la limitation de la consommation des concentrés, et l'on sait qu'elle n'est pas du tout pratiquée ; d'autre part, la limitation de leur circulation : en effet, si les maladies ont une histoire, elles ont aussi une géo-

1. Au moins à des températures utilisables ; il reste encore des particules actives après 24 heures à 160 °C.

2. Agents de la vache folle, ils provoquent une dégénérescence nerveuse ; on pense qu'ils ne sont pas transmissibles par le sang, mais les modes de transmission de la maladie restent pour partie mystérieux, hormis la transmission alimentaire d'une part et la transmission par les greffes d'hypophise d'autre part.

graphie. Les maladies transmissibles ont un ou des bassins d'infection originaires et des chemins de diffusion. Toute concentration de la matière première suivie d'une intense circulation a pour effet mécanique de participer à la diffusion générale de ces maladies chez les receveurs de produits dérivés. Une attitude de prudence impliquerait donc une retenue dans la consommation et l'utilisation des produits dans des zones géographiques de dimensions moyennes qui excluent les longs voyages du plasma. De même, le plasma des grandes villes devrait être de plus en plus évité. On ne va évidemment pas vers ce schéma. Si l'on a réussi à mettre en place une politique d'économie des produits sanguins labiles, on trouve sans cesse de nouvelles indications pour les produits stables dont la consommation augmente inéluctablement.

Malgré la prise de conscience des autorités européennes concernant les droits de l'homme au regard de la sécurité, l'objectif de circulation n'a pas été mis en cause. Pourtant, la Commission a reconnu qu'il était difficile de concevoir des normes techniques communes pour la collecte : nécessaires dans certaines régions infectées, les tests ne le sont pas dans des régions indemnes. Dès lors, l'harmonisation ne pourra pas être fondée, contrairement à d'autres secteurs, sur une harmonisation des normes. On est pourtant loin du droit des déchets, où il est désormais admis que la circulation entraîne plus d'effets pervers qu'elle n'offre d'avantages, et qui a abouti à ce que *le principe de libre circulation soit limité à certaines occurrences, et complété par un principe de proximité et d'autosuffisance*. Le droit de la filière transfusionnelle n'en est pas là. En réalité, il me semble qu'il serait préférable, dans ce secteur, de tendre vers *une autosuffisance par grandes régions, et de favoriser la circulation des technologies de manière à diffuser très rapidement les améliorations des techniques d'inactivation et de gains de rendements*. Cette idée n'a jamais été proposée. C'est pourtant une sorte de *bourse des brevets et des savoir-faire qui permettrait la circulation du progrès sans les dangereux voyages de la matière.*

2. La France et la loi du 4 janvier 1993

L'histoire des deux Europe n'aura sans doute pas séduit les démocrates. Mais baste ! L'affaire de Bruxelles avait été montée par l'exécutif, toujours suspect. D'ailleurs le travail tardif du Parlement européen allait dans le bon sens. Dans l'ordre juridique interne, il fallait bien saisir le Parlement pour assurer la transposition de la directive. La publication d'un sondage BVA dans le magazine mutualiste *Viva*, au cours de l'été 1992, aurait dû donner du courage aux parlementaires français : réalisé pendant le procès qui frappait les Drs Garretta, Allain, Roux et Netter, l'enquête marquait l'attachement des Français à leur système, qu'il s'agisse de la gratuité du don ou du caractère de service public sans but lucratif de la production et de la distribution. Lorsque les députés furent saisis du projet du gouvernement, ils avaient la chance, rare, de savoir ce que souhaitaient leurs concitoyens. J'avais relégué ma méfiance constitutive au rang des accessoires, attendant non sans plaisir une démonstration de l'esprit de résistance du Parlement français partant bravement en guerre contre le mercantilisme de Bruxelles.

La loi votée le 4 janvier 1993 [1] permit de vrais progrès en matière de sécurité transfusionnelle. Elle réalisa une rupture profonde et sans doute excessive entre le secteur des produits labiles, service public dont l'organisation reste calquée sur le modèle de la loi de 1952, et le secteur des produits stables dévolu au monde pharmaceutique. Leur régime juridique est encore incertain : l'État garde la maîtrise juridique du Laboratoire français du fractionnement, entité unique qualifiée d'opérateur public [2]. Ce groupement d'intérêt public, soumis par la loi de 1993 à la règle du non-profit, fédère tous les centres de fractionnement français, mais autorise en droit le glissement vers une gestion commerciale de sociétés satellites. On ne sait pas encore comment ces possibilités seront utilisées. Curieusement, le bénévolat, désormais imposé par la loi, est attaqué dans des marges qui pourraient devenir des failles. Le Parlement fut conscient de la plus grande partie des dérives, les débats parlementaires sont là pour le montrer. Quelques députés et sénateurs socialistes osèrent des critiques de fond ; l'opposition de droite stigmatisa à de multiples reprises l'« hypocrisie » du texte. Allait-on assister à une refonte des parties litigieuses ?

Non. Et l'analyse du scrutin ne manquera pas de faire mal à l'âme démo-

1. *JO* du 5 janvier 1993.
2. Rapport d'activité de la transfusion sanguine, synthèse, septembre 1994.

cratique. La loi fut votée à une large majorité : 272 pour, 27 contre (la majorité absolue étant de 150). Le scrutin, qui aurait sur ce sujet mérité un *vote personnel*, est un *vote de parti* : les socialistes mirent poliment leurs critiques au panier pour offrir à leur gouvernement 266 oui sur 266 votants[1]. La droite ajouta l'hypocrisie du vote à l'hypocrisie d'un texte qu'elle faisait semblant de critiquer : les 125 députés du RPR, les 88 députés de l'UDF, les 40 députés de l'UDC, choisirent l'abstention, ce qui permit d'obtenir la majorité absolue. Merci au parti communiste et à un non-inscrit d'avoir rassemblé les 27 députés attentifs aux vœux de leurs mandants qui auraient souhaité un texte plus clair ; 27 non, c'est peu.

Le Parlement fut pourtant satisfait de son travail et, surtout, de la bonne entente entre la majorité et l'opposition : « Je ne cesse d'être favorable », lance B. Kouchner, ministre socialiste, à C. Huriet (RPR) qui expose ses conceptions sur la transfusion[2] ! Et B. Kouchner d'insister : « Il était difficile, après les difficultés que nous avons connues, face à une organisation transfusionnelle éclatée, de prendre en charge ce formidable effort de solidarité de nos deux millions de donneurs bénévoles qui constituent notre patrimoine et montrent notre générosité. Bâtir dans ces conditions un système "moderne" – le mot est faible, le terme est pudique – n'était pas si simple. Mais je crois, Monsieur Sérusclat[3], que les avantages l'emportent finalement sur les inquiétudes ou les zones d'ombre. Nous aurons témoigné ce soir de ce que les Français apprécient dans l'exercice parlementaire, et je me réjouis – avec vous, j'en suis certain – que ce soit à l'occasion des sujets les plus graves, des sujets de société, que l'entente, le dialogue, l'amélioration – et la confrontation, pourquoi pas ? – soient aussi perceptibles[4]. » Citoyens, ils n'ont pas fait ce que vous vouliez, mais ils sont satisfaits !

La lecture des débats parlementaires laisse une impression étrange. Des hommes, des femmes parlent ; beaucoup d'entre eux sont médecins. Ils connaissent le système de transfusion. Ils disent leur attachement au bénévolat ; certains montreront comme il serait injuste de permettre à des entreprises de faire du profit sur les dons de bénévoles. Mais ils feront passer une loi qui ne garantit pas ces valeurs. F. Sérusclat, sénateur socialiste, signale des points de fuite et ne cache pas sa désapprobation, mais il s'inclinera après quelques passes d'armes feutrées avec le ministre de la santé. B. Charles, député socialiste qui fit d'utiles critiques le 26 novembre, ne se préoccupera pas de faire voter des amendements. Certains seront absents le jour du vote et représentés par un autre membre de leur parti qui ne partage pas leurs opinions ; ce sera le cas de Mme Hubert (RPR), qui, après un discours violent montrant avec talent l'hypocrisie du projet de loi[5], cède sa place à J.-L. Préel, qui n'y voit pas

1. 266 oui, auxquels il faut ajouter 6 oui de non-inscrits.
2. Sénat, séance du 16 décembre 1992, p. 4138.
3. Sénateur socialiste qui osa émettre quelques critiques contre le texte.
4. Sénat, séance du 16 décembre 1992, p. 4156.
5. Ass. nat., 26 novembre 1992, 2e séance, *JO* du 27, p. 6114.

malice. Les plus actifs et les plus présents, qui se trouvent être souvent proches des lobbies pharmaceutiques, sont moins assurés de l'importance des principes éthiques. Ils les voient en fait comme une « charge » qu'impose la Fédération des donneurs de sang bénévoles, charge que l'on « assumera » (selon l'expression de B. Kouchner).

L'économie de la loi porte la trace de ces tensions. Pour introduire d'un mot, je serais tentée de dire que la loi fut votée à la fin de la période d'influence du libéralisme thatchérien. La recherche de la sécurité était bien conçue, tandis que, malgré les apparences, le bénévolat et le non-profit étaient fragilisés. Les décrets d'application sont allés dans le bon sens, même si toutes les perspectives de fuite n'ont pas été éliminées ; comme à Bruxelles, le principe de non-commercialité du corps humain a repris de la fermeté, tandis que le non-profit est resté menacé. Il est probable que les évolutions internes et européennes se nourriront les unes des autres. Plutôt que d'aborder le texte par ses grandes institutions, tels l'Agence française du sang, le Laboratoire français du fractionnement et des biotechnologies, etc., je l'étudierai par grandes fonctions : approvisionnement, sécurité, production.

A. LA FONCTION APPROVISIONNEMENT

J'entends par « approvisionnement » l'ensemble des moyens utilisés pour répondre à la demande de produits sanguins par la mise à disposition de la matière de base. C'est sans doute la fonction la plus importante. Sans elle rien ne peut avoir lieu ; sa bonne qualité est le pivot de la sécurité, et c'est son mode d'organisation qui conditionne le statut du corps humain.

Certains modes d'approvisionnement échappent à la loi du 4 janvier 1993 : il s'agit de la collecte de placentas [1]. D'autres en relèvent très indirectement par le biais des consignes d'utilisation des produits sanguins : il s'agit des stratégies d'économie du sang (autotransfusion, hémodilution, appréciation du moment précis où une transfusion devient vitale), si l'on compte l'économie de matière première dans le concept d'approvisionnement, ce qui me paraît important. D'autres appartiennent encore largement au futur : il s'agit des biotechnologies. La fabrication et le suivi de ces produits relèvent de la loi du 4 janvier 1993, dans la mesure où ils seront fabriqués par le Laboratoire français du fractionnement. Mais l'approvisionnement relève plutôt des lois de 1994 sur la bioéthique, car on n'utilisera plus de sang, mais les gènes contenus dans le sang. Il faut noter pourtant que la Fédération des donneurs de sang bénévoles a déjà indiqué qu'elle réclamait le bénévolat et le non-profit pour l'industrialisation des gènes, ce qui semble illusoire en l'état : pour ces industries de pointe,

1. Récemment, la Grande-Bretagne a résilié les contrats par lesquels elle vendait des placentas, à cause d'un risque non démontré mais suspecté de transmission de la maladie de Creutzfeld-Jacob.

on revendique au contraire les instruments juridiques dont on espère le maximum de retour d'investissement.

Le cœur de l'approvisionnement actuel reste donc la collecte de sang et de plasma humains. Le plasma et le sang peuvent venir soit de collectes effectuées sur le territoire français, soit de collectes effectuées hors du territoire puis importées. L'importation des produits stables, devenue assez importante dans le cas des facteurs VIII, réalise indirectement une importation de la matière première qui a servi à les fabriquer. Je suis obligée de convenir, à l'issue d'une étude minutieuse de la loi et des débats parlementaires, que certains points me restent obscurs.

1. Les collectes sur le territoire français

Pour comprendre l'économie de la loi de 1993, il faut distinguer les collectes réalisées dans le cadre du monopole de prélèvements par des établissements de transfusion sanguine et celles qui leur échappent ; seules les premières sont clairement soumises au principe du bénévolat.

La limitation du monopole de collecte des ETS par la destination thérapeutique

Sur le territoire français, les ETS, qui restent sans but lucratif, ont gardé le monopole de la collecte du *sang destiné à un usage thérapeutique en faveur des tiers* (art. L. 666-2), et le monopole de la modification du sang en vue d'une utilisation pour autrui (art. L. 666-6), ce qui est une bonne chose : il s'agit d'immuniser un donneur avant le prélèvement, pour que son sang s'enrichisse en anticorps. Ce sont donc ces prélèvements qui auraient été les plus susceptibles de donner lieu à des rémunérations élevées, et les plus contestables sur le plan moral puisqu'ils font courir un risque marginal mais non nul au donneur.

Le ministre de la Santé fixe la zone de collecte de chaque établissement dans le cadre d'un schéma régional (art. L. 669-1), ainsi que les « bonnes pratiques de prélèvement », les bonnes pratiques de qualification biologique des dons, et les types d'analyses biologiques à réaliser sur chaque don. Tous ces choix sont réfléchis et arrêtés par l'Agence française du sang (AFS), qui les soumet au ministère pour homologation. Les choix territoriaux sont particulièrement importants : les conflits territoriaux pour la collecte avaient été directement à l'origine d'un certain nombre de collectes dans les lieux à risques, avec des conséquences dramatiques en termes de qualité de sang. Les épidémiologistes de l'AFS et du Comité de sécurité transfusionnelle ont désormais un rôle prépondérant pour apprécier la répartition géographique et socioculturelle des maladies transmissibles, dont on établit une carte cohérente. Le premier travail de sécurité commence donc là, par la détermination des lieux de collecte, l'interdiction de certains sites dangereux, la promotion de nouveaux bassins de collecte. Tout reposera sur une meilleure connaissance de l'état sanitaire du public qui se présente pour donner son sang, de nombreuses enquêtes ayant renversé les idées reçues sur les catégories « dangereuses ». C'est ainsi qu'une étude récente a montré que les collectes auprès des jeunes de moins de 25 ans étaient moins risquées qu'on ne le pensait, car ils n'hésitent pas à faire part d'un comportement à risques, et ne voient pas d'obstacle à se faire éliminer du don ; à l'inverse, les collectes en entreprise, administrations et communes sont moins sûres qu'on ne le croyait, pour les raisons inverses[1].

Le sang collecté sur le territoire français par les ETS peut faire l'objet d'exportations par les ETS avec l'autorisation de l'AFS (art. 668-5). En pratique, il ne s'agit que de quelques poches de groupes rares donnés à titre de secours.

La loi ne dit rien des exportations de produits stables. On est donc en régime de droit commun, régime de liberté d'exportation. Or on n'exporte pas ici n'importe quoi, mais des produits fabriqués avec du sang donné, produits dont le prix n'est plus aujourd'hui un prix de cession mais un prix libre. Le sang des donneurs pourrait donc servir à réaliser des bénéfices à l'exportation. On ne peut même pas dire que ces exportations, qui auraient mérité quelque débat, soient passées inaperçues. B. Kouchner, précisant que les importations de produits stables devraient rester transitoires, affirma : « Nous entendons bien, en revanche, si cela est possible, évidemment, vendre nos produits à l'étranger[2]. »

L'approvisionnement en dehors du monopole des ETS

Il existe trois catégories de prélèvements de sang qui peuvent être réalisées en dehors des ETS. La première ne relève pas du don, c'est le prélèvement effectué au profit du malade lui-même, aux fins d'analyse ou de restitution du sang modifié. La deuxième concerne le sang nécessaire à la fabrication des réactifs de laboratoire ; on considère qu'ils sont à usage industriel et non thérapeutique. La loi ne permet pas de savoir qui sera chargé de leur fabrication, puisque l'article 666-8 signale seulement que leurs « caractéristiques et conditions de préparation et d'utilisation sont définies par décret » ; mais on sait déjà que le contrôle des réactifs dépend de l'Agence du médicament et non de l'AFS, ce qui le relie en principe au secteur pharmaceutique[3]. C'est une activité lucrative qui implique le recours à des sangs rares, qu'il est tentant de rémunérer.

La troisième hypothèse concerne le sang prélevé à des fins de recherche[4]. L'article L. 666-8 prévoit qu'il peut être ou non prélevé par des ETS.

1. G. Boulard *et al.*, *Gazette de la transfusion sanguine*, nº 105, décembre 1994, p. 55.
2. Sénat, 16 décembre 1992, *JO* du 17, p. 4112.
3. Loi nº 94-43 du 18 janvier 1994, *JO* du 19, p. 960, cf. art. 32.
4. M. de Montalembert *et al.*, « Les prélèvements de sang à usage non thérapeutique », in *Gazette de la transfusion sanguine*, nº 96, mars 1994. On peut se demander qui serait responsable d'une contamination, l'ETS ou le promoteur de la recherche ? Or ces transferts sont plus fréquents qu'on ne le croit et concernent également certains lycées.

Dans ces hypothèses, les contraintes légales liées à la sécurité s'appliquent, mais il n'est rien dit des contraintes éthiques. Telle est la première faille importante de la loi de 1993.

L'application du principe de gratuité

Le principe de gratuité, pour lequel les donneurs avaient tant lutté, fut inscrit dans la loi du 4 janvier 1993 (art. L. 666-1, 2 et 3) : « La transfusion sanguine s'effectue dans l'intérêt du receveur et relève des principes éthiques du bénévolat et de l'anonymat du don [...] ; aucune rémunération ne peut être allouée au donneur. » Ce texte vague fait l'objet d'un premier verrouillage dans les dispositions pénales prévues par la loi : « Le fait d'obtenir ou de tenter d'obtenir d'une personne le prélèvement de son sang contre un paiement, quelle qu'en soit la forme, est puni d'un emprisonnement de cinq ans et d'une amende de 1 million de francs. Est puni des mêmes peines le fait d'apporter ou de tenter d'apporter son entremise pour favoriser l'obtention du sang contre un paiement, quelle qu'en soit la forme. » Le bénévolat est garanti par un deuxième verrou posé à l'article L. 670-4 (al. 1) : « L'autorisation de mise sur le marché ne peut être attribuée pour un médicament dérivé du sang que lorsqu'il est préparé à partir de sang ou de composants du sang prélevés dans les conditions définies aux articles L. 666-3 à L. 666-7 », l'article L. 666-3 étant précisément celui qui établit la gratuité du don.

L'atmosphère au Parlement permettait pourtant de douter de la bonne foi de nos représentants ; mais, après une phase d'expectative, le bénévolat semble avoir été confirmé par le décret 94-611 du 20 juillet 1994, qui le définit cette fois de manière rigoureuse[1]. Quelques ambiguïtés n'en demeurent pas moins.

« La gratuité n'est pas un dogme »

C. Huriet, rapporteur au Sénat, (RPR). – « L'Assemblée nationale a souhaité faire figurer dans la loi les grands principes qui inspirent les activités de transfusion sanguine : bénévolat, anonymat et absence de profit. Ces principes ne sont cependant pas absolus ; il est donc précisé qu'ils s'appliquent dans les conditions définies par le chapitre relatif à la collecte du sang et à la préparation des produits dérivés. La Commission approuve cette mention dès lors que ces principes ne sont pas érigés en dogme[2]. »

J.-P. Fourcade, (UDC). – « Ma jeunesse s'est déroulée dans un univers de donneurs bénévoles. [...] la notion de profit était, en la matière, tout à fait prohibée. Or nous découvrons aujourd'hui que l'on arrive à faire des produits plus sûrs et moins chers en suivant des processus où intervient le paiement[3] (*nombreux applaudissements dans les travées de droite*). »

1. *JO* du 22 juillet 1994, p. 10559.
2. Sénat, 16 décembre 1992, *JO* du 17, p. 4117.
3. Sénat, 16 décembre 1992, *JO* du 17, p. 4410.

B. KOUCHNER, ministre socialiste de la Santé et de l'Action humanitaire. – « Oui, nous voulons interdire toute rémunération. La tendance moderne [*sic*] ne va pas complètement dans ce sens. Nous avons le sentiment qu'à travers le monde le don rémunéré augmente [...]. Pourquoi ? D'abord, il est certain que la pauvreté augmente dans le monde. Or, très souvent, ce sont les pauvres qui vendent leur sang pour vivre. Ensuite – ce qui nous gêne un peu plus par rapport à nos définitions, il faut bien admettre qu'en Allemagne existe la rémunération des dons et qu'elle est dictée par des raisons de sécurité[1]. »

« Le président Jean-Michel Belorgey, après avoir déclaré sa compréhension pour les principes ainsi défendus [...], s'est toutefois demandé s'il serait toujours justifié de refuser toute forme de rémunération lorsqu'une population vieillissante, comme on peut en rencontrer en Europe, aurait besoin d'un sang que pouvait lui procurer une population jeune et nécessiteuse[2]. » J.-M. Belorgey est considéré comme l'une des « consciences » du parti socialiste.

« La commission d'enquête estime, dans la perspective d'un développement nécessaire de la plasmaphérèse, que ce type de prélèvement particulièrement contraignant pour le donneur pourrait faire l'objet d'une indemnisation, selon des modalités à définir, tendant notamment à prévenir toute dérive vers une quelconque professionnalisation des donneurs[3]. »

A droite comme à gauche, on doute du bénévolat.

Le bénévolat, danger pour la sécurité

« La quasi-certitude d'être protégé par l'éthique transfusionnelle témoigne d'une certaine survalorisation du donneur qui a conduit à négliger toute action de prévention tendant à le responsabiliser. D'autant que celui-ci, protégé par l'anonymat du don et par le sentiment d'accomplir un geste altruiste, n'aurait aucune raison de suspecter qu'il est un agent contaminateur. Cette logique, poussée à l'extrême, aurait eu un autre effet pervers, sans doute encore plus grave : la survalorisation du donneur aurait fait considérer le don du sang comme un acte "rédempteur" ou, à tout le moins, un acte redonnant une certaine dignité ou témoignant d'une certaine réinsertion sociale. D'où les réticences qui se sont manifestées quand on a voulu arrêter en 1985 les collectes dans les prisons et leur poursuite jusqu'à une date toute récente[4]. » La même

1. Sénat, 16 décembre 1992, *JO* du 17, p. 4112.
2. Ass. nat., rapport A. Calmat, nº 3051, p. 46.
3. 1er rapport Huriet, p. 137, 141, 146. Ce rapport ne fait pas partie des travaux parlementaires à proprement parler, puisqu'il s'agit de la commission d'enquête du Sénat sur le système transfusionnel, autrement dit sur la contamination. Mais ce rapport est réalisé « en vue de son éventuelle réforme », et la Commission prend clairement parti sur les grandes lignes de la réforme. On peut donc considérer qu'elle a contribué à élaborer la doctrine du rapporteur du Sénat en la matière.
4. Sénat, rapport nº 406 de la commission d'enquête, p. 42 et 227 ; les interrogations d'un philosophe, représentant de la pensée marxiste au Comité national d'éthique, qui parle de « terrible épreuve infligée à la doctrine française de la non-commercialisation par le

idée est reprise un peu plus loin par le Dr Eibl, directeur de la firme Immuno qui paie ses donneurs : pour le bon docteur, les donneurs bénévoles « disposent d'une *position monopolistique* et influencent d'une manière excessive le monde médical et l'opinion[1] ».

Ces affirmations corrèlent un certain nombre d'éléments vrais et faux qui deviennent difficiles à démêler. Les parlementaires tombèrent généralement dans le piège de la survalorisation du donneur. Seule É. Hubert, député RPR, eut un jugement empirique et modéré : faisant remarquer que la gratuité avait participé à l'aveuglement des années 1983-1985 sans l'avoir pour autant provoqué, elle conclut qu'il est « maintenant évident que gratuité et sécurité ne sont pas synonymes. [...] *A contrario*, certains voudraient faire croire de façon insidieuse que la gratuité ayant permis le scandale de la contamination, la rémunération aurait peut-être pu l'éviter. Ce raisonnement est encore plus absurde que le précédent[2]. »

J'aurais tendance à penser que l'aigreur contre les donneurs marque une rancœur complexe : l'affaire était en fait une bonne occasion pour se débarrasser d'un système lourd et contraignant, alors qu'il est tellement plus simple de payer quelqu'un. La phrase du Dr Eibl sur le « monopole » des donneurs est révélatrice : par un habile tour de passe-passe, ce ne sont plus les marchands de sang qui « exploitent » les individus, mais les bénévoles survalorisés qui abusent de leur position dominante à l'égard des fabricants.

En fait, les études effectuées au Conseil de l'Europe montrent que les bénévoles restent en meilleure santé que les rémunérés. Mais cette affirmation générale n'est vraie que si l'on compare les deux populations au moment où elles se présentent pour un prélèvement. L'avantage comparatif brut s'estompe au fur et à mesure que se déroulent les procédures destinées à écarter les personnes à risques. Au bout du compte, la qualité du sang dans un pays donné dépend d'un ensemble de facteurs tenant aux donneurs et aux modalités de collecte, parmi lesquels le bénévolat n'est pas l'élément le plus déterminant. Sa fonction principale est de protéger les donneurs de l'exploitation.

Pourtant, le bénévolat retrouve un rôle dans la recherche de la sécurité, si on raisonne au niveau international et non plus au niveau national. En effet, les transferts internationaux de plasma sont un facteur important de diffusion géographique des maladies. Or les transferts concernent surtout les plasmas rémunérés. De même, la rémunération, qui permet de prélever à volonté, est un facteur de consommation des produits sanguins, et donc d'augmentation des risques. *La rémunération est alors un facteur de diffusion des maladies simplement parce qu'elle pousse à la surconsommation et qu'elle est une condition de l'échange international.*

---

drame sans précédent du sang contaminé », *in* Lucien Sève, *Pour une critique de la raison bioéthique*, Odile Jacob, 1994, p. 301 et suiv.

1. Sénat, rapport nº 406, p. 240.
2. Ass. nat., 26 novembre 1992, 2e séance, *JO* du 27, p. 6114.

Retour au dogme

Hésitants sur la valeur du bénévolat, les parlementaires français s'étaient laissé une marge de manœuvre par la rédaction ambiguë de l'alinéa 2 de l'article 666-3 : « Aucune rémunération ne peut être allouée au donneur, *sans préjudice du remboursement des frais exposés*, dans des conditions fixées par décret. » De fortes pressions s'exercèrent pour que l'indemnisation du temps passé au prélèvement soit distinguée du prix du sang, et autorisée [1]. A partir de là, tout était possible, puisque les Allemands considèrent que 200 F ne constituent qu'une « indemnisation ».

L'effet de ces pressions est visible lorsque l'on considère la genèse du texte. Le projet du gouvernement interdisait purement et simplement la rémunération du donneur. Deux amendements furent déposés par Alain Calmat (PS) : le premier, qui visait l'indemnisation des frais exposés, fut adopté en commission ; le second vint préciser que les conditions du remboursement seraient fixées par décret – éternel renvoi à l'exécutif [2]. Et on peut préciser sa vision des choses en se référant à son rapport : « L'interdiction de toute rémunération ne saurait exclure une éventuelle indemnisation des frais exposés par l'intéressé pour son déplacement *ou la perte d'une journée de travail* [3]. »

Mais après un an et demi d'expectative, l'exécutif se décida en faveur d'une vision stricte du bénévolat ; le décret du 20 juillet 1994 reprit en effet la définition donnée par la FFDSB [4], qui exclut toute indemnisation du temps passé. Mentionnons pour mémoire l'effort du Parlement européen pour introduire le nouveau principe de non-commercialité du corps humain dans le droit européen, ce qui pourrait conforter les choix français.

Zones d'ombre

• Le sang de la recherche

On sait que l'article L. 666-8 donne un régime juridique particulier à ces prélèvements qui peuvent être effectués en dehors du monopole des ETS, dans le cadre hospitalo-universitaire, mais aussi dans le cadre de l'industrie pharmaceutique. L'article L. 666-8 prévoit certes que la gratuité du don est « applicable dans ce cas, sans préjudice des dispositions du livre II *bis* relatives à la protection des personnes qui se prêtent à des recherches biomédicales ». Or l'article L. 209-15 du Code de la santé publique autorise le versement annuel d'indemnités allant jusqu'à 20 000 ou 25 000 F selon les cas. De telles somme sont évidemment loin d'être négligeables, puisqu'elles atteignent le RMI en franchise fiscale. Or la formulation de l'article L. 666-8 est ambiguë : est-ce l'article

1. J. Fischer, de l'entreprise Behring, in *The Role of Private Industry in the Processing of Plasma*.
2. Ass. nat., 27 novembre 1992, 2e séance, *JO* du 28, p. 6190.
3. Rapport A. Calmat, nº 3051, p. 13 ; contra, cf. rapport C. Huriet, nº 95, p. 48.
4. D. nº 94-611, *JO* du 22 juillet 1994, p. 10559.

L. 666-3 imposant la gratuité qui s'applique, ou l'article L. 209-15 accordant 20 000 F d'indemnités ? Si l'on traduit l'article L. 666-8 en clair, cela donne : le principe de gratuité s'applique sans préjudice du principe d'indemnisation[1].

• L'exception de fractionnement

L'article L. 670-4 concerne l'autorisation de mise sur le marché des produits stables fabriqués ou importés en France ; elle ne sera attribuée que si le médicament dérivé du sang a été préparé à partir de sang ou de plasma prélevé dans les conditions définies aux articles L. 666-3 à 666-7, donc à partir de plasma issu de donneurs bénévoles. Mais l'article L. 670-4 comporte un deuxième alinéa qui prévoit des exceptions au principe : « Toutefois, à titre exceptionnel, une autorisation de mise sur le marché peut, par dérogation, être délivrée à un médicament préparé [...] dans des conditions non conformes au second alinéa de l'article L. 666-3, si ce médicament apporte une amélioration en termes d'efficacité ou de sécurité thérapeutiques ou si des médicaments équivalents ne sont pas disponibles en quantité suffisante pour satisfaire les besoins sanitaires. »

Apparemment, les parlementaires ont cru que cette exception était limitée aux importations de produits dérivés du sang fabriqués avec du plasma rémunéré, puisqu'ils légitiment cette exception par la référence à la nécessité d'importer le facteur VIII chauffé, par exemple. Nul ne s'opposera à de telles importations qualitatives et transitoires. Mais l'exception n'est pas limitée aux importations – elle pourrait donc concerner le territoire – ni aux problèmes qualitatifs – elle concerne donc la situation de pénurie. Que se passerait-il si les donneurs bénévoles n'étaient plus assez nombreux pour assurer les besoins ? Le seul argument juridique que l'on pourrait opposer au retour à la rémunération serait l'article L. 671-3, qui établit une sanction pénale en cas de rémunération, sans prévoir aucune exception. On pourrait donc soutenir que les exceptions prévues dans les autres parties du texte ne concernent pas le territoire national. Il eût été préférable de le préciser plutôt que d'ouvrir la porte aux difficultés d'interprétation.

Deux facteurs laissent à penser que l'hypothèse d'une pénurie, pour le moment marginale, n'est pas absurde à moyen terme. Le financement des ETS laisse prévoir des restrictions de crédits dans les années à venir car leur activité devrait tendre à baisser plutôt qu'à augmenter ; la promotion du don et l'organisation des collectes en souffriront. Enfin, B. Kouchner faisait état de son espoir de voir le Laboratoire français du fractionnement et des biotechnologies exporter. Si c'était le cas, il ne serait pas impossible que l'on collecte pour exporter, ce qui conduirait à une situation de pénurie qui pourrait être résolue tant par la rémunération sur le territoire français que par l'importation de plasmas rémunérés aux fins de fabrication et distribution sur le marché français ou en réexportation.

1. Il en va de même du « don » de sperme : gratuit lorsqu'il est effectué en faveur des CECOS à des fins d'insémination artificielle, payant lorsqu'il est effectué à des fins de recherche !

Le principe d'anonymat

Médecins et donneurs tiennent beaucoup à l'anonymat du don, désormais inscrit dans la loi de 1993 : « La transfusion sanguine s'effectue dans l'intérêt du receveur et relève des principes éthiques du bénévolat et de l'anonymat du don [...]. Le receveur ne peut connaître l'identité du donneur, ni le donneur celle du receveur. Aucune information permettant d'identifier à la fois celui qui a fait don de son sang et celui qui l'a reçu ne peut être divulguée. Il ne peut être dérogé à ce principe qu'en cas de nécessité thérapeutique » (art. 666-1 et 666-7). L'article L. 671-6 punit la divulgation d'un an de prison et 50 000 F d'amende.

Cette formulation donne assez bien la limite du principe d'anonymat, qu'il faut arriver à distinguer de la confidentialité des informations nées du don : l'objectif est que le donneur et le receveur ne se connaissent pas, pour éviter que ne s'établissent des rapports malsains ou conflictuels. Mais l'objectif n'est sûrement pas qu'un donneur entre dans un camion de prélèvement sans vouloir dire qui il est, car il faut pouvoir le situer pour des raisons médicales, tant dans son propre intérêt que dans celui d'autrui. Il faut, d'autre part, prévoir des dérogations en cas de nécessité thérapeutique.

a. La confidentialité des informations est un élément essentiel car l'analyse du sang permet de donner de plus en plus d'informations sur la personne concernée ; de plus, les questionnaires qui précèdent le don concernent l'intimité du donneur et de ses partenaires sexuels. Les ETS doivent donc recueillir, élaborer, gérer, conserver l'information pendant de longues années pour assurer la « traçabilité » des produits, et diffuser tout ou partie de l'information à qui de droit : informer les donneurs des résultats des tests de dépistage [1], rechercher si l'un d'entre eux a pu contaminer un receveur bien des années avant, donner des informations à la justice sans révéler l'identité de la personne concernée [2]. Ils doivent également tenir à jour une information sur les receveurs pour pouvoir retrouver les personnes qui auraient été concernées par le donneur contaminant, etc. C'est une tâche énorme dont le législateur ne s'est pas préoccupé, la Commission nationale de l'informatique et des libertés (CNIL) étant le garant d'un juste équilibre entre la disponibilité des informations dans l'intérêt des donneurs, des receveurs, de la qualité générale des produits, et plus largement de la santé publique et la protection des personnes [3].

1. Cf. la question de l'information du conjoint, in *Nouvelle Gazette de la transfusion sanguine*, nº 75-92.

2. Que se passerait-il en cas de poursuite pénale si l'on suspectait un donneur d'avoir volontairement donné son sang, parce qu'il se savait contaminé ?

3. Mme Louise Cadoux, vice-présidente déléguée de la CNIL, a fait l'objet d'une audition à la commission d'enquête du Sénat, doc. nº 406, p. 220 ; elle a dit que la CNIL avait été saisie d'une quinzaine de demandes d'avis concernant des projets informatiques de gestion de fichiers par les ETS. Ils satisfaisaient tous aux principes généraux de confidentialité

b. L'anonymat n'a jamais été un principe absolu, puisque l'on a toujours admis le don dirigé pour des raisons thérapeutiques. Ainsi, les problèmes de compatibilité tissulaire obligent parfois à un don intrafamilial. Mais l'épidémie de sida pose le problème de manière différente. Les patients ont pris conscience du danger résiduel que représente une transfusion, et certains demandent la transfusion d'un sang connu qui leur paraît plus sûr. Deux hypothèses, différentes du don anonyme, sont alors envisageables.

• **L'autotransfusion** n'entraîne pas d'atteinte au principe d'anonymat, c'est un système complètement différent. Le patient ne fait pas de don, mais une réserve *personnelle*. La technique se développe assez vite, malgré la nécessaire réorganisation et les surcoûts. Elle concerne les opérations chirurgicales *prévisibles* ou certains accouchements à risques que l'on cherche à prévoir avec précision[1]. De 30 à 100 % des besoins d'un service peuvent être ainsi couverts. C'est un progrès qui n'empêche pas les drames, des interversions de poches ayant déjà provoqué erreurs de groupes et transmission de maladies[2]. Souvent le futur opéré a un sang qui n'est pas utilisable, ce qu'il a du mal à admettre.

• **Le don dirigé** est une rupture de l'anonymat. Exclu pendant longtemps, toléré par une circulaire de 1990, une recommandation très motivée de l'AFS l'a de nouveau écarté en 1993, sauf raisons thérapeutiques majeures (sang rare, immunisation complexe[3]). Les médecins sont en effet très réservés. Statistiquement, le sang « familial » est aussi contaminé que le sang issu de dons anonymes, et il est délicat d'admettre au sein de sa famille que l'on a un comportement à risques. De plus, le don du sang entre parents et enfants provoque des réactions immunitaires qui peuvent rendre une greffe ultérieure impossible.

2. L'approvisionnement par l'importation

Chaque fois que l'on importe, qu'il s'agisse de plasma ou de dérivés, on pèse sur les donneurs d'une autre partie du monde. S'il s'agit de produits de donneurs bénévoles, on exploite la générosité des autres, généralement par incapacité à imposer le bénévolat sur son territoire ; s'il s'agit de produits rémunérés, on exploite la misère des autres. Les échanges internationaux contribuent, on le

exigés. Elle a émis une réserve sur la mise en relation des fichiers donneurs et receveurs lors de la recherche de l'origine d'une contamination, pensant que cette procédure pouvait remettre en cause le principe d'anonymat.

1. R. Torielli *et al.*, « Césarienne : une place pour le don programmé ? », in *Gazette de la transfusion sanguine*, nº 105, décembre 1994.

2. *Journal international de médecine*, du 8 au 14 avril 1992.

3. Le point sur cette question a été fait dans la *Gazette de la transfusion sanguine*, nº 102, septembre 1994, p. 47-48.

verra, à pérenniser le lien pervers entre bénévolat et rémunération, pays généreux et pays indifférents[1]. La loi du 4 janvier 1993 est à cet égard difficile à lire, car le régime des importations y est éclaté entre plusieurs articles, et n'est pas suffisamment précis. Quant aux parlementaires, ils se sont montrés peu curieux…

Les importations directes de produits de base

L'importation de produits labiles est traitée dans le chapitre I de la loi portant sur la « collecte du sang humain et de ses composants » ; elle est donc perçue comme une forme ou un complément de la collecte. L'article L. 666-11 prévoit que l'importation peut être demandée « par quelque organisme que ce soit » ; elle est subordonnée à une autorisation délivrée par le ministre de la Santé. Les importations peuvent être réalisées à la demande des ETS, des hôpitaux qui pourraient trouver certains produits moins cher sur le marché international, mais aussi du Laboratoire français du fractionnement et des biotechnologies qui pourrait améliorer sa compétitivité en achetant du plasma moins onéreux que le plasma collecté en France. La loi évoque deux modalités différentes d'importation.

La première concerne l'importation par les ETS des seuls produits labiles (art. L. 668-5) ; elle implique l'autorisation du ministre et celle de l'Agence française du sang, qui ne la donnent que « si les besoins de la transfusion sanguine l'exigent et à la condition que le sang […] présent[e] des garanties suffisantes au regard de la sécurité de la transfusion sanguine » (analyses biologiques et tests de dépistage de l'article 666-4). Mais il n'est pas exigé que les contraintes éthiques, et particulièrement le bénévolat, aient été respectées. L'absence de contrainte éthique avait été critiquée par certains parlementaires qui avaient proposé des amendements pour limiter l'importation du sang collecté auprès de donneurs bénévoles et assurer un contrôle plus efficace du respect de cette contrainte. Cette demande du groupe communiste fut repoussée par l'action conjointe de C. Huriet (RPR) et de B. Kouchner (PS) : « La Commission est défavorable à l'amendement n° 48, car la majorité de ses membres considèrent que les importations sont justifiées par des besoins urgents à satisfaire. Or, dans la pratique, il peut se révéler difficile, voire impossible, de contrôler les conditions dans lesquelles ces produits d'importation ont été collectés. Certes, nous souscrivons, nous l'avons déjà dit, au fondement éthique du don, mais, en la circonstance, cet amendement ne nous paraît pas applicable[2]. »

Pour ce qui concerne les hôpitaux, rien n'est prévu. A moins de combler cette lacune par décret ou par des conditions imposées dans l'autorisation ministérielle, ces établissements pourraient importer sans conditions particulières.

1. Sur l'hypocrisie du phénomène, cf. Fouchet, Ass. nat., 26 novembre 1992, 1re séance, *JO* du 27, p. 6103.
2. Sénat, séance du 16 décembre 1992, *JO* du 17, p. 4124.

Pour ce qui concerne le LFFB, le régime est encore différent. Aucune disposition du chapitre v, dont relève le laboratoire, ne concerne les importations de produits de base, mais rien n'empêche le LFFB d'importer des produits labiles pour la fabrication de produits dérivés[1]. Quelles seront alors ses obligations ? Il faut d'abord qu'il obtienne l'autorisation du ministre, comme pour toute importation de produit labile (art. L. 666-11), et ensuite qu'il satisfasse aux exigences de la mise sur le marché (art. L. 670-4), au moins s'il veut commercialiser en France. Cet article n'exige pas que le LFFB n'utilise que du sang ou du plasma collecté en France, ni même qu'il les utilise préférentiellement. Il suffit, selon l'alinéa 1 de l'article L. 670-4, qu'il s'agisse de sang collecté selon les « normes françaises », en fonction des contraintes de sécurité et d'éthique du droit commun. Toutefois, on sait que l'alinéa 2 prévoit une exception aux contraintes éthiques lorsque le médicament mis sur le marché apporte une amélioration ou est destiné à pallier les effets d'une pénurie. La matière première doit alors répondre aux exigences de sécurité (tests), mais peut s'affranchir du bénévolat, de l'anonymat et des conditions restrictives dans lesquelles peut être réalisée une « modification » du sang avant prélèvement. On peut donc importer du sang ou tout autre produit labile issus de donneurs rémunérés pour fabriquer en France des produits dérivés.

Il est aussi permis au LFFB d'importer pour réaliser un travail à façon : on importe du plasma d'un pays X et l'on renvoie les produits dérivés qu'il ne fabrique pas… avec les problèmes de responsabilité que l'on est susceptible de rencontrer. Dès lors, il n'est pas nécessaire d'obtenir l'autorisation de mise sur le marché du droit français, mais il faut se plier à la procédure d'AMM du pays récepteur.

F. Sérusclat a tenté de limiter la dérogation à l'importation de produits finis, ce qui permettait de satisfaire certains besoins français tout en excluant l'importation de matière première aux fins de fabrication. Interrogé sur cet amendement n° 80, B. Kouchner répond qu'il y a là un « problème[2] », et demande : « Monsieur Sérusclat, y aura-t-il une possibilité de dérogation pour les médicaments fabriqués en France avec du plasma d'importation ? » F. Sérusclat s'étonne de cette question et précise son point de vue : dérogation pour importer les produits étrangers dont on a besoin, oui ; dérogation pour fabriquer en France avec du plasma étranger, non. B. Kouchner évoque un malentendu et demande une suspension de séance pour mettre M. Sérusclat en position d'« entendre » ses raisons (en dehors du compte rendu des débats). Après la suspension cinq minutes), F. Sérusclat retire son amendement : « A la suite d'un examen attentif du texte et compte tenu des conséquences sur la production éventuelle, en France, de médicaments dérivés du sang, je retire l'amendement n° 80. » Le public ne saura donc jamais clairement ce que l'« examen

1. Contrairement à ce que semble croire F. Sérusclat, qui affirme à tort que les médicaments tirés du sang « sont préparés à partir de sang français ou prélevé en France », Sénat, 16 décembre 1992, *JO* du 17, p. 4145.

2. Sénat, 16 décembre 1992, *JO* du 17, p. 4145.

attentif » du texte a apporté au sénateur, sinon que les intérêts de la production sont plus importants que l'attachement au bénévolat.

On constate donc qu'il existe au moins quatre régimes juridiques d'importation de produits labiles distincts les uns des autres, sans que ces différences aient été justifiées à aucun moment du débat. N'existe-t-il d'ailleurs que ces hypothèses ? Ne faudrait-il pas réfléchir au droit applicable aux industries privées ? Car, si nul parlementaire ne l'a évoqué directement, la loi n'empêche pas que s'établissent de nouveaux fractionneurs privés ou publics, français ou étrangers, dès lors qu'ils respectent les conditions d'association au LFFB. Une réflexion un peu amère s'impose à l'issue de cette première analyse : consciemment ou inconsciemment, ni le gouvernement ni le Parlement ne se sont donné les moyens de penser une politique cohérente d'importation de la matière première. Au lieu d'être ordonnées rationellement en un chapitre unique, les dispositions sur les importations sont éparpillées, les régimes éclatés, les failles béantes, malgré les affirmations toujours péremptoires d'A. Calmat sur l'encadrement « strict » des importations [1].

Les importations indirectes par les produits dérivés

Tout produit stable importé a été fabriqué à partir de plasma prélevé quelque part ; chaque fois que l'on importe, on cautionne le système de prélèvement utilisé par le fabricant du produit importé. Il est légitime de le faire de manière transitoire pour des raisons de sécurité, en ayant toujours pour objectif à court terme de revenir à l'autosuffisance et d'avoir une production nationale du produit manquant. A l'inverse, une politique stable d'importation de produits dérivés aboutit à ce que le bénévolat autochtone soit complété par une politique de rémunération mise en place sur un autre territoire. C'est ce qui entretient des relations troubles entre bénévolat et rémunération.

La loi du 4 janvier 1993 prévoit une procédure unique pour tous les produits stables, qu'ils soient français ou étrangers : leur commercialisation sur le marché français doit satisfaire la procédure d'AMM, qui ne peut être obtenue que si le plasma utilisé a été collecté en respectant les critères éthiques et les critères de sécurité (art. L. 670-4, al. 1). Cette double exigence est la grande marque de la résistance du gouvernement et du Parlement français au système mis en place par Bruxelles. *En imposant le bénévolat de la matière première pour pouvoir obtenir une AMM du produit fini, la loi française ajoutait une exigence contraire au principe de libre circulation des marchandises.* Les politiques ont considéré que leur texte était « en avance » sur la renégociation de la directive demandée par le Parlement européen : B. Kouchner allait même jusqu'à la qualifier d'« ancienne directive ». Si, pendant un certain temps, la Commission a semblé cautionner cette interprétation autorisant les pays bénévoles à n'importer que des produits issus du circuit bénévole, elle est ensuite

1. Ass. nat., rapport A. Calmat, nº 3051, p. 11.

revenue sur cette faculté. En tout état de cause, la France ne semble pas l'utiliser, et importe à la demande des prescripteurs. La résistance éthique de la loi de 1993 semble lettre morte.

On sait que l'alinéa 1 posant le principe du bénévolat comme critère d'obtention de l'AMM est assorti d'exceptions à l'alinéa 2. On sait aussi que ces exceptions risquent de se multiplier ; les hôpitaux, par exemple, soumis aux règles des marchés publics, ne pourraient-ils pas être obligés d'importer des produits stables moins chers, même s'ils ne respectent pas les exigences éthiques[1] ? Le bénévolat, désormais imposé par la loi, sort fragilisé de la tourmente.

B. LA FONCTION SÉCURITÉ

« Conjurer les risques est un devoir national. » L'expression du sénateur Hamel fait réfléchir[2]. La prévention des risques est une attitude de type rationnel, qui se cherche comme science, se pratique comme métier, engendre des règles juridiques qui lui sont propres. B. Kouchner a ancré d'emblée le projet dans la philosophie et le droit du risque : « Il nous faut, ensemble, aujourd'hui, affirmer comme fondamental le principe de précaution et d'alerte qui figure désormais à l'article 130 R du traité de Maastricht et définit fort bien les responsabilités qui sont désormais les nôtres[3]. » Mais la conjuration évoque des horizons moins rationnels qui hantèrent parfois les parlementaires ! On essaya avec une sincérité, qui ne fut pas exclusive de démagogie, de concevoir un système « sûr ». Deux grandes voies furent explorées : la voie scientifique et technique d'une part, la voie organisationnelle d'autre part.

La recherche de solutions scientifiques s'appuya sur le rapport Degos[4], consacré à l'analyse des risques et à la conception des systèmes complexes d'identification des produits (origines et destinations). Mais le travail principal du législateur a porté sur l'organisation de la transparence et de l'autonomie des différentes institutions responsables de la conception du système, du recueil et du traitement de l'information, de la production et du contrôle de qualité. B. Kouchner expliqua clairement le projet du gouvernement à l'Assemblée[5] : « [Il] vise à assurer la sécurité maximale par la mise en place d'un réel dispositif de vigilance sanitaire, à chaque étape de la chaîne – collecte, transformation, distribution et utilisation du sang. Ce dispositif faisait défaut, la fonction vigilance n'était pas organisée et reposait sur les *maigres moyens d'une administration sinistrée*, comme nous l'avons dit tout à l'heure.

1. Cf. aussi les remarques du sénateur Huriet sur les risques de restriction des budgets affectés aux campagnes de promotion du don (rapport C. Huriet, nº 95, p. 39).

2. Sénat, séance du 16 décembre 1992, *JO* du 17, p. 4154.

3. Ass. nat., 26 novembre 1992, 1re séance, *JO* du 27, p. 6102.

4. Rapport du Comité du suivi de la sécurité transfusionnelle, 2 décembre 1991 ; son contenu donne la philosophie générale des décrets d'application de la loi de 1993.

5. Ass. nat., 26 novembre 1992, 1re séance, *JO* du 27, p. 6100.

[…] Le projet assure la transparence en définissant clairement les responsabilités de l'ensemble des acteurs et en soumettant le système à un strict contrôle des pouvoirs publics […]. »

Deux ans après le vote de la loi, l'organisation de la sécurité dans le secteur des produits labiles est devenue une évidence, au moins dans les textes juridiques, et l'opération est faite dans la transparence. On ne peut en dire autant pour ce qui concerne les produits stables. Si, concrètement, les produits paraissent de bonne qualité, l'organisation reste opaque.

1. Le drame implique la loi

J. J. Weber résumera la pensée de tous les intervenants au débat en une seule phrase : « Après la tragédie dont le Centre national a été le théâtre, il fallait, bien sûr, que le législateur s'empare du problème. » L'intervention du législateur, comme celle du juge, serait nécessaire à la cicatrisation de la plaie[1]. La loi est perçue comme une façon de dépasser le drame, ce qui explique peut-être que l'on n'ait pas cru suffisant d'utiliser le pouvoir réglementaire pour mettre en place les réformes véritables, comme la création de l'Agence française du sang ou la mise en place de procédures d'hémovigilance.

Mais, E. Hamel avait raison, ce fut aussi l'occasion de « conjurer » la tragédie de manière parfois irrationnelle. La première illusion des parlementaires fut de croire que l'industrialisation était synonyme de sécurité : ils enlevèrent donc les produits stables au milieu transfusionnel, trop « médical » et artisanal, pour les confier au secteur pharmaceutique, sans pour autant donner les grandes lignes de l'organisation de la sécurité dans ce secteur. Autant les conditions de la sécurité des produits labiles sont travaillées, autant l'organisation de la sécurité des produits stables est remise à plus tard.

Les parlementaires entretinrent également l'illusion que l'ancien système juridique issu de la loi de 1952 était dépassé, au point qu'il était impossible de le faire évoluer de l'intérieur[2]. Pourtant, quand il commente la création du Comité de sécurité transfusionnelle, J. Chérioux doit bien admettre que sa fonction est très proche de celle qui était dévolue à l'ancienne Commission consultative de la transfusion sanguine[3]. Elle n'a pas joué son rôle car ses membres étaient producteurs en même temps que conseillers. Il suffisait d'autonomiser les deux fonctions, et point n'était besoin pour cela d'un recours à la loi.

Enfin, tout le monde semble croire que le statut de médicament conféré aux produits dérivés du sang suffira à concevoir de solides procédures d'autorisation de mise sur le marché. Or tout dépend du contenu technique de la procédure utilisée : aucune des procédures de contrôle des dérivés sanguins mises

1. Ass. nat., 26 novembre 1992, 1re et 2e séances, *JO* du 27.
2. B. Charles, Ass. nat., 26 novembre 1992, 2e séance, *JO* du 27, p. 6119.
3. Sénat, 16 décembre 1992, *JO* du 17, p. 4103.

en place dans le monde lors de la contamination n'a été efficace. En fait, seul J. Chérioux reconnaîtra que les procédures que la loi va mettre en place n'auraient sans doute pas changé grand-chose aux années 1983-1985[1].

2. La tutelle renforcée du ministère de la Santé

L'expérience avait montré que la transfusion française souffrait de trois handicaps majeurs : le manque d'effectivité du pouvoir de la tutelle, le manque de clarté des hiérarchies qui présidaient aux prises de décision, l'ambiguïté de certaines institutions « juges et parties ». Toutes ces observations étaient exactes, et l'un des mérites de la loi du 4 janvier 1993 est d'avoir effacé ces défauts.

Le rôle du ministre de la Santé n'avait pas à être modifié ; mais le législateur lui a donné les moyens d'exercer les fonctions qui, depuis toujours, étaient les siennes. Des institutions ont désormais pour seule fonction d'organiser la sécurité transfusionnelle. Leur personnel constitue le cerveau et le bras armé qui manquaient au ministère. C'est là qu'est la révolution : non pas dans la création de nouvelles fonctions ou de nouveaux pouvoirs, mais dans la mise à disposition d'un nombre non négligeable de spécialistes indépendants de toute fonction de production. Lors du drame du sida, le ministère avait les mêmes pouvoirs, mais, pour les mettre en œuvre, les fonctionnaires dont il disposait se comptaient sur les doigts d'une main; quant aux conseillers du ministre, nombre d'entre eux appartenaient au milieu transfusionnel et n'ont pas su se dégager de leur métier.

Il existe aujourd'hui des équipes de réflexion et d'action qui devraient permettre au ministère d'exister; il s'agit de l'AFS[2] et du Comité de sécurité transfusionnelle pour les produits labiles et l'organisation transfusionnelle en général; leur pouvoir s'exerce essentiellement sur les établissements de transfusion. Il s'agit également de l'Agence du médicament pour les produits stables; son pouvoir s'exercera sur le Laboratoire français du fractionnement et des biotechnologies[3].

Les moyens d'action du ministère sont, comme par le passé, la réglementation, l'agrément des établissements, des procédés de production et des produits (et le retrait de l'agrément). Les juridictions administratives et pénales ont montré que l'action et l'abstention fautives dans l'exercice de ces fonctions pouvaient entraîner la responsabilité de l'État en tant que personne morale, et la responsabilité pénale d'un certain nombre de ses représentants (Direction géné-

1. Sénat, 16 décembre 1992, *JO* du 17, p. 4103.

2. D. nº 93-312 du 9 mars 1993, *JO* du 11, p. 3784, et D. nº 94-365 du 10 mai 1994, *JO* du 12 mai, p. 6928; elle peut employer jusqu'à 70 personnes qui seront donc uniquement dévolues à l'organisation de la sécurité.

3. D. nº 93-295 du 8 mars 1993, *JO* du 9 mars, p. 3666.

rale de la santé, voire conseillers et ministres). Le juge a indiqué clairement les responsabilités de chacun ; le législateur a donné aux scientifiques les moyens de travailler en toute indépendance. Tels sont les éléments essentiels de la réforme, directement issus du drame de l'affaire de la contamination.

L'autonomie de l'Agence française du sang

L'AFS, établissement public à caractère administratif, est une innovation véritable. L'idée directrice est de disposer d'un *organisme indépendant* des centres de production, qui assume la *conception générale du système*, depuis la carte géographique jusqu'aux procédés de fabrication et de contrôle. On comprend mal les critiques du groupe communiste, G. Millet décrivant l'Agence comme une sorte de « ministère du Sang », porteur du pouvoir de l'État[1]. Il a raison, et c'est l'intérêt même de la réforme que de donner enfin à la tutelle les moyens d'exercer ses fonctions. Le gouvernement le confirme : « Le rôle et les missions confiées à l'Agence permettront à celle-ci de jouer pleinement son rôle de régulation, de coordination et de contrôle du système de transfusion sanguine. Ce n'est pas, je vous l'affirme, une énorme machine, une direction lourde, un système empêtré d'avance. Au contraire, il s'agit d'une *direction opérationnelle, d'une sorte d'état-major tourné vers l'action.* Ses missions sont désormais très précises, singulièrement en ce qui concerne la définition des caractéristiques et des normes des produits, et celles des bonnes pratiques : bonnes pratiques de collecte, de préparation, de conservation et d'utilisation, qui permettent d'assurer la qualité et la sécurité des produits [...]. L'Agence se voit aussi attribuer un rôle important en matière de planification et de restructuration du système transfusionnel. Il importe de souligner que des *prérogatives de puissance publique* sont conférées à l'Agence : elle délivrera les agréments aux établissements de transfusion sanguine et à leurs directeurs, ainsi que les autorisations requises pour exercer certaines activités. Elle disposera d'inspecteurs chargés de contrôler l'activité de ces établissements [...]. »

La tâche de l'AFS est immense, puisqu'elle doit définir la politique de la transfusion sanguine (art. L. 667-5), refaire le schéma d'organisation territoriale[2], produire la réglementation, coordonner et contrôler l'activité des établissements de transfusion (art. L. 667-5), organiser les rapports avec les donneurs[3]. Pour mener à bien cette fonction d'organisme central[4], il est prévu qu'elle collecte de l'information, la travaille, la redistribue. *Sa « production »*

1. Ass. nat., 26 novembre 1992, 2e séance, *JO* du 27, p. 6112 ; cf. aussi la critique de droite sur le caractère technocratique de l'Agence, même référence, p. 6103.

2. Ainsi a été réalisée la réforme que beaucoup préconisaient depuis 20 ans : garder un maillage territorial fin pour la collecte et la distribution des produits, resserrer les « plateaux techniques » d'analyses et de préparation, qui passent de 133 à 60 pour plus d'efficacité.

3. Aussi peut-on s'étonner avec É. Hubert que la loi n'ait pas prévu une obligation d'assurance, Ass. nat., 26 novembre 1992, 2e séance, *JO* du 27, p. 6115.

4. É. Hubert, Ass. nat., 26 novembre 1992, 2e séance, *JO* du 27, p. 6114.

est une production de conseils, de normes et de décisions, exclusivement. La qualité de son travail est garantie par l'indépendance de son statut juridique et par le fait qu'elle doive en rendre compte publiquement chaque année (art. L. 667-5, 6, 7, 8 et 9).

L'indépendance à l'égard des ETS

L'autonomie de l'AFS par rapport aux centres de transfusion a constitué l'objectif principal de la réforme dans l'esprit des parlementaires. L'agence conçoit les opérations de collecte, de préparation et de contrôle des produits, mais ne les réalise pas ; il n'y a donc aucune raison pour qu'elle soit laxiste puisque ce n'est pas sur elle que retomberont les contraintes. Le risque est inverse, en ce sens qu'elle pourrait être tentée de poser des exigences qu'il serait impossible de mettre en œuvre sur le terrain.

Denis Jacquat fit porter la critique sur la fragilité du financement de l'AFS car son budget repose en partie sur des prélèvements effectués sur le chiffre d'affaires des établissements de transfusion. C'est effectivement dangereux car le volant financier des ETS devrait diminuer au fur et à mesure que des produits de substitution apparaîtront, et il est probable que le remplacement des produits labiles par des produits stables sera une tendance forte des années à venir. Les ETS devront donc se replier sur leur activité de prélèvement, qui est évidemment la moins productrice de valeur. Le budget de l'AFS s'en ressentira. Il en résultera la nécessité d'augmenter le prix de cession de la matière première, celle-là même qui est donnée, et probablement de réduire les tensions par des subventions.

L'indépendance des membres de l'AFS

Les parlementaires ont soigneusement veillé à ce que l'AFS ne puisse subir aucune influence en provenance du milieu transfusionnel. Le conseil d'administration, associé à nombre de décisions stratégiques, a été composé de telle manière que les représentants des centres de transfusion ne soient que deux, dont un n'a qu'une voix consultative[1]. Cela même fut critiqué.

Il fallut ensuite assurer l'indépendance du corps d'inspecteurs chargés de « veiller au respect des lois et règlements applicables aux établissements de transfusion sanguine, et [de] contrôler les conditions de préparation, conservation et délivrance des produits sanguins, l'application des bonnes pratiques et la gestion administrative et financière ». La loi exigera qu'ils « consacrent l'intégralité de leur activité professionnelle aux tâches qui leur sont confiées », et qu'ils n'exercent « aucune activité privée lucrative de quelque nature que ce soit ». Pourtant, le simple fait que les inspecteurs soient des agents de l'AFS a été l'objet des critiques de D. Jacquat par exemple, qui les voit comme des

1. Critique à l'Ass. nat., 26 novembre 1992, 1re séance, *JO* du 27, p. 6100, et 2e séance, *JO* du 27, p. 6108.

« inspecteurs maison », risquant de « faire obstruction à l'intervention d'autres organes d'inspection, en particulier l'IGAS [1] ». « Je ne veux plus, monsieur le ministre, qu'il y ait de juges et parties. » Cette critique est sans doute un exemple d'expérience mal digérée : il faut bien que certains inspecteurs aient une expérience transfusionnelle pour être efficaces ; un certain « effet de milieu », qui n'est d'ailleurs pas propre à la transfusion, est inévitable.

Il faut enfin préciser que, si j'ai décrit l'agence comme une sorte de cerveau et de bras armé par le ministère, chargée de remédier au manque de moyens dont souffre la Direction générale de la santé, il s'agit là d'une interprétation qui accuse le trait, et peut être contestée sur le plan formel. En effet, l'Agence n'est pas un service de l'État mais un établissement public, et les parlementaires n'ont certainement pas eu le sentiment de créer un établissement destiné à contourner la faiblesse constitutive du ministère de la Santé. Pourtant, si l'on analyse les fonctions de l'Agence, on se rend compte qu'elles recoupent exactement celles de l'État. Elle prépare les choix techniques, propose ; le ministre dispose.

Le législateur, sans être totalement conscient de cette *délégation de la fonction étatique* à un établissement public dont l'autonomie était la qualité première, a stigmatisé l'ambiguïté des liens entre le ministère et l'Agence. Certains ont fait remarquer qu'il n'était pas logique que le ministère délègue la préparation de ses grandes décisions de santé publique à un organisme dont il a par ailleurs la tutelle. Il est au fond totalement entre les mains de l'Agence, alors que la loi lui donne un pouvoir de décision autonome. La remarque est exacte, mais la critique peut être atténuée si l'on songe que le ministère a d'autres conseillers, indépendants de l'Agence, en l'occurrence le Comité pour la sécurité transfusionnelle qui a les moyens d'assurer un rôle de contre-expertise [2].

L'Agence du médicament : la fracture de l'activité transfusionnelle

L'agence du médicament (AM) fut également créée par la loi du 4 janvier 1993, mais dans un chapitre totalement séparé de celui qui concerne la transfusion. L'Agence intéresse l'ensemble du secteur pharmaceutique ; elle a la charge de l'organisation des essais et des contrôles portant sur les médicaments et du recueil des informations permettant d'exercer la pharmacovigilance. Elle a compétence sur les médicaments, dont font désormais partie les produits dérivés du sang, et sur les réactifs de laboratoire pourtant fabriqués à partir de sang humain, activité traditionnelle des ETS. C'est un établissement public créé

1. Ass. nat., 26 novembre 1992, 2e séance, *JO* du 27, p. 6108 et 27 novembre 1992, 2e séance, *JO* du 28, p. 6207.

2. Le conflit éventuel entre les avis de l'Agence et ceux du comité a été aperçu par É. Hubert qui n'en voit que le côté négatif, Ass. nat., 26 novembre 1992, 2e séance, *JO* du 27, p. 6615 ; à la même référence, p. 6118, J. J. Weber fait état de sa crainte que cela introduise des distorsions au niveau des responsabilités en cas de mauvaise décision. C'est peu probable, la différence entre l'activité de conseil et la prise de décision étant à chaque fois clairement établie.

« afin de garantir l'indépendance, la compétence scientifique et l'efficacité administrative » des études et des contrôles. La sécurité des dérivés sanguins sera assurée en utilisant, en amont, la procédure d'autorisation de mise sur le marché et, en aval, la pharmacovigilance. L'Agence est en relation directe avec le LFFB, comme l'AFS est en relation directe avec les ETS. Les deux agences sont apparemment homologues. *Confier le secteur des produits stables à l'Agence du médicament était une manière de signifier sans équivoque possible que les produits stables appartenaient désormais à la culture pharmaceutique.* Il n'y a rien de choquant à cela.

Pourtant, quand on y réfléchit, on est obligé de constater un certain nombre de lacunes dans le dispositif, lacunes qui résultent d'une rupture voulue absolue entre produits labiles et produits stables.

Il faut d'abord rappeler que le LFFB fractionne un plasma qui peut être fourni par les ETS ou importé. Pour ce segment de son activité, il dépend du travail de l'AFS. Il serait donc nécessaire qu'il existe un pont entre AFS et AM. De la même manière, si la pharmacovigilance des produits stables concerne les receveurs, les accidents posttransfusionnels qui seront signalés ne pourront être analysés par l'Agence du médicament que grâce à la traçabilité des produits depuis le donneur. De même l'Agence française du sang ne pourra adapter ses règles de sécurité que si elle bénéficie d'un retour d'information sur les accidents liés aux produits stables. Autrement dit, la séparation drastique que les textes ont créée entre hémovigilance et pharmacovigilance n'est pas tenable dans l'action concrète. Soit les deux agences arriveront à institutionnaliser une coopération, pour le moment informelle, soit la sécurité sera un jour ou l'autre prise en défaut.

Or la loi n'aide pas les acteurs à mettre un tel système en place, et les premières dissensions se font sentir : l'affirmation de J.-H. Trouvin, professeur de pharmacie, selon laquelle les produits stables n'ayant « rien à voir avec la transfusion », l'administration d'un tel produit ne requiert pas systématiquement l'établissement d'une fiche transfusionnelle, est une marque de cet état d'esprit[1] et laisse assez mal augurer l'avenir.

Un autre élément plus fondamental encore doit être pris en compte. Si l'AFS est spécialisée dans les produits labiles, la loi lui donne la charge de la programmation d'une « activité transfusionnelle cohérente » sur le territoire, ce qui suffirait en toute logique à couvrir le choix de la *gamme des produits* qui doivent être fabriqués et disponibles en France. Mais cette politique, liée à une conception large de l'activité transfusionnelle et à l'objectif d'autosuffisance, ne semble plus de mise aujourd'hui. L'Agence se limite donc à la liste des produits labiles qui n'a plus d'équivalent pour les produits stables en principe soumis aux normes de la libre entreprise.

La rupture trop forte entre les deux secteurs produit un autre effet pervers, car il n'est pas agréable pour les ETS d'être réduits au rôle de fournisseurs d'une matière première. La démobilisation progressive des donneurs, qui ver-

1. Dépêche APM du 13 octobre 1994.

ront de plus en plus difficilement ce qu'il advient de leur don, risque d'être amplifiée par une démobilisation parallèle des établissements de prélèvement, tentés de se cantonner à ce dont ils ont besoin pour assurer la production des produits labiles.

3. La sélection du sang collecté

Avant d'être retenu pour être utilisé, le sang doit franchir de multiples obstacles. En premier lieu, celui du questionnaire sur le donneur. Ce sont plusieurs pages de questions sur l'état de santé actuel et passé du donneur et de ses proches qui doivent être menées à bien (sélection de type clinique), et de multiples tests de dépistage (sélection de type biologique). La réglementation française, qui fut si déficiente à cet égard, paraît aujourd'hui bien équilibrée entre l'arrêté du 22 septembre 1993 sur les bonnes pratiques de prélèvement et, surtout, l'arrêté du 4 janvier 1995 sur les bonnes pratiques de qualification biologique du don[1]. Les limites des tests sont faciles à comprendre : il faut disposer d'un test, donc savoir identifier l'agent pathogène ou les anticorps qu'il provoque. On n'en est pas encore là pour tous les agents pathogènes. Les limites de la sélection clinique sont plus complexes : on peut suspecter l'existence d'un agent pathogène sans connaître exactement ses modes de transmission. Dans ce cas, on ne sait pas comment mener l'enquête.

L'objet de la sélection est double : il s'agit en premier lieu de déterminer le groupe sanguin, en second lieu d'éliminer les prélèvements dangereux (maladies transmissibles, allergies, etc.). Le nombre de tests obligatoires augmente sans cesse, par souci de sécurité, mais aussi du fait de l'augmentation du nombre de maladies transmissibles répandues dans une population, que l'on pense aux hépatites et au sida apparus après la Seconde Guerre mondiale ; la pratique des produits poolés change également la problématique, puisqu'une maladie rare acquiert un taux de prévalance élevé dès que l'on mélange le plasma de cinq mille ou quinze mille personnes. La généralisation des maladies transmissibles comme celle du poolage[2] paraissent également irréversibles. Il faut donc surveiller en permanence et réviser chaque fois que nécessaire la liste des maladies qui doivent être dépistées.

1. La loi de 1993 avait mis l'accent sur les tests de dépistage en sous-estimant l'aspect sélection clinique. Cette erreur a été corrigée par la réglementation, largement sous l'effet des travaux de Michel Setbon.

2. Rappelons qu'il s'agit des procédés de fabrication consistant à mélanger le sang de milliers de donneurs pour en concentrer les éléments rares.

4. La prévention par l'information

La réforme est profonde, même si sa faisabilité n'est pas assurée. Constatant que la contamination avait pu prendre une telle ampleur parce que l'information sur le sida avait été recueillie avec trop de timidité, mal digérée et mal diffusée, le législateur a fait un travail considérable, quoique désordonné, pour assurer recueil et circulation des données. Portant sur chaque don et le suivant dans sa destination aussi lointaine soit-elle, l'information synthétisée permet, outre des stratégies de retrait rapide des produits suspectés d'être dangereux, l'établissement de stratégies de prévention. Une première difficulté tient à l'énormité des informations qu'il faut engranger. Mais on se demande surtout s'il est pensable d'obtenir des médecins de base le retour d'information nécessaire à l'hémovigilance et à la pharmacovigilance, quand on sait que le repérage des personnes contaminées par le virus du sida pendant la crise des années quatre-vingt n'a jamais pu être mené à bien, malgré les multiples incitations.

Le Comité de sécurité transfusionnelle est un organisme clé pour l'information destinée à la prévention. Il a été mis aux côtés du ministre de la Santé comme une sorte de super-expert indépendant de tous, potentiellement contre-expert des positions de l'Agence. Il a une vocation générale qui ne s'arrête pas aux produits labiles, et il peut se saisir de toutes questions concernant la sécurité transfusionnelle. Mais on voit mal quels sont ses pouvoirs et moyens d'action, car la loi ne dit rien de la manière dont il pourra recueillir l'information qui lui est nécessaire pour travailler, ni auprès de qui il peut la rechercher, ni ce qu'il peut exiger en cas de refus.

En fait, les parlementaires ne se sont intéressés qu'à la composition du comité, et il n'en est resté qu'une formule vague, puisqu'il est composé de membres « choisis pour leur compétence médicale et scientifique », à l'exclusion des associations de donneurs et de transfusés. L'idée de les associer n'était pourtant pas mauvaise si l'on songe que la désinformation des donneurs et des receveurs à l'égard du sida fut l'une des causes de l'importance de la contamination. Mettre les associations en mesure d'être informées à la source était donc une bonne chose ; mais B. Kouchner, A. Calmat et C. Huriet s'y sont opposés car il s'agit d'une « cellule d'alerte » composée d'experts « pointus », chargés de se pencher sur des « questions techniques précises ». Il faut des virologistes, des hématologistes, des épidiémologistes et rien d'autre. La démocratie technique n'est pas pour demain[1].

L'Agence française du sang a beaucoup plus de moyens. Pour centraliser l'information, elle dispose de pouvoirs importants, qui lui sont octroyés par la loi et par le décret sur l'hémovigilance[2]. Pour l'exercice de cette mission, « les inspecteurs ont accès aux locaux des établissements de transfusion sanguine.

1. Ass. nat., 27 novembre 1992, 2e séance, *JO* du 28, p. 6201.
2. D. nº 94-68 du 24 janvier 1994, *JO* du 26, p. 1346.

[...] Ils peuvent être assistés dans leurs missions par des experts et procéder à des inspections conjointes avec les services compétents de l'État, avec lesquels ils échangent toutes informations relatives à l'activité des établissements de transfusion sanguine. » Ces dispositions donnent un véritable *pouvoir de police* ; mais, en l'état actuel des textes, on voit mal quelles sont les sanctions qui pourraient être infligées aux établissements de soins, privés ou publics, ou aux médecins de base qui ne coopèrent pas.

L'essentiel de la prévention concernant les produits labiles est à la charge de l'AFS qui doit concevoir les règles que les ETS exécuteront. Règles de collecte (les bonnes pratiques de prélèvement), fixation des analyses et des tests, agréments et autorisation des établissements, des procédés de fabrication, mais aussi contrôle serré de l'utilisation des produits. L'AFS essaie d'imposer une grande rigueur dans l'emploi souvent fantaisiste des produits sanguins par les prescripteurs. Les produits qui comportent encore des risques ne peuvent plus être utilisés que dans des circonstances précises lorsqu'on ne peut leur en substituer d'autres, plus sûrs. Le médecin qui les utilise ne le fait donc qu'encadré et peut être responsable de tout dépassement du droit d'utilisation. On peut douter qu'il existe encore une véritable liberté de prescription, et c'est heureux.

La prévention sur les produits stables n'a pas été vraiment évoquée par le législateur. En fait, comme le gouvernement d'ailleurs, il est parti de l'idée que le statut de médicament imposé aux produits stables suffirait à lui seul à assurer la sécurité des produits. Cette confiance aveugle apportée au concept de médicament a atteint des sommets avec D. Jacquat, député PS : « Monsieur Millet a dit que les médicaments donnaient le bien et le mal. Non ! Les médicaments ne donnent que le bien ; le mal, ce ne peut être que les effets secondaires[1]. » Claude Huriet : « Si les produits dérivés du sang avaient été soumis à la procédure d'autorisation de mise sur le marché, un certain nombre de contaminations d'hémophiles auraient sans doute été évitées[2]. » Parlant de contrôles préalables et de procédures d'alerte, il ne dit ni pourquoi, ni comment. Elles existaient dans le système transfusionnel et furent mal utilisées dans le contexte de l'apparition d'un nouveau virus. Il soutint que les procédures de retrait maîtrisées par l'industrie pharmaceutique ne prennent que quelques heures :

F. SÉRUSCLAT. – « Quand Monsieur le rapporteur déclare que l'on peut rapidement retirer un médicament de la circulation, il oublie que, quelquefois, il faut des années de collectes, d'incidents ou d'accidents pour découvrir qu'un médicament est dangereux.

J. SOURDILLE. – Allons donc !

F. SÉRUSCLAT. – Tel fut le cas du Distilbène ou du Stalinon. Il ne faut donc pas se targuer d'une sécurité parce que l'on qualifierait ces produits de médicaments[3]. »

Effectivement, l'AMM n'est pas une procédure magique. Les autorités char-

1. Ass. nat., 27 novembre 1992, 2e séance, *JO* du 28, p. 6194.
2. Sénat, rapport C. Huriet, nº 95, p. 18.
3. Sénat, 16 décembre 1992, *JO* du 17, p. 4105.

gées du contrôle des produits biologiques signalent qu'ils posent, dans tous les pays, des problèmes scientifiques non résolus. F. Sérusclat tenta de faire admettre cette différence au Sénat[1] : « Tous les produits fabriqués sous le nom de médicaments sont fabriqués à des millions d'exemplaires. De plus ils sont identiques. On en connaît le protocole, la nature, et on sait qu'ils ne sont pas différents dans leur constitution et leurs effets. En revanche, un produit de fractionnement est constitué par des composés génétiques d'origines forcément diverses. On ne connaît donc pas sa sûreté réelle et il n'est pas reproductible à l'identique. » Il rappela ensuite que les AMM supposaient quatre phases d'expérimentation sur volontaires sains d'abord, puis sur différents types de malades, et montra qu'il n'était pas possible de soumettre l'ensemble des produits dérivés du sang à la succession de ces quatre phases. A. Calmat surenchérit en faisant observer qu'il n'existe en France aucune institution de contrôle ayant une compétence véritable en matière de produits biologiques[2].

Le débat se terminera quand même par une solution bâtarde proposée par B. Kouchner. Le dialogue est évocateur de l'aspect quelque peu démagogique du choix du statut de médicament imposé par Bruxelles... et de la discipline de vote au parti socialiste[3]. B. Kouchner impose la qualification de médicament, mais, en reconnaissant la spécificité des produits biologiques, propose un amendement qui permette l'adaptation des règles traditionnelles de pharmacovigilance :

B. KOUCHNER. – « Cet amendement tend à répondre à un souci maintes fois exprimé par M. Sérusclat. En effet, l'exercice de la pharmacovigilance sur les médicaments dérivés du sang ou les autres médicaments d'origine humaine peut nécessiter des dispositions particulières pour tenir compte des risques spécifiques inhérents à l'utilisation de ces produits. Comme je l'ai affirmé à plusieurs reprises, nous les avons catalogués, étiquetés, compartimentés dans la rubrique des médicaments. Ils nécessitent cependant des dispositions particulières.

F. SÉRUSCLAT (lucide mais obéissant). – Ou bien le mot hémovigilance est une nécessité et revêt les particularités que vous indiquez, et dans ces conditions une pharmacovigilance n'est pas nécessaire. Ou bien la pharmacovigilance couvre tout, même ce qui n'est pas défini comme un médicament pharmaceutique, et [...] il n'est plus nécessaire d'avoir une hémovigilance. Or vous savez bien que l'essentiel des chances d'une vigilance se situe dans cette hémovigilance assurée par les hémobiologistes, plutôt que dans la pharmacovigilance, qui fait appel à tout le réseau pharmaceutique et médical [...]. Cela dit je ne voterai pas contre cette disposition puisqu'elle vous semble nécessaire, monsieur le ministre. Cependant il me paraît difficile de considérer que les deux formes de la surveillance, à savoir l'hémovigilance et la pharmacovigilance, sont indispensables. »

L'amendement est adopté, et pourtant F. Sérusclat avait raison. Ou les déri-

1. Sénat, 16 décembre 1992, *JO* du 17, p. 4105 et 4121.
2. Ass. nat., rapport A. Calmat, n° 3051, p. 30.
3. Sénat, 16 décembre 1992, *JO* du 17, p. 4149.

vés du sang sont spécifiques, et cette spécificité doit être exprimée par un régime particulier qui serait logiquement celui de l'hémovigilance, ou bien ils ne le sont pas, et une adaptation des règles de la pharmacovigilance n'est pas nécessaire. Choisir la pharmacovigilance pour profiter de l'image de marque des produits pharmaceutiques tout en adaptant les procédures aux incertitudes des produits biologiques n'est qu'une ruse. Son objectif réel est de réaliser la rupture entre la transfusion et les produits dérivés du sang.

C. LA FONCTION PRODUCTION

Je ne reviendrai pas sur la production des produits labiles, car elle me paraît avoir été peu transformée par la loi, sur le plan juridique en tout cas. L'esprit dans lequel l'AFS mène son activité semble coller exactement avec le texte de la loi de 1993 et s'inscrire dans une continuité totale avec l'idéologie de la loi de 1952. On retrouve le système des prix de cession et la règle du non-profit.

L'essentiel de la réforme relative à l'organisation de la sécurité vient d'être exposé. De même ai-je déjà signalé que le problème principal de ce secteur, dans les années à venir, serait sans doute un problème financier. D'un côté, le coût de production est augmenté par le coût de l'information qu'il faut recueillir, traiter et conserver. De l'autre, il s'agit d'une activité qui est plutôt en phase de contraction. Contraction quantitative grâce aux économies de sang, mais aussi contraction des activités lucratives puisqu'il existe une incertitude sur le droit octroyé aux ETS de fabriquer les réactifs de laboratoire, et que l'on sait déjà que la distribution des produits dérivés du sang est largement captée par le circuit pharmaceutique ; or cette activité de distribution permettait un certain volant financier.

C'est donc la production de produits dérivés qu'il convient d'étudier, tout en étant conscient que le secteur est en cours de construction, soumis à des pressions contradictoires dont il est difficile d'apprécier aujourd'hui l'efficacité relative. En réalité, autant le secteur des produits labiles s'affiche en textes réglementaires, rapports d'activité conséquents et conférences de presse, autant, finalement, on ne sait rien du secteur des produits stables.

1. Le LFFB dans la loi, une stratégie de l'apparence

Une apparence de monopole

« Seul un groupement d'intérêt public dénommé Laboratoire français du fractionnement et des biotechnologies peut préparer les médicaments mentionnés à l'article précédent à partir du sang ou de ses composants collectés par les établissements de transfusion sanguine » (art. L. 670-2).

La phrase est pleine de chausse-trapes. L'adjectif « seul » évoquerait le monopole attribué à un groupement définitivement désigné comme français. Mais il ne s'exerce à l'évidence que sur ce qui est collecté par les ETS. Échappent au monopole les entreprises qui traitent les placentas, celles qui font de l'ingénierie génétique et surtout celles qui obtiendraient des autorisations d'importation de plasma. Le LFFB serait en concurrence directe avec ces deux dernières catégories d'entreprises.

Le LFFB, « opérateur public du fractionnement »

La structure juridique choisie par le législateur pour l'industrie du fractionnement était ambiguë à dessein. Un groupement d'intérêt public (GIP) est une formule juridique qui permet de mêler les intérêts privés et le secteur public. Le LFFB fut clairement soumis par la loi à la règle du non-profit, mais on verra qu'il est facile d'échapper à cette contrainte.

La coopération entre le secteur public et le secteur privé

Le même article 670-2 donne la forme que doit revêtir le LFFB ; celle d'un GIP, à l'exclusion de toute autre. Les GIP, dont la formule a été inventée par une loi de 1982 [1], constituent une innovation très typique du socialisme libéral, ou du libéralisme socialiste (au choix). A l'origine, ceux qui ont jugé cette loi ont crié à la privatisation du secteur public pour les uns, à la nationalisation du secteur privé pour les autres. Le projet du législateur était évidemment d'inciter les partenaires du public et du privé à coopérer, malgré les réticences et les méfiances. Le domaine d'application privilégié à l'origine fut celui de la recherche scientifique et du développement technologique, auquel est explicitement rattaché le LFFB, bien que sa fonction principale soit une fonction de production.

Les éléments les plus critiqués de la formule sont ceux qui rattachent clairement les GIP à un modèle de droit public : contrôles financiers [2], présence lourde d'un commissaire du gouvernement, prépondérance des agents de l'État dans les instances de décision. C'est ainsi que la loi du 4 janvier 1993 a donné la majorité des droits dans le conseil d'administration aux « personnes morales de droit public ». Les règles de comptabilité sont toutefois celles du droit privé (art. 7 du D. 93-372). Les règles générales de fonctionnement sont définies par décret, le directeur général du groupement est nommé par le ministre de la Santé.

Dans la perspective de la loi de 1993, ce choix permet d'afficher de manière visible l'appartenance du LFFB à la logique publique. Le rattachement à la logique privée est en effet beaucoup moins perceptible à la simple lecture des

1. Pour un article récent, cf. Benoît-Rohmer, « L'avenir des groupements d'intérêt public », in *L'actualité juridique de droit administratif*, 20 février 1992, p. 99.
2. D. 93-372 du 18 mars 1993 relatif au LFFB, *JO* du 19, p. 4297.

premiers textes. La loi de 1993 ne fait que l'évoquer, parlant des « conditions dans lesquelles le laboratoire peut associer les personnes morales de droit privé à l'exploitation de brevets résultant de ses activités de recherche ». Il faut remarquer la restriction curieuse, et probablement difficile à mettre en œuvre, qui est censée marquer la limite de la coopération avec le secteur privé : celle de l'exploitation des brevets du LFFB. Il est bien évident que l'intérêt du LFFB est davantage d'être associé à la technologie du secteur privé, que de concéder la technologie qu'il maîtrise. Cela se résoudra sans doute par des licences croisées. En réalité, une partie importante de ses productions est aujourd'hui sous licence étrangère, de nombreuses recherches entreprises dans les années quatre-vingt ayant été sacrifiées, à tort me semble-t-il, dans la remise à plat du système transfusionnel.

Il résulte de ce système que le mode de fonctionnement du LFFB ne sera vraiment « visible » qu'à moyen terme, lorsque la convention constitutive du groupement sera connue, et que les divers accords d'association de base auront été conclus.

Une apparence de non-profit

La loi comme le décret 93-372 sont clairs : « Le conseil d'administration détermine chaque année la part des excédents d'exploitation qui sont affectés aux activités de recherche et, le cas échéant, au fonds d'orientation (géré par l'Agence française du sang). » « Le groupement ne donnant lieu ni à la réalisation ni au partage de bénéfices, l'excédent éventuel des recettes sur les charges correspondantes est reporté sur l'exercice suivant. » On est dans la logique de la loi de 1952. On a pu le vérifier dès la publication des premiers prix des produits stables, qui restent des prix de cession sans être qualifiés de prix de vente ; ils sont donc censés ne couvrir que les coûts de production. On sait pourtant que ce mode de fonctionnement ne permet guère de coopération avec le secteur privé, ce qui est susceptible d'être analysé comme un paradoxe du statut du LFFB.

Ce paradoxe peut être résolu facilement grâce à la structure que peut adopter le LFFB. En effet, il suffit que le laboratoire en tant que tel respecte les conditions qui lui sont imposées par la loi ; rien ne l'empêche d'organiser la coopération avec le secteur privé de telle manière que des structures commerciales liées au LFFB par de simples contrats utilisent leur autonomie pour réaliser les bénéfices attendus.

2. Le LFFB dans les faits : une structure d'échappement

On se souvient que l'ancien système comportait plusieurs centres de fractionnement autonomes : Les Ulis, Lyon, Lille, Strasbourg, Bordeaux, Montpellier. Sur le plan économique, le résultat de cet éclatement archaïque fut un excédent considérable de la capacité de production. La réorganisation actuelle est drastique. Restent fabricants : Lille et les Ulis ; Bordeaux garde quelques fabrications mais paraît fragile. Deviennent simples fournisseurs de plasma : Lyon et Montpellier. Strasbourg est en location-vente chez Armour Rhône-Poulenc. Complètement sorti du LFFB, il fabrique pour l'exportation à partir de plasmas rémunérés importés de l'étranger... On comprend pourquoi B. Kouchner imposa la possibilité d'importer la matière première rémunérée pour exporter les produits finis !

Les Ulis et Lille sont aujourd'hui des structures de production qui ne sont plus autonomes mais reliées au LFFB par une convention. Le LFFB, qui n'a aucune fonction propre de production, est une entité juridique vouée à la direction : direction financière, car il réunit l'ensemble du chiffre d'affaires et le redistribue ; direction industrielle, car il assure l'impulsion et la coordination des choix techniques. Les anciens centres, devenus unités de production, peuvent eux-mêmes signer des accords avec des entreprises privées. Rien n'empêche que ces accords affectent la forme d'entreprises conjointes. De telles entreprises peuvent être créées pour permettre d'exploiter sous licence une technique, et c'est probablement à ce troisième niveau que seront réalisés les bénéfices. C'est, au fond, très exactement le projet de filialisation qui fut tant reproché au Dr Garretta !

On ne sait pour l'instant rien de tout cela, et la seule chose que l'on puisse dire, c'est que la transparence de l'organisation des produits labiles a pour pendant l'opacité de l'organisation des produits stables.

CINQUIÈME PARTIE

LA RESPONSABILITÉ DES GARDIENS DE TROUPEAUX

Le peuple gris des juristes a parfois des idées bizarres. Décrivant l'évolution du droit des biens, le grand Savatier – celui qui avait commenté avec tant de bonheur la loi de 1952 – fut amené à constater que l'éventail des biens s'était étendu depuis le Code civil : vers l'infiniment grand, avec des « macromeubles » (il pensait aux pétroliers de 50 000 tonneaux) ; vers l'infiniment petit, avec des « micromeubles ». Il y rangeait « les colonies et enchevêtrements collectifs de corpuscules qu'il n'est généralement pas question d'individualiser. Notre droit moderne doit traduire le fait que les cultures microbiennes sont maintenant des meubles corporels appropriés [...]. C'est la colonie de ceux-ci qui compte comme universalité juridique, et cela, comme pour un troupeau à travers son renouvellement constant. Cependant chaque microorganisme de cette colonie peut s'échapper, et les désordres juridiques qui en résultent méritent sans doute d'être étudiés. A la vérité, ces universalités de microorganismes appropriés font la substance d'une partie du droit médico-pharmaceutique, d'un secteur du droit des fraudes, d'une certaine fraction de l'industrie chimique. Elles sont sous-jacentes à une grande part du droit agricole. Car le droit des maladies du bétail, comme celui du développement de l'humus, se rattache à l'appropriation de ces microorganismes. [...] Il appartiendra donc au juriste, envisageant les colonies de ces microorganismes appropriés, de construire le droit à peine ébauché de leur appropriation, et de se demander si la responsabilité que l'article 1385 attache à l'animal échappé ne leur est pas applicable[1]. »

L'illustre professeur, raisonnant en termes de microorganismes *appropriés*, n'avait vu qu'une partie de la question, celle qui concerne les organismes qui, volontairement cultivés, s'échappent à l'extérieur et causent un dommage : c'est le modèle du troupeau d'animaux domestiques. Mais il n'avait pas pensé aux agents pathogènes sauvages, inappropriés, qui peuvent infecter de manière sournoise un produit vivant normalement sans danger, ce qui est le cas des produits sanguins pénétrés par le virus du sida. La référence à l'animal

1. R. Savatier, *Métamorphoses économiques et sociales du droit privé aujourd'hui*, Dalloz, 3e série, 1959, p. 122 et suiv. Art. 1385 : « Le propriétaire d'un animal, ou celui qui s'en sert, pendant qu'il est à son usage, est responsable du dommage que l'animal a causé, soit que l'animal fût sous sa garde, soit qu'il fût égaré. »

domestique devient alors inexacte ; il s'agirait plutôt d'animaux sauvages qui s'échappent du terrain sur lequel ils nichent. Les propriétaires de parcelles de bois peuvent ainsi être déclarés responsables des dégâts causés par les animaux qui en sortent et ravagent des cultures. Le virus caché dans le sang se conduit de la même manière. Ce n'est pas ainsi que raisonnera le juge confronté à la syphilis puis au sida, mais l'idée était si jolie qu'elle valait bien un coup de chapeau.

Entre 1980 et 1985, sept à huit mille personnes seront contaminées par un virus mortel jusque-là inconnu. La pénétration du virus VIH dans la transfusion sanguine va être à tous égards un modèle parfait de la modernité. Elle articule un fait naturel – l'existence du virus dans son bassin d'origine –, un changement culturel dans les pratiques sexuelles, un système industriel qui participe à la diffusion de l'épidémie et un traitement social où le droit est (sur)investi de toute la charge de réparation du tissu social déchiré.

Côté phénomène naturel, le sida avait tout pour être grave : il s'agissait d'un agent pathogène inconnu transmissible (le virus d'immunodéficience humaine, VIH), responsable d'une maladie elle-même inconnue qui provoquait l'effondrement des barrières immunitaires. Première ruse : la maladie nouvelle se cachait derrière des pathologies connues. On découvrit assez vite que l'agent appartenait à la classe des rétrovirus humains, dont on ne connaissait qu'un seul représentant : le HTLV-1. L'appartenance des deux agents à la même classe contribua elle aussi au brouillage des pistes, car le HTLV-1 proposait un modèle de fonctionnement rassurant (un malade pour 1 000 à 2 000 contaminés). On regarda donc monter le nombre de contaminations sans angoisse excessive. Enfin, le temps d'incubation du sida est très long, ce qui permet au virus de pénétrer largement la population avant que l'on ne se doute de quoi que ce soit.

Côté système de production, la situation n'était pas plus favorable. Dans de nombreux pays, la collecte, réalisée à la hussarde, fournissait une matière première de qualité médiocre, aussi bien dans le secteur public, parce qu'on avait le bon droit, la solidarité, la générosité avec soi, que dans le secteur privé, parce qu'il était rentable de prélever les plus pauvres et les populations marginales. La syphilis était finie, et l'on avait eu le temps de s'habituer aux hépatites, passées par pertes et profits. On n'hésitait pas devant les échanges internationaux de plasmas, tant pis si l'on importait en même temps des virus ; on poolait de plus en plus les produits, mélangeant le sang de milliers de donneurs, tant pis pour les contaminations devenues automatiques. Les procédés de décontamination, qui ont fait beaucoup de progrès depuis, étaient presque inexistants à l'époque et n'intéressaient pas grand monde.

Le recours au droit sera lui-même exemplaire. Ce sera d'abord le recours aux tribunaux pour faire reconnaître les responsabilités civiles, pénales, administratives. Autrement dit, la responsabilité des personnes morales (les centres de transfusion en tant que fabricants, l'État en tant qu'auteur de la réglementation) et la responsabilité des personnes physiques (industriels et hauts fonctionnaires). Cet appel aux tribunaux sera massif, environ mille cinq cents décisions de justice [1]. Mais la réparation sociale effectuée par le droit ne s'arrêtera pas à ce travail considérable de la jurisprudence. La contamination sera à l'origine de deux lois : la première, en 1991, a permis la mise en place d'un fonds d'indemnisation, tardif mais efficace ; la seconde, en 1993, fut une libre transcription de la directive européenne et une tentative pour éviter le retour du drame. Enfin, la mise en cause de trois ministres conduisit directement à une réforme constitutionnelle : la Haute Cour de justice, institution qui paraissait presque anecdotique, fut remplacée par la Cour de la République, qui pourrait l'être moins.

Pour les transfuseurs, le sida sera donc l'occasion d'une rencontre violente avec le monde complexe du droit, qu'ils réduisaient à une pyramide réglementaire qui leur appartenait : ils avaient leur loi, quelques décrets, de nombreux arrêtés et circulaires rédigés à la suite d'un consensus de la profession. Ce vaste ensemble de textes, réunis par la profession au sein d'un recueil intitulé *Lex sanguinis*, comprenait des obligations appliquées de manière stricte, tandis que d'autres étaient librement interprétées par chaque directeur de centre, voire inappliquées. La circulaire de 1983 conseillant la sélection clinique des donneurs au regard de leur vie privée fut ainsi très inégalement suivie, alors qu'elle aurait considérablement limité la pénétration du virus.

Pour eux, le droit s'arrêtait à ces normes, et il ne leur était pas venu à l'esprit que des victimes puissent réclamer à un juge l'application du droit commun de la responsabilité. Le milieu transfusionnel était à lui-même son propre législateur et son propre juge, et rien ne devait transparaître à l'extérieur : en 1976, quand René Tzanck, alors directeur du centre de la Pitié, fera connaître par les médias l'existence de lots défectueux d'albumine produits par le CNTS, il sera sévèrement tancé par le Pr Soulier, qui ne contesta pas la malfaçon, mais s'indigna qu'un événement qui aurait dû être réglé entre les membres de la tribu fût porté sur la place publique.

Lorsque l'énorme machine juridique se mettra en route, prescripteurs, chirurgiens, transfuseurs resteront dans une stupeur et une incompréhension qu'ils n'ont pas encore dépassées aujourd'hui. Comme tous les médecins, ils étaient persuadés n'être tenus que d'une obligation dite « de moyens », qu'ils définissaient à leur manière. La construction juridique qui fut élaborée n'eut rien à voir avec cette croyance. Nous allons en retracer la logique, le lent cheminement. L'entreprise est de taille car il faudra regarder la réalité dans son ensemble et pas seulement l'unique fragment tragique du procès pénal qui fut mis en lumière par les médias. Nous allons nous donner le temps de remonter à l'époque de la syphilis ; condamnés dans les années cinquante en des termes clairs, proches de ceux qui furent utilisés pour le sida, les centres de transfusion auraient dû retenir la leçon. Quarante ans plus tard, les victimes et le public étaient devenus plus exigeants, tant à l'égard des médecins qu'à l'égard de l'État : attitude passionnelle et conjoncturelle ou étape marquante de la contes-

1. Cette estimation m'a été proposée par un éditeur juridique, mais ce n'est qu'une estimation.

tation du système technique au moyen du droit ? Il faut noter que l'on n'est plus seulement dans le cadre d'une demande de réparation des dommages, mais dans la revendication d'un contrôle juridictionnel de l'activité réglementaire des autorités de l'État, ce qui constitue un changement majeur. Les réponses qu'il conviendrait d'apporter à ces questions relèvent aujourd'hui du prophétisme ; j'essaierai néanmoins de mettre bout à bout les observations éparses.

LA LEÇON OUBLIÉE DE LA SYPHILIS

Dès l'origine de la transfusion, on transmit la syphilis. Elle ne fait plus peur à personne aujourd'hui, et l'on a oublié cette maladie qui fut si proche du sida : la transmission galopante, le temps d'incubation, les souffrances abominables, les atteintes neurologiques, la contamination mère-enfant, la mort au bout du chemin… Personne ne se plaignit, ou du moins les recueils de jurisprudence n'en gardent pas de traces, mais il convient d'être prudent avec cette affirmation. Les annales médicales rapportaient de nombreuses contaminations qui servaient aux transfuseurs à s'entendre sur la manière de limiter le nombre des accidents en alliant réactions de Wassermann, examens cliniques, entretiens. On constate, dès avant la guerre, que les œuvres transfusionnelles contractent des assurances en faveur des receveurs ; cela laisserait à penser qu'il y eut des conflits probablement résolus à l'amiable. Curieusement, la première instance date de 1940, quand on guérit la maladie. L'histoire de ces premiers conflits est instructive car elle montre une forte résistance du milieu médical au travail des juridictions. Alors que le juge, par ses condamnations, incite à la réalisation d'un test et probablement d'un examen clinique par prélèvement, les transfuseurs attendront 1956 pour rendre le test systématique et obligatoire.

La doctrine, représentée en l'occurrence par l'éternel Jean Lachèze, n'avait pas su anticiper la réaction des tribunaux. Lachèze avait fait porter l'essentiel de la responsabilité sur le donneur, et non sur celui qu'il appelait le « chirurgien », c'est-à-dire le transfuseur. Sa construction mérite le détour.

Lachèze retient que le transfuseur professionnel des années vingt est tenu à *trois obligations qui sont propres à son métier* : le groupage, l'utilisation de méthodes valides et le repérage des maladies transmissibles.

Le groupage systématique sera tardif, mais les accidents moins nombreux qu'on ne pourrait le penser : l'erreur de groupe n'est pas toujours mortelle et les médecins avaient la prudence de sélectionner un maximum de donneurs universels[1].

1. Que penser aujourd'hui de la querelle de l'immutabilité des groupes sanguins ? En 1933, une partie du corps médical croyait encore que l'on pouvait changer de groupe au cours de son existence ; cf. A. Herr, in *L'Étoile médicale*, juin-juillet 1933. L. Kornprobst, spécialiste de responsabilité médicale, conclut prudemment que, tant que la querelle n'est pas vidée, il convient de vérifier le groupe au lit du malade, même si on croit connaître son groupe ; cf. L. Kornprobst, *La Responsabilité médicale*, Paris, Baillère, 1946, p. 240.

L'obligation d'utiliser des méthodes valides renvoyait à un consensus technique moyen plutôt qu'au dernier état de la technique. Le juge aurait probablement condamné un médecin utilisant le sang d'animal désormais dépassé, mais aussi celui qui aurait expérimenté sans nécessité absolue. Le transfuseur se devait également d'avoir des appareils adéquats.

La vraie difficulté concernait déjà la transmission des maladies, en particulier le paludisme, la tuberculose et surtout la syphilis [1]. Lachèze affirme l'obligation faite au médecin de pratiquer une réaction de Wassermann et un examen clinique, mais il ne prend pas parti sur le point controversé qui sera soumis aux tribunaux vingt ans plus tard : *à quelle fréquence ces tests et examens doivent-ils être répétés ?* Il contourne le problème en portant l'attention sur le recrutement de l'équipe de donneurs professionnels. Tout reposait sur la qualité du lien personnel entre le médecin et ses donneurs ; le médecin devait tout connaître de leur vie privée et exclure celui qui avait, même dans sa famille éloignée, des personnes atteintes de maladies transmissibles. L'obligation du transfuseur ne portait donc pas tant sur l'acte de prélèvement que sur le recrutement et la surveillance de la vie des donneurs, exigence qui fut rapidement hors de proportion avec le développement de l'activité transfusionnelle.

En fait, Lachèze fait peser l'essentiel de la responsabilité sur le donneur. Il était encore imprégné d'un système individualiste, moral, où le responsable était celui qui avait le meilleur contrôle du risque créé. Nous avons aujourd'hui une vision plus collective et plus économique de la responsabilité ; ce n'est pas le donneur qui aura les moyens de réparer la victime mais les centres qui, par leur simple activité, créent le risque, et doivent s'assurer pour réparer les dommages. Le changement de paradigme est évident [2].

Lachèze avait opté pour la création d'un véritable *corps de donneurs professionnels rémunérés*, définis comme travailleurs en état d'offre permanente, souvent payés directement par le malade. Ils étaient dès lors responsables de la qualité du sang fourni, comme n'importe quels vendeurs, ce qui les rapproche de la responsabilité des nourrices syphilitiques [3]. La responsabilité du vendeur de sang lui paraît justifiée pour deux raisons. Tout d'abord, en ayant recours à un donneur rémunéré et professionnel, le malade et sa famille cherchent à s'entourer des garanties les plus sérieuses ; de plus, le donneur aura reçu une « instruction professionnelle » destinée à l'éclairer sur les « conséquences terribles » d'une transmission et à lui fournir tous les éléments scientifiques lui permettant de détecter les moindres signes cliniques, chez lui ou dans son entourage [4].

1. A. Tzanck et R. Liège, « Transmission des maladies infectieuses au cours de la transfusion sanguine », *Bulletin de la Société de médecine des hôpitaux de Paris*, nº 9, 9 mars 1934 ; P. Hervier, R. Le Brun, A. Lafitte, « Le Paludisme post-transfusionnel », même référence.

2. Certains systèmes contemporains mélangent les deux visions, telle la loi australienne qui oblige le donneur à signer une attestation selon laquelle il n'a pas de comportement à risques ; en cas de mensonge, il peut être puni d'un an de prison et/ou 5 000 dollars d'amende.

3. J. Lachèze, *La Transfusion du sang au point de vue juridique*, Toulouse, Imprimerie Saint-Michel, 1924, p. 173.

4. *Ibid.*, p. 196 et suiv.

A partir de là, Lachèze tire le fil de la « garantie de droit commun », et estime que le donneur professionnel doit au transfusé la garantie des vices cachés, même s'il les ignorait : sa mauvaise foi est présumée, et c'est à lui d'apporter la preuve qu'il n'était pas « atteint de cette tare avant l'opération ou que le malade était déjà contaminé antérieurement ». Il devra connaître toutes les maladies contagieuses qu'il est susceptible de transmettre, grâce à son instruction spéciale. Il est tenu à une « surveillance de tous les instants » ; « tout soupçon d'accident syphilitique chez un de ses parents le rendra inapte » ; « le donneur de sang, vivant avec une personne de sa famille atteinte de maladie contagieuse grave, devra abandonner la vie commune avec le malade, sous peine de commettre une faute... »

Pour Lachèze, la rigueur morale du professionnel coule de source, et l'on reste étonné de tant de naïveté. L'expérience de l'épidémie de sida aux États-Unis a révélé tout autre chose. Joseph Markowski, toxicomane prostitué de Los Angeles, inculpé de tentative de meurtre pour avoir vendu son sang à un centre de transfusion alors qu'il connaissait sa séropositivité, aurait simplement répondu à ses juges qu'il avait de gros besoins d'argent[1]...

Avant d'aborder l'histoire des premiers procès, faisons un constat qui n'est peut-être pas étrange : c'est au moment précis où les données scientifiques et techniques de base sont réunies, quand la transfusion commence à s'organiser et à se développer vraiment, que sont intentées les premières actions en justice. A. Tzanck va réagir à cette menace par une petite note, dont le titre est « La transfusion sanguine n'est pas sans danger[2] » : « Après avoir passé ma vie à défendre la transfusion contre ses détracteurs, c'est aujourd'hui à ses partisans trop zélés que je m'adresse au moment où, sous l'impulsion du ministère de la Santé, un effort est fait pour généraliser cette méthode. [...] Mais cette généralisation indispensable n'est pas sans contrepartie. Certes, les techniques modernes permettent de réaliser l'intervention facilement (trop facilement même, au point qu'un apprentissage minime est suffisant), mais ces commodités de technique ne sont pas en rapport avec les connaissances indispensables pour juger de l'opportunité de l'intervention, de ses indications et de ses contre-indications, de ses risques, de son urgence. » Puis il affirme son souci de mettre la transfusion sanguine « à l'abri des fluctuations de la mode » en rappelant qu'« il s'agit là d'une intervention qui présente des aléas ».

Le grand Tzanck ne vit donc pas sans angoisse la banalisation de la transfusion, pour laquelle il avait tant lutté. Il avait raison : on ne conduit pas une grande entreprise comme une expérience marginale. L'affaire du donneur 107 va lancer la transfusion dans le monde du droit, pour le meilleur et pour le pire.

1. P. Mandoux, « La transmission des MST et plus particulièrement du sida », in *Le Sida, un défi aux droits*, Bruxelles, Bruylant, 1991, p. 269.
2. *Bulletin de l'Académie de médecine*, n° 3, 1946.

1. La triste histoire du donneur 107 et l'obligation de moyens de la transfusion sanguine

Tout commence par un adultère soigneusement daté (entre le 5 et le 7 septembre 1942), entre la femme du donneur 107 et un amant syphilitique. Le donneur 107 est un professionnel, recruté par un grand centre dirigé par le Dr X., qui dira fièrement à l'audience avoir fourni six tonnes de sang en dix ans. Le donneur 107 donne très souvent son sang : deux receveurs qu'il a contaminés vont saisir les tribunaux, et l'on peut se demander combien de victimes il fit.

Les 18 septembre, 2 et 16 octobre 1942, il donne son sang pour Jean M., un malade atteint de septicémie. Le 12 octobre, le nº 107 subit une réaction de Wassermann qui ne révèle rien d'anormal. « Courant octobre », il apprend par sa femme qu'elle le trompe et qu'elle est contaminée. Il ne semble pas en tirer de conséquence particulière puisque le 19 novembre il donne son sang à Y., cette fois. Le 20 novembre, un nouveau test révèle qu'il est contaminé. On met Y. sous surveillance, mais Jean M. et probablement quelques autres sont abandonnés à leur sort.

Y. à la recherche du procès exemplaire[1]

Y. saura tout de suite qu'il a été effectivement contaminé, et quoique la syphilis n'échappe plus à la thérapeutique, il ne supporte pas cette idée. Avant d'accepter la transfusion, il avait fait part au Dr X. de son angoisse, ce qui montre que le risque transfusionnel n'était pas inconnu. X. lui donne toute assurance. Y. va donc non seulement intenter une action en responsabilité civile, mais encore faire en sorte que son action serve à d'autres, volonté que l'on retrouvera intacte chez certaines victimes du sida. Le tribunal lui donnera satisfaction en lui accordant 400 000 F de dommages-intérêts, mais il fondera sa décision sur une simple obligation de moyens : il estime que le Dr X. a commis une faute en transfusant le sang d'un donneur sans avoir pris les précautions nécessaires pour s'assurer qu'il n'était pas atteint de syphilis, et notamment sans avoir procédé à l'examen clinique qui, le 19 novembre, tout le monde en convient, eût révélé un chancre bien visible au pubis. Cette motivation laissait la charge de la preuve aux victimes.

Le médecin fit appel, et Y., qui aurait pu se contenter de reprendre l'argumentation du tribunal, décide de contre-attaquer. Car s'il pouvait quant à lui apporter la preuve de la faute, d'autres victimes se trouvaient dans des cir-

1. Cour d'appel (CA) de Paris, 25 avril 1945, *Gazette du Palais* (*Gaz. Pal.*), 1945-1 29 juin 1945, Jurisprudence, p. 209 ; *Semaine juridique*, II, 3161, note Rabut avec d'importants développements sur la valeur des usages professionnels et Dalloz, 1946, II, p. 190, note Tunc et des appréciations un peu naïves sur l'intérêt qu'il y a à obéir aux usages professionnels.

constances moins favorables. Aussi décide-t-il de soutenir que le centre de transfusion était en réalité tenu d'une obligation de résultat. Dans cette hypothèse, la victime n'a plus qu'à prouver le dommage, la faute étant présumée. L'avocat soutint donc que à la différence du « contrat médical ordinaire, qui comporte pour le médecin une obligation de moyens [...], le contrat de transfusion serait d'une nature spéciale et comporterait une obligation de résultat, c'est-à-dire une obligation de réussite par l'infusion d'un sang pur ».

La cour d'appel récusa l'argumentation. Une telle obligation de nature déterminée, dit-elle, ne pourrait être implicitement ajoutée au contrat médical que s'il était possible, en l'état de la science, d'être certain de la qualité du sang. Or l'existence d'une période d'incubation, pendant laquelle la personne est contaminante sans que l'on puisse savoir qu'elle est contaminée, rend la chose impossible.

La solution est donc apparemment plutôt favorable aux centres de transfusion, « protégés » par l'obligation de moyens. Pourtant, quand on y regarde de plus près, on réalise que la cour n'écarte de la qualification de faute que le vice indécelable en l'état de la technique ; en effet, la cour retient l'obligation de moyens parce qu'il existe une période dite « muette » pendant laquelle il est impossible de déceler le donneur contaminant. Si l'on poursuit *a contrario*, il y aurait faute dans tous les autres cas.

Et c'est probablement ce que l'on peut déduire du reste de l'arrêt. Le Dr X. soutenait qu'il s'était strictement conformé aux « usages de la profession » en faisant deux tests à cinq semaines d'intervalle, et qu'il avait même été de ceux qui avaient travaillé à renforcer la sécurité, pressant ses confrères de passer d'une fréquence trimestrielle à une fréquence mensuelle. A cela la cour répond qu'une partie du corps médical conseille des tests encore plus fréquents. Sans dire quelle fréquence elle juge nécessaire, elle précise qu'il « ne suffit pas qu'un acte soit conforme à un usage pour faire échapper celui qui l'accomplit à toute responsabilité ; que l'usage n'enlève pas aux tribunaux leur liberté d'appréciation ; que ceux-ci peuvent toujours refuser de le consacrer s'ils l'estiment contraire aux règles de la prudence ou insuffisant, comme c'est le cas en l'espèce actuelle ».

La solution est donc plus subtile qu'il n'y paraît. Certes, *l'obligation de moyens est retenue, mais elle est appréciée avec une grande sévérité, suggérant en fait de réaliser un test par don.* C'est de cette manière que le juge peut exercer une influence sur les techniques ; le commentateur de la *Gazette du Palais* fit d'ailleurs finement remarquer que, malgré ses affirmations répétées, le juge se livrait ainsi à une appréciation scientifique, ou du moins intervenait dans des débats entre scientifiques. Kornprobst, dans son ouvrage sur la responsabilité médicale, conclut : « Retenons la tendance de la jurisprudence à se montrer rigoureuse en matière de transfusion de sang, le critérium de la responsabilité devant être recherché dans une insuffisance de contrôle. Et c'est, à la réflexion, pleinement justifié, car le sang est une matière vivante et sa transmission artificielle est sans doute plus grosse de conséquences qu'on ne l'imagine. Nous écrivons les premières lignes seulement d'un chapitre nouveau de la responsabilité médicale qui comportera, sans doute, de nombreuses pages ; la chimie biologique n'en est qu'à ses débuts[1]. »

Le transfuseur va réagir autrement ; le 11 avril 1946, soit un an après l'arrêt, A. Tzanck va écrire un petit billet à la Société de médecine des hôpitaux de Paris[2] : « Dans ces conditions, toutes les précautions exigées ayant été prises, la condamnation du médecin est à la fois une injustice et un danger. Une injustice parce que la contamination peut être inévitable. Un danger parce que de telles condamnations risquent de restreindre la transfusion aux seuls cas désespérés, ce qui condamne une foule de malades qu'une transfusion pratiquée en temps voulu eût sauvés. C'est à vous et non aux juristes qu'il appartient de décider. Or, des décisions juridiques récentes, outrepassant l'avis des experts, ont condamné des transfuseurs qui s'étaient cependant soumis aux règles actuellement en vigueur. Les conséquences de pareilles condamnations peuvent être graves pour les malades eux-mêmes. »

Jean M., contaminé de la période muette

Jean M. semble avoir été transfusé avec le sang du donneur 107 le 3 et le 18 septembre, date retenue pour la contamination. Abandonné à son sort, il souffre de divers troubles à partir de la fin du mois de novembre, et fera diagnostiquer sa syphilis le 5 décembre 1942. On ne sait pas pourquoi il ne portera plainte pour coups et blessures que le 27 décembre 1945, choisissant la voie pénale. La réaction du tribunal correctionnel va se situer à l'opposé de celle de la cour d'appel, puisqu'il va se ranger entièrement aux conclusions des experts qui concluent que X. n'a commis aucune faute[3].

« Attendu que les donneurs de sang sont soigneusement recrutés parmi des volontaires appartenant à toutes les classes de la société ; qu'ils prêtent leur concours souvent à titre purement bénévole ou moyennant une faible rétribution, hors de proportions avec le service rendu.

« Attendu qu'au centre de la rue R., ils sont, toutes les quatre semaines, soumis à un examen sérologique pratiqué suivant les dernières méthodes de la science actuelle ; qu'en outre, lors de leur entrée en fonctions ils subissent un examen sérieux.

« Attendu que la question se pose de savoir si les visites sanitaires de sang à intervalles plus ou moins rapprochés devraient être rendues obligatoires, mais que la solution de ce problème échappe à la compétence des tribunaux ; que même s'il était résolu dans le sens de l'affirmative, il existera toujours en matière de maladies vénériennes, de l'avis des experts et en l'état actuel de la science, une période dite muette pendant laquelle entre deux examens, le sujet

1. L. Kornprobst, *La Responsabilité médicale*, p. 244.
2. *Bulletin de la Société de médecine des hôpitaux de Paris*, nº 87, 1946, p. 303.
3. Tribunal correctionnel de la Seine, 17e chambre, 18 décembre 1947, *Gaz. Pal.*, 1948 (1er sem.), Jurisprudence, p. 65.

qui offre son sang peut contaminer la personne transfusée, avant que n'apparaissent les symptômes du mal et alors que les analyses sérologiques restent encore négatives.

« Attendu que tel a été le cas du donneur de sang n° 107 ; contaminé par sa femme entre le 5 et le 7 septembre 1942, il a lui-même inoculé le mal à M. lors de la transfusion du 18 septembre 1942 ; qu'à cette date le donneur 107 n'avait aucune raison de se croire malade et que c'est lors de l'apparition des premiers signes de la maladie, dans le courant du mois d'octobre, qu'il a pu apprendre que sa femme l'avait trompé et avait été contaminée par un amant. »

Il est difficile de comparer les deux décisions. On est ici au pénal et non au civil. Le juge ne peut donc pas jouer sur la distinction des obligations de moyen et de résultat. D'autre part et surtout, la contamination a lieu pendant la période muette : même si le médecin avait fait le test et l'examen, il n'aurait rien décelé d'anormal. Il y a cependant une différence notable entre les deux décisions : le tribunal correctionnel refuse de rentrer dans la querelle de la fréquence des tests « dont la solution échappe aux tribunaux ». Ce sera la première et la dernière fois qu'un tribunal choisira cette motivation.

2. 1954 : la dette de sang sain, obligation de résultat

Cette affaire va durer quatorze ans. Transfusée d'urgence le 8 octobre 1940, Mme Lonvergne reçut le sang de Mlle V., donneuse attachée à l'hôpital Boucicaut, dont le dernier test Wassermann remontait au 18 juillet. Le jour du don, Mlle V. ne dit rien mais demanda que le prochain test, prévu pour le 18 octobre, soit avancé, ce qui laisse à penser qu'elle suspectait son état de santé. Effectivement le test fut positif, et Mme Lonvergne, mise en observation, apprendra rapidement sa contamination. Elle porta son affaire devant la justice ; le tribunal de la Seine statua le 22 janvier 1946 et reconnut la responsabilité de l'Œuvre de transfusion sanguine d'urgence et de son assureur. La cour d'appel de Paris confirmera la condamnation le 26 avril 1948, en reprenant le même raisonnement que celui qu'elle avait suivi dans l'affaire du donneur 107. Mais elle le précise pour ne pas s'exposer aux critiques de la doctrine qui l'avait accusée de s'immiscer dans les débats scientifiques.

« Sans qualité pour se prononcer sur la valeur scientifique de la technique mise en œuvre, la cour n'en doit pas moins rechercher [...] si l'application qu'en ont faite les dirigeants de l'Œuvre comporte à leur charge une faute quasi délictuelle. » Elle rappelle que, si les tests ne sont pas suffisants du fait de l'existence d'une période muette, ils sont « d'autant plus efficaces qu'ils sont plus rapprochés ». A l'Œuvre qui conclut qu'elle ne saurait être recherchée « pour s'être conformée à une coutume que les autorités spécialisées de tous pays tenaient pour suffisante à réduire au minimum les risques de transmission de la maladie », la cour répond en distinguant l'usage fondé sur la science, que le droit ne pourrait pas contester, de l'usage fondé sur l'habitude : « Mais considérant que, si répandu soit-il, l'usage d'une pratique pernicieuse ou défectueuse ne saurait excuser le médecin de l'avoir observé, à moins que la révélation de ces inconvénients soit due à une découverte de la science ; que tel n'était pas le cas en l'espèce, puisque les modifications apportées aux habitudes antérieures ne procèdent que des exemples de contamination survenus depuis, il appartenait à l'Œuvre de mesurer, sans attendre les leçons prévisibles de l'avenir, le degré de sécurité que présentait pour les malades la vérification trimestrielle de l'état sanitaire des donneurs. »

L'Œuvre fit ensuite valoir à sa décharge que la donneuse était probablement juste à la limite de la période muette, et que l'urgence imposée par l'état de Mme Lonvergne interdisait d'attendre les résultats du test. La Cour répondit que « la prudence commandait à l'Œuvre de transfusion sanguine soit de désigner un donneur dont le dernier contrôle ne remontait pas à une date aussi éloignée, soit de soumettre Mlle V. à un examen clinique, immédiatement praticable, qui n'aurait pas manqué, de l'avis des experts, de révéler la maladie ». L'Œuvre soutient encore que les donneurs, et particulièrement les donneuses, s'opposaient à l'examen clinique, jugé humiliant. Le juge répond que « l'objection ne repose que sur une protestation de principe, élevée en juillet 1944 par la Société de Secours mutuels des donneurs de sang contre la généralisation du procédé [...] ; qu'en la cause, rien ne permet de supposer que Mlle V. ou tout autre donneur auraient refusé de se prêter audit examen s'ils en avaient été sollicités ; que cela est d'autant moins vraisemblable [que la suite a prouvé] que l'application de ce contrôle supplémentaire [n'avait nui en aucune manière] au recrutement des donneurs ».

Une deuxième fois, la cour d'appel de Paris condamnait une œuvre transfusionnelle sur le fondement d'une obligation de moyens en développant une conception particulièrement sévère du comportement fautif, puisqu'elle élude en partie la question de la période muette. Sans changer le contenu de la solution, la Cour de cassation va la motiver différemment, retenant l'inexécution de la fourniture d'une prestation loyale à laquelle le centre de transfusion aurait été soumis. Par les motifs utilisés, elle retient en fait une véritable obligation de résultat. La révolution était faite.

Pour passer à l'obligation de résultat, la Cour de cassation va recourir à une fiction juridique pour faire bénéficier la victime du régime très protecteur de la responsabilité dite contractuelle. Alors qu'il n'existe aucun contrat entre le centre de transfusion et le malade, qui ne connaît que l'hôpital et le donneur (c'est l'époque du bras à bras), la Cour va établir l'existence d'un lien contractuel indirect, médiatisé, en utilisant le mécanisme de la stipulation pour autrui. Elle rappelle l'existence d'un « contrat entre l'Assistance publique et le centre de transfusion, pour procurer à la malade hospitalisée une donneuse de sang, pour l'exécution d'une prescription médicale ». Elle affirme ensuite que « cette convention est accompagnée d'une stipulation pour autrui, faite au nom de la dame X. qui, bien qu'étrangère au contrat originaire et n'y ayant point été représentée, devait bénéficier de l'engagement contracté à son profit ».

Dans le cadre de ce contrat imaginaire qui relie la victime au centre de transfusion, le juge sera libre d'« inventer » les obligations que le centre de transfusion est censé avoir assumées. Sans poser expressément le principe d'une obligation de résultat, la Cour fait valoir que le centre, débiteur de l'obligation, n'a ni prouvé, ni allégué que la « contravention à l'engagement litigieux dérivât d'une cause étrangère, telle que la force majeure, qui ne pût lui être imputée ». Elle admet ainsi indirectement que le centre n'a pas exécuté son engagement du seul fait de la contamination ; elle suffit à établir l'inexécution du contrat, sans qu'il soit désormais nécessaire de prouver un comportement fautif ; c'est la définition même de l'obligation de résultat. La Cour confirme ensuite ce raisonnement indirect : « Qu'en constatant, dans des circonstances exclusives de toute responsabilité d'ordre médical, le fait de l'inoculation à la dame X. d'un sang vicié, les juges du fond ont établi que le Centre de transfusion sanguine n'avait pas fourni la prestation loyale à laquelle la dame X. était en droit de prétendre, et fondé, sur la faute ainsi commise, le droit à réparation. »

La Cour découvre donc une obligation de fourniture loyale d'un sang non vicié, qui fait de toute contamination l'inexécution fautive d'un contrat de fourniture de sang, sauf à démontrer l'existence d'une cause étrangère ou d'un cas de force majeure ; elle va bien se garder d'indiquer ce qui pourrait constituer un cas de force majeure, n'évoquant pas la question du vice indécelable, qui ne sera résolue qu'en 1995. Elle reprend, ce faisant, les thèses de Y., contaminé par le donneur 107. Les commentateurs de cet arrêt furent deux illustres juristes, dont les points de vue diffèrent quelque peu, nul ne s'en étonnera, mais qui approuvent tous deux la solution de la Cour de cassation. Le commentaire de René Rodière, que l'on qualifierait aujourd'hui de spécialiste de droit économique, donne une vision économique de la responsabilité des centres de transfusion sanguine. René Savatier, idéaliste et humaniste, aboutit curieusement au même résultat, par une argumentation presque opposée.

Rodière le réaliste s'intéresse à l'actualité de la transfusion sanguine qui entre dans la phase industrielle. Récusant les « vocables mondains » et la « phraséologie sentimentale » qui lui paraissent obscurcir le discours sur la transfusion, il insiste sur l'existence d'un vrai contrat de vente de sang, cohérent avec l'organisation économique du secteur. Il approuve donc la Cour de cassation d'avoir écarté en la matière toute forme de responsabilité *médicale*, pour ne retenir que la responsabilité qui résulte de la fourniture d'un produit vicié[1].

Savatier l'idéaliste affirme aussi que « le sang humain destiné aux transfusions doit être un produit sain. Nous ne disons pas une marchandise. Car le sang humain n'est pas l'objet d'une vente. Il ne faut donc pas songer à lui appliquer les règles classiques de la vente sur la garantie des vices cachés. Mais le fait que cette greffe humaine n'est point objet de commerce, n'est pas, bien au contraire, une raison de diminuer la responsabilité de celui qui la prépare. La sécurité est due, bien plus impérieusement, en effet, aux personnes qu'aux choses. [...] le contrat de fourniture de sang de transfusion commande, de la part de celui qui le livre, un produit irréprochable. C'est une obligation de résul-

1. Cour de cassation (C. cass.), 17 décembre 1954, Dalloz, 1955, II, p. 270.

tat […], on présume donc la faute de celui qui ne l'a pas accomplie, à moins qu'il n'établisse un cas fortuit à sa décharge. »

Il exprime bien la dualité de régime juridique du sang retenue par les tribunaux : chose dont l'origine humaine conduit à une commercialité limitée, pour ce qui est de sa nature juridique au regard de l'échange, produit relevant du droit commun de la responsabilité en cas de dommage[1].

L'affaire de la dame Lonvergne ne s'arrêtait pas là. Outre les tribunaux de l'ordre judiciaire qu'elle avait saisis pour attaquer le centre de transfusion sanguine, structure privée, elle avait fait appel aux juridictions administratives pour mettre en cause l'hôpital Boucicaut. Le Conseil d'État, avec les raisonnements qui lui sont propres, confirma la sévérité de la Cour de cassation[2] : « Que les améliorations apportées dès après 1940 au contrôle sanitaire des donneurs d'urgence, améliorations non imputables à des découvertes scientifiques nouvelles, font apparaître les sérieuses insuffisances des garanties dont s'est satisfaite, en l'espèce, l'administration hospitalière ; que la mise à la disposition du médecin praticien d'une donneuse d'urgence, dans ces conditions, alors que toutes les précautions auxquelles il était possible de recourir, en l'état de la connaissance médicale, pour éviter l'inoculation à la dame Lonvergne d'un sang contaminé n'avaient pas été prises, constitue une faute dans l'organisation et le fonctionnement du service hospitalier. »

3. L'obligation de sécurité à l'égard des donneurs

Les donneurs, aussi, payaient leur tribut. Passons sous silence les longues années pendant lesquelles le prélèvement fut une véritable opération qui exigeait de dénuder la veine du donneur, avec tous les risques que cela comportait : gangrènes, atrophies, paralysies, amputations. Mais un entrefilet repéré au Dalloz fait froid dans le dos : « S'est rendu coupable d'homicide involontaire, le médecin, spécialiste de la transfusion sanguine, qui méconnaît les dispositions de l'arrêté ministériel du 28 mai 1956 en prélevant sur un donneur professionnel plus fréquemment que ce texte ne l'autorise et sans qu'une circonstance exceptionnelle ne justifie cette dérogation, une quantité de sang très supérieure à la soustraction maxima impérativement fixée à 400 g, prélèvement ayant entraîné le décès du donneur[3]. » Cette décision date de 1966, ce qui n'est pas si vieux. Les faits devaient être un peu antérieurs : ils montrent dans toute sa crudité la fragilité des « rémunérés ».

En fait, il n'y eut guère de conflits entre les médecins et les juristes sur l'obligation de sécurité dont il convient de faire bénéficier le donneur sans qui rien

1. Cette dualité semble gêner J.-P. Baud, *L'Affaire de la main volée. Une histoire juridique du corps*, Éd. du Seuil, 1993, p. 190 et suiv.

2. Conseil d'État, 16 novembre 1955, *Recueil Lebon*, 1955, p. 546.

3. Dalloz, 1967, Sommaires, p. 123.

ne pourrait avoir lieu[1] : « Les rapports existant entre le centre et le donneur ne sont pas, en effet, ceux d'un contrat médical ordinaire : il ne s'agit pas d'assurer des soins à un malade, mais d'opérer un prélèvement dont la condition essentielle est précisément la bonne santé du donneur ; celui-ci, qui agit de façon désintéressée et dans un but totalement altruiste, est en droit de voir sa sécurité parfaitement garantie, tant à l'occasion du prélèvement lui-même que dans ses suites. » C'est ici la spécificité de la chaîne du sang et du don initial qui fondent l'obligation de sécurité. Pratiquée spontanément bien avant la Seconde Guerre mondiale, l'assurance des donneurs avait été rendue obligatoire par une loi en 1961.

D'une victime, l'autre

Ces premiers procès m'ont frappée. On y trouve déjà un grand nombre des arguments et des solutions juridiques qui seront repris par les parties et par les magistrats. Je suis habituée aux rythmes longs de la pensée juridique, et cela ne m'a pas vraiment surprise. Mais on ne peut se garder d'un sentiment d'échec : l'effort des victimes pour produire un procès exemplaire n'a pas porté ses fruits. Le corps médical a conclu à l'injustice et s'est refermé dangereusement sur l'acquisition d'une nouvelle sécurité par la généralisation des tests de dépistage, et l'oubli de sa responsabilité civile. Il l'a durement payé lors du drame du sida. Gardant l'habitude mentale d'un taux « normal » de contaminations, raisonnant en grandes masses plutôt qu'en individus, les transfuseurs virent monter le nombre de personnes contaminées sans avoir le sentiment de la catastrophe.

1. 14 avril 1977, Dalloz, 1978, I.R., p. 36.

UNE MALADIE SI CRUELLE

A rebours

A la fin des années soixante-dix, les humains ignorent ce qui va les frapper ; pourtant le virus est déjà là, l'épidémie commence à pénétrer la transfusion sanguine. Une maladie de plus ? Pas seulement ; le juge la qualifiera de « spécifique ». Spécifique parce qu'elle heurte de front notre vieux rêve d'éradication – il y aura toujours d'autres maladies. En peu d'années, le sida va déployer sa grande ombre, révéler sa double nature physiologique et symbolique, fléau qui nous entraîne au rebours du temps : innocence de la libération des mœurs, constance de l'augmentation de l'espérance de vie, caractère acquis des progrès de la médecine, tout cela nous fuit. On sait désormais que le temps du progrès n'est pas forcément linéaire. C'est en tout cas ainsi, me semble-t-il, que le droit verra la « spécificité cruelle » du sida. Car le juge va devoir dire ce qu'est le sida, à sa manière qui n'est ni celle du médecin, ni celle de l'écrivain, ni celle du moraliste, mais celle de l'exercice imposé par le procès en responsabilité : il lui faudra définir ce que sont le sida et la séropositivité, en tant que « préjudices juridiquement réparables ».

C'est sans doute M. Aldebert, président de la deuxième chambre B de la cour d'appel de Paris, qui exprimera le mieux le sentiment commun, quand il distinguera nettement le sida des autres atteintes au corps humain qui peuvent pourtant être aussi terrifiantes, si l'on pense aux tétraplégiques et aux états végétatifs chroniques de la civilisation automobile[1] : « *L'état de santé de Mme Courtellemont ne peut être assimilé totalement à celui des blessés graves dont cette chambre de la cour a, habituellement, la charge d'indemnisation*. Si Mme Courtellemont a actuellement l'apparence d'une personne jouissant d'une santé normale, elle est néanmoins entrée dans la phase de la maladie. [...] Certes, bien que les connaissances médicales évoluent de manière remarquable, il faut admettre que la médecine ne dispose, aujourd'hui, d'aucun moyen de traitement efficace de la maladie, et on ne connaît aucune guérison du sida. La maladie évolue, du stade de la séropositivité asymptotique vers le stade II, puis IV, *elle est inéluctablement liée à une mort annoncée*. Aussi les impacts sociaux

1. CA de Paris, Franky Frans contre Émilienne Courtellemont, 7 juillet 1989, *Gaz. Pal.*, 1989, II, p. 752.

et psychologiques du *sida, apparu brutalement dans notre temps*, frappent profondément la *conscience collective*. Celle-ci se trouve confrontée à un phénomène qui suscite des réactions aussi *irrationnelles* que celles dictées par la *peur*, à tel point que les malades sont marginalisés ou *exclus* de la vie sociale, professionnelle, voire familiale. Mme Courtellemont est encore victime, plusieurs années après les faits, de cette exclusion émanant de sa propre famille. Par ailleurs, l'atteinte par ce mal provoque des sentiments d'injustice, de lassitude ou de frustration ; il est souvent à l'origine de psychoses profondes liées à l'angoisse, à la dépression ou au désespoir, [...] que provoque à juste titre chez la malade la prise de conscience de son atteinte par le sida dont elle n'ignore pas les conséquences. Toutes ces souffrances, physiques et morales, dues aux contraintes médicales, aux réactions sociales, à l'incertitude et au risque d'aggravation ainsi qu'aux perturbations de la vie affective, conjugale et familiale doivent être prises en compte par la cour dans l'appréciation de la réparation du dommage. Le préjudice est certain, personnel et actuel. *Sa spécificité cruelle et son exceptionnelle gravité justifient une indemnité exceptionnelle*. »

Lorsque la Cour européenne des droits de l'homme condamnera la France pour violation du « droit à un procès équitable », elle ne fera rien d'autre que de marquer la spécificité du sida sur le terrain de la durée de la procédure. Considérant que le tribunal administratif de Paris avait mis vingt et un mois à statuer pour apprécier la responsabilité de l'État, elle stigmatisa ce délai qui n'excédait pourtant pas la durée moyenne d'une procédure de ce type : « eu égard au mal incurable qui minait [le demandeur] et à son espérance de vie réduite », le tribunal aurait dû faire preuve d'une « diligence exceptionnelle » et utiliser en tant que de besoin ses pouvoirs d'injonction pour accélérer la marche normale de la procédure.

Les victimes et l'invention du droit

Retenons de l'arrêt rendu par le président Aldebert le point le plus important : le sida atteint non seulement les individus mais aussi la conscience collective. Les centaines de procès qui seront engagés pour assurer le traitement juridique de la contamination le seront pour les individus et pour la collectivité. L'héritage de Y. avait été recueilli.

Croire qu'il eût été plus expédient de mettre en place un système d'indemnisation automatique, dès les débuts de la prise de conscience de l'ampleur de la contamination, serait une erreur. L'indemnisation automatique permet de satisfaire ceux qui ne poursuivent dans le procès qu'une finalité financière immédiate et nue. Mais certaines victimes utilisent le procès comme instrument d'action politique et sociale ; je voudrais montrer comment les juridictions civiles et administratives répondent à cette sollicitation dans le cadre étroit du contentieux de la responsabilité. Reconnaître que les centres de transfusion doivent réparation aux victimes parce qu'ils ont commis une faute en manquant à certains comportements de précaution, ou au contraire les obliger à réparation parce qu'ils font courir un risque constitue un indicateur de la vie en société. Condamner l'État en tant que personne morale parce qu'il n'a pas utilisé au bon moment le pouvoir normatif qui est le sien constitue un autre indicateur.

Mais je voudrais aussi donner les solutions des juges dans leur complexité, en dehors des simplifications d'usage. Existe-t-il des jurisprudences contradictoires ? je veux alors montrer ces contradictions comme un élément de la *démocratie judiciaire* et non comme un scandale de la raison. Des arrêts rendus en sens contraire sont irritants, voire injustes pour le plaideur, mais ils constituent la divulgation de deux thèses possibles qui seront ainsi dûment motivées. Ces deux thèses pourront vivre, évoluer, être rationalisées dans l'ordre juridique, avant que la cour suprême ne vienne, pour un temps, clore le débat. Si, pour le juge, la « bonne décision » résulte du principe du contradictoire, il ne serait pas absurde que la « bonne jurisprudence » pût résulter de l'existence d'arrêts contradictoires.

Je voudrais montrer le travail des juges confrontés à un problème nouveau : dans certains cas, ils vont tordre les catégories, assouplir les règles ; dans d'autres cas, les catégories vont résister.

Je voudrais encore montrer le rôle des victimes dans la construction juridique qui peut s'élaborer autour d'une telle affaire. S'il n'y a personne pour prendre conscience de la contamination, la refuser comme fatalité et la revendiquer comme dommage juridiquement réparable, se rendre chez un avocat, le convaincre de la manière dont on doit lui rendre raison – une indemnité ou une peine de prison –, il n'y aura pas de droit.

Le premier acte entre la victime et son avocat se joue sur les grandes lignes de la stratégie : que veut-on ? à qui va-t-on le demander ? devant quel tribunal ?

Contaminé par une structure privée, on allait devant les tribunaux de l'ordre judiciaire. La tâche des victimes y fut généralement facile car, sauf exception, le juge refusa de considérer qu'il se situait dans le cadre de la responsabilité médicale qui imposait la preuve d'une faute : il suivit la logique de la fourniture d'un produit, comme aux temps de la syphilis. Dans cette hypothèse, la jurisprudence sur l'obligation de résultat est bien rodée – hormis la difficile question du risque de développement.

Les choses n'étaient pas aussi évidentes pour les victimes contaminées dans le cadre d'une structure publique. Certains hémophiles eurent alors une idée étrange. Au lieu d'attaquer un centre de transfusion, ils se retournèrent contre l'État lui-même, lui demandant des comptes sur son activité normative : pourquoi n'avoir pas utilisé à temps son pouvoir réglementaire pour retirer du marché certains produits que l'on suspectait de transmettre un virus que l'on croyait mortel pour 10 % des personnes contaminées ? Le Conseil d'État posera clairement le principe de la responsabilité de l'État dans la conduite d'une telle épidémie.

Que de fils enchevêtrés ! Avant de dénouer l'écheveau, il faut s'atteler à la chronologie. Elle sera presque inutile pour les décisions de l'ordre judiciaire, fondamentale pour celles de l'ordre administratif et pour le procès pénal. Malgré les apparences, en effet, on n'y juge pas la même chose.

1. Chronologie, mort et précaution

Fallait-il une chronologie de la contamination pour éclairer l'analyse juridique ? Oui et non.

Non si l'on s'en tient au droit de la responsabilité dans l'ordre civil et administratif. Les deux juridictions suprêmes ayant finalement retenu que les centres de transfusion sont tenus de réparer les dommages qu'ils causent, en l'absence de faute, même lorsqu'il s'agit d'un vice indécelable, les centres sont responsables depuis la toute première contamination ; il n'est pas nécessaire de comprendre, inutile de se pencher sur les dates puisque l'on ne s'intéresse pas aux fautes qui ont pu être commises.

Il n'en va pas de même lorsque le Conseil d'État juge la responsabilité de l'État pour son activité réglementaire : la haute assemblée se détermine sur le fondement de la faute. La question est alors de savoir à partir de quelle date l'État avait suffisamment d'éléments en main pour agir. De la même manière, les juridictions pénales vont examiner jour par jour les comportements des inculpés durant la période de prévention. Ici encore, les questions de date sont fondamentales. C'est le degré de connaissance qui, articulé au pouvoir dont chacun dispose, constitue la mesure de l'infraction.

Dans le premier cas, le droit réalise l'affectation de la charge des risques. Dans le second cas, il pose les premiers jalons d'une théorie de la décision dans un univers scientifique incertain. Le propos n'est pas le même[1].

1. La chronologie ne concerne que les faits qui ont été traités par les décisions de justice, ce qui les limite à la question des hémophiles. Ils laissent de côté la plus grande partie des faits nécessaires pour juger les ministres, les membres des cabinets, ou encore l'administration pénitentiaire. Les sources principales sont A.-M. Casteret (AMC), médecin journaliste qui fit éclater l'affaire, *L'Affaire du sang*, La Découverte, 1992 ; J.-P. Soulier (JPS), ancien directeur du CNTS, *Transfusion et sida, le droit à la vérité*, Paris, Frison-Roche, 1992 ; E.-L. Henry (ELH), hémophile contaminé qui joua un rôle moteur dans la prise en compte des plaintes pour empoisonnement, *De l'hémophilie en général et du crime en particulier*, Paris, Pré aux clercs, 1992 ; M. Lucas, inspecteur de l'IGAS, dont le travail fut le principal guide des tribunaux dans l'exposé des faits, *Transfusion sanguine et sida en 1985*, Inspection des affaires sociales, septembre 1991 ; E. Koch (EK), journaliste allemand qui travailla sur la chronologie américaine et allemande, *Sang rouge, sang noir, chronique d'un scandale médical*, Frison-Roche, 1992 ; J.-P. Allain (JPA), qui était à l'époque des faits responsable du secteur des facteurs antihémophiliques, *Le Sida des hémophiles, mon témoignage*, Paris, Frison-Roche, 1993 ; L. Montagnier, codécouvreur du virus du sida ; enfin, un certain nombre d'articles scientifiques et de conversations personnelles.

1. Les années cinquante

1953

Je trouve par hasard un article sur les risques associés aux premiers produits sanguins dits « poolés » (Schweizische mediz-Wissenschaft, mai 1953). Pour gagner en efficacité thérapeutique, on commence par mélanger le sang de plusieurs donneurs puis on isole dans ce mélange le produit précis dont on a besoin. Les auteurs soulignent que cette technique multiplie les risques de transmission des maladies. Un donneur suffit à contaminer l'ensemble du lot. *Le poolage fut le nœud du drame des hémophiles. Il n'est pas remis en cause aujourd'hui, au prochain agent pathogène résistant aux techniques d'inactivation, le drame recommencerait.*

1955

Invention du facteur VIII cryocongelé par le Dr Rémigy, de Nancy. C'est un progrès par rapport au sang total, mais le produit se stocke à – 30 °C, est encombrant et d'utilisation difficile. *Fabriqué à partir de 2 à 5 donneurs, c'est le produit le plus sûr en cas d'épidémie.* Il fut transformé quelques années plus tard en cryoprécipité lyophilisé, fabriqué à partir du sang d'une trentaine de donneurs. Stocké à 4 °C dans le réfrigérateur, il est plus commode et permet déjà les auto-injections à domicile. Le risque est un peu plus élevé tout en restant faible. Certains pays, comme la Belgique, ont utilisé ces produits pour des raisons économiques, car ils sont peu coûteux. Le taux de contamination des hémophiles fut alors très faible.

2. Les années soixante-dix

On commence l'autotraitement et le traitement prophylactique des hémophiles (Los Angeles). L'*autotraitement* a pour objectif de libérer le malade de l'intervention médicale. Il enlève tout intérêt au cryocongelé, qui nécessite l'intervention d'un professionnel. Le *traitement prophylactique* a pour but de rétablir par des injections régulières un taux de coagulation normal. Il implique le recours aux produits très concentrés poolés, parfois plusieurs fois par semaine. Le malade est alors en « contact » avec un nombre immense de donneurs en une année. Dès qu'un agent pathogène se répand, il est sûr de le rencontrer.

Cette thérapeutique implique une disponibilité massive de produits. Les fabricants affrontent trois contraintes : obtenir suffisamment de matière première à fractionner, ce qui est difficile dans un système bénévole ; améliorer le rendement plasma/facteur VIII, très bas à l'origine (17 %) ; améliorer la pureté du produit, c'est-à-dire obtenir du facteur VIII et rien d'autre, les autres protéines du sang pouvant donner des réactions défavorables. C'est sur la pureté que porte l'essentiel de la concurrence, donc des recherches, car c'est elle qui détermine l'acheteur. *L'inactivation virale n'intéresse à ce moment ni les entreprises privées ni le secteur public.* Ce n'est qu'après la contamination massive par le virus du sida que l'inactivation devint la quatrième contrainte.

1975

ELH signale le précédent des produits antihémophiliques dits « pyrogènes », qui, à la suite d'un défaut de fabrication, donnaient des réactions fébriles. Ils furent néanmoins écoulés dans l'internat de la Queue-les-Yvelines, où étaient pensionnaires des enfants hémophiles. C'est le Dr Allain, futur conseiller scientifique du Dr Garretta, qui aurait pris cette décision (ELH, p. 70).

Début de la construction des Ulis, matrice du futur CNTS. Les autorités françaises font une *première erreur industrielle*, car l'unité est conçue comme un laboratoire d'analyse et de recherche, et non comme le grand centre de fractionnement dont on avait besoin.

1977

Rétrospectivement, date à laquelle on estime que le virus du sida commence à contaminer les banques de sang américaines.

3. Les années quatre-vingt

La décennie tragique commence par la recommandation R (80) 5 du Conseil de l'Europe sur la taille des lots de facteur VIII (de 2 000 à 5 000 donneurs par lot). La contamination généralisée des hémophiles par les hépatites, déjà connue, y est analysée comme le signal d'un danger potentiel bien plus large.

3 mai 1980 : de manière également symbolique, c'est au même moment que le Congrès de l'Association française des hémophiles (AFH) demande la fabrication en France des fameux concentrés, afin d'échapper aux aléas des importations. On sait que l'on s'engage dans une aventure onéreuse et difficile, mais la demande des hémophiles rejoint l'ambition industrielle de certains membres de la transfusion et des pouvoirs publics. On décide de reconvertir le site des Ulis.

1981

1981 est l'année de l'alerte ; des épidémiologistes, rapidement soutenus par quelques virologues, vont suspecter une maladie transmissible nouvelle causée par un ou plusieurs virus inconnus. Le reste du corps médical penche plutôt pour un syndrome dont la nouveauté serait liée aux modes de vie, non à un agent pathogène ; il serait donc limité aux « groupes à risques ». C'est le début de la rupture entre pessimistes, qui proposent des stratégies d'attente dans l'optique d'une attitude de précaution, et optimistes, qui veulent des preuves scientifiques avant d'agir.

Le premier produit chauffé est mis sur le marché par Behringwerke, afin de lutter contre l'hépatite. Il n'a pas de succès : il est plus cher que les autres en raison des pertes de rendement liées au chauffage, et ce n'est pas le plus pur. Aussi intéresse-t-il peu les prescripteurs. Les entreprises concurrentes, conscientes de leur retard en matière d'inactivation, ne retiennent pas la possibilité jugée trop onéreuse de se faire concéder la licence du brevet de Behring. Elles entament leurs propres recherches sans entrain car tout le monde sait que ces produits, plus onéreux, n'ont une part de marché que si la sécurité virale vient à être prise en compte par les prescripteurs.

En juin, le CDC (Center of Disease Control) d'Atlanta met en relation divers cas étranges observés à Los Angeles sur des homosexuels et les relie un mois plus tard à d'autres observations, datant de 1979, également chez des homosexuels. Quelques chercheurs français s'intéressent aux premiers cas de sida, particulièrement les Drs Rozenbaum et Leibowich. Ces initiatives très marginales seront, un an plus tard, à l'origine de la mise en place du premier groupe d'étude sur le sida.

Le Conseil de l'Europe, dans sa recommandation R (81) 14, rappelle que le transfert international de sang et de composants est source de dangers pour les receveurs. Le pays d'origine des préparations et l'identité des donneurs devraient être disponibles, ce qui n'est pas le cas.

En Allemagne, c'est le début de l'instruction engagée devant le Conseil de la concurrence contre les prix pratiqués par les fabricants de facteurs VIII. A l'occasion de cette procédure, les autorités allemandes réalisent qu'elles ne peuvent obtenir aucun renseignement sur les sources de plasma, les lieux de production, les procédés de fabrication (EK, p. 200 et suiv.). Onze sociétés sont poursuivies pour abus de position dominante ; les quatre grandes sociétés qui se partagent 85 % du marché allemand sont accusées de prix inéquitables : Travenol, Immuno, Cutter et Behring (EK, p. 238). Travenol décide de réduire ses prix de 83 à 53 pfennigs l'unité, les autres firmes vont suivre, à l'exception d'Immuno qui dépend beaucoup plus des prix élevés du plasma européen (EK, p. 244) ; on peut donc clore la procédure. La Cour des comptes établit par ailleurs que le centre antihémophilique de Bonn avait soustrait en quelques années deux milliards de francs aux caisses de Sécurité sociale en gardant les rabais consentis par l'industrie (EK, p. 246). Le 30 décembre, le premier article sur le sida paraît dans la presse française ; *Le Quotidien du médecin* hésite à passer l'article (AMC, p. 59). C'est le début des difficultés dans la diffusion de l'information.

1982

1982 est l'année de l'affrontement entre l'hypothèse d'une maladie virale et celle d'une « surcharge antigénique » de certains groupes à risques. L'idée de la transmission par le sang, conséquence de la première hypothèse, heurte les intérêts économiques et les habitudes de pensée.

Janvier. Le premier hémophile américain meurt. Le CDC, ayant acquis la certitude qu'il ne s'agit pas d'un homosexuel, est conduit à suspecter que le sang peut être vecteur, et que l'agent pathogène serait un virus, les autres agents étant arrêtés par les procédés de fabrication des produits dérivés du sang (EK, p. 24). Bien qu'alertées, les autorités de santé ne réagissent pas. Effectivement, l'atteinte des hémophiles ne constitue pas une preuve absolue de l'hypothèse de la transmission par le sang ; les hémophiles peuvent relever de l'hypothèse de la surcharge antigénique du fait de leurs multiples expositions à des agents biologiques. Ils sont à cet égard dans la même situation que ceux qui pratiquent le multipartenariat sexuel et les toxicomanes qui échangent les seringues (Luc Montagnier, *Des virus et des hommes*, Odile Jacob, 1994, p. 96, 98).

Le CNTS met en place une stratégie *nationale* de fabrication des facteurs VIII, au détriment des autres fractionneurs. Il en résulte un surdimensionnement du site des Ulis et l'obtention du monopole d'importation des produits sanguins qui permet de réaliser les bénéfices qui seront nécessaires à l'investissement, complété par le ministère et les caisses d'assurance maladie. C'est la réponse à la demande effectuée le 3 mai 1980 par l'AFH. *La décision d'investir dans une production nationale de facteurs VIII est prise au plus mauvais moment : le CNTS entame son apprentissage au moment où la maladie est encore totalement inconnue, alors que le pourcentage de donneurs contaminés rend toute production poolée dangereuse et que les procédés d'inactivation sont marginaux.*

ELH signale le refus des revues médicales anglo-saxonnes de publier un cas d'infection post-transfusionnelle diagnostiqué au Bellevue Hospital de New York ; si le fait est exact, c'est très grave. En effet, la contamination du premier hémophile pouvait légitimement être interprétée comme la conséquence des sollicitations antigéniques ; on ne pouvait plus tenir le même raisonnement pour un transfusé occasionnel. Le refus de publication masquerait alors la volonté de ne pas créer un effet de suspicion sur la transfusion. *Il existe de graves problèmes de publication dans les revues scientifiques. Une conférence internationale qui tenterait de mettre au point un code de déontologie dans ce secteur ne serait pas inutile.*

Mars. Le *New England Journal of Medicine* publie l'une des premières enquêtes comparatives sur les diverses thérapeutiques de l'hémophilie. La tendance est à l'autothérapie minidosée. *Le risque inhérent aux produits poolés et l'objectif d'inactivation ne sont pas évoqués.*

Mai. Le premier hémophile allemand meurt du sida ; son décès n'est pas officialisé (EK, p. 27).

Juin. Création à Paris du « groupe de réflexion et coordination sur le sida » ; ce groupe autoconstitué comprend le Dr C. Weisselberg, membre du cabinet du ministre E. Hervé et conseiller pour la transfusion sanguine, et B. Habibi. Ce dernier, qui représente la transfusion, a une position centrale ; c'est un personnage important du CNTS, bon technicien, actif dans les revues *Transfusion Today* et la *Revue française de transfusion et d'hématologie*.

Juillet. Le troisième hémophile meurt du sida aux États-Unis. Bruce Evatt et l'équipe du CDC responsable du sang décident que le moment est venu de réagir par une *gestion de crise* ; ils élaborent *des directives pour la sélection des donneurs*. Résistances cumulées des associations d'homosexuels, d'hémophiles, du secteur du sang, tant public que privé, et surtout de la FDA (Food and Drug Administration). *La FDA aura au cours de cette crise un rôle central et négatif en bloquant les stratégies de précaution du CDC.*

Septembre. *Le Bulletin épidémiologique hebdomadaire* (*BEH*) n° 37 constate trois cas d'hémophiles français présentant des « troubles évoquant le sida », alors qu'ils ont reçu de nombreuses transfusions de facteurs VIII. La contamination par voie sanguine est suggérée.

Octobre, novembre, décembre. Le CDC et l'AIDS Task Force évoquent pour la première fois le risque d'épidémie (EK, p. 29). *Trois nouveaux cas conduisent le CDC à reprendre contact avec les banques de sang et la FDA. Le conflit se précise* : d'un côté, des intuitifs qui veulent agir tout de suite, Evatt (spécialiste de l'hémophilie au CDC), Don Francis (virologue au CDC), Miller (Croix-Rouge ; il est dans une position isolée), et qui reçoivent un début de soutien de la National Health Foundation ; de l'autre, la FDA, les entreprises privées, les banques de sang. La stratégie du gouvernement américain est de gagner du temps et d'obtenir une autodiscipline des firmes de collecte pour ne pas avoir de décision autoritaire à prendre (EK, p. 28, 42) : c'est la grande époque de la *dérégulation*.

En France, la lettre ouverte de J.-P. Soulier aux hémophiles aurait pu éviter l'essentiel de leur contamination si elle n'avait été si maladroite : il conseille de ne plus importer de concentrés et de revenir aux cryos. Au lieu de s'en tenir au risque, il reprend l'argument de l'économie de plasma – ce qui exaspère les hémophiles – et perd toute chance d'être entendu. Cette stratégie, également recommandée de manière minoritaire aux États-Unis, est qualifiée par le représentant de Cutter, firme leader appartenant au groupe Bayer, de « concept économiquement décourageant » (EK, p. 45). Seule la société Travenol commence à investir sur le chauffage pour lutter contre les hépatites, et espère que cela pourra être efficace contre le sida.

On peut admettre que les premiers dysfonctionnements commencent pendant ce trimestre. En effet, dès que l'on est dans le cadre d'une épidémie, ce que l'augmentation exponentielle permettait de suspecter, la notion d'état d'urgence devrait s'imposer ; c'est encore plus vrai lorsque le délai d'incubation est long, ce dont on se doutait déjà. Une première conséquence devrait être de déplacer les lieux de décision des disciplines classiques de la santé publique vers l'épidémiologie pure et dure, et les spécialistes les plus proches de la maladie, ici les virologues. En second lieu, il apparaît que l'on ne peut plus se contenter du long délai nécessaire aux règles classiques de la validation scientifique. On verra, tout au long de ce récit, que l'exigence de preuves scientifiques définitives d'une part, nationales d'autre part, eut un effet multiplicateur sur la catastrophe.

1983

L'année 1983 perpétue les incertitudes scientifiques et approfondit la rupture entre deux attitudes opposées : les « intuitifs empiriques pessimistes » veulent utiliser l'hypothèse de la maladie nouvelle transmise par le sang comme support de décision ; ils sont dans un contexte d'urgence. Les « rationnels théoriciens optimistes » n'admettent cette hypothèse que comme un objet d'étude. Leur attitude « scientifique » les oblige à différer la décision jusqu'à l'obtention de résultats validés. Pour eux, il ne faut surtout pas que l'urgence conduise à écarter les règles de la validation scientifique. C'est aussi l'année de la découverte d'un nouveau virus par l'équipe du Pr Montagnier. Cette découverte ouvre un deuxième conflit sur l'interprétation du rôle et du fonctionnement de ce candidat-virus.

Janvier, février. Le Dr Rozenbaum fait un prélèvement ganglionnaire sur un malade chez lequel on peut suspecter le sida. F. Barré-Sénoussi, de l'équipe du Pr Montagnier, reconnaît un rétrovirus, qui sera baptisé LAV ou HTLV-III, puis VIH (JPS, p. 162 ; Mirko D. Grmek, *Histoire du sida*, Payot, 1989, p. 105). Le problème se pose alors de savoir s'il s'agit d'un rétrovirus connu ou non. Le 25 janvier, elle constate qu'*il ne se conduit pas comme le seul rétrovirus humain connu, le HTLV-I* de R. Gallo, qui provoque une multiplication des lymphocytes aboutissant à une leucémie dans une proportion très faible de un séropositif sur trois mille. Son virus à elle tue les lymphocytes. Le 4 février, elle obtient la première photographie. Son aspect morphologique montre qu'il est nouveau. Dès cette date l'équipe du Pr Montagnier dispose d'un test artisanal de détection des anticorps qui permettra les premières appréciations sur l'ampleur de la contamination.

Le conflit d'interprétation sur le rôle du nouveau virus commence. Parce que LAV est de la même famille que HTLV-I, Gallo est convaincu qu'il a le même type de fonctionnement. Il va conforter l'erreur dramatique des optimistes sur le sens de la séropositivité en les incitant à penser que le passage de la contamination à la maladie doit avoir le même profil dans les deux cas ; s'il en était ainsi, un contaminé sur trois mille seulement aurait développé un sida post-transfusionnel au bout de vingt ans. Cela faisait quatre morts pour toute la France.

Le principe de précaution aurait imposé de construire un arbre de décision dont la première branche serait l'hypothèse rassurante du comportement identique, et pour la seconde branche celle du comportement différent. La première branche se justifiait par le très petit nombre de malades par rapport au très grand nombre de séropositifs que révélèrent de manière encore fruste et approximative les premiers tests artisanaux ; cette différence était rassurante si l'on ne tenait pas compte du délai d'incubation. Cette constatation concrète sera confirmée tout au long de l'année 1983, confirmant l'erreur. La seconde hypothèse était justifiée par la différence morphologique entre les deux virus et la différence de comportement *in vitro*, qui donnaient au moins des indications théoriques.

Le 13 janvier, Jane Desforges publie dans le *New England Journal of Medicine* son fameux « cri d'alarme » sur les indices de contamination des facteurs VIII et IX, et conseille de revenir aux cryos. C'est à la suite d'un raisonnement abstrait sur le poolage et les premières approximations sur le nombre de donneurs contaminés qu'elle le dit, mais la preuve expérimentale n'est pas rapportée. Revenir aux cryos permettait de disposer d'un délai pour attendre une meilleure connaissance du profil évolutif de la maladie, sans faire grimper le nombre des contaminations pendant la période d'incertitude. *C'est l'outil même de la précaution.*

Février. A nouveau, Soulier donne des conseils de modération dans la revue *L'Hémophile*. On importe pour la première fois de l'Hémophil T chauffé à des fins d'expérimentation (JPS, p. 44). L'expérimentation se justifie objectivement, car on craint que les produits chauffés à sec ne laissent passer les virus de l'hépatite et ne provoquent la formation d'anticoagulants circulants. Le risque d'hépatite sera confirmé et supprimé par des améliorations techniques ; le risque d'anticoagulants sera infirmé. Il est alors impossible de peser ces différents risques. Travenol commence la sélection de ses donneurs (Lucas, annexe 6).

Avril. *Enquête sur la mort d'un bébé qui avait reçu des transfusions à la naissance*. Sa mère étant séronégative, c'était la preuve attendue de la contamination de transfusés sans autre facteur de risque. Cela aurait dû signifier la fin de l'hypothèse de la surcharge antigénique et un tournant majeur dans les stratégies. Pourtant, le gouvernement américain ne fait que « recommander » la sélection des donneurs sans la rendre obligatoire ; la plupart des centres de collecte s'y refusent.

Dans l'étude entreprise par le Dr Habibi pour la Commission consultative de transfusion sanguine, avec le Dr Allain et A.-M. Couroucé (laboratoire de virologie au CNTS), aucun cas de *sida* n'est enregistré sur les 2 300 hémophiles suivis en France (résultats officiels le 19 juin). *Elle aura une répercussion catastrophique* car elle apparaît comme le signe d'une « protection » attribuée au bon état de santé de la population et au bénévolat. On mentionne des « anomalies biologiques » chez six hémophiles, mais on ne les relie pas au sida. Un transfusé est atteint de sida, mais il a été transfusé à Haïti, ce qui semble confirmer l'hypothèse d'une épidémie étrangère à la France. On n'intègre donc dans ce résultat aucun des deux éléments importants : la *séropositivité et le temps d'incubation. Là commence peut-être l'occultation sinon la manipulation scientifique*.

Mai. A.-M. Casteret publie le 4 mai un article dans *Le Quotidien du méde-*

cin ; elle reprend l'argumentation de J. Desforges et souligne que la France est en train de perdre le bénéfice du répit que lui accordent les deux ans de retard de l'épidémie sur le phénomène américain. Elle n'est pas entendue.

Travenol annonce le 10 mai au Dr Allain, responsable du département de recherche clinique sur le facteur VIII au CNTS, la disponibilité prochaine de toute une gamme de produits à risques probablement très diminués par l'addition de plusieurs précautions. La sélection des donneurs va jusqu'à l'utilisation exclusive de plasmas de femmes, les produits sont chauffés et on procède au rappel des lots lorsqu'un donneur est retrouvé malade (JPS, p. 44 ; AMC, p. 73 ; Lucas, annexes 4 et 6). Le 24 mai, la FDA donne à Travenol l'autorisation de mise sur le marché pour l'Hémophil T chauffé ; c'est une autorisation de contexte d'urgence car les conditions de validation de l'efficacité du chauffage connaissent des limites importantes. *En effet, on ne sait pas encore cultiver le virus du sida ; les validations* in vitro *sont donc faites à partir de rétrovirus animaux proches qui ne donnent pas de certitude sur le virus du sida lui-même. Il n'existe pas encore de validation* in vivo, *ni sur l'animal ni sur l'homme. De plus, la validation est faite à partir des produits fabriqués avec le plasma de femmes, matière première peu contaminée. Rien ne permet de conclure que le chauffage serait efficace sur du plasma très contaminé. Ce sera une des raisons du scepticisme des transfuseurs français à l'égard du produit.* Pourtant, la FDA, critiquable sur bien d'autres points, adopte ici la bonne attitude. On peut penser que les autorités françaises auraient pu suivre immédiatement et donner une AMM provisoire.

Juin. Au contraire, le Dr Netter écrit au Dr Roux pour lui conseiller de limiter les importations.

Le CNTS et Immuno entament des négociations sur la technologie du chauffage. Le choix de ce partenaire est pour partie légitime, pour partie critiquable : légitime car le procédé Travenol n'était pas tout à fait au point ; critiquable car le procédé Immuno se révélera rapidement incompatible avec le type de matière première que traite le CNTS ; d'autre part, Immuno veut imposer un contrat léonin. Les deux circonstances vont être à l'origine de deux ans de retard entre l'intention et la réalisation.

L'assemblée générale de l'AFH a lieu les 4 et 5 juin. Jean Bernard, figure respectée dans le monde transfusionnel et chez les malades, reprend dans son rapport de synthèse l'idée qu'une épidémie américaine ne signifie pas nécessairement une épidémie française (AMC, p. 83). Du coup, l'intervention de J.-P. Soulier demandant que l'on se donne deux ans pour voir si le sida se déclare vraiment en Europe, avant d'utiliser les concentrés poolés en grande masse, est jugée rétrograde. Dans la motion finale, les cliniciens demandent la poursuite des traitements avec les concentrés et n'évoquent pas la nécessité de passer en urgence au chauffage (JPS, p. 185). C'est catastrophique.

Le 19 juin, l'étude du mois d'avril est officialisée : aucun sida sur 2 300 hémophiles ; six cas suspects, dont trois n'ont reçu que des produits français. Rien sur la séropositivité. L'image est très rassurante pour ceux qui restent sur le modèle de comportement de HTLV-I.

Circulaire du 20 juin 1983, signée par J. Roux

Elle est fondamentale car elle a été considérée par les tribunaux comme une réaction adéquate. Pourtant, elle est rédigée au conditionnel, et fait état d'un risque minime et non démontré. Destinée aux établissements de transfusion, elle leur demande d'informer les donneurs de sang, les médecins chargés de la collecte, mais les laisse libres des moyens de faire passer le message. Rien n'est envisagé pour informer les malades. Elle est accompagnée d'une note du Dr Brunet adressée aux médecins inspecteurs départementaux et régionaux (23 juillet 1983). Il dit clairement que la maladie est transmissible par le sang, que son pronostic est mauvais, qu'il n'existe pas de moyens thérapeutiques et que sa progression est rapide ; mais les formulations utilisées sont plutôt apaisantes, insistant sur l'importance « disproportionnée » que les médias accordent à la maladie, les archaïsmes qui l'accompagnent, les extrapolations catastrophistes de l'augmentation du nombre de cas. Cette note semble davantage destinée à calmer des esprits qui n'avaient pas besoin de l'être qu'à attirer l'attention sur un risque grave. Ces réticences révèlent des divergences d'appréciation au sein de la tutelle (expliquées par M. Setbon, *Pouvoirs contre le sida*, Éd. du Seuil, 1993) ; de la même manière, certains centres vont l'appliquer, d'autres pas.

Il y a conjonction de deux phénomènes : l'incertitude de la tutelle qui aurait dû réaliser l'opération par décret et l'assortir de sanctions (sous la forme de refus d'enregistrement), et l'incrédulité des responsables de collecte qui ne veulent pas de questionnaire sur la vie sexuelle. Ils soutiennent que le questionnaire est mal pris par les donneurs (Lucas, p. 16), alors que l'étude effectuée par J.-P. Soulier et publiée dans *La Revue française de la transfusion sanguine* montre que rares sont les donneurs qui ont refusé de répondre au questionnaire (trois sur plus de sept mille). Cette grogne était limitée à une partie négligeable de la population des donneurs ; en tant que phénomène à prendre en compte, c'est une rumeur.

Les mêmes conseils de screening des donneurs sont donnés au niveau européen, via une résolution du Conseil de l'Europe. *C'est ici que vont se séparer les pays prudents et empiriques, qui appliquent ces consignes malgré l'absence de preuve de leur légitimité, et la rationalité française qui attend des preuves.*

Le mois de juin marque le début des essais comparatifs des différents produits chauffés qui existent sur le marché. On n'a jamais élucidé la vérité entre les déclarations contradictoires du CNTS et des prescripteurs sur la question de ces importations et sur les risques que l'on a fait courir aux malades séronégatifs durant l'expérimentation (JPS, p. 209 : le récapitulatif des importations de l'année 1984 fait état de 2,9 millions d'unités chauffées, contre 5,3 millions d'unités non chauffées qui auraient été importées à la demande de certains prescripteurs ; contra AMC).

Une réunion parrainée par Immuno a lieu à Francfort sur le thème sida et hémophilie ; malgré les avertissements du Dr Johanna Stehr de l'Institut fédéral de la santé en Allemagne, la conclusion reste que le sida des hémophiles est un phénomène américain ; l'analyse des cas suspects – il s'agit effectivement de cas de sida – est « démontée » par une scientifique, qui se trouve être l'épouse du directeur d'Immuno (EK, p. 51, 56).

Le 26 juin, à Stockholm, se tient le Comité médical de la Fédération mondiale des hémophiles. Deux types d'études sont présentées. Les premières, seules prises en compte, portent sur les *cas de sida* et sont très rassurantes : vingt et un hémophiles dans le monde ont le sida, contre trois en Europe. Les secondes donnent les résultats préliminaires des *anomalies biologiques*, qui montrent l'existence déjà très fréquente de lymphopaties et d'anomalies du rapport T4/T8. *Bizarrement, on ne semble pas en déduire que ces personnes sont menacées*, alors que l'on sait déjà que ce sont des signes avant-coureurs de sida. On conclut que les traitements doivent continuer librement, qu'il faut « dissiper les mythes et les rumeurs » et entreprendre des études sur ces anomalies biologiques. *Il n'est pas question de techniques d'inactivation.*

Le 11 juillet paraît un article alarmant dans le journal *Le Monde.* L'AFH s'émeut. On lui répond par la mise en place d'essais cliniques destinés à orienter les choix technologiques français qui sont toujours en discussion. Un protocole est établi entre les Drs Garretta, Allain et les médecins traitants des hémophiles, dont C. Gazengel, M.-J. Larrieu, Y. Sultan, qui seront donc à la source des informations (cf. le compte rendu établi par M. Garretta le 18 janvier 1984, non publié, Dir. MG/dm nº 3335).

En août, le Pr Montagnier, qui a isolé le virus chez deux hémophiles, alerte P. Lazar, directeur de l'INSERM (Institut national de la santé et de la recherche médicale), le prévenant que la transmission par voie sanguine ne saurait être exclue ; cela n'aura pas de retombées. Il alerte également J.-P. Soulier pour lui signaler l'intérêt du chauffage. Il recevra une réponse de A.-M. Couroucé, virologue au CNTS, mais il n'y aura pas de suite concrète. C'était pourtant le moment ultime pour que les centres français de fractionnement coopèrent entre eux pour développer des procédés d'inactivation utiles à l'hépatite comme au sida.

L'entreprise Cutter fait des scénarios sur la diffusion de l'épidémie et ses conséquences en termes de chiffre d'affaires, concurrence, procès en responsabilité civile (de quatre-vingts hémophiles contaminés à deux mille pour les seuls États-Unis selon le scénario). *Cette étude marque le début d'une prise de conscience des entreprises privées et les décide à travailler vraiment l'inactivation.* Les réponses techniques ne pouvant pas être immédiates, elles vont peser sur la FDA pour qu'il n'y ait pas d'obligation juridique avant qu'elles ne soient prêtes.

En septembre, R. Netter, directeur du Laboratoire national de la santé (LNS), écrit au cabinet du ministre pour demander une réforme générale du contrôle des produits biologiques et montre que ses services ne sont pas suffisamment équipés pour répondre au développement croissant de ce secteur ; pas de réponse du ministère (AMC, p. 86). C'est un exemple illustrant une situation générale : on promeut des développements techniques sans les assortir des moyens financiers nécessaires pour en contrôler le risque.

Le centre de Strasbourg, convaincu du danger, arrête les collectes en prison (entretien avec le Dr Schmitthauesler).

Octobre. J.-P. Soulier consacre au sida l'éditorial de *La Revue française de transfusion* ; il fait preuve de sa clairvoyance habituelle en soulignant les dangers d'une approche idéologique de la collecte qui conduirait à ne pas accepter la notion de groupe à risques. Il demande de nouveau un moratoire de deux ans, en le fondant sur *l'effet-retard du sida*, le caractère mortel de la maladie, *l'intérêt de l'interrogatoire oral des donneurs*. Après une première enquête et un dépouillement de 7 235 questionnaires, il trouve un pourcentage de *0,4 % de donneurs à risques* (chiffre qui sera confirmé par les études ultérieures), et admet que seules trois personnes ont refusé de remplir le questionnaire, ce qui aurait dû rassurer définitivement les organisateurs de collectes. Il en conclut que le bénévolat n'est pas une protection suffisante. Ce chiffre aurait dû conduire immédiatement au calcul théorique de la contamination systématique des facteurs VIII ; depuis 1953, ce calcul devrait être un réflexe pour toute fabrication de produits poolés ! En quatre pages, l'éditorial trace les grandes lignes d'une stratégie dirigée tant vers les produits labiles (questionnaire strict), que vers les produits stables (moratoire et expérimentation des produits chauffés), mais ne débouchera pas sur une décision et n'arrêtera même pas la réalisation de l'unité de production des facteurs VIII dans son propre établissement !

Le 25 octobre, lors d'une réunion à Bonn, les autorités allemandes refusent de mettre en place de nouvelles réglementations, la propagation n'étant pas assez significative. Certains reprennent la thèse du syndrome américain qui serait causé par une faiblesse immunitaire liée à un excès d'hygiène. Les Français sont protégés par le bénévolat, les Allemands par leurs défenses naturelles (EK, p. 51, 71). Où va se loger l'esprit des peuples ?

Fin 1983, des résultats tombent : sept hémophiles français atteints de sida et, selon une étude de Rouzioux, Brun et Montagnier, reprise dans le compte rendu de 1983 du CNTS, une « forte incidence d'anticorps anti-LAV chez les hémophiles », sans autre commentaire (en fait 50 % dans les centres parisiens). *Ces résultats n'entraînent pas de décision, mais une autre étude* sous la direction du Dr Allain ; c'est le signe que la machine est grippée. Cette façon de présenter les résultats est nouvelle puisque, pour la première fois, *on parle des séropositifs et pas seulement des malades*, mais on n'en tire aucune conséquence, ni en termes de réflexion, ni en termes d'action. Personne ne propose d'examiner plusieurs hypothèses en fonction des taux de passage de la séropositivité à la maladie.

Le Conseil de l'Europe adopte la résolution R (83) 8 SIDA, qui recommande de restreindre les transfusions au maximum, met en garde contre les facteurs VIII et demande que l'on informe les hémophiles du risque. Cette résolution suscite une grande inquiétude chez les fabricants mais n'a pas d'effet (EK, p. 65).

Cette étape de la chronologie met en évidence l'absence de procédure d'urgence : tout système de surveillance épidémiologique devrait être assorti de l'équivalent d'un plan ORSEC. On constate aussi que la mise en place de groupes de travail et d'études complémentaires, dont la nécessité ne saurait être contestée, est utilisée pour bloquer la décision.

Décembre. *Promesse de contrat sur le transfert de technologie du chauffage des facteurs VIII et IX, entre le CNTS et Immuno* (JPS, p. 190). *Le CNTS s'engage à payer le prix du transfert de technologie, mais aussi à ne pas utiliser ni transférer sa propre technologie de fabrication de colles biologiques.*

Aux États-Unis, Miller, favorable à des politiques de dépistage, remplace Bove à la tête de la Croix-Rouge américaine. Cette nomination change l'équilibre des forces et constitue un signal pour les entreprises privées qui se disent que le moment de la réglementation est proche. Elles mettent en œuvre diverses stratégies pour gagner le temps nécessaire à la préparation de leur riposte : c'est la *delaying tactic* de Cutter, qui demande la création d'un groupe de travail.

1984

L'année 1984 va marquer la fin des incertitudes sur les points utiles à la décision : on admettra que le sida est une maladie, que le LAV en est un agent probable, même s'il n'est peut-être pas le seul responsable, que la maladie est transmissible par le sang et qu'il existe une période de séropositivité pendant laquelle le « porteur sain » est contaminant. Il reste une incertitude vraie sur le taux de passage de la séropositivité à la maladie, qui s'établit déjà à 10 %. Ce taux est souvent donné de manière statique comme s'il était définitif, au lieu d'être envisagé comme temporaire. On constate aussi une incertitude plus discutable portant sur les risques et les intérêts du chauffage. Novembre 1984 est, pour le Conseil d'État, la date à laquelle la France aurait dû suspendre la distribution des produits antihémophiliques.

Au cours du premier trimestre, les Américains commencent à se convaincre doucement que la transmissibilité du virus par le sang est la seule cause de contamination des hémophiles et des transfusés. On retrouve le donneur qui est à l'origine de la contamination d'une transfusée sans autre facteur de risque. Cela fait basculer la banque de sang de l'Irwin Memorial, qui annonce une politique de screening et de dépistage pour le 1er mai. Mais, en mars, une majorité contre le test se dégage encore (EK, p. 81).

Février. Une journée sur le sida est organisée au CNTS.

Les actes de cette journée, publiés dans *La Revue française de la transfusion sanguine*, permettent de faire le point sur ce que l'on écrivait en février 1984.

Le rôle du LAV dans l'étiologie du sida est maintenant toujours mentionné, mais tous les médecins évoquent la probabilité de plusieurs causes et retiennent d'autres virus que, pourtant, on ne retrouve pas chez tous les malades. C'est, pour L. Montagnier, une prudence scientifiquement fondée, qu'il respecte lui-même ; mais il admet qu'elle ne devrait pas entraîner l'inaction.

Tous les articles continuent de donner de la maladie une *vision rassurante en dissociant systématiquement le sida des « troubles biologiques évocateurs »*, ce qui revient à mettre en lumière un petit nombre de malades et une forte spécificité américaine de la maladie, *en laissant dans l'ombre la question du nombre de contaminés qui donnait déjà une image catastrophique du profil de la maladie.* J.-B. Brunet, faisant état de 30 à 50 % des hémophiles ayant de tels troubles, précise que « la relation entre ce type d'altération et le sida est actuellement inconnue » ; J.-P. Allain annonce qu'*aucun cas de sida n'existe en France*, sur 1 970 hémophiles suivis, et *il dissocie ce résultat* des quatre cas ayant une hypertrophie ganglionnaire et des anomalies biologiques « fréquentes » *(en fait les 50 % de contaminés).* Les articles des médecins prescripteurs partisans des concentrés font état d'inquiétudes, et soulignent l'incertitude liée au temps long d'incubation ; le nombre d'anomalies biologiques est « préoccupant » car « l'évolution de ces différentes anomalies reste inconnue : évolution vers le sida ou stabilisation » (cf. Laurian, *Revue française de la transfusion*, nº 2, 1984, p. 495). Malgré cela, leur conclusion est unanime : cela ne doit pas remettre en cause le traitement substitutif précoce et intensif (*Revue française de la transfusion*, nº 2, 1984, Laurian, p. 495 et Gazengel, p. 484). Ces médecins ont donc entrevu la réalité, mais continuent de prendre parti pour le traitement à risque mortel. Ils ne font pas allusion au chauffage, se contentant de demander plus de recherche et une meilleure sélection des donneurs.

La séropositivité, qui aurait dû être la grande question scientifique de l'année 1984, est à peine effleurée.

Au cours du deuxième trimestre, on va mettre en place deux protocoles d'expérimentation et de comparaison des produits chauffés et non chauffés (hépatite nonA-nonB et sida ; bilan pour 1985). Désaccord entre J.-P. Soulier (JPS, p. 46) et A.-M. Casteret (AMC, p. 114, 161) sur l'information reçue par les sujets et l'implication des séronégatifs. *Le risque suspecté des produits chauffés était l'apparition de résistances au traitement ; le risque suspecté des produits non chauffés était un sida mortel dans une faible proportion de cas, avec une incertitude totale sur la proportion à long terme, problème que l'on n'évoque pas.* Entre ces deux risques graves, il était difficile de choisir ; seul le retour aux cryos avait un avantage incontestable, mais il était totalement rejeté par les prescripteurs.

Avril-mai. Dans le nº 41 du *Scandinavian Journal of Haematology*, qui fait le point sur les produits antihémophiliques, il est très peu question d'inactivation. Les risques immunitaires, que l'on combat par la haute pureté des produits, occupent le devant de la scène. J.-P. Allain écrit encore que l'on n'a toujours pas prouvé le rôle du virus (p. 178). Au centre de Bonn, on importe, au nom de la sécurité immunitaire, des produits isogroupes non chauffés et l'on refuse les produits chauffés (EK, p. 268).

Juin. Lors d'une réunion tenue le 2 juin, on mentionne sept cas de sida chez des hémophiles européens, soit un cas sur quatre mille ; les séropositifs sont déjà un sur huit. *Pour beaucoup, cela confirme le faible taux de passage à la maladie. L'autre possibilité d'interprétation, fondée sur des modèles prenant en compte différents délais d'incubation, n'est pas envisagée.* Apparemment, les hémophiles ne sont informés que du nombre de *malades* par leur représentant (Lucas, p. 21).

En Allemagne, le nombre des cas de sida chez les homosexuels et les toxicomanes a doublé en huit mois. L'administration annonce sa décision de rendre le test « core hepatite » et l'inactivation obligatoires, mais laisse aux entreprises jusqu'au mois de décembre pour s'organiser : protestations, la décision sera annulée.

Juillet. Le congrès international de la Société de transfusion sanguine se tient à Munich du 22 au 27 juillet. Industriels et prescripteurs font une campagne contre les « alarmistes » (EK, p. 87). Dans les couloirs, on discute une étude non encore publiée, faisant état de l'efficacité des concentrés chauffés (AMC, p. 103). Mais, parmi les papiers publiés, un seul évoque le chauffage, et un autre fait une allusion au procédé solvant-détergent contre l'hépatite ; ce sera le procédé de l'avenir contre le sida.

Le Pr Goudemand, du centre de fractionnement de Lille, revient persuadé de l'intérêt et de l'urgence du chauffage. Lors de son témoignage au procès, il semble soutenir que la discrétion sur le chauffage tenait à ce que tous les procédés étaient confidentiels. Il propose donc une coopération au CNTS, qui ne répond pas. Strasbourg mettra au point son propre procédé avec l'aide, gratuite, de Travenol (entretien avec le Dr Schmitthauesler).

Août. Au cours du congrès mondial des hémophiles qui se tient à Rio du 24 au 28 août, trois risques sont reconnus et mis sur le même plan : sida, hépatite nonA-nonB, immunités acquises. La seule conclusion est de faire des recherches et de continuer librement les traitements.

Septembre. Le CDC signale des cas de contamination de femmes et d'enfants d'hémophiles ; une évaluation confidentielle fait état de la contamination de neuf hémophiles sévères sur dix. Ces chiffres ébranlent, mais *les autorités et les entreprises américaines soulignent qu'il est préférable d'attendre la prochaine sortie du test ELISA et la généralisation spontanée du chauffage, plutôt que de mettre en place des stratégies de transition* (EK, p. 89, 91).

Le *Lancet* publie le 28 septembre une analyse de l'efficacité *in vitro* du chauffage des produits lyophilisés. Toujours les mêmes limites : validation *in vitro*, doutes sur les fractions chauffées sèches, utilisation de virus « apparentés ».

Octobre. La Fondation américaine des hémophiles recommande soit le retour aux cryos, soit le recours aux produits chauffés, tout en reconnaissant qu'il n'existe aucune preuve validée de leur innocuité ni de leur efficacité, et en signalant que le procédé n'inactive pas le virus de l'hépatite nonA-nonB. L'AFH ne suit pas et le Dr Allain continue de soutenir qu'il ne faut pas changer de stratégie thérapeutique sans preuve (Lucas, p. 23).

Dans son nº 41, le *BEH* signale trois cas de sida chez des transfusés et deux chez des hémophiles. *Il y a, pour les non-spécialistes, une difficulté majeure dans les règles de publication des* BEH. *En effet, seuls les sidas déclarés sont publiés, sans estimation du nombre de séropositifs. Cela donne une image fausse du profil évolutif de la maladie.*

Fin 1984 : la technique de chauffage du centre de Lille paraît au point, mais elle ne sera validée qu'en mai 1985 (JPS, p. 119). *Les difficultés de validation des procédés essayés par divers responsables de centres de fractionnement ralentiront sans doute beaucoup une solution française. L'équipe du Pr Montagnier était surchargée de demandes, qu'elle n'avait pas les moyens de traiter.*

Le CDC annonce, le 26 octobre, la contamination de 74 % des hémophiles A et 39 % des hémophiles B, et *l'incertitude totale sur le taux de passage de la séropositivité à la maladie. C'est, me semble-t-il, la première fois que l'on insiste plus sur la séropositivité que sur la maladie, établissant ainsi l'image véritable du fléau. C'est très tardif.*

Novembre. La date du 22 novembre est fondamentale, puisque c'est, selon le Conseil d'État, le point de départ de la faute et de la responsabilité de l'État au regard des hémophiles.

J.-B. Brunet fait savoir à la Commission consultative de la transfusion sanguine, qui réunit tous les acteurs du système, que *l'efficacité du chauffage est désormais prouvée, et révèle que 10% des séropositifs développeront un sida mortel dans les cinq ans. C'est le point de rupture entre les médecins, pour lesquels cette constatation ne légitime pas l'urgence absolue et le retrait immédiat, et les juristes pour lesquels le nombre de morts importe peu. Le caractère mortel est avéré, et suffisant pour déclencher, enfin, l'obligation d'agir.*

Malgré cette annonce, le CNTS continue sa montée en puissance de la production de facteurs VIII non chauffés, alors que les essais de production de produits chauffés s'enlisent dans les déboires avec Immuno. C'est d'autant plus tragique que le CNTS *mélange les plasmas peu contaminés de province avec les plasmas très contaminés de Paris, pour redistribuer le mélange dans toute la France.*

Décembre. En France, le groupe SIDA-hémophilie se refuse à prévenir les séropositifs, et décide d'attendre l'avis du Comité national d'éthique, contre l'avis de J.-P. Allain ; pourtant, le CDC avait déjà fait état de contaminations avérées d'épouses d'hémophiles (AMC, p. 117).

J. Bernard démissionne de la FNTS (Fondation nationale de transfusion sanguine) et mandate J. Ruffié.

Un éditorial du Lancet *prévient que les anticorps ne semblent pas jouer leur rôle normal dans le cas du sida.* C'est la première fois qu'on le dit clairement.

1985

En 1985, on s'enfonce dans les erreurs passées. Sur le plan scientifique, il ne se passe pas grand-chose d'autre, si ce n'est la validation croissante des découvertes de l'année précédente et des chiffres qui s'alourdissent.

Janvier : Les firmes allemandes s'entendent pour ne plus distribuer que des concentrés chauffés (AMC, p. 111). En réalité, la décision ne sera mise en œuvre que très progressivement. Les enquêtes récentes ont fait apparaître des liquidations de stocks au moins jusqu'en 1987, mais aussi des produits qui restent contaminants jusqu'en 1992.

Le 9 janvier, le Dr Pinon, de l'hôpital Cochin, adresse un courrier à ses confrères transfuseurs : une étude réalisée sur les donneurs de sang parisiens révèle dix séropositifs sur deux mille dons testés, ce qui confirme l'estimation faite par J.-P. Soulier durant l'été 1983. Ce résultat catastrophique est transmis à la tutelle, qui attend une étude similaire effectuée à Reims (dont les résultats seront moins mauvais). La tutelle se servira de cette disparité pour différer les décisions. *Comme aux États-Unis, la disponibilité prochaine des tests de dépistage commence à jouer un rôle négatif. L'idée que chaque jour entraîne des contaminations irréversibles ne semble pas pénétrer les cerveaux.*

Le 16 janvier, J.-P. Allain adresse une lettre à J. Ruffié. C'est le début de son conflit avec M. Garretta. Il fait état du nombre d'hémophiles contaminés, non pas, semble-t-il, pour demander l'arrêt de la production et des importations de produits chauffés, mais pour obtenir que l'accord avec Immuno soit rapidement signé, faute de quoi les malades seraient amenés à exiger de telles importations, ce qui « jetterait le discrédit sur le CNTS » (jugement du tribunal de grande instance de Paris).

Le 24 janvier, *un accord est signé avec Immuno* concernant le chauffage des fractions coagulantes. Immuno refuse toute garantie, qu'elle concerne l'efficacité de l'inactivation, la possibilité de mettre en œuvre le procédé dans l'usine des Ulis, le rendement ou l'absence d'effets secondaires indésirables. Lors des négociations, les techniciens avaient établi que le procédé Immuno ne pouvait pas convenir tel quel aux caractéristiques du produit intermédiaire fabriqué par le CNTS ; mélangé de glucose, il « cuisait » pendant la phase de chauffage. Il fallut donc modifier les locaux, acheter de nouveaux matériels sur mesure, et redéfinir la ligne de production (entretien avec B. Poupot). C'est le prototype de *l'erreur industrielle*.

Le procédé ne pouvant être mis en œuvre aux Ulis, les Drs Garretta et Allain, qui commencent à admettre l'urgence, décident en attendant d'envoyer le plasma français en Autriche, où il sera chauffé avant d'être renvoyé en France. Au début, il revient également cuit.

Le Dr Garretta, faisant le bilan de l'année 1984 pour Roux, se plaint du coût des importations de facteurs VIII et se réjouit qu'elles ne soient plus nécessaires. Il passe à des pools de plasma de 2 500 à 4 500 donneurs, augmentant encore le risque statistique (JPA, p. 24).

Le 11 février, F. Abbott dépose sa demande d'agrément pour le test Gallo, tandis que l'Institut Pasteur dépose sa demande pour le test Montagnier le 28 février. *C'est le début de l'affaire des tests. Sur le plan économique*, l'Institut Pasteur souhaitait que la procédure française d'agrément lui permette d'obtenir une part importante du marché des diagnostics (4 millions de dons chaque année ; test Pasteur à 23 F, test Abbott, entre 11 et 15 F). Le partage du marché n'était pas refusé par les centres de transfusion et il n'était pas absurde : la France a le plus grand intérêt à conserver un Institut Pasteur plutôt riche que pauvre, et de telles stratégies font partie de cet objectif, dans la mesure où elles ne portent pas atteinte à la sécurité des malades.

Au regard de la sécurité, la « protection » du test Pasteur n'était pas non plus une absurdité, puisque les deux tests étaient équivalents en qualité. *Mais le test Abbott ayant été prêt le premier, il était impératif de le mettre à la disposition des centres dès son enregistrement par la FDA (2 mars).* Rien n'empêchait le ministère de la Santé de s'entendre avec les centres pour qu'ils ne signent que des contrats d'approvisionnement à court terme, en attendant l'achèvement et l'enregistrement du test Pasteur (les équipements étaient identiques pour les deux tests). C'est donc, une fois de plus, *l'absence d'une stratégie de transition* permettant de réagir à l'urgence et de modifier les réactions au fur et à mesure que les événements s'y prêtent, qui a provoqué le retard des enregistrements, et donc de la disponibilité des tests sur le marché français.

Il y eut probablement deux obstacles à une stratégie de transition : la volonté rigide de conserver les intérêts de l'Institut Pasteur et celle de faire une évaluation française des tests. Je ne critiquerai pas non plus cette volonté dans l'absolu, car elle permet de ne pas s'aligner sur les erreurs et les lobbies des administrations étrangères. Mais il me semble que l'une des leçons de la contamination est de constater que l'évaluation autochtone peut être différée dans le temps. On peut, dans l'urgence et pour une période de transition, faire une confiance mesurée à la FDA, importer et enregistrer provisoirement, tout en commençant une étude de fond qui peut remettre en cause la première décision. (Sur les arguments du Laboratoire national de la santé, les pressions du ministère, cf. Lucas, p. 46 et Montagnier, p. 246.)

25 février : commence l'« affaire Ruffié », à laquelle je n'accorde pas la même importance que d'autres commentateurs. Parachuté dans ce milieu fermé comme président de la FNTS, organe d'orientation à moyen terme, le Pr Ruffié n'y occupe pas un poste de direction active. Il aurait été plus efficace de le nommer à la tutelle, par exemple responsable de la transfusion auprès de J. Roux (coiffant le bureau 3B, occupé sans efficacité par Mme Pierre). A un tel poste, il aurait pu rétablir la qualité par voie d'arrêtés ministériels. Au conseil d'administration de la FNTS, il va faire un certain nombre de critiques fondées, portant sur les techniques de production choisies par le CNTS et la gestion trop peu bénéficiaire. Mais il n'évoque pas le sida ni l'intérêt du chauffage dans le rapport qui conduit à sa mise en minorité. A l'inverse, il propose que le fractionnement soit réalisé en association avec le secteur privé, et particulièrement avec Sanofi, Pasteur-Mérieux et Rhône-Poulenc, lui-même lié à la firme américaine Armour (JPS, p. 156). Rappelons qu'Armour et Hyland estiment être à elles deux responsables de six mille contaminations d'hémophiles uniquement aux États-Unis (*Le Monde*, 5 août 1994), sans parler de Mérieux qui continue d'exporter des produits contaminés après que le chauffage fut devenu obligatoire en France. A compter de la démission de J. Ruffié, J. Roux lâche la transfusion et pratique la politique de la chaise vide. C'est ce comportement qui fondera sa condamnation pénale.

Mars. Les procédés de Lille et de Strasbourg sont validés, et les productions chauffées commencent ; Lyon cesse de produire des concentrés non chauffés.

J.-B. Brunet rédige le 12 mars une note interne destinée à J. Roux, portant à sa connaissance l'« hypothèse Müller » : « Il est probable que tous les produits sanguins préparés à partir de pools de donneurs parisiens sont contaminés », phrase qui aura une importance majeure dans la condamnation pénale. Ce calcul statistique donnait le résultat mathématique du rapport entre le nombre de donneurs contaminés et la taille des pools. Cette hypothèse de travail décrivait l'état initial de la matière première, mais ne tenait pas compte de l'inactivation virale partielle qui résultait du procédé de fabrication. On savait qu'elle devait exister, mais on ignorait son ampleur. En 1986, l'équipe du Pr Montagnier a pu effectivement établir que la seule lyophilisation inactivait 90 % de la charge virale, ce qui explique que tous les hémophiles n'aient pas été contaminés. Cette précision était imaginable mais non avérée à l'époque des faits ; elle n'a pas de poids juridique. Le magistrat juge les faits tels qu'ils se présentaient à l'époque : 10 % de séropositifs déclarant la maladie, ce qui est au-dessous de la réalité ; tous les lots contaminés, ce qui est au-dessus de la réalité.

Au cours du même mois, le test Abbott est disponible en routine aux États-Unis. En Allemagne, il est disponible mais non obligatoire : on veut là aussi des études et une autorisation nationales.

Avril. Les résultats d'une étude Gazengel-Rouzioux sont publiés : ils confirment des résultats étrangers sur le lien direct entre l'utilisation des *concentrés*, qu'ils soient français ou étrangers, et la contamination (AMC, p. 94) ; cela implique que les prescripteurs associés à l'étude aient disposé de résultats partiels depuis longtemps (fin 1984 pour l'essentiel, milieu 1984 pour des tendances). Pourtant, ils continuaient d'administrer des concentrés non chauffés quand on ne leur donnait pas autre chose. Comme d'autres, ils sous-estimaient le risque de passage de la séropositivité à la maladie et prenaient sciemment le risque d'un pourcentage de morts.

Lors du congrès d'Atlanta sur le sida, on annonce que le taux de passage de la séropositivité à la maladie est passé de 10 à 22 %. M. Garretta dira alors avoir compris l'urgence des décisions à prendre. Le Pr Ducos, de Toulouse, demande au Dr Netter de pouvoir disposer du test Abbott. Netter reconnaîtra au procès que le dossier Abbott était complet à cette date.

Mai. Le conflit entre les transfuseurs et la tutelle commence. En effet, les transfuseurs ont enfin admis qu'il se passait quelque chose de grave, et souhaitent passer au plus vite au dépistage et aux produits chauffés, même s'il faut importer. La tutelle fait traîner les choses, pour partie à cause du retard du test Pasteur, pour partie parce que l'on hésite sur l'opportunité du dépistage.

Le 2 mai, Mme Pierre, du ministère de la Santé, rédige une lettre dans laquelle elle accepte que le test Abbott ne soit enregistré par le LNS qu'une quinzaine de jours après le test Pasteur (Lucas, p. 38).

Le 7 mai, le Dr Garretta adresse un courrier au Dr Netter. Il parle d'urgence absolue en évoquant le congrès d'Atlanta, dont il atténue pourtant les conclusions. Pour frapper les esprits, il précise que trois mois de retard signifient la mort de cinq à dix hémophiles et certains de leurs proches car les séropositifs sont contaminants. A quoi Netter répondra au procès qu'il avait trouvé la lettre « bizarre » puisqu'il s'agissait là d'informations connues, concluant que Garretta ne cherchait qu'à se couvrir (*Libération*, 9 juillet 1992). Le même jour, une note interne du directeur industriel du CNTS recommande l'écoulement des stocks au besoin à l'étranger avec des rabais.

Le 9 mai se tient une *réunion de conciliation entre les ministères intéressés par la question du test de dépistage* (Lucas, annexe 17). Il faut trancher en premier lieu sur l'intérêt de la mise en œuvre du test, en matière de santé publique et en termes d'image pour le Premier ministre. Si on se décide en faveur du dépistage, il faudra trouver le financement ; enfin, un conflit, dont l'Institut Pasteur niera l'existence, apparaît entre le test Abbott, disponible immédiatement, et le test Pasteur, plus cher, et dont la disponibilité continue de prêter à discussions, faisant l'objet d'une instruction en cours. Les acteurs principaux sont :

Le Premier ministre, L. Fabius, représenté par F. Gros, son conseiller habituel en biomédecine ; le choix de ce conseiller précis dans cette affaire précise est critiquable car un Premier ministre ne peut se saisir d'une telle question que pour faire triompher l'intérêt général sur des intérêts catégoriels. Du coup, la position de F. Gros, président de la réunion au titre de l'intérêt général, et pourtant lié à l'Institut Pasteur, est d'autant plus faussée qu'il est biologiste plutôt fondamentaliste, expert ni du sida, ni de l'épidémiologie, ni de la transfusion.

Le ministère des Affaires sociales de G. Dufoix est également dans une position inconfortable puisque la défense de la santé publique se heurte à celle du budget de l'assurance maladie. Son représentant s'oppose à la prise en charge du test pour des raisons de coût sans proposer d'argument sur la santé publique.

Le secrétaire d'État à la Santé, E. Hervé, est conseillé par le Dr Weisselberg, qui fait partie du groupe de travail sur le sida depuis l'origine. C'est de lui que viendront les oppositions de principe : il avance, sans tenir compte des incertitudes sur la séropositivité, que les cas de sida post-transfusionnels sont « somme toute assez rares », affirme sans preuve l'inefficacité de la mesure en termes de santé publique et semble bloqué à l'idée de devoir annoncer la séropositivité : les gens vont « poser des questions auxquelles on n'aura pas de réponse ». Cette déviation de la pensée est remarquable : faut-il avoir une réponse à tout ? C'est de lui que viendra le refus du dépistage qui sera opposé au milieu transfusionnel quelques jours plus tard au congrès de Bordeaux.

Le ministère de l'Économie (P. Bérégovoy) et le ministère du Redéploiement industriel font valoir le coût de la mesure et la nécessité de la protection des intérêts de l'Institut Pasteur.

Chacun est donc terriblement dans son rôle. *Le cabinet du Premier ministre finira par conclure à la nécessité du test ; le Dr Weisselberg relaie jusqu'à fin juin l'ordre de retenir l'enregistrement du test Abbott.*

Aujourd'hui, on ne connaît toujours pas les raisons exactes de cet ordre, qui fait l'objet d'une instruction en cours. Il faut noter que ce n'est pas le caractère tardif en soi de l'enregistrement des tests qui est contesté, mais une éventuelle cause protectionniste de ce retard.

Le 10 mai, le Dr Garretta rencontre l'AFH. D'après l'association, le président ne reçoit pas la totalité de l'information, principalement le taux exact d'hémophiles contaminés. Le silence du CNTS, qui, d'après l'association, fut gardé jusqu'au bout, permit de faire admettre l'idée d'une phase de transition valable jusqu'au 1er octobre, pendant laquelle les fractions chauffées remplaceraient progressivement les autres ; ce compromis est repris dans une motion de l'AFH (JPS, annexe 19).

Le 13 mai, le Comité national d'éthique décide qu'il faut procéder à l'information des personnes séropositives. Cette décision va sans doute participer à la libération du processus de mise en place du test.

Le 14 mai a lieu une discussion au CNTS sur la première version du rapport Habibi-Couroucé-Allain, pour préparer le rapport de synthèse sur le sida et la transfusion ; la partie qui fut litigieuse portait sur le travail réalisé en commun par les prescripteurs de produits antihémophiliques et les principaux responsables du CNTS impliqués dans la qualité des produits. Les propositions de cette première version, élaborées tardivement au vu des résultats catastrophiques, étaient les « bonnes décisions » : rapatrier les lots contaminés, revenir aux cryos tant que la production de chauffés ne sera pas en place. Elles ne firent pas l'unanimité des présents, mais, en l'état actuel du dossier, il est impossible de savoir quelles furent les positions de chacun ; en tout cas, aucune décision clairement enregistrée dans un procès-verbal ne fut prise. Le groupe se sépara, sachant que le Dr Habibi devait préparer une deuxième version, mais les membres du groupe ne semblent pas s'être préoccupés du contenu de celle-ci.

Le 29 mai, le CNTS (Garretta, Couroucé, Allain, Habibi) se réunit pour rédiger la seconde version du rapport, ce que la presse qualifia de rapport « truqué ». La décision est prise de continuer de délivrer les produits contaminés, *sauf à recevoir un ordre des autorités de tutelle avec proposition de solution pour les conséquences financières que cela implique*. Le document est donc envoyé aussi à la tutelle. Elle ne réagit pas, ce qui aura pour effet d'entraîner la réalisation effective du projet : continuer la distribution des produits contaminants jusqu'à la date prévue du mois d'octobre, avec l'« accord » de l'AFH et de la tutelle. La question se pose de savoir qui a fait quoi dans cette affaire. Le document définitif, signé du Dr Habibi qui avait préparé en son nom personnel la première version, le désigne comme responsable du truquage (AMC, p. 144), alors qu'il est probable qu'il a exécuté, sans rébellion, une décision de la direction du CNTS, mais émanant de qui ?

Si je me réfère à la pratique que je puis avoir de ce genre de décisions précédées de l'avis d'un groupe de travail, je vois quatre fautes successives plutôt qu'un truquage qui impliquerait que B. Habibi ait volontairement conçu dès l'origine deux versions différentes *pour tromper les prescripteurs*, ce qui n'est pas démontré pour le moment en tout cas. Il y a faute des prescripteurs lors de la réunion du 14 mai : lorsque l'on tient à une position personnelle sur un sujet controversé, on la fait inscrire dans le compte rendu de séance. Faute de M. Garretta, probablement soutenu par G. Jacquin (lettre du 7 mai), dont l'objectif est de continuer la vente. J.-P. Allain dira dans son livre, avec une apparence de raison, que l'objectif de M. Garretta était de ne pas avoir un comportement qui soit un aveu d'échec grave. Faute personnelle de B. Habibi, dont la proposition initiale était désavouée, d'accepter de signer ce qui était une décision de son directeur général. Deuxième faute des prescripteurs qui, recevant le texte final, ne le lisent pas ou n'y réagissent pas, alors qu'ils connaissaient l'importance de la décision.

Juin. Une assemblée générale de l'AFH se tient 1er juin à Pont-à-Mousson

(AMC, p. 172). La réunion officieuse entre médecins reprend l'information selon laquelle le risque antérieurement annoncé de un cas de sida pour quatre mille personnes est en réalité de un hémophile contaminé sur deux dans la capitale et pour ceux qui utilisent les concentrés. A la demande de A. Leroux, président de l'AFH (selon A.-M. Casteret), cette information ne sera pas communiquée aux malades. Si cette affirmation est exacte, elle fait évidemment peser une certaine suspicion sur le défaut d'information dont l'association prétend avoir été victime. Cela n'a sans doute, concrètement, pas beaucoup d'importance : l'information aurait dû être générale et non réservée aux instances dirigeantes.

Le 11 juin, J. Roux écrit au cabinet du ministre de la Santé pour demander le dépistage systématique, tant dans les centres de transfusion que dans les laboratoires généralistes, pour éviter l'afflux des gens inquiets vers le don du sang. Il n'en sera pas tenu compte ; qui en est responsable ? L'afflux prévisible aura bien lieu, et il est à l'origine d'un assez grand nombre de contaminations tardives. J. Roux demande aussi le passage obligatoire au chauffage.

Le 19 juin, L. Fabius annonce que le dépistage des dons du sang va devenir obligatoire. Le 20 juin, J.-B. Brunet réitère ses critiques sur les collectes dans les lieux à risques. Le 21 juin, le test Pasteur reçoit l'agrément.

Le 26 juin, le Dr Garretta confirme dans une circulaire que la distribution des produits non chauffés aux hémophiles séropositifs reste la procédure normale ; cela est confirmé par une note Habibi pour ce qui concerne Saint-Antoine et Cabanel.

Le 23 juillet, arrêtés sur le dépistage obligatoire, applicable au 1er août, et le remplacement par la production chauffée applicable au 1er octobre (en réalité le 20) : *c'est pourquoi le Conseil d'État arrête la période de responsabilité de l'État au 20 octobre.*

Synthèse

Cette chronologie a été conçue au filtre de l'idée de précaution, utilisée comme théorie de la décision en univers controversé. Le sida peut être défini comme un univers nouveau, totalement inconnu du monde médical en général, transfusionnel en particulier. En 1981, année où l'on commence à suspecter son existence, s'ouvre une ère d'incertitudes scientifiques, qui n'est pas refermée aujourd'hui. Non seulement nous ne disposons pas de thérapeutique contre la maladie, mais nous ne savons même pas quel sera, en fait, le taux moyen de passage de la séropositivité au sida.

Sur la base de ces incertitudes indéniables, les acteurs du drame croient sincèrement que les condamnations des tribunaux ont été le reflet de la vindicte des victimes et des médias ; ils ont été condamnés injustement sur la foi de connaissances acquises ultérieurement. Rien n'est plus faux, j'essaierai de le montrer dans les chapitres qui suivent. En l'état, je souhaite simplement faire quelques remarques sur l'origine de cette incompréhension. Il m'est apparu clairement que l'on confond souvent le degré de certitude nécessaire pour valider une connaissance dans l'univers scientifique et le degré de certitude nécessaire pour prendre une décision de type socio-politique.

Dans le premier univers, la validation d'une hypothèse exige que soient réunies un certain nombre de preuves résultant d'expérimentations achevées, répondant à des critères rigoureux appréciés dans le long terme. Le scientifique a tendance à envisager l'action sur le même modèle ; il lui paraît préférable d'être complètement informé pour prendre la bonne décision. C'est ainsi que raisonne le Dr Allain ; dans son livre, pourtant écrit après que le déroulement des événements lui a montré son erreur, il continue d'affirmer à de multiples reprises qu'il fallait attendre les preuves pour agir.

Je crois au contraire que le second univers doit élaborer des stratégies de transition et d'urgence qui permettent de minimiser les risques de la phase d'incertitude en attendant que viennent les résultats scientifiques. Autrement dit, il faut effectivement faire les études nécessaires pendant le temps nécessaire pour obtenir des résultats validés selon les règles les plus rigoureuses de la méthode scientifique, mais cela ne doit pas empêcher d'agir. Luc Montagnier ne dit pas autre chose dans son livre : « Il faut certes débattre, mais le débat, utile pour dégager un consensus parmi les scientifiques, ne doit pas empêcher d'agir. [...] Qu'ils n'attendent pas qu'une controverse scientifique qui a des conséquences en santé publique soit terminée pour prendre des décisions[1]. »

Mais alors, comment agir ? Dans l'affaire qui nous occupe, nous avons manqué de stratégies de transition permettant d'attendre dans les moins mauvaises conditions le progrès des connaissances, de stratégies d'urgence permettant de bouleverser les règles traditionnelles ; mais le drame révèle aussi un certain nombre de défauts structurels de l'organisation de la prise de décision.

J'ai signalé les stratégies de transition au fur et à mesure qu'elles étaient proposées. C'est en se référant aux interventions de J.-P. Soulier que l'on peut en avoir la vision la plus complète. Il plaide dès 1983 pour un moratoire de deux ans, le temps de mieux comprendre la maladie. Pendant ce temps, l'utilisation des produits sanguins, labiles et stables, aurait dû être minimale, la sélection clinique des donneurs rigoureuse, et les hémophiles auraient dû revenir à leurs vieux produits non poolés. Effectivement, à l'issue de ces deux ans, les produits chauffés étaient disponibles.

Il me semble aussi qu'il est nécessaire de pratiquer des autorisations temporaires de mise sur le marché sur lesquelles on doit pouvoir revenir rapidement : autoriser un test de fiabilité moyenne si l'on n'a rien d'autre, et le remplacer dès que possible, faire confiance aux autorités des pays étrangers tant que l'on n'a pas terminé sa propre étude.

Un élément important d'une stratégie d'urgence me semble être de donner des moyens financiers rapides et légers aux disciplines les plus proches du problème à traiter. Dans cette affaire, épidémiologistes et virologues auraient dû avoir davantage de pouvoir et de moyens. Cette affaire fut aussi une guerre de

1. L. Montagnier, *Des virus et des hommes*, Odile Jacob, 1994, p. 243 et 249.

disciplines. La stratégie d'urgence implique en outre que les outils d'information, et particulièrement les publications scientifiques, soient moins fermés qu'ils ne l'ont été.

Je sais moins bien comment ranger les derniers défauts graves qui me semblent avoir affecté la prise de décision. Je suis en premier lieu frappée que l'on puisse développer un champ technologique, ici les produits sanguins, sans inclure dans le prix des produits le financement de leur sécurité. Il peut s'agir aussi bien des études à entreprendre que de la rémunération des agents destinés à effectuer les contrôles. Le budget de l'État n'est pas indéfiniment extensible. C'est à chaque branche industrielle de financer le coût interne de sa sécurité, aussi bien que le coût externe de contrôles indépendants.

Je me suis étonnée plus d'une fois, enfin, que l'absence de rigueur scientifique puisse réapparaître si facilement au sein même des articles qui se veulent prudents et rigoureux. En effet, l'étude de la nouvelle maladie a livré en premier lieu l'observation des seuls malades (maladies opportunistes), puis celle de personnes « ayant des troubles évocateurs » (adénopathies), enfin celle de personnes séropositives sans aucun trouble. Or, pendant une longue période, la réflexion se fonde toujours sur le nombre de malades, sans prendre en compte le nombre de séropositifs que l'on dénombre pourtant de mieux en mieux par des tests artisanaux avant que le test ELISA ne soit mis sur le marché. Il y a là une véritable occultation. Certes, on ne savait rien de la signification véritable de la séropositivité, mais il importait justement de compter ce non-savoir dans les facteurs de la décision. Je dirai donc que, à un moment donné, l'état de la connaissance est constitué autant de ce que l'on sait que de ce que l'on ne sait pas. Or le premier ensemble fut toujours montré de préférence aux données constituant le second ensemble. On cesse ici d'être dans la science.

2. Le préjudice spécifique de contamination

Le malheur de la victime n'entre dans la sphère du droit que s'il relève de la catégorie des « dommages juridiquement réparables ». Certes, la jurisprudence ne cesse d'étendre le domaine de ce qui peut être indemnisé, mais fixe tout de même des limites. Voici deux exemples parmi d'autres[1] : le tribunal administratif de Bastia a refusé de considérer que la perte de diversité biologique d'un étang soit un préjudice ; le Conseil d'État et la Cour de cassation ont estimé que la naissance d'un enfant normal après l'échec d'une IVG ne saurait constituer un préjudice.

A côté de ces obstacles tenant aux mœurs, d'autres relèvent de la pure technique juridique. Pour pouvoir être indemnisé, le dommage doit être certain et actuel. On peut indemniser la perte d'une chance, mais cette perte doit être certaine[2]. On peut indemniser des préjudices qui ne se révéleront que dans l'avenir, à condition que le principe de leur réalisation soit acquis. Dans ce cas, on se heurte à une deuxième difficulté surgit chaque fois que l'on ignore, au moment de la demande en justice, quelle sera la gravité définitive du dommage. Le juge établit donc l'existence actuelle du préjudice, alloue une indemnité correspondant à son étendue actuelle et renvoie la victime à une date ultérieure, lorsqu'il sera « consolidé[3] ».

Dans ce paysage intellectuel, l'affaire de la contamination a posé des problèmes particuliers qui ont contraint les magistrats à innover. Les premières victimes étaient en phase de *sida déclaré* lorsque les tribunaux furent saisis et n'eurent guère de peine à établir un dommage certain d'une « exceptionnelle gravité ». Lorsque la maladie fut mieux comprise, elles demandèrent réparation

1. Tribunal administratif (TA) de Bastia, 16 juillet 1993, *Revue juridique de l'environnement*, nº 4, 1993, p. 623 ; Cour de cassation (C. cass.), 1re chambre civile, 25 juin 1991, et Conseil d'État (CE), 27 novembre 1989, Dalloz, 1991, p. 566, note P. Le Tourneau. L'indemnité accordée pour une fausse couche provoquée par une erreur de transfusion pendant la grossesse fut de 60 000 F en 1985, CE, 26 juin 1985, *Jurisdata* réf. 041530.

2. On peut ainsi faire valoir l'impossibilité *certaine* de passer un examen à la suite d'un accident de voiture, qui a pour conséquence la perte d'une *chance* de réussite à l'examen.

3. G. Viney, *Traité de droit civil*, « La responsabilité, Conditions », Librairie générale de droit et de jurisprudence (LGDJ), 1982, p. 338 et s. Y. Lambert-Faivre, *Risques et assurances des entreprises*, Dalloz, 3e éd., 1991, et du même auteur, *Le Droit du dommage corporel*, Dalloz, 2e éd., 1993, dont un paragraphe spécial est consacré au sida, du fait de la spécificité de son traitement juridique, p. 139.

plus tôt, en phase de *séropositivité*. Or la séropositivité, un temps assimilée au concept rassurant de porteur sain, ne correspondait pas aux définitions traditionnelles de l'état de maladie ; on pouvait dès lors se demander s'il s'agissait d'un état indemnisable.

Entendue de manière générale, la séropositivité signifie seulement que le sang d'un individu comporte des marqueurs biologiques qui attestent qu'il a été en contact avec un agent pathogène. Mais le sens de cette présence dépend du particularisme de l'agent : dans bien des cas, l'individu est guéri, non contaminant, et peut même avoir la chance que les anticorps le protègent de la maladie (c'est le principe de la vaccination). Dans d'autres cas, le séropositif sera contaminant, et ses anticorps ne le protégeront pas. Le VIH correspond à ce second schéma. Mais, dans l'un comme dans l'autre cas, le séropositif n'est pas malade. La séroconversion du sang est-elle indemnisable ? probablement pas si elle est sans danger. Or les incertitudes scientifiques qui ont marqué les premières années de l'épidémie ont porté particulièrement sur le sens de la séropositivité : la personne était-elle contaminante ? allait-elle passer à la maladie et quelle proportion de séropositifs deviendrait malade ? Par chance, au moment où les tribunaux eurent à statuer, une partie des incertitudes était levée. On savait qu'un séropositif pouvait transmettre la maladie, et on savait qu'une partie d'entre eux la développerait.

1. La séropositivité pour le juge civil

Lorsque l'auteur d'un accident de voiture tenta d'assimiler la séropositivité de sa victime à la cuti-réaction des personnes ayant reçu le BCG, déniant tout préjudice, il ne fut évidemment pas suivi par le juge[1]. En observant la construction des magistrats, on peut affirmer que les juges pensaient déjà que la proportion des séropositifs qui développeraient la maladie serait considérable : ils ne furent pas loin de traiter la séropositivité comme un « équivalent-sida », ce qui permettait de donner l'essentiel de l'indemnité due pour la maladie, avant que celle-ci ne soit déclarée.

S'ils s'étaient référés à leurs catégories traditionnelles, les juges auraient certes pu analyser la séropositivité comme un dommage actuel et certain lié à l'impossibilité de mener une vie sexuelle, d'envisager une vie de famille et de concevoir un enfant dans des conditions « normales », mais l'indemnité qu'ils pouvaient accorder pour ces chefs de préjudice n'était pas considérable ; ce n'est qu'au moment de la constatation du passage à la maladie que l'essentiel de l'indemnité aurait dû être versé. Or, pour donner satisfaction aux victimes, il importait que celui-ci soit versé au moment où elles pouvaient en tirer une certaine jouissance. Ce paradoxe poussa les juges à innover en inventant le « préjudice spécifique de contamination », qui met l'accent sur les dommages

1. Affaire Courtellemont, précitée, p. 755.

actuels, certains, subis par une personne séropositive : sentiment d'exclusion, surveillance médicale, angoisse permanente du passage à la maladie, préjudice de la vie abrégée ; « chronique d'une mort annoncée », diront certains tribunaux.

La définition du préjudice spécifique de contamination sera précisée et stabilisée par la cour d'appel de Paris en appel des décisions du fonds d'indemnisation, mais elle avait été préparée par un certain nombre de décisions qui évitaient de distinguer trop nettement entre les deux phases de la maladie et insistaient sur le caractère quasi inéluctable du passage de l'une à l'autre : une partie importante du préjudice de contamination sera donc la considération de l'attente du sida. La formule du tribunal de Bobigny avait été la suivante : « Préjudice spécifique dû à la séropositivité puis au sida [...] qualifié de considérable car le malade sait qu'il va mourir à court terme après des souffrances morales et physiques épouvantables[1]. » La vérité médicale, qui distingue nettement entre les deux phases, le taux de passage étant inconnu, sera donc tordue par une rationalité sociale qui va conduire le juge à les lier automatiquement l'une à l'autre. La cour d'appel de Paris déterminera la répartition de l'indemnité que doit verser le fonds d'indemnisation : les trois quarts du montant total des dommages-intérêts dès constatation de la séropositivité, le quart restant étant versé après constatation du sida déclaré.

Ce dernier quart différé, contesté par certaines victimes qui voulaient la totalité de l'indemnité immédiatement, permet de renouer avec l'orthodoxie juridique et médicale, en distinguant les deux états et en rappelant l'espoir : « En l'état des connaissances médicales actuelles et compte tenu de l'espérance des découvertes qui peuvent être faites pour empêcher l'évolution du mal, la survenance du sida n'est pas inéluctable ou absolument certaine, même si pour beaucoup, elle est présentement hautement probable, étant observé que de nombreux essais thérapeutiques en cours visent à retarder, voire à bloquer le passage à la maladie[2]. » Après en avoir contesté en vain le bien-fondé, certaines victimes ont essayé de jouer sur les marqueurs biologiques de la séropositivité : faisant valoir que « son nombre de CD 4 n'était que de 80 par mm^3 », une jeune femme voulut obtenir un versement unique. Le fonds, soutenu par la cour d'appel, le refusa au motif que ce nombre n'est pas le critère du sida déclaré « selon la définition de l'OMS de 1987 », norme technique créatrice de droit[3].

1. Tribunal de grande instance (TGI) de Bobigny, 13 décembre 1990, *Gaz. Pal.*, 7-9 avril 1991.

2. Arrêt du 26 février 1993, confirmation par la Cour de cassation par arrêt du 20 juillet 1993, B. Gizardin, *Gaz. Pal.*, nº 330-331, 26 septembre 1993 ; c'est aussi une mesure de prudence : il est préférable de ne pas mettre les victimes en situation d'avoir tout dépensé au moment où la maladie va se déclarer.

3. CA de Paris, 17 juin 1993, X-contre Fonds d'indemnisation, *Jurisdata*, nº 93-4772.

2. La séropositivité pour le juge administratif

Autant le juge civil mit l'accent sur la nécessité d'un traitement juridique exceptionnel, autant les premières interventions du juge administratif montrèrent à tout le moins une certaine dureté de cœur. Insistant sur l'aléa du passage à la maladie, ces juges établirent une différence nette entre les deux états, et s'arrêtèrent sur le versement du quart de l'indemnité totale lors de la constatation de la seule séropositivité, les trois quarts restants devant être versés lors du passage à la maladie : c'était inverser la proportion choisie par le juge civil.

La première affaire pour laquelle un tribunal administratif eut à définir le préjudice concernait le cas du mari d'une infirmière d'un hôpital militaire, contaminée dans le cadre de son service par un malade qui lui avait renversé un échantillon de sang sur la main. Ignorant la séropositivité du malade et la sienne propre, l'infirmière contamina son mari. Le juge retint deux chefs de préjudice liés à la séropositivité : « la restriction de ses déplacements et les contraintes dans sa vie privée », qui lui permirent d'obtenir 500 000 F, et le préjudice moral, dont les éléments ne seront pas détaillés, évalué à 50 000 F[1]. S. Monchabert, commissaire du gouvernement, aura sur le préjudice moral des phrases qui sonnent de manière désagréable. La victime évoquait l'obligation de garder le silence vis-à-vis de ses enfants, ce que le commissaire du gouvernement jugea contradictoire avec le fait d'engager un procès public ayant partiellement pour objet d'obtenir réparation du préjudice pour les enfants de la victime. Le commissaire se plaignit en second lieu de l'ostracisme dont sont victimes les personnes séropositives ; ramenant cet ostracisme à celui dont souffraient autrefois les cancéreux, il estima qu'il ne fallait pas « valoriser ce type de comportement notamment en lui accordant une réelle valeur marchande ». C'est ce raisonnement assez hallucinant qui va lui permettre d'évacuer le préjudice moral avec 50 000 F, alors que la constatation de l'exclusion avait été l'un des éléments majeurs des fortes indemnités attribuées par les tribunaux de l'ordre judiciaire[2].

Le tribunal administratif de Paris va faire la première analyse fouillée du préjudice de séropositivité en 1991[3]. C'est un dommage actuel et certain, pure-

1. TA de Paris, 20 décembre 1990, M. et Mme B. contre ministre de la Défense, *Revue française de droit administratif* (*RFDA*), 1992, 8 (3), p. 551.

2. On notera aussi la modicité des sommes que l'État doit aux deux enfants de cette famille saccagée : 50 000 F pour l'aîné, incapable majeur, et 30 000 F pour le second, certes mineur, mais dans une « moins grande dépendance vis-à-vis de ses parents » ; un peu plus tard, le TA de Marseille ne se montrera pas beaucoup plus généreux : il va allouer 600 000 F à la victime pour la séropositivité, rien pour sa femme qui connaissait le risque en se mariant et avait consenti à en subir les aléas, rien pour les parents de la victime, puisque celle-ci était majeure et qu'ils ne pouvaient faire état de préjudice moral d'une exceptionnelle gravité (*Les Petites Affiches*, 16 octobre 1991, note A. Holleaux).

3. 29 novembre 1991, *Actualité juridique de droit administratif* (*AJDA*), 1992, p. 87, et 20 décembre 1991, *RFDA*, 1992, 8 (3), p. 562 et suiv.

ment moral : « Aucune réduction du potentiel physique, psychosensoriel ou intellectuel ne procède de la séropositivité ; ainsi aucune réparation du préjudice corporel ne peut être effectuée [...]. Considérant, en revanche, que la séroconversion est à l'origine de graves troubles de toute nature dans les conditions d'existence et notamment de douleurs morales très importantes. » Le préjudice de séropositivité sera de 400 000 F dans la première affaire, de 500 000 F dans la seconde. En fait, le tribunal va insister beaucoup plus que ne l'avaient fait les civilistes sur l'aléa du passage de la séropositivité à la maladie. Dans la première affaire, le magistrat avait demandé à un expert de préciser les mécanismes de l'évolution de l'une à l'autre[1]. L'expert avait admis, de « manière laconique », « le caractère certain d'une mort procédant de l'infection virale ». Comme le fait remarquer le commentateur, le tribunal administratif ne l'a pas suivi sur ce point : « Aucun des tests d'évolutivité qui mesurent la progression de l'infection virale ne révèle l'imminence ni même la probabilité du déclenchement des maladies opportunistes [...] ; que, dans l'état actuel des connaissances scientifiques, rien ne permet d'affirmer le caractère inéluctable du passage de la séropositivité asymptomatique aux maladies opportunistes. » « Une proportion non négligeable de séroconvertis n'a toujours pas développé la maladie au bout de onze ans. Ces constatations sont issues de la conférence mondiale de San Francisco de juin 1990. Sans vouloir pécher par excès d'optimisme, on ne peut dire aujourd'hui qu'un sujet séropositif développera à coup sûr un sida », dira le commissaire du gouvernement dans la seconde affaire[2].

Ce n'est donc qu'au « cas où surviendraient tout à la fois les signaux d'une évolution défavorable des marqueurs de l'infection virale et le déclenchement de maladies dites opportunistes », que la victime pourra saisir de nouveau le tribunal, pour faire apprécier le préjudice résultant du sida déclaré.

La différence entre les évaluations des juges administratifs et des juges civils perdra de son importance avec la mise en place du fonds d'indemnisation qui a compétence pour indemniser toutes les victimes, qu'elles aient été contaminées par une structure privée ou publique. Le chiffre pivot retenu est de deux millions de francs à l'âge de 20 ans ; les trois quarts de la somme sont versés lors de la constatation de la séropositivité.

1. 29 novembre 1991, *AJDA*, 1992, p. 88.
2. 20 décembre 1991, *RFDA*, 1992, 8 (3), p. 563.

3. L'établissement du lien de causalité

Après avoir choisi sa voie de droit, déterminé le tribunal compétent, établi en quoi l'atteinte qui lui avait été portée constituait un préjudice que le droit pouvait réparer, la victime doit établir le lien de causalité entre un fait générateur (ici la transfusion) et le préjudice. C'est en faisant reconnaître ce lien par le juge que la victime pourra « imputer » le dommage à un responsable.

Pour être efficaces et souples, les tribunaux ont toujours hésité à donner une définition générale de la causalité au sens juridique du terme, les multiples difficultés étant résolues de manière assez empirique [1] ; les solutions relèvent en réalité d'une politique judiciaire à la recherche d'un équilibre entre responsables et victimes.

Un dommage n'a pas forcément une seule cause : il en fut ainsi des contaminations provoquées par une transfusion rendue nécessaire par un accident de voiture ; qui, du chauffeur et/ou du centre de transfusion, est responsable ? Cela n'épuise pas tous les problèmes ; on va surtout se trouver en face de causalités, par hypothèse incertaines. En toute rigueur, la victime ne pourra jamais prouver d'où vient son virus : d'une transfusion ou d'un rapport sexuel ? A force de rechercher les receveurs de transfusions contaminantes, les centres de transfusion ont montré que certains d'entre eux avaient échappé à la contamination qui, très probablement, n'est pas automatique ; on est contraint de faire jouer des présomptions.

1. La pluralité d'événements causals

Les tribunaux attaquent le problème de la pluralité des causes de deux manières différentes. Ils peuvent faire référence à la théorie de la causalité adéquate : dans ce cas, la victime est invitée à désigner un responsable, qui pourra toujours se retourner contre ceux qui ont participé avec lui à la chaîne des causes et des effets. Mais ils font aussi référence à la théorie de l'équivalence des conditions : la demande sera alors dirigée contre tous ceux qui ont participé à la réalisation du dommage ou l'un quelconque d'entre eux.

1. G. Viney, *Traité de droit civil*, « La responsabilité, Conditions », *LGDJ*, 1982, p. 406 et suiv.

Pour les tenants de l'équivalence des conditions, il apparaît que tout dommage résulte de plusieurs facteurs dont chacun a été indispensable à la réalisation du dommage. Aucune sélection ne se justifie entre eux, et la victime peut choisir librement entre les différentes causes de son dommage. Pour les tenants d'une sélection entre les causes, il est bon de choisir soit la plus proche dans le temps, soit la plus importante, etc. « Ne retenant parmi les conditions du dommage que celles qui contenaient la possibilité objective du résultat », les tribunaux ont souvent privilégié le caractère nécessaire ou prévisible de la relation de cause à effet.

Dans les affaires de contaminations, cette possibilité a conduit à un curieux résultat : les premières décisions de justice qui furent rendues portaient sur des circonstances complexes où la transfusion contaminante avait eu pour origine un événement extérieur, accident de voiture ou faute d'un chirurgien. Cela conduisit les victimes à demander la réparation aux auteurs fautifs de l'accident de voiture ou de l'erreur médicale, situation maîtrisée par les avocats qui évitaient de se poser la question moins connue de la responsabilité propre des centres de transfusion.

Il y a d'abord la faute d'un chirurgien lors d'une opération banale, cette faute n'étant pas niée. Elle avait entraîné une série de complications en chaîne et, pour finir, une grave opération réparatrice accompagnée de transfusions massives qui s'étaient révélées contaminantes. Le chirurgien tenta de faire valoir qu'il n'était pas seul en cause, et que le centre de transfusion avait contribué au dommage. La cour de Versailles répondit[1] : « La responsabilité civile s'encourt dès que le dommage allégué se trouve lié à la faute établie par un rapport de causalité adéquate ; qu'un tel rapport existe lorsque la faute a constitué le facteur qui, parmi ceux en cause, a joué un rôle véritablement perturbateur [...] ; qu'en l'espèce, c'est par la faute du Dr B. et par ses conséquences inéluctables que Jean Boizard a dû subir des interventions qui l'ont fragilisé et qui l'ont conduit, *par un processus thérapeutique nécessaire,* à recevoir des transfusions dont le caractère massif, en un temps où le risque de contamination était maximum, a généré sur son organisme affaibli une affection mortelle à laquelle ne le prédisposait aucune autre circonstance. » La théorie de la causalité adéquate avait abouti à focaliser le procès sur le rôle perturbateur de la faute du chirurgien et la notion de processus nécessaire, conduisant de manière inéluctable de la faute à la contamination.

Un peu plus tard, le tribunal de grande instance de Bobigny va choisir une autre possibilité. Au lieu de retenir la théorie de la causalité adéquate qui aurait permis à la victime d'obtenir réparation en condamnant le seul responsable de l'accident de voiture, il va parler d'équivalence des conditions : « Attendu que, dès lors que plusieurs causes produites successivement ont été les conditions nécessaires du dommage, toutes en sont les causes, de la première à la der-

1. *Semaine juridique*, Éd. G, 1990, II, 21505, note A. Dorsner-Dolivet, pour une transfusion de 1982.

nière[1]. » Cela va lui permettre d'évoquer, outre la responsabilité du conducteur automobile, celle de l'hôpital où la transfusion avait été pratiquée, mais aussi, pour la première fois, celle du centre qui avait fourni le sang.

C'était le premier signal adressé aux centres de transfusion, qui jusqu'ici n'avaient pas été inquiétés.

2. La causalité incertaine

Il fallut surtout résoudre les problèmes d'incertitude. Avoir subi une transfusion, même contaminante, n'implique pas la certitude à 100 % d'avoir été contaminé par elle, car on peut avoir un rapport sexuel contaminant et être en même temps un toxicomane imprudent. C'est en principe à la victime d'apporter la preuve du lien de causalité, mais le juge manie les présomptions avec dextérité : dans les affaires de contamination, il est passé d'une recherche du raisonnable à un quasi-renversement de la charge de la preuve.

Au départ, le juge s'est attaché à construire un faisceau de présomptions, positives et négatives, mais l'équilibre initial fut assez vite emporté[2].

Il y a d'une part les présomptions positives. Il faut au minimum apporter la preuve de l'existence d'une transfusion dans la vie du malade ; on demande alors aux centres de retrouver la trace des donneurs. S'ils sont retrouvés et que l'un d'entre eux est séropositif, la présomption est raisonnable. Mais, à l'époque de la contamination, seuls quelques rares centres conservaient des archives. Pour une raison ou pour une autre, on était donc souvent dans l'impossibilité de retrouver les donneurs impliqués dans la transfusion litigieuse. Le doute fut alors toujours interprété en faveur de la victime[3].

Il y a d'autre part les présomptions négatives, très répétitives, se référant à l'idée que la victime est « manifestement étrangère aux groupes à risques », parce qu'elle est mariée, que son mari est séronégatif : « Mme X., secrétaire médicale, n'est à l'évidence pas toxicomane ; que mariée à l'âge de 21 ans, elle élève ses deux enfants de neuf et six ans qui sont séronégatifs comme l'était, en 1987, son mari dont elle est aujourd'hui divorcée ; qu'elle déclare n'avoir jamais eu de relations sexuelles avec des personnes suspectes d'infection à

1. TGI de Bobigny, 19 décembre 1990, *Gaz. Pal.*, 7-9 avril 1991, p. 2 ; cf. aussi CA de Paris, 7 juillet 1989, G. Durry, *Revue trimestrielle de droit civil*, 1-1990 : « Dès lors que plusieurs causes produites successivement ont été les conditions nécessaires du dommage, toutes sont les causes de la première à la dernière. »

2. Les tribunaux de l'ordre judiciaire se sont lancés tout de suite dans la construction du faisceau de présomptions, tandis que les tribunaux administratifs ont commencé par mettre en doute la possibilité d'établir le lien de causalité dans ce type d'affaires ; cf. TA de Paris, 4 mai 1988, cité par A. Holleaux, *Les Petites Affiches*, nº 124, 16 octobre 1991, et TA de Rennes, 1re chambre, 18 mai 1988, nº 86478, *Jurisdata*, nº 45856.

3. Ce raisonnement a été retenu également par le TA de Marseille, 6 juin 1991, *Les Petites Affiches* du 16 octobre 1991.

VIH et n'avoir jamais voyagé dans les régions géographiques à forte endémie à VIH et qu'enfin, lors de la découverte du sida, elle ne présentait aucun marqueur d'autres infections à cytomégalovirus ou à virus de l'hépatite B, très fréquemment retrouvés associés à l'anti-VIH parmi les populations à risques[1]. »

Il était évident que le recours à la notion de « personne manifestement étrangère aux groupes à risques » rencontrerait des difficultés. Les groupes à risques comprenaient les homosexuels, les toxicomanes, les personnes ayant voyagé dans des pays à forte endémie et les hémophiles. Or c'est en fait le comportement de ces personnes et non leur appartenance au groupe qui pose problème. Autrement dit, des homosexuels fidèles, des toxicomanes n'échangeant pas les seringues, des voyageurs sans relations sexuelles de rencontre, ne courent pas de risque. Que faire, alors, dans l'hypothèse d'un homosexuel transfusé et contaminé ?

En fait, en application de la loi d'indemnisation, la cour d'appel de Paris, statuant en appel des décisions du fonds, renverse la charge de la preuve, exigeant des centres qu'ils établissent d'une manière ou d'une autre que la contamination n'a pas pu avoir lieu de leur fait. Devant un transfusé par ailleurs héroïnomane, la cour fait ainsi remarquer que, en l'absence de renseignements sur les donneurs et sur l'état sérologique du receveur au moment de la transfusion, le centre ne pouvait pas se contenter de constater qu'il était héroïnomane. Cela revient dans ce cas à rendre la preuve contraire impossible, la transfusion ayant eu lieu en 1982, époque où l'on ne savait pas reconnaître la séropositivité. La cour précise, au demeurant, que « les personnes appartenant à des catégories plus particulièrement exposées au risque de contamination ne sont pas exclues du champ d'application de la loi, et que la toxicomanie ne prive pas du bénéfice de l'indemnisation[2] ».

Ce choix, qui s'inscrit bien dans la ligne générale de la jurisprudence risque de produire des effets ravageurs en matière d'hépatites C. Dans ce cas, en effet, on connaît toujours très mal les différents modes de transmission ; la transfusion est donc une « cause » d'autant plus tentante qu'un grand nombre de contaminations datent d'une époque où il n'y avait pas d'archives, donc pas de possibilité pour les centres de démontrer qu'ils ne sont pas impliqués.

1. 28 novembre 1991, Dalloz, 1992.85, précité.
2. B. Gizardin, *Gaz. Pal.*, 26-27 novembre 1993.

4. Fautes, risques et solidarités

Il est temps de franchir la dernière étape, la plus délicate. A qui la victime d'une contamination va-t-elle imputer le dommage, et sur quel fondement ? Avant que le contentieux ne s'uniformise sous la pression de la loi d'indemnisation, puis d'une volonté des juridictions suprêmes d'harmoniser leurs jurisprudences, les victimes mirent en cause des personnes diverses : de rares personnes physiques – l'anesthésiste qui a prescrit le produit sanguin, l'obstétricien qui a réalisé la césarienne, l'auteur de l'accident de voiture qui a été à l'origine de la transfusion – mais surtout des personnes morales – établissements de soins publics et privés [1], centres de transfusion et, de manière plus originale l'État lui-même, pour n'avoir pas su mettre en œuvre les mesures de police sanitaire propres à minimiser le risque transfusionnel.

Les avocats pouvaient hésiter sur le fondement sur lequel il convenait d'attaquer. Lorsqu'ils mettaient en cause des *centres de transfusion sanguine*, il fallait d'abord savoir si on allait considérer leur intervention dans la *logique de l'acte médical*, qui oblige la victime à prouver la faute au regard d'une obligation de moyens, ou dans la *logique de la fabrication d'un produit*, qui permet à la victime de s'appuyer sur la théorie du risque créé. Lorsqu'ils mettaient en cause la responsabilité de *l'État* pour son activité de réglementation, il fallait se décider en faveur de la *faute lourde* ou de la *faute simple*. On verra que les hésitations de la jurisprudence ne manquèrent pas, donnant l'image d'un « droit en miettes [2] », qui fut recomposé, *in fine*, par l'œuvre d'harmonisation des juridictions suprêmes.

Les solutions proposées par les tribunaux doivent être rattachées à de grands courants de politique judiciaire en matière de risque technologique. De manière caricaturale, je dirais que depuis plus d'un siècle le combat a été rude entre deux thèses. On trouve, d'un côté, les partisans d'une réparation systématique de la victime d'un produit, *sans aucune possibilité d'exonération* pour son fabricant, quel que soit par ailleurs le produit dont il s'agit. On peut même dire que plus le produit ou l'outil sont dangereux, plus la responsabilité est verrouillée, au besoin par le législateur : c'est le choix qui a été fait d'emblée pour le risque nucléaire

1. A. Dorsner-Dolivet, « Sida et responsabilité des cliniques », in *Semaine juridique*, Éd. G, nº 7, 1995, doctrine, 3824, J.-S. Bergé, « Risque et faute dans la contamination transfusionnelle », *Gaz. Pal.*, note à paraître.

2. R. Margeat, « Séropositivité, sida et jurisprudence », in *Gaz. Pal.*, 13-15 octobre 1991.

ou en matière d'expérimentation sur l'homme. C'est cette tendance déjà fortement représentée en France que l'affaire de la transfusion est venue conforter.

On trouve de l'autre côté les partisans d'une conception de la sécurité qui, pour être stricte, ne fait pourtant pas obstacle à tout mécanisme d'exonération, le problème étant de déterminer où mettre la limite. Beaucoup de pays étrangers estiment ainsi qu'un fabricant ne doit pas être tenu de réparer les dommages causés par le vice indécelable dont le produit est affecté. Il y aurait un « risque de développement », lié par nature au progrès technique. Rendre responsable l'industriel aboutirait inéluctablement à décourager le progrès.

La faille entre les deux partis est *morale* autant que stratégique. Pour les partisans de la théorie du risque créé, la nécessité morale se décline sur deux plans : d'une part, celui de l'indemnisation de la victime ; d'autre part celui de la charge de cette indemnisation, qui doit peser sur celui qui, même involontairement, a fait courir le risque. Dans la mesure où c'est lui qui profite économiquement de l'activité de production, c'est lui aussi qui doit intégrer l'indemnisation éventuelle dans ses coûts de production.

Mais il paraît tout aussi insoutenable à leurs débatteurs que l'on puisse être comptable d'un risque que l'on n'a pas les moyens de percevoir. Certains ne sont pas choqués qu'une victime puisse ne pas être indemnisée, car ils laissent une place au « mauvais sort ». D'autres admettent l'indemnisation automatique, mais voudraient que l'on trouve le moyen de distinguer entre les producteurs qui n'ont pas commis de faute et les autres. Cette distinction peut se faire par le recours au droit pénal, mais aussi, comme aux États-Unis, par l'institution de dommages-intérêts punitifs à côté de l'indemnisation classique[1]. Ils font également remarquer que la possibilité de créer des fonds publics d'indemnisation peut permettre de corriger certaines injustices. La solidarité vient alors au secours de la théorie de la faute.

La faille est aussi *stratégique*. Les premiers estiment qu'une « responsabilité totale » est le meilleur outil de prévention qui soit, obligeant les fabricants à la plus grande prudence dans la conception technique et dans le calcul économique, puisqu'ils sont poussés à s'assurer à la hauteur de l'obligation qui leur est imposée ; ils intègrent ainsi au prix de vente le coût de la réparation des dommages et renoncent à un produit dont les risques sont trop importants. A cela leurs adversaires répondent que si cela est vrai jusqu'à un certain point, l'absence de toute connaissance du risque dans le cas du risque de développement le rend par hypothèse inassurable ; passé un certain seuil, la sévérité n'aurait plus aucun effet et pourrait même se révéler contre-productive, bloquant le progrès technique. En matière de contaminations, la jurisprudence civile et administrative a donné, par ses hésitations, de quoi alimenter la controverse.

Au-delà de ce premier débat, l'affaire de la contamination pourrait représenter une étape importante des relations entre le public, l'État et la technologie. En condamnant l'État pour un mauvais usage de son pouvoir de police

1. Cette thèse vient d'être brillamment soutenue dans l'ouvrage de Suzanne Carval *La Responsabilité civile dans sa fonction de peine privée*, LGDJ, 1995.

sanitaire, le Conseil d'État a été plus, et moins révolutionnaire qu'on ne l'a dit : plus révolutionnaire, si cette jurisprudence devait être reprise et systématisée, conduisant au principe général de responsabilité des producteurs de normes techniques pour les conséquences de leurs choix en matière de santé publique et d'environnement ; moins révolutionnaire qu'on ne le dit, car la date à partir de laquelle l'État a été reconnu coupable d'inaction fut relativement tardive. L'État est tenu à une vigilance technique moyenne, pas au prophétisme.

C'est dans ce contexte complexe que les tribunaux se sont frayé un chemin. L'enjeu est important, pour les victimes et les entreprises sans aucun doute, mais au-delà, pour la société tout entière, et de bien des façons ; outre le risque éventuel d'un découragement des entreprises et d'un désengagement de l'État, le rapport à la technique qui sortira de ces décisions est un choix politique qui devrait refléter ceux du public : comme l'ont fait remarquer à de multiples reprises les intervenants à un colloque sur la justice organisé par le journal *La Croix*[1], le juge statuant « au nom du peuple français » doit se trouver en harmonie avec les valeurs communément partagées par la société. Il doit éviter la démagogie comme la frilosité, songer à l'intérêt de sa solution dans le procès dont il a la charge, mais aussi aux conséquences de cette solution sur les autres procès du même type qui seront jugés dans l'avenir. *Or, en accord total, la Cour de cassation et le Conseil d'État, saisis des mêmes faits, ont retenu la responsabilité des centres de transfusion sur le fondement du risque créé, même s'agissant des dommages causés par un vice indécelable dans l'état actuel de la technique. Le mouvement est puissant et isole la France des autres grands pays industrialisés.*

A. LA RESPONSABILITÉ DES CENTRES DE TRANSFUSION POUR LES PRODUITS DE LA MÉDECINE TRANSFUSIONNELLE

Les *juridictions civiles* étaient chargées du contentieux concernant les centres de transfusion sanguine fonctionnant sur le modèle associatif. La plupart des décisions ont montré la préférence du juge pour le modèle du risque, excluant toute possibilité d'exonération même lorsque la contamination est inévitable. Quelques tribunaux isolés ont développé la thèse contraire. La Cour de cassation a tranché en faveur des premiers, confirmant le caractère absolu de la responsabilité du fabricant pour le risque de développement associé à un produit dont les effets dangereux ne peuvent, en l'état de la technique, être repérés. Les *juridictions administratives* étaient chargées du contentieux des établissements publics. Après quelques hésitations, elles semblèrent exiger de la victime la preuve d'une faute. Mais le Conseil d'État vint imposer la responsabilité pour risque.

1. Divers comptes rendus dans *La Croix*, du 16 avril au 24 mai 1994.

Si le travail effectué se révèle passionnant, il fut très long et parut souvent contradictoire : lente maturation et contradictions sont nécessaires au débat juridique, mais insupportables pour des victimes qui se sentaient mourir. La situation était si tendue que le législateur en arriva à la nécessité de constituer un fonds qui permette l'indemnisation facile de toutes les victimes.

1. Les juridictions civiles entre médecine et industrie

Le droit de la responsabilité est séparé en deux catégories distinctes : le droit de la *responsabilité délictuelle* s'applique en principe s'il n'existe aucun lien de droit entre la victime et l'auteur du dommage, ce qui aurait dû être le cas de la plupart des contaminations. Comme il est plus facile de protéger les victimes dans le cadre de la *responsabilité contractuelle*, les tribunaux vont tous, par un moyen ou par un autre, fonder leur décision sur un contrat.

Le *modèle dominant* retenu par les tribunaux va les conduire à renouer avec la vieille ruse de la stipulation pour autrui, mise en œuvre dans les années cinquante pour les contaminations syphilitiques. Ils vont décider que toute administration de produits sanguins, labiles ou stables, implique l'existence d'un *contrat de fourniture* de produits entre les centres de transfusion et l'établissement de soins, contrat « auquel le bénéficiaire du sang est associé par la stipulation tacite qu'il contient en sa faveur [1] ». Seule la cour d'appel de Toulouse va proposer une logique complètement différente, celle du *contrat médical incluant une fourniture de produits*. Il n'est plus nécessaire alors de passer par la stipulation pour autrui : on est dans le cadre d'une *prestation de services.*

Contrat de fourniture et contrat médical sont de nature différente, presque opposée : le contrat de fourniture évoque l'industrie et l'obligation de résultat qui résulte de la responsabilité du fait des produits ; le contrat médical est le domaine d'élection des obligations de moyens. D'origine doctrinale, la distinction entre les obligations de résultat et les obligations de moyens entend donner la mesure de l'engagement du débiteur d'une obligation, et donc la mesure de sa responsabilité. Dans le premier cas, il s'engage sur un résultat précis, fournir un produit sain, et il est en faute dès qu'il n'exécute pas cette obligation. Il convient de préciser que c'est le juge qui en décide ainsi : les centres de transfusion ne se sont jamais engagés à fournir un produit sain, bien au contraire. Il s'agit, ici encore, d'une fiction. Dans le second cas, le débiteur s'engage seulement à *mettre en œuvre les moyens normalement appropriés pour obtenir le résultat* que le créancier peut espérer ; on exige de lui une conduite moyenne. Si le créancier n'est pas satisfait, c'est à lui de prouver que

1. CA de Paris, Dalloz, 1992, II, p. 85, note A. Dorsner-Dolivet ; *Semaine juridique*, 1992, Éd. G, II, p. 46, note M. Harichaux ; pour une critique motivée de ce choix, cf. P. Murat, « Quelle responsabilité ? », in *Gazette de la transfusion sanguine*, n° 83, février 1993.

le débiteur a commis une faute, en agissant avec une diligence ou une prudence moindre que celle que l'on peut attendre du bon père de famille ou du professionnel averti.

Or les parties ne sont pas toujours libres de qualifier leurs obligations réciproques, car la jurisprudence a distingué des obligations qui sont par nature des obligations de résultat, et d'autres qui sont par nature des obligations de moyens. C'est ainsi que l'activité médicale relève traditionnellement de l'obligation de moyens, personne ne songeant à exiger la guérison.

La différence entre les deux types d'obligations décide souvent de l'issue du procès, et l'on est donc toujours à la recherche de critères de distinction qui permettraient de savoir facilement si l'on est tenu à l'une ou l'autre obligation. Mais il n'existe guère que des fils conducteurs. Le plus traditionnel était celui de l'aléa : avec la transfusion, l'aléa paraît d'autant plus grand que les centres de transfusion n'ont la maîtrise de leur activité ni en amont, puisque le donneur reste toujours capable d'omettre un facteur de risque, ni en aval, car le prescripteur peut toujours utiliser un produit à mauvais escient[1]. Un autre critère est tiré de la situation des parties : les centres de transfusion ont ainsi argué du service public pour justifier l'existence d'une obligation de moyens. C'est l'inverse qui fut retenu : leur position de monopole dans l'exécution d'un service public de nature médicale met la victime dans une dépendance complète à l'égard de leurs produits et justifie pour une grande part le choix massif en faveur de l'obligation de résultat. Mais, dans une optique consumériste, ces subtilités ont progressivement disparu du droit de la « responsabilité du fait des produits » aligné sur la seule obligation de résultat. Le problème était donc de savoir si l'on situait la transfusion dans la logique du produit ou dans celle d'un acte médical.

Si l'on admet que les juges se déterminent au regard d'une fonction générale d'équité[2], on peut conclure que la diversité des solutions des juridictions du fond a permis de disposer de deux modèles d'équité entre lesquels la Cour de cassation a tranché.

Le contrat de fourniture de produits sanguins : un modèle dominant

La majeure partie des tribunaux de l'ordre judiciaire va tirer jusqu'à son terme la logique du contrat de fourniture de produits sanguins : les établissements de transfusion sont tenus de fournir un produit exempt de vices, et la victime n'a pas de faute à démontrer. Quelques rares tribunaux ont adopté une position dissidente : parlant bien de contrat de fourniture, ils évoquent le particularisme de la fourniture d'une « substance thérapeutique », et retiennent à

1. Contra, P. Jourdain, qui affirme sans s'en expliquer, que la fourniture de sang non vicié n'est pas une prestation aléatoire, le professionnel ayant la totale maîtrise de l'exécution de sa prestation, in *Semaine juridique*, Éd. G, nº 29, 1995, II, 22467.

2. G. Viney, *Traité de droit civil,* p. 650.

la charge du fournisseur une obligation de sécurité qu'ils définissent comme une obligation de moyens[1].

Fourniture de produits sanguins et obligation de résultat

C'est la cour d'appel de Paris qui va affirmer la thèse d'un contrat de fourniture de droit commun, ne faisant aucune place à un particularisme éventuel des produits sanguins, alors que le Centre départemental de transfusion sanguine (CDTS) avait fait valoir la spécificité de sa prestation, caractéristique du droit médical, lieu des obligations de moyens :

« Considérant que le CDTS [...] ne peut être tenu d'une obligation de résultat alors que la *volonté du législateur* exprimée dans les art. L. 667 du Code de la santé publique a été, en confiant aux médecins un rôle prépondérant à tous les stades de la "chaîne du sang", *de rattacher la transfusion sanguine au droit médical.* »

Ce raisonnement est très révélateur de l'erreur fondamentale des responsables de la transfusion : ils pensaient, et beaucoup d'entre eux le pensent toujours, que le rattachement du système transfusionnel au corps médical réalisé par la loi de 1952 suffisait à l'inclure dans le droit médical, qui leur paraît tout entier relever de l'obligation de moyens. Or l'art médical n'est pas homogène. Il se décompose en phases bien séparées, dont certaines relèvent des obligations de moyens, tel le diagnostic, tandis que d'autres s'en sont séparées : l'instrumentation et le laboratoire, par exemple, sont désormais rattachés aux obligations de résultat car ils relèvent d'une problématique industrielle. On peut dire que la transfusion sanguine pourrait constituer un paradigme de cette évolution. Partis d'une prestation médicale lorsqu'ils réalisaient des transfusions de bras à bras[2], les transfuseurs ont été progressivement coupés de l'acte transfusionnel pour devenir des fournisseurs de produits sanguins. Dès lors, ils s'éloignaient logiquement du droit médical.

C'est ce que retiendra la cour d'appel en « considérant que le contrat conclu entre la clinique et le CDTS, auquel le bénéficiaire du sang est associé par la stipulation tacite qu'il contient en sa faveur, *n'est pas un contrat de soins médicaux par lequel le centre se serait engagé à soigner le malade mais un contrat de fourniture de sang pour l'exécution d'une prescription médicale*[3] ».

L'obligation qui résulte d'un contrat de fourniture est très sévère, car le produit délivré, ici le sang, doit « répondre par sa nature et ses qualités au but poursuivi[4] ». « En sa qualité de professionnel, le CDTS doit livrer un sang exempt

1. Cette position est importante au regard de la problématique du risque de développement ; cf. *infra*, p. 290.

2. Il faut noter pourtant que même à cette époque, les tribunaux optèrent pour l'obligation de fournir un sang sain.

3. C'est pourquoi il me semble que F. Ewald se trompe en voyant dans cet arrêt un possible revirement de jurisprudence sur la qualité d'obligation de moyens attachée à l'acte médical : il ne s'agit précisément pas d'un acte médical. Cf. *Risques*, nº 14, note 20.

4. TGI de Paris, 1 juillet 1991, *Gaz. Pal.*, 13 octobre 1991, nº 286-288, II, p. 16.

de vices. Attendu que la délivrance de la chose au sens de l'article 1604 du Code civil suppose que cette dernière soit propre à l'usage que les parties avaient en vue lors de la vente ; qu'il est démontré qu'un des produits livrés était vicié par un virus entraînant la mort, alors qu'il est d'évidence que ce produit avait pour seul but de guérir[1]. »

Effectivement, ni en droit ni en équité, le seul fait de placer des médecins aux commandes de la transfusion ne pouvait suffire à transformer un acte de production en acte médical : c'est l'activité qui décide du régime juridique, non la qualité de celui qui la met en œuvre. Les centres faisaient donc fausse route en développant cette argumentation. Il semble même que la part médicale de leur activité fût bizarrement retournée contre eux, en l'occurrence par le tribunal de Nice, qui y voit une raison de conforter la sévérité de l'obligation qui leur est imposée[2] : « Qu'en l'espèce il s'agit de l'application des règles de la responsabilité contractuelle imposées à tout professionnel, et spécialement marquées ici par la nature particulière des relations de confiance qui doivent nécessairement exister entre le malade et ses cocontractants. »

Cette dernière affirmation permet pourtant de comprendre la limite de l'assimilation pure et simple de la transfusion sanguine à un contrat de fourniture de droit commun puisque le professionnel auquel il est fait allusion se trouve être un médecin ; du coup, l'obligation de conseil, que doit tout professionnel à son client, se trouve être un conseil de type médical qui oblige à renouer la logique industrielle de la fourniture à celle de l'art médical, qui ne réapparaît que pour renforcer la thèse de l'obligation de résultat, ce qui est assez incohérent.

Il en fut ainsi avec un jugement du tribunal de grande instance de Limoges : il retint l'inexécution de l'obligation de fournir un sang sain (obligation de résultat) et l'assortit d'un manquement au devoir d'information et de conseil, ce qui était conforme à la responsabilité du fait des produits. Mais le tribunal explique que le centre aurait dû « refuser d'exécuter une prescription qui ne paraîtrait pas conforme à l'intérêt du malade ou aux règles déontologiques ; proposer le protocole d'autotransfusion le plus adapté, réduisant au maximum les risques de contamination ; informer systématiquement les médecins des risques inhérents à la transfusion sanguine ; s'abstenir de délivrer les produits sanguins comportant des risques de contamination virale, ou, à tout le moins, en réserver strictement l'usage aux cas où la vie des malades est en jeu et faute d'autres solutions[3] ». Et le tribunal de conclure : « Qu'a manqué à cette obligation de conseil, ce centre qui n'a pas, en l'espèce, proposé un protocole adéquat d'autotransfusion et qui n'a pas réagi face aux pratiques transfusionnelles des médecins relatives à l'utilisation des plasmas frais congelés non limitée aux cas où la vie du patient est en jeu. »

Pleine de bon sens, posant de vraies questions, cette décision est probléma-

1. CA de Paris, 28 novembre 1991, Dalloz, 1992, II, p. 85. TGI de Toulouse, 20 février 1992, non publié, Pdt Marcel Foulon ; sur le refus du fondement de l'article 1604, cf. CA de Toulouse, 8 septembre 1992, *Jurisdata*, nº 47193.

2. TGI de Nice, 27 juillet 1992, Dalloz, 1993, II, p. 38, note D. Vidal.

3. TGI de Limoges, 1re chambre civile, 31 juillet 1991, *Jurisdata*, nº 048666.

tique : après avoir retenu une obligation de résultat, elle détaille en fait une série de manquements aux devoirs de prudence caractéristiques d'une obligation de moyens, camouflée ici en devoir de conseil. Or la mise en évidence de l'inexécution de ce devoir de conseil était inutile à la décision, puisque la responsabilité du centre était acquise du seul fait de l'obligation de résultat.

En réalité, lorsqu'un fabricant de produit est condamné selon les termes du droit commun, il peut se retourner contre le fournisseur de matières premières, et, dans certaines hypothèses, poser des règles strictes d'utilisation du produit objectivement dangereux qu'il fabrique (une tronçonneuse par exemple) : la sévérité du droit de la responsabilité est alors atténuée par les possibilités d'en partager la charge. La situation n'est pas la même ici. Il est hors de question de se retourner contre le donneur, fournisseur de matière première. Le problème est plus délicat en aval. Les médecins prescripteurs ne sauraient être tenus des vices du sang sur lesquels ils n'ont aucune maîtrise. A l'inverse, ils devraient en principe être responsables de la mauvaise utilisation des produits sanguins ; mais cette hypothèse n'a jamais été retenue. De même, les cliniques et les hôpitaux ont été déchargés de toute responsabilité[1]. Pourtant, utiliser un produit à risques en dehors des indications pour lesquelles il est indispensable à la vie du malade constitue une imprudence ; transfuser quand cela n'est pas vraiment nécessaire est une imprudence dont devraient être responsables les prescripteurs, sur lesquels les centres de transfusion n'avaient aucun contrôle.

Les centres concentrent donc les responsabilités de la totalité de la chaîne de production, sans pouvoir se retourner contre les autres acteurs, ce qui dessine un paysage particulier de canalisation totale du risque.

Contrat de fourniture et statut du corps humain

La question se posait ensuite de savoir s'il était vraiment possible de parler de contrat de fourniture pour des produits issus du corps humain. La qualification de contrat de fourniture était dans la logique concrète de l'activité de production des centres et dans l'intérêt des victimes. Mais on voit tout de suite à quoi cela peut conduire : parler de *fourniture* amène à parler de produit, de *chose*, et à utiliser l'article 1604 du Code civil, propre au droit de la *vente*. La logique du droit de la responsabilité allait-elle aboutir indirectement à reconnaître la vente d'un produit, quand on avait tant travaillé à refuser de qualifier le sang de chose ou de médicament et que la gratuité était devenue à la fois une réalité concrète et une valeur communément partagée ? Tel fut le second argument des centres de transfusion.

Il pouvait ne pas manquer de force aux yeux de ceux qui veulent faire du droit une science non seulement *rationnelle*, mais encore *homogène*. Il faut alors que le régime juridique du sang puisse être développé dans toutes ses conséquences sur un seul plan. Certains en concluront que le sang, qui n'est pas

1. Sur le caractère dérogatoire au droit commun de cette solution, cf. J.-S. Bergé, « Risque et faute dans la contamination transfusionnelle », *Gaz. Pal.*, note à paraître.

une chose, ne peut donner naissance à la responsabilité du fait des produits – c'était la thèse des centres de transfusion. A l'inverse, d'autres soutiendront que pour protéger les victimes, il faut retenir cette responsabilité stricte, et donc accepter de qualifier le sang pour ce qu'il est, une chose – c'est la thèse développée par J.-P. Baud dans l'affaire de la main volée.

Les tribunaux, plus empiriques, n'hésitent pas à se mouvoir sur deux plans différents. Pour protéger le donneur et reconnaître une valeur symbolique au sang, ils admettent que le sang donné n'est pas une chose ; pour protéger le receveur, les mêmes tribunaux considèrent que le sang transfusé relève de la responsabilité du fait des produits. La rupture entre ces deux plans n'est pas insoutenable en elle-même, mais les tribunaux ne l'ont pas justifiée d'une manière qui emporte une totale adhésion.

Ici encore, la cour d'appel de Paris a donné le coup d'envoi dans son arrêt du 28 novembre 1991 : « Considérant que le CDTS fait valoir que le sang est un tissu humain qui ne peut être assimilé à une marchandise ou à un produit quelconque [mais considérant que], si le corps de l'homme, et donc son sang, est hors commerce, la loi du 22 juillet 1952 [...] a autorisé les cessions de sang à titre onéreux ; que le prix des opérations concernant le sang humain est fixé, [...] de façon à exclure tout bénéfice. Considérant qu'en sa qualité de professionnel, le CDTS doit livrer un sang exempt de vices. »

Par ces quelques lignes, la cour d'appel dissocie sans grand souci de motivation le sang qui serait hors commerce avant et pendant le prélèvement du sang prélevé qui fait ensuite l'objet de cessions à titre onéreux quoique sans profit. L'existence de ces cessions permet de qualifier les centres de professionnels, et de les soumettre comme tels à une obligation de résultat.

Le raisonnement plus détaillé du tribunal de grande instance de Toulouse, en date du 20 février 1992, sera plus intéressant mais aussi plus contestable :

« Attendu que l'interdiction de faire le commerce avec le corps humain, qui se fonde sur l'article 1128 du Code civil[1], a pour but de protéger l'individu contre lui-même et d'éviter que ce dernier n'accepte une mutilation ou une opération dangereuse afin d'en tirer un profit ; que la situation entre le donneur et le CTS n'est pas la même que celle existant entre ce dernier et le transfusé ; que dans la première phase [relation entre le donneur et le centre] les deux principes issus des articles L. 666 et suiv. du Code de la santé, s'appliquent, à savoir : bénévolat du don, caractère d'organe conféré au sang humain ; qu'il n'en est pas de même dans la seconde phase [relation entre le Centre et le malade] puisque les produits sanguins d'origine humaine [...] sont alors vendus, même si le prix est qualifié de "défraiement", étant rappelé que la vente n'implique pas nécessairement la notion de profit ; que lesdits produits sont d'ailleurs issus d'un processus de collationnement, puis de fabrication ou de conservation qui les distinguent nettement de la matière d'origine ; que la

1. Art. 1128 : Il n'y a que les choses qui sont dans le commerce qui puissent être l'objet des conventions ; c'est à partir de cet article sibyllin qu'a été construite la jurisprudence sur le statut du corps humain.

“réglementation stricte” régissant les CTS ne peut avoir pour effet de soustraire ces organismes jouissant d'une situation de monopole aux règles du droit civil ; qu'il convient à ce sujet d'observer qu'une telle réglementation d'une part n'a pour but que d'indiquer un minimum de précaution à prendre et d'autre part ne peut avoir pour effet de se retourner contre ceux qu'elle prétend protéger ; que les unités de sang susvisées ne peuvent être en droit qu'une chose, dans le commerce, susceptible d'une vente. »

De ce long raisonnement, le tribunal va déduire « qu'en ne livrant pas un produit sain conforme à sa destination le Centre régional de transfusion sanguine (CRTS) a manqué à son obligation de délivrance ». Le tribunal effectue une rupture nette entre deux phases, distinctes sur le plan juridique et sur le plan matériel. La première phase (donneur-centre) est marquée juridiquement par la notion d'extracommercialité : on est en présence d'un *organe* donné gratuitement ; matériellement, le sang est alors le sang tel qu'il sort du corps humain et l'on peut se demander si le tribunal, choisissant de parler d'organe et non de chose, ne signifie pas en même temps l'irresponsabilité de principe du donneur de sang. Il s'effectue ensuite une double novation. Matériellement, le sang est préparé, fractionné, conservé, à tel point que l'on ne transfuse plus du sang-organe, mais du sang-produit manufacturé. Juridiquement, l'organe devient une chose et passe dans le commerce ; certes un commerce organisé de manière spéciale, avec contrôle des cessions et absence de bénéfices ; mais les bénéfices ne caractérisent pas le contrat de vente, qui est la simple délivrance d'une chose contre le paiement d'un prix.

Je me demande s'il était prudent de distinguer aussi radicalement les deux phases. Voir dans l'extracommercialité de la première phase une simple protection du donneur contre l'exploitation revient à passer sous silence la fonction symbolique du refus de qualifier le sang comme une chose. Dans la seconde phase, il n'y a plus de donneur à protéger ; reste pourtant le non-profit, qui est l'expression de la fonction symbolique dirigée vers la société tout entière : la passant sous silence dans la première phase, le tribunal ne peut plus justifier le non-profit de la seconde phase. La novation de l'organe hors commerce en chose dans le commerce ne constitue pas un mécanisme satisfaisant sur le plan du statut du corps humain. Au regard du droit de la responsabilité, cela entraîne le régime juridique du contrat de fourniture de droit commun : c'est une obligation de résultat et le fabricant ne peut s'exonérer de sa responsabilité, même lorsque le vice était indécelable en l'état de la technique, position dont la rigidité me paraît excessive.

Fourniture de substances thérapeutiques et obligation de moyens

Certaines juridictions ont pris une autre voie. Précisant que ce contrat de fourniture porte sur du sang, ou une « substance thérapeutique », elles vont tenir compte de l'aléa propre à ces produits et, surtout, de la nécessité d'en disposer pour assurer la vie des malades, malgré des risques inévitables. Cet aspect des choses, qui n'est jamais rappelé dans le premier ensemble de décisions, est pourtant fondamental. Contrairement à la plupart des produits que nous utilisons, les substances thérapeutiques en général, sanguines en particulier, peuvent être vitales. Sensibles à ce particularisme, certains tribunaux en ont déduit un retour à la responsabilité pour faute, celle-ci étant appréciée avec une extrême sévérité. *Ils délimitent, au sein de la responsabilité du fait des produits, une sous-catégorie qui pourrait être qualifiée de responsabilité du fait des substances thérapeutiques, et qui se caractérise par une obligation de moyens assortie d'une obligation d'information sur les risques et les conditions d'utilisation.*

En 1990, le tribunal de grande instance d'Évry établit que le centre de transfusion, qualifié de fabricant d'une *substance thérapeutique*, doit faire preuve de *prudence* (obligation de moyens), mais d'une *prudence exceptionnelle*, et *informer* l'usager sur les risques éventuels du produit. En outre, la *faute* du centre doit être appréciée *en fonction des connaissances scientifiques à une période donnée*.

Dans le cas d'espèce, la première faute aurait consisté à ne pas respecter la circulaire du 20 juin 1983 sur l'interrogatoire des donneurs. La seconde faute serait de n'avoir pas importé de produits chauffés à partir du mois d'octobre 1984, alors que le CDC d'Atlanta en avait demandé la généralisation. Ce dernier point est intéressant, car le juge français n'a pas hésité à prendre comme point de départ de la faute du CNTS une recommandation d'une autorité étrangère, donc sans valeur juridique en France[1].

Si l'on avait suivi cette logique de la faute, les contaminations antérieures à juin 1983 pour les produits labiles et à octobre 1984 pour les produits stables n'auraient pas pu faire l'objet d'indemnisation. Cela marque l'importante différence entre les obligations de résultat et les obligations de moyens ; dans le premier cas, on est conduit à ne pas distinguer selon la date de la contamination ; dans le second cas, la chronologie de la connaissance devient déterminante.

Tout en poursuivant la même idée d'en rester à une obligation de moyens, les juridictions toulousaines imposeront aux centres de transfusion des obligations plus précises fondées sur *le respect de l'intégrité de la personne humaine*[2]. La victime, hémophile, soutenait que sa contamination était due à l'un des produits sanguins qu'elle avait reçus entre le 25 août 1983 et le 31 mai 1985, soit dans la période de contamination croissante où les produits poolés n'étaient pas chauffés et la matière première ne faisait pas l'objet de dépistage. La cour retint que « le contrat de fourniture de sang par des organismes professionnels spécialisés met à la charge de ceux-ci, en raison du *respect dû à l'intégrité de la personne humaine, une obligation spécifique de sécurité* leur imposant d'employer tous les *moyens* propres à éviter la propagation des maladies ». De plus : « Il leur incombe spécialement, par application des dispositions de l'article 1147[3] du Code civil, de se tenir constamment informés de

1. R. Margeat, « Séropositivité, sida et jurisprudence », in *Gaz. Pal.*, 15 octobre 1991, doctrine, p. 579.

2. CA de Toulouse, 9 juin 1992, *Gazette de la transfusion sanguine*, août 1992, et commentaire de P. Murat, in *Gazette de la transfusion sanguine*, nº 83, février 1993.

3. Il s'agit de l'article du Code civil portant sur l'exonération du débiteur qui peut résulter de la preuve que son inexécution provient d'une cause étrangère.

l'évolution des données scientifiques, d'en tirer immédiatement les conséquences possibles sans négliger les risques même aléatoires pour la santé, et de prendre toutes les mesures nécessaires pour que les malades puissent effectivement connaître ces risques. Or il résulte des documents versés aux débats que, dès la fin de l'année 1984, les milieux scientifiques connaissaient la dangerosité avérée du facteur VIII dans la transmission du sida. Ils savaient également ou devaient savoir que les cryoprécipités simples étaient de nature à limiter les risques d'infection, notamment s'ils avaient respecté les instructions de la circulaire ministérielle du 20 juin 1983. [...] Les doutes qu'ils pouvaient légitimement nourrir sur l'efficacité du chauffage comme sur les moyens de dépistage empiriques de l'époque, ne les autorisaient pas à diffuser des produits qu'ils savaient contaminés alors d'ailleurs qu'étaient connues d'autres méthodes de traitement sans doute plus contraignantes, plus difficiles à mettre en œuvre, mais d'évidence moins dommageables. »

Le propos est clair : en présence d'une incertitude impliquant un risque grave pour la santé humaine, le producteur doit mettre en œuvre une stratégie permettant de contenir le risque et d'en informer l'utilisateur. La particularité de l'affaire du sida montre que cette stratégie peut être un *retour en arrière*. Ici, la stratégie conseillée est double : interrogatoire des donneurs et retour aux cryos. Ne pas l'avoir fait constitue une *faute* qui engage la responsabilité de son auteur. Ce retour aux cryos permettait d'éviter le choix entre produits chauffés et non chauffés, choix dont la cour d'appel reconnaît la difficulté puisqu'il mettait en balance divers risques sous incertitude scientifique. La meilleure solution, pour le juge toulousain, était donc d'attendre les résultats définitifs des expérimentations sur produits chauffés menées dans d'autres pays ; solution prudente qui ne pourrait être étendue à l'ensemble de la planète, car il n'y aurait plus alors de résultat d'expérimentation !

Le modèle alternatif du contrat médical

Dans une autre affaire, jugée le 8 septembre 1992[1], la motivation choisie par la cour d'appel de Toulouse prend une direction radicalement différente. *Abandonnant la qualification de contrat de fourniture*, elle se rapproche de la position des médecins, parlant d'« *acte médical dans lequel s'inscrit la fourniture d'un produit* ». Dès lors, l'article 1604 du Code civil, qui fonde l'obligation du vendeur de délivrer un produit conforme à l'usage qu'en attend l'acheteur, est déclaré inapplicable en l'espèce. Le centre, « fournisseur qui est dans l'obligation de délivrer un produit indispensable à l'acte thérapeutique, doit être déclaré responsable sur le fondement d'une *obligation de moyens qui inclut une obligation spécifique de sécurité* ».

La cour donne ensuite la mesure de la prudence requise en 1984 : « Il a commis une *faute* pour avoir livré un produit dont il savait qu'il pouvait être

1. CA de Toulouse, 1re chambre, 8 septembre 1992, non publié, *Jurisdata*, nº 047193.

contaminé et provoquer de graves affections, et ce sans prendre les précautions nécessaires et sans exiger une enquête sur les donneurs. Il est en effet tenu d'appliquer les nouvelles technologies, de mettre en œuvre les résultats des recherches médicales les plus récentes et d'employer, au vu de l'état actuel des découvertes scientifiques, tous les moyens techniques propres à éviter la propagation des maladies. » La faute est donc constituée par le fait de n'avoir pas procédé à l'interrogatoire des donneurs, ce que le centre ne semble pas contester ; il est intéressant de constater que, pour la cour, cet interrogatoire, dont nombre de médecins déniaient à la fois l'efficacité et la possibilité, est qualifié de « nouvelle technologie et de résultat de la recherche médicale la plus récente ».

Le même jour, un deuxième arrêt prononcé par la troisième chambre propose la même argumentation, dans une rédaction plus nette encore ; le fondement de tout le raisonnement est encore la qualification d'acte médical attribuée à l'ensemble des activités liées à la transfusion sanguine. « La responsabilité du CRTS ne peut être recherchée que sur le fondement d'une obligation de moyens assortie d'une obligation spécifique de sécurité. Ainsi ce dernier doit mettre en œuvre la prudence et la diligence nécessaires à l'exercice de sa fonction en utilisant les dernières technologies mises à sa disposition. Dans le cadre d'un acte thérapeutique, il est difficile d'imposer une obligation de résultat alors même que toutes les mesures utiles avaient été prises. C'est bien parce que la transfusion sanguine entre dans un acte médical à part entière qu'il n'est pas concevable de rechercher la responsabilité du CRTS sur le fondement de l'article 1604 du Code civil. La fourniture d'un produit sanguin s'inscrit dans l'accomplissement d'un processus de soin. » Notons à ce sujet une particularité. Les juridictions américaines, réputées pour les dérives du droit de la responsabilité, en particulier dans le domaine médical, ont, dans les affaires de contamination, largement débouté les victimes. Elles se sont décidées en faveur d'une responsabilité pour prestation de services. La victime devait donc démontrer la faute, et il fut généralement admis que la faute n'était constituée que si les fournisseurs avaient transgressé la réglementation. Comme celle-ci fut tardive, les victimes furent massivement déboutées.

La Cour de cassation : une obligation de sécurité pour un vice indécelable

Le débat fut tranché par deux arrêts de la Cour de cassation rendus le 12 avril 1995[1]. Le premier casse l'arrêt de la cour d'appel de Toulouse qui avait tenté de construire la thèse de l'obligation de moyens : « Attendu qu'en statuant ainsi alors que les centres de transfusion sont tenus de fournir aux receveurs des produits exempts de vices et qu'ils ne peuvent s'exonérer de cette obligation de sécurité que par la preuve d'une cause étrangère qui ne puisse leur être impu-

1. *Semaine juridique*, Éd. G, 1995, II, 22467, note P. Jourdain.

tée, la cour d'appel a violé [...]. » Le second confirme l'arrêt fondateur de la cour d'appel de Paris et spécifie que « le vice interne du sang, même indécelable, ne constitue pas, pour l'organisme fournisseur, une cause qui lui est étrangère, et que les obligations des centres de transfusion quant à la conservation du sang et à sa délivrance, dont ils ont le monopole, ne les dispensent pas de réparer les conséquences dommageables dues à la fourniture de sang nocif ». L'affaire était donc entendue.

2. Les juridictions administratives

Les victimes ont la même histoire que les précédentes, mais la contamination a été le fait d'un centre de transfusion organisé en établissement public : leur juge naturel est le juge administratif. La différence avec la jurisprudence civile parut à l'origine considérable. En effet, après que certains tribunaux administratifs eurent retenu, comme la grande majorité des juridictions judiciaires, le fondement du risque, les cours administratives d'appel reprirent le chemin traditionnel de la responsabilité pour faute, avant que le Conseil d'État ne vienne consacrer la théorie du risque dans le contexte d'un service public fabriquant des produits dangereux, même en cas de vice indécelable. L'avancée jurisprudentielle est importante car elle conforte l'extension progressive de la théorie du risque dans le champ du droit administratif.

Le contexte général[1]

Le sort des victimes de l'hôpital public fut pendant longtemps peu favorable : elles devaient non seulement prouver une faute, mais encore une faute lourde, ce qui était une entreprise périlleuse. Touche par touche, les juridictions administratives ont entrepris une lente amélioration de la position de la victime, tout en essayant de respecter deux finalités générales du droit public de la responsabilité. La première finalité est de ne pas trop charger le patrimoine de la collectivité, et donc de rester largement dans le cadre de la responsabilité pour faute ; mais on va passer à la faute simple. La seconde finalité, presque opposée, a consisté à offrir aux victimes d'un risque anormal, exceptionnel, les facilités de la responsabilité pour risque, et progressivement à élargir le domaine du risque anormal.

Entre ces deux mécanismes opposés, le juge a admis une série de présomptions de faute qui facilitent la tâche de la victime lorsque son action reste enserrée dans le cadre de la faute. C'est le cas lorsqu'une thérapeutique classique

1. Il est parfaitement bien expliqué par D. Lochak, « Transfusion et responsabilité administrative », in *Sang et Droit*, revue trimestrielle du ressort de la cour d'appel de Versailles, octobre-décembre 1993.

produit des effets inattendus, et que les conséquences dommageables sont sans commune mesure avec la pathologie qu'il convenait de soigner. Le juge veut ainsi favoriser ceux qui, entrés à l'hôpital pour une affection bénigne, attrapent une fièvre méningée ou ressortent tétraplégiques. Pour le juge, de tels accidents « révèlent une faute dans le fonctionnement du service », même s'il n'est pas possible de mettre à nu la chaîne des causalités pour remonter à la faute ; on présume alors qu'une erreur fautive a été commise quelque part, même si l'on ne peut pas, rétrospectivement, mettre en évidence comment cela s'est passé.

Le Conseil d'État est sorti de ce paysage général. Alors que l'affaire avait été située initialement dans le cadre du débat entre faute et risque dans le domaine de la *responsabilité médicale*, il a inventé une responsabilité spécifique, obéissant à « des règles propres à l'activité de gestionnaire d'un centre de transfusion ». Avec des concepts différents lui permettant d'exprimer la mission de service public des centres de transfusion, le Conseil d'État reconnaissait, comme la Cour de cassation, qu'il s'agissait en fait de *fourniture de produits*.

De la faute au risque : service public et produits dangereux

C'est après bien des hésitations que les juridictions administratives vont choisir le fondement du risque. On distingue quatre périodes.

Quelques affaires précoces vont renvoyer les victimes à l'absence de faute en présence d'un « vice indécelable ». Pour une transfusion effectuée en janvier 1983, le tribunal administratif de Paris constate : « A supposer même que l'affection cause du décès de Mme O. ait son origine dans la transfusion sanguine du 3 janvier 1983 dont il n'est pas contesté qu'elle était nécessaire, il ne peut être rien reproché à l'administration générale de l'Assistance publique, dès lors qu'il est constant qu'à cette date il n'existait aucun moyen de déceler le virus du sida dans le sang des donneurs[1]. » La constatation est exacte ; il n'en est pas moins vrai que, entrée pour un accouchement banal, Mme O. est ressortie séropositive. L'affection contractée, sans commune mesure avec l'accouchement qui avait motivé la présence de Mme O., aurait donc pu relever du concept de « révélation d'un mauvais fonctionnement du service ». Cela ne fut pas envisagé.

La solution fut la même à Rennes, pour une hépatite nonA-nonB transmise en février 1983. « En l'état actuel des connaissances médicales, il n'existe aucun moyen permettant de dépister dans une unité de sang transfusé l'agent ou les agents responsables des hépatites nonA-nonB qui constituent ainsi un risque transfusionnel dont la fréquence demeure d'ailleurs scientifiquement indéterminée. Dès lors que l'état de choc hémorragique aigu présenté par la victime commandait de manière impérative la prescription des transfusions incriminées [...], cette contamination n'est pas imputable à une faute d'ordre

1. TA de Paris, 4 mai 1988, non publié.

médical et ne résulte pas davantage d'une organisation ou d'un fonctionnement défectueux du centre hospitalier régional de Rennes. »

Il était toutefois difficile de tirer des conséquences générales de ces deux décisions car, dans chacun des cas, le juge avait pris la précaution de souligner que les transfusions étaient indispensables à la vie du patient, ce qui laissait la possibilité de donner la solution inverse dans le cas des transfusions non vitales.

1991 sera l'année du revirement des tribunaux administratifs [1]. Ont-il cédé à la campagne de presse ? Oui et non ; le moment le plus fort de la campagne commence après les décisions, mais le scandale était dans l'air du temps. D. Lochak cite à cet égard le commissaire du gouvernement H. Legal, qui admit que « la part de l'esprit du temps doit être faite, et les attentes spontanées prises en compte dans la décision ».

La première décision rendue par le tribunal administratif de Paris dans cet esprit allait très loin, puisqu'elle condamnait un établissement pour une contamination provoquée par un don effectué en *période muette* alors que rien ne permet de déceler la présence du virus dans le sang du donneur. S'agissant d'une transfusion datant de 1987, le test de dépistage avait été effectué, et le tribunal admet qu'il ne peut trouver aucune faute lourde des praticiens. Mais il retient que « l'introduction dans l'organisme du patient d'un sang gravement contaminé révèle une faute dans l'organisation ou le fonctionnement du service hospitalier », sans se préoccuper cette fois de savoir si la transfusion était vitale. Il choisit donc le système de la présomption de faute, dans une hypothèse très spécifique où elle n'emporte guère la conviction. En effet, elle sert généralement à passer outre la difficulté de démontrer une faute, mais pas à retenir la responsabilité de ceux qui n'ont commis aucune faute. Or, dans ce cas précis, il avait été démontré que le centre n'en avait pas commis. Si l'on voulait indemniser la victime, il eût été plus logique de retenir le fondement du risque, plutôt que de tomber dans une présomption de faute devenue irréfragable, puisque l'on n'a pas tenu compte de la preuve d'absence de faute apportée par le défendeur.

Le tribunal administratif de Marseille préféra sauter le pas. Les transfusions contaminantes avaient été administrées, entre octobre 1984 et février 1985, à un jeune homme victime d'une agression à main armée. Il avait reçu des produits labiles et des produits stables, et tous les donneurs n'avaient pas été retrouvés, mais l'un d'entre eux fut reconnu séropositif en 1988, soit longtemps après le don. Le tribunal administratif de Marseille aurait sans doute pu trouver des fautes, et particulièrement l'absence de sélection des donneurs en application de la circulaire de 1983. Il préféra déclarer que, « en l'état des connaissances et des techniques à l'époque de l'hospitalisation, [il n'y avait pas de faute] à ne pas pratiquer le dépistage systématique du virus et à ne pas chauffer les produits stables administrés. [...] Toutefois [...] les risques de contamination par le sang et les produits dérivés transfusés étaient parfaitement connus ; qu'il en résulte qu'en pratiquant des transfusions sanguines sans inactiver le virus sous l'empire de la nécessité d'assurer la continuité du service

1. Cf. A. Holleaux, *Les Petites Affiches*, 16 octobre 1991.

public et de sauver des vies humaines, les services publics hospitaliers ont fait courir à leurs usagers un risque de contamination dont les conséquences excèdent très largement les limites de celles qui résultent normalement de leurs activités ; que de tels risques sont de nature [...] à engager indépendamment de toute faute la responsabilité [...]. »

Le fondement du risque choisi par le tribunal administratif de Marseille, lui permet de couvrir toutes les situations, y compris la période muette, ce que n'aurait pas autorisé la première solution.

Cette attitude favorable aux victimes fut sanctionnée de façon très ferme par les cours administratives d'appel de Paris et de Lyon qui reviennent au fondement de la faute.

La cour de Paris rendit un arrêt convaincant, étant donné les circonstances très particulières de la contamination, impliquant un donneur en période muette, et donc un vice absolument indécelable[1]. Elle commence par rappeler les circonstances dans lesquelles une présomption de faute peut être accueillie, refusant par le fait même la possibilité de présomptions irréfragables : « Le dommage subi par un usager d'un établissement hospitalier révèle, par le fait qu'il se soit produit, l'existence d'une faute commise à l'occasion des soins qui lui sont prodigués dans le seul cas où, bien que la preuve n'ait pu en être apportée, il a été nécessairement provoqué par une mauvaise organisation ou un fonctionnement défectueux du service, compte tenu de l'état des connaissances scientifiques et des règles médicales s'imposant à tout praticien à l'époque des faits. » La présomption est donc limitée à son objet, dépasser l'impossibilité de rapporter la preuve, quand tout laisse à penser qu'une faute a bien été commise ; au sens propre, elle « révèle » une faute cachée. Si donc, malgré la double précaution de l'interrogatoire du donneur et du test pratiqué sur son don, le prélèvement effectué en période muette se révèle contaminant (risque évalué à 0,003 %), il ne peut être reproché aucune faute à l'administration. Le droit rejoint ici le sens commun. Le même jour, la cour complète son raisonnement par un second arrêt portant sur une contamination datant de janvier 1985 ; à cette époque, le test n'était pas disponible, et l'interrogatoire du donneur, seule précaution existante, avait été pratiqué, ce qui apportait la preuve de l'absence de faute du défendeur. La présomption tombait.

Dans toutes ces hypothèses, les juridictions administratives sollicitées avaient tourné autour des différentes possibilités offertes par l'évolution du droit de la responsabilité médicale hospitalière. Statuant par trois arrêts du 26 mai 1995[2], le Conseil d'État fit œuvre originale, non pas tant par la solution retenue – une responsabilité sans faute – que par les motifs et le fondement retenus : « Qu'il en résulte que la responsabilité encourue par l'autorité publique, du fait d'un vice affectant le produit administré, doit être recherchée non sur le fondement des principes qui gouvernent les hôpitaux en tant que dispensateurs

1. 20 décembre 1992, *Semaine juridique*, Éd. G, nº 50, 1992, IV, p. 336 note M. C. Rouault et *RFDA*, 1992, p. 1038.

2. *Semaine juridique*, Éd. G, nº 29, 1995, II, 22468, note J. Moreau.

de prestations médicales mais, au cas d'espèce, sur la base des règles propres à son activité de gestionnaire d'un Centre de transfusion sanguine. » Le centre de transfusion hospitalier n'est pas dispensateur de soins médicaux mais fabricant et fournisseur de produits sanguins. Le second arrêt, qui porte sur une transfusion impliquant un don de sang en période muette, implique que le Conseil d'État ait voulu prendre en charge le vice indécelable. Comme la Cour de cassation avait déchargé les cliniques de leur part de responsabilité, le troisième arrêt en décharge l'hôpital, lorsqu'il n'est pas en même temps gestionnaire du centre de transfusion. Les solutions sont trait pour trait identiques.

Il y a fort à parier que les deux cours suprêmes ont eu à cœur de rompre leur splendide isolement, et d'assumer cette identité de traitement des victimes dans une affaire aussi tragique. Il n'en reste pas moins que la solution, très prévisible en droit civil, l'était moins en droit administratif. Le commentaire des arrêts les signale comme un nouveau cas de responsabilité sans faute : « Après les choses dangereuses, les personnes dangereuses, les méthodes dangereuses, le droit administratif de la responsabilité sans faute s'enrichit d'une nouvelle rubrique, celle des produits dangereux. » Mais l'auteur ne s'explique guère sur l'étrange motivation du Conseil d'État. Or la haute assemblée indique clairement que sa solution est « propre à l'activité de gestionnaire d'un CTS », qui se caractérise par le monopole des opérations de collecte et des missions diverses de service public. « Qu'eu égard tant à la mission qui leur est ainsi confiée par la loi qu'aux risques que présente la fourniture de produits sanguins, les CTS sont responsables, même en l'absence de faute, des conséquences dommageables de la mauvaise qualité des produits fournis. » Si l'on s'en tient à cette motivation, la solution pourrait donc être étendue à tous les services publics fabriquant des produits dangereux, la dangerosité n'étant d'ailleurs pas définie.

3. Vice indécelable et risque de développement

Il y a donc désormais identité des solutions des juridictions administratives et civiles en matière de responsabilité du fabricant, au moins pour les produits dangereux. Ce dernier est tenu de réparer le dommage, même lorsque le vice qui affecte son produit était indécelable en l'état des techniques. Les juridictions françaises ont donc pris parti en faveur de la prise en charge du risque de développement, comme la directive de 1985 sur la responsabilité du fait des produits leur en laissait la possibilité. La France se retrouve ainsi très isolée en Europe, et l'on peut se demander si cette position est opportune. Bien que la plus grande partie de la doctrine se félicite de cette solution protectrice des victimes, j'avoue, pour ma part, ne pas être entièrement convaincue. Il me reste donc à montrer à travers la jurisprudence antérieure, que la solution était très prévisible en droit civil, mais que d'autres voies étaient possibles.

L'exonération de responsabilité et la question du vice indécelable

En principe, la catégorie d'obligation de résultat n'aboutit pas à une mise en cause de la responsabilité du débiteur quoi qu'il arrive. L'article 1147 du Code civil donne la mesure générale de cette obligation : « Le débiteur est condamné, s'il y a lieu, au paiement de dommages et intérêts, soit à raison de l'inexécution de l'obligation, soit à raison du retard dans l'exécution, toutes les fois qu'il ne justifie pas que l'inexécution provient d'une cause étrangère qui ne peut lui être imputée, encore qu'il n'y ait aucune mauvaise foi de sa part. » Dans l'esprit des responsables de centres de transfusion, le virus du sida était bien une cause étrangère à leur activité, au sens où ce n'étaient pas eux qui l'introduisaient et qu'ils n'eurent pas les moyens de l'identifier et de l'exclure, au moins pendant un certain temps. C'est toujours le cas aujourd'hui pour quelques dons effectués pendant la période muette, lorsque les réponses au questionnaire ne provoquent pas l'élimination du don.

Mais ce n'est pas ainsi que les tribunaux analysent traditionnellement la notion de cause étrangère. Si je suis Y. Lambert-Faivre[1], sans reprendre toutes les subtilités de la jurisprudence, les tribunaux ont progressivement dégagé deux types de circonstances, dans lesquelles le droit de la responsabilité ne peut s'appliquer de manière identique. Lorsqu'il s'agit d'un produit banal, le fabricant est responsable de tous les dommages qu'il cause, même lorsque ce produit se révèle finalement affecté d'un vice qu'il était impossible de déceler. La jurisprudence impose une présomption irréfragable de connaissance du vice. Toute clause contraire est nulle.

Mais il existe aussi des choses « dangereuses par nature », de l'acide chlorydrique à la tronçonneuse, alors même qu'elles sont exemptes de tout vice. Dans ce cas, le juge déplace son attention vers le respect d'une obligation stricte d'information du consommateur sur l'exacte étendue des risques et les conditions d'utilisation. Il ne s'agit pas de vice de la chose, mais de dangerosité intrinsèque de son utilisation. Pour le juge, il entre dans la nature de la tronçonneuse de tronçonner la main placée imprudemment, quoique l'appareil ne souffre d'aucun vice, mais il n'entre pas dans la nature du sang transfusé de comporter des agents pathogènes : la jurisprudence sur les choses dangereuses ne concerne donc pas les produits sanguins. A l'inverse, nombre de biologistes hésiteraient : le sang comporte par nature les agents pathogènes et les caractéristiques immunitaires du donneur, double facteur de risque que l'on ne peut totalement réduire. Ce caractère inéluctable confère au sang une nature de produit dangereux pour les biologistes, mais non pour le droit, qui en donne une vision abstraite, idéale. Il faut admettre que, même si le juge avait qualifié le sang de produit dangereux par nature, il aurait condamné les centres pour défaut d'information sur les risques, à partir d'une date sûrement précoce, probablement aux alentours de la date de découverte du virus.

1. *Risques et assurances des entreprises*, Dalloz, 3e éd., 1991, p. 641.

En réalité, les tribunaux ont donné de la cause étrangère et de la force majeure susceptible d'exonérer le fabricant de sa responsabilité une vision déroutante pour le non-juriste[1] : ils exigent la preuve d'une *imprévisibilité absolue* du risque, qui ne correspondrait qu'à la période antérieure à 1982, et encore, 1982 est la date à laquelle apparaît le premier soupçon sur la possibilité d'une transmission par le sang de ce que l'on ignore encore être une maladie à part entière. Il faudrait ensuite que le vice soit *extérieur, non pas au regard du fabricant mais de la chose fabriquée*. Or il est bien évident qu'un virus sera toujours interne et non extérieur – sauf l'hypothèse marginale d'un acte terroriste par exemple. Avec de telles interprétations, l'exonération de responsabilité, théoriquement possible, est *de facto* impossible pour le fabricant d'un produit, puisque le vice est toujours interne. C'est de ces principes qu'il va être fait application.

Pour une transfusion intervenue le 16 mai 1984, le tribunal de grande instance de Paris va constater que, à l'époque, les risques de contamination étant connus : « Il faut en déduire que cette maladie transmissible par le sang ne présentait pas le caractère d'imprévisibilité nécessaire pour en faire une cause d'exonération de la responsabilité des défendeurs[2]. » L'imprévisibilité va donc manquer ; en 1984, c'était en effet prévisible, statistiquement en tout cas.

En appel de la même affaire, la cour va préciser : « Considérant qu'en sa qualité de professionnel, le CDTS doit livrer un sang exempt de vices ; que sa responsabilité en cas d'inexécution de son obligation de résultat de livrer du sang non vicié ne peut être écartée que par la preuve d'une cause étrangère, telle que la force majeure, qui ne peut lui être imputée[3]. Considérant que pour s'exonérer de toute responsabilité, le CDTS fait valoir qu'aucun test de dépistage du virus du sida n'était encore possible à l'époque de la transfusion incriminée et que, tenu, selon les règles de l'organisation de la transfusion sanguine en France, de *l'obligation de livrer du sang*, il se trouvait dans un *état de nécessité* assimilable à la force majeure. *Mais considérant que le vice interne du sang, même indécelable, ne constitue pas, pour l'organisme fournisseur, une cause qui lui est étrangère*, et que les obligations des centres de transfusion quant à la conservation du sang et à sa délivrance, dont ils ont le monopole, ne les dispensent pas de réparer les conséquences dommageables dues à la fourniture d'un sang nocif[4]. »

L'argumentation est intéressante, car elle montre bien le chaînon manquant du raisonnement des juges civils. Les centres insistent sur l'obligation *première* de fournir le sang en quantités suffisantes, et il ne sera pas répondu à

1. G. Viney, *Traité de droit civil*, p. 455 et suiv.

2. TGI de Paris, 1er juillet 1991, *Gaz. Pal.*, 13 octobre 1991, nº 286-288, jurisprudence, p. 16.

3. On notera que la cour ne se donne pas la peine de définir les conditions et les conséquences de la cause étrangère, et du cas particulier que constitue la force majeure ; cf. G. Viney, *op. cit.*, p. 456 et suiv.

4. CA de Paris, 28 novembre 1991, Dalloz, 1992, II, p. 85.

leur argumentation[1] ; les juridictions américaines, à l'inverse, y furent très sensibles, refusant, en grande partie pour cette raison, l'application de la responsabilité objective aux produits dérivés du sang. Au centre qui insiste sur l'inexistence des tests de dépistage en mai 1984, la cour répond que cela n'a aucune importance car la force majeure implique que l'événement qui fait obstacle à l'exécution correcte de l'obligation soit extérieur à la chose. Or le virus du sida est un vice interne. Une jurisprudence constante fait du vice interne, même inconnu du fabricant, même indécelable, un événement exclusif de la force majeure.

La solution, confirmée par la Cour de cassation en 1995, fut la même pour les cas où la contamination avait été provoquée après l'apparition des tests par un donneur en période muette[2] ; le centre est condamné « pour avoir manqué à son obligation de résultat », qui impliquait de réparer le préjudice résultant des vices du sang, « même échappant à sa connaissance ».

Cette solution sévère n'est pas le reflet d'une démagogie conjoncturelle, mais la volonté affirmée de dissocier le droit de la responsabilité de toute désignation du bien et du mal, du licite et de l'illicite, pour en faire un pur système d'affectation de la charge du risque à celui qui le crée.

Il suffit de donner quelques exemples : en 1953, la section commerciale et financière de la Cour de cassation déclarait que ne constituait pas un cas fortuit, pour la société Air liquide, l'explosion d'une bouteille d'oxygène due soit à des chocs, soit à une modification moléculaire du métal. Air liquide en fut responsable quoique la bouteille ait quitté depuis longtemps ses locaux[3]. Un arrêt de la cour d'appel de Chambéry, qui avait refusé de reconnaître la responsabilité d'un fabricant de reblochons, au motif qu'on ne saurait regarder le vendeur comme « tenu par sa profession de connaître le vice caché dont la chose était affectée, car on ne saurait exiger d'un fromager savoyard des connaissances professionnelles supérieures à celles des savants spécialisés dans les recherches laitières » fut cassé. La Cour de cassation fit au fabricant de fromages une obli-

1. Un arrêt de la cour administrative d'appel de Bordeaux (2e chambre) a estimé que le CHR de Montpellier avait commis une faute de service en ne s'étant pas procuré de cryoprécipité plusieurs heures après l'hospitalisation d'un hémophile ; arrêt du 27 décembre 1990, Garcia contre CHR de Montpellier. Les tribunaux reconnaissent donc bien une obligation générale de fourniture et de disponibilité d'une gamme de produits sanguins et il ne faudrait pas qu'ils se mettent en contradiction ; une fourniture devrait alors être exigée *a minima*, uniquement destinée aux cas où la vie de la personne est en danger.

2. Sur la période muette, cf. TGI de Limoges, 31 juillet 1991, *Jurisdata*, nº 048666 ; je signalerai, bien que l'hépatite C échappe à mon champ d'investigation, que la qualité de force majeure n'a pas davantage été retenue dans ce cas, alors qu'en 1984 on savait bien qu'il existait des hépatites qui n'étaient ni A ni B, mais on ne savait pas que la plupart d'entre elles étaient dues à un troisième virus, que l'on était incapable d'identifier. On se retrouve aujourd'hui dans une situation analogue avec de rares hépatites ni A, ni B, ni C. Les centres sont donc condamnés pour des dommages causés par des virus dont ils savaient seulement par élimination qu'ils existaient ; CA, Aix-en-Provence, 19 janvier 1995, 1re chambre, section B, rôle nº 94/3811, non publié.

3. C. cass., 30 juin 1953, *Bulletin de la chambre commerciale*, nº 247.

gation absolue de connaître les vices de la chose, quelles que soient les circonstances[1].

Dans le même ordre d'idées, on trouve l'affaire du turbot sauce hollandaise du « Relais de Poitiers[2] ». Pour fêter une réussite à un examen, une famille se rend au restaurant et consomme, à la sauce hollandaise, un turbot atteint de botulisme piscaire de type E, qui n'est décelable ni par le pêcheur ni par le cuisinier. La famille intoxiquée demanda réparation au restaurateur. La cour d'appel s'attacha à la nature des obligations assumées par le restaurateur ; elle distingua entre les qualités gustatives et digestives des plats, obligations de moyens dont la sévérité dépend de la classe du restaurant, et la sécurité des clients, obligation de résultat consistant « à rendre le client sain et sauf à l'issue du repas ; que pareille obligation est, en effet, sous-jacente à tout contrat de restauration, le client entendant non seulement faire un repas comestible, mais encore ne point être empoisonné », certes !

Dès lors, il fallait encore savoir si le botulisme, affection indécelable et imprévisible au cas par cas, ne constituait pas une cause exonératoire de responsabilité pour le malheureux patron de restaurant ; le particularisme de la bactérie qui produit cette toxine étant de résister aux très basses températures comme à l'ébullition, toutes les précautions sont inutiles. La cour d'appel rappelle que la force majeure implique que le vice soit extérieur à la chose, et donne deux manières d'interpréter cette extériorité. L'extériorité matérielle suppose qu'un fait extérieur au débiteur et à la chose soit la cause du vice et du dommage ; c'est la seule à prendre en compte, sans s'arrêter à une extériorité psychologique, subjective, qui impliquerait seulement que le vice est dû à un élément indépendant de la volonté du fabricant.

Les choix de société sont difficiles. La morale veut que l'on indemnise les victimes, ce qui conduit à en charger les producteurs ; mais elle voudrait aussi que l'on distingue entre producteurs prudents, rejoints par le mauvais sort, et producteurs fautifs[3]. On arrive alors à la solution inverse de la précédente. De même, nous cherchons tous la prévention. Est-elle plus efficace avec la responsabilité automatique ou au contraire avec la discrimination entre prudents et imprudents ?

1. C. Cass., 1er juillet 1969, Bulletin de la chambre commerciale et financière, 4e partie, nº 255.

2. CA de Poitiers, 16 décembre 1970, *Semaine juridique*, Éd. G, 1972, II, 17127, note Memeteau ; je dois cet arrêt passionnant à la gentillesse de G. Martin qui me l'a signalé.

3. C. Labrusse, « Entre mal commis et mal subi », in M. Vacquin (dir.), « la Responsabilité », *Autrement*, série « Morales »,1994.

Du vice indécelable au risque de développement

Si le débat sur le risque de développement paraît clos en droit français, il n'en demeure pas moins dynamique en droit européen, où il est posé en termes économiques. La prévention constitue l'enjeu essentiel[1].

Le risque de développement « vise des dommages susceptibles d'être causés à autrui par un produit après sa mise en circulation, du fait d'un défaut qui lui est inhérent, qui, au moment de sa mise en circulation était imprévisible, insoupçonné, indécelable, voire inévitable, car l'état des connaissances scientifiques et techniques au moment de cette mise en circulation ne permettait pas de l'identifier, et dont les conséquences dommageables vont se révéler et se développer après cette mise en circulation du produit[2] ». Est-il vraiment opportun de tenir les fabricants responsables de dommages sur lesquels ils ne peuvent rien[3] ?

Il est probable que l'interrogation sur les conséquences globales de cette jurisprudence est entrée dans une nouvelle phase parce que le contexte des condamnations a changé : de condamnations sporadiques d'entreprises isolées, on est passé à l'indemnisation de grandes catastrophes (agent orange, thalidomide, Distilbène, amiante, terres contaminées), capables de déstabiliser les règles du jeu reconnues par le tissu industriel et financier. Le trait majeur de cette évolution tient sans doute au risque d'intensification et d'accélération du phénomène : les progrès de l'épidémiologie devraient en effet aboutir à relier un grand nombre de produits mis sur le marché dans les trente dernières années au profil actuel des problèmes de santé publique : allergies, difficultés respiratoires, cancers, voire infécondité[4].

Si l'on fait le lien entre la production de masse, la responsabilité du fait des produits et la réparation du préjudice de la vie abrégée, on obtient un paysage indemnitaire qui pourrait déboucher sur un scénario de remise en cause radicale du mode de développement du XXe siècle : scénario catastrophe synonyme de ruine et de repli pour les uns, prise de conscience salvatrice donnant les moyens du fameux développement durable pour les autres.

F. Ewald a bien décrit l'évolution historique du droit de la responsabilité, son passage massif du système de la faute à celui du risque, de la *prévoyance* à la *prévention*, où le progrès technique, l'assurance et le droit garantissaient le triomphe des Lumières et de la confiance dans la science et le

1. Cf. l'avis de P. Jourdain : « Si l'absence d'exonération est aujourd'hui certaine, qu'en sera-t-il demain lorsque les dispositions de la direction auront enfin été introduites dans la législation ? Bien malin qui pourrait le dire » (*Semaine juridique*, Éd. G, nº 29, 1995, II, 22467).

2. F. Ewald, « La véritable nature du risque de développement et sa garantie », in *Risques*, nº 14, p. 11.

3. M. Rémond-Gouilloud, « Le problème juridique des terres contaminées », in *Études foncières*, nº 55, juin 1992, et « Haro sur l'apprenti sorcier, le préjudice inconnu », in *Transversales, science, culture*, nº 13.

4. Le constat est identique pour les atteintes à l'environnement.

progrès[1]. Cet équilibre lui paraissait aller de pair avec une certaine place laissée à la faute ; pour certains, il existe même un véritable *devoir de créer des risques pour autrui*, qui n'est que la faible contrepartie des avantages que nous procure le dynamisme de la technologie[2].

Une bonne partie des spécialistes de responsabilité civile voient cependant dans la mise à l'écart de la faute un progrès humain qu'il ne faut pas entraver sous la pression des lobbies de l'industrie et de l'assurance. Voulant conserver les acquis de la jurisprudence, ils s'attachent à protéger la théorie du risque contre tout retour de la faute, et tentent de limiter les conséquences économiques excessives de cette position en travaillant à rendre le risque assurable (plafonds de responsabilité, prescriptions de courte ou moyenne durée[3]).

D'autres, au contraire, s'insurgent contre les conséquences excessives de la responsabilité du fait des produits dans un monde qui a changé : le niveau de corrélation des informations sur le risque, et ses conséquences sur la santé publique ou l'environnement, donne une nouvelle dimension à la jurisprudence sur le risque indécelable en l'état de la technique au moment de la mise sur le marché. Pour F. Ewald, en reprochant à Aristote de n'avoir pas été Galilée, on prend le risque de bloquer l'innovation et de se passer de produits qui, s'ils présentent des risques à la marge, n'en rendent pas moins des services. Il cite, pour soutenir sa position, un certain nombre d'exemples de produits retirés du marché (médicaments, avion Cessna), et mentionne le témoignage d'entrepreneurs ayant choisi de ne pas mettre sur le marché des produits jugés trop aléatoires. Ces conséquences lui paraissent être une retombée négative de l'application du risque de développement, tel qu'il est soutenu aujourd'hui par le principe de précaution.

J'avoue ne pas trouver ces retraits forcément négatifs. En tout cas, je ne me reconnais ni dans l'une ni dans l'autre de ces positions, étant à la recherche d'une solution qui satisfasse tout à la fois mon goût pour la protection de la victime, pour la valeur morale de la responsabilité pour faute et pour le développement dans le tissu industriel d'une attitude générale de précaution, objectifs que les parties au débat réputent contradictoires.

C'est dans les incertitudes juridiques qui affectaient le risque de développement dans le secteur de l'industrie pharmaceutique[4] que j'avais réussi à trouver un chemin, que les arrêts de 1995 ont malencontreusement fermé. Dans

1. Sur le risque, cf. G. Martin, « Le risque, concept méconnu du droit économique », *Revue internationale de droit économique*, n° 2, 1990 ; de F. Ewald, principalement les numéros 11 et 14 de la revue *Risques* et « Fin de la faute ? », in *Droits*, PUF, n° 5, 1987. G. Martin, « Précaution et évolution du droit », Dalloz, 1995, n° 39, chronique, p. 299. L'auteur montre avec talent les risques que fait courir au droit de la responsabilité sa « refondation » sur le principe de précaution.

2. F. Ewald, *Risques*, n° 14, p. 29, et F. Chabas, même numéro, p. 87.

3. Y. Lambert-Faivre, « Risques et assurances des entreprises », Dalloz, 3e éd., 1991, p. 609 et suiv.

4. J. Huet, « Le paradoxe des médicaments et les risques de développement », Dalloz, 1987, 11e cahier, chronique, p. 73.

un article sur le « paradoxe du médicament », J. Huet mettait en lumière la seule faille de la responsabilité du fait du fabricant, le lieu où les magistrats avaient tout à coup hésité : c'est en effet sur ces produits particulièrement dangereux pour la santé publique que la jurisprudence paraissait reculer devant la mise en cause de la responsabilité du fabricant pour vice indécelable lors de la conception du médicament. Le juge, bien conscient du paradoxe d'un produit dont le danger est souvent la source de l'efficacité, accepta d'exonérer de responsabilité le fabricant si l'effet indésirable était lié à une sensibilité propre du malade[1], ou à une combinaison de produits, ce qu'il n'aurait peut-être pas fait dans d'autres secteurs.

Ces hésitations étaient critiquées par le commentateur : « C'est dans le sens d'une responsabilité objective qu'il faut aller. [... Tout le justifie :] produits de haute technologie, générateurs de risques élevés et faisant désormais l'objet d'une production de masse qui met des milliers, voire des millions de consommateurs potentiels en prise directe avec les dangers qu'ils recèlent. » De toute façon, les deux hypothèses envisagées ne correspondaient pas à la définition stricte du risque de développement.

Le tribunal de grande instance de Nanterre prit une autre voie, qui me parut convaincante. Il s'agissait d'un antibiotique largement diffusé dans les années soixante-dix. Son emploi chez de jeunes enfants ou des femmes enceintes provoquait chez l'adulte une altération de la denture, effet secondaire à long terme qui ne fut mis en évidence que progressivement. C'est en principe un vice interne constitutif de risque de développement dont le fabricant ne peut en principe être déchargé ; or, si les juges allouèrent à une jeune fille 60 000 F de remboursement de travaux de prothèse et 25 000 F pour préjudice esthétique, ils le firent sur le fondement d'*une inexécution de l'obligation d'expérimentation aux fins de découvrir de tels effets indésirables à long terme. Il s'agit donc d'une responsabilité pour faute ; on a quitté le terrain du risque.*

La faute du laboratoire est « d'avoir choisi de commercialiser le produit sans attendre d'autres études ou mettre en œuvre les diligences propres à les parfaire », alors même que certains travaux avaient déjà révélé des dangers associés à ce produit. Le tribunal en conclut que le laboratoire était donc « déjà en mesure d'apprécier l'existence d'un risque et devait au moins introduire dans la présentation du médicament les réserves nécessaires à l'utilisateur comme à son médecin ». Mais il va plus loin que cette simple obligation d'information, et pose un principe général : « Le laboratoire doit faire preuve dans la commercialisation d'un tel produit d'une prudence exceptionnelle, dépassant en tout cas la simple obligation d'un professionnel consciencieux. [Il ne peut prétendre s'exonérer] ni du fait d'une autorisation administrative qui constitue un seuil minimum de contrôle, ni sur le fondement d'une simple imprévisibilité au moment de la mise en vente alors que les processus dommageables pourraient être ensuite scientifiquement expliqués[2]. »

1. C. cass., 1re chambre civile, 8 avril 1986, cité par J. Huet.
2. J. Huet, *op. cit.*, p. 75.

En droit commun, la décision du tribunal de Nanterre devait à l'évidence d'être infirmée. L'obligation d'un professionnel est absolue. Pourtant, le tribunal a le mérite de montrer que la théorie de la faute peut se plier à des appréciations sévères dont la valeur éducative serait considérable : il suggère que certains effets à long terme, *imprévisibles sans études préalables ou avec des études insuffisantes, auraient pu ne pas échapper à la vigilance de scientifiques consciencieux. Le tribunal invite en fait à penser désormais de manière dynamique et non plus statique la notion de « vice indécelable en l'état des techniques au moment de la mise sur le marché »*, et l'un des auteurs du numéro spécial de la revue *Risques* sur le risque de développement va nous permettre de poursuivre la réflexion ; à la suite d'une erreur de lecture, il parle non plus de vice indécelable mais de risque *indécouvrable*, néologisme dont le sens paraît bien différent[1].

Il me semble en effet qu'il existe sans doute trois classes de « risques indécelables en l'état des techniques », qui peuvent être délimitées en fonction de l'univers scientifique qui les caractérise.

La première classe de risques est constituée par le risque inconnu du producteur, mais accessible en puisant simplement dans l'état de la technique existante. La deuxième classe est constituée par des risques inconnus dans l'état de la technique mais accessibles à l'homme de l'art par une recherche et une expérimentation qui restent dans l'univers scientifique caractéristique du moment de la mise sur le marché : parler de vice indécelable en l'état des connaissances est contestable, puisque cet état peut faire l'objet d'une construction préalable à la mise sur le marché. La troisième classe de risques est constituée par des risques qui ne peuvent être accessibles à l'univers mental de l'époque de la mise sur le marché, même si de solides études ont été menées à bien ; eux seuls devraient à mon avis être qualifiés de risques de développement.

Sans avoir systématisé de cette manière la question du risque, la réglementation s'en approche en distinguant les produits qui requièrent une évaluation préalable à la délivrance d'une autorisation de mise sur le marché et les produits du marché libre. Les premiers font l'objet de réglementations spécifiques d'acquisition de la connaissance sur le risque ; les procédures y sont détaillées et encadrées : c'est le cas des médicaments, de la phythopharmacie, des organismes génétiquement modifiés, mais aussi des automobiles, etc. Les seconds sont dans une zone plus floue ; l'obligation de construction de la connaissance sur le risque n'est pas exprimée dans des textes réglementaires, et elle ne conditionne pas la mise sur le marché. Mais elle peut être induite de la jurisprudence sur le vice indécelable et des textes généraux sur la sécurité des produits[2]. *On peut donc se demander s'il n'existe pas finalement une obligation générale, expresse ou tacite selon les cas, de construire la connaissance sur le risque induit d'un produit, sans se contenter de l'état de l'art disponible.*

1. C. Gollier, *Risques*, nº 14, p. 50, sur la définition donnée par F. Ewald.

2. En France, la loi de 1983 sur la sécurité des consommateurs, en Europe la directive 92/59 du Conseil du 29 juin 1992 sur la sécurité générale des produits (texte peu utilisé).

Si tel était le cas, il me semble qu'il faudrait apprendre à poser autrement les problèmes du vice indécelable et du risque de développement. Il y aurait une *faute* à ne pas construire la connaissance sur ce risque, au moins lorsqu'elle est accessible à l'univers mental du moment ; rien n'empêcherait d'établir une présomption de faute du fabricant à cet égard, pour peu qu'on lui permette d'apporter la preuve qu'il a convenablement exécuté cette obligation, ce qui laisse une *place rafraîchissante à l'exonération de responsabilité.* Autant je pense qu'il est raisonnable d'exiger un tel effort de l'industrie, autant il me semble décourageant de demander à un industriel d'assurer la réparation des très rares dommages dont la prévention impliquait un réel saut qualitatif dans l'univers des connaissances.

On peut ainsi trouver un certain principe d'équilibre entre les intérêts du public et ceux de l'industrie. J'ai été frappée de la critique de F. Ewald contre les excès de la jurisprudence et du principe de précaution ; il y voit une nouvelle forme de lutte idéologique contre l'industrie et une crise de confiance dans la science, qu'il n'hésite pas à comparer à la critique sociale du XIXe siècle [1]. Je partage son analyse, mais pas son recul : qui, aujourd'hui, se plaindrait de la critique sociale qui a conduit à l'invention du capitalisme assagi ? Pourquoi ne ferait-on pas, avec le principe de précaution, le même type de progrès ? La plupart des grandes dérives du système productif étaient en fait prévisibles : que l'on pense simplement aux inconvénients de l'accumulation des nitrates dans les nappes phréatiques qui constituent un effet purement mécanique de l'utilisation des engrais…

Si, d'autre part, le principe de précaution apparaît incontestablement comme le résultat d'une crise de confiance dans la perception d'une science automatiquement bonne, il ne conduit pas à moins de science, comme le suggère F. Ewald, mais au contraire à *l'obligation juridiquement sanctionnée d'acquérir la connaissance sur le risque* ; il y a dans ce choix juridique plus de science et une autre science. « Le caractère le plus neuf du risque de développement réside dans le fait d'avoir à prendre en considération une transformation dans la connaissance, dans la conscience, dans la perception qui transforme la réalité », souligne F. Ewald [2], critiquant ce qu'il analyse comme une approche rétroactive de la responsabilité. Il me semble qu'il masque ainsi le caractère progressiste d'un système qui contraint à construire en même temps la connaissance sur le produit et la connaissance sur le risque qu'il induit, sans souffrir des perpétuels décalages entre les deux.

La généralisation de cette attitude devrait en principe conduire à redistribuer les choix d'investissement, en accordant moins de place aux « nouveaux » produits, davantage à l'amélioration des produits existants, en fonction d'objectifs diversifiés, depuis l'amélioration du coût de production, des rendements des divers intrants jusqu'à leur meilleure adaptation à la préservation de l'environnement et de la sécurité. Il est peu probable que l'on perde à cette réorien-

1. *Risques*, nº 14, p. 35.
2. *Ibid.*, p. 18.

tation de l'innovation. On constate, par exemple, que la nécessité de produire des études de dangerosité pour la mise sur le marché des organismes génétiquement modifiés, que l'on avait un temps accusée de ralentir la recherche, a au contraire permis de développer des investigations dans des secteurs jusqu'ici délaissés.

L'inconvénient de cette approche est de laisser des victimes sans indemnisation, lorsque le risque était vraiment inaccessible à l'effort de recherche. Rien n'empêche de couvrir ce risque résiduel par un système de provisionnement. Il me semble qu'il serait légitime de partager la charge de ce fonds d'indemnisation entre l'État, le public, et les branches industrielles concernées.

On argue généralement de la non-assurabilité de ce risque de développement véritable, du fait de son caractère non mesurable, de son anhistoricité. La démonstration faite par C. Gollier[1] est à cet égard convaincante ; mais il limite ses raisonnements à l'assurance des producteurs envisagés de manière individuelle, chacun d'eux assurant son propre risque produit. Or on peut se demander si le risque de développement, risque catastrophe pour les victimes, n'implique pas le plus souvent une branche industrielle tout entière. En effet, un produit est bien, au départ au moins, celui d'une entreprise ; mais il est aussi, peu ou prou, le produit d'une branche (pharmacie, chimie, pétrochimie, etc.). Les risques catastrophe qu'il entraîne concernent, au-delà de l'entreprise, la branche dans son ensemble, soit directement, soit par effet d'image. N'est-ce pas alors à une assurance de branche que revient cette partie de la charge ? On n'est pas sans expérience à cet égard ; tous les commentateurs évoquent le Pharma-Pool de l'industrie pharmaceutique allemande ou le Fipol de l'industrie pétrolière.

Le rôle qui serait ainsi dévolu à la branche industrielle n'est pas une originalité. On remarque dans de multiples secteurs du droit économique un accroissement constant des fonctions des grandes fédérations professionnelles : elles jouent le rôle moteur dans la découverte et l'instruction des faits de dumping ; elles jouent un rôle de plus en plus important dans le respect des disciplines en matière de subvention étatique, réalisant ainsi une sorte de police de leur marché[2] ; elles jouent un rôle déjà ancien dans la régulation du droit du travail. Pourquoi ne joueraient-elles pas aussi un rôle en matière d'assurance du risque de développement – rôle financier, certes, mais aussi technique – en structurant les recherches et en faisant passer leurs résultats dans les normes professionnelles[3] ?

1. *Risques*, nº 14, p. 49.
2. M.-A. Hermitte, *Chronique de concurrence*, Clunet, 1994, nº 2.
3. J'ai développé le concept de risque de développement qui me paraît adapté à la problématique de la fourniture de produits ; pourtant, c'est curieusement vers la couverture d'un risque thérapeutique que se dirigent ceux qui sont chargés de réfléchir aux problèmes de la transfusion sanguine ; cf. *Gazette de la transfusion sanguine*, numéro spécial, février 1995.

B. L'ÉTAT ET L'ÉPIDÉMIE

Qui peut et n'empêche, pèche – il y a toujours un vieil adage juridique... Celui-là donne l'exacte mesure de la condamnation de l'État, personne morale, pour n'avoir pas ordonné à temps le retrait des facteurs VIII contaminants. Comme cela paraît banal, nous dirons les choses autrement : l'État fut condamné pour n'avoir pas exercé le pouvoir réglementaire dont il disposait ; c'est une faute d'abstention – et c'est encore banal. L'État, personne morale en charge de la santé publique et du système transfusionnel, fut condamné pour avoir mal réagi à la pénétration du système transfusionnel par le virus du sida. Selon le Conseil d'État, la faute de l'État commence le 22 novembre 1984, quand un de ses agents dispose d'un certain nombre de connaissances scientifiques et les divulgue dans une réunion officielle ; elle s'achève le 20 octobre 1985, quand toutes les mesures envisageables à l'époque pour circonscrire l'épidémie sont prises. Tous les hémophiles qui ont reçu des produits entre ces deux dates doivent être indemnisées par l'État[1] ; ce n'est pas une banale responsabilité de fabricant, ni une banale responsabilité médicale qui sont ici en cause, mais *la mise en œuvre de la responsabilité de l'exécutif lorsque son pouvoir de gouvernement porte sur des choix techniques et repose sur des connaissances scientifiques*.

Cette dernière formulation exprime l'enjeu de cette partie du droit de la responsabilité, pour un État moderne investi de multiples tâches techniques. Il convient dès lors de comprendre la portée exacte de l'arrêt du Conseil d'État qui, en 1993, donna satisfaction à quatre cents hémophiles.

Leurs avocats, qui cherchaient une solution collective, avaient eu l'idée hardie de tourner le dos aux logiques précédentes, de ne plus s'adresser aux centres de transfusion ni aux établissements hospitaliers, mais directement à l'État détenteur du pouvoir réglementaire, qui, selon les termes du recours, aurait « commis des *fautes dans l'exercice des pouvoirs de police sanitaire* qui lui sont dévolus par les dispositions combinées des articles L. 668 et L. 669 du Code de la santé publique ; [...] il a tardé à interdire la distribution aux hémophiles des produits sanguins contaminés par le VIH alors que, dès 1983, le procédé du chauffage du sang permettait d'inactiver ce virus et que l'autorité ministérielle n'a pas informé la communauté hémophile des risques graves encourus par l'utilisation de tels produits ; qu'il est également reproché à l'autorité ministérielle ayant exercé ses pouvoirs de police sanitaire le 23 juillet 1985 d'avoir différé jusqu'au 1er octobre 1985 la fin du remboursement par les caisses d'assurance maladie des produits sanguins utilisés par les hémophiles, mesure dont il n'est pas contesté qu'elle équivalait, en fait, à une interdiction à raison du coût élevé des produits dits facteurs VIII et IX ».

1. Après cette date, le risque résiduel relève de la responsabilité du fabricant, mais l'État, dans sa fonction réglementaire, n'est plus en cause.

Selon les hémophiles, l'État aurait été en faute de 1983 au 1er octobre 1985 pour n'avoir pas utilisé la faculté de retrait de produits dangereux que lui donnait l'article L. 668. En effet, pour être commercialisé sur le territoire, un produit sanguin doit figurer sur la liste des produits établie par le ministère de la Santé. Le mettre sur cette liste équivaut à une autorisation de mise sur le marché ; l'en retirer équivaut à un retrait [1]. Les éléments essentiels de cette analyse furent repris par les juridictions administratives, mais le choix de la date fixant le point de départ de la responsabilité, pour faute cette fois-ci, fut l'objet d'un intense débat.

Ce sont les caractères des produits sanguins, substances thérapeutiques d'origine biologique, qui sont ici en cause. *En tant que substances thérapeutiques*, les facteurs VIII s'inscrivent dans la logique du contentieux très rare des autorisations de mise sur le marché ; *en tant que produits susceptibles de propager une épidémie*, ils relèvent d'un contentieux non moins rare, celui de la conduite à tenir par l'État en présence d'une épidémie. Le Conseil d'État rendit le 9 avril 1993 un arrêt historique : il condamnait l'État pour n'avoir pas pris la décision de retrait des produits contaminants à partir du moment où il fut informé « de façon non équivoque de l'existence d'un risque sérieux [...], sans attendre d'avoir la certitude que tous les lots de produits dérivés du sang étaient contaminés ».

Cette décision comporte un principe général de conduite de l'État, qui pourrait être applicable à toute décision à prendre en univers scientifique controversé : la haute assemblée dut en effet déterminer à quelle date des connaissances scientifiques, objet de controverses, furent suffisamment avérées, malgré des incertitudes persistantes, pour constituer le point de départ d'une obligation d'agir opposable à l'État. *La cristallisation des connaissances scientifiques en obligation d'agir juridiquement sanctionnée, malgré l'incertitude scientifique résiduelle, constitue une évolution importante dans les rapports entre science et droit* ; elle oblige à se demander quel engrenage a été mis en route.

D'un côté, contrôler l'activité réglementaire de l'État dans ce domaine signifie un *approfondissement de l'État de droit indispensable à une société technologique* ; on remarque surtout que la décision administrative est désormais bien séparée de son substrat scientifique. Si la science donne l'alerte, il n'a pas été reconnu nécessaire que la totalité de la preuve scientifique soit apportée pour pouvoir agir au niveau politique. La décision du Conseil d'État réhabilite l'art du gouvernement qui exige intuitions et prises de risques calculés, contre la temporalité de la preuve scientifique. *C'est un élément d'une nouvelle forme de séparation des pouvoirs, essentielle pour ceux qui travaillent sur les rapports de la science et du droit.*

D'un autre côté, on voit poindre le *risque d'un gouvernement des juges* et d'un seuil de responsabilité qui deviendrait insupportable pour l'État, comptable de toutes les activités de prévention des risques, depuis le sida jusqu'aux avalanches en passant par les inondations et l'effondrement des tribunes d'un

1. Cf. *supra*, IIIe partie.

stade ou l'écroulement du plafond d'un grand magasin. Toutes ces hypothèses font en effet intervenir autorisations ou contrôles de l'État, en fonction de données scientifiques et techniques. Chaque fois que cette activité est mal conduite par les services techniques de l'État, cela peut donner lieu à la mise en cause de sa responsabilité, seul ou aux côtés des entreprises privées qui ont longtemps canalisé les recours des victimes. L'évolution des mentalités a déjà conduit à une extension constante de l'activité de prévention et d'encadrement du risque par l'État ; elle débouche de plus en plus souvent sur une contestation de cette action, devant les juridictions administratives pour tout ce qui concerne la personne morale, devant les juridictions de l'ordre répressif pour les agents de l'État impliqués à titre personnel dans la décision litigieuse. La pugnacité des victimes dans l'affaire de la transfusion sanguine en est une preuve et constitue en même temps un encouragement donné à d'autres victimes. On peut donc se demander s'il ne s'agit que d'un incendie allumé par le caractère exceptionnel de cette affaire ou d'un mouvement de fond ; c'est l'avenir du droit, ici, qui est incertain[1].

Nous conclurons enfin sur l'évolution des systèmes de production contemporains. *Par les divers mécanismes d'évaluation préalable des risques, qu'ils soient liés aux produits, aux procédés, aux outils de production ou aux implantations, on redéfinit progressivement la libre entreprise, désormais sous contrôle d'autorités nationales, communautaires et professionnelles. Il n'est pas certain que le droit de la responsabilité ait réussi pour le moment à articuler les différents niveaux de responsabilité, entre celui qui fabrique le produit et celui qui conçoit la norme servant à le fabriquer, les deux types d'intervenants n'étant d'ailleurs pas toujours bien distincts.*

1. Le pouvoir de police sanitaire spécifique, fondement de la responsabilité de l'État

Le fondement de la responsabilité de l'État fut clairement établi par le tribunal administratif de Paris. L'État n'est ni prescripteur, ni fabricant, ni fournisseur des produits sanguins incriminés, activités qui relèvent des centres de transfusion et des médecins, et engagent leur responsabilité propre. A l'inverse, bien qu'ils assurent le service public de la transfusion sanguine, les centres sont dépourvus des *prérogatives de puissance publique* qui sont exercées « exclusivement par *l'État détenteur de pouvoirs de police sanitaire spécifiques* ». Sur le fondement des articles L. 668 et 669 du Code de la santé publique, l'État a le pouvoir de réglementer les produits sanguins en les inscrivant ou en refusant de les inscrire sur la liste des produits, ou en les suppri-

1. TA de Paris, 20 décembre 1991, et conclusions d'E. Stahlberger, *RFDA*, 8 mars 1992, p. 533 ; CAA de Paris, 16 juin 1992, et conclusions Dacre-Weight, *RFDA*, 9 janvier 1993, p. 145 ; CE, 9 avril 1993, et conclusions, H. Legal, *RFDA*, 1993, p. 583.

mant de cette liste. C'est dans le cadre de cette activité qu'il peut commettre des « fautes dans l'exercice du pouvoir réglementaire ».

Le commissaire du gouvernement insiste sur la spécificité de ce pouvoir de police : « Et l'on comprend qu'il s'agisse d'une activité hautement réglementée, car c'est le sang humain qui est en cause et pas n'importe quel autre produit tiré du sol, des plantes ou des animaux, ni même de dérivés du corps humain tel que le placenta, dont on tire certaines utilisations pharmaceutiques ». C'était reprendre mot pour mot les travaux parlementaires de la loi de 1952 pour détruire l'argumentation du ministre de la Santé soutenant que la tutelle de l'État se limitait au fonctionnement des centres sans concerner la qualité des produits.

Le commissaire du gouvernement devant le tribunal en déduit une équation simple. A la base, le droit à la santé, droit fondamental de la personne humaine, impose une intervention de l'autorité publique sur le fondement d'un pouvoir de police sanitaire *général*. Cette intervention est d'intensité variable selon les secteurs. Dans le cas particulier de la transfusion sanguine, la nature juridique du sang a présidé à la mise en place d'un service, public de bout en bout, qui fonde un *pouvoir de police sanitaire, spécifique cette fois*, dont la mise en œuvre implique autant l'exercice du pouvoir réglementaire que celui du pouvoir de tutelle sur les centres. La carence éventuelle de l'activité normative et du pouvoir de tutelle est susceptible, dans les termes du droit commun, d'engager la responsabilité de l'État.

Par une formulation malheureuse, la cour administrative d'appel va retenir l'*obligation « d'édicter la réglementation nécessaire afin que soit préservée, en toute circonstance, la qualité du sang humain, de son plasma et de leurs dérivés »*. L'expression « en toute circonstance » imposerait-elle à l'activité réglementaire une obligation de résultat ? Ce n'est pas ce que retiendront les trois juridictions administratives qui opteront toutes pour le fondement de la faute.

2. Risque, faute lourde, faute simple ?

Risque et présomptions de faute seront écartés d'emblée du débat. Insistant sur la proximité du vote de la loi d'indemnisation, le commissaire du gouvernement, devant le tribunal, estime que la socialisation du risque qui résulte de la reconnaissance d'une responsabilité sans faute doit rester une exception, décidée au cas par cas par le législateur, et non devenir une jurisprudence de droit commun. Le recours à l'idée de risque ne sera plus rediscuté.

Le fondement retenu étant celui de la faute, il fallait choisir entre la faute lourde et la faute simple. L'application stricte de la jurisprudence antérieure dirigeait vers l'exigence d'une faute lourde. On estime en effet que la responsabilité de l'État en matière de faute d'abstention, plus particulièrement dans les domaines délicats qui requièrent un examen technique, ne doit être mise en œuvre qu'avec circonspection. Il est plus légitime de censurer une action excessive réalisée par l'administration qu'une carence ou une maladresse découvertes rétrospectivement. En 1948, saisi d'une contestation de visa pharmaceutique, le Conseil d'État estimait que l'appréciation « par le comité technique et par le ministre des inconvénients que présente un produit pour la santé publique n'est pas de nature à être discutée devant le Conseil d'État statuant au contentieux [1] ». S'il admit progressivement d'entrer dans le contrôle de certains choix techniques, il le fit à contrecœur, se bornant chaque fois qu'il le pouvait à un contrôle du respect des procédures et statuant sur le terrain de la faute lourde.

Dans ce contexte, la faute lourde paraissait s'imposer ; la conduite à tenir en face du sida revêtait sans doute un « caractère technique particulièrement délicat », et il n'y avait guère de raisons de ne pas exiger des victimes la preuve d'une faute lourde. Pourtant, ce n'est pas ce que décidera le Conseil d'État : *« Considérant qu'eu égard tant à l'étendue des pouvoirs que ces dispositions confèrent aux services de l'État [...], qu'aux buts en vue desquels ces pouvoirs leur ont été attribués, la responsabilité de l'État peut être engagée par toute faute commise dans l'exercice desdites attributions. »*

Ce n'est donc pas la difficulté de la tâche qui va l'emporter cette fois, mais l'étendue des pouvoirs de l'État sur ce service public, et surtout l'importance de l'enjeu en termes de santé publique. Il y aura aussi la motivation du commissaire du gouvernement, qui voulait achever la longue évolution de la jurisprudence du droit public de la responsabilité vers la faute simple. Partant de l'idée d'une « raréfaction des hypothèses de faute qualifiée dans l'histoire de la responsabilité administrative, depuis le début du siècle [2] », H. Legal estime qu'il convient de ne pas porter un « coup d'arrêt à la simplification » que le Conseil d'État tente de mener à bien, en faisant de la faute simple le droit commun. Selon H. Legal, il convient de réserver le fondement du risque aux situations qui impliquent une rupture dans l'égalité des charges publiques, les présomptions de faute aux situations où la preuve est impossible à rapporter, la faute lourde aux hypothèses où la mission de l'État est particulièrement difficile.

Or, s'il admet que l'acquisition de la connaissance scientifique nécessaire à l'action fut une tâche difficile dans laquelle il ne semble pas que l'État ait failli, les conclusions qu'il convenait d'en tirer sur le plan de l'action concrète, une fois cette connaissance acquise, ne lui semblent pas avoir été particulièrement délicates. C'est sur ce terrain seulement que l'État sera condamné, sur le fondement de la faute simple.

1. CE, 27 février 1948, Laboratoires du Bac, *Recueil Lebon*, 1948, p. 100, et CE, 16 mars 1955, Laboratoires Sarein, *Recueil Lebon*, 1995, p. 807.

2. Conclusion, p. 590 ; le terme de faute qualifiée est équivalent à celui de faute lourde.

3. La faute et l'incertitude scientifique

C'est aux victimes d'apporter la preuve de la faute de l'État. Elle sera constituée dès que ses décisions paraîtront inadaptées aux connaissances scientifiques qui lui auront été transmises. L'arrêt du Conseil d'État jette les fondations d'une théorie de la décision propre à l'univers scientifique et technique. Le Conseil d'État analyse les étapes de la construction de la connaissance scientifique pour déterminer le moment auquel elle est suffisamment avérée pour servir de base à une action concrète sur le terrain. Pourtant, la portée de cet arrêt reste difficile à prédire, car elle dépendra de l'interprétation qui sera donnée dans l'avenir aux différentes limites, implicites ou explicites, dont le principe fut assorti.

L'arrêt du 9 avril 1993

On a souvent admis que l'intérêt majeur de cet arrêt était de consacrer le principe de précaution, selon lequel il n'est pas nécessaire de disposer d'une certitude scientifique pour commencer à agir, lorsque l'on se trouve dans une situation de péril imminent. Issu du droit international, il aurait été ainsi reçu en droit français ; né en droit de l'environnement, il deviendrait un élément du droit commun ; perçu comme une théorie de la décision, il trouverait son prolongement logique dans le domaine du droit de la responsabilité. On se demandera toutefois si le Conseil d'État ne l'a pas appliqué de manière si restrictive qu'il l'aurait vidé de la plus grande partie de son contenu.

Le second intérêt de l'arrêt tient à la relative richesse de sa motivation : éclairée par les conclusions de l'avocat général H. Legal, elle permet de comprendre quels furent les événements scientifiques susceptibles d'imposer à l'administration une obligation juridique d'agir. C'est ainsi que sera réalisé ce que H. Legal appelle joliment la « démarche de modélisation de l'acte administratif », « la définition en creux de ce qu'aurait été, de la part de l'administration de l'État, une réponse acceptable à l'événement ».

Pour pouvoir analyser la portée du texte, il convient de le citer dans son intégralité :

« Considérant qu'il résulte de l'instruction que le risque de contamination par le virus VIH par la voie de la transfusion sanguine *était tenu pour établi* par la communauté scientifique dès novembre 1983 et que l'efficacité du procédé du chauffage pour inactiver le virus était reconnue au sein de cette communauté dès octobre 1984, tandis qu'il était admis à cette époque qu'au moins 10 % des personnes séropositives contractent le syndrome d'immunodéficience acquise dans les cinq ans et que l'issue de cette maladie est fatale dans au moins 70 % des cas ; *que ces faits ont été consignés le 22 novembre 1984* par le Dr Brunet, épidémiologiste à la Direction générale de la santé, dans un rapport soumis à la Commission consultative de la transfusion sanguine ; qu'eu égard au *caractère contradictoire et incertain* des informations antérieurement disponibles tant sur l'évolution de la maladie que sur les techniques susceptibles d'être utilisées pour en éviter la transmission, il ne peut être reproché à l'administration de n'avoir pas pris avant cette date de mesures propres à limiter les risques de contamination par transfusion sanguine, notamment en interdisant la délivrance des produits sanguins non chauffés, en informant les hémophiles et leurs médecins des risques encourus ou en mettant en place des tests de dépistage du virus sur les dons de sang et une sélection des dons ; *qu'en revanche, informée à ladite date du 22 novembre 1984, de façon non équivoque, de l'existence d'un risque sérieux de contamination des transfusés et de la possibilité d'y parer* par l'utilisation des produits chauffés qui étaient alors disponibles sur le marché international, d'interdire, *sans attendre d'avoir la certitude que tous les lots de produits dérivés du sang étaient contaminés*, la délivrance de produits dangereux comme elle pouvait le faire par arrêté ministériel pris sur le fondement de l'article L. 669 du Code de la santé publique. »

Le Conseil d'État va donc raisonner en trois temps : il établit en premier lieu la liste des faits pertinents et la date à laquelle ils peuvent être considérés comme certains au sein de la communauté scientifique ; il établit ensuite le moment auquel ces informations ont été transmises à l'administration sous une forme non équivoque. Il conclut enfin sur la stratégie que l'administration aurait dû mettre en place.

L'acquisition des connaissances pertinentes au sein de la communauté scientifique

La première donnée concerne le risque de contamination par la voie sanguine ; le Conseil d'État estime que la connaissance est acquise en novembre 1983, au plus tard. Le choix de cette date relève d'une prudence moyenne : ce n'est ni très intuitif et précoce puisque les premières sonnettes d'alarme avaient été tirées dans la seconde moitié de 1982, ni tardif puisque certains continueront d'en douter jusque dans le courant de l'année 1984. Pour le Conseil d'État, cette connaissance de la transmissibilité du virus du sida par le sang n'implique aucune obligation particulière pour l'État ; en effet, il lui paraît que si la transmissibilité est acquise, « les informations sur l'évolution de la maladie et les techniques susceptibles d'être utilisées pour en éviter la transmission » sont, quant à elles, contradictoires et incertaines jusqu'en octobre 1984. Elles ne justifient donc pas que l'administration prenne des mesures telles que l'interdiction de la délivrance des produits sanguins non chauffés, l'information des hémophiles sur les risques ou une sélection des dons.

Cela doit être comparé aux arrêts de la cour d'appel de Toulouse, fondés sur la faute des centres de transfusion, qui estimait au contraire qu'une conduite prudente impliquait à cette date l'information sur les risques et le retour aux cryos. Le Conseil d'État ne retient même pas l'obligation de sélection des donneurs, alors qu'elle fut recommandée sans succès par la circulaire du 20 juin 1983, et mise en œuvre avec succès dans un certain nombre de pays. L'arrêt du Conseil d'État, loin d'être révolutionnaire, paraît alors plutôt rétrograde.

La deuxième donnée pertinente porte sur l'opportunité du chauffage ; le commissaire du gouvernement montre que, dès juin 1983, le CNTS est conscient de l'intérêt potentiel du chauffage, puisqu'il est en contact avec Travenol pour des importations de facteurs VIII chauffés, et, surtout, qu'il commence ses négociations avec Immuno pour la concession d'une licence du procédé de chauffage le 3 décembre 1983 ; cette analyse n'est qu'à demi pertinente car la conscience du fabricant n'implique pas celle du ministère de la Santé.

Le commissaire du gouvernement montre comment les choses s'accélèrent *au sein de la communauté scientifique* dans le courant de l'été 1984 : il retient le congrès de Munich où apparaissent les premières validations (en réalité partielles) du procédé de chauffage, la décision du centre de Lille de proposer une coopération sur ce point, la publication de résultats concluants (en réalité encourageants seulement) dans le *Lancet*, la validation (toujours partielle) par le Pr Montagnier, la décision de la Fédération mondiale de l'hémophilie de revenir au plasma frais ou aux cryos en l'absence de produits chauffés, la recommandation dans le même sens du CDC, puis du groupe de travail français présidé par Mme Larrieu [1]. Tous ces événements intéressent la communauté scientifique.

La synthèse en est faite le 22 novembre 1984 par le Dr Brunet, qui représente *l'administration* (DGS). L'arrêt n'explique pas, malheureusement, que la validation de ces connaissances n'était pas absolue ; il y avait un faisceau de présomptions convaincantes, sans que l'on puisse parler ni de validation définitive, ni probablement de véritable consensus, contrairement à ce que laisserait penser la formule du Conseil d'État qui parle d'« information non équivoque » sur la possibilité de parer le risque par l'utilisation de produits chauffés, disponibles sur le marché international. On se demande alors si le Conseil d'État a fait une erreur technique, croyant que l'efficacité et l'innocuité des produits chauffés étaient totalement avérées, ou s'il estime au contraire que, sans être au-delà de toute critique sur le plan de la méthodologie scientifique, elles l'étaient suffisamment pour justifier l'action. Dans le premier cas, il n'y a pas de mise en œuvre du principe de précaution, alors qu'elle existerait dans le second cas.

La troisième connaissance pertinente concerne la gravité du risque, calculée par le taux de passage de la séropositivité au sida et le taux de mortalité des malades. A cette époque, on sait que le taux de passage est au minimum de 10 % au bout de cinq ans et que sur ces 10 % le taux de mortalité est de 70 %.

Pour le Conseil d'État, ce tableau suffit à fonder l'obligation d'agir de l'État, sans attendre d'informations supplémentaires ou d'amélioration des preuves comme le feront les autorités de santé. C'est ce qui le sépare du tribunal administratif et de la cour administrative d'appel, qui avaient retenu la date du

1. En réalité, cette dernière était moins efficace ; elle reconnaissait l'intérêt des produits chauffés, mais n'indiquait pas qu'il était préférable de revenir aux cryos si l'on ne pouvait se procurer ces produits.

12 mars 1985, date à laquelle est transmise à l'administration l'information selon laquelle « tous les lots sont contaminés ». La différence entre les deux dates est en fait purement quantitative, elle ne tient qu'au nombre de morts *avérés*, qui croît de manière exponentielle. Si la faute est plus grave en mars, elle est cependant déjà constituée au mois de novembre.

La transmission de l'information à l'administration

Selon le Conseil d'État, ces connaissances sont acquises dans la communauté scientifique en octobre 1984, mais il faut le temps de les transmettre aux autorités de tutelle. La date du 22 novembre, réunion de la Commission consultative de la transfusion sanguine à laquelle la DGS est censée être présente, apporte la preuve officielle de la transmission – d'autant plus que c'est le Dr Brunet, épidémiologiste de la DGS, qui apporte l'information. A contrario, *il semble donc que l'administration n'ait pas l'obligation de se renseigner, d'acquérir la connaissance scientifique, mais seulement celle d'agir une fois qu'elle est informée*. Cette précision est tout à fait contraire au principe de précaution, qui consiste à gagner du temps par des mesures conservatoires, et à utiliser ce temps pour améliorer l'état des connaissances. On pourrait donc en déduire, qu'il devrait exister une obligation d'acquérir la connaissance, ce qui n'est pas reconnu ici.

Le contenu du principe de précaution [1]

La consécration du principe résulterait de la phrase suivante : « [...] il appartenait à l'autorité administrative [...] d'interdire, *sans attendre d'avoir la certitude* que tous les lots de produits dérivés du sang étaient contaminés, la délivrance des produits dangereux. » L'action en phase d'incertitude semble être en effet dans le droit fil de l'idée de précaution.

Le Conseil d'État ne faisait que suivre le chemin balisé par son commissaire du gouvernement. H. Legal, en effet, affirme : « Face à un risque connu comme mortel pour un certain nombre de patients au moins, il serait évidemment irréaliste d'affirmer que seule une certitude scientifique fait obligation d'agir. Entre l'ignorance et une connaissance certaine des mécanismes selon lesquels agit un produit, il y a au moins deux stades : celui de l'accumulation d'indices qui aboutit à la formulation d'une hypothèse et celui où une vérification pragmatique permet de regarder cette hypothèse comme confirmée sans que pour autant les raisons scientifiques de sa validité soient parfaitement élucidées [2]. » Quelques pages plus loin, il achève sa pensée, en référence à une remarque de M. Grmek sur un éditorial du *Lancet*, qui affirmait le 2 avril 1983 : « Les liens [entre contamination de produits sanguins et sida] suggérés par les

1. « Environnement, le temps de la précaution », in *Risques*, nº 11, juillet 1992.
2. *RFDA*, 1993, p. 595.

Américains doivent être tenus pour non démontrés. » « Juste en théorie, gravement erroné en pratique », dit le Dr Grmek ; « Vérité scientifique, erreur sanitaire », dit le juriste, juge de la police sanitaire. Le commissaire du gouvernement semble d'ailleurs aller beaucoup plus loin que ne le fera le Conseil d'État, quand il écrit : « En situation de risque, une hypothèse non infirmée devrait être tenue, provisoirement, pour valide, même si elle n'est pas formellement démontrée[1]. »

Cité mutilé, comme je l'ai fait, l'arrêt du Conseil d'État serait effectivement clair et révolutionnaire. Pourtant, quand on remet à l'intérieur des parenthèses ce que j'avais volontairement omis, la portée *concrète* de cette consécration *théorique* indéniable est plus réduite qu'on ne l'aurait souhaité.

En effet, le Conseil d'État dégage deux périodes. *Une première période, très longue, part de l'origine de l'épidémie pour s'achever le 22 novembre 1984* ; elle lui semble homogène et remarquable par « le caractère contradictoire et incertain des informations antérieurement disponibles tant sur l'évolution de la maladie que sur les techniques susceptibles d'être utilisées pour en éviter la transmission ». Pour le Conseil d'État, ces incertitudes autorisent une inaction : « Il ne peut être reproché à l'administration de n'avoir pas pris à cette date de mesures propres à limiter les risques de contamination, notamment en interdisant la délivrance des produits sanguins non chauffés, en informant les hémophiles et leurs médecins des risques encourus, ou en mettant en place des tests de dépistage du virus sur les dons du sang et une sélection des dons. »

Un tel blanc-seing est évidemment contraire à l'esprit du principe de précaution qui impliquerait une succession de stratégies de transition. Dès 1982, il fallait mettre en place une cellule d'observation et de diffusion des données scientifiques, ce qui a été fait. Dès 1983 s'imposait la sélection clinique des donneurs, ce que l'État a recommandé sans se donner les moyens de l'imposer ; à peu près en même temps devait être effectuée à partir de tests artisanaux l'analyse de l'état sérologique des hémophiles, ce qui a été fait, les résultats de ces premiers sondages ayant montré entre la fin de 1983 et le début de 1984 un fort taux de contamination. Or, le sens exact de cette contamination n'étant pas connu, il n'en fut tiré aucune conséquence en termes d'action. Si la séropositivité avait été protectrice comme le laissait penser la présence d'anticorps, ou même si elle n'avait entraîné qu'un nombre infime de malades, cette abstention n'aurait sans doute pas été remarquée. Il ne fut tiré aucune conséquence de l'idée que la séropositivité pouvait être un équivalent-sida.

Pourtant, à partir de la première évaluation du taux de contamination, il était possible de tirer des conséquences précises de cette hypothèse : information des receveurs, réduction drastique de l'utilisation des produits sanguins et retour aux cryos dès la fin de 1983 comme le recommanda le Conseil de l'Europe. Le Conseil d'État récuse entièrement cette stratégie, refusant implicitement la mise en œuvre du principe de précaution dans cette première période.

1. *RFDA*, 1993, p. 597.

Applique-t-il le principe dans la seconde période qui s'ouvre le 22 novembre 1984 ? Tout le monde semble le penser[1], puisqu'il « n'est pas nécessaire d'attendre d'avoir la certitude que tous les lots sont contaminés » pour agir. On peut en douter, ou du moins cette application est bien limitée. En effet, le Conseil d'État dit s'appuyer sur l'existence d'un risque sérieux et *non équivoque*, ce qui est l'inverse de la prise de décision sous incertitude scientifique, caractéristique du principe de précaution. Mais, surtout, le Conseil d'État affirme que le ministre de la Santé pouvait procéder au retrait des produits litigieux car il était possible de « parer [au risque] par l'utilisation des produits chauffés disponibles sur le marché international ». Faudrait-il en déduire que l'État n'aurait pas été tenu de retirer ces produits du marché s'il avait été nécessaire de revenir aux cryos, en l'absence de produits chauffés ? Ce serait alors une position techniciste bien moins progressiste que celle qu'ont adoptée certains tribunaux de l'ordre judiciaire.

Reste à déterminer la place de cet arrêt dans le droit positif. Dans quelle évolution s'inscrit-il ? Constitue-t-il une rupture ? Surtout, dans quels domaines de la responsabilité de l'État est-il pertinent : droit médical, droit pharmaceutique, substances dangereuses ?

4. La portée de l'arrêt du 9 avril 1993 : la rationalisation d'une politique de sécurité civile

Il est difficile de déterminer la portée exacte de l'arrêt du 9 avril ; si l'on ne retenait que la formulation du principe de précaution, elle serait applicable à toutes les situations qui requièrent une décision administrative pendant une phase d'incertitude scientifique. Mais on ne sait pas si la jurisprudence serait applicable à des secteurs qui ne sont pas, à l'instar de la transfusion sanguine, des services publics de bout en bout. Dans bien des cas, l'intervention publique n'est qu'un moment d'un processus qui relève du secteur privé. De plus, les conclusions du commissaire du gouvernement introduisent le doute ; en effet, H. Legal fonde d'abord son étude sur l'évolution du droit de la responsabilité de l'État dans le cadre de son activité en milieu hospitalier, dont le recours s'était volontairement écarté. Mais il évoque aussi des affaires relevant du contentieux de l'octroi ou du retrait des autorisations de mise sur le marché de produits pharmaceutiques, seule question abordée dans le recours. Curieusement, il ne distingue pas entre les deux domaines, comme s'ils relevaient d'une certaine unité, ce qui est évidemment inexact.

Le recours des hémophiles ne pouvait se rapporter qu'au contentieux des autorisations de mise sur le marché d'une part, à celui de la lutte contre les épi-

1. Contra, Anne Laudon, *Responsabilité et risques : l'appréhension de la connaissance scientifique et l'application du principe de prudence par le juge*, mémoire de DEA de droit de l'environnement, Paris I, 1993-1994.

démies d'autre part. Ni dans un cas ni dans l'autre, il n'existait de précédent vraiment utilisable pour tenter d'inscrire l'arrêt du 9 avril dans une évolution qui paraisse claire.

La responsabilité de l'État dans l'organisation de la lutte contre les épidémies

Comment l'État doit-il réagir lorsqu'il est confronté à une épidémie, sous quelque forme qu'elle se présente (épidémie au sens propre, épizootie, pollution des eaux par des agents pathogènes...) ?

L'épidémie peut être appréhendée par les juridictions administratives à deux moments distincts. Lorsque le risque est réalisé, les victimes vont demander réparation du dommage. Il s'agit d'un recours dit *de plein contentieux*, dans lequel les juridictions administratives disposent d'une importante marge d'appréciation portant sur le fond de l'affaire. Lorsque l'on est en phase d'alerte, l'État est amené à prendre des mesures préventives par la voie réglementaire. Il arrive que ces mesures soient contestées par ceux qu'elles lèsent. On est ici dans le contentieux de la légalité de la mesure. Dans ce cadre restreint, le contrôle du juge est formaliste : sans ignorer totalement le fond de l'affaire, il l'aborde dans une logique procédurale. Il est alors beaucoup plus difficile de contester le bien-fondé du choix de l'administration.

C'est pourtant dans cette seconde hypothèse, préventive, que le principe de précaution pourrait se révéler fécond pour prendre en compte les risques avant qu'ils ne se réalisent. Les précédents, on le verra, ne permettent pas de conclure à l'existence d'une jurisprudence constituée dans ce domaine. Les grandes épidémies – humaines en tout cas – appartenaient au passé, à une époque où les victimes ne se portaient pas devant les tribunaux.

Le risque réalisé

En cas de risque réalisé, on est en règle générale en présence d'un contentieux pour *faute*[1]. Dans les rares hypothèses dont on dispose, les fautes paraissent très évidentes ; la collectivité publique est bien condamnée pour avoir provoqué, en tout ou en partie, une épidémie, mais il n'est question ni d'incertitude scientifique, ni de faute dans la conception des normes ; il s'agit plutôt de la mise en œuvre défectueuse de ces normes.

Ce fut le cas de l'affaire de la Compagnie générale des eaux (CGE), condamnée aux côtés de la commune de Caluire, pour une épidémie de fièvre typhoïde survenue en 1928 à la suite de défauts d'entretien d'un aqueduc dont la CGE

1. Il existe des cas particuliers où l'on retient le fondement du risque parce que le risque de contagion est un risque anormal qui rompt l'égalité devant les charges publiques ; c'est ainsi que les enseignantes enceintes, en contact avec les enfants atteints de rubéole, doivent être indemnisées sur le fondement du risque, parce qu'elles sont particulièrement exposées du fait de leur métier. Dame Saulze, 6 novembre 1968, *Recueil Lebon*, 1968, p. 550.

avait la responsabilité, mais aussi de négligences répétées de la commune : installation de fosses septiques non étanches, débordantes, non surveillées, de champs d'épandage, de dépotoirs de vidange, déversements de matières excrémentielles dans les eaux, construction d'un urinoir communiquant avec l'eau potable, etc.[1] Récemment, des faits moins graves ont pourtant donné lieu à condamnation d'une commune par la cour administrative d'appel de Nancy, confirmant la responsabilité de principe des collectivités locales dans la diffusion des épidémies véhiculées par les réseaux dont elles ont la charge : « Considérant qu'il résulte de l'instruction que des débordements d'effluents du réseau d'assainissement communal ont affecté les pâturages des requérants jusqu'à ce que la commune entreprenne des travaux de pose d'une canalisation ; que les inondations qui ont résulté ont entraîné une dissémination des germes pathologiques qui a contribué à la pollution des pâturages et au développement des épizooties de 1981 jusqu'à mai 1985, date à laquelle ces débordements ont cessé avec la réalisation des travaux susmentionnés[2]. »

De même les services vétérinaires qui avaient conseillé l'importation d'un couple de porcins porteurs de virus furent condamnés pour avoir provoqué la contamination de l'ensemble du troupeau du sieur Sanquer. Une telle décision d'importation est d'une nature assez proche de celle d'une autorisation d'importation ou de mise sur le marché de produits contaminés. L'État fut reconnu responsable de l'épidémie[3]. Il fut reproché aux services vétérinaires non seulement la décision d'importation, mais aussi l'absence de vérification de l'état sanitaire des bêtes importées, et le fait qu'ils ne sont rendus sur les lieux que plusieurs semaines après que le début de l'épidémie leur fut signalé.

On ne peut pourtant compter ce type d'affaires comme des précédents, car il s'agissait de *fautes dans la mise en œuvre des normes d'hygiène, et non de fautes dans leur conception.*

La prévention du risque

Les espèces qui concernent la prévention du risque sont encore plus rares, et montrent des perspectives différentes selon que l'on est en face d'une épidémie, dont la gestion implique des atteintes au droit des personnes, ou des épizooties qui n'impliquent que des atteintes aux libertés économiques. Dans tous les cas, ce sont les personnes atteintes dans leurs droits qui font un recours pour excès de pouvoir. La situation est donc inverse de celle qui a existé dans l'affaire de la contamination : dans les espèces connues, on reprochait à l'État son action ; dans le cas du sida, on lui reprocha son abstention.

Dans une affaire jugée en 1955, le Conseil d'État s'est montré[4] plutôt indif-

1. CE, 13 février 1948, *Recueil Lebon*, 1948, p. 80.
2. Arrêt du 2 avril 1992, Messieurs Georges contre commune de Remenoville, classement CNIJ, 67-02-03.
3. Sieur Sanquer, CE, 15 février 1974, *Recueil Lebon*, 1974, p. 112.
4. Société Lucien, Joseph et compagnie, 20 mai 1955, *Recueil Lebon*, 1955, p. 276.

férent au danger épidémique. Il déclare illégal un arrêté du haut commissaire de la République française à Madagascar, qui avait interdit tout trafic, tant aérien que maritime, entre les îles Maurice, de la Réunion et de Madagascar, en se fondant sur l'existence d'une épidémie de poliomyélite dans les deux premières îles, cela sur le fondement de son pouvoir général en matière sanitaire. Le Conseil d'État estime qu'une telle atteinte portée à la liberté de circulation implique un texte l'autorisant expressément à édicter une telle interdiction ou l'existence d'un péril imminent et d'une exceptionnelle gravité, dont il estime que la preuve n'avait pas été rapportée en l'occurrence. Or il est bien évident, sauf preuve scientifique contraire dont on ne sait pas si elle a été rapportée en l'occurrence, que l'existence de cas de maladies contagieuses ou transmissibles implique, comme mesure de première urgence, l'arrêt de tout trafic, en attendant que soient élucidés les modes de transmission de la maladie, et donc les activités qui peuvent être accomplies sans danger.

L'attitude du Conseil est plus attentive lorsqu'il est amené à défendre l'action, réglementaire cette fois, de lutte contre les épizooties, contre les éventuels recours pour excès de pouvoir intentés par les administrés ; il ne s'agit ici, en effet, que d'atteintes de nature économique. C'est ainsi qu'il rejeta un recours intenté contre les décrets de 1965 relatifs à la prophylaxie contre la brucellose[1] : le Conseil d'État justifie les examens, analyses et déclarations obligatoires contestées, en affirmant qu'elles « ne portent pas atteinte à la liberté du commerce et de l'industrie, ni au droit de propriété, ni au secret professionnel » ; et il précise « que les mesures discriminatoires prises à l'égard des propriétaires des animaux contaminés répondent aux nécessités de la lutte contre les maladies des animaux ». Il justifie toutes les mesures, y compris l'abattage des animaux et la publication annuelle de la liste des exploitations reconnues indemnes de la maladie.

Le problème est donc avant toute chose celui d'une balance entre la gravité des atteintes portées aux libertés et l'objectif de prophylaxie. L'équilibre n'est pas le même lorsqu'il s'agit d'une liberté de nature économique ou personnelle.

On peut donc se demander ce qui se serait passé en 1983 si, le gouvernement ayant décidé le retour aux cryos, l'AFH avait intenté un recours pour excès de pouvoir contre cette mesure. On remarquera que, dans aucun des précédents, le concept d'incertitude scientifique n'est invoqué, ni par les requérants ni par l'État. On remarque aussi qu'il est à peu près impossible de tirer une synthèse de ces décisions, les problèmes n'étant jamais posés dans des termes comparables. Il faudrait pourtant essayer de mieux cerner la responsabilité de l'État dans ce genre de situations, l'affaire de la transfusion sanguine, dont la portée reste obscure, ayant donné des idées à bien des plaideurs.

Prenons le cas, par exemple, de cette étudiante en droit qui a intenté un recours contre l'État, responsable d'avoir tardé à autoriser la vente des seringues en pharmacie, voire leur échange gratuit, ce qui aurait eu pour conséquence de diffuser le sida chez les toxicomanes. L'arrêt du 9 avril 1993 serait-

1. Sieur Vilain, 16 février 1968, *Recueil Lebon*, 1968, p. 118.

il applicable à cette situation ? C'est peu probable ; si la santé publique est en cause dans les deux cas, il n'y a pas de service public organisé et autonome de lutte contre la toxicomanie, alors qu'il y a un service public de la transfusion sanguine. D'autre part, il existe des éléments justificatifs à l'abstention de l'État qui mettent en cause des ordres de valeurs en opposition, faisant de la décision un acte probablement discrétionnaire ; enfin, le lien de causalité entre l'abstention de l'État et la transmission de la maladie serait difficile à établir, à moins de présumer que chaque toxicomane contaminé avant la légalisation de la distribution des seringues l'a été du fait de l'abstention de l'État.

Cette affaire ne semble pas avoir abouti pour le moment[1]. En revanche, un laboratoire d'analyses biologiques a intenté un recours contre la décision de retrait d'agrément qui lui avait été infligée pour avoir pratiqué le poolage du sang de plusieurs personnes qui demandaient un test VIH. Dans le cas où les sangs poolés révélaient une séropositivité, l'analyse était recommencée individuellement. Les salariés firent état de cette pratique qu'ils jugeaient dangereuse. Après avoir diligenté une inspection, le préfet ordonna une suspension provisoire de l'agrément le 1er février 1993, puis un retrait définitif le 17 mai 1993 quoique le laboratoire se soit alors engagé à ne plus pooler le sang. « Si, postérieurement au 1er février 1993, il est apparu que l'utilisation de la technique du poolage [...] pouvait présenter certains risques, il ressort des pièces du dossier que cette technique, dont l'existence et la pratique n'étaient inconnues ni des milieux scientifiques ni de l'administration, n'avait pas fait l'objet de mesures d'interdiction ; qu'elle n'en a d'ailleurs pas fait l'objet postérieurement[2]. » Considérant que le laboratoire n'utilisait plus cette technique à la date du retrait définitif, le Conseil d'État annule la décision du préfet.

On comprend mal que la décision du Conseil d'État se fonde sur le fait que la technique n'était pas interdite ; la vente de produits non chauffés ne l'était pas non plus. Il semble en fait que les articles scientifiques faisant état de dangers soient postérieurs à la décision de retrait.

Ce que l'on peut craindre, c'est un laxisme des juridictions lorsque des mesures sévères sont apparues injustifiées, et des condamnations lorsque l'abstention s'est révélée dangereuse. Rien ne serait plus grave, les autorités administratives recevant des signaux contradictoires et se faisant systématiquement condamner, qu'elles agissent ou qu'elles n'agissent pas. Si l'on veut appliquer le principe de précaution, il est dans la nature des choses de prendre des précautions qui se révéleront inutiles.

Il est dommage que la jurisprudence sur ces questions n'intéresse pas davantage. Même si l'on reste au secteur animal, de nouvelles pathologies sont apparues, telle la maladie de la vache folle, ou ont été transportées d'une zone qui en était atteinte à une zone qui en était exempte, telle la maladie d'Aujeszky

1. Mais cette plainte vient d'être reprise par des associations de toxicomanes qui, le 4 avril 1995, ont porté plainte devant la Cour de la République, contre G. Dufoix, E. Hervé, L. Fabius, J. Chirac, Ph. Seguin, Ch. Pasqua et É. Balladur.

2. *AJDA*, 20 mai 1994, p. 394, et Dalloz, 1994, II, p. 419, note C. Schaegis.

chez le porc. Si l'on cumule ces deux pathologies, ce sont des millions de têtes de bétail qui sont atteintes. Les éleveurs victimes de ces dégâts se tournent plutôt vers une indemnisation négociée de gré à gré avec l'État. Ce n'est pas forcément suffisant. La maladie de la vache folle est le fait d'industriels de l'agroalimentaire, qui auraient dû être lourdement sanctionnés. De plus, les autorités anglaises, après avoir retiré les aliments suspects de leur marché intérieur, ont continué de les exporter. Leur responsabilité devrait être engagée. La maladie d'Aujeszky semble avoir été introduite en France à la suite d'importations de porcs danois, mais on n'a pas trace d'actions en responsabilité, ni contre les importateurs ni contre les autorités danoises. Le recours automatique à l'État comme source d'indemnisation dans ce genre de catastrophes n'incite pas à donner aux acteurs le sens de leurs responsabilités.

L'État et les productions sous autorisation préalable

Si la lutte contre l'épidémie constituait l'objet réel de la décision du Conseil d'État, le recours était techniquement dirigé contre le non-retrait du marché de substances thérapeutiques devenues dangereuses. Ici encore, il est difficile d'inscrire l'arrêt du 9 avril dans une ligne jurisprudentielle qui lui soit adéquate. La jurisprudence sur les AMM porte sur des refus d'octroi, non sur des octrois imprudents. Or une réflexion d'ensemble serait bien nécessaire, le principe de l'autorisation préalable à la mise sur le marché étant devenu un mouvement de fond de la société technologique. Il semble bien, en effet, que sous la pression des risques technologiques *nous quittions progressivement les rivages de la libre entreprise, non plus au profit de la planification, mais au profit de la gestion du risque*. Des productions toujours en plus grand nombre requièrent une *autorisation de mise sur le marché*, préalable à toute commercialisation (médicaments, pesticides...), voire à toute expérimentation en milieu ouvert (organismes génétiquement modifiés). La caractéristique de ces autorisations est d'être précédée d'une *évaluation scientifique préalable*. Ce système est applicable aux produits par le mécanisme des AMM, aux outils de production par la vieille législation sur les installations classées, aux projets d'aménagement du territoire via les études d'impact et à la gestion scientifique et administrative du risque naturel via les plans d'exposition au risque.

Généralement, ces différents ensembles normatifs sont étudiés séparément et l'on insiste sur leurs réelles faiblesses. Mais si on les examine dans la continuité que je viens de souligner, il s'en dégage une tentative forte de reconstruction des modes de production et d'aménagement autour des risques qui leur sont associés et, plus encore, une *tentative de maîtrise de notre destin technologique par la science et la technologie*, le droit étant un instrument de réalisation du projet scientifique plus qu'une instance autonome. Il assure une fonction de moratoire et d'organisation des procédures, qui déboucheront sur plus de science ; on peut alors se demander si cela conduira, à terme, à une modification du droit de la responsabilité.

Les responsabilités très lourdes qui pèsent aujourd'hui sur les fabricants seront-elles progressivement partagées par l'État, responsable de l'autorisation de mise sur le marché, de l'autorisation de construire, etc. ? Comment vont s'articuler les indemnisations sur le fondement de la responsabilité – celle des entreprises, celle de l'État – et les indemnisations octroyées sur le fondement de la solidarité – lois d'indemnisation ?

Les enjeux sont importants : aux États-Unis, pays de certains excès en matière de responsabilité civile, la plupart des victimes de la transfusion sanguine ont été déboutées de leurs actions en justice au motif que les produits fournis étaient conformes aux normes étatiques et professionnelles en vigueur, et il ne semble pas que l'État ait été poursuivi. Si l'on avait suivi ce raisonnement, personne en France n'aurait été indemnisé. Dans une société dont la production est régulée par des normes, qui doit être responsable ? les fabricants et/ou les producteurs de normes ? En France, pour le moment, la réponse est claire : État et fabricants assument tous deux une responsabilité en cas de dommages, et l'un n'exonère pas l'autre. Mais en réalité les recours sont dirigés vers le fabricant, soumis à une obligation de résultat qui en fait l'objet désigné, par facilité ; l'arrêt du 9 avril, en condamnant l'État, pourrait être un élément important d'un recadrage des responsabilités, mais il perd de son exemplarité si l'on songe que le fabricant était un service public. On peut donc se demander ce que le Conseil d'État aurait jugé si le fabricant de facteur VIII avait été une entreprise privée.

Les précédents concernant les AMM sont, en effet, peu utilisables. Les affaires mettant en cause des dommages causés par la conception même des médicaments sont rares et n'ont pas toujours donné lieu à des actions en justice. Dans de nombreux cas, on est en présence d'intolérances individuelles, qui ne disqualifient pas l'existence même du médicament s'il n'a pas d'équivalent. La plupart de ces précédents sont surtout beaucoup trop anciens pour avoir une grande valeur, dans la mesure où la réglementation a changé de nature et les mentalités considérablement évolué, se faisant beaucoup plus exigeantes en matière de sécurité.

Lorsqu'ils traitent du problème des autorisations de mise sur le marché, les spécialistes de droit pharmaceutique distinguent trois périodes, au cours desquelles l'AMM a changé de nature. Le droit de la responsabilité ne peut être identique d'une période à l'autre[1] : après l'introduction d'un système de visa très neutre, simple enregistrement sans vérification, l'État avait choisi de procéder lui-même au contrôle des expérimentations faites par les fabricants ; on pouvait penser qu'il avait, dans cette deuxième période, une lourde responsabilité dans la mise sur le marché, mais le Conseil d'État put toujours, en raison de diverses circonstances de fait, éluder la mise en œuvre de cette responsabi-

1. Pour une présentation simple, cf. par exemple, J. M. Auby et F. Coustou, « La pharmacie industrielle, les problèmes de responsabilité », in *Droit pharmaceutique*, Litec, avec mises à jour, fasc. 44-05 sur la responsabilité de l'État.

lité qu'il ne contrôlait au fond que sur le terrain de la faute d'une particulière gravité, puis sur le terrain de la faute lourde[1] ; dans l'affaire dramatique du Stalinon, l'État aurait peut-être été reconnu responsable, s'il avait été attaqué par les victimes. Mais c'est l'entreprise qui s'est retournée contre lui après avoir été condamnée. Le Conseil d'État l'a déboutée au nom de la règle *nemo auditur propriam turpitudinem*[2], ce qui est d'ailleurs un peu simple. En fait, le contentieux portait surtout sur des refus d'autorisation, et sur le respect de la procédure par les autorités de l'État. La période ouverte par l'ordonnance de 1959 devait alléger la responsabilité de ce dernier, puisque le fabricant choisissait lui-même des experts agréés qui exécutaient les essais nécessaires et proposaient la mise sur le marché. Mais par la suite, les différentes réformes de 1972, 1978, 1984, 1985 et 1988, entreprises pour moderniser le système et le rendre conforme au droit européen, finalement profondément transformé en 1993, ont renforcé considérablement les obligations du fabricant et celles des autorités publiques, nationales et communautaires.

Désormais imposées au niveau communautaire, des procédures d'expérimentation extrêmement précises et contraignantes laissent peu de place à l'initiative des entreprises. La conclusion de J. M. Auby et F. Coustou était que « si une autorisation de mise sur le marché est attribuée à un produit dont la composition relève d'une conception erronée, ou dont les conditions d'emploi sont dangereuses, la responsabilité du ministre apparaît au moins autant engagée que celle du fabricant et celle de ses experts ». Ces deux auteurs pensaient, d'autre part, que la responsabilité serait mise en œuvre sur le fondement de la faute lourde, devenue le droit commun dans le cadre des activités délicates ; tandis qu'un troisième auteur, M. Pigassou, proposait au contraire, en se fondant sur la directive européenne du 24 juillet 1985, de retenir le risque, pour aligner la responsabilité de l'État sur celle du fabricant[3]. Toutes ces analyses laissent encore hors de cause les autorités européennes qui sont de plus en plus les auteurs des normes.

C'est la troisième voie, celle de la faute simple, qui sera donc retenue par le Conseil d'État, dans l'affaire de la contamination. Si on lit précisément l'arrêt de 1993, la solution est limitée au *retrait d'un médicament dangereux lorsqu'il existe sur le marché international un équivalent plus sûr – et peut-être aussi pratique d'utilisation*. On est dans le cadre limité d'une situation dont la dangerosité commence à être avérée même s'il reste des éléments incertains et qu'il existe un produit de substitution. L'arrêt ne dit pas s'il serait envisageable de condamner l'État et/ou l'entreprise pour n'avoir pas exigé certaines études complémentaires, vérifié des informations alarmantes mais marginales, avoir utilisé un modèle animal inadéquat, etc. Autrement dit, la question la plus importante, celle de savoir si le principe de précaution couvre ou non les modalités d'acquisition de la connaissance sur le risque, reste posée.

1. Arrêt Marbais, CE, 10 mai 1957, et avis de la section sociale du 25 février 1958.

2. « Il est défendu d'invoquer devant les juges un acte immoral comme principe d'action en justice. »

3. Cf. l'article très intéressant qu'il a publié à ce sujet dans le *Bulletin de l'ordre pharmaceutique*, juillet-août 1988, p. 629.

Or c'est l'enjeu le plus important : juridiquement il est très difficile d'attaquer avec succès une autorisation de mise sur le marché que l'on jugerait imprudente, avant qu'un dommage ne soit réalisé, car elle ne peut être contestée que sur le terrain dit « de l'erreur manifeste d'appréciation », erreur grossière difficile à prouver en période d'incertitude scientifique. En suivant la jurisprudence classique, il est à peu près impossible de contester de telles décisions dès l'instant que la procédure d'évaluation a été respectée. On peut alors se demander si le principe de précaution serait apte à faire juger ces recours sur le fondement d'une simple faute d'imprudence dans l'acquisition des connaissances, qui pourrait impliquer un jugement au fond sur le choix des données scientifiques utilisées.

Ce que l'on aurait pu craindre le plus, la limitation du principe de précaution à une affaire médiatique, ne semble pas se produire. Le principe a été repris dans un arrêt du 4 janvier 1995, d'une manière un peu sibylline qui n'est pourtant pas sans intérêt[1]. Le conflit s'était noué entre un particulier dont les terrains avaient été retenus à l'exclusion de tout autre pour constituer le périmètre de protection rapprochée pour un point d'eau. Le rapport d'expertise ordonné par les premiers juges avait conclu que la structure géologique du terrain permettait des infiltrations pouvant atteindre le forage et que le périmètre de protection correspondant aux seuls terrains de M. Rossi était insuffisant pour assurer la protection efficace du captage. A cela, les services de l'État répondirent par un test d'infiltration à la fluorescéine et un contre-rapport hydrogéologique concluant au contraire au caractère suffisant du périmètre retenu.

Le Conseil d'État conclut, en ayant recours à une formule négative, que le jugement du tribunal administratif annulant la décision du préfet devait être confirmé : « Que le fait que le test d'infiltration à la fluorescéine n'ait pas permis de confirmer de tels risques ainsi que le fait que le rapport hydrogéologique [...] n'ait pas estimé que le périmètre de protection rapprochée était insuffisant ne sont pas de nature à démontrer à eux seuls l'absence de nécessité d'élargir le périmètre de protection rapprochée en cause afin de garantir la qualité des eaux. » Mais le Conseil d'État ne dit pas quelle preuve aurait été jugée suffisante pour légitimer la décision si test et rapport d'expertise ne le sont pas. Que faut-il en déduire ? Il est important tout d'abord de se limiter au contexte d'une décision un peu louche dans la mesure où elle touche miraculeusement un citoyen et un seul ; dans ce cas, il semble bien qu'il faille non seulement des preuves scientifiques soignées, mais encore peut-être un surdimensionnement de principe[2].

Le commentateur constate que l'arrêt intervenu un mois avant que la loi Barnier sur l'environnement ait été promulguée témoigne d'une « volonté autonome du Conseil d'État » de promouvoir le principe de précaution. Il se

1. CE, 4 janvier 1995, ministre de l'Intérieur contre M. Rossi, *Cahiers juridiques de l'électricité et du gaz*, juin 1995, note O. Sachs ; merci à G. Martin de m'avoir procuré ce document.

2. Le surdimensionnement des protections minimales étant probablement un élément majeur de l'attitude de précaution.

demande si, dans toutes les matières où existent des normes chiffrées, quantités de rejet, seuils de dépollution, distances de sécurité, etc., « l'administration ne va pas devoir désormais apporter la preuve, chaque fois qu'un doute subsiste, qu'il n'était pas nécessaire d'aller au-delà de la norme prescrite ou en deçà de la norme autorisée ».

En fait, il ne semble pas que l'on doive craindre une disparition du principe de précaution. Confirmé dans cette jurisprudence, intégré dans la loi, repris régulièrement dans les textes internationaux ou européens, il tend même à étendre son champ d'application. Si, à l'origine, les premiers textes avaient recommandé une attitude de précaution « en cas de menace grave », une proposition de décision du Conseil des Communautés européennes relative à la protection du milieu marin fait état du « principe de précaution selon lequel des mesures de prévention doivent être prises lorsqu'il y a des motifs raisonnables de s'inquiéter ». Le motif raisonnable a donc remplacé la menace grave. Et le texte précise qu'il peut s'agir de risques pour la santé de l'homme, mais aussi simplement d'activités susceptibles de « nuire aux ressources biologiques et aux écosystèmes marins, porter atteinte aux valeurs d'agrément ou entraver d'autres utilisations légitimes de la mer, même lorsqu'il n'y a pas de preuves concluantes d'un rapport de causalité entre les apports et les effets [1] ». On n'est plus ici dans une philosophie de l'urgence et de la menace grave, mais dans la théorie générale de la décision quotidienne, y compris pour celle qui concerne le bien-être et l'agrément.

C. FONDS D'INDEMNISATION ET SOLIDARITÉ

Si la situation paraît stabilisée et cohérente en 1995, on a vu que les années 1988-1995 avaient été marquées de contradictions et revirements multiples des différents tribunaux. Le phénomène n'est pas étranger au monde du droit, où il trouve des explications et des justifications : supportable au jour le jour, il cesse de l'être lorsqu'il affecte plusieurs milliers de victimes contaminées dans des circonstances proches ou identiques. Le seul moyen d'éviter que ces distorsions ne se perpétuent jusqu'à l'harmonisation par les juridictions suprêmes était de créer un fonds d'indemnisation et de confier le contentieux de ses décisions à une juridiction unique, ce qui fut l'objet de la loi du 31 décembre 1991 [2], première des lois promulguées pour répondre au choc de la contamination. L'indemnisation serait alors rapide et automatique pour tous.

Les parlementaires réalisèrent les premiers l'urgence de cette solution, mais ne furent pas entendus du gouvernement, qui ne se décidera à agir que sous la double contrainte des premières décisions de justice et de la campagne médiatique de l'année 1991. Alors que députés et sénateurs de toutes tendances

1. *JOCE* du 7 juillet 1995, nº C 172/1.
2. *JO* du 4 janvier 1992, p. 178.

étaient d'accord sur le principe de l'indemnisation, la loi ne fut votée que par le groupe socialiste (majoritaire), la droite et le parti communiste s'étant, pour des raisons opposées, montrés en désaccord sur la manière de régler le problème. Après s'être affrontés sur la cause qui pourrait fonder la solidarité nationale en cette occasion, les parlementaires choisirent de ne pas donner de réponse claire. *Ils récusèrent la faute de l'État, puis le risque, posant plutôt le principe d'une dette des bien portants envers les accidentés du progrès*; cela fut même présenté comme une condition de la restauration de la confiance dans l'outil transfusionnel. Ils dessinaient ainsi une *nouvelle forme de communauté, propre à un univers à la fois technicien et médicalisé ; l'idée de nation change de nature, s'imposant comme une communauté biologique à la recherche de la santé publique*.

1. Chronologie des demandes et des refus

Entre 1985 et 1987, le gouvernement n'entendit pas parler des personnes contaminées : le milieu transfusionnel ne percevait pas de catastrophe, mais une crise comme il en avait déjà connu. On avait une idée du nombre d'hémophiles contaminés, mais on ignorait encore celui des transfusés, perdus dans la nature. On ne savait pas quelle proportion de séropositifs développerait la maladie (on ne le sait toujours pas d'ailleurs). Dans le courant de l'année 1985, on va commencer à dire aux hémophiles qu'ils sont contaminés et qu'ils peuvent transmettre la maladie. Pendant plus d'un an encore, ils ne vont pas vraiment réaliser. Ce n'est qu'au début de 1987 qu'ils vont oser penser la maladie comme une mort au bout du chemin.

1987-1989, gagner du temps

En avril 1987 s'ouvre une deuxième période. Dans une note générale sur les problèmes des hémophiles, l'AFH fait connaître au cabinet du ministre de la Santé les difficultés que connaissent ceux qui sont atteints du sida ; l'association demande une aide, commence une enquête auprès des familles concernées et une campagne auprès des parlementaires. Ils réagissent assez vite par des questions écrites ; le rapport de M. Hannoun, présenté à l'Assemblée nationale en décembre 1987, lance l'idée d'une loi de solidarité nationale, idée qui n'abandonnera plus les parlementaires. Leurs propositions de lois ne seront pas inscrites à l'ordre du jour, l'idemnisation n'est pas dans l'air du temps.

Le 15 décembre 1987, l'AFH écrit de nouveau au ministre. Le ton est plus sévère, la responsabilité de l'État est évoquée, et les pays étrangers où les premiers fonds d'indemnisation se mettent en place sont donnés en exemple. Le ministre recevra l'AFH le 12 janvier 1988 ; Mme Barzach, ministre de la première cohabitation, accepte gentiment d'aider au recrutement d'une assistante sociale qui s'occuperait spécialement des problèmes des familles touchées, mais récuse toute responsabilité de l'État et suggère que les victimes saisissent les tribunaux pour faire reconnaître la responsabilité des centres de transfusion qui « sont assurés pour cela ». L'AFH n'est pas satisfaite de la réponse car, explique-t-elle au ministre dans une autre lettre, elle ne souhaite plaider ni contre les médecins ni contre les centres. Il n'y aura pas de réponse. Le gouvernement change, et les premiers jugements tombent : saisis par des transfusés isolés, les tribunaux vont accorder d'emblée des indemnités importantes. Cette nouvelle donne ne changea pas tout de suite la position de l'AFH, qui continua de négocier une solution globale.

Lorsque la négociation redémarre en août 1988 avec le nouveau ministre socialiste, Claude Évin, le ton de l'AFH, mise au pied du mur par certains adhérents, a changé. La responsabilité de l'État est établie avec une certaine précision par des juristes appelés en consultation, et les premiers procès sont engagés. Le cabinet ne se presse pas outre mesure ; en novembre 1988, il croit tenir une solution économique en faisant appel aux compagnies d'assurances, puisque les centres sont obligatoirement assurés depuis un arrêté de 1980 ; mais les assurances font savoir que les montants avaient été sévèrement plafonnés et que la validité des contrats n'est pas évidente. Bref, les choses ne leur paraissent pas si simples ; passent l'année 1988 et une partie de l'année 1989.

1989, indemniser a minima

Le 21 août 1989, on croit de nouveau avoir trouvé la solution. Il y aura deux fonds : un fonds public financé par l'État à hauteur de 60 millions de francs en quatre ans, complété d'un fonds privé financé par les assureurs pour un montant unique de 170 millions. Les conditions sont claires : *il s'agit de solidarité, non de faute ; l'indemnisation est réservée aux seuls hémophiles français et ne concerne pas les transfusés* ; on offre un « secours » et non une réparation. Que pouvaient penser des victimes qui recevaient de 130 000 à 620 000 F, avec une moyenne de 325 000 F, au moment où les indemnités accordées par les tribunaux s'envolaient ? Cette distorsion montre d'ailleurs l'ambiguïté du système consistant à créer un fonds d'indemnisation pour des préjudices réparables selon les termes du droit commun. Ce qui choqua par-dessus tout fut l'obligation faite aux personnes qui acceptaient l'indemnité d'abandonner tout recours.

Les lenteurs, conditions, réserves et limitations vont exaspérer ; certains se lancent dans l'action, pénale cette fois, tandis que l'association fait un recours collectif contre l'État ; elle dépose en décembre 1989 les requêtes gracieuses préalables aux recours. L'État, après avoir utilisé entièrement le délai maximal de quatre mois qui lui est imparti pour répondre, se prononça pour le rejet. Tout sera si long que la Cour européenne des droits de l'homme finira le 31 mars 1992 par sanctionner ces retards, affirmant que « le tribunal [administratif de Paris] n'a pas utilisé ses pouvoirs d'injonction pour presser la marche de l'instance, bien qu'averti de la détérioration de l'état de santé de M. X. Il lui incombait en particulier de mener, aussitôt saisi, des investigations sur la responsabilité de l'État, et d'inciter notamment le ministère à produire son mémoire en défense, ou de statuer sur ce dernier ».

1991, l'année de la loi

En 1991, tout va changer, pour partie grâce aux médias, pour partie grâce aux tribunaux. Le gouvernement sent que le budget de l'État ne fera pas l'économie de l'indemnisation ; alors, autant qu'elle soit collective, simple, et produise quelques retombées politiques !

En juin, J.-L. Bianco déclare devant l'Assemblée nationale que les connaissances actuelles sur le sida montrent qu'une « grave erreur d'appréciation a eu lieu à l'époque. Cette erreur d'appréciation a été collective puisque les communautés scientifiques ont été associées aux décisions, avec le Conseil national de l'hémophilie et l'Association des hémophiles, et qu'elle s'est produite en outre dans tous les pays avec des conséquences souvent plus dramatiques qu'en France. » Et il déduit qu'« indépendamment des procédures judiciaires engagées par les victimes qui permettront de désigner les responsables, le caractère exceptionnel de la situation imposait la mise en place d'un système d'indemnisation rapide et juste, fondé sur la solidarité [1] ». Le 20 octobre, il fait état de négociations avec les compagnies d'assurances. Le 10 novembre, le président de la République appuie l'idée de soumettre un projet de loi au Parlement, dont les propositions en ce sens avaient été superbement ignorées [2] !

La loi du 31 décembre 1991 va donc créer un fonds d'indemnisation doté de la personnalité morale [3], présidé par Y. Jouhaud, président de chambre à la Cour de cassation ; il comprendra un maître des requêtes au Conseil d'État, un inspecteur général des affaires sociales et un médecin membre du Conseil national du sida. Le secrétaire général sera P. Brunet, commissaire contrôleur en chef des assurances ; ils connaissent tous parfaitement bien les problèmes de responsabilité civile et sont assistés par diverses personnalités composant un conseil consultatif, où siègent des représentants des malades, de l'administration, des spécialistes de la réparation des dommages corporels. Si le fonds a fonctionné de manière satisfaisante malgré les défauts du texte législatif, c'est sans doute au professionnalisme de ses membres qu'il le doit [4]. Le règlement des affaires sera relativement rapide compte tenu du nombre considérable de dossiers à traiter, et les demandes particulières seront bien prises en compte.

Le champ d'application de la loi est strictement défini ; il ne s'agit pas d'indemniser tous les préjudices résultant de transfusions (erreurs de groupes,

1. Ass. nat., rapport Boulard, nº 2407, 1991, p. 64.
2. Sénat, rapport C. Huriet, nº 171, 1991, p. 99.
3. Cela lui permet d'ester en justice, et donc d'exercer certains recours et d'être subrogé dans les droits des victimes pour récupérer certaines sommes.
4. Ceci est évidemment un avis personnel et distancié ; cela n'a pas empêché le fonds d'être victime de multiples critiques et menaces de la part des victimes mécontentes.

contaminations par divers virus, hépatites, HTLV-I, parvovirus B 19, etc.), mais uniquement les victimes du virus du sida. Mais la loi concernera toutes les victimes de sida post-transfusionnel et pas seulement les hémophiles, et cela *dès le stade de la séropositivité*.

La limitation aux victimes de la transfusion fut critiquée : le Conseil national du sida fit valoir qu'il n'existe que des malades du sida qui ont tous un égal besoin de secours matériels. Il insista sur la disproportion entre le coût global de cette indemnisation (estimé entre dix et vingt milliards de francs), qui représenterait vingt fois le budget de l'OMS pour le sida (chiffres nullement comparables, puisqu'il s'agit d'un montant global d'un côté, d'un montant annuel de l'autre). Le député Chamard fit part de sa crainte d'aboutir à distinguer entre les bons malades pour qui jouerait le mécanisme de solidarité et les mauvais, « victimes de leur propre turpitude » ; ce n'est donc pas le sida, mais sa pénétration dans la transfusion sanguine qui est déclarée *calamité publique* et fait l'objet de la solidarité. Les parlementaires vont aussi critiquer l'inégalité entre les victimes des différents virus ; en quoi mourir du sida serait-il différent de mourir des complications d'une hépatite ?

Pourtant, la justification de la « discrimination » est assez évidente. Le fonds d'indemnisation n'est pas lié au sida en tant que tel, mais à la nécessité d'éviter les milliers de procès qui auraient été autrement nécessaires. On indemnisera toutes les personnes contaminées par le virus, sans considération de la date à laquelle la contamination a eu lieu.

Quoique la loi ne donne aucune précision à cet égard, le fonds avait considéré qu'il ne prendrait en compte que les transfusions postérieures à 1980, date approximative de la pénétration de la transfusion sanguine par le virus. Aussi, lorsqu'un jeune homme se présenta, démontrant sa séropositivité et une transfusion remontant à 1971, le fonds refusa de lui verser l'indemnité. Saisie, la cour d'appel de Paris demanda au Pr Montagnier de bien vouloir l'éclairer, en tant qu'*amicus curiae*, sur les possibilités de contamination par le virus du sida à cette époque. Par un raisonnement scientifique convaincant, le Pr Montagnier expliqua que, si l'épidémie n'avait pas commencé à cette époque, on avait pu démontrer que des personnes isolées, très rares encore, étaient déjà atteintes. L'hypothèse de la contamination était donc très peu probable mais pas impossible[1]. La cour d'appel s'inclinera devant l'expert alors qu'elle n'y était pas contrainte. Toute personne séropositive qui pouvait apporter la preuve d'une transfusion assez ancienne pour que la trace des donneurs n'ait pas été conservée, pouvait donc bénéficier de l'indemnisation. Le prix de cette expertise aurait pu se révéler important, et l'on peut craindre que le juge n'ait pas, en cette circonstance, pris la liberté nécessaire à son activité de jugement.

La loi, qui avait prévu à l'origine de limiter l'indemnisation aux transfusions effectuées jusqu'en 1990, a finalement fait sauter ce verrou, ce qui est

1. CA de Paris, 27 novembre 1992, nº 92-10038 ; sur la technique de l'*amicus curiae*, cf. la note d'Y. Laurin, Dalloz, 1993, 13e cahier, II, p. 172 et J. Ghestin, G. Goubeaux et M. Fabre-Magnan, *Introduction générale au droit*, LGDJ, 4e éd., 1994, p. 490.

prudent car les centres ne trouvent toujours pas à s'assurer pour les contaminations résiduelles[1].

Que va-t-il falloir payer, et qui va payer ? Ce problème préoccupa beaucoup les parlementaires, toutes tendances confondues, mais ne fut pas résolu.

Que va-t-il falloir payer ? Le législateur n'ayant fixé ni les montants d'indemnisation, ni les personnes indemnisables, ni les préjudices qui pourraient être indemnisés, la loi était un chèque en blanc, dont on savait seulement que le montant final serait très élevé.

Qui va payer ? La question était importante, à la fois sur le plan pratique – point n'est besoin de commentaires – et sur le plan moral – ce qui appelle plus d'explications. En effet, puisqu'il s'agit d'un mécanisme fondé sur la solidarité, *le choix de celui qui finance désigne celui qui assume cette solidarité et les raisons de la solidarité* ; ce choix doit être clair et paraître légitime. Lorsqu'il avait été proposé qu'une partie des fonds soit prise sur les primes d'assurance de biens, on avait critiqué le fait que la charge retombe sur les seuls assurés, alors que tout le monde n'est pas assuré en France.

C'est le parti communiste qui accorda le plus d'importance à la question du financement, développant une analyse aussi méditée que contradictoire. Pour M. Jacquin et M. Hage, le mode de financement devait permettre de « montrer la responsabilité de l'État dans le drame, et assurer les victimes de la solidarité nationale ». La responsabilité de l'État impliquait le recours au budget général, mais l'idée de solidarité impliquait la « gestion selon des principes équitables ». En application de tels principes, le fonds devait être « alimenté par une taxe sur les bénéfices des entreprises pharmaceutiques ayant leur siège social en France, par un prélèvement additionnel de 10 % sur le montant de l'impôt de solidarité sur la fortune, par une contribution de 1 % sur le montant des revenus de capitaux mobiliers dont les bénéficiaires sont domiciliés en France, par une contribution complémentaire de 10 % sur le montant de l'impôt sur le revenu acquitté par les contribuables assujettis à la plus haute tranche du barème. Il s'agit de ne pas imposer une conception uniforme de la solidarité qui met celle-ci, proportionnellement, davantage à la charge des salariés et des pensionnés ayant de faibles ou moyens revenus qu'à celle des titulaires de revenus élevés[2]. »

Le représentant du parti socialiste fit une réponse négative gênée, convenant qu'il y avait là « des idées qui ne manquent pas d'intérêt et pourraient justifier des débats dans le cadre d'une discussion sur l'élargissement des règles de la solidarité ». La proposition du parti communiste n'était pourtant pas convaincante : s'il était envisageable de négocier avec les entreprises étrangères ayant vendu des produits dérivés avant 1985[3], l'essentiel de la contami-

1. Ch. Delpoux, in *Gazette de la transfusion sanguine*, nº 89-90, août-septembre 1993, p. 36 ; les polices excluent par ailleurs les préjudices qui pourraient résulter d'agents contaminants inconnus aujourd'hui.

2. Ass. nat., 9 décembre 1991, 3e séance, dup. 7464.

3. Immuno a ainsi financé un certain nombre de fonds d'indemnisation, en Autriche bien sûr, mais aussi en Suisse où les hémophiles qui peuvent apporter la preuve de la responsabilité des produits Immuno dans leur contamination reçoivent 95 000 F suisses, « à titre

nation des transfusés était le fait du service public français, et donc effectivement du budget. Pour le reste, est-il tellement normal de « faire payer les riches » ? Faire payer les riches pour améliorer le sort des pauvres a un sens ; faire payer les riches pour indemniser les contaminés, qui ne sont pas forcément pauvres, n'en a plus guère.

Derrière ce débat sur le financement, on retrouvait la question de la faute. Critiquant les demandes faites aux assureurs, J. Y. Nau et F. Nouchi écrivaient qu'une « grande majorité des Français estiment que les responsabilités incombent ici à l'État et qu'ils n'ont donc pas à payer les conséquences désastreuses dues en partie à l'insuffisance du contrôle par les autorités de tutelle du système transfusionnel[1] ». Mais l'État n'ayant que l'argent des Français... Finalement, le problème ne fut pas réglé, la loi se contentant de dire que « l'alimentation du fonds d'indemnisation sera définie par une loi ultérieure ». En réalité, il est alimenté par des subventions de l'État, outre la contribution initiale de 1,2 milliard consentie par les assureurs. *Ce refus de trancher sur l'origine des fonds laissait sans réponse la question de la cause de la solidarité.*

2. De la faute au sentiment de catastrophe[2]

Il faut bien tenter de situer le fonds dans l'ensemble des mécanismes d'indemnisation qui sont venus aider les victimes de la guerre, d'infractions, du terrorisme, de calamités naturelles ou, en Allemagne depuis 1993, les victimes du racisme. Le dénominateur commun entre ces différents événements est difficile à trouver : certains font apparaître une responsabilité humaine, d'autres font intervenir les forces naturelles ; mais dans tous les cas, il s'agit d'hypothèses où le recours aux tribunaux est fermé pour des raisons de fait ou de droit, ce qui n'était pas le cas pour la plupart des victimes de la contamination.

Le point commun serait peut-être le caractère exceptionnel et insoutenable d'un drame collectif, qui se résume dans le sentiment de catastrophe et de fragilité si particulier à notre époque. Ne faudrait-il pas évoquer aussi la violence commune à tous ces événements, et se souvenir que l'affaire de la transfusion a donné lieu sans cesse au rappel des crimes de guerre ou du génocide : « Je critiquerai le Dr Garretta car sa conduite peut s'apparenter à un génocide et évoque celle des médecins maudits que l'histoire nous a fait connaître. *(Murmures sur les bancs du groupe socialiste)*. Le mot de "génocide" peut vous paraître dur, messieurs, mais comment qualifier autrement l'acte consistant à injecter sciemment la mort[3] ? »

---

humanitaire et non en guise de reconnaissance d'une quelconque responsabilité » (déclaration de Louis Fuchs, président d'Immuno, in *Le Journal du sida*, nº 35, janvier 1992).

1. *Le Monde*, 6 décembre 1991.

2. « Le sentiment de la catastrophe. Fascinations des années quatre-vingt », colloque au Jardin Botanique, Bruxelles, P. Mardaga, 1990.

3. Denis Jacquat, Ass. nat., 9 décembre 1991, 3e séance, p. 7449.

Ce qui est bizarre dans l'affaire de la transfusion, c'est que le traitement du drame a été poursuivi sur deux terrains, celui de la justice – recherche des fautes et de l'attribution de la charge du risque – et celui de la solidarité. Les deux terrains ne sont pas restés étrangers l'un à l'autre : la solidarité a été invoquée en donnant le sentiment de chercher à nier la faute, mais on ne peut éviter de penser que c'est parce que la faute était reconnue par certains tribunaux que le gouvernement a fini par accepter l'idée de la solidarité. La question de la faute a d'ailleurs habité tout le débat parlementaire, provoquant l'éclatement politicien de l'Assemblée.

Un débat politicien

Sur le plan pratique, il n'était plus très pertinent de revenir sur la question de la faute puisqu'il y avait un consensus pour indemniser l'ensemble des contaminations. La ligne adoptée par la gauche fut donc simple : laisser la justice se débrouiller sur la question des fautes et du risque, et autonomiser, par la solidarité, la question de l'indemnisation [1]. La droite ramena ce débat inutile au Parlement. A. Madelin : « J'ai trouvé, cet après-midi, que le ministre mettait une extraordinaire application à fuir toute responsabilité [...]. Vous ne pouvez pas dire, monsieur le ministre, que les pouvoirs publics ne sont pas responsables. Vous ne pouvez pas dire qu'il s'agit d'une sorte de fatalité et qu'en l'état des connaissances on ne pouvait pas faire mieux [...]. Ce texte repose d'abord sur le sens de la responsabilité [...]. Est-il si difficile de dire : "Eh bien oui ! les pouvoirs publics sont responsables. Et c'est parce qu'ils sont responsables qu'ils présentent cette loi d'indemnisation [2] ?" »

É. Hubert : « La justice tranchera [sur les fautes]. Et il est bien compréhensible que tous ces malades aient un doute et craignent le silence qui risque, dorénavant, de masquer ces responsabilités, car l'indemnisation ne manquera pas, dans l'esprit des Français, d'effacer un peu ce scandale [3]. »

J.-C. Boulard va écarter les critiques de ceux qui soutiennent que le risque permet d'évacuer la faute : « Monsieur le président, mes chers collègues, le moment est venu [*sic*] de commencer à répondre à l'attente des hémophiles et des transfusés. Ils n'attendent pas de nous que nous nous érigions en tribunal pour décider quelles sont les responsabilités. Ils espèrent que nous mettions enfin en place un régime d'indemnisation le plus large et le plus juste possible et qui, pour ce faire, ne peut se placer que sur le terrain du risque [4]. »

Pourtant, toute la droite ne chercha pas l'aveu d'une faute « socialiste » car les intérêts professionnels du corps médical opposaient des limites à la tentation politique : si l'on choisissait le terrain du risque, on mettait le doigt dans

1. J.-L. Bianco, Ass. nat., 9 décembre 1991, 3e séance, p. 7451.
2. Ass. nat., 3e séance 1991, p. 7449.
3. Ass. nat., 3e séance 1991, p. 7450.
4. Ass. nat., 3e séance 1991, p. 7451.

l'engrenage du risque thérapeutique en général. Cette perspective explique la prudence du sénateur RPR C. Huriet[1], qui insiste donc sur le caractère exceptionnel du système de solidarité à mettre en place pour « prendre en considération un drame humain sans précédent eu égard aux circonstances dans lesquelles il s'est produit[2] ». C'est une mesure *conjoncturelle* qui ne doit pas contribuer à « dégrader un système de santé publique déjà éprouvé par les conséquences de la contamination et par la médiatisation de la maladie ». Autrement dit, c'est l'ampleur du drame et non la nature du risque thérapeutique qui lui paraît fonder la solidarité.

Solidarité nationale et communauté thérapeutique

On ne sait donc toujours pas ce qui fonde la solidarité nationale ; si ce n'est ni la faute – ce que craignait le parti socialiste –, ni le risque – ce que craignaient les médecins –, ni l'argent – comme l'aurait souhaité le parti communiste –, alors qu'est-ce ? La solidarité nationale est, selon J.-M. Pontier, un « patrimoine politique commun[3] » qui a pris le relais d'autres solidarités que la modernité tend à relâcher, solidarités familiales, locales, corporatistes, religieuses ; c'est une solidarité adaptée à l'État laïque, à la République une et indivisible, à l'exaltation du sentiment national confronté à une calamité publique.

Nos premières expériences en la matière portèrent logiquement sur les dommages de guerre (1792). L'indemnisation était réservée aux citoyens français, instituant dans ce domaine une « préférence nationale[4] ». Les victimes d'actes de terrorisme ou d'infractions pouvaient assez facilement être reliées à une forme de guerre, et les catastrophes naturelles, liées au territoire, pouvaient avec un peu d'imagination légitimer une certaine préférence nationale ; ce n'était plus le cas avec l'indemnisation des transfusés, et la loi de 1991 permet logiquement celle des étrangers. Elle impose alors une autre vision de la nation, qui glisse d'une communauté de citoyens vers une communauté d'une autre nature.

C. Huriet en fera une analyse intéressante, même s'il ne va pas jusqu'au bout : « Certes on pourrait parler de devoir général de solidarité à l'égard des victimes d'une catastrophe, mais ce ne serait pas la véritable justification. Cette solidarité, selon votre commission, ne peut se justifier que par *l'attachement à notre système de santé et à notre système transfusionnel fondé sur le don ano-*

1. Sénat, 1re session ordinaire de 1991-1992, rapport C. Huriet, nº 171.
2. *Ibid.*, p. 95 et 96.
3. *Les Calamités publiques*, Berger-Levrault, 1980, et « De la solidarité nationale », in *Revue de droit public*, 1983, p. 899. Sur la question du fondement, cf. J.-M. Pontier, « De la responsabilité à la garantie sociale », in *RFDA*, mai-juin 1992, et du même auteur, « L'indemnisation des victimes contaminées par le virus du sida », in *Actualité législative*, Dalloz, 1992, 3e cahier, p. 35.
4. T. Renoux, « L'indemnisation des victimes du terrorisme », in *RFDA*, 1987, p. 909 ; l'auteur montre comment cette préférence nationale s'est progressivement érodée en faveur des ressortissants du Marché commun d'abord, puis de tous les étrangers.

nyme, bénévole et gratuit du sang ; ce système auquel tient la collectivité nationale, qu'elle souhaite défendre contre les remises en cause qui se dessinent notamment avec la réglementation européenne incluant les produits dérivés du sang dans le circuit commercial, permet d'expliquer la solidarité des victimes sans recourir à quelque notion de faute que ce soit. Car le système a failli (il n'est pas le seul) puisqu'il a permis une distribution systématique et inconsciente de produits sanguins contaminés. Ainsi *la solidarité avec les victimes est le prix à payer pour restaurer la confiance* dans notre système transfusionnel[1]. » Autrement dit, l'indemnisation est le prix de la restauration de la confiance dans un système technique et sociopolitique qui a failli ; la référence aux principes éthiques est sans doute superfétatoire car il existe des fonds dans tous les pays à système commercial.

Mais c'est Y. Jouhaud, président de la commission d'indemnisation, qui a trouvé les mots les plus justes pour exprimer le sentiment commun : « Nous sommes tous, dans le monde d'aujourd'hui, exposés, qui à une opération, qui à un accident d'automobile. L'indemnisation de ceux qui ont été les victimes de cette horreur est donc bien, oui, est donc bien un devoir de profonde justice nationale ; elle est aussi *l'hommage de ceux qui sont indemnes – et auraient pu tout aussi bien ne pas l'être – aux accidentés du progrès*, à ceux qui, malgré eux, ont été les victimes du développement de la transfusion, bénéfique à tant d'autres malades. Cette indemnisation revêt donc l'aspect d'une dette morale[2]. »

Il existerait une dette morale propre aux sociétés technologiques, dette fondée sur l'exposition au risque qui frappe de manière aléatoire certains individus qui deviennent les victimes sacrificielles du progrès dont les autres profitent ; c'est à ce titre que la communauté doit les prendre en charge. On peut se demander si l'on n'assiste pas à l'approfondissement d'une solidarité entre les bien portants et les malades qui, depuis la création de la Sécurité sociale, ont de plus en plus de droits à opposer à la société, en tant que malades.

3. Un décret, mode d'emploi

Le décret du 26 février 1992[3] vint organiser la procédure de demande et d'offre d'indemnisation, et permettre au fonds de s'installer, même si l'on ne savait toujours pas comment les indemnités seraient payées.

La victime (ou ses ayants droit si elle est décédée) doit présenter une demande d'indemnisation assortie de deux justificatifs, l'atteinte par le virus du

1. Sénat, 1re session ordinaire de 1991-1992, rapport Huriet, nº 171, p. 103 ; cette analyse sera reprise par J.-L. Bianco qui trouva l'idée séduisante, Sénat, 17 décembre 1991, p. 5450.

2. Discours d'installation de la commission et du conseil consultatif du fonds d'indemnisation, mardi 17 mars 1992.

3. Modifié le 13 juillet 1993, *RFDA* 10 (3), mai-juin 1994.

sida d'une part, l'existence d'une transfusion de produits sanguins ou d'une injection de produits dérivés du sang d'autre part, et faire état du détail de ses différents préjudices ; la présomption légale de contamination est alors acquise, sauf preuve contraire apportée par le fonds aidé du fournisseur de produits sanguins, démontrant que tous les donneurs impliqués dans l'opération étaient séronégatifs.

La réalité de la contamination n'a jamais posé de problème de preuve. Mais il faut aussi vérifier *la réalité de la transfusion*. La cour d'appel de Paris eut à connaître un recours exercé contre le fonds par les parents d'une petite fille décédée. Hospitalisée à l'âge de deux ans pour une myopathie dégénérative et une amyothrophie spinale infantile héréditaire, l'enfant mourut à douze ans du sida ; les comptes rendus d'hospitalisation ne faisant état d'aucune transfusion sanguine, l'indemnité fut refusée [1]. La possibilité d'indemnisation dépend donc de la bonne tenue de ces comptes rendus.

Pour qu'il n'y ait pas rupture du secret médical, les informations transmises par les centres sont couvertes par le secret professionnel ; le fonds est en fait garant du secret des victimes, comme il est garant du secret des donneurs.

Si la possibilité de contamination est confirmée, la commission d'indemnisation va alors procéder à l'examen des préjudices et faire une offre motivée à la victime, justifiant le montant de l'indemnité pour chaque chef de préjudice. La victime peut être auditionnée et se faire assister de toute personne de son choix. Si elle accepte l'offre qui lui est faite, cette acceptation est définitive et vaut décision du fonds ; si elle refuse, elle peut intenter un recours devant la cour d'appel de Paris. Après beaucoup d'hésitations, le Parlement a choisi de confier l'ensemble du contentieux des offres du fonds à une formation unique de la première chambre de la cour d'appel de Paris, spécialement composée, nommée section de l'indemnisation des transfusés et hémophiles contaminés. La cohérence des décisions est donc satisfaisante.

Alors que les victimes ont à l'origine le choix entre le fonds et les juridictions de droit commun, cette possibilité se ferme lorsque l'offre a été acceptée : le choix n'est pas synonyme de cumul. Cette solution a été confirmée par la Cour de cassation [2], ce qui empêche désormais les victimes de saisir les tribunaux après avoir reçu le versement du fonds, qui avait été perçu par certains comme une sorte de provision. En parallèle, la cour d'appel de Paris a estimé qu'un hémophile déjà indemnisé par les tribunaux administratifs ne pouvait former une nouvelle demande auprès du fonds [3].

1. Arrêt du 12 février 1993, nº 92.22646.

2. Chambre civile, 26 janvier 1994, *RFDA* 10 (3), mai-juin 1994 ; l'arrêt fut critiqué par le député P. Mazeaud, qui déposa une proposition de loi en sens contraire. Chambre sociale pour un accident du travail, 26 janvier 1995, Liaisons sociales, Législation sociale nº 7233. Ce non-cumul permet de retrouver une certaine égalité de traitement et une certaine cohérence. Malheureusement, les victimes ont fait un recours devant la Cour européenne des droits de l'homme, qui semble vouloir sanctionner la solution des deux juridictions suprêmes.

3. CA de Paris, 13 mars 1993, nº 92-20826 ; mais ces décisions pourraient être sanctionnées par la Cour européenne des droits de l'homme.

4. Le dit du malheur

Le juge a l'obligation de motiver ses décisions. Quand il détermine les préjudices subis par la victime, il peut le faire sèchement, ou s'appliquer à décrire l'intimité de la souffrance. Du soin qu'il apporte à cette part sensible de son travail dépend une certaine qualité de la vie en société. En effet, en rendant une décision « au nom du peuple français », le juge reprend au compte de tous le malheur de l'individu. Le contentieux de la contamination frappe par l'application du juge à rendre l'horreur du sida dans l'espace restreint du jugement, malgré les contraintes du style judiciaire. Il lui fallait d'abord déterminer quelles étaient les victimes, puis quels étaient les préjudices indemnisables.

Les victimes

Le même fait générateur fait deux sortes de victimes, les victimes personnellement touchées et les « victimes par ricochet » qui, sans être directement atteintes par la maladie, souffrent de la souffrance de la personne aimée. Cela élargit considérablement le cercle des personnes indemnisables : le traitement d'un premier ensemble de dossiers concernant 1 700 personnes contaminées a ainsi donné lieu à l'indemnisation de 5 000 personnes.

Le premier cercle contient toutes les victimes contaminées par le virus du sida, qu'elles aient subi la transfusion, ou qu'elles aient été contaminées par celui qui avait subi la transfusion. Cette catégorie comprend donc les conjoints et concubins, ainsi que les enfants contaminés pendant la grossesse de leur mère.

Les « victimes par ricochet » regroupent les proches de la victime initiale ; ils ne sont pas contaminés, mais subissent à titre personnel un préjudice qui est la conséquence du préjudice principal : peine de la souffrance de l'autre, privation de vie sexuelle « normale », charge matérielle et morale considérable, difficultés pour avoir des enfants, tout le chemin de vies qui se sont brisées. Le cercle des victimes par ricochet est très étendu : parents, conjoints ou concubins non contaminés, frères et sœurs, demi-frères, gendres et belles-filles, enfants et petits-enfants. Les victimes par ricochet ne sont pas déterminées de manière abstraite et automatique par un lien juridique, comme c'est le cas pour les héritiers, mais par leur proximité affective avec la victime. Ils sont désignés au cas par cas, en fonction de la situation concrète.

Les préjudices

Dans l'affaire de la contamination, le juge applique pour partie le droit commun sans originalité particulière ; c'est le cas dans l'appréciation du *préjudice économique*. On répare les pertes subies par la victime pour la prise en charge des frais médicaux et les pertes de ressources. Ces indemnités, de nature purement économique, sont transmissibles sans difficultés par la voie successorale.

La cour confirma un certain nombre de refus assez justement opposés par le fonds d'indemnisation. Ils concernaient des événements étrangers à la contamination : une période d'invalidité antérieure à l'annonce de la contamination ; le manque à gagner d'une veuve qui prétendait avoir abandonné volontairement son travail, alors qu'elle avait été licenciée pour motif économique[1]. La cour a également refusé d'indemniser le préjudice économique subi par la femme d'un hémophile séropositif, qui avait choisi de s'arrêter de travailler pour s'occuper davantage de son mari ; la cour a estimé en effet que l'indemnité déjà accordée à son mari couvrait les « perturbations de la vie », parmi lesquelles pouvait être compté ce choix économique de son épouse[2]. Et comme tout arrive toujours et que le droit est un observatoire privilégié des phénomènes inattendus, on peut constater le refus de la cour d'appel de Paris de reconnaître le préjudice économique d'une veuve dont le mari, contaminé, s'était tué dans un accident d'automobile survenu au cours d'un trajet professionnel pendant la phase de séropositivité où il n'a subi aucun préjudice économique[3].

C'est la motivation du *préjudice spécifique de contamination* qui reste la plus intéressante. La cour d'appel en donne une définition générale répétitive : c'est un « préjudice de caractère personnel, non économique. Dans la phase de séropositivité, il comprend les troubles résultant de la réduction de l'espérance de vie, de l'incertitude quant à l'avenir, de la crainte des souffrances et des perturbations de la vie familiale et sociale, ainsi que des préjudices sexuels et de procréation ; dans la phase de sida déclaré, il comprend les souffrances endurées, les préjudices esthétiques et d'agrément. »

Puis elle doit adapter le principe à l'infinité des cas particuliers : « Il y a lieu de considérer l'âge de la victime au moment de la contamination, la durée de celle-ci, la connaissance qu'elle en a eue ainsi que les troubles effectivement subis dans ses conditions d'existence. » En fait, seuls quelques points paraissent pouvoir être propres à certaines situations ; le préjudice lié à la procréation, par exemple, peut être inexistant – ou atténué – pour un père ou une mère de plusieurs enfants, mais particulièrement douloureux dans un jeune couple qui vient de se marier. La cour va très loin dans l'appréciation de ce préjudice,

1. CA de Paris, 27 novembre 1992, nº 92-15951 ; dans le même ordre d'idées, la CA a ordonné une expertise pour savoir si le licenciement pour faute dont le plaignant avait été victime avait pu être lié à sa séropositivité ou non (CA de Paris, 27 novembre 1992, nº 92-13228).

2. CA de Paris, 17 septembre 1993, nº 93-50055.

3. CA de Paris, 7 mai 1993, nº 92-23017.

retenant la peine des parents dont le fils unique, séropositif, ne se mariera pas, « les privant de tout espoir de descendance ». De la même manière, l'état pathologique préexistant – relativement fréquent chez les opérés – est susceptible de diminuer l'indemnisation[1]. Mais en dehors de ces cas bien particuliers, l'élément de différenciation le plus important est celui de l'âge. De la naissance à vingt ans, la somme allouée est la même. Ensuite l'indemnité diminue au fur et à mesure que l'âge augmente.

Malgré l'identité du malheur, la cour va s'attacher à personnaliser ses décisions : elle insistera sur le préjudice d'un jeune homme de 19 ans, particulièrement brillant, qui avait réussi les Arts et Métiers et le concours de l'ESSEC, et voit ses espoirs de vie et de carrière brillantes anéantis[2] ; celui d'une victime de 55 ans qui dut vivre sa maladie seule, dans la détresse et le secret, finalement contrainte à la cessation d'une activité professionnelle dans laquelle elle s'était totalement investie en compensation de sa solitude[3] ; celui d'une jeune accouchée, dont la maladie avait été provoquée « à l'occasion de la naissance de son premier enfant, provoquant ainsi une association tragique entre un événement heureux et un accident fatal. Cette jeune femme, qui occupait un emploi d'agent principal à la BNP, n'a pas eu la joie d'élever sa fillette, âgée de cinq ans et demi à l'époque du décès de sa mère[4] » ; celui d'un hémophile, âgé de 40 ans lors de la contamination, qui a « vécu cette situation d'autant plus douloureusement qu'étant en France réfugié politique d'origine iranienne, cette contamination a eu pour effet de lui faire davantage ressentir son sentiment d'isolement et d'exclusion[5] ». Elle plaint cet hémophile plus très jeune qui rompra ses fiançailles tardives[6] et cet ingénieur contaminé à 62 ans, qui se voit privé de sa retraite[7].

Nombre d'affaires montrent des familles décimées, telle cette jeune femme qui, ignorant son état, contamina successivement son mari et ses trois enfants[8]. Chaque victime fait évidemment l'objet d'une indemnisation à titre personnel, mais la cour n'insista pas sur le caractère familial du désastre. Dans un cas pourtant, elle fit remarquer le particularisme de la contamination de trois frères hémophiles : « Par ailleurs, les victimes sont éprouvées de façon particulièrement dure du fait de la contamination de la *fratrie* ; d'autres membres de la famille, également hémophiles sont aussi contaminés. En raison de cette situation exceptionnellement dramatique qui frappe une famille entière, il sera alloué à chacun des trois frères une somme de 150 000 F à titre de préjudice moral du fait de la contamination des autres frères[9]. » Il y a ici cumul de l'indemnité personnelle et du préjudice par ricochet.

1. CA de Paris, 27 novembre 1992, nº 92-17703.
2. CA de Paris, 27 novembre 1992, ESSEC.
3. CA de Paris, 15 janvier 1993, nº 92-20263.
4. *Ibid.*, nº 92-18853.
5. CA de Paris, 26 février 1993, nº 92-21207.
6. CA de Paris, 17 juin 1993, nº 93-2485.
7. CA de Paris, 17 septembre 1993, nº 93-50046.
8. CA de Paris, 25 juin 1993, nº 93-004615.
9. CA de Paris, 26 mars 1993, nº 922011.

C'est le *préjudice moral des victimes par ricochet* qui donne lieu aux motivations les plus étonnantes. La cour d'appel a été plus large que ne le sont normalement les tribunaux pour des préjudices équivalents. Pour situer un peu les choses, Y. Lambert-Faivre rappelle que le conjoint, qui reçoit ici entre 150 000 et 200 000 F, n'en reçoit habituellement que 50 000. C'est à cela aussi que l'on mesure la vision que les juges peuvent avoir du particularisme de l'irruption du sida dans une famille. La cour d'appel a d'ailleurs affirmé que la situation des victimes du sida par ricochet n'était comparable à aucun autre type d'indemnisation, telle que celle résultant des accidents de la circulation[1].

Il y a d'abord *les conjoints et concubins* qui n'ont pas été contaminés. Atteints dans leur affection, leur sexualité et leur désir de procréation, ils ont couru – et courent – des risques et vivent dans l'angoisse[2]. C'est sur eux que repose au premier chef la charge matérielle et morale de la maladie du conjoint.

La cour insiste sur le préjudice lié à l'impossibilité morale de procréation, mise en avant par beaucoup de personnes contaminées. Elle le retiendra pour une toute jeune mariée « qui voit son désir de maternité ne pas pouvoir se réaliser[3] » ou pour le mari de 41 ans (qui recevra 200 000 F) d'une jeune femme contaminée lors de son accouchement, parce qu'il voit s'anéantir l'espoir d'« avoir une famille nombreuse[4] ». Elle retient de manière presque inverse le courage de certaines femmes, dont le mari est contaminé, et qui ont choisi de « mettre au monde un enfant dans des conditions périlleuses[5] ».

Outre ces deux préjudices très généraux, la cour retiendra des situations particulières ; celle d'une femme déjà âgée, femme de ménage, mère de six enfants, qui souffre de la dégradation importante du caractère de son mari, contaminé lors d'une opération[6] ; celle de l'épouse qui choisit de cacher son état à son mari, supportant seule le sentiment d'exclusion et d'isolement qui en résulte[7] ; ou encore celle de l'épouse du réfugié politique iranien qui se retrouve seule en pays étranger pour élever ses enfants[8]. Elle compte encore la douleur particulière du mari d'une femme contaminée à 62 ans, qui supporta d'autant plus difficilement la maladie de sa femme qu'il était lui-même donneur de sang depuis de nombreuses années[9].

L'indemnité accordée aux parents est différente selon que l'enfant est mineur ou majeur. Les parents d'un enfant mineur ont demandé systématiquement réparation de cet insupportable préjudice, et ont été entendus. A l'inverse,

1. B. Gizardin, *Gaz. Pal.*, précité.
2. Cf. par exemple CA de Paris, 27 novembre 1992, nº 16480.
3. CA de Paris, 27 novembre 1992, nº 17703.
4. CA de Paris, 22 janvier 1993, nº 92-19482.
5. CA de Paris, 26 mars 1993, nº 932374.
6. CA de Paris, 27 novembre 1992, nº 12354.
7. *Ibid.*, nº 92-15131 ; elle ne recevra que 150 000 F, soit la somme de base, alors que l'épouse d'un hémophile qui se plaint du sentiment d'exclusion qui résulte de la vie de village recevra 200 000 F (*ibid.*, nº 92-17427).
8. CA de Paris, 26 février 1993, nº 99-21207.
9. CA de Paris, 28 mai 1993, nº 92-24080.

les parents d'une personne majeure ne sont en principe indemnisés que s'ils ont continué d'être dans un rapport de proximité avec leur enfant. Les montants alloués ne sont pas toujours compréhensibles. Ils varient entre 100 000 et 200 000 F pour des situations qui, malgré les efforts de motivation, paraissent certes différentes mais pas forcément représentatives de préjudices plus ou moins importants. C'est ainsi que les parents d'un enfant contaminé à 2 ans, étant spécifié qu'il n'était pas dépressif, ne recevront que 100 000 F chacun[1], alors que les parents – « particulièrement jeunes » – d'un autre enfant hémophile, recevront 120 000 F[2], d'autres encore 200 000 F chacun[3].

Bien que normalement ce préjudice soit lié à la proximité avec la victime, la cour d'appel a choisi de ne pas exclure, en cas de divorce, celui des parents qui n'a pas la garde.

Les parents d'un enfant majeur, et parfois relativement âgé, vont recevoir une indemnité du même type lorsqu'ils ont pris en charge leur enfant malade. C'est ainsi qu'une mère à la retraite se verra attribuer 120 000 F parce qu'elle a assumé seule la charge de son fils malade, choisissant de ne pas lui révéler la nature de sa maladie[4] ; les parents d'un hémophile de 41 ans obtiendront, eux, 150 000 F[5]. Une vieille mère de 80 ans qui n'assume pourtant pas son fils, recevra tout de même 70 000 F pour avoir eu le malheur de le voir disparaître avant elle[6]. Une autre recevra 200 000 F à 80 ans car elle a repris son fils de 37 ans et vit désormais hantée par la pensée de sa disparition[7]. Il faut noter enfin que la cour a parfois accordé des indemnités aux grands-parents et aux beaux-parents d'une victime.

Les sommes reçues par les *enfants* des victimes sont moins importantes : il est dans l'ordre des choses de perdre ses parents. Ce sont donc les enfants en bas âge qui reçoivent l'indemnité la plus forte ; il faut, sinon, des circonstances particulières, prouvant la pérennité d'un lien fort entre la victime et l'enfant demandeur. Cela dit, on a le sentiment que c'est dans le cas des enfants que la cour d'appel a adopté les évaluations les plus « affectives », à un point tel que ses choix peuvent paraître arbitraires.

Le préjudice des enfants mineurs sera d'être privés du soutien normal auquel leur enfance est en droit de s'attendre : on constate un éventail allant de 30 000 F, pour des enfants de 9, 10 et 11 ans lors de la contamination de leur père[8], à 80 000 F, pour des enfants d'un et deux ans lors du décès[9]. Les enfants majeurs seront indemnisés pour la perturbation des relations sociales qu'entraîne la maladie : 50 000 F pour des enfants de 20, 21 et 23 ans, l'état de

1. CA de Paris, 12 février 1993, nº 92-19606.
2. CA de Paris, 7 mai 1993, nº 92-23487.
3. *Ibid.*, nº 92-23481.
4. CA de Paris, 27 novembre 1992, nº 92-15130.
5. CA de Paris, 26 mars 1993, nº 92-22019.
6. CA de Paris, 15 janvier 1993, nº 92-19022.
7. CA de Paris, 11 juin 1993, nº 93002479.
8. CA de Paris, 27 novembre 1993, nº 92-17707.
9. *Ibid.*, nº 92-17427.

leur père « les contraignant à prendre des précautions permanentes », leurs « relations sociales étant perturbées par la crainte que génère cette maladie et par le phénomène de rejet qu'elle provoque[1] ».

Il y a aussi tous les cas particuliers : une fille majeure recevra, outre les 400 000 F reçus au titre du préjudice personnel de contamination de sa mère et transmis par la voie successorale, 100 000 F de préjudice moral, car « la victime a d'abord caché sa séropositivité à sa fille et partagé ce secret avec son mari, puis au décès de celui-ci, elle l'a mise au courant. A cette époque sa fille était âgée de 48 ans et elle venait d'être éprouvée par le décès de son père. Elle est mariée, a deux enfants et a perdu son emploi de comptable. Durant la même période elle-même a eu un cancer du sein. Néanmoins elle a assisté sa mère, en raison de la proximité de leurs domiciles, elle a pu lui apporter une aide quotidienne, et en sa qualité d'enfant unique, elle a supporté une charge particulièrement lourde à un moment où elle devait également faire face à d'autres épreuves[2]. » On a le sentiment que le juge répare l'accumulation des malheurs, c'est-à-dire, outre le sida de la mère, la mort du père, la perte de l'emploi et le cancer du sein. Enfin, le cas le plus curieux concerne sans doute cette fille qui recevra 100 000 F parce qu'elle « a eu la tristesse de ne pouvoir présenter à son père son enfant, « né 60 jours plus tard », alors qu'il avait été « conçu quelque part pour donner à papa une force de combat supplémentaire pour pouvoir mieux s'accrocher, pour prolonger le bonheur incomparable d'être tous ensemble[3] ».

On va de même trouver une forte indemnité pour une petite fille que la contamination de sa mère prive « de la joie d'avoir des frères et sœurs[4] ». On remarquera tout particulièrement l'indemnité accordée à un enfant pour avoir gardé deux ans les anticorps de sa mère contaminée[5] : pourtant, après cette fausse séropositivité transmise, il sera finalement indemne de la maladie.

On constate aussi l'extension du cercle des enfants aux gendres et belles-filles, ainsi qu'à l'enfant du premier lit de l'épouse d'un homme contaminé.

Des frères et sœurs, on ne trouvera pas grand-chose à dire. Ils subissent un préjudice d'affection et un préjudice lié à la perturbation et à la tristesse de la vie familiale. Le montant des indemnités accordées par la cour d'appel de Paris varie entre 50 000 et 100 000 F ; il peut y avoir des circonstances particulières, comme l'indemnité un peu plus importante accordée à une sœur, parce qu'elle est la jumelle de la victime[6]. Même en l'absence de cohabitation entre les demandeurs et la victime, il doit être fait droit à la demande de réparation des demi-frères et demi-sœurs d'une petite fille morte à 5 ans. La preuve des liens d'affection est établie, le père recevant régulièrement ses enfants légitimes à son nouveau domicile où ils se retrouvaient avec leur demi-sœur[7].

1. CA de Paris, 27 novembre 1993, nº 16480.
2. CA de Paris, 15 janvier 1993, nº 92-18758.
3. *Ibid.*, nº 92-20265.
4. CA de Paris, 17 juin 1993, nº 934766.
5. CA de Paris, 23 mai 1993.
6. CA de Paris, 17 septembre 1993, nº 93-50053.
7. CA de Paris, 11 juin 1993, nº 93-004619.

Deux espèces seulement font apparaître, l'une une motivation touchante, qui insiste sur la souffrance d'une sœur de 15 ans, « âge de la vie particulièrement conscient et vulnérable[1] », l'autre la réparation du préjudice moral de « l'*infans conceptus*, frère de la victime, né 5 mois après son décès », qui reçoit 15 000 F « en raison de la privation de la présence d'un frère[2] ». L'existence juridique du fœtus a toujours suffi pour lui permettre de recevoir donations, successions, primes d'assurance-vie, etc., à la condition qu'il naisse vivant et viable. Sa capacité à recevoir une indemnité n'est donc pas douteuse. Ce qui peut le paraître, c'est la réalité de son préjudice. Peut-on souffrir d'un manque abstrait, peut-on souffrir de l'absence d'un frère que l'on n'a jamais connu ? Plus probablement du traumatisme de ses parents, et finalement de la « présence » au foyer du frère absent[3].

1. CA de Paris, 11 décembre 1992, nº 92-17710.
2. CA de Paris, 27 novembre 1992, nº 92-16564.
3. *Ibid.*, nº 92-16564.

SIXIÈME PARTIE

LA DÉLINQUANCE TECHNOLOGIQUE. DÉLITS ET CRIMES INVOLONTAIRES CONSCIENTS

Autant dire tout de suite l'idée qui est la mienne. *Nous sommes entrés dans les temps nouveaux de la société technologique, et les pénalistes ont compris depuis longtemps que cela bouleverserait un jour ou l'autre l'ordonnancement de leur discipline.* Même les traités de droit pénal les plus classiques ont repéré la technique comme nouvelle source d'angoisse dans la société : « Les grands axes de l'inquiétude se déplacent. On ne se sent plus dangereusement menacé par le crime traditionnel qui préoccupait nos ancêtres. [...] Mais ce que l'on redoute et ce que l'on blâme, ce sont les nuisances imputables à ceux qui détiennent la puissance économique ou la compétence technique. Chaque génération a ses épouvantails. » Ils ont signalé l'attente du public : « Il y a en marge des lois une notion populaire du crime, plus intuitive que raisonnée » qui coïncide ou s'oppose à la conception légale. Cette notion, très floue, est liée à celle de « malfaisance[1] ». « L'homme de la rue a tendance à considérer comme condamnables les actes qui l'épouvantent, qui perturbent l'autonomie de sa vie privée ou qui choquent sa conscience. Mais les sujets d'épouvante, de répulsion, ou de blâme populaire, varient sur de longues périodes de temps, et aussi selon l'âge, la catégorie sociale, le degré de culture[2]. »

Accusant d'ailleurs indirectement les « mouvements intellectuels qui cherchent à influencer l'opinion publique », ces auteurs constatent un « déplacement très net des réflexes vindicatifs ». Après avoir fait la liste des infractions qui ont disparu ou qui ne sont plus guère poursuivies, ils constatent que les réactions répressives refluent vers des domaines autrefois inconnus ou délaissés. « Que cent personnes périssent dans un incendie, qu'un barrage s'effondre, qu'un malade meure dans des circonstances anormales [...] et l'on exigera avec véhémence que justice soit faite sévèrement. »

Pourtant la mort technologique n'est pas un phénomène récent : depuis deux siècles, on a beaucoup tué avec des produits toxiques, explosifs, contaminés...

1. Elle est aujourd'hui profondément relayée par les médias, qui sortent trop souvent de leur rôle – information, proposition d'une grille d'analyse – pour organiser des parodies de jugement qui ne respectent aucune des règles élémentaires des droits de la défense. Il serait bon que les institutions responsables de la défense des droits de l'homme examinent ce problème pour approfondir le droit à l'information et la liberté d'expression, sans pour autant attenter à la présomption d'innocence ni aux droits de la défense.

2. R. Merle et A. Vitu, *Traité de droit criminel*, Éd. Cujas, 6e éd., 1988, p. 25 et suiv.

Ce qui est nouveau sans doute, c'est la circulation des informations entre les milieux scientifiques, les médias et le grand public, le sentiment de fragilité qui résulte de l'accumulation des catastrophes dans la mémoire collective – le Stalinon, le Distilbène, l'agent orange, la thalidomide, l'amiante, Tchernobyl, Seveso, Bhopal, Minamata... Chaque affaire n'est pas analysée et mémorisée pour elle-même, avec ses particularismes, mais comme l'élément d'un puzzle qui fait de la société technologique des temps modernes une société dangereuse, même si l'espérance de vie augmente, même si la sécurité est globalement en expansion et non en régression.

Ce qui est nouveau, aussi, c'est la perception que les victimes se font de leur histoire et du sens qu'elles peuvent donner à leur malheur en l'utilisant dans les médias et devant les tribunaux pour assurer la défense sociale. Elles ne se sentent plus victimes des circonstances, frappées par la malchance dans le grand courant du progrès, mais victimes d'une faute qui doit être punie, de systèmes techniques qui devraient être mieux maîtrisés, que l'on doit forcer par la répression à être plus honnêtes, moins indifférents à la vie et à la santé d'autrui. Cela entraîne deux conséquences : l'industriel est perçu non plus comme un maladroit malchanceux, mais comme un imprudent délinquant, et l'on ne se satisfera plus du réflexe indemnitaire auprès des tribunaux de l'ordre judiciaire ou administratif, tribunaux trop professionnels d'où la dimension rituelle a été chassée. On veut une vraie peine, c'est-à-dire une peine de prison, on veut une cour d'assises avec son jury populaire pour faire reconnaître la culpabilité par un tribunal qui ait gardé sa pompe. On veut, de manière mythique, que « toute la lumière » soit faite et que « des têtes tombent ». Mais la demande la plus fondamentale des victimes est que les fautes industrielles, scientifiques ou techniques puissent être reconnues comme des actes délinquants à part entière, intégrés à une hiérarchie cohérente de contraventions, de délits et de crimes.

Si le délinquant « ordinaire » n'intéresse plus autant, fléau naturel dont on a renoncé à venir à bout, que ce soit par la prévention ou par la répression, il n'en va pas ainsi des délinquants technologiques. Instruits, aisés, riches, décorés [1], ils sont par essence des « gens honorables » et l'on refuse l'idée qu'ils puissent être produits par la société à l'instar des petits voleurs. Pourtant l'appât du gain, le désir de construction d'un grand outil industriel, la volonté d'emporter des marchés, l'habitude de la hiérarchie, la perspective d'une carrière brillante, le devoir de réserve du fonctionnaire, l'éternel silence corporatiste, l'idéologie stupide du « challenge » sont sans doute des ferments de délinquance aussi puissants que la misère et l'absence d'avenir. Les mentalités telles que les révèlent les plaintes [2] montrent qu'il importe désormais qu'industriels et fonction-

1. La légion d'honneur de M. Garretta constitua tout au long du procès un problème politique en soi, puisqu'elle fut attribuée sur le contingent personnel de F. Mitterrand ; cf. par exemple *Libération* du 12 décembre 1992.

2. La formule est importante ; C. Gilbert m'a fait remarquer, lors d'une conférence, un emploi imprécis du mot « mentalités ». Je ne l'utilise certes pas comme l'historien, le sociologue ou l'anthropologue. Lorsque je constate que les contaminations syphilitiques n'ont donné lieu à procès que tardivement et exceptionnellement, alors que le sida a provoqué une

naires soient punis de ne pas nous avoir protégés contre les agents visibles ou invisibles de la mort moderne.

Mais à ce désir vague de sanction et de morale le droit pénal doit donner un cadre précis, conforme au principe de légalité des délits et des peines. La réglementation technique spéciale est impuissante à contenir la dangerosité de produits qui changent tous les jours, et l'on ne peut imaginer un interdit général de mise sur le marché des produits dangereux, car tous nos produits sont dangereux ; force est d'en revenir aux infractions générales qui doivent conduire nos comportements par-delà les insuffisances de la réglementation. On se trouve alors devant une difficulté structurelle, repérée par les pénalistes depuis plus de quarante ans. L'industriel ou le médecin délinquant ne sont pas des hommes qui veulent tuer ou blesser. Le dommage qu'on leur reproche est une conséquence involontaire de dérapages divers de leur activité professionnelle, depuis l'accident lui-même involontaire et imprévisible jusqu'à l'imprudence la plus caractérisée qui comporte des aspects volontaires. Il en résulte qu'on les condamne, pour homicides, coups et blessures involontaires, à de légères peines de prison assorties de sursis, sans pouvoir discriminer entre des situations pourtant très différentes. Telle est la rançon de la division du droit pénal classique entre les infractions volontaires, impliquant en principe une volonté de tuer ou de blesser, et les infractions involontaires, constituées par un résultat déconnecté de l'intention. Force fut de constater que « la promotion criminologique de l'imprudence et de la négligence est l'une des grandes nouveautés de notre époque [1] ».

L'intégration de toutes les infractions involontaires dans la grande catégorie des délits ne satisfait plus les victimes : elles savent bien que la délinquance technique n'est pas une délinquance de l'intention mais de l'indifférence : on perçoit un risque et l'on passe outre. L'« imprévoyance consciente » dont la doctrine a depuis longtemps repéré l'existence fait éclater la catégorie trop homogène des « homicides involontaires ». Entre le conducteur qui respecte toutes les consignes de prudence et tue un passant en perdant le contrôle de son véhicule, et l'illuminé qui prend l'autoroute en sens inverse pour se donner des émotions fortes, il existe un monde ; entre le dirigeant d'entreprise dont un équipement bien entretenu tue un salarié, et celui qui contraint un chauffeur à rouler trente heures d'affilée sur un camion dont les freins n'ont pas été revus depuis trois ans, il existe un monde. Le droit positif ne connaissait à l'époque de la contamination que l'homicide involontaire, puni d'un maximum de deux ans de prison [2].

---

lame de fond juridictionnelle, je peux induire un changement profond dans les mentalités ; il s'agira alors de la manière dont on utilise le droit pour recoudre le tissu social après une catastrophe et, à plus long terme, pour réguler la société technologique. Aux historiens et aux sociologues d'en tirer ce qui est utile à leurs disciplines.

1. R. Merle et A. Vitu, *Traité de droit criminel*, p. 26.

2. A partir de la fin des années cinquante, la contestation de la brutalité de la distinction entre les infractions volontaires et involontaires ne cessera plus. Citons par exemple le Congrès de prévention et de défense sociale de Milan en 1956, le VIIIe Congrès de

Si la doctrine sent depuis longtemps qu'il serait utile de pouvoir distinguer « deux sortes d'imprévoyance, l'imprévoyance consciente et l'imprévoyance inconsciente », il est moins évident de savoir ce qu'elle fait de l'analyse du degré de conscience de l'auteur du dommage, de la prévisibilité des événements, de l'incertitude scientifique qui l'affecte dans de nombreux cas, de l'existence pas toujours bien comprise de la structure probabiliste des risques. Certains degrés de conscience et de prévisibilité pourraient-ils aller jusqu'à la qualification de crime ? C'est ce qui a été soutenu dans l'affaire du sang contaminé, via le concept d'empoisonnement. Si l'on pousse les choses jusqu'à leurs extrêmes limites, que fera-t-on de cette plainte extraordinaire déposée le 4 janvier 1995 par deux mille soldats américains de la guerre du Golfe, contre une vingtaine d'entreprises accusées d'avoir illégalement « permis à l'Irak de s'équiper en gaz de combat[1] » ? Il n'est pas sûr que nous soyons tout à fait clairs sur les problèmes de frontières entre la volonté, l'intention et la conscience qui caractérisent la délinquance technologique.

A côté de cette première difficulté, l'aspect collectif du drame, tant du côté des victimes réunies en associations que du côté des « responsables », est au cœur de la délinquance technologique. Dans l'affaire de la transfusion sanguine, l'aspect collectif des décisions délictueuses a été en grande partie occulté. Prises ou partagées par une communauté de cent à tois cents personnes, elles ont donné lieu à la condamnation de quatre médecins, par ailleurs prestigieux : deux industriels – les Drs Garretta et Allain –, deux fonctionnaires – les Drs Roux et Netter. Une telle canalisation de la répression constituait une erreur politique. Il aurait fallu que tous les responsables potentiels soient jugés, même si la plupart d'entre eux devaient être reconnus non coupables ou condamnés à des peines symboliques. Si l'on fait le tour de la dimension collective de cette affaire, qui aurait dû être inculpé ? Tous les directeurs de centres, tous les responsables de fabrication des produits dérivés du sang, tous les responsables de collectes, les responsables de la sécurité virale, les prescripteurs de produits anti-hémophiliques et les directeurs de cabinet des ministres concernés. Si l'on compte bien, cela fait trois cents personnes qui auraient dû s'expliquer devant les tribunaux français, même si la plupart d'entre elles devraient être relaxées.

C'est à cette condition qu'auraient pu apparaître des différences de comportement : le monde de la transfusion aurait pu mettre en avant les responsables de centres qui allèrent chercher des tests de dépistage en fraude, les responsables de collecte qui imposèrent précocement le questionnaire aux donneurs

l'Association internationale de droit pénal de Lisbonne en 1961, J.-B. Herzog, « La répression des infractions involontaires », in *RDPC,* 1958-1959, p. 87, et J.-C. Berreville, « Quelques réflexions sur l'élément moral de l'infraction », in *Revue de science criminelle*, 1973, p. 1. Cette longue contestation a abouti à une réforme encore modeste dans le nouveau Code pénal, dont l'article 221-6 reconnaît la notion de « manquement délibéré à une obligation de sécurité ou de prudence imposée par la loi ou les règlements ». Ce manquement peut désormais être puni de 5 ans de prison.

1. *Le Monde*, 5 janvier 1995 ; le comportement est, à dire vrai, d'une nature différente car il y a ici une désobéissance à la loi.

de sang et supprimèrent spontanément les collectes dans les prisons, les prescripteurs qui revinrent prudemment aux vieux produits non poolés, ceux qui chauffèrent dans des autoclaves de fortune les produits destinés à leurs malades, etc. A cette condition seulement, la contamination cessait d'être un phénomène faussement homogène, pour retrouver sa réalité humaine, personnelle. *C'était donc, curieusement, à la condition d'adopter une vision collective du processus de décision que l'on pouvait différencier les comportements et retrouver l'exacte responsabilité personnelle de chacun, qui est la marque du droit pénal.*

Autre inadaptation, le droit pénal n'est pas, en l'état, conçu pour réprimer des infractions qui font une pluralité de victimes : le Code pénal ne permet pas de distinguer l'acte qui fait un mort de celui qui en fait sept mille, caractéristique fondamentale de la délinquance technologique. Faudra-t-il, un jour, sortir de cette fiction juridique ?

Dans le courant de l'année 1992, l'affaire du sang contaminé acquerra la dimension d'une affaire d'État, qui va conduire à la révision de la Constitution. En facilitant la procédure de mise en accusation des membres du gouvernement devant la nouvelle Cour de la République, les parlementaires pourtant réticents ont mis le doigt, avec prudence il est vrai, dans un engrenage dont nul ne peut prédire le destin dans un monde qui a changé. On verra en effet comment la responsabilité politique du gouvernement devant le Parlement est désormais prolongée d'une responsabilité pénale effective qui pourra être mise en œuvre directement par tout citoyen. Il y a en germe dans cette réforme quelque chose qui s'apparenterait à un changement de régime, car l'équilibre des pouvoirs a été modifié en faveur de la société civile. Il y a aussi une demande d'affirmation de la sécurité civile comme valeur fondamentale.

1. La mise en état de l'affaire du sang contaminé

Un procès pénal commence par la mise en mouvement de l'action publique et se poursuit par l'instruction ; le juge d'instruction est chargé de la recherche et du rassemblement des preuves, d'apprécier les charges qui en résultent et, le cas échéant, de conclure par un renvoi devant la juridiction de jugement. L'affaire est alors en état.

La mise en mouvement de l'action publique, premier acte de cet ensemble, est partagée entre le ministère public et la victime, mais ce partage n'est pas égal. La victime, en principe, ne représente qu'elle-même, elle agit pour obtenir une réparation civile de son dommage. D'une certaine manière, si elle était seule en cause, elle ne pourrait pas obtenir une condamnation pénale et plus particulièrement le prononcé d'une peine de prison, dans des systèmes de droit qui cherchent à écarter la vengeance privée. Mais l'infraction dont la victime a souffert atteint à travers elle l'ensemble de la société qui, représentée par le ministère public, va avoir la charge de la part purement pénale de la réparation. Le procès pénal va donc opposer deux parties principales : le délinquant et la société représentée par le ministère public (la victime n'étant partie au procès que de manière accessoire, même si elle occupe parfois tout le devant de la scène). Ses droits sont importants, mais ils restent inférieurs à ceux du ministère public. Il importe de situer exactement la position de chacune des parties au procès pénal, si l'on veut bien comprendre certaines des difficultés auxquelles se sont heurtées les victimes de la contamination.

L'initiative de la mise en mouvement de l'action publique revient donc normalement au ministère public. Juge de l'opportunité des poursuites, il peut choisir de ne pas poursuivre certaines infractions s'il estime que tel est l'intérêt de la société. Mais la victime peut l'obliger à poursuivre en se constituant partie civile. La constitution de partie civile lui permet de jouer un double rôle[1] : informer le parquet d'infractions dont il n'a pas connaissance, le contraindre à mettre en mouvement l'action publique alors qu'il n'est pas convaincu de son opportunité. Dans ce cas, la partie civile cherche à imposer une vision différente de l'intérêt général, et le conflit peut être fort. Ce fut le cas dans l'affaire du sang contaminé.

1. La constitution de partie civile permet également d'avoir accès au dossier. Mais ce n'est pas ce droit qui est en cause ici.

1. Le lancement de l'action publique par les parties civiles

Ce n'est pas le ministère public qui va ouvrir l'information sur la transfusion sanguine. Cela n'étonnera pas. La presse avait bien constitué certains dossiers qui, depuis 1983, laissaient supposer qu'il se passait quelque chose. Mais tout se refermait très vite, et l'on avait le sentiment d'un danger inévitable plus ou moins bien géré plutôt que d'une catastrophe nationale qui aurait été liée à d'éventuelles imprudences. Après la crise de l'année 1985, qui fut surtout marquée par les débats sur l'opportunité des tests de dépistage, on n'entendra plus beaucoup parler de la transfusion, qui semble remise sur ses rails. On ne peut donc guère reprocher au ministère public de ne pas s'être préoccupé de cette affaire. On peut s'étonner, en revanche, que certaines structures publiques ne soient pas organisées pour saisir la justice lorsque la santé publique est mise en péril : si l'on en croit les nombreux rapports de l'Inspection générale des affaires sociales (IGAS) et de la Cour des comptes, il semble bien que l'activité des centres de transfusion sanguine ait toujours été sous surveillance, et toujours soupçonnée de dysfonctionnements affectant plus ou moins gravement la santé publique. Or il ne semble jamais envisagé de transmettre d'informations au parquet. *On a là un défaut d'organisation politique de la répression contre la délinquance technologique.*

Ce sont donc des victimes qui vont saisir les tribunaux, avec les plus grandes difficultés. En effet, la première plainte d'un hémophile date de 1987 et fut classée sans suite. A la même époque, des transfusés, contaminés à la suite d'accidents de voiture, commencent à saisir les tribunaux à des fins d'indemnisation : certains d'entre eux attaquent l'auteur de l'accident devant les tribunaux de l'ordre répressif : cela ne paraît pourtant pas alerter les magistrats qui instruisent et font intervenir des médecins de la transfusion comme experts. Ils ne perçoivent pas que ces affaires isolées sont la face visible d'un problème grave de santé publique. Si tout cela se comprend, le classement de la première plainte faisant état du problème d'ensemble n'est plus défendable.

2. Les plaintes des hémophiles : l'ouverture des voies de droit

L'étude détaillée des plaintes qui ont été à l'origine du procès est d'un grand intérêt, car les victimes sont libres de la qualification juridique qu'elles vont donner aux faits, quitte pour le juge d'instruction, puis le ministère public, puis les juridictions de jugement à choisir une autre qualification. Dans une affaire qui fait de nombreuses victimes, la liberté initiale de qualification mérite d'autant plus que l'on s'y arrête, que la diversité des choix, certes influencée par les avocats et la manière dont ils anticipent les chances de succès d'une voie de droit par rapport à une autre, révèle des perceptions différentes d'une victime à l'autre, d'une époque à l'autre. Depuis la première plainte efficace, le 21 mars 1988, jusqu'aux plaintes déposées en 1994 après l'arrêt de la chambre criminelle de la Cour de cassation qui redonna espoir aux tenants de la qualification d'empoisonnement, l'évolution des plaintes permet d'étranges observations sur la diversité des mentalités des victimes.

Ce sont les hémophiles qui vont être à l'origine de l'action devant les tribunaux de l'ordre répressif[1] ; pas n'importe quels hémophiles, mais des individualités indépendantes de l'Association française des hémophiles, voire en révolte contre elle. L'AFH rejoindra la procédure en cours de route.

Il existe en effet deux façons de vivre l'hémophilie. Un premier « groupe », dans lequel on trouve une grande proportion d'hémophilies graves, vit dans une perspective communautaire. Les malades sont regroupés au sein de l'AFH, dont ils lisent attentivement le bulletin; ils sont solidaires, partagent un petit nombre de médecins spécialisés qui bénéficient d'une confiance que l'on dit exempte de tout esprit critique[2]. L'engagement maximal est celui des familles qui choisissent de mettre leurs enfants dans une institution spécialisée et participent même aux colonies de vacances. Le premier cercle de l'association fonctionnait en circuit très fermé. Au moment où commence l'épidémie de sida, le combat de ses dirigeants était celui de l'autotraitement; pour mener une vie normale, ils recherchaient la disponibilité de hautes doses de produits concentrés de la plus grande pureté possible pour éviter les effets indésirables. Cet objectif explique pour partie le manque d'intérêt des prescripteurs pour les premiers produits chauffés, moins purs. On préférait la pureté à l'absence de risque viral, le risque d'hépatite étant clairement accepté.

Le second « groupe » n'en est pas un; c'est un ensemble d'individus qui restent isolés, soit par goût personnel, soit parce que leur hémophilie n'est pas très importante. Ils ne sont pas liés à des médecins attitrés et s'adressent souvent directement aux centres de transfusion pour disposer des produits qu'ils désirent. Les plaintes sont parties des individus du second groupe.

Si l'on se place dans une optique chronologique, les choses sont plus complexes. La détection de la séropositivité débuta fin 1983 avec les premiers tests artisanaux d'immunofluorescence[3]. Les résultats positifs ne signifiaient pas forcément une séroconversion récente, et l'un des grands arguments de défense d'un homme comme J.-P. Soulier consiste à faire valoir que la plupart des hémophiles étaient déjà contaminés par des produits étrangers lorsqu'ils reçurent les

1. C'est important de le signaler, car cela permet de comprendre que ce n'est pas « la transfusion » qui fut condamnée par les tribunaux de l'ordre répressif, mais une infime partie de la stratégie en matière de produits anti-hémophiliques. Il y aura par la suite des plaintes de transfusés non hémophiles, qui n'ont pas encore abouti à ce jour.

2. En apparence du moins, car les témoignages fournis par les malades lors du procès montrent qu'ils ajustaient le traitement prescrit : importations personnelles de produits non vendus en France, échanges de produits au sein d'une même famille, achat de produits dans plusieurs centres, etc.

3. Cf. chronologie, *supra*, p. 240; selon une étude de Rouzioux, Brun, Montagnier, 50 % des hémophiles grands consommateurs de concentrés sont déjà contaminés.

produits français contaminants, ce qui est largement exact. Il ne réalise ni que l'on est juridiquement responsable des produits que l'on distribue – fussent-ils des « produits étrangers » –, ni que le tribunal a jugé le seul fait de délivrer entre mars et octobre 1985 des produits contaminés sans information loyale sur les risques inhérents, et non pas le fait d'avoir contaminé des malades.

Toujours est-il que les médecins ne surent pas très bien quoi faire de ces résultats qu'ils ne communiquèrent pas toujours aux patients, faute de savoir quoi leur dire sur le sens de cette séropositivité. Le dépistage s'accéléra en 1985 lorsque le test officiel fut mis sur le marché ; dans le courant de l'année 1986, tous les hémophiles régulièrement suivis avaient été testés. Quand on informait le malade des résultats, on le faisait de manière volontairement rassurante : l'essentiel était de convaincre que peu d'hémophiles contaminés développeraient la maladie. La crédibilité de cette stratégie s'effondrera rapidement. L'année 1987 marque le début de la prise de conscience du sens de la séropositivité par les victimes et de l'existence d'une catastrophe collective. Deux réactions se font jour.

Il y a, d'abord, totalement isolé, J. Péron-Garvanoff, le premier des frères Garvanoff. Il tape à toutes les portes, recommence son récit devant tous les journalistes, mais n'est jamais pris au sérieux : trop exalté, excessif, il parle d'un complot contre les hémophiles. En désespoir de cause, il porte plainte, mais le juge n'est pas attentif à ce qu'il y a de vrai dans le récit ; c'est le classement sans suite.

A l'autre extrémité, les dirigeants de l'AFH, durement touchés eux-mêmes, se fixent le but modeste d'obtenir discrètement du ministère de la Santé des aides financières pour les familles les plus démunies, celles dont le père ne peut plus travailler par exemple. Ils ne sont pas très exigeants sur les montants, et souhaitent avant tout ne mettre en cause ni les prescripteurs ni les centres de transfusion avec lesquels ils savent devoir vivre toute leur vie.

Leur stratégie est très affirmée et rencontre bien sûr le soutien du ministère de la Santé : il ne s'agit pas pour eux de rechercher des responsabilités devant les tribunaux – « trop long, trop cher, trop déstabilisant », estime le président A. Leroux, qui va mourir en 1988 – mais d'obtenir un geste de solidarité nationale. M.-Th. Pierre, au bureau de la transfusion du ministère, aurait dit : « L'AFH sait tout ce que les hémophiles doivent à la société et se sentirait très gênée si les instances judiciaires étaient saisies[1]. » C'est l'époque de la cohabitation, et les personnes en charge du dossier chez M. Barzach considèrent manifestement que ce n'est pas à elles de réparer les dégâts survenus durant le pouvoir socialiste ; c'est en tout cas ainsi que l'AFH va interpréter la somme de 300 000 F versée à l'association pour parer au plus pressé. La réaction des membres de l'association est très négative ; la somme est jugée d'autant plus modique que, à l'étranger, des fonds d'indemnisation commencent à fonctionner. Une rancœur sourde s'installe, et des membres de l'association se mettent à reprocher aux dirigeants de s'être mal informés, de les avoir mal informés, et certains vont jusqu'à menacer l'association elle-même d'un procès.

1. A.-M. Casteret, *L'Affaire du sang*, p. 209.

La rencontre entre des dissidents de l'AFH et les individualités du second groupe peut se produire. C'est cette collection d'individus qui, en ordre dispersé, va porter plainte au pénal.

En mars 1988 sont déposées les cinq premières plaintes efficaces. Elles sont dirigées contre le CNTS, et le chef d'accusation retenu sera le délit de tromperie sur les qualités substantielles des produits sanguins, notamment les risques inhérents à leur emploi.

En avril parviennent d'autres plaintes contre le CNTS, sur le fondement de l'homicide involontaire et de la non-assistance à personne en danger cette fois. En avril toujours, C. Garvanoff, le deuxième frère, élargit le débat en dirigeant sa plainte contre le Laboratoire national de la santé, l'Association française des hémophiles et le Comité consultatif d'éthique, pour non-assistance à personne en danger. *La mise en cause du Laboratoire national de la santé est un tournant fondamental dans la manière dont les victimes conçoivent la procédure*. En effet, c'est une autorité de l'État qui, cette fois, est visée. On est relativement habitué à voir des médecins et des industriels à la barre, moins souvent des représentants de l'État mis en cause à titre personnel pour carence réglementaire. En mai 1988, neuf informations contre X sont ouvertes pour fraude, homicide involontaire et non-assistance à personne en danger.

Enfin, un autre train de plaintes va être déposé entre la fin 1991 et le début 1992. Elles sont en rupture complète avec les précédentes, car elles retiennent pour les mêmes faits soit *la qualification d'administration volontaire de substances nuisibles à la santé, soit celle d'empoisonnement. Il s'agit cette fois de crimes et non plus de délits*. La première plainte pour empoisonnement est déposée un peu après le début du gros de la campagne médiatique. Mais il ne faudrait pas voir une cause (la campagne) et un effet (la qualification d'empoisonnement). Il est probable que les deux événements se sont nourris l'un de l'autre, les malades convaincus d'avoir été empoisonnés ayant convaincu les journalistes qu'ils tenaient non seulement une information importante mais aussi un scandale, les journalistes confortant en retour la certitude des malades par la révélation des phrases assassines, des prises de décision inhumaines, des intérêts industriels primant la santé, etc.[1]

Après la campagne médiatique, diverses plaintes pour empoisonnement commencent à être déposées en province, réalisant l'élargissement de l'action pénale à l'ensemble du territoire français. Les juges d'instruction ne semblent pas s'en émouvoir outre mesure. Ils attendent sans faire grand-chose la fin de procès parisiens, et ne relanceront une instruction en sommeil qu'en 1994, après l'arrêt de la Cour de cassation, qui semble redonner de la substance à la qualification d'empoisonnement.

Enfin, je ne peux passer sous silence la plainte pour crime contre l'humanité

1. Pour une analyse que je suis loin de partager sur tous les points, mais qui comporte des éléments intéressants sur certains dessous du phénomène médiatique, cf. P. Champaigne et D. Marchetti, « L'information médicale sous contrainte », in *Actes de la recherche en sciences sociales*, nº 101-102, p. 40.

qui fut déposée par un hémophile, car elle constitue l'expression la plus extrême de ce que purent ressentir les victimes. Le crime contre l'humanité fut défini à Nuremberg comme l'« assassinat, extermination [...] et tout autre acte inhumain commis contre toute population civile [...] ou bien les persécutions pour des motifs politiques, raciaux ou religieux ». *A priori*, rien dans l'affaire de la transfusion ne pouvait raisonnablement évoquer le crime contre l'humanité. Et pourtant, deux éléments furent ressentis durement par les hémophiles : l'effrayant tribut payé par leur communauté, puisque près d'un hémophile sur deux a été contaminé [1] ; l'entente entre les autorités de l'État et le CNTS pour privilégier des objectifs industriels qui ne tenaient pas compte de leur existence, cette entente étant analysée comme un complot contre une communauté gênante et coûteuse.

On ne peut balayer tout cela sans essayer de comprendre. Les contaminés non hémophiles sont bien plus nombreux que les hémophiles, mais l'effet psychologique produit n'est pas le même, précisément parce que ces victimes du mauvais sort ne constituent pas une communauté. Les hémophiles ne sont bien sûr ni une race ni une ethnie, comme le requiert la définition du tribunal de Nuremberg, mais les malades se perçoivent comme relevant d'une communauté constituée autour d'un trait génétique partagé par toute leur lignée. C'est toute la famille qui est atteinte : les filles, potentiellement conductrices d'un gène transmissible à leurs enfants, devant choisir de faire ou ne pas faire un diagnostic prénatal avec les conséquences que cela implique ; les garçons, qui ont une possibilité sur deux d'être atteints.

Cette atteinte familiale se marque tragiquement à la lecture de l'identité des parties civiles au procès pénal. Comme sur les monuments aux morts de la guerre de 1914 dans les villages, le même nom revient, une fois, deux fois, trois fois. Et parce que le droit révèle une réalité toujours plus sinistre que ce que l'on imaginait, on voit même une famille de douze enfants où cinq frères furent contaminés [2] ! Communauté de destins, communauté dans l'habitude des revendications contre le reste du monde, depuis le droit de mener une vie normale jusqu'au droit non moins fort de prendre le risque de procréer des enfants atteints : c'est là que se constitue une « identité génétique de groupe » qui n'est pas sans danger, mais permet de comprendre l'étrange qualification. Si l'on voit ainsi les hémophiles, on n'est plus très loin de la définition du crime contre l'humanité donnée par l'article 211-1 du nouveau Code pénal, qui définit le génocide comme la « destruction totale ou partielle d'un groupe national, ethnique, racial ou religieux ou d'un groupe déterminé à partir de tout autre critère arbitraire en exécution d'un plan concerté », un critère arbitraire qui pourrait être le gène de l'hémophilie.

1. Si l'on s'en tient aux hémophiles régulièrement suivis ; les autres, moins transfusés parce que moins atteints, ont été moins touchés évidemment. Mais les malades attachés aux prescripteurs partisans du traitement préventif ont été plus touchés.

2. CA de Paris, 6 mai 1994, époux B., *Gaz. Pal.*, nº 282-284, 9-11 octobre 1994, p. 30.

Il n'y a pas eu de complot bien sûr. Quel intérêt, même inconscient, les dirigeants du CNTS auraient-ils eu à exterminer une communauté pour laquelle ils venaient d'aménager une unité de production surdimensionnée dont ils attendaient de multiples bénéfices financiers et symboliques ? Il n'en reste pas moins que les relations souvent difficiles qui s'étaient nouées au fil du temps entre les hémophiles et leurs prescripteurs d'un côté, les centres de transfusion, les donneurs de sang de l'autre, ont sans doute été pour quelque chose dans l'indifférence qui présida à certaines décisions.

L'année 1994 fut marquée par un double tournant. La réforme de la Haute Cour de justice parut faire sauter le verrou qui avait jusque-là protégé formellement les ministres. L. Fabius, G. Dufoix et E. Hervé pouvaient être mis en examen, ainsi que leurs conseillers techniques, membres de leur cabinet ou experts indépendants, F. Gros, C. Weisselberg, G. Rimareix et C.-H. Philippi. D'autre part, l'arrêt ambigu de la Cour de cassation, qui sembla donner une certaine légitimité aux plaintes pour empoisonnement, relança le processus (la prescription n'étant pas encore acquise). De nombreux dirigeants de centres de province allaient suivre, un certain nombre de procédures qui dormaient depuis longtemps allaient être réveillées.

Cette longue évolution des plaintes est frappante, car elle montre la progressivité de la prise de conscience de la gravité des faits, la vulnérabilité de la conduite de nos systèmes techniques, l'exemplarité de l'affaire et une grande incertitude sur la politique pénale à appliquer à de tels phénomènes.

3. Juge d'instruction et ministère public : la fermeture de l'affaire

Les parties civiles, par leurs conceptions très diverses de la qualification juridique qu'il convenait de donner aux faits, avaient ouvert toutes les pistes imaginables, depuis les délits définis par la loi de 1905 sur la répression des fraudes, l'homicide involontaire et la non-assistance à personne en danger, jusqu'aux crimes prévus par les articles 318 (administration de substances nuisibles pour la santé) et 301 (empoisonnement). Elles s'étaient moins intéressées à désigner les personnes qu'elles jugeaient responsables : il était question essentiellement du CNTS, du Laboratoire national de la santé, et l'on trouvait un certain nombre de plaintes contre X. La stratégie des magistrats va être homogène, jusqu'à ce que la chambre criminelle de la Cour de cassation vienne ouvrir de nouvelles possibilités, si tardivement que l'on se demande si l'arrêt n'introduit pas davantage de perturbations que d'apaisement : tous les choix du juge d'instruction, du ministère public, du tribunal correctionnel et de la cour d'appel vont contribuer à refermer ce qui avait été si largement ouvert par les victimes, et cela de quatre manières différentes.

Le CNTS sera réduit à deux personnes

Le Dr Garretta. Au moment où commence la période de prévention (21 mars 1985), il est directeur général du CNTS depuis près d'un an. Il a donc le *pouvoir juridique* de décision pour tout ce qui concerne les décisions précises qui feront l'objet de la condamnation. On ne peut même pas dire qu'il assume les conséquences de mauvaises décisions prises par d'autres, car il est associé à la direction générale depuis longtemps, et la construction de l'unité de produits antihémophiliques, qui commence à fonctionner en 1984, fut tout particulièrement de son ressort, depuis l'origine.

Le Dr Allain. Il était à la fois salarié du CNTS et médecin prescripteur indépendant ayant une clientèle propre. Au CNTS, il avait la charge des recherches concernant le choix, la conception, la mise au point et les études cliniques sur les produits antihémophiliques – il a donc eu une part importante dans les mauvais choix des produits et des techniques effectuées par le Dr Garretta ; ils ont négocié ensemble le contrat de transfert de technologie d'Immuno sur les concentrés chauffés. Il est associé à la politique de produits antihémophiliques du CNTS : depuis 1977, il est chef du laboratoire de recherche sur les facteurs VIII et les anticoagulants ; il est chef de service depuis 1981, et chef de département de recherche et développement des produits dérivés au centre des Ulis à partir de 1984. Son influence n'a fait que croître de 1977 à 1985, et les choix technologiques en portent la marque évidente : spécialiste des réactions immunitaires des hémophiles, il s'intéresse à la pureté des produits, délaissant totalement les procédés d'inactivation virale. Il n'y aura donc pas de technique autochtone d'inactivation, mais un transfert de technologie avec production sous licence étrangère. Le Dr Allain assumait aussi un rôle plus flou d'intermédiaire entre le CNTS, les médecins prescripteurs spécialisés dans les soins aux hémophiles et l'ensemble de la communauté des malades, via l'AFH, à laquelle il prodiguait conseils et informations, assumant ainsi un rôle national officieux.

En canalisant sur les Drs Garretta et Allain, les magistrats « oublient » au moins trois personnages du CNTS, qui sont importants si l'on souhaite définir ce que pourrait être la *délinquance technologique, qui devrait comprendre à des titres divers le cercle de ceux qui savent, quel que soit leur pouvoir de décision, et le cercle de ceux qui décident, à la condition qu'ils soient convenablement informés.* L'objectif « éducatif » du droit serait alors d'obliger ceux qui savent :

– à informer sans réticences ni autocensures [1] ceux qui décident ;

1. Il conviendrait de travailler sur les dysfonctionnements qui résultent de l'autocensure des experts impliqués dans un processus économique ; ainsi, B. Habibi souligne, lors de la réunion du 29 mai 1985 qui a abouti à la liquidation des stocks, que le rapport du groupe d'experts qui sera transmis au ministre de la Santé doit être « réaliste » ; or un expert n'a pas à se soucier de réalisme, mais seulement de l'exposé loyal d'une situation scientifique. Le « réalisme » est de la compétence des décisionnaires.

– à consigner clairement les différences de points de vue et leurs motivations scientifiques et techniques ;

– en cas de menaces graves, à se tourner vers des appuis extérieurs [1].

On pense en premier lieu à G. Jacquin, dont on parle assez peu même s'il est égratigné à plusieurs reprises dans le jugement, et qui semble pourtant avoir joué un rôle important dans les mauvaises décisions qui furent prises. Il est directeur des fabrications, et donc premier responsable technique de la qualité des produits. Il intervient directement dans un certain nombre de stratégies économiques, et le jugement fait état de rapports écrits dans lesquels il recommande *en son nom personnel* d'écouler les produits contaminés au besoin à l'exportation, avant de délivrer les produits chauffés. On comprend donc mal qu'il ait pu être épargné.

On pense ensuite, mais de manière très différente, au Dr Habibi, responsable de la distribution, dont le rôle exact n'a pas été totalement éclairci. Homme infatigable, il eut un rôle central et positif dans l'organisation des groupes de recherche autour du sida et dans la circulation de l'information, via *La Revue française de la transfusion*, et cela dès 1982. Il fut certainement de ceux qui obligèrent le monde transfusionnel à ne pas s'endormir un peu plus longtemps dans la quiétude d'une maladie qui ne les aurait pas vraiment concernés. Mais, se chargeant de la tenue des réunions, et dans de nombreux cas, de la rédaction des comptes rendus, il apparaît comme coresponsable de la terrible décision dite de « liquidation des stocks » prise le 29 mai 1985, sur laquelle nous reviendrons. En fait, en l'état actuel des informations, on ne peut savoir s'il s'y est associé personnellement ou s'il n'a fait qu'enregistrer une décision imposée par sa direction. En tout cas, il n'a pas réagi, pas informé les participants à la réunion. Il aurait dû au minimum être inculpé de non-assistance à personnes en danger, ne serait-ce que pour pouvoir assurer sa défense. *Le cas de B. Habibi est exemplaire : on constate chez un individu le mélange intime du plus grand dévouement et d'une faille béante que l'on ne s'explique pas... et l'on conçoit la difficulté de juger la délinquance technologique.*

A.-M. Couroucé avait aussi un poste clé dans cette affaire, en l'occurrence la responsabilité du service de virologie au CNTS. Probablement sans pouvoir de décision, elle faisait partie du premier cercle de ceux qui savaient, suivaient au jour le jour l'évolution des résultats des recherches, la montée des signes inquiétants et la littérature scientifique mondiale sur le sujet, ceux qui avaient toute la formation scientifique souhaitable et n'ont rien laissé transparaître. On n'a, en l'état, aucune trace d'une intervention ou d'une mise en garde, ni vers sa direction, ni vers les autorités publiques, ni vers les malades. On constate un comportement scrupuleux de salariée sans initiative, même si elle répond avec conscience aux sollicitations de l'extérieur et implique son service dans toutes les recherches qu'on lui propose sans jamais ménager sa peine. Pourquoi n'a-t-elle pas été inculpée, elle aussi, de non-assistance à personne en danger ?

Le juge accordera une grande importance à la structure hiérarchique au sein

1. Tutelle, supérieurs hiérarchiques, médias, tribunaux.

de l'entreprise. Le tribunal correctionnel condamnera le Dr Garretta à la peine maximale, comme « inspirateur et maître d'œuvre » des infractions, étant précisé qu'il a « pleinement exercé ses attributions de directeur sans pouvoir alléguer avoir été aucunement empêché dans ses fonctions » et qu'il « a refusé d'écouter, éliminé ou courcircuité les opposants à sa politique ». On ne peut que le suivre sur ce terrain, puisqu'il prend la peine de préciser non seulement qu'il avait juridiquement le pouvoir, mais encore qu'il l'exerçait effectivement. Il est toutefois excessif de soutenir qu'il fut « l'inspirateur » de la politique : l'inspiration technique venait sans doute du Dr Allain, l'entêtement à produire des facteurs VIII contaminés et à les vendre jusqu'à épuisement ayant été partagé par tous à des degrés divers et jusqu'à des dates diverses ; cette manière de juger en tenant compte de l'exercice réel du pouvoir paraît conforme à l'idée de délinquance technologique.

On ne suivra donc pas le tribunal sur le bénéfice des circonstances atténuantes accordées au Dr Allain, « en sa qualité de cadre manifestement subordonné dans son action ». Le tribunal fait sans doute allusion aux conflits qui semblent avoir opposé les deux médecins dans les dernières semaines de leur action commune. Outre le fait que l'on a peu de preuves de ce conflit, il n'empêche que le rôle du Dr Allain fut au moins aussi déterminant que celui du Dr Garretta, et en tout état de cause plus éclairé scientifiquement, ce qui devrait être un élément fondamental de l'infraction en matière technologique ; le tribunal le signale d'ailleurs longuement, sans toutefois en tirer toutes les conséquences dans le prononcé de la peine. Il établit, en effet, que le Dr Allain était « tout particulièrement informé du fait même de ses recherches », qu'il a « en sa qualité d'expert de l'hémophilie non seulement cautionné mais accrédité le mensonge » ; il connaissait « mieux que quiconque [...] la dangerosité d'une politique qu'il a non seulement laissé se poursuivre mais à laquelle il a apporté un appui public déterminant[1] ».

On ne peut mieux décrire le rôle majeur de l'expert à côté du décisionnaire, caractéristique en matière de délinquance technologique, mais le tribunal n'en tire pas toutes les conséquences (indulgence qui se retrouvera lors de la libération anticipée du Dr Allain en 1994). *Cette canalisation sur le responsable juridique des décisions est inadaptée à la délinquance technologique.* En effet, dans ces matières où la disponibilité de l'information scientifique et technique est un élément constitutif de l'infraction, le directeur général apparaît comme un homme qui ne dispose souvent de cette information que de seconde main. Il y a donc une rupture entre le pouvoir de décision qu'il exerce effectivement et la disponibilité du savoir qui justifie la décision. La responsabilité pénale étant une responsabilité personnelle, on ne peut s'empêcher de penser que les plus responsables sont ceux qui savaient le plus de choses. Or J.-P. Allain, A.-M. Couroucé, G. Jacquin et B. Habibi étaient au cœur des informations de

1. L'arrêt de la cour d'appel est moins intéressant ; la culpabilité du Dr Allain n'est fondée que sur les « silences, dissimulations et réticences à informer les hémophiles », sans insister sur son rôle d'expert.

première main, les plus responsables à ce titre, tandis que M. Garretta prenait des décisions alors qu'il était plutôt moins bien informé. Cela n'atténue pas la responsabilité qu'il tire de son pouvoir hiérarchique, lorsqu'il prend une décision contre l'avis de ses conseillers. *Le droit pénal ne devrait faire l'économie ni du savoir, qui met au cœur des informations, ni du pouvoir qui permet la décision.* Les juges l'ont compris puisqu'ils ne se sont pas contentés d'inculper et de condamner le seul Dr Garretta; arrêter la chaîne des responsabilités « techniques » au Dr Allain et atténuer sa peine au motif qu'il était tenu par le lien hiérarchique, sans mettre en exergue son rôle d'inspirateur des choix techniques, revenait à ne pas aller au bout de l'idée.

L'oubli des prescripteurs de produits antihémophiliques

Faute de mieux, les grands prescripteurs de concentrés semblent avoir prescrit jusqu'au bout les concentrés mortels, alors que plusieurs d'entre eux, participant aux études coordonnées par le Dr Allain, voyaient tomber les résultats qui portaient sur trois éléments : l'importance du nombre de personnes contaminées (dès la fin de 1983, les premières études réalisées avec l'aide des prescripteurs font état de 50 % d'hémophiles contaminés), l'intérêt probable des produits chauffés (entre juillet et octobre 1984), l'incertitude sur la signification de la séropositivité. Ils étaient donc informés autant que les dirigeants du CNTS et n'ont pas transmis l'intégralité de l'information à leurs patients. Ils commirent en fait exactement la même erreur, celle de ne pas envisager la gravité de la séropositivité. Pourtant, le juge d'instruction ne les inculpera pas. De même M. Bernard-Requin va les laver de tout soupçon en s'appuyant sur leur revendication de produits chauffés. Cette revendication (tardive) est exacte, et il est encore exact que le CNTS, qui disposait alors du monopole d'importation, eut une stratégie d'importations limitées, qui constitue un élément important de l'infraction. Mais cette constatation ne rend pas compte de l'ensemble de la réalité ; elle passe sous silence le fait que les prescripteurs ont jusqu'au dernier moment occulté les premières constatations des épidémiologistes, lesquels établirent dès 1983 un lien entre séropositivité des hémophiles et consommation massive de concentrés [1]. Elle passe surtout sous silence le fait que les prescripteurs à qui l'on refusait les produits chauffés continuaient par défaut de prescrire des produits non chauffés, l'essentiel dans leur esprit étant de disposer de concentrés. Devant cet échec de leurs revendications, l'attitude normale aurait pourtant consisté à revenir aux cryos congelés et à conseiller aux malades des prescriptions minimales, l'arrêt momentané des activités spor-

1. *L'Hémophile*, octobre 84 : « Il n'y a aucune corrélation entre l'apparition du sida et la quantité de concentrés injectés »; pourtant, le réquisitoire fait mention du courrier d'Y. Sultan qui, dès 1983, se serait inquiétée des risques liés aux concentrés, sans en déduire de changement de thérapeutique, *in* Laurent Greilsamer, *Le Procès du sang contaminé*, Le Monde Éditions, 1992, p. 69.

tives, etc. Or, non seulement cela n'a pas été envisagé, mais au contraire leurs interventions devant l'AFH font apparaître leurs conseils : continuer l'autotraitement massif et, à défaut de produits chauffés, utiliser sans limite les produits non chauffés (cf. chronologie de février à octobre 1984 ; à ce moment tardif, la Fondation américaine des hémophiles bascule et recommande les cryos à ceux qui ne peuvent se procurer les concentrés chauffés ; cela ne modifie pas la stratégie thérapeutique des prescripteurs français). Les juges ont relevé cette attitude, mais ne sont pas allés plus loin.

En fait, les magistrats sembleront trouver normal que les prescripteurs puissent ignorer la dangerosité réelle des produits non chauffés[1]. Or, si l'on s'en tient aux grands prescripteurs en tout cas, ils avaient une pratique suffisante des concentrés et des problèmes posés depuis toujours par le poolage, pour ne pas avoir le droit d'ignorer le type de risque encouru. Ils ont simplement, mais ni plus ni moins que les fractionneurs, sous-estimé le sens de la séropositivité par rapport au déclenchement de la maladie. M.-J. Larrieu dira : « J'ai méconnu le risque du sida et je le dis » ; C. Gazengel dira : « Mon attitude intellectuelle était de réclamer des produits de très haute pureté[2]. »

D'une manière générale, on ne peut pas demander aux prescripteurs de vérifier la qualité des milliers de produits qu'ils utilisent à des fins thérapeutiques. C'est aux fabricants et aux autorités sanitaires d'être les garants de produits que les médecins doivent pouvoir utiliser en toute confiance. Pourtant, dans le cas des produits sanguins en général, antihémophiliques en particulier, la question se pose différemment. On sait en effet que ces produits resteront en tout état de cause porteurs de risques, même si de bonnes pratiques de collecte et d'inactivation les réduisent au minimum. La protection de la santé publique ne peut donc être réalisée que par une coopération étroite entre les autorités sanitaires, les fournisseurs de produits sanguins *et les prescripteurs* qui doivent idéalement transfuser *a minima* le produit le plus adéquat pour la pathologie concernée. Le niveau total de contamination dépendra de la qualité de ce lien, et toute utilisation inconsidérée par un prescripteur provoque des contaminations sur lesquelles le fournisseur et les autorités publiques n'ont aucune prise. Pour assurer l'approvisionnement en sang et dérivés, ils restent contraints de mettre sur le marché des produits dont une partie sera contaminée. La limitation maximale de ce risque résiduel passe aussi par les prescripteurs ; il est à ce titre fondamental de leur reconnaître une responsabilité s'ils agissent de manière inconsidérée, ce qu'aucun tribunal n'a retenu pour le moment[3].

1. Cf. p. 41 du réquisitoire, *in* Laurent Greilsamer, *op. cit.*

2. C. Bettati, *Responsables et Coupables. Une affaire de sang*, Éd. du Seuil, coll. « L'épreuve des faits », 1993, p. 126.

3. Pour une mise en cause du prescripteur, cf. A., P. et S. Gaudin, *Le Prix du sang*, Fixot, coll. « Document », p. 29 et 31.

Deux fonctionnaires pour la technostructure

On se souvient que l'une des parties civiles avait porté plainte contre le Laboratoire national de la santé, ce qui revenait à mettre en cause sur le plan pénal des personnes représentant l'autorité de l'État dans sa fonction de réglementation et de contrôle. L'objectif était de passer des dommages-intérêts accordés quotidiennement par des tribunaux administratifs condamnant l'État, personne morale, à la peine de prison applicable aux personnes physiques qui, concrètement, avaient assumé la conception des normes techniques. C'était une idée plus révolutionnaire qu'on ne l'a fait remarquer, et je n'ai pas trouvé de précédent d'une telle initiative ; *c'est un signe important de l'évolution des mentalités des victimes.*

Les « autorités de l'État » n'existent pas en tant que telles au regard du droit pénal ; seules existent des personnes physiques, à qui leurs fonctions imposent des obligations particulières, ou permettent d'invoquer des éléments justificatifs qui leur sont propres. Les différents actes qui, tous ensemble, constituent l'activité réglementaire, sont élaborés et signés à des niveaux très divers, et par des hommes représentant soit la sphère technique (fonctionnaires en poste dans les ministères), soit la sphère politique (membres des cabinets et ministres), soit une sphère mixte, qui tend à devenir de plus en plus importante, celle des experts qui n'ont pas de position institutionnelle très claire : ce fut le cas du Pr F. Gros. Le juge d'instruction a focalisé son action sur R. Netter qui, en tant que directeur du Laboratoire national de la santé, est au niveau technique, et sur J. Roux, qui, en charge de la Direction générale de la santé, aurait à ce titre une position mixte, technique et politique.

Les plaintes n'avaient mis en cause que le Laboratoire national de la santé. Depuis 1980 en effet, le LNS était chargé, de manière floue et avec des moyens dérisoires, du « contrôle des produits sanguins », qui s'effectuait par l'enregistrement, le refus ou la modification des procédés de préparation et de contrôle des produits proposés par les centres de transfusion[1]. Il devenait évident de s'interroger sur les comportements de son directeur, R. Netter, dans cette affaire. C'était bien entendu insuffisant. Le juge d'instruction a suivi la logique des parties civiles et travaillé l'idée de la responsabilité personnelle des agents de l'État dans cette affaire. Il est remonté jusqu'à la Direction générale de la santé et à son directeur, J. Roux, qui fut sévèrement mis en cause pour n'avoir pas utilisé toutes les ressources des pouvoirs dont il disposait.

Mais le juge d'instruction s'arrêtera là. Or les autorités de l'État impliquées dans cette affaire avaient agi de manière plus collective que l'image qui en est donnée par ces deux inculpations. A la lecture du jugement et de l'arrêt, il est évident que Mme Pierre, responsable du bureau de la transfusion, s'est montrée singulièrement inefficace, même si l'on tient compte des faibles pouvoirs dont elle disposait. Que dire des différents responsables de l'activité réglementaire

1. *JO* du 15 mars 1980, p. 2626, N.C.

en matière de transfusion sanguine, qui tout au long de la période cruciale signent de multiples textes concernant les produits sanguins sans s'interroger sur la légitimité du poolage des produits ? Or si aucun de ces personnages, aujourd'hui mis en examen, n'avait à lui seul le pouvoir d'infléchir des décisions lourdes de conséquences organisationnelles et financières, il est fort probable qu'une action collective aurait porté ses fruits. La canalisation de la responsabilité sur les seuls J. Roux et R. Netter paraît singulièrement réductrice.

Au niveau politique, la réduction fut identique. Certes, il était impossible, dans le cadre des juridictions de droit commun, de mettre directement en cause les ministres justiciables de la seule Haute Cour de justice, mais il n'en allait pas de même pour les membres de leurs cabinets. Or le jugement du tribunal correctionnel met en évidence de nombreuses tentatives de J. Roux qui viennent buter sur des refus et des silences, sans que l'on puisse savoir qui fut responsable du blocage, une ou plusieurs personnes du cabinet ou le ministre : J. Roux demande des moyens, la mise en cause de Garretta, fait remonter des informations, sans succès. Le jugement donne une image assez négative du rôle de l'interlocuteur privilégié de J. Roux au cabinet du ministre de la Santé, le Dr Weisselberg, pourtant associé dès l'origine aux groupes de réflexion sur le sida, y compris sur les liens entre sida et transfusion. On ne peut s'empêcher de penser qu'un bon travail d'instruction n'aurait pas omis de mettre en cause ce personnage important, qui fut la courroie de transmission entre les autorités techniques et le ministre de la Santé.

La fermeture géographique : un drame national, une procédure parisienne

On comprend aisément que le ministère public n'ait pas utilisé, entre 1985 et 1988, son pouvoir de poursuite pour engager l'action avant les constitutions de parties civiles des victimes ; on comprend moins bien pourquoi le ministère public, une fois éclairé par le rapport de l'IGAS, la campagne de presse et les premières investigations du juge d'instruction, n'a pas élargi l'enquête à l'ensemble du territoire français pour prendre en compte l'ampleur géographique d'un drame qui était national et pas seulement parisien[1].

Il s'agit là d'un problème central si l'on appréhende cette affaire comme un modèle de délinquance technologique. Dans un grand nombre d'hypothèses, en effet, les cas de délinquance technologique feront apparaître des responsabilités partagées entre de nombreux individus qui interviennent dans la disponibilité de l'information nécessaire à la prise de décision éclairée, dans la prise de

1. Prenant en compte le fait que de nombreux provinciaux avaient été contaminés par les produits du CNTS, du fait de la distribution nationale de ces produits, le parquet demanda et obtint la jonction d'un certain nombre de plaintes portées en province. En revanche, il n'y eut pas de réflexion générale sur la dimension nationale de l'affaire et le fait que tous les établissements de transfusion sanguine pouvaient être concernés par ces dérives, d'une manière ou d'une autre.

décision et dans l'exécution matérielle de ces décisions ; quant à la dispersion géographique des victimes, elle sera fréquente, dans certains cas mondiale. L'enquête commencée à Paris aurait dû être étendue à toute la France.

Le substitut du procureur, accusé d'avoir joué une stratégie de bouc émissaire, se défendit en affirmant que l'on ne pouvait traîner à la barre une centaine de personnes. Mais au fond, pourquoi ? Le pool milanais de l'opération Mani pulite a à son actif 3 000 informations judiciaires, impliquant 338 députés, une centaine de sénateurs, 2 000 administrateurs locaux, 900 entrepreneurs, 1 400 fonctionnaires [1]. Certes ce n'est pas habituel, et il est clair que le droit pénal n'est pas conçu pour une telle perception collective de la délinquance, de même qu'il n'est pas conçu pour prendre en compte l'existence de milliers de victimes. Mais il n'y avait tout de même aucune impossibilité constitutive à prendre la mesure du phénomène. Au fond, en limitant l'affaire à quatre personnes, les magistrats, qui craignaient de ne pas pouvoir « tenir » dignement des audiences trop collectives, ont utilisé une technique classique du droit civil de la responsabilité qui consiste, pour faciliter la tâche des victimes, à « canaliser » le risque sur un responsable, qui se retournera ensuite vers d'autres éventuels coresponsables. Mais ce qui est possible en droit civil, où ne sont en cause que des sommes d'argent, ne l'est pas en droit pénal. La canalisation de responsabilités, personnelles par essence, est une absurdité dans les termes. Comment le Dr Garretta pourrait-il se retourner contre son directeur de fabrication ou son chef de service de virologie ?

Cette stratégie a provoqué un fort mécontentement chez les victimes les plus engagées dans le processus de désignation des coupables, et dans le public un sentiment néfaste d'inachèvement. La conséquence ne s'est pas fait attendre. Les procédures ont continué, se sont multipliées pour tenter de rassembler les fragments d'une histoire morcelée.

Rappelons d'un mot que la procédure fut limitée aux produits antihémophiliques parce que seuls les hémophiles avaient porté plainte, alors qu'il aurait été légitime d'ouvrir une information sur le cas des transfusés.

1. *Libération*, 14 décembre, 1994, p. 10.

2. L'exposé des faits et la question de l'incertitude scientifique

Pour les parties, une décision de justice se donne en premier lieu comme la solution d'un conflit. On dira alors que, le 23 octobre 1992, la 16e chambre correctionnelle du tribunal de grande instance de Paris a condamné le Dr Garretta à quatre ans de prison et 500 000 F d'amende, le Dr Allain à quatre ans de prison dont deux avec sursis, le Dr Roux à quatre ans d'emprisonnement avec sursis, relaxant le Dr Netter. Le 13 juillet 1993, la 13e chambre A de la cour d'appel confirma la décision pour ce qui concerne les Drs Garretta et Allain, réduisit la peine du Dr Roux à trois ans, avec sursis toujours, et condamna le Dr Netter à un an d'emprisonnement avec sursis.

Mais, pour en arriver là, la démarche est complexe. Le juge doit établir les faits qui ont donné naissance au conflit, chercher dans l'arsenal juridique à quelles catégories et quelles règles ils peuvent être rattachés – c'est le processus de qualification –, puis appliquer la règle de droit ainsi sélectionnée. Dans ce long processus, l'exposé des faits pourrait apparaître comme une démarche objective. Pourtant, même si l'on fait abstraction des difficultés matérielles qui peuvent surgir (déclarations contradictoires, perte de documents, etc.), il reste que l'exposé des faits ne rend jamais compte de la complexité ni de la subjectivité de la réalité, et n'a pas à le faire. Le juge doit au contraire extraire les seuls éléments pertinents qui permettront de poser le problème en termes juridiques, et de le résoudre selon une logique juridique. *Le droit impose une distance par rapport au réel, une subjectivité qui ne devrait pas être celle du juge en tant que personne, mais celle du droit en tant que système de pensée.* Si les faits retenus doivent être matériellement exacts, ils ne constituent qu'une vérité juridique qui ne saurait rendre compte de la diversité des points de vue possibles sur une affaire.

Partant de là, l'affaire de la transfusion sanguine posait des problèmes difficiles mais pas « inouïs ». Il fallait bien juger en 1992 des faits qui remontaient à 1985 ; mais c'est un exercice mental auquel les magistrats sont rompus. Ils n'opèrent jamais qu'une « reconstitution » des faits pertinents.

La difficulté pouvait-elle venir de la technicité du dossier ? En réalité, les éléments techniques sont simples à comprendre. Lorsque les condamnés ou leurs défenseurs se plaignent que les tribunaux n'aient pas fait appel à des experts, leurs interventions montrent clairement qu'ils n'en attendaient pas un point de vue scientifique différent, mais un autre jugement de valeur, fondé sur l'universalité de la contamination des hémophiles. Ce fait, pour partie contestable, n'entraîne évidemment aucune conséquence sur le travail du juge français. Au Dr Allain qui demanda un sursis à statuer fondé sur la nécessité d'un supplément d'information et d'expertise, la cour d'appel répondit : « Qu'il convient de souligner que tant devant le tribunal qu'en appel, des personnalités médicales et scientifiques de premier plan ont été citées par les parties et entendues contradictoirement ; considérant dès lors que la cour dispose d'éléments suffisants qui lui permettent de connaître l'état du savoir acquis en la matière durant la période de prévention et de se prononcer en connaissance de cause sur les responsabilités encourues sans qu'il y ait lieu de procéder à un supplément d'information ou à une mesure d'expertise. »

Quand on lit la longue liste d'experts appelés à témoigner, on ne peut être que convaincu, avec une réserve toutefois ; qu'ils aient été choisis hors du milieu de la transfusion comme le Pr Montagnier ou au sein du milieu transfusionnel comme le Dr Pinon, auteur de l'étude de janvier 1985 sur le taux de séropositivité des donneurs de sang parisiens, les experts entendus ont été plutôt des experts à charge, si l'on excepte le Dr Soulier, J. Bernard ou A.-M. Courroucé. Or les inculpés souhaitaient essentiellement l'audition de transfuseurs étrangers ayant eu des comportements analogues aux leurs. Le débat est, à cet égard, ouvert. D'un côté, on savait ce qu'ils pouvaient dire, et leur témoignage reposant sur l'idée que tout le monde avait fait la même chose n'était pas très pertinent. « Tous coupables » n'est pas un fait justificatif en droit pénal. De l'autre, on peut se demander si une défense vraiment contradictoire n'implique pas d'entendre des experts connus pour défendre des points de vue différents, sachant que les magistrats gardent une totale liberté de jugement par rapport à l'expertise.

Mais l'exposé des faits de cette affaire comportait pourtant une particularité qui s'observe dans la structure même des décisions de justice. En effet, à côté des documents qui mettent en évidence de manière très traditionnelle les comportements des différents inculpés, témoignages, comptes rendus de réunions et correspondances, on trouve des documents plus rares, articles scientifiques, articles de presse médicale ou générale, comptes rendus de colloques, résultats d'expérimentations : il s'agit d'établir qui savait quoi, à quelle date et avec quel degré de précision, comment et à qui ont été transmises les informations. *Il s'agit surtout d'imputer chaque document à une personne ou un groupe de personnes déterminées et de lui affecter une valeur informative en relation avec la position de ces personnes dans le monde scientifico-administratif.* En voici un exemple : dès 1982, le centre d'observation des épidémies d'Atlanta affirme de manière prophétique que l'on est en face d'une nouvelle maladie, qu'elle est épidémique, qu'elle se transmet sans doute par le sang et qu'il faut prendre des précautions dans la gestion des banques de sang. *Pour de multiples raisons, ce message, scientifiquement fondé pour quelques rares spécialistes de l'épidémiologie connaissant les problèmes de transfusion sanguine, est une prophétie contraire aux règles de la démarche scientifique pour tous les autres*[1] ; il a le défaut de venir d'un lieu qui n'est pas habilité à prendre des décisions concernant la transfusion sanguine.

Pour les magistrats confrontés à la présentation d'un grand nombre d'articles scientifiques présentant des points de vue opposés sur les décisions à prendre, la difficulté majeure était de situer chacun d'entre eux dans son contexte disciplinaire d'une part, politico-administratif d'autre part : certains articles, qui se révéleront inexacts, sont importants car ils viennent de l'autorité scientifique reconnue tandis que d'autres, pourtant prophétiques, n'ont aucune valeur décisionnaire car ils viennent d'un lieu sans pouvoir. C'est un vieux problème d'auctoritas. Il est peu probable en effet que le juge demande aux décideurs d'être des visionnaires. Si l'on se réfère aux méthodes traditionnelles de jugement, il leur demandera plutôt une attitude moyenne, qui aboutirait à définir une position scientifique d'une part, scientifico-administrative d'autre part, calquée sur l'image du bon père de famille. Il y aurait ainsi le comportement scientifique de bon aloi, qui n'impliquerait pas de demander à l'administration de prendre la bonne décision à la première alerte, mais au moins d'être attentive et accueillante aux événements et aux idées nouvelles.

L'exposé des faits par les décisions de justice comportait donc la présentation de l'état moyen des connaissances scientifiques *au moment où s'ouvre la période de prévention, en mars 1985*. C'est cet état rétrospectif des connaissances qui constitue le cadre de la décision. Dresser un tel tableau n'est pas une activité totalement inconnue pour les juges, même si ce n'est pas leur pain quotidien. C'est évidemment sur ce point que leur décision a été contestée. Selon les principales critiques, les tribunaux auraient jugé en 1992, avec les connaissances dont on disposait en 1992, une affaire qui s'est déroulée entre 1981 et 1985 à une époque où l'on ne savait rien, puis peu de choses sur le sida. Même le président F. Mitterrand s'est laissé aller à ce commentaire, provoquant l'amertume des magistrats.

Rien n'est plus faux ; c'est ce que je vais tenter de démontrer par l'analyse du *jugement* du tribunal correctionnel de Paris et de l'arrêt de la cour d'appel. Pourtant, je suis obligée d'admettre que *l'exposé des faits* qu'ils ont proposé, la structure même des décisions, quelques erreurs ou raccourcis, ont pu conduire des observateurs peu attentifs à l'accusation grave de jugement rétrospectif, même si ces erreurs furent sans conséquence sur le jugement.

1. Je parle d'épidémiologie par facilité ; en fait, il s'agissait d'une démarche pluridisciplinaire menée par des épidémiologistes *stricto sensu*, des virologues et des spécialistes de l'hémophilie.

A. L'IMPORTANCE DU CONTEXTE HISTORIQUE DE LA PÉRIODE DE PRÉVENTION

Était-ce une erreur ? Le tribunal a accordé une grande importance au contexte historique général de l'infraction : il a retracé une longue histoire de l'évolution des connaissances sur la maladie, sur le virus, sur les thérapeutiques de l'hémophilie. Rien ne l'y obligeait, si l'on réalise que les mécanismes de prescription le conduisaient à ne juger que les faits postérieurs au 21 mars 1985, date à laquelle l'essentiel des incertitudes scientifiques est levé. Alors pourquoi retracer cette histoire ? Les magistrats ont voulu bien faire et montrer que les connaissances de 1985 n'étaient pas tombées brutalement sur les responsables de la transfusion, annihilant leur capacité de réaction, mais qu'elles étaient l'aboutissement d'un apprentissage continu qui aurait dû attiser progressivement leur vigilance et les préparer à la riposte. Destinée à rendre leur décision incontestable, cette stratégie a eu l'effet contraire. En effet, le rappel du passé donna aux condamnés et au milieu dont ils étaient issus le sentiment d'avoir été condamnés pour l'ensemble des hémophiles contaminés depuis les origines, qu'ils l'aient été par des produits étrangers, à une époque où l'on ne savait rien du sida, ou par les produits français, dans les dernières semaines du drame. Or il n'en est rien : les médecins ont été condamnés pour avoir trompé les acheteurs de produits antihémophiliques sur les risques inhérents aux produits vendus entre le 21 mars et le 1er octobre 1985.

On peut se demander si ce rappel des faits antérieurs à la période de prévention n'est pas à peu près inévitable dans le cadre de la délinquance technologique. Cela dépend en fait de la perspective dans laquelle on se trouve : si l'on veut comprendre les mécanismes d'un accident, il faut maîtriser l'ensemble complexe des données techniques, industrielles, financières, administratives, humaines, qui ont concouru à l'événement. *Ce serait presque l'équivalent du contexte criminogène dans lequel évolue le délinquant ordinaire. Mais, pour juger, il n'est pas forcément nécessaire de retracer en détails l'ensemble de l'histoire.*

1. Une présentation orientée du contexte de la contamination

Il suffira de quelques exemples pour faire comprendre le malaise qui a pu résulter, dans le milieu scientifique, de l'analyse de la situation telle qu'on la trouve dans le jugement du 23 octobre 1992.

Il est affirmé que la mort de trois hémophiles américains en 1982 fait « nettement » apparaître la possibilité d'une contamination par voie sanguine, puisque les hémophiles ne présentaient pas d'autres facteurs de risques connus. Or, précisément, la constatation de ces trois morts donne lieu à deux explications concurrentes. La première, qui est la bonne, est celle du CDC d'Atlanta[1] : il s'agit d'une nouvelle maladie, provoquée par un agent pathogène transmissible par le sang; cet agent doit être de la famille des virus, les autres types d'agents connus à ce jour étant éliminés au cours du processus de fabrication des facteurs VIII. A partir de ce raisonnement abstrait, le CDC propose pour la première fois la sélection des donneurs par questionnaire sur la vie sexuelle et la toxicomanie, puisque les premiers malades appartiennent à ces deux groupes à risques. Le CDC est ultra-minoritaire et ne fait pas partie des autorités « légitimes » en matière de transfusion; des réactions violentes sont immédiates, en provenance des autorités de santé, banques de sang, entreprises privées, associations d'homosexuels et d'hémophiles, toutes autorités « constituées ».

La seconde hypothèse est celle d'un syndrome provoqué par des « stimulations antigéniques répétées » liées aux modes de vie. Autrement dit, il ne s'agirait pas d'une maladie nouvelle, mais d'une réaction à l'accumulation anormale de contacts avec des agents pathogènes connus : trop stimulées, les défenses immunitaires de l'individu s'affaibliraient. On remarque en effet que les malades repérés appartiennent à trois groupes subissant pour des raisons différentes des contacts répétés avec des agents pathogènes et avec les caractéristiques immunitaires d'autrui : il s'agit des homosexuels, du fait du multipartenariat qui provoque depuis le milieu des années soixante-dix une flambée de maladies sexuellement transmissibles; des toxicomanes, qui vivent une situation assez proche du fait de l'échange des seringues; des hémophiles, du fait des doses massives d'injection de produits sanguins poolés faisant intervenir des milliers de donneurs. L'hypothèse est loin d'être absurde. Les parents d'enfants hémophiles connaissaient, avant le sida, les désordres immunitaires causés par les facteurs VIII[2].

Cette deuxième hypothèse est largement préférée. Elle ne nécessite pas l'effort intellectuel qu'implique l'admission d'un nouvel agent pathogène, et « limite » l'affection à des groupes restreints, socialement marginaux. Le jugement ne rend pas compte de ce débat qui dura pourtant jusqu'au milieu de l'année 1984. Cela n'a certes aucun impact sur les condamnations, mais nourrit une critique qui avait été faite avant même que l'audience ne commence.

On peut faire la même analyse pour l'annonce de la découverte du « virus du sida » par le Pr Montagnier en février 1983. Pendant environ deux ans, cette découverte est systématiquement sous-estimée, y compris dans les publications de l'équipe qui l'a effectuée. Respectant les règles de la prudence scientifique qui ne sont pas les mêmes que celles de la prudence de la décision, l'équipe en fait un *candidat-virus parmi d'autres*. Les autres scientifiques relativisent encore davantage son rôle. De plus, la présence du virus chez les malades ne dit rien de la manière dont cet agent fonctionne, rien du délai

1. Center of Disease Control, cellule d'observation des maladies, épidémies...
2. A., P. et S. Gaudin, *Le Prix du sang*, p. 30.

d'incubation, rien du rôle des anticorps, tous éléments qui constituent le cœur des incertitudes scientifiques des années 1983 et 1984[1].

On peut aussi s'étonner que le ministère public ait prétendu qu'« il n'était pas conforme à la vérité de prétendre que, entre 1983 et 1985, la communauté scientifique était unanimement convaincue qu'une proportion limitée allant de 10 à 20 % de séropositifs développeraient la maladie ». Pour M. Bernard-Requin, les chercheurs du CNTS parlaient déjà en novembre 1983 d'une mortalité de 70 %, le Dr Soulier faisant état d'une mortalité s'approchant des 100 % avec l'ancienneté du diagnostic. Or le substitut du procureur mélange ainsi les points de vue sur la séropositivité (10 à 20 % de passage à la maladie), et ceux sur l'issue fatale du sida déclaré (de 70 à 100 %). Cette confusion n'a pas toutefois de conséquence pratique sur le jugement.

2. Les certitudes de la période de prévention

La présentation de l'historique du contexte scientifique se termine par un paragraphe d'une grande clarté, qui aurait dû couper court aux critiques.

Les connaissances, au moment où s'ouvre la période de prévention, peuvent être, au travers de ces documents, ainsi résumées :

– 50 % des hémophiles français sont séropositifs (*NdA* : études diverses coordonnées par J.-P. Allain, A.-M. Couroucé et B. Habibi, connues des prescripteurs les plus importants et transmises à la tutelle) ;

– la progression annuelle de la contamination est de 10 à 20 % (*NdA* : *idem* ; corroboré par des études étrangères) ;

– 10 à 20 % des séropositifs développeront dans les cinq ans un sida fatal (congrès internationaux auxquels les prévenus ont participé ou dont ils ont été officiellement informés) ;

– 5 à 6 ‰ des donneurs de sang parisiens sont séropositifs (étude Pinon-Leibowicz de l'hôpital Cochin connue de tous les centres de transfusion et de la tutelle avant le début de la période de prévention) ; elle conduit par un calcul statistique abstrait à la conclusion (dite hypothèse Muller) que tous les lots de concentrés sont contaminés.

Telles sont les certitudes scientifiques sur lesquelles le tribunal va fonder son jugement[2]. Ce sont bien celles de l'époque. Le jour du jugement, on savait que le chiffre (situé entre10 et 20 %) de développement de la maladie à partir de la

1. On peut faire les mêmes critiques au réquisitoire du ministère public, particulièrement au C. Étapes de la découverte du sida ; à l'inverse la cour d'appel établit avec prudence que les preuves du rôle causal du virus s'accumulent entre 1983 et mars 1985, début de la période de prévention, et admet que des incertitudes sur le sens de la séropositivité persistent au moins jusqu'à la fin de 1984.

2. Elles sont confirmées par la cour d'appel, qui insiste mieux sur la part d'incertitudes persistantes, et le fait qu'elles ne sont pas pertinentes concernant les décisions à prendre.

séropositivité était sous-estimé, mais on n'a pas aggravé la responsabilité des inculpés pour autant. De la même manière, on pensait qu'il n'était pas exact que la totalité des lots ait été contaminée : le procédé de fabrication inactivait une grande partie des virus, ce qui explique que tous les hémophiles traités n'aient pas été contaminés. B. Habibi s'est beaucoup battu pour essayer de faire reconnaître cette réalité qui lui semble atténuer l'atrocité de la décision dite « de liquidation des stocks ». Mais les magistrats sont précisément tenus de juger à partir du savoir de l'époque, et non du savoir actuel, et ils se sont tenus à cette obligation, dans un sens comme dans l'autre.

B. L'ÉNERVANTE PRESCRIPTION DES FAITS SOUS INCERTITUDE SCIENTIFIQUE

La période qui s'ouvrait le 21 mars 1985 n'offrait, du fait de ces certitudes, qu'un intérêt limité, et l'on ne peut s'empêcher de regretter que les comportements antérieurs n'aient pas été examinés par le juge, car une partie des questions sensibles intéressant la délinquance technologique ne peut être posée qu'à partir des faits et comportements de 1983 et 1984, ceux précisément qui étaient sous incertitude scientifique. On aurait aimé savoir à partir de quel moment les tribunaux auraient estimé la connaissance scientifique suffisamment avérée et partagée par les instances de décision, pour que soit constituée l'infraction.

Or le classement de la plainte de 1987, le dépôt des plaintes « efficaces » en mars 1988 et la qualification délictuelle donnée aux faits – qui impliquait une prescription de trois ans – ont conduit à considérer l'historique de la contamination comme un élément de contexte, non comme un processus continu qui devient délictueux à partir d'une date à déterminer. Il aurait suffi que les plaintes soient déposées sept mois plus tard, en octobre, pour que le procès ne puisse avoir lieu, l'ensemble des faits tombant sous le coup de la prescription.

On est alors amené à faire une observation générale. En droit commun, la prescription commence à courir le jour où l'infraction a été commise, et plus particulièrement le jour où elle s'achève s'il s'agit d'une infraction continue ou répétée. Mais en cas de délinquance technologique, il sera fréquent que le dommage ne soit connu des victimes que bien longtemps après cette date : le Distilbène a eu des effets indésirables sur les filles adultes des femmes qui avaient pris ce médicament destiné à éviter les fausses couches. S'il s'agit d'une infraction dite « de résultat », le décalage dans le temps ne posera guère de problème : en effet, la jurisprudence a établi depuis longtemps que la prescription de l'homicide involontaire ou des coups et blessures par imprudence commençait à courir le jour où interviennent le décès ou l'incapacité, le décès et l'incapacité étant des éléments constitutifs du délit. Des difficultés peuvent toutefois survenir si la victime n'a pas tout de suite conscience que le trouble est lié à une exposition antérieure à l'amiante, à une transfusion vieille de plusieurs années, etc.

Avec la loi de 1905 sur la répression des fraudes ou l'empoisonnement, infractions dites formelles, le résultat est indifférent puisque l'infraction est constituée par la mise à disposition du produit falsifié ou empoisonné. Dès lors, il paraît logique que ce soit au jour de la mise à disposition du produit litigieux que commence à courir la prescription. Cette logique est satisfaisante lorsque l'infraction n'est constituée que par le phénomène de tromperie, passible de deux ans de prison maximum. A l'inverse, lorsque l'infraction porte sur cette tromperie particulière qu'est celle sur les risques inhérents à un produit, et qui met en péril la santé ou la sécurité des personnes (passible cette fois de quatre ans de prison), elle me semble acquérir une nature mixte : elle conserve l'élément formel qui caractérise la tromperie, mais elle comporte en plus un élément de résultat, l'atteinte de la santé. Formelle au regard du délinquant, l'infraction est de résultat au regard de la victime. Dès lors, le point de départ de la prescription devrait se situer au moment où la victime connaît son état, et ses conséquences précises. Ce n'est le point de vue ni de la doctrine ni de la jurisprudence qui, plus rigoureuses que je ne le suis, considèrent qu'il n'y a pas de changement de nature de l'infraction, mais une simple circonstance aggravante qui ne transforme en rien les éléments constitutifs de l'infraction[1].

Il reste que, dans l'affaire de la transfusion sanguine, le moment où la victime connaît son état est difficile à déterminer. Les hémophiles ont été « mis au courant » de leur séropositivité entre 1984 et fin 1986, mais on les a longtemps « rassurés » sur l'évolution de la maladie. Ce n'est donc effectivement que dans le courant des années 1986 et 1987 qu'ils ont pris conscience de la véritable nature de la maladie.

Cette prescription inadéquate oblige donc à ne juger que les faits postérieurs au 21 mars 1985. Pourtant, si l'on peut regretter de ne pas disposer de décisions pénales disant – à l'instar de l'arrêt du Conseil d'État – à partir de quelle date une faute pénale pouvait être reprochée aux prévenus, le jugement arrive finalement à dire l'essentiel, en introduisant un long chapitre qui n'était pas forcément nécessaire à assurer l'objectif de répression. Intitulé « La mise en œuvre des moyens propres à lutter contre la contamination des hémophiles », il me semble avoir pour objectif principal d'assurer une fonction pédagogique en indiquant quels comportements les autorités administratives et médicales auraient dû adopter face au sida. Ce faisant, des fautes apparaissent en creux, assimilées à des occasions manquées. Cette partie du jugement est un guide précieux pour tenter de comprendre ce qu'aurait été une attitude de précaution pour les magistrats de l'ordre répressif.

1. Sur cette question, cf. *infra*, p. 393 et suiv.

C. L'ATTITUDE DE PRÉCAUTION EN UNIVERS CONTROVERSÉ : L'APPORT DU JUGEMENT DE 1992

Si les magistrats ne jugent pas les comportements de la période antérieure au 21 mars 1985, ils n'en détaillent pas moins les « trois moyens » qui auraient été « propres à lutter contre la contamination des hémophiles » : la limitation de la consommation des concentrés, qui permettait de diminuer le risque statistique ; le contrôle de la qualité de la matière première, qui avait le même objectif ; l'inactivation du virus par des procédés technologiques. Ces trois moyens avaient été indiqués dès le réquisitoire de M. Bernard-Requin[1]. Pour chacun de ces moyens, le jugement retrace depuis le début de l'année 1983 l'évolution des connaissances scientifiques et des informations qui auraient dû inciter les dirigeants de la transfusion à s'engager dans une politique de précaution. En disant ce qu'il aurait fallu faire, ils critiquent implicitement certains des comportements des années 1983 et 1984, en pleine période d'incertitude, sans que l'on puisse savoir s'ils auraient pu donner lieu à des condamnations.

1. La limitation de la consommation des concentrés

Sans s'appesantir beaucoup sur cette question, le jugement établit que les autorités françaises avaient tout en main dès le milieu de 1983 pour décider un retour autoritaire aux cryos, congelés ou précipités. Outre l'article de janvier, de J. Desforges, qui n'est guère un élément convaincant dans la mesure où il paraissait totalement isolé dans la littérature scientifique, les magistrats retiennent un consensus français des plus hautes autorités responsables du secteur, consensus qui est effectivement frappant. En quelques semaines, J.-P. Soulier, directeur du CNTS, le Dr Netter, directeur du Laboratoire national de la santé – et il faudrait ajouter le Dr Noël, rédacteur en chef de la *Gazette de la transfusion sanguine* qui est le principal outil d'information et de débat des transfuseurs – prennent parti pour un « retour » aux cryos[2].

Mais, du *conseil* judicieux à la *suppression autoritaire*, il y avait un fossé d'autant plus difficile à franchir que l'on oublie généralement de présenter les choses en termes de balance des intérêts : le retour aux cryos signifiait que la totalité des hémophiles graves renouerait avec les handicaps plus ou moins sérieux liés aux hémarthroses[3], tandis que l'utilisation de concentrés impliquait

1. L. Greilsamer, *Le Procès du sang contaminé*, p. 46 et suiv.

2. On aurait pu également mentionner les recommandations du Conseil de l'Europe, qui allaient dans le même sens.

3. Ces hémorragies non maîtrisées ne provoquent pas seulement des handicaps moteurs. En se produisant dans le cerveau, certaines d'entre elles peuvent rendre aveugle ou provoquer une hémorragie cérébrale mortelle.

un risque de mort que l'on croyait en 1983 statistiquement très faible. Le tribunal donne, en exemple, la Belgique qui a un taux de contamination des hémophiles très bas (7 %). Certes, le taux fut bas, mais la Belgique avait eu la prudence de ne jamais fournir de concentrés, essentiellement pour ne pas alourdir la charge de la Sécurité sociale. Il n'y eut donc pas de nécessité de revenir aux cryos, décision impopulaire. Cette stratégie avait été également celle de l'Écosse, de la Finlande et de la Hongrie (moins de 1 % d'hémophiles contaminés).

Il reste que le tribunal suggère une action précoce, puisqu'il s'agit du milieu de l'année 1983. On est alors en phase d'incertitude scientifique profonde, et les conseils de ces médecins sont fondés sur l'intuition d'hommes expérimentés, non sur des connaissances avérées. Mais on ne peut savoir si le jugement estime qu'il y a eu infraction – prescrite – dès cette période, ou non. C'est bien malheureux, car cela pourrait constituer une information fondamentale sur la conduite à tenir en cas d'incertitude, lorsque existe une solution technique peu coûteuse mais archaïque, portant atteinte à la qualité de la vie.

2. Le contrôle des dons du sang

Le jugement rappelle la circulaire de juin 1983 sur la sélection des donneurs par enquête sur la vie sexuelle. A cette époque, le Dr Roux ne pouvait donc être accusé de non-assistance à personne en danger. A partir de quel moment commet-il une faute en ne s'assurant pas que la circulaire est suivie d'effet ? on ne sait pas. Or on sait que c'est le non-respect de cette circulaire qui creuse la différence entre les mauvais chiffres de la contamination des transfusés en France et la « bonne protection » obtenue dans certains pays étrangers. De toute façon, l'examen de cette période tombe du fait de la prescription.

Le jugement insiste davantage sur la mise en œuvre des tests de dépistage parce que la querelle du test se situe dans la période de prévention. Il isole, sans être très convaincant, une première période où « les ministères » prendraient du retard en ne répondant pas immédiatement à la demande de crédits du Pr Montagnier, en août 1983. Toutefois, si l'on considère que la découverte du virus date de février 1983, que le Pr Montagnier met donc six mois à formuler sa demande, ce qui est un délai raisonnable, et que les crédits sont octroyés en janvier 1984 pour un laboratoire qui devient opérationnel en juin 1984, on réalise qu'il s'agit de délais normaux, compte tenu de la temporalité des décisions d'affectation de crédits dans l'administration. Il faudrait donc considérer qu'une procédure d'urgence s'imposait, ce qui paraît difficile à justifier de manière rationnelle en 1983 où le sida était à peine entrevu.

La faute, bien sûr, concerne les atermoiements de l'année 1985. Le tribunal ne propose pas de chiffre pour apprécier ce retard, mais insiste seulement sur ses causes, reprenant textuellement l'analyse de l'IGAS : le choix de protéger un marché pour le test Pasteur, légèrement en retard sur le test Abbott, et la crainte psychologique et idéologique d'avoir à annoncer à un donneur qu'il est séropositif, crainte mise en évidence par le Dr Weisselberg, nommément cité. Si le premier élément peut être facilement qualifié de faute[1], le second est plus délicat. Même si cette position de crainte me paraît à titre personnel très contestable, eu égard au caractère transmissible de la maladie, il ne s'agit que de positions indémontrables autant qu'infalsifiables, qu'il est délicat de qualifier de faute, pénale au demeurant[2]. En tout état de cause, le dépistage des dons du sang n'avait aucune chance d'être efficace pour les concentrés antihémophiliques, du fait du poolage réalisé lors de leur fabrication. Il aurait pu permettre de vérifier l'état viral du produit fini, mais n'aurait pas empêché les médecins de penser qu'ils pouvaient distribuer les produits contaminés puisque leur décision s'appuyait sur une analyse optimiste de la séropositivité.

3. Le chauffage des facteurs VIII

Le problème le plus délicat était celui de l'incertitude scientifique sur les produits chauffés. Il est à noter toutefois que, si les autorités françaises étaient revenues aux cryos, il ne se serait pas posé, puisque l'on aurait eu le temps d'attendre les résultats des études effectuées aux États-Unis. Les magistrats vont montrer qu'au moment où débute la période de prévention une double certitude est acquise : les facteurs VIII chauffés sont reconnus sûrs – ils ne transmettent pas le sida – et sans danger – ils ne provoquent pas l'apparition d'anticoagulants circulants, effet secondaire désastreux qui rend le malade très difficile à soigner. Ces « preuves » ont été acquises en France et à l'étranger. Tel est le résultat du congrès d'Atlanta qui s'est tenu au mois d'avril. Mais les juges vont surtout chercher à montrer que ce congrès n'offre aucune « révélation » qui impliquerait un certain temps d'adaptation ; il n'est que « l'aboutissement d'études préalables connues au CNTS depuis plusieurs mois ». La connaissance scientifique qui aurait dû légitimer l'utilisation exclusive de produits chauffés, au moins depuis avril 1985, est le résultat d'un apprentissage continu commencé en 1983. Mais on ne saura pas, comme toujours, à quel moment le tribunal estime que le CNTS aurait dû ne fabriquer ou n'importer que des produits chauffés.

Si l'historique des connaissances sur le chauffage, tel que le présente le tribunal, est suffisant pour justifier les condamnations, il est vrai qu'il n'a pas su ou pas voulu reconstituer les incertitudes et le contexte intellectuel qui ont affecté la prise de décision dans la réalité.

1. On peut admettre qu'il aurait été possible de commencer le dépistage aux alentours du 15 mars, le test Abbott ayant été enregistré aux États-Unis le 2 mars, alors qu'il n'a été mis en place qu'en août, soit environ avec cinq mois de retard ; les causes de ce retard font l'objet de procédures en cours.

2. Il en est de même aujourd'hui de la question du dépistage obligatoire dans certaines circonstances, comme la grossesse ; la seule manière de prouver les effets néfastes d'une stratégie par rapport à une autre est d'expérimenter diverses solutions, étant entendu que l'interprétation comparative des résultats serait elle-même difficile.

Le tribunal constate que la chaleur est un procédé mis au point en 1979 (1981 d'après mes sources) pour lutter contre l'hépatite. Certes, mais il ne précise pas qu'il s'agit d'une seule entreprise (Behring) qui n'arrive pas à vendre ce produit : onéreux et pas de très haute pureté, il n'attire pas les prescripteurs. Il signale que le procédé est homologué aux États-Unis en mars 1983. Oui et non : ce n'est pas le chauffage en tant que tel qui est homologué – moins encore imposé – aux États-Unis à cette date. Il s'agit d'un seul produit (celui de Travenol, cette fois) dont la part de marché est très faible et sur lequel pèsent trois suspicions : on l'accuse à juste titre de transmettre les hépatites nonA-nonB, mieux connues et donc plus redoutées à l'époque que le sida ; on l'accuse à juste titre de transmettre quand même le sida lorsque le procédé est utilisé sur un produit semi-fini à sec ; on le suspecte, ce qui se révélera faux, de provoquer des effets immunitaires indésirables. La situation controversée, qui n'est pas expliquée dans le jugement, méritait une réflexion et une pesée des risques[1].

On peut donc considérer qu'en décembre 1983, quand Garretta et Allain signent un protocole d'accord pour une licence de procédé de chauffage, ils satisfont à leurs obligations. Le tribunal constate ensuite le grand écart de temps entre la date du protocole et la signature du contrat (*NdA*, décembre 1983-janvier 1985), et le délai encore anormal de mise en œuvre correcte du procédé (*NdA*, octobre 1985[2]). Or, constate le tribunal, pendant ce temps, les connaissances scientifiques ont évolué, l'efficacité et l'innocuité du chauffage se sont affirmées. C'est exact, mais ici encore on peut lui reprocher de n'avoir pas balancé sa présentation. C'est ainsi qu'il cite plusieurs études concourant à la validation *in vitro* des procédés. Or cette validation n'était réalisée que sur des virus proches du sida, mais pas sur le virus du sida, qui avait la particularité de détruire les cultures cellulaires ; cela rendait toute étude *in vitro* sujette à caution[3]. Au Congrès mondial des hémophiles qui s'est tenu à Rio en août 1984, les trois risques (sida, nonA-nonB et réactions immunitaires) seront encore mis sur le même plan, et en octobre, quand les hémophiles américains conseillent les produits chauffés, ils disent honnêtement qu'ils le font sans validation. Ce n'est qu'au congrès de Tokyo, en novembre, que le Pr Montagnier affirme après une longue étude *in vivo* sur quelques hémophiles, que le chauffage est efficace pour le sida et sans danger immunitaire. Les résultats de cette étude furent considérés comme acquis et diffusés par J.-B. Brunet le 22 novembre 1984, date de la responsabilité de l'État pour le Conseil d'État.

Avant novembre 1984, on est dans un contexte incertain, où les clairvoyants manquent d'autorité, sachant qu'ils fonctionnent à l'intuition. On ne saura donc pas si les juridictions pénales demandent aux industriels de l'intuition en face d'une incertitude scientifique ou simplement de réagir immédiatement dès que

1. L'arrêt insiste au contraire sur la preuve de l'efficacité et de l'innocuité du procédé au congrès d'Atlanta en avril 1985, CA de Paris, version ronéotypée, p. 55 et 76.

2. Sans pouvoir en tirer de conséquence particulière, le tribunal insiste sur la précocité de l'intérêt du CNTS pour le chauffage et, par voie de conséquence, le caractère étonnant de cette lenteur dans la mise en œuvre.

3. Point qui a été mis en évidence par l'arrêt de la cour d'appel, version ronéotypée, p. 54.

la certitude est acquise. Mais il paraît à peu près certain que le tribunal considère que l'infraction était constituée dès le 22 novembre 1984.

En conclusion, je dirai que les multiples petites erreurs, les présentations à charge non assorties de présentations à décharge, n'ont pas eu d'effet sur le résultat final de la condamnation, mais elles ont provoqué dans le milieu scientifique concerné un sentiment d'exaspération et d'incompréhension. Elles ont surtout conduit les médecins à occulter les éléments forts des condamnations en portant l'attention sur les erreurs ou les dérives. Il en résulte un effet de leurre qui concentre l'amertume du milieu médical sur des éléments marginaux du jugement, éléments qui n'eurent aucune portée concrète ni sur les qualifications ni sur le prononcé des peines. En retour, les magistrats, qui ont eu à juste titre la conviction de ne condamner que sur des éléments certains, ont l'amertume de voir l'ensemble de leur décision incomprise. Cette double amertume, qui creuse un peu plus l'incompréhension entre médecins et juristes, réduit beaucoup l'effet d'apprentissage qui aurait pu résulter d'une décision qui a expliqué correctement les conduites à tenir sans avoir su les situer dans l'univers controversé qui fut le leur. Dommage.

3. La tromperie des Drs Allain et Garretta, un délit d'épicier ?

En 1992, le tribunal de grande instance de Paris condamne les Drs Allain et Garretta sur le fondement de la loi de 1905 sur la répression des fraudes. Ils ne sont donc pas condamnés pour avoir commis des homicides, porté atteinte à la santé, ou contaminé, mais *pour avoir trompé les acheteurs de facteur VIII sur les risques inhérents aux produits achetés, alors que cette tromperie entraînait un danger pour la santé humaine. De même, ils seront condamnés pour les seuls faits intervenus pendant une courte période, du 21 mars au 1er octobre 1985.*

Cette qualification sera confirmée par la cour d'appel en 1993, et par la Cour de cassation en 1994. Elle a fait l'objet de violentes critiques d'une partie de la doctrine qui l'accuse essentiellement de *gommer la dimension homicide*, et *a fortiori* la dimension criminelle de l'affaire. Cela paraît évident si l'on se contente d'affirmer que l'on ne peut assurer la répression de la mort attendue de mille deux cents personnes par la reconnaissance d'un délit qui concerne le plus souvent les commerces alimentaires. Mais on ne peut réduire la loi de 1905 à des manipulations frauduleuses de poids et mesures ou de petites fraudes commerciales sur l'origine d'un vin de pays. Elle est bien au contraire à l'origine d'un large spectre d'infractions, non seulement sur les produits alimentaires et pharmaceutiques, mais sur l'ensemble des marchandises. Elle comporte cette fameuse dimension homicide, au minimum sous la forme d'une circonstance aggravante, puisqu'elle prend en compte la notion de danger pour la santé de l'homme, en relation avec la santé publique et la sécurité des consommateurs.

C'est bien une loi sur la dangerosité des produits et la protection de la santé et de la sécurité des personnes. Elle a été voulue comme telle dès l'origine, son rapporteur à la chambre affirmant que « c'est non seulement une loi économique, mais c'est presque une loi sociale [1] ». Alors, loi clé du solidarisme social de L. Bourgeois et H. Monod, pièce maîtresse du droit de la santé publique comme le soutient l'historien du droit R. Carvais [2], ou délit d'épicier comme le clamèrent les avocats partisans de la thèse de l'empoisonnement ?

La réponse est peu grise ; car s'il est vrai qu'elle fut une grande loi de santé publique en son temps et qu'elle en conserve de nombreux aspects aujourd'hui,

1. Chambre des députés, 10 novembre 1904, p. 2355.

2. « La création législative, le droit de la santé publique », in C. Salomon-Bayet, *Pasteur et la révolution pastorienne*, Payot, 1986, p. 282.

il est probable qu'elle n'a pas su évoluer. Malgré les multiples modifications dont elle a été l'objet, elle n'a pas été repensée au point de devenir le socle d'un ensemble cohérent d'infractions intéressant la société technologique dans laquelle nous vivons. Il est probable qu'il aurait fallu distinguer nettement les infractions de type économique (poids et mesures, appellations d'origine, composition des produits...) des infractions ayant une incidence sur la santé. De même, il aurait fallu prévoir une échelle de gravité qui permette au juge de prendre en compte l'infinie variation des comportements délinquants, depuis l'imprudence inconsciente de ses propres conséquences jusqu'à la mise sur le marché consciente de produits reconnus dangereux, en passant par toutes les nuances de la prise de risques plus ou moins exceptionnels, plus ou moins prévisibles, etc. Il aurait été important, me semble-t-il, de clarifier au fil du temps la position de notre société au regard des producteurs indifférents à la vie d'autrui.

La loi de 1905, très vieillie au regard des mentalités actuelles, se limite à définir un délit grave et assez sévèrement réprimé par quatre ans de prison, peine dont fut frappé le Dr Garretta. Ce maximum de quatre ans est sans doute inadapté à la répression des dommages liés à la production de masse qui peut faire en peu de temps des milliers de victimes, ainsi qu'à la dimension véritablement criminelle de certaines « imprudences ». Mais qui dit crime, dit cour d'assises, ce qui paraissait être l'objectif majeur de certaines parties civiles. Est-il opportun de renvoyer ces affaires sensibles, délicates, dont le jugement implique le témoignage d'experts de grande envergure, devant un jury populaire ? Et si l'on tient à la dimension criminelle qui me semble nécessaire, ne doit-on pas se méfier des avocats spécialistes du retournement des jurés ? La réponse me fut donnée par M. Bernard-Requin qui fut en charge du réquisitoire devant le tribunal : l'idéal serait peut-être celui d'une cour d'assises composée de magistrats professionnels, à l'instar de la solution utilisée pour la répression du terrorisme.

A. LES ARTICLES 1 ET 2 DE LA LOI DE 1905

« Art. 1. Quiconque, qu'il soit ou non partie au *contrat*, aura *trompé ou tenté de tromper* le contractant, par quelque moyen ou procédé que ce soit, même par l'intermédiaire d'un tiers :

– soit sur la nature, l'espèce, l'origine, les qualités substantielles, la composition ou la teneur en principes utiles de toutes marchandises,

– soit sur la quantité des choses livrées ou leur identité [...],

– soit sur *l'aptitude à l'emploi, les risques inhérents à l'utilisation du produit, les contrôles effectués, les modes d'emploi ou les précautions à prendre*,

sera puni d'un emprisonnement de trois mois au moins, deux ans au plus et d'une amende de 1 000 F au moins, 250 000 F au plus ou de l'une de ces deux peines seulement.

Art. 2. Les peines prévues à l'article 1er sont portées au double : 1º Si les *délits prévus audit article* ont eu pour conséquence de rendre l'utilisation de la marchandise dangereuse pour la santé de l'homme ou de l'animal. [...] »

C'est sur le fondement de ces deux articles que les dirigeants du CNTS furent condamnés. Il ne faut pas perdre de vue le reste de la loi de 1905 : les articles 3 et 4 punissent suivant diverses modalités la fabrication de marchandises falsifiées et la mise en vente de marchandises falsifiées, corrompues ou toxiques[1]. Cette loi très générale fut dès l'origine conçue comme un cadre permettant d'atteindre toutes formes de tromperies et falsifications sur toutes sortes de produits. Les rédacteurs, conscients du particularisme des fraudes selon les secteurs industriels, avaient prévu de préciser le dispositif par de multiples lois, décrets, arrêtés, venant adapter le mécanisme général. Des textes d'une grande diversité sont donc rattachés au dispositif central, depuis les réglementations sur le commerce des vins, du lait, de la margarine, jusqu'aux objets en écaille ou ivoire, sans oublier la loi sur les marques de fabrique...

1. Loi de 1905 et transfusion sanguine

Les deux inculpés firent valoir tout de suite que la loi de 1905 n'était pas applicable aux faits qui s'étaient déroulés pendant le semestre litigieux de l'année 1985. Ils s'appuyaient pour cela sur les dispositions pénales qui accompagnaient la loi de 1952 sur la transfusion sanguine : l'article L. 675 de cette loi prévoyait bien un renvoi à la loi de 1905, mais il était limité à une éventuelle *falsification* des produits sanguins. Or personne ne soutenait que ces produits avaient été falsifiés, au sens technique du terme. En effet, selon J.-H. Robert, la falsification est une *manipulation* qui intéresse une qualité substantielle du produit par addition (administration de substances œstrogènes à des animaux de boucherie), soustraction (saucisses sans viande) ou fausse fabrication (vin qui ne doit rien au raisin). Dans le cas présent, il aurait fallu que la fabrication des facteurs VIII fût contraire à la réglementation en vigueur, ce qui n'était pas le cas, la réglementation étant elle-même déficiente ; et l'on ne saurait évidemment soutenir que le virus avait été « ajouté » aux dérivés sanguins[2].

Les inculpés conclurent donc que la partie de la loi de 1905 expressément visée par la loi sur la transfusion sanguine ne les concernait pas. A cela il était facile de répondre que les dispositions des articles 1 et 2 de la loi de 1905 portant sur la *tromperie* s'adressent à tous les « objets mobiliers corporels » sans distinction[3]. L'existence d'une disposition spéciale sur un point particulier – la

1. Ces dispositions ne pouvaient s'appliquer à notre affaire, les produits n'étant ni falsifiés ni corrompus au sens technique du terme ; quant à la toxicité, elle ne s'applique pas aux substances pharmaceutiques, toxiques par nature.

2. Droit pénal, janvier 1994, nº 12, et J.-H. Robert, Jurisclasseur concurrence-consommation, fasc. 1070.

3. CA de Paris, version ronéotypée, p. 94.

falsification – n'entraîne pas l'inapplicabilité de la disposition générale aux autres points : les dérivés sanguins sont bien des objets mobiliers corporels.

En fait, la seule condition d'application des dispositions sur la tromperie est qu'il y ait un contrat, un contractant cherchant à tromper l'autre. L'existence du lien contractuel entre le CNTS et les hémophiles avait déjà été repérée par les juridictions civiles. Les juridictions pénales confirmèrent cette analyse et le recours à la stipulation pour autrui, le prescripteur étant l'intermédiaire entre les deux parties. Le fait qu'il s'agisse de dérivé sanguin n'en fait pas un produit d'essence particulière qui échapperait à la loi de 1905 du fait de son origine humaine[1].

2. La tromperie des Drs Garretta et Allain

Les deux médecins ne vont donc être jugés ni sur le fait d'avoir distribué des produits potentiellement mortels ni sur le fait d'avoir contaminé un certain nombre d'hémophiles, ce qui aurait dû constituer en bon sens le cœur de l'infraction, mais sur un fait accessoire : il leur est reproché d'avoir trompé les utilisateurs de produits sanguins sur les qualités substantielles de ces produits et les risques inhérents à leur emploi. Ce « déplacement », qui est la conséquence des contraintes de texte imposées par la loi de 1905, va être à l'origine d'un grand nombre de confusions et de critiques : critiques d'une partie des victimes et de l'opinion publique, qui voulaient que soit reconnu un empoisonnement et qui voulaient des dommages-intérêts représentant le « prix de la vie », alors que le juge ne put réparer que le seul préjudice moral résultant de la tromperie du « dol contractuel qui eut pour effet de provoquer leur exposition répétée à un risque mortel[2] » ; critique du Dr Allain, qui estime avoir été condamné pour « la » contamination d'hémophiles qui avaient pour la plupart été contaminés avant la période de prévention, alors qu'il n'a été condamné que pour avoir omis de répercuter un certain nombre d'informations qui étaient en sa possession. Ce déplacement vers la tromperie est la première marque de l'inexistence d'une disposition du Code pénal qui soit véritablement adaptée au cas particulier[3].

1. Jugement du tribunal correctionnel, *in* L. Greilsamer, *Le Procès du sang contaminé*, p. 292.

2. Ce qui n'empêchait pas les hémophiles d'obtenir par ailleurs la réparation du préjudice de contamination par le truchement du fonds d'indemnisation. Il fallait pour cela être acquéreur de produits non chauffés, venant du CNTS, vendus pendant la période de prévention – ce qui impliquait de remplir quatre conditions. Le quantum de la réparation fut différencié en fonction des situations. Les victimes réputées saines le 21 mars 1985 reçurent 300 000 F, les victimes déjà contaminées 100 000 F car la tromperie n'a pas la même signification.

3. Le Dr Allain explique dans son livre qu'une étude rétrospective montre qu'aucune séroconversion ne s'est produite dans un centre parisien après le début de la période de prévention. Il n'est pas jugé sur les séroconversions mais sur la tromperie ; cf. *Le Sida des hémophiles, mon témoignage*, Éd. Frison-Roche, 1993, p. 107.

Pour le tribunal, la tromperie a porté à l'évidence « sur les qualités substantielles de la fourniture : produit thérapeutique et non pas éventuellement mortel dans des proportions inacceptables même à l'époque (*NdA* : époque où l'on pensait que 10 % seulement des personnes contaminées développeraient la maladie) ; produit dont il convenait d'éliminer les agents infectieux alors connus selon les techniques avérées au moment de la prévention ou de les remplacer par des produits sains parfaitement disponibles sur le marché. A plus forte raison la tromperie a-t-elle tendu à dissimuler les risques inhérents à l'utilisation du produit ; pleinement informés de ceux-ci les hémophiles auraient individuellement pris une autre décision de consommation et certainement pas, dans le cas de l'AFH, accepté que leur utilisation soit repoussée jusqu'au 1er octobre 1985[1]. »

Cette tromperie implique la mise en évidence d'un élément matériel et d'un élément moral.

• *L'élément matériel* est ainsi défini par la cour d'appel : « Considérant que les silences et réticences, concernant les qualités substantielles des produits ainsi caractérisés, portaient sur le risque majeur de contamination par un virus mortel, inhérent à l'utilisation par les hémophiles des facteurs de coagulation que le CNTS a cédés pendant la période de prévention. »

Trois éléments concourent donc à l'infraction : l'existence d'un risque majeur de contamination par un virus mortel qui altérerait les qualités substantielles des facteurs VIII[2], la connaissance de ce risque par le prévenu, et les silences et réticences qui ont entouré la cession des produits à leurs utilisateurs. Pour parer à toute critique, la cour d'appel va être extrêmement prudente dans ses formulations. Au lieu de revenir sur le fait, discutable, que la totalité des lots était contaminée pendant la période de prévention, elle parle de l'existence d'un risque majeur de contamination, sans chercher à chiffrer l'occurrence de ce risque. On sait toutefois, par son exposé des faits, qu'elle a retenu l'idée que l'hypothèse de travail du milieu transfusionnel était, depuis la fin de 1984 au plus tard, celle d'une possible contamination de l'ensemble des lots, avec 10 à 20 % de taux de passage de la séropositivité à la maladie, que l'on sait déjà presque toujours mortelle.

De ce tableau résulte l'idée de risque majeur de contamination d'une part, portant sur une maladie potentiellement mortelle d'autre part ; ces « risques » qui ne sont pas chiffrés, étaient connus par les Drs Garretta et Allain depuis une date en tout cas antérieure au 21 mars 1985[3]*. Reste à établir la tromperie, cœur de l'infraction retenue.*

1. L. Greilsamer, *Le Procès du sang contaminé*, p. 292.

2. La cour d'appel ne répondra pas à un argument assez choquant du Dr Garretta, faisant valoir que les facteurs VIII délivrés possédaient toutes les qualités substantielles que l'on pouvait en attendre, puisque les facteurs de coagulation étaient présents ; le ministère public avait fait valoir, quant à lui, que la cause du contrat était le rétablissement de la santé, impliquant la présence de facteurs VIII *et* l'absence d'agents pathogènes.

3. De cette partie de l'arrêt, jointe à l'exposé des faits, on peut déduire que le délit de tromperie était probablement constitué depuis le 22 novembre 1984.

Une jurisprudence constante retient que le délit de tromperie est constitué par le mensonge, les manœuvres et les *silences et réticences*[1]. Le vendeur doit indiquer expressément les caractéristiques, positives ou négatives, de ce qu'il vend. Les vendeurs sont ainsi régulièrement condamnés pour « n'avoir pas dit »... que la viande avait été attendrie, que la voiture d'occasion avait eu un accident, qu'une matière imitant particulièrement bien le cuir n'était pas du cuir, etc. Mais la jurisprudence va plus loin et retient comme réticence le fait de vendre un produit sans avoir procédé au contrôle de sa composition pour vérifier qu'il n'avait pas subi de mélange. Dans ce cas, pourtant, le vendeur ne cache rien de ce qu'il sait, il ne s'est pas donné la peine de connaître avec précision ce qu'il allait vendre pour en informer les acheteurs en retour.

De même, la jurisprudence n'admet pas les faits justificatifs avancés par les vendeurs, pour justifier que le client « aurait dû se douter » de la nature véritable de la marchandise : le faible prix, l'inexistence de clause de garantie, l'absence d'étiquettes précises. C'est ce genre d'arguments qui avait été avancé ici, pour soutenir que les hémophiles – ou du moins les dirigeants de l'association – connaissaient d'une manière ou d'une autre la dangerosité des produits qu'ils utilisaient.

C'est sur ce point, sans doute, que les décisions de justice, malgré tous leurs efforts, sont un peu faibles, probablement parce qu'elles ont trop suivi les prévenus sur leur propre terrain. *Les dirigeants du CNTS, en effet, ont tenté de montrer qu'ils avaient prévenu les hémophiles du danger attaché aux concentrés de facteur VIII, insistant à de multiples reprises sur l'intérêt des comportements de prudence. Dès lors, l'accusation de tromperie n'aurait pu être portée à leur encontre*. Ils admettaient, certes, qu'ils n'avaient pas tenu les hémophiles informés au jour le jour des résultats des études en cours, mais cela s'expliquerait essentiellement par la volonté de ne donner que des informations *validées* : tant que des résultats précis et définitifs sur le sens de la contamination et la valeur des produits chauffés n'étaient pas disponibles, la conduite normale aurait été de donner une information générale plutôt rassurante, pour ne pas affoler. Les mêmes dirigeants insistaient encore sur le fait que la date de mise à disposition des produits chauffés avait été décidée d'un commun accord avec les dirigeants de l'AFH, ce qui excluait toute tromperie.

D'une certaine manière, tout cela est exact mais largement insuffisant. En effet, les magistrats démontrent avec rigueur qu'aucun document ne peut prouver que les dirigeants de l'AFH aient eu entre les mains *tous* les éléments nécessaires pour prendre des décisions éclairées. Il n'apparaît jamais, principalement, que l'hypothèse de la contamination de la totalité des lots leur ait été transmise, alors que c'était sans doute l'élément fondamental qui aurait pu provoquer de leur part une prise de conscience. *On peut déduire sans risque d'erreur que les tribunaux ont exigé implicitement que les utilisateurs disposent exactement des mêmes données que les fabricants*. Autrement dit, tous les résultats d'études, même s'il s'agissait de résultats discutés, auraient dû leur

1. J.-H. Robert, fasc. 1010, nº 36 et 37.

être communiqués, et pas seulement des synthèses édulcorées par rapport à la réalité.

Les silences du Dr Allain sont particulièrement stigmatisés par la cour d'appel[1] : elle relève deux réunions – le 10 mai et le 19 juin – qui auraient pu être l'occasion pour le Dr Allain, parfaitement au courant de la situation, de prévenir officiellement l'AFH et le Comité national de l'hémophilie. Il n'en a rien fait, et rien ne prouve qu'il ne se soit opposé à la décision prise le 29 mai de continuer la cession des produits contaminés, sauf interdiction de la tutelle. La cour rappelle d'un mot qu'il continuait le 20 juin 1985 d'administrer dans le cadre d'études cliniques des produits non chauffés dont il connaissait la dangerosité, sans préciser jusqu'à quelle date il impliqua dans ces études des hémophiles vierges ou séronégatifs ; c'est un de mes sujets d'étonnement que les avocats n'aient pas davantage cherché à savoir quelles infractions avaient pu être commises dans le cadre des expérimentations.

Il reste que l'attitude du Dr Allain fut d'autant plus grave qu'« il jouissait d'une confiance toute particulière de la part de l'AFH tant en raison de ses titres, de sa qualité de secrétaire médical de la Fédération mondiale de l'hémophilie, que du fait qu'il représentait souvent le CNTS auprès d'elle et qu'il avait été pendant plusieurs années responsable médical au Centre de traitement des jeunes hémophiles de la Queue-en-Yvelines ; considérant que par sa présence effective à ces réunions, par ses silences, dissimulations et réticences à informer les hémophiles qui lui faisaient confiance, il a accrédité auprès d'eux les propres silences, dissimulations et réticences du Dr Garretta ».

On sent pourtant que les tribunaux sont gênés dans cette affaire. En effet, l'AFH – et c'est vrai de beaucoup d'hémophiles qui avaient eu l'occasion de s'exprimer – a eu incontestablement un comportement ambigu. Au moment où démarre l'épidémie de sida, on lui donne honnêtement l'information très floue dont on dispose alors ; les dirigeants répondent clairement qu'ils assument le risque de cette maladie qui pendant longtemps paraît ne devoir concerner qu'un pourcentage infime de malades – on parle rapidement de1 sur 4 000 ; partout dans le monde, les associations d'hémophiles acceptent expressément cette morbidité comme prix à payer pour une vie active. Au fur et à mesure que les connaissances progressent, l'information qui leur est transmise paraît de plus en plus filtrée, sans que l'on puisse savoir avec certitude ce qui a été dit aux dirigeants de l'association dans des réunions privées précédant les réunions officielles[2]. Il apparaît nettement que le président de l'AFH, lui-même précocement contaminé, cache certaines informations alarmantes qui lui sont four-

1. CA de Paris, arrêt ronéotypé, p. 100.

2. Allusion à une rencontre entre Garretta et Leroux dans le jugement (*in* L. Geilsamer, *Le Procès du sang contaminé*, p. 292-293). Cf. aussi le témoignage du Pr Rozenbaum qui dit avoir pris rendez-vous « au cours du premier semestre de 1983 avec un représentant des hémophiles pour l'alerter des dangers courus. Il ne m'a pas cru. Il m'a répondu que je favorisais le jeu des pouvoirs publics qui cherchaient à interrompre la fourniture de concentrés pour des raisons financières » (L. Geilsamer, *op. cit.*, p. 137).

nies[1] ; à tel point que le tribunal puis la cour d'appel jugeront nécessaire de démontrer la bonne foi des dirigeants, en mettant en avant les achats qu'ils continuaient néanmoins de réaliser pour leurs propres enfants[2].

Tout cela n'est pas parfaitement convaincant, en fait. Les dirigeants de l'association ont de multiples moyens d'information. Ils se rendent aux congrès internationaux, où sont présentés les résultats les plus récents, et reçoivent des informations, tant des entreprises privées que des associations étrangères. Les tribunaux ont insisté sur le manque d'autonomie de l'AFH à l'égard du CNTS qui la loge. C'est exact, mais elle reçoit aussi des dons des entreprises privées[3].

Toutefois, cela n'a aucune importance en droit. De jurisprudence constante, ce n'est pas à l'acheteur d'aller chercher une information que son cocontractant lui cache, même si cette information est d'accès facile, même si le cocontractant suggère par son propre comportement que quelque chose est caché. D'autre part et surtout, *on peut se demander s'il était utile de se donner tant de mal pour établir la tromperie à l'égard de l'AFH.* L'association, en effet, est loin de regrouper tous les hémophiles. La seule information valable était donc celle qui concernait l'ensemble de la communauté et ne pouvait être réalisée que par l'étiquetage et les médias. De plus, le délit de tromperie est une infraction formelle réalisée par la seule tromperie, même si le cocontractant n'est pas dupe.

C'est pourquoi la cour d'appel va décider que l'infraction était constituée dès que, le calcul sur la contamination des lots ayant été porté à la connaissance du Dr Garretta, ce dernier n'a pas fait ce que la situation impliquait, et que la cour résume ainsi :

– le directeur général du CNTS avait « dès cette connaissance, l'obligation de tout mettre en œuvre pour faire cesser immédiatement l'usage de ces produits en faisant savoir à tous les intéressés, principalement hémophiles et prescripteurs, le danger mortel véhiculé par ces produits et ce par les moyens les plus rapides, au besoin par communiqués de presse, radio et télévision ». Cette obligation peut apparaître comme une conséquence indirecte de la loi de 1905, qui impose effectivement une stricte obligation d'information en direction de tous les consommateurs, et pas seulement d'une association de consommateurs ;

– le directeur général du CNTS avait également « l'obligation de faire cesser immédiatement et définitivement la distribution des produits qu'il savait contaminés, quitte à leur substituer des produits inactivés d'origine étrangère disponibles sur le marché ou d'origine française ». C'est ainsi que très réguliè-

1. Si l'on en croit A.-M. Casteret, A. Leroux aurait caché à l'assemblée générale de l'AFH à Pont-à-Mousson, le 1er juin 1985, le nombre d'hémophiles contaminés, qui atteint alors presque 50 %, c'est-à-dire son chiffre définitif.

2. Cette « preuve », telle qu'elle est rapportée, n'en est pas une ; s'ils étaient déjà séropositifs, il n'est pas impossible qu'ils aient accepté des produits non chauffés en ne pensant pas aux conséquences de la surcontamination, toujours inconnues aujourd'hui.

3. Deux exemples : les remerciements adressés aux laboratoires Bayer pour le don d'un photocopieur, in *L'Hémophile*, nº 126, janvier 1992, ou les stages de ski de l'entreprise Immuno signalés par M. Bernard-Requin, Réquisitoire, *in* L. Greilsamer, *op. cit.*, p. 42.

rement on retire des lots de vaccins contaminés, de yaourts suspectés de contenir des germes, de balançoires mal montées, etc. Il suffit qu'un produit soit suspect pour que l'on retire du marché la totalité du lot dont il fait partie.

La cour d'appel récuse ensuite un certain nombre de faits justificatifs proposés par les prévenus. Ils avaient soutenu que les importations de produits chauffés risquaient de se heurter à des ruptures de stocks. La cour leur répond, d'une part, qu'ils n'en savent rien n'ayant pas essayé, d'autre part qu'il était toujours possible de bannir un temps les traitements à base de concentrés et de revenir aux cryos. Elle dispose ensuite que, même pour les hémophiles déjà séropositifs, la distribution de produits contaminés ne pouvait être tolérée qu'en cas de péril grave et imminent, à défaut de tout autre produit moins dangereux. Le Dr Garretta faisait enfin valoir que d'autres centres de fractionnement ont continué de délivrer comme le CNTS des produits non chauffés. La cour n'en disconvient pas mais rappelle que leur responsabilité éventuelle n'enlève rien à la sienne.

Parmi les réticences reprochées aux prévenus, les tribunaux ont retenu les informations tronquées longtemps données aux autorités de tutelle, alors qu'elles ne sont évidemment pas parties au contrat de vente des produits sanguins. Cela ne saurait donc être visé par la loi de 1905, mais peut participer de la mise en évidence d'une atmosphère générale de rétention des informations.

• *L'élément moral* était contesté par le Dr Garretta. Devant la cour d'appel, il soutint que « la preuve de sa mauvaise foi et de sa volonté de tromper les hémophiles » n'était pas rapportée. La cour d'appel répond, après avoir rappelé qu'il n'existe aucun élément permettant de prouver que les connaissances à la disposition du Dr Garretta avaient été transmises aux hémophiles ou aux prescripteurs [1] : « Considérant que le Dr Garretta, en poursuivant la cession de produits contaminés dans des proportions inacceptables, savait que 10 % des utilisateurs développeraient dans les 5 ans un sida fatal ; *que sans poursuivre ce résultat, il en accepte le risque* en fonction de considérations économiques étrangères à l'intérêt et à la santé des hémophiles comme en témoigne son souci de poursuivre ces cessions jusqu'à épuisement des stocks ; qu'ainsi est caractérisé l'élément moral de l'infraction. »

L'élément fondamental de l'infraction reprochée aux prévenus est parfaitement décrit. Ils ne sont pas condamnés sur le fait global de la contamination des hémophiles, mais sur la conscience qu'ils ont eue pendant un certain temps de céder des produits qui seraient fatals à 10 % des utilisateurs. Ils ne sont condamnés ni sur une mort donnée, ni sur une mort voulue, mais sur la dissimulation, et donc l'acceptation d'un risque.

Il restait enfin à situer les infractions des deux médecins l'une par rapport à l'autre. C'est sans doute le tribunal qui l'a fait de la manière la plus motivée.

1. Cette précision est insuffisante : les prescripteurs qui participaient aux études sur le taux de contamination et les effets des produits chauffés avaient l'essentiel de l'information puisque c'est eux qui l'avaient produite ; mais il est bien évident qu'ils ne soignaient qu'un nombre limité de malades. Les autres prescripteurs étaient loin de se douter de ce qui se passait.

Après avoir montré que les deux médecins disposaient de l'information à égalité et souligné que le Dr Garretta était « l'inspirateur et le maître d'œuvre » de la politique de tromperie, il précise :

« Il est possible d'accorder au Dr Allain, en sa qualité de cadre manifestement subordonné dans son action, le bénéfice des circonstances atténuantes. Il n'en est pas de même du Dr Garretta qui de par ses fonctions de directeur du CNTS se situait au point de convergence exact de toutes les informations les plus précises concernant le problème de la contamination des hémophiles en général et de ses produits en particulier.

Le Dr Garretta a d'autre part pleinement exercé ses attributions de directeur sans pouvoir alléguer avoir été aucunement empêché dans ses fonctions ; il a utilisé celles qui lui étaient dévolues ou qu'il s'était attribuées en tant que conseiller des pouvoirs publics pour faire prévaloir les intérêts du CNTS sur ceux des malades et de la transfusion sanguine en général.

Il a refusé d'écouter, éliminé ou court-circuité les opposants à sa politique, le Pr Ruffié, le Pr Roux, le Dr Allain, certains prescripteurs, pour en définitive, en profitant de bien des silences, de beaucoup de négligences, d'indifférences, de refus conscient d'agir, amplifier par son action une tragédie qui n'avait pas besoin de l'être [1]. »

Ce dernier ensemble d'affirmations me paraît très intéressant au regard de la délinquance technologique.

Un premier point est particulièrement bien vu : en mettant en évidence la manière dont le Dr Garretta a poursuivi son rêve de construction d'un grand appareil industriel et commercial malgré les avertissements qui ont pu lui être prodigués, le tribunal a probablement mis le doigt sur un facteur clé de bien des accidents. Au quotidien, en effet, la prise de décision impose toujours d'écarter une ou plusieurs branches alternatives. Pourtant les décisions désastreuses sont presque toujours prises après avoir évincé les « oiseaux de mauvais augure », soit en écartant directement les individus, soit en ne tenant pas compte de leurs avis. Les deux techniques furent ici pratiquées, et d'autant plus efficaces que les personnes dont les avis furent repoussés choisirent finalement de se taire.

Pour imposer sa décision, le Dr Garretta va écarter du pouvoir le Pr Ruffié et ne pas tenir compte de la lettre alarmante que le Dr Allain lui envoie en janvier 1985. Pour que cela marche, il faut encore que Ruffié et Allain, finalement, se taisent [2]. C'est ce qui explique la contradiction que le Dr Allain croit relever dans le jugement qui, d'un côté, condamnant Garretta, mentionne qu'il n'a pas prêté attention à la lettre d'Allain, de l'autre le condamne lui-même pour ses silences. Il s'étonne donc dans son livre que l'on puisse le condamner pour son

1. L. Greilsamer, *Le Procès du sang contaminé*, p. 296.

2. Ils se tairont également en juillet 1985, lorsqu'une inspectrice de l'IGAS, envoyée à la demande de E. Hervé, enquête sur la qualité des produits. Le Dr Allain déclare que tout va bien, et J. Ruffié ne réagit pas, dissipant les doutes de toute façon trop tardifs du secrétaire d'État à la Santé (*in* L. Greilsamer, *op. cit.*, p. 160).

silence, malgré cette lettre[1]. Il oublie que son obligation d'information était à destination des hémophiles alors qu'il s'est contenté d'informer Garretta qui l'était déjà.

Il me semble que le cas du Dr Allain n'a été que partiellement bien vu : d'un côté, le tribunal établit que, bien davantage que le Dr Garretta, il était au confluent de toutes les informations reçues – de par sa position de coordinateur des études françaises et de correspondant de ses homologues étrangers – et de toutes les informations données – en tant que médecin spécialiste de l'hémophilie particulièrement chargé des rapports avec l'AFH ; de même, il est souvent dit à demi mot qu'il est un scientifique de valeur internationale, ce que le Dr Garretta n'a jamais prétendu être. Mais d'un autre côté, le tribunal n'en considère pas moins que sa position subordonnée constitue une circonstance atténuante.

Le propos n'est pas totalement convaincant : *dans les affaires de choix technologiques fondés sur l'évolution rapide de connaissances scientifiques, l'élément déterminant n'est sans doute pas la position juridique au sein de l'entreprise, mais la position scientifique au sein de la constellation intellectuelle qui prépare la décision. A cet égard, le Dr Allain, quoi qu'il en dise, était bien le centre de l'affaire des hémophiles.*

Quittons un instant le terrain de la période de prévention. C'est dès 1977 que le Dr Allain prend la tête du laboratoire de recherche sur le facteur VIII, soit six ans avant que, en 1983, les premières dispositions de prudence puissent être données. Il est nommé chef de service en 1981 et, au moment de la réorganisation du CNTS en 1984, chef de département de recherche-développement sur les mêmes produits. Toutes les décisions sur les procédés de fabrication sont donc passées par lui. Le problème est qu'il privilégie depuis longtemps la pureté des produits, leur rendement, et le passage aux biotechnologies[2]. Il dit lui-même qu'il *laisse de côté l'inactivation*, se contentant de commencer en 1983 la négociation d'un accord de transfert de technologie sur le chauffage des produits avec Immuno[3]. Il commet donc une erreur de stratégie industrielle que l'on s'explique mal à une époque où sévissaient les hépatites. Il aggrave cette première erreur d'une faute commerciale en ne négociant qu'avec une seule entreprise. Il ne songe pas à une coopération avec les autres centres de fractionnement. Il ne peut donc prétendre n'être qu'un salarié modeste. Il a au contraire la responsabilité technique du secteur destiné à devenir le secteur de pointe du CNTS, et celui qui « fait le plus de chiffre d'affaires ».

Il faut bien dire que le Dr Allain va se tromper partout, avec une forme très particulière de sincérité. En effet, il sera l'un des derniers à considérer jusqu'en 1985 que le rôle du virus du sida ne peut être considéré comme totalement démontré. Il va tenir jusqu'au bout l'idée que le déficit immunitaire qu'il constate chez les malades n'est pas forcément le signe d'un début de sida ou

1. J.-P. Allain, *Le Sida des hémophiles, mon témoignage*, p. 130.
2. *Ibid.*, p. 40.
3. *Ibid.*, p. 41 et 48.

pré-sida, mais pourrait bien être le résultat de facteurs VIII qui ne sont pas suffisamment purifiés ; c'est dans cet esprit qu'il va continuer en 1985 à donner des facteurs VIII haute pureté mais non chauffés à des hémophiles qu'il espère ainsi « guérir du déficit immunitaire » dont ils sont atteints. Il sous-estimera jusqu'au bout le taux de passage de la séropositivité au sida ; il critiquera toutes les enquêtes sur le taux de séropositivité des hémophiles au motif que les tests de dépistage artisanaux ne sont pas fiables ; il s'opposera à l'« hypothèse Muller » du calcul statistique de la contamination de l'ensemble des lots [1]. Dans toutes ces hypothèses, il tient le flambeau de la pureté de la preuve scientifique contre les imprécisions des instruments et des résultats du moment. On ne peut lui reprocher de reconstruire en 1993 ses positions des années 1983-1985, elles sont soit publiées, soit consignées dans des compte rendus de réunions. Il vit les mauvais résultats se construire peu à peu, et il vit s'élaborer les consensus progressifs de ses confrères. Mais, incontestablement, il n'y participe pas ; son souci de la preuve scientifique définitive – preuve au demeurant impossible, qui n'est toujours pas rapportée aujourd'hui – l'empêchera jusqu'au bout d'y voir clair, y compris dans ses propres expérimentations puisqu'il donnera des produits non chauffés destinés à guérir par leur haute pureté, jusqu'à ce qu'ils soient retirés du marché.

Mais alors se pose la question de savoir comment il aurait pu éviter la tromperie : si l'on analyse finement le jugement et l'arrêt qui reconnaissent l'importance déterminante de l'hypothèse Muller de la totalité des lots contaminés, hypothèse contre laquelle s'éleva toujours le Dr Allain, il fallait donc qu'il informe d'une hypothèse de travail qui s'est révélée inexacte et à laquelle ni le Dr Habibi, ni le Dr Couroucé, ni lui-même ne croyaient. Si l'on présente ainsi les choses, elles n'ont plus de sens. Fallait-il exiger qu'il rende compte d'une hypothèse, tout en disant qu'il n'y croyait pas ?

Le Dr Allain fut et reste prisonnier de l'idolâtrie de la preuve scientifique [2]. C'est à mon sens ce qui explique qu'il put être traité pour son plus grand déplaisir de Dr Jeckyll et Mr Hyde. Dr Jeckyll lorsqu'il soignait ses malades avec un grand dévouement psychologique, lorsqu'il remarqua avec une certaine finesse que l'autotraitement des hémophiles était un moyen de leur donner non seulement une certaine santé, mais aussi des armes psychologiques pour vivre avec la maladie ; Dr Jeckyll encore lorsqu'il recueille chez lui un malade dont le caractère n'était pas si facile et lui procure des produits chauffés. Mr Hyde lorsqu'il ne dit pas tout ce qui se dit, Mr Hyde encore lorsqu'il continue des « études » comprenant des produits non chauffés jusqu'à ce que ceux-ci soient retirés du marché. Ce jugement le froisse alors qu'il s'impose avec une certaine

1. Sur tous ces points, cf. J.-P. Allain, *op. cit.*, p. 21, 23, 49, 69, 95, 134.

2. Au demeurant orientée : en effet, il donne toujours l'interprétation optimiste de l'absence de preuve. On peut constater par exemple qu'il retient comme un fait définitif la proportion de 10 % de taux de passage de la séropositivité au sida dans les cinq ans. Or tout le monde savait qu'il s'agissait du taux avéré à cette date : au-delà de cinq ans on ne savait rien, mais les choses ne pouvaient aller qu'en se détériorant.

évidence. Il révèle non une faille interne à son rapport aux autres hommes, mais une faille entre son rapport aux hommes, sympathique et libre, et son rapport, tellement rigide, à la méthode scientifique.

A l'inverse, L. Montagnier affirmera qu'« il faut certes débattre, mais le débat, utile pour dégager un consensus parmi les scientifiques, ne doit pas empêcher d'agir. […] Il est normal que les découvertes suscitent des controverses scientifiques : elles doivent être discutées, critiquées, confirmées et reconnues par la communauté scientifique. Mais, dans ce cas précis, la vie des gens était en jeu ; il fallait être efficace et ne pas perdre un temps précieux. […] Les institutions [ne doivent pas attendre] qu'une controverse scientifique qui a des conséquences en santé publique soit terminée pour prendre des décisions[1]. »

Je reprocherai enfin aux tribunaux de n'avoir pas assez expliqué pourquoi ils ne prenaient pas en compte l'un des éléments justificatifs les plus sérieux avancés par le Dr Garretta. Celui-ci soutenait, lettres à l'appui, qu'à partir de la réunion du 29 mai 1985 il avait informé clairement la tutelle de la situation dans laquelle il se trouvait, et demandé qu'on lui interdise la vente des concentrés mortels, en assortissant cette interdiction des moyens financiers nécessaires pour compenser le retrait des produits litigieux. Les tribunaux établissent de manière convaincante que la demande ne fut pas aussi claire que le directeur du CNTS voulait bien le dire, et surtout que l'obligation de retrait pèse, de jurisprudence constante, sur l'industriel, même si les autorités de santé ne réagissent pas. Ce dernier point est incontestable.

Toutefois, le CNTS n'est effectivement pas dans la même situation que l'industriel classique. Ne faisant théoriquement pas de bénéfices, les centres de transfusion ont le plus souvent une trésorerie limitée, sans parler de ceux qui sont déficitaires. Certes, les centres de fractionnement ont généralement une situation financière plus saine qui leur permet une certaine politique d'investissement. Malheureusement, au plus fort de la crise du sida, le CNTS, qui venait de consentir un gros effort d'investissement pour construire la ligne de production de facteurs VIII, se trouvait dans une mauvaise passe comme l'avait compris le Pr Ruffié. Il lui était donc objectivement difficile de réaliser une coûteuse politique de retrait des produits dangereux sans l'aide des pouvoirs publics. Or on est bien obligé de constater que les ministères intéressés, sollicités dans l'affaire du test de dépistage, n'étaient pas prêts à consentir le moindre effort, à moins d'y être contraints par le Premier ministre. Il est dommage que les tribunaux n'aient pas expliqué pourquoi cette situation ne constituait pas un élément justificatif au sens du droit pénal.

Les Drs Garretta et Allain se sont donc trouvés, en 1985, acculés par les erreurs technologiques des années 1980-1984 : encore sous la direction du Pr Soulier, ils lancent le projet de ligne de production de facteurs VIII en 1982, juste au moment de l'incertitude scientifique sur la nature du sida, alors qu'ils n'ont pas perçu l'intérêt et la valeur des procédés d'inactivation virale. Il aurait été bon à ce moment là de se donner deux ans de répit pour observer le déve-

1. L. Montagnier, *Des virus et des hommes*, Odile Jacob, 1994, p. 243 et 249.

loppement de la situation comme le suggérait le Pr Soulier; mais c'était contraire à la dynamique qu'ils souhaitaient.

Quand l'absence d'une technique interne d'inactivation virale apparaît comme une erreur, dès 1983, ils colmatent la brèche en s'engageant avec Immuno, alors que ce n'est sans doute pas l'entreprise de pointe en matière d'inactivation. De plus, le procédé d'inactivation d'Immuno n'est pas adapté aux produits semi-finis que le CNTS fabrique ; enfin et surtout, Immuno est une entreprise dure qui n'hésite pas à faire traîner les négociations pour obtenir le contrat avantageux (à mon sens léonin) qu'elle souhaite, et cela malgré l'urgence en matière de santé publique. Autre erreur de Garretta et d'Allain : il est toujours dangereux de négocier avec un seul partenaire. Quand, au début de 1984, les négociations s'enlisent, ils auraient dû en changer. Ce sont donc les erreurs technologiques de 1982 et 1983, puis les erreurs commerciales de 1984 qui ont entraîné le drame de 1984-1985.

Ce drame est aggravé par la nomination du Pr Ruffié. Le principal avantage du livre du Dr Allain est de bien montrer que le Pr Ruffié, remplaçant le Pr J. Bernard au conseil d'administration du CNTS, entend exercer la totalité, si ce n'est plus, des pouvoirs qui lui sont conférés par son titre. Il est à ce point cinglant que l'on peut se demander s'il n'a pas, sciemment, voulu provoquer la démission de Garretta, que J. Roux avait demandée à la tutelle sans l'obtenir. Garretta, mis en difficulté au sein du CNTS, se voit en même temps sommé par la DGS de produire du facteur VIII français et de cesser les importations. Ceci se passe au moment précis où le facteur VIII français non chauffé est contaminant, alors que l'on trouve enfin des produits chauffés à l'étranger. Dès lors, Garretta est coincé par une situation de pouvoir classique. S'il importe au nom de la santé des hémophiles, il admettra qu'il est un chef d'entreprise qui a investi des sommes considérables pour une technologie de fabrication dangereuse et dépassée. Le responsable de ces procédés de fabrication est Allain. Comment dire qu'ils se sont à ce point trompés [1] ? Parlant de Garretta, Allain prononce une phrase qu'il aurait dû appliquer à sa propre personne : « [Ce sont] des petits garçons qui se prennent pour des grands, se gonflent, se hérissent, font bouffer leurs plumes, montent sur leurs ergots et puis patatras [2]. » Ce n'est pas tant sur l'autel de l'argent que les derniers hémophiles ont été sacrifiés, que sur l'autel de l'orgueil industriel.

1. J.-P. Allain, *Le Sida des hémophiles, mon témoignage*, p. 43, 46, 54. « Si la DGS n'insistait pas sur l'autosuffisance, ni ne soutenait le Pr Ruffié, le nouveau directeur général pourrait décider, sans se mettre personnellement en danger, d'importer les produits chauffés qui lui sont réclamés. »

2. *Ibid.*, p. 57.

B. UN DÉLIT D'ÉPICIER ?

Certaines victimes n'ont pas pu admettre cette qualification de tromperie sur les qualités substantielles et les risques inhérents. Quant à la doctrine juridique, elle fut partagée entre les critiques techniques [1] ou enflammées [2] de ceux qui défendaient la thèse de l'empoisonnement. Il est pourtant difficile de dire ce qu'auraient voulu les victimes – « qu'ils passent aux assises, [qu'ils soient] condamnés à des peines beaucoup plus lourdes » ; elles admettent que « même la peine la plus forte en ce moment ne correspondrait pas à l'ampleur du mal » et qu'« un an ou cinq ans, ça ne ressemble à rien ». « Qu'ils avouent cela aurait été énorme pour les victimes. Faute avouée est à moitié pardonnée » [3]. En fait, ce qui semble avoir dérouté beaucoup de gens, c'est finalement le choix de la loi de 1905, ce « délit d'épicier »...

Quand on examine la jurisprudence sur la loi de 1905, on est tenté de partager l'indignation de ses détracteurs. Il n'y est question que de lait coupé d'eau, de fromages de chèvre au lait de vache, et de vins aux provenances douteuses. Bagatelles contre lesquelles il convient de lutter sans doute, mais qui n'évoquent pas la moindre proximité avec l'affaire de la contamination. Pourtant, quand les vacherins, les steacks de cheval, les rillettes ou les eaux minérales empoisonnées reviennent à l'esprit, on se dit que l'on meurt aussi bien par l'épicerie que par la transfusion, et pour des raisons souvent assez proches. Le particularisme de notre système de production de masse est d'entraîner des risques catastrophes liés à une large et rapide diffusion de produits affectés d'un même vice de conception ou de fabrication. L'important est de disposer d'outils juridiques de prévention et de répression qui puissent concerner l'ensemble des atteintes à la vie humaine ou à la santé publique, quel que soit le produit ou l'équipement qui se trouvent à l'origine de cette atteinte : un édifice mal conçu peut être aussi dangereux qu'un lot de vaccins.

Le mot de santé publique est revenu. En faisant l'étude de la « pastorisation du droit » au début du siècle, R. Carvais présentait les deux monuments de la santé publique : la loi de 1902, qui traitait les problèmes de morbidité et de contagion directement à travers la vaccination ou indirectement à travers l'urbanisme, et la loi de 1905 sur la répression des fraudes. Les deux lois concouraient à part égale à la santé publique, et l'auteur accorde même plus de place à la seconde. Qui fait une erreur de perspective, l'historien ou les victimes ?

1. A. Prothais, Dalloz, 1994, II, p. 118.

2. J.-P. Delmas Saint-Hilaire, *Gaz. Pal*, doctrine, dimanche 23 au mardi 25 janvier 1994, P. Poncela, « Du bon usage du droit pénal », in *Sang et Droit*, revue trimestrielle du ressort de la cour d'appel de Versailles, nº 30, 1993.

3. A., P. et S. Gaudin, *Le Prix du sang*, Fixot, p. 128-129.

1. La loi de 1905 en son temps

Le XIXe siècle, comme les précédents, a tenté de moraliser le commerce des denrées alimentaires. C'est un vieux rêve, dont on trouve déjà des exemples en droit romain. Mais les interventions produit par produit, ne semblent plus rationnelles dans un siècle scientifique. Le Parlement compte de plus en plus de médecins. On voudrait illustrer l'élan démocratique en protégeant les classes laborieuses contre les falsifications diverses qui portent atteinte à la santé du peuple. On veut aussi favoriser les commerçants honnêtes au détriment des fraudeurs. On se perd dans les multiples réglementations sur le beurre, le lait, la margarine, la bière, le vin, le café, le chocolat, la saccharine, les sérums, les engrais. En 1858, Millon publie un grand *Traité des fraudes en matière de marchandises*. En 1882 et 1885, la préfecture de police, qui dispose désormais des travaux du laboratoire municipal de Paris, publie des « Documents sur les falsifications des matières alimentaires », qui feront grand bruit. C'est l'époque où les informations sont de mieux en mieux diffusées par des publications régulières comme les *Annales des falsifications* et le *Bulletin international de la répression des fraudes alimentaires et pharmaceutiques* ; Bedarride publie son *Traité du dol et de la fraude*. La France prend du retard par rapport aux pays voisins, qui ont désormais tous leur loi sur la répression des fraudes[1]. Dès 1888, le député Salis fait une proposition qui ne sera jamais discutée[2] ; puis Gadaud, ministre de l'Agriculture, tente de rassembler tout cela en une seule loi cohérente, qui sera proposée pour la première fois au Sénat en 1895.

L'arrière-plan intellectuel qui préside à l'élaboration de la loi est assez complexe. En faveur d'une loi sévère, on trouve des courants politiques divers qui vont coopérer pour arriver à leurs fins. Aux avant-postes, il y a les tenants de la santé publique, ceux qui avaient déjà fait la loi de 1902 ; ils comptabilisent ensemble le nombre de morts dues aux fraudes alimentaires et médicamenteuses. Ils sont soutenus par le courant socialiste qui fait remarquer – non sans raison – que les fraudes alimentaires frappent en premier lieu la classe ouvrière, et tout particulièrement ses enfants. On avance des chiffres énormes : 18 610 enfants de moins d'un an meurent chaque année à Paris de diarrhées infantiles et 40 000 sont victimes chaque année de falsification du lait, entre autres le lait « écrémé[3] ». A. Sarraut va faire de la répression des fraudes, « dans l'intérêt de la classe ouvrière, le premier devoir d'un État démocratique[4] », et les thèses de doctorat en droit véhiculent ces idées : « D'une bonne

1. La loi allemande et la loi italienne, considérées comme des modèles, prévoyaient des peines d'emprisonnement à vie pour la première, dix ans minimum pour la seconde si la fraude avait eu la mort pour conséquence.

2. *JO* du 12 juillet 1888.

3. *JO*, séance du 17 novembre 1904, p. 2494.

4. *JO*, séance du 17 novembre 1904, p. 2494.

nourriture dépend l'énergie physique et morale de l'individu et de sa descendance, par conséquent la force et l'avenir de la nation dans son ensemble[1]. »

En lisant les interventions à la tribune, on comprend mieux la confusion aujourd'hui surprenante entre les fraudes sur les poids et mesures ou la composition des produits et la santé publique ; le courant socialiste insiste en effet beaucoup sur les atteintes à la santé qui résultent non seulement d'une nourriture avariée, mais d'une nourriture *insuffisante*. Les ersatz sont mis à l'index, car les classes laborieuses ingèrent alors des produits dont le coefficient nutritif sera de beaucoup inférieur à celui de l'aliment naturel qu'elles croient absorber. Lait, beurre et farine sont coupés, mélangés. Ce qui nous paraît être aujourd'hui une pure infraction économique apparaît à l'époque comme une atteinte grave au minimum vital dont disposent les « indigents » : délits caractéristiques de la « grosse consommation », ils provoquent des carences alimentaires chez le consommateur et la ruine des producteurs honnêtes ; les fraudes sur le vin jetteront en 1907 les paysans méridionaux dans une révolte meurtrière.

Tout cet aspect a été aujourd'hui étrangement perdu de vue par les tenants du délit d'épicier ; de même ils s'indignent, comme d'une faille « éthique », que les peines soient les mêmes, que l'atteinte soit portée à la santé humaine ou à la santé animale. C'est oublier que les épizooties sont dramatiques sur de multiples plans : outre les aspects économiques, les traumatismes psychologiques provoqués par l'abattage de centaines de milliers de bêtes, elles peuvent être très dangereuses pour la santé humaine, qu'il s'agisse de maladies transmissibles à l'homme ou des atteintes contemporaines plus insidieuses qui résultent des surcharges d'hormones, antibiotiques, alimentations polluées, etc.[2]

Avec une grande intuition, E. Vaillant ira plus loin que tous, affirmant que la répression des fraudes est un concept déjà dépassé[3] et qu'« il faut de la prévention ». Et il plaide pour que l'on dote mieux les services de contrôle, d'analyse et d'inspection, dont la faiblesse en moyens et en personnel rend déjà la loi de 1902 peu efficace. Il est infiniment triste de constater que, près d'un siècle plus tard, J. Roux et R. Netter poursuivaient sa demande sans succès.

Le troisième courant, enfin, est un courant économique de défense de la loyauté commerciale. En effet, lors des premiers projets devant aboutir à la loi de 1905, il y avait eu des oppositions des intermédiaires aux Halles de Paris et du ministère des Finances. Elles furent répercutées dans les débats par les députés soucieux de ne pas porter atteinte au dynamisme de la production et du commerce. C'était le vieux débat du *dolus bonus* du droit romain qui resurgissait. Ils furent vaincus par un contre-discours économique : on s'appuya sur les difficultés récentes des produits français à l'exportation pour promouvoir la répression des fraudes comme moyen de défense de l'image de marque de pro-

1. S. Krainik, *L'Évolution de la répression des fraudes et falsifications alimentaires*, thèse de droit, Paris, 1910.

2. J.-P. Delmas Saint-Hilaire, in *Sang et Droit pénal*, J. Pradel (dir.), Éd. Cujas, 1995, travaux de l'Institut de sciences criminelles de Poitiers, p. 43.

3. Séance du 17 novembre 1904, p. 2485.

duits de qualité[1]; et de nombreuses associations commerciales firent valoir leur intérêt à la loyauté du commerce : « La fraude est l'ennemi du vigneron », dira à la Chambre le représentant des intérêts du vignoble champenois[2].

2. Le vieillissement de la loi de 1905

En 1905, il était donc clair pour tous que la santé publique passait par l'alimentation saine et suffisante et que l'on pouvait mettre sur le même plan les corruptions ou la toxicité, immédiatement dangereuses, et les fraudes sur la composition ou les quantités, dangereuses à plus long terme : nul n'aurait songé à se gausser des délits d'épicier. De même, les dangers de l'alimentation et de la pharmacie n'étaient pas disjoints ; en l'absence de ministère de la Santé, c'est l'agriculture qui prit tout en charge. La double nature de l'infraction, infraction économique et infraction contre la santé publique, ne troublait personne. Enfin, il est à peu près évident à la lecture des travaux préparatoires que l'équilibre de 1905 avait été vécu et voulu comme transitoire. Le législateur pensait faire œuvre de pionnier, à d'autres de continuer. S'il avait donné quelques impulsions fondamentales en concevant une infraction générale, en facilitant les recours, en punissant la simple tentative du fait de sa dangerosité, en organisant des mécanismes efficaces de saisie avant même que la vente ne soit réalisée, et en créant un système moderne d'expertise scientifique, le législateur savait néanmoins que de multiples adaptations seraient nécessaires.

Or, si le mécanisme général a bien été adapté aux spécificités de chaque marchandise, la loi, qui a subi de nombreuses modifications au fil du temps et qui a été revue au filtre du mouvement consumériste, semble devenue une auberge espagnole sans pour autant s'être adaptée aux dangers croissants, ou perçus comme tels, de la société technologique. La corruption est une notion vieillie qui mériterait des redéfinitions ; la toxicité devrait être précisée et adaptée pour pouvoir comprendre les substances pharmaceutiques dangereuses ; il faudrait dire expressément qu'une fabrication conforme aux règlements n'enlève pas la responsabilité pénale des fabricants ; il faudrait dire expressément la mesure de la responsabilité pénale des fonctionnaires et des experts. Il faudrait faire éclater le délit unique en une série d'infractions permettant de bien distinguer les infractions purement économiques des infractions contre les personnes ; il faudrait enfin définir, situer, l'infraction à la santé publique – notion curieuse reconnue dans le livre V du nouveau Code pénal – par rapport aux infractions contre les personnes. C'est là sans doute que la question du nombre des victimes de ces risques catastrophes pourrait jouer un rôle.

Malheureusement, toutes ces questions passionnantes n'ont pas été abor-

1. M. Toubeau, *La Législation répressive des fraudes et falsifications alimentaires*, thèse, Paris 1908.
2. Séance du 10 novembre 1904, p. 2356.

dées à ce jour par la doctrine qui a commenté l'affaire du sang contaminé. Certains ont bien pris parti sur la question de l'empoisonnement ; seul J.-P. Delmas Saint-Hilaire a critiqué dans les règles le recours à la loi de 1905. Dans une belle chronique intitulée « La mort : la grande absente de la décision rendue dans l'affaire du sang contaminé par le tribunal correctionnel de Paris[1] », il tire toutes les conséquences, et elles sont nombreuses, d'une constatation simple : le choix de la qualification de tromperie sur les qualités substantielles et les risques inhérents évacue la dimension homicide de cette affaire au profit d'une dimension marchande. On est dans le cadre d'une infraction aux biens, et non d'une infraction aux personnes. Son raisonnement, très rigoureux sur le plan formel, laisse pourtant un certain malaise.

J.-P. Delmas Saint-Hilaire va démontrer que l'on ne se situe pas dans le cadre d'une infraction aux personnes en analysant longuement le type et le montant des dommages-intérêts accordés aux parties civiles. Elles n'ont effectivement pas reçu de réparation pour leur contamination[2], mais parce qu'elles avaient été trompées ; il s'agit donc d'une atteinte à l'intégrité de leur consentement dans l'acte d'achat, et non d'une atteinte à l'intégrité de la personne. Cela explique que tous les individus pouvant apporter la preuve d'un achat effectué auprès du CNTS pendant la période de prévention, mais ceux-ci seulement, aient pu être indemnisés. Cela explique également des indemnisations jugées faibles : 100 000 F pour les victimes déjà contaminées à cette date, 300 000 F pour les autres. Cela suffit pour lui à ranger cette infraction dans les atteintes aux biens et non aux personnes. J'avoue ne pas être totalement convaincue, dans la mesure où il me semble qu'il s'agit ni de l'une ni de l'autre, point de vue hérétique, sans aucun doute. Cette tromperie n'est pas au premier chef une atteinte aux biens mais une atteinte de type moral, atteinte au lien de confiance qu'exige le contrat, un tel lien ne pouvant être assimilé ni à des biens ni à des personnes. Le tribunal correctionnel a développé ce point de vue avec une grande sensibilité. Rappelant que le préjudice de contamination pouvait être réparé par le fonds d'indemnisation ou toute procédure juridictionnelle, il précise le préjudice qu'il peut, quant à lui, réparer : simplement le fait que « les acquéreurs étaient en droit d'attendre des médecins responsables du CNTS une sécurité absolue ou, à tout le moins, une information loyale et explicite des risques encourus ; [par cette tromperie, ils] ont été privés d'une information, loyale qui, seule, leur aurait permis de choisir librement entre les perfusions et d'autres thérapeutiques, certes moins confortables, mais exemptes de risque vital[3] ».

Le raisonnement de l'auteur paraît donc formel, enfermé dans les catégories existantes, alors que le particularisme de cette infraction méritait peut-être que l'on s'en échappe. La manière dont il appuie sa démonstration sur le parti-

1. *Gaz. Pal.*, dimanche 7 au mardi 9 mars 1993.
2. C'était de la compétence du fonds d'indemnisation ou des juridictions civiles ou administratives.
3. Tribunal correctionnel, version ronéotypée, p. 168.

cularisme des dommages-intérêts montre bien qu'il n'entend pas démontrer directement que la notion de tromperie évacue la dimension homicide de l'acte. Cela lui serait sans doute difficile, car il ne s'agit pas de tromperie en soi, mais d'une tromperie soigneusement définie par le tribunal. « La tromperie a porté à l'évidence sur les qualités substantielles de la fourniture, produit thérapeutique et non pas éventuellement mortel dans des proportions inacceptables même à l'époque ; produit dont il convenait d'éliminer les agents infectieux alors connus[1]. » Le tribunal évoque la « conscience du caractère gravement contaminant des produits[2] », signale que le Comité national de l'hémophilie n'a pas bénéficié d'une information claire sur « le degré de contamination » ; que tout ceci a contribué à laisser dans l'ombre « l'urgence et la gravité du problème de santé publique ». Il attribue le caractère de circonstance « moralement » aggravante au fait que les prévenus « ont envisagé comme possible le résultat dommageable effectivement obtenu et accepté pour autrui un risque conséquent de mort[3] ».

Il s'agit donc d'une tromperie consciente, portant sur le degré de contamination par un agent infectieux susceptible de causer la mort. Elle renvoie directement à l'article 2 de la loi de 1905, selon lequel les peines sont aggravées lorsque les délits ont eu pour conséquence de rendre l'utilisation de la marchandise dangereuse pour la santé de l'homme ou de l'animal. Cette référence à la santé ne devrait-elle pas faire basculer l'infraction dans la catégorie des atteintes aux personnes ? Non, dit J.-P. Delmas Saint-Hilaire : il ne s'agit que d'une « circonstance aggravante » qui n'est pas susceptible de changer la nature de l'infraction. Il a, à cet égard, formellement raison même si, pour moi, *une tromperie sur les risques n'est pas de même nature qu'une tromperie sur l'origine d'un vin*, d'où l'importance du travail de spécification du tribunal sur l'objet de la tromperie.

Il met néanmoins le doigt sur le défaut principal de la non-évolution de la loi de 1905. Il me semble qu'il fallait séparer plus clairement les atteintes à la santé des autres, en faire deux catégories bien distinctes. De même il faudrait pouvoir graduer les peines en fonction du type d'atteinte d'une part, et de la dimension du risque d'autre part. N'est-on pas en droit d'attendre plus de prudence et de rigueur des productions de masse, qui peuvent toucher en un temps très court des millions de consommateurs, que des productions artisanales touchant un public réduit ?

Il reste que la critique de J.-P. Delmas Saint-Hilaire, qui touche certains points sensibles, me paraît pourtant inutilement tranchée, *car elle privilégie sans raison l'aspect économique d'une loi dont la nature est hybride* : « loi économique et loi sociale », avaient dit ses auteurs. On peut le comprendre à la lecture des commentaires les plus récents de cette loi. J.-H. Robert ne consacre que deux petits paragraphes à son article 2, sans mention d'aucune jurisprudence, et pour

1. Jugement, *in* L. Greilsamer, *Le Procès du sang contaminé*, p. 292.
2. *Ibid.*, p. 293.
3. *Ibid.*, 124.

cause. En fait, il semble qu'en face d'atteintes graves à la santé, les avocats aient jusqu'à maintenant utilisé plus volontiers l'homicide involontaire. Mais le maximum de la peine encourue pour l'homicide involontaire n'étant que de deux ans, le choix de la loi de 1905 paraît à cet égard justifié. Je n'ai donc pas été convaincue par J.-P. Delmas Saint-Hilaire, dont la critique me semble finalement avoir été principalement soutenue par le désir d'obtenir la qualification d'empoisonnement.

4. L'empoisonnement

Quand E.-L. Henry alla voir maître S. Paugam, celle-ci lui aurait dit : « Monsieur, vous avez été empoisonné[1]. » P. Poncela, pénaliste, écrivit : « Il eût été juste de dire, dans le langage du droit, à tous ces innocents vulnérables atteints dans leur vie, vous avez été empoisonnés par des médecins affairistes et des technocrates coupables d'indifférence. » Avoir conscience de délivrer des produits de nature à donner la mort, c'est avoir conscience d'empoisonner ; avoir conscience d'empoisonner, c'est empoisonner, que l'auteur du crime ait eu pour mobile de tuer sa femme ou de vendre ses produits. Et, pendant de longues années, on verra se battre côte à côte quelques hémophiles et leurs avocats, convaincus que l'affaire du sang contaminé était un empoisonnement collectif.

A l'inverse, maître Bettati, avocate d'un certain nombre de victimes, écrivit : « Pour ma part, à aucun moment, je n'ai discerné la main de l'assassin ou celle de l'empoisonneur dans les actes examinés par le tribunal. Les délits dont Michel Garretta s'est rendu coupable sont d'une extrême gravité, leur examen nous a révoltés et horrifiés. Mais de là à penser qu'il a agi dans le but d'exterminer les hémophiles comme en d'autres temps et en d'autres lieux fut organisée la suppression de certains groupes de population en raison de leur seule appartenance à une minorité ethnique ou religieuse, me paraît relever de l'hystérie collective[2]. » Et avec cette naïveté charmante qui est parfois le meilleur du juriste : « Pourquoi choisissons-nous de fonder nos plaintes sur la loi de 1905 ? [...] en tant que membres d'un cabinet spécialisé en droit des affaires, ce fondement légal et jurisprudentiel nous est familier ; nous en maîtrisons les rouages[3]. »

Voici deux convictions opposées, que je crois également sincères. Pour les uns, l'empoisonneur s'efface totalement derrière l'objectivité de son geste, et il n'y a aucune différence entre l'industriel et le familier meurtrier ; pour les autres, l'empoisonneur est une figure de meurtrier bien campée : c'est un être animé d'une volonté de tuer, qui utilise une arme spécifique, le poison.

1. Sabine Paugam, *Un Sang impur. L'Affaire des hémophiles contaminés*, J.-C. Lattès ; P. Poncela, « Du bon usage du droit pénal », in *Sang et Droit*, revue trimestrielle du ressort de la cour d'appel de Versailles, nº 30, 1993.

2. *Responsables et Coupables. Une affaire de sang*, p. 88 ; notons que C. Bettati confond ici empoisonnement et crime contre l'humanité !

3. *Ibid.*, p. 87.

Il me semble qu'à l'origine chacun s'est déterminé en un trait de temps, en simple bon sens. A partir des sentiments bruts, la machine juridique à rationalisation pouvait se mettre en route, les avocats ouvrir leur Code pénal et scruter les mots qui, à l'article 301, définissent l'empoisonnement. Plusieurs éléments sont à prendre en compte pour tenter de prendre parti sur la question de l'empoisonnement : la lettre du texte telle que la jurisprudence antérieure permet de l'éclairer, la position du texte dans la structure du Code pénal, et enfin la construction doctrinale réalisée sur la catégorie des infractions dites formelles, dont l'empoisonnement est l'idéal type. Mais, on le verra, aucun de ces éléments ne permet de donner une réponse incontestable : tout le passé – qu'il s'agisse de la doctrine ou de la jurisprudence – nous abandonne au moment précis où nous aurions besoin de ses lumières. Il n'y a pas de précédent, l'article 301 n'ayant jamais été utilisé pour des catastrophes de ce type ; cela constitue en soi un élément du débat.

L'absence de précédent utilisable ne signifie pas que l'« empoisonnement industriel » soit nouveau, mais que l'on n'avait pas pensé à invoquer l'empoisonnement dans de telles circonstances. Au pire, un industriel ou un médecin étaient condamnés pour homicide involontaire. La pugnacité des avocats et du ministère public conduisit ici à les faire condamner pour des délits volontaires, qu'il s'agisse de la tromperie ou de la non-assistance à personne en danger ; cela constituait déjà un changement par rapport au standard social, même si c'était insuffisant. Retenir la thèse de l'empoisonnement aurait constitué une rupture majeure de la politique pénale à l'égard de la science, de l'industrie et de la médecine.

Peut-on le faire par une simple mutation de la jurisprudence, ou faut-il passer par une réforme législative ? « Trop et trop peu n'est pas mesure », dira M. Danti Juan, évoquant le « trop » de l'empoisonnement et le « trop peu » de la loi de 1905[1]. Au risque de me faire traiter par P. Poncela de « technicienne bornée à la cervelle vide de fins », selon l'expression qu'elle réserve aux adversaires de la thèse de l'empoisonnement, j'avoue partager son refus de la démesure et le sentiment que de nouvelles incriminations sont nécessaires.

Chacune des personnes qui s'est impliquée dans cette affaire, même sous les dehors de la doctrine la plus positiviste et la plus neutre, n'a fait que prendre parti sur le sort qu'il convient de réserver aux dangers créés par les sciences et les techniques. Si, jusqu'à ce jour, les pires catastrophes se résolvaient en condamnations pour homicide involontaire, cela signifiait clairement qu'il existait une sorte d'élément justificatif implicite en faveur des artisans du progrès : quels qu'aient été les imprudences volontairement commises, les signaux d'alerte passés sous silence, la conscience de faire courir des risques, on durcissait le droit de la responsabilité civile et l'on se contentait, au pénal, de contraventions pour entorses aux règlements de sécurité ou de l'homicide involontaire.

1. Ce fut son avis dès le début de l'affaire ; cf. « Les responsabilités pénales nées de la dissémination transfusionnelle du sida », in *Revue de droit pénal et de criminologie*, décembre 1992, p. 1102 ; cf. surtout son article « A propos du sang contaminé », in *Sang et Droit pénal*.

L'affaire de la contamination a cassé ce consensus mis en doute depuis les années cinquante. On voit se confirmer, dans la doctrine, le sentiment que la *summa divisio* entre les homicides volontaires, où le délinquant est animé de manière plus ou moins directe par une volonté de tuer, et les homicides involontaires, où la situation échappe à la maîtrise humaine, ne suffit pas. On se rapproche sans cesse, sous une forme modernisée, de pensées pénales plus anciennes où l'on distinguait, entre les deux extrêmes de l'homicide volontaire et de l'homicide casuel (ou accidentel), les vastes marécages de l'imprudence, de la négligence et de l'état dangereux, qui pourraient devenir aujourd'hui le haut lieu de la délinquance technologique, avec ses contraventions, ses délits et ses crimes. On a vu paraître dans le nouveau Code pénal les premières empreintes de cette recomposition : l'homicide involontaire peut désormais être un « manquement délibéré » puni de cinq ans de prison au lieu de deux, et l'on a « inventé » une infraction de mise en danger de la personne. Pourtant, on le verra, la réforme est encore timide. Les arcanes infinis de l'incertitude scientifique, de la perception statistique du risque, de la conscience du risque, de l'acceptation inévitable d'un risque résiduel, de la prévisibilité, ne sont pas franchement examinés. Manque aussi la considération du nombre des victimes. Une même imprudence doit-elle être réprimée de manière différente, selon qu'elle fait un mort ou mille morts ? On ne pourra certainement pas faire du nombre de morts un élément constitutif d'une infraction, mais il faudra se résoudre à penser qu'il n'est pas sans conséquence.

A. LA LETTRE DE L'ARTICLE 301 DU CODE PÉNAL

Le crime d'empoisonnement est ainsi défini à l'article 301 du Code pénal : « Est qualifié empoisonnement tout attentat à la vie d'une personne par l'effet de substances qui peuvent donner la mort plus ou moins promptement, de quelque manière que ces substances aient été employées ou administrées, et quelles qu'en aient été les suites. »

Ayons tout de suite à l'esprit qu'il est flanqué de l'article 318, qui règle la question de l'administration de substances nuisibles à la santé lorsqu'elles ne sont pas de nature à donner la mort ; cet article envisage deux hypothèses : celle du *délit* de l'alinéa 1, puni d'un maximum de cinq ans de prison lorsque le résultat de l'administration est une maladie ou une incapacité de moins de vingt jours, et celle du *crime,* puni de dix ans maximum de réclusion criminelle, lorsque l'incapacité dure plus de vingt jours.

Reprenons chacun des termes de l'article 301.

1. Des substances…

Le terme vague de « substances » a été introduit par le législateur en 1810, pour remplacer la notion d'« homicide par poison », utilisée par la loi de 1791. En effet, le terme technique de « poison » causait des difficultés et provoquait des querelles d'experts, toutes les substances mortelles n'étant pas des poisons. Le nouveau texte permit d'absorber les évolutions dues aux modes et aux progrès techniques. Sont ainsi entrés dans les manuels de droit : les gaz toxiques, les virus, les substances radioactives. La substance est, à ce stade du raisonnement, indifférente.

2. … Qui peuvent donner la mort

Le terme d'« homicide », contenu dans l'expression « homicide par poison », fut donc remplacé par la périphrase « qui peuvent donner la mort » ; elle s'oppose à la formulation de l'article 318 (substances qui, « sans être de nature à donner la mort, sont nuisibles à la santé »). La jurisprudence ne retient pas n'importe quelle mort, mais celle qui implique, sous une forme ou sous une autre, une ingestion, une inhalation ou un contact ayant provoqué des modifications chimiques ou biologiques conduisant à la mort : c'est ainsi que l'administration de verre pilé qui est ingéré mais tue par déchirure des tissus fut considérée comme un meurtre et non un empoisonnement, alors que l'inoculation du virus du typhus fut qualifiée d'empoisonnement[1]. Un auteur a pu soutenir que, si l'on prive quelqu'un d'oxygène, on commet un meurtre, alors que si on lui administre un gaz toxique, on commet un empoisonnement[2]. De même, une substance qui rend malade, paralyse, crée un risque génétique sur la descendance, n'est pas une substance pouvant donner la mort, mais une substance de l'article 318. Apparemment, la distinction entre les deux articles est claire.

Mais on rencontre très vite des difficultés. En effet, il n'existe pas de frontière nette entre la substance qui peut donner la mort et celle qui ne déterminera qu'une maladie, car le mode d'administration est déterminant. Une espèce récente illustre très bien la difficulté. Un employé de l'usine de retraitement de combustibles nucléaires irradiés de la Hague avait souhaité faire éloigner son chef par le service médical de l'usine[3]. Il décida donc de placer sous son siège de voiture des éléments irradiés qui y séjournèrent six mois, avant qu'un accident de voiture opportun ne permette de découvrir cette agression originale.

1. M. Culioli, *Répertoire Dalloz*, v° Empoisonnement, nº 58 et suiv.
2. F. Gollety, *Répertoire du droit pénal et de la procédure pénale*, t. II, 1968, v° Empoisonnement, nº 15.
3. TGI de Cherbourg, 31 mars 1981, *Recueil Dalloz*, 1981, II, p. 536, note D. Mayer.

Divers troubles sans grande gravité s'étaient ensuivis, mais les experts conclurent surtout à une élévation non négligeable du risque de cancer et à un risque génétique sur l'enfant à naître, si la victime souhaitait avoir un enfant. Il y avait donc trois préjudices de nature différente : une atteinte actuelle légère à la santé, un risque de mort à long terme, et un risque génétique, ces deux derniers n'étant que des préjudices incertains. Dans cette affaire, l'intention de l'auteur était exactement adéquate à la substance et au mode d'administration choisis ; en effet, la dose reçue n'était pas susceptible de causer une mort brutale, mais seulement des malaises, ce qui correspondait à la volonté du délinquant de provoquer la mutation de sa victime dans une autre usine. Le tribunal a donc considéré que cette exposition à des substances radioactives pouvait être qualifiée d'administration de substances toxiques qui ne sont pas de nature à donner la mort (art. 318).

Mais la même substance radioactive, à des concentrations plus fortes, aurait pu causer la mort et donc relever de l'empoisonnement. Autrement dit, caractériser la substance ne suffit pas ; le plus souvent, si ce n'est toujours, son caractère mortel dépendra du mode d'administration, du dosage, de l'association, du caractère répété, du temps d'exposition, etc.

L'annotateur de cette affaire, D. Mayer, admet bien ce lien entre la substance et l'administration. Parlant du dosage, elle précise qu'il faudrait sans doute distinguer entre le dosage adéquat à l'intention, ce qui était le cas ici et permit de retenir une peine de prison assez légère, et le dosage qui fait l'objet d'une erreur. Elle semble alors conclure, avec le reste de la doctrine, que l'empoisonneur qui rate son but reste sous le coup de l'article 301, même si sa victime n'est pas morte, faute du dosage idoine[1].

Mais, dans une chronique récente, elle pousse plus loin l'analyse de la notion de substance mortelle en matière d'empoisonnement[2], et en même temps radicalise sa position : « Élément générateur de l'incrimination d'empoisonnement, la notion de substance mortelle en est aussi le pivot fonctionnel : c'est à partir de cette notion que se définissent tous les éléments constitutifs de l'infraction. » Elle en déduit que « la place de l'empoisonnement parmi les atteintes à la vie conduit à ne retenir dans le cadre de cette infraction que les substances qui doivent *forcément* conduire à la mort plus ou moins promptement. *Des substances mortifères*, dont l'utilisation est constitutive d'empoisonnement, se distinguent *les substances à risque mortel,* qui relèvent de l'administration de substances nuisibles à la santé. Pour cet auteur, l'empoisonnement, « incrimination spécifique conduisant à une répression renforcée », « comporte plus qu'un risque ou une probabilité ». L'affaire de la Hague semble lui donner raison puisque le tribunal n'a pas retenu le risque de cancer comme un élément justifiant l'incrimination d'empoisonnement.

A l'époque de la contamination, on pensait que 10 à 20 % des personnes contaminées développeraient un sida fatal. C'était donc, *selon sa classification*,

1. D. Mayer, précitée, p. 538.
2. Dalloz, 1994, nº 39, chronique, p. 325.

une substance à risque mortel relevant de l'article 318, et non une substance mortelle relevant de l'article 301.

L'argument a de la force, et l'avantage de la clarté et de la prudence puisqu'il permet de rejeter de nombreux actes dans le champ d'application de l'article 318, qui n'évacue pas la dimension criminelle tout en étant moins sévère que l'article 301, mais il n'est pas certain qu'il soit totalement convaincant. Tout d'abord, il reste difficilement conciliable avec la lettre des deux articles. L'expression de l'article 301 « qui *peuvent* donner la mort » n'est pas équivalente à « qui doivent forcément donner la mort », et le verbe « pouvoir » est normalement utilisé pour désigner une possibilité, non une certitude. Il résulte, d'autre part, de son raisonnement, une conception de la notion de probabilité qui peut être contestée. En effet, si la connaissance d'un risque statistique ne permet pas de désigner à l'avance les victimes, il n'en reste pas moins qu'elle dégage une certitude ; à l'époque de la contamination, on était déjà certain que 10 % des personnes contaminées développeraient la maladie, et non moins certain qu'un pourcentage indéterminé d'utilisateurs de concentrés seraient contaminés. Les concentrés étaient « forcément mortels », même s'il était impossible de savoir quelle proportion d'utilisateurs mourrait. C'est donc la seule considération du caractère spécial et sévèrement réprimé de ce crime qui inciterait à penser, par souci légitime d'interprétation restrictive, qu'il est préférable de limiter cette incrimination lourde à la certitude non probabiliste d'un caractère mortifère absolu.

Je me demande surtout si ce raisonnement poussé à ses extrêmes limites n'interdit pas la répression de multiples formes reconnues d'empoisonnement. Il me semble, au fond, qu'aucune substance n'est forcément mortelle en tant que telle, si on ne prend pas en compte son mode d'administration. C'est le cas, par exemple, des virus, qui ne sont jamais mortels à 100 %. Lorsque la chambre d'accusation de la cour d'appel de Colmar a qualifié d'empoisonnement l'administration de virus atténué de typhus à quarante personnes, quoique aucune d'entre elles ne soit morte des suites de cette expérimentation vaccinale dangereuse effectuée dans le contexte de divers crimes de guerre, elle a motivé sa décision par l'idée que ces « expériences *auraient pu avoir une issue mortelle*[1] ». Il est clair que le virus du typhus n'est pas toujours mortel, moins encore lorsqu'il est atténué. Or le juge a tout de même retenu le crime d'empoisonnement et non l'article 318. Il est probable que le contexte de guerre a été déterminant dans cette affaire : l'expérimentation d'un vaccin avec le même virus sur des sujets consentants n'aurait pas été qualifiée d'empoisonnement. Cet exemple tendrait à montrer que l'empoisonnement se reconnaîtrait à la conjonction de divers éléments qui tiennent à la nature de la substance, son mode d'administration, l'intention de l'auteur de l'infraction et le contexte général de l'infraction.

1. C. cass., chambre criminelle, 18 juillet 1952, Dalloz, 1952, II, p. 667 ; il faut noter que ce point n'a pas été contrôlé par la Cour de cassation qui l'a renvoyé au pouvoir souverain des juges du fond. Pourtant, la question paraît intimement mélangée de fait et de droit.

Au fond, comment distinguer entre les espèces où le criminel a bien l'intention de tuer mais donne par ignorance une dose trop faible, les espèces où le délinquant n'ayant pas l'intention de tuer utilise à bon escient une dose insuffisante d'un produit pourtant potentiellement mortel, les espèces où le délinquant qui n'a pas l'intention de tuer mais d'altérer la santé tue sa victime en lui administrant une dose trop forte, et les espèces où le délinquant n'a ni l'intention de tuer ni celle d'altérer la santé, mais tue bel et bien ? Tout cela combine trois facteurs, qui paraissent devoir être pris en compte : la capacité du produit à donner la mort, la dose nécessaire et l'intention du délinquant.

Il faut signaler une affaire récente, jugée par le tribunal de grande instance de Mulhouse[1]. Un toxicomane séropositif, en état d'ébriété, mordit jusqu'au sang un policier venu l'interpeller en criant : « J'ai le sida, tu vas crever aussi ! » L'intention homicide était évidente et ne fut pas niée, mais le policier ne fut pas contaminé. Inculpé d'empoisonnement, le délinquant fut condamné à une peine légère de deux ans de prison avec dix huit mois de sursis, pour coups, violences et voies de fait à agent de la force publique avec circonstances atténuantes. Le jugement, et c'est bien malheureux dans un domaine où l'on a un besoin urgent de constitution de jurisprudence, est un modèle d'absence de motivation. Pour le commentateur A. Prothais, cette décision a été rendue au mépris de l'orthodoxie juridique : il y a eu empoisonnement car la tentative n'est pas niée, même si elle a échoué.

Finalement, l'espèce la plus proche de la nôtre reste celle qui portait sur des expérimentations faites sur les détenus d'un camp de concentration, et qui fut jugée en 1952. L'un des inculpés, Bickhenbach, s'était « fait livrer » un certain nombre de déportés sur lesquels il expérimenta à Auschwitz. Il fit en tout quinze essais destinés à vérifier l'effet de l'urotropine comme antidote au gaz toxique phosgène. Onze essais furent réalisés sur des internés « protégés » par l'urotropine, avec pour conséquence des œdèmes du 1er et 2e degré. Pour cette série d'« essais protégés », Bickhenbach fut renvoyé devant le tribunal militaire sur le fondement de l'article 318. Pour les quatre autres essais, il sépara les sujets en deux groupes, l'un ayant de l'urotropine, l'autre étant soumis au phosgène sans antidote. Outre des malades, il y eut quatre morts sur les huit qui n'avaient pas été « protégés ». L'arrêt de la chambre d'accusation retient l'empoisonnement pour les huit victimes non protégées, qu'elles soient mortes ou non.

La chambre criminelle précise : « Attendu que la chambre des mises en accusation pouvait déduire de ces constatations qu'*un même produit, administré dans des conditions différentes, était de nature, dans certains cas, à causer la mort et à ne provoquer, dans d'autres, que de simples maladies*, et qu'ainsi l'arrêt attaqué a pu sans se contredire renvoyer le demandeur devant le tribunal militaire, d'une part pour *empoisonnement*, d'autre part pour *avoir occasionné à autrui des maladies en leur administrant volontairement des substances nuisibles à la santé.* »

1. TGI de Mulhouse, 6 février 1992, Dalloz, 23e cahier, II, p. 301.

Si l'on récapitule, furent reconnus comme empoisonnements : l'inoculation du typhus atténué, quoiqu'il n'y eut pas de mort, et l'administration de gaz phosgène sans antidote, même lorsque les sujets n'étaient pas morts. Dans aucun de ces deux cas, le produit n'était forcément mortel, et l'élément discriminant était le fait d'avoir fait prendre volontairement un risque mortel aux déportés [1].

3. Tout attentat à la vie... de quelque manière que ces substances aient été employées ou administrées et quelles qu'en aient été les suites

L'attentat à la vie, issu de la loi de 1810, désigne en général n'importe quelle agression contre la vie. On lui donne aussi un sens plus technique de tentative [2]. En droit commun, la tentative est un moment différent de celui de la consommation, chaque moment produisant des effets qui lui sont propres. Au contraire, avec l'empoisonnement, la tentative et la consommation ne sont plus deux moments disjoints ; le crime est considéré comme consommé dès qu'il est tenté, « quelles qu'en soient les suites ». Être indifférentes au résultat, telle est la caractéristique des infractions dites formelles. L'empoisonnement n'est donc pas forcément un homicide dont le particularisme serait d'être perpétré par le moyen du poison, mais le geste d'un empoisonneur, quelles qu'en soient les conséquences.

Ce choix du législateur permet au premier chef de condamner les empoisonneurs malchanceux qui ne réussissent pas à tuer leur victime, soit que le verre de poison n'ait pas été bu, soit que le poison ait été mal dosé, soit que la victime se soit révélée anormalement résistante ou pour toute autre raison. Il doit en principe conduire à condamner un empoisonneur même s'il se ravise et donne un contrepoison. Poussé à son extrême limite comme le fait A. Prothais [3], il permet encore la répression de l'empoisonnement impossible, et donc la condamnation à la réclusion criminelle à perpétuité de quelqu'un qui aurait tenté d'empoisonner avec un mélange d'urine et de bave de crapaud recueillies par une nuit de pleine lune.

Dans l'affaire de la contamination, tous les éléments retenus jusqu'ici semblent constituer l'infraction : il y a eu administration de substances qui sont de nature, statistiquement, à donner la mort ; il y avait une part d'incertitude – combien de personnes seront contaminées et combien mourront – et une part de certitude – au moment des faits il est déjà certain qu'un pourcentage indé-

1. Cf. le particularisme de l'élément moral dans ces infractions, *infra*, p. 407 et suiv.

2. Association Henri-Capitant, *Vocabulaire juridique*, Gérard Cornu (dir.), PUF, 1994. A. Prothais, *Tentative et Attentat*, thèse, Lille, 1978. Mustafa Feeij, *L'infraction formelle*, thèse, Paris, 1975.

3. « Plaidoyer pour le maintien de l'incrimination spéciale d'empoisonnement », Dalloz, 1982, 16e cahier, chronique, p. 107.

terminé de personnes ayant reçu ces dérivés sanguins mourront du sida. Si l'on passe outre les critiques de D. Mayer, l'élément matériel de l'infraction d'empoisonnement ne fait pas de doute. Mais cela ne suffit pas ; il faut également définir l'élément moral de l'infraction, et c'est là que le débat ne paraît guère pouvoir déboucher sur une argumentation vraiment décisive : même lorsque l'on se range, comme je l'ai fait, à la thèse de la loi de 1905, on aboutit à une insatisfaction plutôt qu'à une solution irréprochable.

B. LA QUERELLE DE L'ÉLÉMENT MORAL DU CRIME D'EMPOISONNEMENT

Le réquisitoire définitif de M. Bernard-Requin rejeta la thèse de l'empoisonnement en quelques phrases simples : « L'empoisonnement implique nécessairement la volonté préalable de donner la mort, et c'est l'intention homicide qui doit animer l'auteur de l'action et constituer la raison d'être de ses agissements. Il ne doit pas y avoir de confusion entre le moyen employé et le but poursuivi. L'administration volontaire de substances nuisibles à la santé implique également, pour son auteur, l'intention préalable et déterminante de porter atteinte à l'intégrité corporelle d'autrui et la volonté d'agir dans ce but. En l'espèce, il n'apparaît pas que la diffusion des produits sanguins incriminés avait été décidée et maintenue dans le dessein de porter atteinte à la vie ou à la santé des victimes. Les plaignants ont bien précisé que ces produits leur étaient fournis dans le cadre de leur traitement. Faute de cet élément intentionnel indispensable, les qualifications criminelles ont été à bon droit écartées. »

Pour elle, il est donc clair que, si la réalisation de l'homicide n'est pas nécessaire à la consommation du crime d'empoisonnement, l'intention homicide, définie comme volonté de donner la mort, est indispensable. De même la maladie de plus de vingt jours, occasionnée par une administration volontaire de substances qui, « sans être de nature à donner la mort », sont nuisibles à la santé, implique la volonté de porter atteinte à la santé de la victime pour que l'article 318 soit applicable.

Le ministère public ne pouvait pas être plus conforme à la doctrine classique. En 1900, R. Garraud, dans son *Traité théorique et pratique du droit pénal français*, affirme : « Il faut d'abord qu'il y ait, comme dans le meurtre, le parricide, l'infanticide, la volonté de donner la mort à autrui. [...] L'empoisonnement étant une forme du meurtre suppose, chez le coupable, la volonté de donner la mort [...][1]. » En 1929, M. Abelous, auteur d'une thèse sur l'empoisonnement, le définit comme une « forme de meurtre », qui « suppose chez le coupable la volonté de donner la mort. Dans la plupart des cas, cette résolution criminelle est nettement déterminée. *Elle se déduit des circonstances*, du fait qui est l'objet des poursuites, ou bien elle est mise en évidence par l'aveu de

1. Tome IV, n° 1631 et 1632, 2e éd.

l'inculpé[1]. » Cette formulation, claire dans l'esprit de son auteur et dans les exemples qu'il donne, autorise la manipulation : si l'intention se déduit des circonstances, peut-on déduire l'intention de tuer de la conscience de donner la mort ? Dans certains cas, c'est sans doute vrai, même si c'est exclu dans l'affaire de la contamination.

La doctrine moderne suivit largement cette voie. M. Culioli insiste tout particulièrement sur la nécessité de l'intention coupable : « Attentat à la vie humaine, [...], l'empoisonnement implique nécessairement de son auteur l'intention de procurer la mort, à l'aide d'une substance dont il connaît le pouvoir mortel au moment où il l'administre volontairement. [...] L'intention ainsi conçue avec ses divers éléments de connaissance et de volonté porte donc aussi bien sur le but que sur les moyens mis en œuvre pour l'attentat[2]. » J.-M. Aussel semble trouver la chose si évidente qu'il ne lui accorde pas de paragraphe particulier. Il se contente d'inclure l'empoisonnement dans les « homicides volontaires spéciaux », impliquant la volonté de donner la mort[3] : « Il suffit de remarquer que l'agent doit avoir eu la volonté de donner la mort et la connaissance que le produit employé était susceptible de la donner[4]. » Ici encore, l'auteur renvoie à la nécessité d'en apporter la preuve, ce qui nous ramène à la question de savoir si la connaissance du caractère mortel peut suffire à constituer la preuve de la volonté de tuer. Ceux qui le soutiennent réduisent deux conditions apparemment distinctes à une seule.

Car personne ne doute que l'empoisonnement requière du ministère public la nécessité d'apporter la preuve d'une volonté, d'une intention, mais laquelle ? Pour ceux qui refusent la thèse de l'empoisonnement, ce crime implique une volonté de tuer par le moyen du poison ; la simple tentative est punissable, même si elle n'a pas causé la mort, mais dans ce cas il s'agit bien d'une « tentative de meurtre » avortée, comme le disaient les vieux auteurs. Or personne ne soutient que les inculpés aient eu à aucun moment cette volonté homicide. Mais tout le monde s'accorde à dire que les inculpés ont eu la volonté de vendre une substance dont ils savaient qu'elle provoquerait la mort d'un nombre indéterminé de personnes. La volonté de vendre malgré la conscience de la dangerosité des produits est-elle une manifestation de la volonté de tuer identifiée à la conscience de faire courir un risque de mort ? Par cette interprétation assimilant totalement conscience et volonté, l'élément moral du crime d'empoisonnement serait constitué.

La volonté de vendre et la conscience du risque mortel sont-elles au contraire deux opérations mentales distinctes qui ne parviennent pas à constituer ensemble la volonté de tuer ? Par une telle séparation *de la conscience et de la volonté*, le droit fait obstacle à ce que soit constitué l'élément moral de l'infrac-

1. M. Abelous, *Étude des dispositions répressives et préventives de la loi pénale française en matière d'empoisonnement et administration de substances nuisibles*, Montpellier, Imprimerie Emmanuel Montane, 1929, p. 34.

2. *Encyclopédie Dalloz*, v° Empoisonnement, n° 75.

3. *Jurisclasseur pénal*, n° 240.

4. *Jurisclasseur pénal*, n° 297.

tion. On maintient par voie de conséquence les comportements d'acceptation du risque pour autrui, caractéristiques de la délinquance industrielle dans les limites du délit.

Dans la première interprétation, on cesse au contraire d'accepter que cette dissociation, dont on peut admettre l'existence sur un plan psychologique, puisse produire un effet juridique de correctionnalisation. C'est bien ce que soutint maître Paugam dans ses conclusions : le ministère public a, de sa seule initiative, « correctionnalisé le crime d'empoisonnement ».

Pour elle, « il suffit de relire l'article 301 pour constater que l'intention homicide n'est pas requise en matière d'empoisonnement. C'est un attentat, c'est-à-dire une tentative [*NdA* : elle ne dit pas tentative de meurtre]. C'est une infraction formelle qui est constituée par la seule administration de substances qui peuvent donner la mort. Il ne s'agit donc pas de donner la mort comme pour un homicide mais de donner des produits qui peuvent donner la mort. L'intention d'empoisonnement est uniquement constituée de la conscience du caractère mortifère, et de la volonté d'agir tout en le sachant. »

1. La thèse de la nécessité de la volonté de tuer [1]

Un argument historique

L'empoisonnement est un très vieux crime, plus fréquent à certaines époques qu'à d'autres. A l'époque moderne, il y eut la grande vague de l'empoisonnement-sorcellerie du XVIIe siècle, puis les empoisonneuses « domestiques » du XIXe siècle. Au 1er janvier 1989, on ne comptait plus que neuf condamnés pour empoisonnement dans les prisons françaises [2]. Cette forme de crime a donc presque complètement disparu, mais elle a fait très peur, à la fois parce que c'était un crime de proximité dont il était impossible de se protéger, et que ce pouvait être un crime de masse comme en témoignent les empoisonnements de puits, les 253 morts de l'apprenti boulanger de Saint-Denis, les 26 morts et 8 tentatives d'Hélène Jegado, servante guillotinée en 1851 ; ce fut aussi pendant longtemps une modalité du crime politique. La répression était donc particulièrement sévère ; aujourd'hui que la peine capitale a été abolie, l'empoisonnement est puni de réclusion criminelle à perpétuité.

On se souvient que la loi du 25 septembre 1791 parlait d'« homicide commis volontairement par poison ». La question de la volonté ne se posait alors même pas : l'empoisonnement était expressément une sous-catégorie au sein des homicides volontaires, le seul particularisme étant celui du moyen utilisé. La

1. Voir l'analyse de M. Danti Juan, in *Sang et droit pénal*, sous la direction de J. Pradel, p. 65 et suiv., qui réalise une intéressante démonstration par la comparaison entre l'ancien et le nouveau Code pénal.

2. *Répertoire Dalloz*, v° Empoisonnement, n° 25.

loi prévoyait la peine de mort même si l'homicide n'était pas consommé (art. 15), à moins que le criminel n'arrête l'exécution de son œuvre avant qu'elle ait produit son effet (art. 16). Si l'on en était resté à cette formulation, l'affaire de la contamination était simple à résoudre. Mais le législateur de 1810, après avoir élaboré un article général sur la répression de la tentative de crimes, jugea rationnel de supprimer les articles 15 et 16 qui faisaient double emploi et de renforcer la répression par la formule « quelles qu'en aient été les suites ». Mais il devenait incohérent de garder le mot d'homicide, puisque l'on condamnait la simple tentative, même si elle n'allait pas jusqu'à la consommation. On va donc remplacer la référence à l'homicide par l'expression d'« attentat à la vie ».

Si l'on s'en tient à la filiation historique, la notion contemporaine d'attentat contre la vie aurait purement et simplement remplacé celle d'homicide volontaire commis ou tenté de la loi de 1791 : le remplacement d'une expression complexe par une autre plus concise ne changerait rien à la nature d'infraction volontaire impliquant une intention de tuer, ce qui serait confirmé par le maintien de l'empoisonnement dans la section générale qui regroupe les « meurtres et autres crimes capitaux ». Rien ne vient, en effet, soutenir l'idée que le législateur poursuivait l'objectif de transformer l'élément moral de l'infraction à l'occasion de cette réforme.

Les travaux préparatoires du Code pénal de 1810 comme les commentaires qui ont suivi font clairement apparaître la pérennité de l'intention de tuer dans les éléments constitutifs du crime d'empoisonnement. Dans son rapport fait au corps législatif le 17 février 1810, M. Monseignat qualifie l'empoisonnement d'assassinat, perpétuant l'idée qu'il s'agit d'homicides volontaires avec préméditation. Il le distingue nettement de la répression de la vente de boissons falsifiées, « genre d'attentat contre la vie [...] commis par des empoisonneurs publics qui [...] vendent au détail le poison et la mort. Cette cupidité meurtrière n'était punie par la loi que d'un emprisonnement qui ne pouvait excéder une année. Le projet qui vous est soumis a doublé cette peine[1]. » Qualifiés politiquement ou moralement d'empoisonneurs, les industriels sont donc clairement exclus du crime d'empoisonnement.

Réflexions sur l'absence de précédents utilisables

Le retour sur le passé fournit un autre élément de réflexion, négatif en quelque sorte, en ce sens qu'il n'existe aucun précédent à l'affaire de la contamination ; non que la catastrophe soit unique en son genre, mais parce que les victimes ne pensèrent jamais en termes d'empoisonnement, toujours en termes d'homicide involontaire. Il fallait un certain courage judiciaire, il y a vingt ans,

1. *Jurisprudence générale*, Dalloz, 1857, v° Crimes contre les personnes. Le doublement de la peine en cas de vente de boissons falsifiées montre l'évolution : on passe en un siècle et demi de 1 à 2, puis 4 ans de prison.

pour demander les premières indemnisations de catastrophes pharmaceutiques, et l'on paraissait relativement révolutionnaire quand on cherchait à faire établir un homicide involontaire ; cela paraît aller de soi aujourd'hui, et l'on va plus avant dans la recherche de condamnations pénales.

Certaines affaires d'empoisonnement ont pourtant requis une analyse de l'intention, mais sous un angle différent, celui de la preuve, qui n'a aucun intérêt pour nous. La célèbre affaire Violette Nozière permet de bien comprendre les différences : la jeune fille, qui avait la fenêtre de sa chambre grande ouverte, ne fut pas atteinte par la fuite de gaz dont ses parents étaient victimes dans leur chambre fermée. La question se posait de savoir si la fuite était accidentelle, et donc inconnue de la jeune fille, ou provoquée et connue. La conscience, l'acte d'administration et l'intention sont, dans une telle hypothèse, indissolublement liées. Soit les trois éléments coexistent, soit aucun des trois[1].

Dans les empoisonnements « industriels », il y a au contraire rupture, que personne ne nie, entre l'intention qui est une intention de vendre et la conscience, conscience de tuer ou plus généralement de faire courir un risque mortel. C'est sans doute pour cette raison que les précédents en matière d'empoisonnement sont totalement inutiles, au moins si l'on rejette le raisonnement *a contrario*.

Une récente affaire d'empoisonnement peut pourtant nous être utile, en droit, malgré des faits radicalement différents[2]. S., un repris de justice à forte personnalité, avait conseillé à P., faible et crédule, de déclarer mensongèrement le vol de sa carte bleue, après avoir retiré des fonds, comme s'ils étaient volés. Le projet fut exécuté, l'argent remis à S. et dépensé. Inquiet des conséquences de sa déclaration mensongère, P. suivit de nouveau les conseils de S. qui lui souffla de laisser une lettre annonçant son suicide et d'absorber des médicaments dont l'association était mortelle. S. devait intervenir à temps pour le faire réanimer, et cette mascarade était censée impressionner les autorités ; mais il n'intervint pas et P. mourut. Devant témoins, S. raconta sa machination, ajoutant que « le coup avait réussi ».

Pour caractériser l'élément moral de l'empoisonnement, la chambre d'accusation avait utilisé deux éléments bien distincts, la connaissance du caractère mortifère de l'association des trois médicaments par l'inculpé d'une part, et des circonstances de fait prouvant qu'il avait souhaité que la victime en meure effectivement, d'autre part : « Attendu, enfin, que pour caractériser la volonté criminelle du demandeur, les juges retiennent que celui-ci connaissait l'effet mortifère de la prise massive des produits remis à la victime [...] ; *qu'en outre*, le soir des faits, il aurait déclaré dans un bar, "il n'en a plus pour longtemps", et le lendemain, aurait indiqué à un tiers que "le coup avait réussi". »

1. Même si, la fuite étant accidentelle à l'origine, l'agent s'en aperçoit et choisit de s'en protéger en laissant les autres mourir ; dans ce cas, ce n'est que la préméditation qui disparaît, mais elle n'entre pas en ligne de compte dans l'empoisonnement.

2. C. cass., chambre criminelle, 8 juin 1993, *Gaz. Pal.*, octobre1993, p. 6-7, note J. P. Doucet, p. 21.

La Cour de cassation conclut que la chambre d'accusation avait ainsi légalement justifié le renvoi de l'inculpé en cour d'assises, sans déclarer que la seconde branche du raisonnement de la chambre d'accusation constituait un motif surabondant. Or, si le crime d'empoisonnement était constitué par la seule conscience de l'administration de substances mortelles, la cour aurait dû indiquer que les réflexions « il n'en a plus pour longtemps », « le coup a réussi » constituaient des motifs surabondants. Sans que cette espèce soit déterminante, elle n'est pas neutre dans les discussions. La chambre criminelle semble, en effet, sinon prendre parti, du moins ne pas opposer d'obstacle à ce que la volonté de tuer soit un des éléments constitutifs de la volonté criminelle en matière de crime d'empoisonnement.

Dans l'affaire de la contamination, la cour d'appel de Paris s'était d'ailleurs emparée immédiatement de la voie étroite qui lui était offerte. Statuant un mois après cet arrêt, elle reprend la question de la qualification en mettant l'accent sur le contexte de la contamination :

« Considérant que, si l'on peut induire l'intention homicide de la connaissance par l'agent du caractère mortifère du produit qu'il administre à autrui, cette induction n'est possible que lorsque les circonstances de la cause le justifient – ainsi l'existence par exemple de rapports conflictuels entre l'auteur et la victime ; qu'il n'en est pas de même dans la présente espèce où les faits incriminés s'inscrivent dans le cadre d'une relation fabricant de produit thérapeutique-médecin-malade ; qu'en effet, bien que les docteurs X et Y aient connu les dangers présentés par l'utilisation des facteurs de coagulation, contaminés par le VIH, cédés par le CNTS, il est constant qu'ils n'avaient pas, à l'égard de quiconque, d'intention homicide. »

Ce faisant, la cour d'appel constate que, contrairement à l'affaire de S. et de P., il n'existe pas de circonstances particulières venant établir la volonté de tuer qui, du coup, ne peut s'induire que de la seule administration consciente de la substance mortelle.

En cherchant bien, on pourrait trouver toutefois des éléments utilisables *a contrario* sans trop de risques d'erreur, dans la manière dont les questions doivent être formulées en cour d'assises par exemple. La question classique, pour le crime d'empoisonnement, est la suivante : X est-il coupable d'avoir à... le... volontairement attenté à la vie de Y par l'effet de substances pouvant donner la mort ? Cette formule conseillée par les manuels inclut sans erreur possible l'intention de tuer.

Il reste que l'impossibilité de trouver un véritable précédent montre que, dans l'esprit de tous, y compris des victimes, cette disposition du Code pénal n'était pas faite pour des industriels dangereux par indifférence à la vie d'autrui, mais pour ceux dont l'objectif était de tuer. On n'a, dans la jurisprudence, aucun exemple d'empoisonnement qui ne fasse apparaître une intention de tuer, même si cette intention n'est pas forcément dirigée contre les victimes elles-mêmes. Tel fut le cas dans la célèbre affaire de l'apprenti boulanger de Saint-Denis qui tua 253 personnes en mélangeant de l'arsenic à la farine pour se venger de son patron. Il avait bien l'intention de tuer, même si le mobile n'était pas dirigé contre les victimes dont il utilisait la mort, mais contre son patron. Pourtant il lui fallait des victimes : le mobile du meurtre est indifférent, pas l'intention de le commettre[1].

La place de l'empoisonnement dans le Code pénal

La nécessité de la volonté de tuer peut encore être induite de la place de l'empoisonnement dans la structure du Code pénal, élément fondamental du raisonnement du tribunal correctionnel : « Les interprétations extensives développées par les parties civiles se heurtent à cette constatation que l'empoisonnement de l'article 301 du Code pénal est incriminé à la section première, "Meurtres et autres crimes capitaux", paragraphe 1er, "Meurtre, assassinat, parricide, infanticide, empoisonnement". » Ces crimes sont pour les quatre premiers textuellement définis par l'intention homicide. Leur caractéristique commune à tous est manifestement cette intention homicide et ils ne sont légalement différenciés que par les circonstances qui la colorent ou l'accompagnent, la préméditation (pour l'assassinat), la qualité de la victime (pour le parricide et l'infanticide), le moyen utilisé pour concrétiser la volonté de l'auteur (pour l'empoisonnement).

Le délit et les crimes prévus à l'article 318 du même Code le sont à la section II : « Blessures et coups volontaires non qualifiés meurtres et autres crimes et délits volontaires ». Cet article incrimine dans son texte même « celui qui aura… volontairement… ». Ces deux sections sont suivies d'une troisième : « Homicide, blessures et coups involontaires ».

De cette disposition des textes, la doctrine et la jurisprudence dominantes ont déduit que les infractions des articles 301 et 318 du Code pénal impliquent nécessairement que soit établie chez l'auteur l'intention de tuer ou d'attenter à l'intégrité corporelle d'autrui.

L'empoisonnement n'est pas seulement un acte, conscient, voulu, mais un acte intentionnel, c'est-à-dire conscient, voulu et accompli en vue d'un résultat précisément recherché par son auteur, en l'espèce la mort ou l'atteinte à l'intégrité corporelle d'autrui.

Le résultat ainsi recherché est un élément constitutif de l'infraction et participe à sa définition même : empoisonner, c'est rechercher la mort de son prochain. Quand le législateur a voulu criminaliser des actes commis sans intention de donner la mort, il l'a expressément déclaré. Ainsi, dans l'article 311 du Code pénal : « Toute personne qui volontairement aura porté des coups ou commis des violences ou voies de fait ayant entraîné la mort sans intention de la donner…[2] »

1. J.-P. Delmas Saint-Hilaire n'est pas très convaincant quand il cite cette affaire pour prouver qu'il n'est pas nécessaire qu'il y ait un conflit entre l'agent et la victime, conflit que la cour d'appel avait donné comme simple exemple de circonstance permettant d'établir dans certains cas l'intention de tuer ; *in* « L'homicide assassiné », *Gaz. Pal.*, dimanche 23 au mardi 25 janvier 1994, doctrine.

2. Jugement, *in* L. Greilsamer, *Le Procès du sang contaminé*, p. 287.

Les tenants de la thèse de l'empoisonnement n'ont pas repris l'argumentation de la place de cette infraction parmi les meurtres et autres crimes capitaux ; il leur était effectivement difficile de trouver une réponse satisfaisante.

Une politique pénale

Le point ultime de l'argumentation de ceux qui exigent la démonstration d'une volonté de tuer est une considération de politique criminelle. Ici encore, il convient de suivre le jugement du tribunal correctionnel à la lettre :

« Ainsi la proposition de retenir, pour le seul crime d'empoisonnement, malgré l'argument textuel développé plus haut, la notion prétendument novatrice "d'intention d'empoisonner", reviendrait à substituer à un concept clairement identifiable (empoisonner c'est vouloir tuer) une définition tautologique (empoisonner c'est vouloir empoisonner), aux contours totalement imprécis. Une non-définition dangereuse pour les libertés publiques, susceptible de s'appliquer à des situations multiples, indéterminées : du trafiquant de drogue[1] au fabricant ou commerçant en produits alimentaires, pharmaceutiques, cosmétiques... jusqu'à certaines atteintes à l'environnement... pour aboutir à une totale méconnaissance du principe de la légalité des infractions.

Ce serait encore entretenir la confusion entre les infractions intentionnelles et les délits qualifiés d'involontaires. »

Le tribunal n'avait pas tort : à Reims, en janvier 1985, 46 personnes, victimes de l'explosion d'un transformateur électrique contenant du pyralène, ont déposé une plainte pour empoisonnement, le 28 novembre 1994, auprès du tribunal de grande instance de Reims. L'association de défense qui a été constituée estime à 200 le nombre de victimes de cet accident, qui souffrent de pathologies diverses, cholestérol, allergies et maux de tête. Le tribunal de Reims a classé sans suite cette plainte, mais cela importe peu : le mouvement que craignait le président Mazières est bel et bien lancé[2].

Que l'on essaie d'imaginer ce qui pourrait se produire dans un avenir proche, si l'on faisait le lien santé-environnement. On met en effet de plus en plus sou-

1. Actuellement, les responsables d'overdoses ne sont condamnés que pour homicide involontaire, même lorsqu'ils savaient distribuer un produit particulièrement dangereux du fait de sa pureté ou de ses mélanges ; si l'intention de tuer n'était plus requise, on ne voit pas bien ce qui empêcherait de les condamner pour empoisonnement. On pourrait souhaiter le faire lorsqu'il s'agit de trafiquants, mais cela retomberait aussi bien sur le consommateur revendeur ou celui qui « initie » un nouveau consommateur.

2. *Le Monde*, 14 janvier 1995 ; J. Philipponeau, *Relation de l'empoisonnement perpétré en Espagne et camouflé sous le nom de syndrome de l'huile toxique*, Paris, Éd. de l'Encyclopédie des nuisibles, 1994 ; on peut penser aussi au combat mené par la veuve d'un militaire qui fut victime en Algérie d'une irradiation qui aurait causé un cancer mortel très particulier, 30 ans plus tard (*Le Monde*, 10 janvier 1995). Bien qu'il demande simplement la reconnaissance d'un droit à pension, citons le cas d'un ancien militaire affirmant avoir été contaminé par du carburant de la fusée Ariane (*Le Monde*, 22 janvier 1994).

vent en évidence des liens statistiques entre tel type de pesticide, herbicide ou tout autre produit, et l'augmentation de taux de cancers ou diverses formes de maladies. Les produits litigieux finissent par être retirés du marché, mais il se passe toujours un moment plus ou moins long entre la date à laquelle les études commencent à établir le caractère dangereux du produit et la date de retrait du marché. Si l'on ne retient pas la nécessité de l'intention de tuer ou, à défaut, la distinction que fait D. Mayer entre la mort statistique et la mort certaine, tous ces cas relèveraient du crime d'empoisonnement ou d'administration de substances toxiques, sans même parler des exportations qui s'accélèrent bien souvent après le retrait du marché dans un premier pays.

Or le président Mazières suggérait, avec quelque raison, que la loi de 1905 avait été conçue pour distinguer l'empoisonnement peut-être prévisible ou même prévu qui provient d'un dérapage industriel ou commercial, de l'empoisonnement qui constitue la finalité même de l'action : « La prévisibilité ou la prévision d'un résultat ne se confondent pas avec sa recherche délibérée, pas plus que l'intention ne se confond avec le mobile. »

Il me semble de plus que si l'on ne retenait pas ces limites, il serait difficile d'éviter d'accuser du crime d'empoisonnement les personnes séropositives qui ne préviennent pas leurs partenaires.

Je pense pouvoir être d'accord avec cette position de prudence du président Mazières : si l'on souhaite criminaliser le résultat homicide d'un acte qui ne relève pas de l'intention de tuer mais de la conscience de faire courir un risque mortel, la révolution sera suffisamment importante pour qu'elle nécessite un travail législatif. Non pas tant parce que le législateur ferait par hypothèse un meilleur travail que le juge, je ne le pense pas, bien au contraire. Il m'est toujours apparu qu'il y avait dans le travail du juge deux facteurs importants de prudence politique : la durée et l'empirisme de l'approche. En effet, le juge n'a pas à élaborer une solution en fonction de situations imaginaires que l'on ne conçoit toujours qu'imparfaitement ; il les déduit point par point et cas par cas de deux positions qui s'affrontent sur une situation vécue en vraie grandeur.

Le travail du Parlement a peut-être les qualités inverses : il permet de synthétiser à un moment donné une évolution complexe, en éliminant les scories du passé, et surtout il fait l'objet d'une publicité qui doit en principe permettre aux personnes concernées d'adapter leur comportement à la nouvelle donne sociale. J'ai peine à imaginer le sens politique de la condamnation pour empoisonnement, avec réclusion criminelle à perpétuité de deux médecins qui n'ont pas même admis l'évidence de leur culpabilité au titre de la loi de 1905. Cela ne signifie pas qu'elle me semblerait imméritée en soi, mais simplement que la distance infranchissable entre le sentiment des victimes et celui des coupables mérite d'être réduite par un travail politique avant que l'on puisse prononcer de telles condamnations.

Cela fait longtemps que les pénalistes demandent la possibilité de distinguer, au sein des homicides involontaires, différents seuils de gravité, selon le degré de conscience ou de connaissance du risque dont dispose l'agent, selon l'occurrence de ce risque, sa prévisibilité, sa gravité[1]. Ce serait en réalité une suite logique de l'adaptation du droit à la société technologique. Pour le moment, cette adaptation a concerné essentiellement les différents mécanismes d'attribution de dommages-intérêts. On cherche à adapter le droit pénal en créant de nouvelles catégories d'infractions – l'aggravation des peines en matière d'homicide involontaire dans le nouveau Code pénal en est une manifestation. Mais elle est excessivement timide, à la fois parce qu'elle limite la notion de « manquement délibéré » aux comportements qui contreviennent à une réglementation, ce qui n'était pas le cas ici, et parce que le maximum de la peine est de cinq ans.

Cette timidité est étonnante si l'on songe à l'ancienneté du mouvement; pour ne retenir que le travail de J.-B. Herzog en 1956, il affirmait déjà que « la notion du risque est depuis longtemps familière au droit civil. Elle est peut-être de celles que le droit criminel doit adapter et appliquer à l'évaluation des comportements dangereux pour l'ordre social [...] directement menacé par l'aggravation de la délinquance involontaire. Le trouble résultant d'un homicide par imprudence est, dans ses conséquences matérielles, aussi grave que celui dont un meurtre est l'origine[2]. » Travaillant sur l'idée de prévention presque uniquement à partir des accidents de voiture, il s'intéressait surtout à la prophylaxie de l'alcoolisme et à l'éducation des futures générations de conducteurs. Il mentionnait pour ordre seulement « l'insertion des activités et professions dangereuses dans un réseau réglementaire », songeant particulièrement à la pharmacie. Or il est frappant de constater que le droit pénal n'a pas accompli de grands progrès à cet égard. Le Pr Got a pu faire en quelques lignes le bilan de ses échecs dans la lutte contre la vitesse et le tabac, sous le titre « De velléité en reculade[3] ». Le projet de loi qui comportait des sanctions sévères en cas de truquage des limitateurs-enregistreurs de vitesse des poids lourds, infraction caractéristique d'une attitude de prévention de l'« homicide involontaire conscient », a disparu. Si la demande de répression du public est forte, le poids des lobbies est encore plus fort.

On peut se demander, en fait, s'il n'existe pas dans l'arsenal législatif une disposition qui aurait pu être utilisée pour criminaliser les comportements des Drs Allain et Garretta. Parmi les crimes, on trouve une infraction que les juristes qualifient de praeterintentionnelle, pour bien montrer que l'élément moral de l'infraction n'est pas clairement volontaire ou involontaire, mais qu'il passe de l'un à l'autre. L'article 311, qui vise les violences ou voies de fait (la voie de fait est volontaire) ayant entraîné la mort sans intention de la donner (l'homicide est involontaire), permet de réprimer des comportements très divers et de donner des peines sévères pouvant aller jusqu'à quinze ans de réclusion criminelle.

1. R. Merle et A. Vitu, *Traité de droit criminel*, p. 728, et une bibliographie bien choisie; on consultera particulièrement les travaux de J.-B. Herzog.
2. J.-B. Herzog, « La répression des infractions involontaires », p. 213.
3. *Le Monde*, 14 janvier 1995.

On ne peut, certes, accuser le Dr Garretta de violences volontaires. Mais le concept de voies de fait, tel qu'il a été interprété par la jurisprudence, est extrêmement souple, puisqu'il comprend les exactions téléphoniques des « corbeaux », les lettres anonymes ou le fait d'avoir divulgué l'identité d'une personne sur un Minitel « rose », provoquant un assaut de demandes libidineuses. Ne pourrait-on pas soutenir que la tromperie sur les risques constitue une voie de fait, au même titre que les appels téléphoniques de nuit ? Cette tromperie, volontaire, a bien entraîné la mort sans intention de la donner. Au regard de l'élément moral de l'infraction, de sa structure pour partie volontaire, pour partie involontaire, c'est sans doute l'article du Code pénal qui aurait permis de se rapprocher le mieux de l'attente des victimes, sans s'éloigner trop considérablement de ce qui a été vécu par les coupables.

Dans la plupart des « crimes industriels », il me semble que l'on peut trouver une voie de fait dans le manquement délibéré et conscient à une obligation de sécurité, manquement qui peut se prouver par la connaissance du risque. On a là, en tout cas, un élément qui permet de faire repartir la réflexion sur des fondements peut-être plus solides que ceux de l'homicide involontaire.

2. La thèse de la volonté d'administrer une substance pouvant donner la mort

Les tenants de l'empoisonnement ne dénient pas qu'il s'agisse d'un acte volontaire, intentionnel, mais ils déplacent l'objet sur lequel porte l'intention. Point n'est besoin de volonté de tuer, comme dans les autres crimes : il suffit de la volonté d'administrer une substance dont on a conscience qu'elle peut être mortelle. L'argument principal est un argument de doctrine faisant appel à la théorie générale de l'infraction ; l'empoisonnement a toujours été considéré comme l'idéal type des infractions dites formelles ou de moyen, qui s'opposent aux infractions matérielles, dites de résultat. Le type de l'infraction de résultat est représenté par l'homicide involontaire qui n'existe que par la mort de la victime. Le type de l'infraction formelle est l'empoisonnement, défini par le moyen utilisé, la substance – indifférente au résultat.

Parmi les infractions formelles, on trouve, outre l'empoisonnement et les infractions de la loi de 1905, le dépôt d'explosif, la corruption de fonctionnaire, l'usure, la fabrication de fausse monnaie. Ce sont donc soit des infractions particulièrement dangereuses pour les personnes, soit des infractions qui touchent le cœur de la puissance de l'État. Les auteurs ont bien montré leur filiation avec les « crimes atroces » de l'Ancien Régime, dont les préparatifs, même lointains, étaient sanctionnés de la même manière que le crime consommé. Dans ces domaines, l'objectif a toujours été d'aggraver la peine, et surtout de permettre la répression même si le crime n'était pas consommé. Ce deuxième élément est particulièrement important pour une politique pénale de la délinquance technologique, qui doit tendre autant que faire se peut à la prévention. En confondant certains éléments de la préparation avec la consommation de l'infraction, en raccourcissant ce que les juristes appellent l'*iter criminis*[1], la structure de l'infraction formelle se prête bien à cet objectif. Elle est qualifiée à juste titre de « technique de répression avancée renforcée[2] ».

L'application de ces données doctrinales par la jurisprudence est moins claire. On trouve des applications pures et dures de cette théorie dans le cadre de la loi de 1905 : c'est ainsi que la simple détention de marchandises avariées dans un entrepôt est condamnable, même si elles n'étaient pas destinées à être vendues. Il n'en va pas de même avec l'empoisonnement, où la théorie de l'infraction formelle est appliquée de manière moins rigoureuse. En effet, si l'on allait jusqu'au bout de cette logique, les actes préparatoires d'un empoisonnement seraient réprimés, même si ce dernier n'a pas été finalement commis. L'article 301 le permet incontestablement, à charge seulement de déterminer à partir de quel moment l'agent passe du fantasme d'empoisonnement à la préparation du crime. Or la jurisprudence s'est montrée beaucoup plus réservée. Dans l'affaire d'Amiens, jugée le 2 avril 1840, l'achat de poison et la remise du poison à un tiers n'ont pas été qualifiés de tentative d'empoisonnement, quoique cette tentative n'ait échoué que pour des raisons indépendantes de la volonté de l'auteur de l'infraction. Devant la gravité de la peine, à l'époque la peine de mort, on est peu enclin à la pureté doctrinale.

Il faut bien dire que l'application stricte de la logique de l'infraction formelle conduit à des résultats très rigoureux. A. Prothais, qui en est partisan, conclut que devraient être condamnés pour empoisonnement aussi bien ceux qui commettent un empoisonnement – impossible, parce que la victime est déjà morte par exemple[3] – que ceux qui transmettent le virus du sida par voie sexuelle[4], même si le but n'était pas ici de tuer. Il n'établit ainsi aucune différence fondée sur l'intention entre le séropositif qui mord un agent de police ou qui viole dans le but de contaminer et le séropositif qui, pour diverses raisons, préfère ne pas révéler à ses partenaires sexuels sa contamination. Pour A. Prothais, le caractère d'infraction formelle interdit toute recherche sur la volonté de tuer puisqu'il n'est pas nécessaire d'avoir tué pour que la répression soit possible.

C'est aussi ce qu'avait soutenu S. Paugam dans ses conclusions : « L'empoisonnement est un attentat, c'est-à-dire une tentative. C'est une infraction formelle qui est constituée par la seule administration de substances qui peuvent donner la mort. Il ne s'agit donc pas de donner la mort comme pour un homicide, mais de donner des produits qui peuvent donner la mort. L'intention

1. P. Spiteri, « L'infraction formelle », in *Revue de science criminelle*, 1966, p. 497.

2. A. Prothais, « Plaidoyer pour le maintien de l'incrimination spéciale de l'empoisonnement », *in* Dalloz, 1982, chronique, p. 107, et du même auteur, « Sida sur ordonnance, qualifier l'inqualifiable », *in* Dalloz, 1993, chronique, p. 222.

3. L'hypothèse n'est pas farfelue si l'on pense aux expériences tentées sur les personnes en état de mort cérébrale : il est possible de mesurer certains effets biologiques d'un produit mortel sur ces « cerveaux morts, corps vivants ».

4. « Dialogue de pénalistes sur le sida », *in* Dalloz, 1988, chronique, p. 25 ; à signaler deux condamnations récentes de ce type, au Danemark et en Suisse ; cf. *Journal international de bioéthique*, nº 3, vol. 5, septembre 1994, p. 283-284.

d'empoisonnement est uniquement constituée de la conscience du caractère mortifère et de la volonté d'agir tout en le sachant. » Dans ce raisonnement, l'administration de la substance révèle l'intention requise, l'intention de tuer n'étant qu'un *mobile*, indifférent pour caractériser l'empoisonnement. Que l'administration consciente résulte d'un mobile homicide ou d'un mobile commercial, l'infraction est identique. Le mobile, effectivement indifférent en droit, me paraît être autre chose ; ce n'est pas la volonté de tuer qui constitue le mobile du geste, mais le mobile de cette volonté de tuer qui est sans importance. En effet, que l'empoisonneur tue par haine, par désir de capter un héritage ou par simple volonté de se soustraire à une procédure de divorce, la volonté de tuer est présente, quel que soit le mobile. C'est encore déplacer le problème vers l'amont que de dire que la volonté de tuer n'est qu'un mobile parmi d'autres de la volonté d'empoisonner.

C'est aussi la thèse que développe J.-P. Delmas Saint-Hilaire[1]. Pour lui, l'empoisonnement n'appartient pas à la catégorie des homicides, puisque le résultat n'est pas nécessaire, et cela rétroagit sur la recherche de l'intention. Vouloir tuer n'est qu'un mobile ; ce qui est décisif c'est la « conscience de donner la mort à certains de ceux auxquels le sang était administré », révélatrice de « l'indifférence à l'égard de la vie d'autrui ». *Si l'on adoptait ce point de vue tel quel, on ne pourrait plus transfuser du tout.* En effet, malgré les efforts de collecte, d'autotransfusion, de réduction des prescriptions et malgré l'inactivation d'un nombre grandissant de produits, *on sait que l'on n'évite pas la transmission du sida dans un nombre de cas aujourd'hui très réduit. Or on en a conscience*, ce qui dans son raisonnement *suffit à caractériser l'élément moral de l'infraction.*

Le problème est donc celui de la preuve de l'intention homicide : présomption irréfragable tirée de la conscience d'administrer une substance mortelle, pour les uns ; élément moral autonome dont l'existence n'est pas prouvée dans l'affaire de la contamination, pour les autres.

La difficulté vient de ce que les magistrats sont habitués à induire l'intention homicide non pas seulement de l'acte lui-même, mais aussi de son contexte. Un coup de fusil mortel pourra être un homicide involontaire s'il est avéré que le responsable tirait sur un lapin, même si par maladresse il tue un chasseur. A l'inverse, un homme armé d'un fusil qui prétend n'avoir voulu qu'intimider son adversaire sera reconnu coupable d'homicide volontaire s'il a tiré dans le cœur plutôt que dans les jambes ou en l'air ; il lui sera alors beaucoup plus difficile de faire admettre sa maladresse que dans le cas précédent.

Un retour sur la sinistre affaire du gaz phosgène n'est pas sans intérêt, même si, une fois de plus, la référence n'est pas déterminante. Pour qualifier l'empoisonnement, la chambre d'accusation avait retenu que « l'intention homicide, en ce qui concerne les huit sujets non protégés, est incontestable, l'expérimenta-

1. « La mort, la grande absente de la décision rendue dans l'affaire du sang contaminé par le tribunal correctionnel de Paris », *Gaz. Pal.*, 7 au 9 mars 1993, et « L'homicide assassiné », *Gaz. Pal.*, 23 au 25 janvier 1994.

teur ayant accepté et escompté l'issue fatale ». L'utilisation du terme « accepté » rapproche les deux affaires, car les médecins transfuseurs ont effectivement accepté la mort de certains malades. A l'inverse, le terme « escompté » les différencie, car il évoque au minimum une attente, au maximum une espérance, bien évidemment absentes dans l'affaire de la contamination. On se doute, d'autre part, que le contexte moral de l'univers concentrationnaire, qui impliquait une volonté exterminatrice globale, a joué dans cette appréciation[1].

Dès lors, que peut-on induire de la conscience du caractère mortifère des facteurs VIII ? D. Mayer rappelle d'abord que, « du point de vue de l'intention, le caractère matériel ou formel de l'infraction n'a pas de répercussion car, de toutes façons, quelle que soit l'infraction, l'intention elle-même se définit par le but recherché et non par le résultat atteint ». Elle pose donc la question de la preuve : peut-on induire la volonté criminelle de la connaissance d'un risque mortel ? Elle répond par la négative, rappelant que pour qu'il y ait intention, il ne suffit pas de connaître, il faut aussi vouloir. La conscience du caractère mortel peut être une présomption de volonté, qui n'est à ses yeux confirmée que s'il y a une certitude sur le caractère mortifère. Dans ce cas, la conscience serait révélatrice de l'intention d'empoisonnement, « infraction du vouloir » ; la conscience d'un risque ne permet d'induire que des « infractions du laisser-aller », qu'il convient de réprimer pour elles-mêmes, « à la hauteur des risques qu'elles engendrent », par de nouvelles incriminations décidées par le législateur[2].

Je doute, en tout état de cause, que la théorie de l'infraction formelle ait jamais débouché sur l'affirmation rigide de l'absorption de l'intention dans la tentative, ni même dans la commission de l'acte. En effet, si l'on en croit les deux articles fondamentaux sur cette question[3], la seule caractéristique de l'infraction formelle est de déplacer le *moment* de la commission de l'infraction du résultat – la mort de la victime dans le meurtre – au moment de l'emploi du moyen – l'administration du poison. Ce déplacement est décrit comme un simple *mécanisme temporel* qui ne change pas la nature de l'acte ni celle des éléments constitutifs de l'infraction[4]. Or la doctrine n'avait jamais tiré de là la moindre réflexion sur ce qu'est la résolution criminelle en ces matières[5] ; elle ne peut donc offrir aucun secours solide à ceux qui s'appuient sur le caractère d'infraction formelle pour nier que l'intention de tuer soit nécessaire.

Cette étude me semble devoir s'achever par un refus de la qualification d'empoisonnement. Je ne pense pas que l'on puisse parvenir à séparer totale-

1. Contra, J.-P. Delmas Saint-Hilaire, qui ne voit dans cette affaire « aucun rapport conflictuel », mais un « but scientifique dépourvu de toute connotation idéologique », in *Sang et Droit pénal*, p. 56 ; la meilleure critique de la prise en compte du contexte est celle de l'avocat général Perfetti, même ouvrage, p. 138.

2. « La notion de substance mortelle », *in* Dalloz, 1994, 39e cahier, chronique, p. 326.

3. P. Spiteri, « L'infraction formelle », in *Revue de science criminelle*, 1966, p. 497, et S. Keyman, « Le résultat pénal », in *Revue de science criminelle*, 1968, p. 781.

4. Contra, réquisitions de l'avocat général Perfetti, in *Sang et Droit pénal*, p. 138.

5. Même P. Spiteri, p. 514, malgré le titre de sa troisième partie.

ment ce qui tient à la substance, ce qui tient à son mode d'administration et ce qui relève de l'intention. Ces trois éléments se reflètent en quelque sorte les uns les autres, et ne se comprennent, ne s'achèvent que les uns par les autres. Faisant allusion à une hypothèse dans laquelle l'agent donne à sa victime des substances dont les premières prises rendent malades pour finalement arriver à la mort par accumulation, M. Abelous précise que si le crime est découvert au cours de son exécution, on ne peut distinguer l'empoisonnement de l'administration de substances nuisibles que par l'examen de l'intention. Il peut s'agir aussi bien d'un agent qui a déjà atteint son but car il voulait rendre sa victime malade sans la tuer, ou d'un empoisonneur qui n'a pas fini d'accomplir le meurtre. M. Abelous conclut que « la qualification du fait dépend ici d'une question d'intention[1] ».

On aurait pu espérer que l'arrêt de la chambre criminelle de la Cour de cassation vienne clore le débat. Ce n'est pas vraiment le cas, malgré les conclusions claires de son avocat général en faveur de la thèse de l'empoisonnement, et l'on peut penser qu'elle a failli à sa mission. « Qu'étant saisis de la prévention de tromperie dont ils ont à bon droit déclaré J.-P. Allain coupable, ils ne pouvaient, sans ajouter à cette prévention, retenir une qualification criminelle d'empoisonnement comportant des éléments constitutifs distincts, au regard notamment de l'intention coupable essentiellement différente, et qui serait susceptible de poursuites séparées[2]. »

En refusant de casser l'arrêt de la cour d'appel de Paris, contrairement aux conclusions de l'avocat général Perfetti, la chambre criminelle de la Cour de cassation rendait les condamnations définitives, justifiant la possibilité de poursuivre les faits litigieux sur le fondement de la loi de 1905[3]. Pourtant, dans le même temps, elle affirmait la possibilité de *poursuites séparées* sur le fondement du crime d'empoisonnement. Les parties civiles déposèrent donc de nouvelles plaintes englobant tant le Dr Garretta que les « oubliés » du premier procès. Tout le palais fut en émoi, à juste titre, à l'idée que l'on puisse rejuger un condamné, pour les mêmes faits que ceux qui avaient motivé sa condamnation[4]. La doctrine favorable à l'empoisonnement trouva même des motifs subtils pour évacuer le principe de l'autorité de la chose jugée[5].

1. *Études des dispositions répressives...*, p. 46.
2. *Gaz. Pal.*, vendredi 26 au mardi 30 août 1994, p. 12 ; J.-P. Delmas Saint-Hilaire, « L'affaire du sang contaminé : la triple ambiguïté de l'arrêt de la chambre criminelle du 22 juin 1994 », *Gaz. Pal.*, 9 au 11 octobre 1994, doctrine, et M.-L. Rassat, *Semaine juridique*, Éd. G, 1994, II, 22310.
3. *Le Monde*, 18 juin 1994.
4. *Le Monde*, 23, 28 et 30 juillet 1994.
5. Cf. l'article de J.-P. Delmas Saint-Hilaire. En deux mots, il fait remarquer que ce principe s'applique en règle générale à des jugements qui ont eu une liberté de requalification des faits qui leur étaient soumis, le tribunal puis la cour d'appel étant libres à cet égard. Or la loi de 1905 contient à cet égard une disposition très exceptionnelle qui oblige le juge saisi sur ce fondement à « continuer et terminer » la poursuite engagée. Tous les développements sur les autres fondements (empoisonnement, administration de substances toxiques, homicide involontaire) étaient donc inutiles, « surabondants », a précisé la Cour de cassation. Dans

*
* *

La libération conditionnelle des Drs Allain et Garretta fut l'occasion de nouveaux conflits. Le Dr Allain, libéré au milieu de l'été 1994, s'en alla curieusement sans faire de vagues. Il n'en fut pas de même du Dr Garretta sur lequel s'était, de manière parfois ignominieuse, concentrée la haine.

Appliquant sans grande imagination les conditions de la libération conditionnelle au Dr Garretta, le juge d'application des peines avait conclu à sa libération. Elle se produit normalement à mi-peine si le condamné apporte la preuve de sa « capacité de réinsertion » dans la société. Le Dr Garretta montra sans difficultés qu'il avait un domicile, une famille qui l'attendait et une « promesse d'embauche », ce qui sembla suffire au juge d'application des peines : la coutume veut qu'il soit extrêmement rare de refuser la libération conditionnelle à un prisonnier qui présente ce type de gages.

Dès l'annonce de cette décision de la commission d'application des peines, le parquet introduisit un recours auprès du tribunal correctionnel qui, le 9 février 1995, refusa d'entériner cette décision. Il rappela d'abord que la libération conditionnelle est une « faculté pour l'autorité qui l'accorde, non un droit automatiquement acquis au condamné [...] ; pas plus que les textes, l'usage ne consacre cet automatisme ». Le tribunal expose ensuite qu'il existe des doutes sur l'indemnisation effective de certaines victimes, et sur la volonté du Dr Garretta d'y procéder, dans la mesure où il a fait don d'une partie de son patrimoine à certains membres de sa famille lors de son incarcération. Dont acte.

Mais l'essentiel de la décision du tribunal est ailleurs, lorsqu'il affirme que la libération n'est pas opportune. Ce faisant, il sort de l'institution de la libération conditionnelle vue comme une simple mesure d'aide à la réinsertion pour se placer dans une logique de fonction générale de la peine. Elle n'est pas uniquement destinée à sortir le condamné du circuit de la délinquance ; la peine a une fonction de punition que l'on finit par oublier. Dans cette perspective, la décision de sa réduction devrait alors reposer sur d'autres critères, et il devient essentiel de se tourner vers les victimes et la société tout entière pour éviter que la libération anticipée ne soit un facteur de trouble. C'est l'ordre public qui est ici en jeu, non pas au sens où l'on risquerait l'émeute, comme certains l'ont dit de manière réductrice, mais au sens où la société ne doit pas être choquée de la mesure ; c'est cette menace que le tribunal a justement examinée : « Une mesure de libération anticipée, même de quelques mois, serait, en raison de l'exceptionnelle étendue du dommage, de nature à interrompre le processus d'apaisement du légitime ressentiment des victimes et de leurs ayants droit

---

le contexte d'absence de liberté de qualification, le principe de l'autorité de la chose jugée ne serait plus applicable. D'une part, il ne me paraît pas évident d'interpréter ainsi la loi de 1905. D'autre part, c'est oublier bien vite que le fondement le plus important de l'adage *non bis in idem* est de protéger le condamné.

résultant de la recherche, de la poursuite et de la condamnation pénale des auteurs des infractions dommageables. »

Le tribunal n'a-t-il pas choisi les bons termes pour se faire entendre ? Toujours est-il que les avocats de la défense, mais aussi certains avocats des parties civiles, contestèrent violemment cette motivation. Elle se comprend pourtant si l'on se réfère à un sentiment qui, s'il n'a pas fait l'unanimité, a été assez largement partagé. Entre deux infractions inadaptées, on avait choisi la moins grave. La libération anticipée, devenue normale pour des infractions adaptées aux faits, se révélait anormale pour une infraction sous-évaluée : dès lors, le Dr Garretta devait faire toute sa peine, parce que cette peine était insuffisante.

Cette façon de voir les choses explique aussi pourquoi le Dr Allain, quant à lui, a pu bénéficier de cette libération. Il n'avait pas été condamné au maximum de la peine, considérée de ce seul fait comme adaptée. Dès lors, il n'y avait plus de raison de refuser au Dr Allain la libération conditionnelle selon les usages communs.

Une chose me gêne pourtant. Le lien établi entre la libération conditionnelle et la vérification de la capacité du condamné à se réinsérer socialement est généralement appliqué à des êtres désocialisés de la manière la plus concrète qui soit : familles éclatées, absence de travail poussant à la récidive. La situation n'était pas du tout la même pour ces condamnés-là. Leur désocialisation était plus subtile : c'est la préférence donnée à la construction d'un outil industriel français performant par rapport à la protection des malades qui les précipita dans la délinquance. Si l'analyse est exacte, qu'est-ce qui nous prouve qu'ils ont changé ? Permettre au Dr Allain de retrouver son métier alors qu'il n'a pas fait l'ombre d'une autocritique, permettre au Dr Garretta de rester dans le milieu de l'industrie médicale alors que c'est ce milieu qui l'a perdu, ne revient-il pas, sous le couvert de « promesses d'embauche » vues avec soulagement par les magistrats habitués aux inactifs, à les remettre dans le contexte précis qui les a faits coupables ? Le travail d'adaptation qui fut si bien réalisé par les tribunaux sur d'autres segments de l'affaire n'a pas été pensé ici.

5. L'abstention délictueuse des hauts fonctionnaires

« Art. 63. – [...] Sera puni d'un emprisonnement de trois à cinq ans et d'une amende de 300 F à 20 000 F [...] quiconque, pouvant empêcher par son action immédiate, sans risque pour lui ou pour les tiers, soit un fait qualifié crime, soit un délit contre l'intégrité corporelle de la personne, s'abstient volontairement de le faire.

– Sera puni des mêmes peines quiconque s'abstient volontairement de porter à une personne en péril l'assistance que, sans risque pour lui ni pour les tiers, il pouvait lui prêter, soit par son action personnelle, soit en provoquant un secours. »

Ces deux alinéas de l'article 63 du Code pénal font partie d'un large ensemble d'infractions appelées abstentions délictueuses, qui vont de la non-dénonciation d'un crime à l'omission de témoigner en faveur d'un innocent, en passant par les modalités spécifiques de l'information des sévices ou privations infligés aux mineurs. Seul l'alinéa 2 est bien connu des médecins – c'est la non-assistance à personne en danger, qui fait l'objet d'une abondante jurisprudence condamnant les abandons de malades, refus de visite, etc. Le corps médical n'a guère de raisons de connaître le délit défini par l'alinéa 1, relié de façon caractéristique à une infraction principale. C'est pourtant celui-là qui a été utilisé pour condamner deux hauts fonctionnaires du ministère de la Santé, le Dr Roux, alors directeur général de la santé, et le Dr Netter, directeur du Laboratoire national de la santé. Le tribunal correctionnel condamna le Dr Roux à quatre ans de prison, ramenés à trois ans par la cour d'appel, le bénéfice du sursis lui ayant été accordé ; il relaxa le Dr Netter, que la cour d'appel condamna à un an de prison avec sursis.

Il leur fut essentiellement reproché de n'avoir pas utilisé entre le 21 mars et le 1er octobre 1985 la totalité des moyens qui étaient en leur pouvoir pour s'opposer à la distribution des concentrés contaminés, distribution reconnue comme délit de tromperie sur les risques inhérents à un produit.

C'est sans doute la partie la plus originale quoique la moins commentée du travail des juridictions pénales : statuant à la même époque que les juridictions administratives qui retiendront la responsabilité de l'État-personne morale à partir du 22 novembre 1984, elles précisent la responsabilité pénale personnelle des personnes physiques qui incarnent cette « personne fictive », comme on disait autrefois.

L'originalité serait démontrée par la seule absence de précédent, mais il faut aller plus loin. Les juridictions, qui ont appliqué l'article 63 pour la première fois à des hommes participant à la préparation de l'activité réglementaire, ont innové en réalisant les adaptations qui étaient nécessaires pour prendre en compte une double spécificité : le délit qu'il s'agissait d'empêcher implique un contexte technique et scientifique, d'une part ; l'abstention litigieuse s'entend d'un défaut de participation à l'activité normative, d'autre part. La structure abstraite du raisonnement du juge a été intégralement conservée, mais il fallut bien adapter son contenu concret à une situation quelque peu différente des traditionnelles femmes fatales ne faisant rien pour empêcher l'amant de tuer le mari. Le travail d'adaptation donna parfois des résultats étonnants, et l'on verra ainsi, pour la première fois sans doute, l'attribution de circonstances atténuantes pour « services antérieurement rendus à la médecine » ! *Ces particularismes ne remettent pas en cause le droit commun, ne le gauchissent même pas, me semble-t-il, mais ouvrent la voie à un nouveau domaine d'application qui pourrait se révéler fécond si, au fil des procédures, on arrivait à mettre en place une sorte de guide du comportement du fonctionnaire confronté à une situation dangereuse au sein d'une hiérarchie politique et administrative peu soucieuse de reconnaître l'état de crise.*

L'abstention d'intervention, à laquelle on assimile l'intervention insuffisante ou inadaptée, est une infraction qui se situe en lisière de la complicité ; un auteur parle de ceux qui sont « de cœur » avec l'auteur de l'infraction principale.

Les magistrats ne nieront donc pas les nombreuses tentatives faites par les deux prévenus pour coller à la situation en 1982 et 1983, tenter de s'opposer à l'engrenage fatal du début de l'année 1985, mais ils suivront l'analyse de maître Holleaux qui plaidait pour certains hémophiles : malgré tous les conflits annexes, les Drs Roux et Netter étaient « de cœur » avec l'objectif de construction d'un grand outil industriel français poursuivi par le Dr Garretta. Dès que le transfert de la technique du chauffage sera chose acquise, ils cesseront de s'opposer au CNTS ; sans exiger l'importation de produits chauffés qui aurait révélé le mauvais choix technique initial, ils vont couvrir d'un silence relatif la période de transition. C'est ce silence « de cœur », si proche d'une complicité passive, qui fera l'objet de la condamnation.

A. L'INSUFFISANCE DU FONDEMENT MORAL DE L'ARTICLE 63 DU CODE PÉNAL

L'article 63 du Code pénal naquit sous une mauvaise étoile. Pourtant, à la suite d'acquittements, scandaleux sur le plan moral mais juridiquement justifiés, la doctrine demandait depuis longtemps que le législateur dotât les tribunaux d'un instrument de répression de la non-assistance à personne en danger[1].

1. M. Gand, *Du délit de commission par omission*, thèse, Paris, 1900 ; A. Appleton, « L'absténtion fautive en matière délictuelle », in *RTDCiv.*, 1912, p. 593.

Malheureusement, c'est Vichy qui fit la réforme[1], exigeant la dénonciation des crimes ou projets de crimes attentatoires aux personnes : il s'agissait évidemment, en 1941, d'assurer la protection du régime à travers celle des personnes. Une ordonnance de 1945 constata la nullité de la loi de 1941 et la réorienta, gardant les dispositions intéressantes, éliminant les autres[2].

Il était resté de cette origine une profonde méfiance de la doctrine et des magistrats à l'égard de dispositions qui sont effectivement « vagues », « propices à l'arbitraire », « élastiques », etc.[3] On se méfiait de la juridicisation de ce qui devait peut-être rester un simple devoir moral, et le jugement rendu contre les deux fonctionnaires en porte la trace quand il rappelle que les infractions de l'article 63 sont dans leur « qualification relativement exceptionnelles : contrairement à un principe généralement adopté, elles incriminent non une action mais une abstention considérée comme délictueuse. Si elles puisent dans le caractère protéiforme du comportement humain leur justification, elles n'en sont pas moins périlleuses pour la liberté individuelle. La prudence commande donc qu'il en soit fait une interprétation d'autant plus restrictive[4]. »

Après quelques années d'hésitations, la doctrine avait pourtant trouvé l'argumentation nécessaire pour civiliser la nouvelle infraction. Gênée à l'idée que l'on puisse pénaliser une simple passivité, elle commença par mettre en évidence le fait que cette passivité n'était qu'une apparence – celle qui est réprimée est volontaire, implique une décision libre. Puis elle trouva enfin le fondement positif : lors d'un colloque en 1951, G. Levasseur donna au vieux devoir moral les habits neufs de la solidarité. « Progressivement, à l'ancien thème individualiste orienté surtout vers la sauvegarde de la liberté de chacun et de son indépendance, se substitue une conception solidariste et communautaire du droit. L'évolution fut probablement hâtée par la guerre et l'occupation, et cette prise de conscience collective traduisit un sentiment profond de solidarité. L'individualisme et l'esprit d'indépendance firent place aux idées de fraternité. A l'indifférence des jours de paix, on opposa l'engagement. Il fallait prendre parti[5]. » On parlera désormais sans état d'âme de devoir de charité imposé par le droit. L'avocat de R. Netter aura donc tort lorsqu'il s'indignera que le procureur puisse dire à son client qu'« il aurait dû appliquer une charité élémentaire[6] ». Tel est bien, en principe, l'enjeu de l'article 63.

Il avait pourtant bien senti que la « charité » des années cinquante ne correspondait pas vraiment à la situation des deux prévenus. Entre les situations diverses que les tribunaux rencontrent, il existe un point commun. C'est le lien

1. R. Béraud, « L'omission punissable », in *Semaine juridique*, Éd. G, 1944, I, 433.

2. J. Brouchot, *Commentaire de l'ordonnance du 25 juin 1945*, Sirey, II, 21 ; F. Goré, « L'omission de porter secours », in *Revue de science criminelle*, 1946, 202.

3. L. Hugueney, *Répertoire Dalloz*, nº 4, v° Abstention délictueuse ; Ph. Salvage, *Jurisclasseur*, nº 3.

4. L. Greilsamer, *Le Procès du sang contaminé*, p. 301.

5. Le mouvement des idées est très bien expliqué par Ph. Salvage, *Jurisclasseur*, nº 10.

6. *Libération*, 4 août 1992.

personnel, concret, entre le prévenu et la victime, le prévenu et le crime qui va être commis. C'est ce contact qui justifie l'idée de charité.

Elle est déjà plus discutable pour les médecins accusés de non-assistance à personne en danger quand ils renvoient leur voisin de palier à l'hôpital le plus proche ou que l'anesthésiste abandonne l'opéré encore endormi parce qu'il a fini son travail. Ils sont coupables d'indifférence, mais leur métier interfère dans les appréciations ; on leur reproche en même temps un manquement déontologique caractéristique de leur profession.

Dans l'affaire de la transfusion, les choses étaient encore bien différentes. Ni le Dr Roux ni le Dr Netter ne connaissaient les hémophiles contaminés, et il devient très abstrait de parler de cette charité personnelle à laquelle on avait pensé jusqu'ici. Pour ces deux hommes, le délit ne résulte pas vraiment d'un devoir moral ou d'un manquement déontologique classique, mais plutôt de l'inexécution d'obligations professionnelles qui seraient attachées à la fonction publique, de véritables fautes dans les modalités de leur participation au processus réglementaire. Cela se sentira dans la manière dont le juge va apprécier les conditions générales des interventions qu'ils auraient pu faire : tout tournera autour de la question de savoir ce qu'ils auraient pu faire, juridiquement ou concrètement, dans les fonctions qui étaient les leurs, avec les pouvoirs et les compétences dont ils disposaient effectivement.

B. CONDITIONS RELATIVES AU DÉLIT

Après quelques hésitations, les magistrats vont se décider pour l'alinéa 1 de l'article 63, infraction commise par celui qui peut empêcher un crime ou un délit contre l'intégrité corporelle, sans risque pour lui ni pour les tiers, et s'en abstient volontairement.

Ce choix allait compliquer la tâche des magistrats, puisque l'on retrouvait le problème de savoir si la loi de 1905 définissait un délit contre l'intégrité corporelle des victimes de la tromperie, ou se résumait à des infractions contre les biens, thèse soutenue par certains auteurs[1]. Pour justifier son choix, le tribunal fit remarquer que l'article 63 ne comporte par d'énumération limitative des délits qu'il concerne, laissant une entière liberté d'interprétation. Or le délit reproché aux Drs Garretta et Allain comporte la « circonstance aggravante de danger pour la santé de l'homme », donc « ce délit constitue bien une atteinte à l'intégrité corporelle de l'homme », cette circonstance aggravante étant analysée comme un élément constitutif de l'infraction, ce qui prête à discussion[2]. Il précise que la formulation de l'article 63 n'a d'autre motivation que d'écarter de son application les délits concernant les biens qui relèvent d'autres dispositions et surtout que « la notion de risque pour la santé et même de péril

1. Cf. *infra*, p. 391.
2. L. Greilsamer, *op. cit.*, p. 297.

mortel est, quoique non encore complètement appréhendée dans toute son ampleur, constamment présente dans l'esprit des prévenus pendant la période de prévention », ce qui est plus convaincant.

La cour d'appel est plus incisive ; la fraude étant « de nature à rendre l'utilisation [de ces produits] dangereuse pour la santé de l'homme confère à cette infraction le caractère de délit contre l'intégrité corporelle de la personne justifiant l'application de l'article 63-1 du Code pénal[1] ».

C. L'ABSTENTION VOLONTAIRE DANS UN PROCESSUS RÉGLEMENTAIRE

L'adaptation du délit de « non-obstacle à la commission d'une infraction » à la situation très particulière des deux prévenus impliquait en premier lieu que les juges situent avec précision les limites de leur office au regard de l'action politique des ministres, qui n'est pas de leur compétence. Ils ne peuvent juger que les personnes renvoyées devant eux, et la « responsabilité pénale est tout à fait distincte des responsabilités politique ou administrative. [...] La recherche de la responsabilité pénale des "politiques" au sens des ministres agissant dans l'exercice de leurs fonctions est constitutionnellement interdite à l'autorité judiciaire. Toutefois les agissements des prévenus, dont plus particulièrement ceux des hauts responsables administratifs, s'étant, de par leur fonction même, nécessairement inscrits dans un cadre hautement influencé et quelquefois déterminé par le politique, une approche des conditions dans lesquelles leurs décisions sont ainsi intervenues ne peut être écartée. Cette approche doit être conduite non dans le but de sanctionner ni même de rechercher une responsabilité politique, mais dans celui d'établir l'exacte mesure de la responsabilité pénale des prévenus[2]. » Le tribunal précisera encore qu'il ne retient que « les modalités d'intervention compatibles avec la politique de l'époque, les influences qu'il pouvait subir, son devoir de réserve en tant que fonctionnaire[3] ».

On ne peut mieux dire qu'il sera tenu compte des contraintes politiques de l'action des fonctionnaires pour apprécier leurs comportements et les limites de leur liberté de comportement. Le contexte de pouvoir est l'équivalent des « circonstances de l'espèce » en droit commun : facilité d'intervention, présence d'un téléphone, disponibilité d'une voiture, etc.

Quant à l'infraction de l'article 63-1, elle requiert en premier lieu la connaissance par le prévenu de ce qu'une infraction principale allait être commise. Les

1. CA, version ronéotypée, p. 101.

2. L. Greilsamer, *Le Procès du sang contaminé*, p. 268. La précaution est prudente, mais « mesurer » la responsabilité des prévenus aura pour effet de désigner en creux l'implication d'autres « responsables ». Cette prudence n'impliquait pas, d'autre part, de refuser de mettre en examen les membres des cabinets.

3. *Ibid.*, p. 283.

juridictions vont donc rappeler ce que savaient le Dr Roux et le Dr Netter de la production et de la distribution des facteurs VIII ; cela ne fera guère l'objet de contestations. Elle implique en second lieu que soit démontrée une abstention volontaire, qui sera finalement admise par les prévenus. Le lent déroulement de la procédure et des audiences, la délimitation nette du propos des juridictions réduiront à néant les deux lignes de défense des fonctionnaires de l'État. Ils affirmèrent qu'ils « avaient fait ce qu'ils avaient pu » mais, en hommes honnêtes, finir par reconnaître qu'ils auraient pu faire davantage. Ils clamaient que les vrais responsables de l'abstention n'étaient pas au banc des accusés ; les magistrats ne nièrent pas, désignant certains absents. Mais cette absence, qui appelait de nouveaux procès, ne devait pas empêcher celui-là de se tenir.

1. La connaissance du délit principal

La connaissance que les Drs Roux et Netter pouvaient avoir du délit commis au sein du CNTS était légèrement différente, le premier étant mieux informé que le second[1]. Effectivement, le Dr Roux, autorité de tutelle pour l'ensemble de la transfusion sanguine, est en principe informé de tout ce qui s'y passe, tandis que le Dr Netter apporte une sorte d'expertise technique sur les produits et les procédés utilisés ; il a donc une vision plus lointaine du fonctionnement quotidien des établissements de transfusion.

Concernant le Dr Roux, le jugement et l'arrêt rappellent sur de nombreuses pages tous les documents qui étaient passés entre ses mains, pour montrer que le 21 mars 1985, quand débute la période de prévention, il dispose de la même *information* que les Drs Garretta et Allain, et il en dispose de manière « privilégiée et précoce » ; ces informations sont « graves, précises et concordantes[2] » : tous les lots sont contaminés, au moins 10 % des séropositifs développeront un sida mortel dans plus de 70 % des cas. Il est surtout relevé que, le 14 juin 1985, une lettre du Dr Garretta confirme que la distribution des produits contaminés et les traitements prophylactiques continuent[3]. *Il est donc au courant du délit qui se commet chaque jour* sans pouvoir prétendre qu'il croyait que les produits chauffés par Immuno satisfaisaient déjà la totalité des besoins.

On voit bien la différence entre l'infraction reprochée au Dr Garretta – continuer à vendre – et celle qui est reprochée aux Drs Roux et Netter ; il faut cette fois établir qu'ils savaient que la vente continuait. Le fait qu'ils n'analysent pas la décision du Dr Garretta comme un délit, mais comme une phase de transition, compromis accepté par tous les acteurs, ne sera évidemment pas pris en compte par les tribunaux, nul n'étant censé ignorer la loi.

1. Les tribunaux sont tenus par une analyse formelle de la situation ; ils ne peuvent connaître les informations qui circulaient de bouche à oreille dans le monde assez étroit de la transfusion sanguine.

2. Arrêt du 13 juillet, version ronéotypée, p. 77, 80.

3. L. Greilsamer, *op. cit.*, p. 272, arrêt, version ronéotypée, p. 78.

Pour le Dr Netter, la situation était simplement décalée dans le temps. Le tribunal estime qu'il n'a connaissance que le 3 juin de la contamination de la totalité des lots, alors que la cour d'appel fait remarquer que l'information lui a été transmise en réalité lors d'une réunion le 7 mars. Le tribunal insiste aussi sur le fait qu'un courrier envoyé par le Dr Garretta le 7 mai pouvait lui faire penser que la distribution était arrêtée, et la stratégie d'urgence mise en œuvre ; la lettre du 14 juin l'informant que la distribution continue serait plutôt une surprise qu'une confirmation. Cela change le point de départ de l'infraction, pas ses éléments constitutifs. Puisqu'il est établi qu'ils savent que la vente continue, la question se pose de savoir en quoi leur abstention est volontaire.

2. Le caractère volontaire de l'abstention

« L'intervention doit tendre à empêcher le crime ou le délit et il y a souvent plusieurs manières d'y parvenir. A cet égard, les tribunaux apprécieront la *sincérité* et le *mérite* de l'effort *selon les circonstances de l'espèce*[1]. » Le caractère volontaire de l'abstention reprochée est souvent impossible à établir directement ; en règle générale, les tribunaux l'apprécient par l'insuffisance ou l'inadaptation d'une réaction qui fait rarement totalement défaut. La juste réaction doit être proportionnée, adaptée à la situation, et une réaction insuffisante sera jugée dilatoire, équivalente à une abstention. Pourtant, les tribunaux exigent une réaction même si l'on pouvait s'attendre qu'elle soit inefficace. Les deux exigences paraissent contradictoires. En réalité, le paradoxe disparaît si l'on prend en compte les contraintes de situations le plus souvent complexes : si la seule réaction possible a toutes les chances d'être inefficace, il faut quand même le faire. On ne sait jamais, et l'on prouve au moins sa bonne foi. Si une réaction est possible, elle doit être adéquate, adéquate et mesurée, en ce sens qu'elle ne doit faire courir de risque ni à des tiers ni à soi-même. C'est cet équilibre complexe que les magistrats vont tenter d'appliquer à l'affaire de la contamination, en montrant quels comportements des fonctionnaires pouvaient adopter sans faire courir de risques aux hémophiles. Ils seront plus discrets sur la mesure du risque que couraient les Drs Roux et Netter. C'est dommage, car c'est sûrement la pierre d'achoppement de l'application de l'article 63 au comportement des fonctionnaires.

Le Dr Roux

Quels sont les moyens d'action d'un directeur général de la santé, en droit, et sur l'échiquier politique ? Il ne faut pas oublier que le Dr Roux était en 1985 l'un des derniers représentants de l'alliance du pouvoir socialiste avec les communistes, et comme tel isolé au sein de l'administration. Que peut-il faire

1. Ph. Salvage, *Jurisclasseur*, nº 84.

quand il sait qu'un établissement de transfusion sanguine commet le délit de tromperie sur les risques inhérents à un produit ? C'est à ces questions que devront répondre les tribunaux pour établir la mesure de la réaction appropriée du Dr Roux.

On rappelle d'abord la mission générale de la DGS, chargée par un décret de 1981 d'« élaborer et mettre en œuvre la politique relative à la prévention et l'environnement sanitaire, et de l'organisation des soins et certaines techniques médicales spécialisées », puis son pouvoir de tutelle sur l'ensemble de la transfusion sanguine. On précise ensuite que le directeur dispose depuis le 31 juillet 1984 d'une délégation permanente de signature portant sur tous actes, à l'exclusion des décrets[1], et il est peu probable que les magistrats confondent cette délégation de signature avec une délégation de pouvoir comme le soutient le professeur[2]. De ces pouvoirs juridiques, les juridictions déduisent qu'il pouvait agir en amont vers les cabinets et les ministres, et en aval vers la transfusion sanguine. Elles vont déduire de la situation que le Dr Roux aurait dû demander à chaque occasion le retrait des produits contaminés et, si cela se révélait impossible en raison de l'opposition des cabinets ministériels, organiser les importations massives de produits chauffés qu'il avait le pouvoir d'autoriser.

En amont, son comportement est jugé conforme à ce qu'il pouvait faire, de 1982, où il appelle le Dr Brunet pour assurer la surveillance de l'épidémie, jusqu'à l'affaire Ruffié en février 1985 ; les tribunaux remarquent que, plus le temps passe, moins ses réactions sont adéquates. Ils constatent que le lendemain de l'éviction du Pr Ruffié, il voit le ministre, lui propose le retrait de l'agrément du Dr Garretta et une inspection financière, administrative et scientifique. L'essentiel lui est refusé par E. Hervé qui n'accepte que l'inspection financière et administrative : « Cette intervention n'a pas été suivie d'effet, mais il suffisait qu'elle fût existante et corresponde à ses pouvoirs[3]. »

A partir de cette date, le Dr Roux, qui estime avoir perdu la bataille, pratique une politique de la chaise vide qui va lui être reprochée. Il va, certes, continuer de transmettre les informations au cabinet, mais sans « solennité particulière ». Les notes se succèdent, mais elles ne sont pas « présentées en terme d'urgence absolue », elles sont « lénifiantes », elles n'impliquent pas de « décision immédiate », de « nécessité, ne recommandent pas l'interdiction des produits contaminants ni l'importation de produits chauffés[4]. « Professeur Roux, avez-vous bien dit que 50 % des hémophiles étaient contaminés ? Votre note du mois de mai ne reflète pas ce que vous nous dîtes. Le langage administratif a une curieuse tendance à atténuer bigrement les choses. Les ministres, il faut parfois leur faire un peu comprendre les choses ! – Mais, monsieur le Président, ils étaient informés ! Il y avait cinq médecins au cabinet du secrétaire d'État à la Santé[5]. »

1. Arrêt du 13 juillet, version ronéotypée, p. 76.
2. *Le Monde*, 9 mai 1993.
3. L. Greilsamer, *Le Procès du sang contaminé*, p. 283.
4. *Ibid.*, p. 276-277.
5. *Ibid.*, p. 125.

On lui reproche, au fond, d'avoir de moins en moins cherché à convaincre et de n'avoir jamais demandé clairement le retrait. La cour d'appel insistera pour dire que, s'il n'avait pas le pouvoir de le décider seul, il pouvait au moins le proposer ; même si cela lui était refusé, c'était un comportement conforme à ce que l'on peut exiger d'un homme à son poste.

Le tribunal pointe ce que le Dr Roux s'est abstenu de faire : « Le professeur Roux était précisément l'autorité compétente pour sinon décider, recommander, suggérer cette interdiction et cette importation. » Le Dr Roux admettra alors qu'il n'a pas insisté pour les importations, son souci étant l'autosuffisance[1] : « J'aurais pu le faire, je ne l'ai pas fait. C'est tout... c'est vrai, j'aurais pu le faire à titre personnel, je le reconnais. Je ne l'ai pas fait[2]. » Là commence l'infraction.

Le tribunal analyse ensuite les obscurités du processus de décision qui a conduit à accepter une période de transition où les produits contaminants seront distribués jusqu'au 1er octobre : « Le processus au terme duquel cette date [a été retenue] demeure donc non élucidé. [...] En l'état de l'instruction, il doit être admis que le professeur Roux n'est pas à l'origine de ce choix. Mais ce grief écarté, la responsabilité du Pr Roux n'en demeure pas moins engagée : [...] ce report n'eût développé aucun effet nocif si des dispositions avaient été prises pour importer des produits chauffés et faire cesser en fait, sinon en droit, la distribution des produits contaminés [...]. Tout indique que, malgré ses assertions, le Pr Roux, en qualité de directeur général de la Santé, n'a pas fait usage des pouvoirs, même de simple recommandation – dont il disposait pour tenter de pallier un problème grave de santé publique dont il était au premier chef instruit[3]. »

Cette appréciation met en évidence deux phases actives et pas seulement passives de la réalisation de l'infraction ; *le tribunal admet que le Dr Roux n'a, à la place où il est, aucun pouvoir sur les cabinets pour obtenir à coup sûr le retrait des produits, mais il lui est reproché d'avoir édulcoré à partir du mois de février les informations qu'il continuait de transmettre, et surtout de n'avoir pas cherché à contourner l'obstination des cabinets en autorisant des importations qui ne lui auraient pas été refusées et qui permettaient de détourner une partie du danger.*

En aval, le Dr Roux devait agir en direction de la transfusion sanguine dont il avait la tutelle. La cour d'appel rappelle opportunément qu'un arrêté de 1980 chargeait la DGS « des techniques médicales et du contrôle de leur qualité notamment [...] de la transfusion sanguine[4] ». Cela réduit évidemment la portée de la défense du Pr Roux, qui insista sans cesse sur le fait qu'il n'avait aucun pouvoir juridique à l'encontre des centres de transfusion.

1. L. Greilsamer, *Le Procès du sang contaminé*, p. 279-280, arrêt, version ronéotypée, p. 79.

2. L. Greilsamer, *op. cit.*, p. 124.

3. *Ibid.*, p. 282, confirmé par l'arrêt, version ronéotypée, p. 79-80.

4. Elle insiste aussi sur la loi de 1983 relative à la protection des consommateurs qui autorise tout ministre concerné à suspendre en urgence la mise sur le marché d'un produit dangereux et ordonner son retrait et la diffusion de mises en garde.

Le tribunal estime qu'il aurait dû écrire au Dr Garretta qu'il lui appartenait de retirer lui-même ses produits, comme il lui a écrit en d'autres circonstances – ce qu'il qualifie lui-même de « lettres de pression ». Le tribunal va plus loin, et critique sa politique de la chaise vide. Il estime encore que si la DGS avait, par un excès de pouvoir salvateur, ordonné le retrait des produits, il est peu probable que le Dr Garretta aurait intenté un recours. C'est exact, mais le tribunal oublie qu'il fallait financer le surcoût des produits chauffés, ce qui impliquait l'autorisation des ministres. Au substitut qui lui demande s'il n'était pas davantage préoccupé par les problèmes financiers que par les questions de santé publique, il rétorque avec quelque raison : « Avec les ministres, oui, ils n'ont que cela en tête [1]. » Plus sérieusement, le tribunal remarque que le Dr Roux aurait pu intervenir en personne devant la Commission consultative de la transfusion sanguine, et surtout qu'il pouvait utiliser la lettre circulaire comme il l'avait souvent fait ; la cour d'appel précise que la circulaire permettait aussi d'aviser tous les intermédiaires, centres de transfusion distribuant les produits du CNTS, hôpitaux, médecins traitants – quelle que soit l'efficacité d'un tel avis.

L'abstention volontaire est donc établie : « Refus d'agir en pleine connaissance de cause de la part d'une personne qui savait parfaitement que se commettait un délit [...] ce refus d'agir résulte clairement de la conjonction entre d'une part la précocité et la précision des informations dont disposait le Pr Roux et, d'autre part, l'étendue, la diversité des actions qui s'offraient à lui et même, compte tenu de ses fonctions publiques, s'imposaient à lui ; [...] *celui qui s'abstient par indifférence ou lassitude est punissable aussi bien que celui qui le fait par intention de nuire.* [...] Ce refus volontaire est encore plus apparent lorsqu'il est constaté que le Pr Roux a fait partie des quelques personnes qui avaient compris que la politique et la position du Dr Garretta de juge et partie était incompatible avec une saine approche du problème grave de santé publique qui se posait. Ses fonctions de directeur général de la santé, dont on ne peut soutenir l'insignifiance, ou minimiser le rôle et les pouvoirs sans affirmer un principe général d'irresponsabilité de la fonction publique jusqu'à son plus haut niveau, celui où elle côtoie directement le politique, commandaient qu'il agisse [2]. » L'arrêt de la cour d'appel insiste sur sa « faculté de proposition au ministre », même si celui-ci était libre de refuser.

Il fallait encore établir que ces importations ne comportaient de risque ni pour les tiers ni pour lui, et c'est là finalement que l'adaptation de la jurisprudence sur les situations classiques à la spécificité du cas des fonctionnaires se révèle difficile. La cour d'appel va établir sans difficulté que s'il avait obtenu le retrait des produits contaminants, cela ne présentait « aucun risque pour les hémophiles », puisqu'il était possible d'importer en urgence, et qu'à partir de juillet 1985, les produits chauffés de Lille étaient disponibles ; il était de plus toujours possible de revenir aux cryoprécipités [3].

1. L. Greilsamer, *op. cit.*, p. 144.
2. *Ibid.*, p. 299.
3. Arrêt, version ronéotypée, p. 102.

Il est plus délicat de déterminer ce que devient l'absence de risque pour le prévenu dans ce type de situation. Un directeur général de la santé a, en même temps, un nombre considérable de dossiers qui impliquent de nombreuses vies humaines. Le Dr Roux tenait beaucoup au dossier des victimes d'accidents de la route ou au dépistage des cancers du sein. Tout fonctionnaire proche des milieux politiques sait qu'il doit présenter cinquante demandes pour que l'une d'entre elles aboutisse à une décision favorable, le plus souvent défigurée et démunie des moyens financiers nécessaires à sa mise en œuvre au demeurant. Ce sont donc des vies humaines contre d'autres vies humaines. Concrètement, le fonctionnaire cède sur un dossier qu'il sent bloqué pour obtenir satisfaction sur un autre.

La situation, que je qualifierai de « conflit d'objectifs », doit-elle constituer un élément justificatif en droit pénal ? Elle n'est pas inconnue du droit commun : un éducateur a été ainsi condamné pour n'avoir pas empêché un délit, alors qu'il avait fait valoir que son intervention risquait de compromettre l'efficacité de son action plus générale de prévention[1]. Le paysage est ici un peu semblable. Le Dr Roux accordait, à juste titre au regard de la santé publique, plus d'importance à la question du test de dépistage, sur laquelle il se battait vraiment avec les politiques. Il « abandonne » les produits chauffés, l'hémophilie étant secondaire par rapport à d'autres fronts[2] ; une telle pesée politique est rejetée par le droit qui ne prend pas en compte les mobiles des acteurs.

Il y a là un conflit à peu près irréductible entre deux mondes. Mais le droit est en difficulté : si la volonté de réprimer la délinquance technologique impliquait un jour de prendre davantage en compte le nombre de morts, alors ce genre de pesées ne devrait-il pas être justifié avec toutes les dérives que cela peut comporter ?

Le second point qu'il aurait fallu examiner plus clairement est celui des risques courus par le Dr Roux. On n'est pas ici dans le cadre d'un risque physique, comme souvent dans les situations les plus communes, mais plutôt dans le risque politique ou professionnel. La résistance d'un fonctionnaire se terminera le plus souvent par une démission qui peut mettre d'autres vies humaines en danger. Tentons une comparaison avec les situations communes. Un individu qui n'empêche pas un crime parce qu'il est lui-même menacé n'est pas condamnable, l'article 63 n'exige aucun héroïsme. A l'inverse, la femme qui laisse battre à mort son enfant parce qu'elle a peur que son amant la quitte est condamnée. Le risque d'abandon qui la détermine n'est pas jugé légitime par le droit.

Les tribunaux semblent avoir pensé que le Dr Roux n'aurait pas risqué son poste s'il s'était arrangé pour organiser les importations de produits chauffés. Mais ils ne donnent aucune indication sur la mesure exacte de son obligation : devait-il aller jusqu'à la démission, qui lui fut finalement demandée au mois de septembre par G. Dufoix, ou pas[3] ? Nous n'aurons pas de réponse.

1. C. cass., chambre criminelle, 21 novembre 1974, *Semaine juridique*, Éd. G, 1975, II, 18143.

2. L. Greilsamer, *Le Procès du sang contaminé*, p. 124.

3. *Le Monde*, 15 octobre 1991.

A moins de considérer comme une réponse la manière détournée dont la cour d'appel aborde la question des *circonstances atténuantes* qui vont la conduire à réformer le jugement du tribunal, réduisant la peine du Dr Roux à trois ans de prison au lieu de quatre.

Elle va effectivement tenir compte de la manière dont il avait tenté à plusieurs reprises d'intervenir auprès du cabinet, sans succès ; la manière dont il a « œuvré avec persévérance en faveur des tests de dépistage et de l'inactivation des fractions coagulantes », même s'il n'a pas rencontré davantage de succès, « son action en ce sens et les services rendus antérieurement à la médecine » lui sont comptés. Ces justifications sont intéressantes car elles sont adaptées à la nature de l'abstention délictueuse commise par des hauts fonctionnaires dans le cadre de leur participation au pouvoir réglementaire. Le juge exige donc que le fonctionnaire utilise tous les moyens dont il dispose à chaque instant, même si son action précédente s'est heurtée à un refus. Autrement dit, dans ces quelques mois où il s'est passé quelque chose de jour en jour, chaque transmission d'information, chaque réunion impliquait une réaction exigeante toujours recommencée, même si l'action précédente s'était soldée par un échec qui renvoie à la responsabilité des auteurs du refus. Ni la lassitude, ni l'autocensure ne sont admises. Toutefois, le comportement général du fonctionnaire, son action antérieure, son action sur d'autres fronts, lui seront comptés.

Le Dr Netter

La structure du raisonnement est la même. On savait que le Dr Netter avait eu la totalité des informations au plus tard en juin ; il fallait déterminer quels étaient ses fonctions et ses pouvoirs propres.

Il était directeur du Laboratoire national de la santé, *organisme technique et non politique* comme la DGS, qui fut créé en 1950 pour procéder aux analyses que « nécessite le contrôle » d'un certain nombre de médicaments, sérums, vaccins, eaux minérales, etc. Sa compétence fut étendue aux produits sanguins dès 1955 et précisée par un arrêté de 1980. Cet arrêté établit clairement les modalités du contrôle par l'enregistrement ; l'établissement de transfusion qui assure la préparation d'un produit transmet son protocole de fabrication et de contrôle de qualité au LNS, qui l'examine. Si tout va bien, celui-ci l'enregistre. L'enregistrement, joint à l'inscription du produit sur la « liste des produits » et à la détermination du prix de cession, permet à l'établissement de céder le produit qui sera alors remboursé par la Sécurité sociale. L'enregistrement du protocole de fabrication est l'une des trois conditions de la distribution des produits sanguins. Si le protocole ne donne pas satisfaction, le LNS retarde l'enregistrement et fait connaître les modifications qu'il convient de lui apporter. Il dispose donc en réalité d'un pouvoir juridique d'orientation de la qualité des produits puisqu'il détient l'une des clés de la procédure équivalant à une autorisation de mise sur le marché.

En contrepoint de ce pouvoir juridique fort, le LNS est une structure très pauvre en personnel et en moyens financiers. Une fois que le produit est sur le marché, ses possibilités de contrôle au quotidien sont réduites. Cela ne l'empêchait pas en cas de crise de pouvoir intervenir de manière efficace. Il faut noter qu'il semblait avoir l'habitude de le faire dans d'autres secteurs de son activité, notamment pour les vaccins.

Le Dr Netter se présentera comme dépourvu de tout pouvoir, coincé entre la DGS, autorité de tutelle à laquelle il est étranger, et le CNTS sur lequel il n'a pas de pouvoir direct, ce qui est exact; mais son analyse ne tient pas compte de son pouvoir d'enregistrement[1].

Le tribunal et la cour d'appel vont diverger assez profondément sur le cas du Dr Netter. *Le tribunal*, qui le relaxe, admet qu'il aurait pu « faire plus et mieux », mais que l'on ne peut discerner dans son comportement une abstention *volontaire*. Il a en effet fait remonter l'information convenablement et en temps utile. *Convenablement* parce qu'il a transmis le courrier du 3 juin, tant au Dr Roux, autorité de tutelle, qu'au Dr Weisselberg, responsable des questions de sida et transfusion sanguine au cabinet du secrétaire d'État à la Santé, « doublant ainsi la transmission normale d'une information directe des autorités publiques », et qu'il l'a fait par écrit et pas seulement par téléphone[2]. Pour le tribunal, l'affaire était alors entre les mains et sous la responsabilité de Weisselberg. Il l'a fait *en temps utile* car il a transmis ce courrier le 14 juin, soit onze jours après l'avoir reçu. Le tribunal estime que cette parade est appropriée, compte tenu de la faiblesse des moyens dont disposait le LNS, qui « n'étaient certainement pas à la hauteur des missions que la loi [lui] attribuait ». La recherche de la mesure dans l'appréciation de la réaction est ici particulièrement évidente.

Le tribunal précise ensuite sa position sur le retard apporté au test de dépistage, quoiqu'il ne soit pas compris dans la prévention, et ce choix n'est pas innocent. Pour le tribunal, l'information a clairement établi que le Dr Netter avait « reçu des ordres » pour retarder l'enregistrement, ce qui dégagerait sa responsabilité, dans la mesure où divers documents attestent qu'il ne s'y est « prêté qu'avec répugnance et en manifestant sa résistance ». Effectivement, il a réagi auprès des autorités publiques en disant qu'il ne pourrait plus retenir très longtemps le test et qu'il risquait un recours en Conseil d'État.

Cette précision est intéressante si on la compare au traitement plus sévère infligé au Dr Roux. Au poste qui était le sien, le tribunal semble considérer implicitement que le Dr Roux n'a pas reçu d'ordre ou plutôt, peut-être, qu'il n'avait pas à accepter d'en recevoir. A l'inverse, il acceptera le témoignage d'un adjoint du Dr Netter faisant état des pressions émanant du Dr Weisselberg : « Les ordres, effectivement ! Nous sommes des fonctionnaires. Ou on démissionne, ou en exécute… » Le tribunal semble donc considérer que l'on ne demande pas à un fonctionnaire technique comme le Dr Netter de démissionner ou de faire

1. L. Greilsamer, *Le Procès du sang contaminé*, p. 286; « J'ai fait ce que j'ai pu, je n'étais pas en situation d'autorité », *Libération*, 4 août 1992.

2. L. Greilsamer, *op. cit.*, p. 301.

des actions d'éclat, ce qui serait l'équivalent administratif de l'héroïsme, alors qu'il semblerait admettre, pour le Dr Roux, la nécessité, dans certains cas, de faire prévaloir son point de vue ou de démissionner. Il est vraiment regrettable que cette partie de l'application de l'article 63 ait été laissée dans le flou le plus total, car cela aurait permis d'apporter d'intéressantes précisions à la question du commandement illégal de l'autorité légitime : les traitements comparés du Dr Roux et du Dr Netter incitent à penser que les fonctionnaires techniques seraient plus facilement justifiés que le personnel davantage politique.

La cour d'appel, qui condamna finalement le Dr Netter à un an de prison avec sursis, refusa une partie de l'analyse du tribunal. Elle pense d'abord que le délai de transmission de onze jours, jugé convenable par le tribunal, est une « transmission sans hâte excessive » ; elle se sépare ensuite du tribunal sur le caractère adéquat de la transmission aux seuls Drs Roux et Weisselberg. Elle reproche principalement au Dr Netter de s'être contenté d'avoir « reporté sur autrui une obligation qui s'imposait à lui-même [1] ». Si « le recours à des tiers est l'une des formes de l'intervention requise » par le droit, il est nécessaire mais pas suffisant lorsque existe une autre possibilité d'intervention. Le Dr Netter pouvait en l'occurrence intervenir « tant à la réunion du Comité national de l'hémophilie du 19 juin 1985 pour informer les représentants de l'AFH présents et proposer la cessation de la distribution qu'à celle de la Commission consultative de la transfusion sanguine (CCTS) du 20 juin 1985. La gravité de la situation exigeait qu'il intervienne personnellement de tout le poids que lui donnaient ses fonctions dans les instances auxquelles il participait [2]. »

Une remarque s'impose encore. Ni le tribunal ni la cour d'appel n'évoquent la nécessité d'un appel aux médias en cas de blocage hiérarchique total ; vers les utilisateurs, c'est-à-dire vers les victimes directes, il n'est jamais envisagé d'intervention [3]. Il y a là une différence importante avec les situations communes relevant de l'article 63. Ph. Salvage considère en effet que « le fait d'informer la victime éventuelle du crime ou du délit menaçant son intégrité corporelle est naturellement un moyen de prévenir ce crime ou ce délit ». Si l'on suivait cette voie, tous ceux qui savaient et n'ont pas lancé un appel médiatique en direction des hémophiles (et plus largement de tous les transfusés) sont coupables au titre de l'article 63.

Le fait de n'avoir pas évoqué cette possibilité est difficile à analyser. Ce peut être un oubli, mais c'est peu probable ; cela tiendrait plutôt au souci de ne pas inciter les fonctionnaires à entrer dans l'engrenage de l'appel aux médias chaque fois que l'un ou l'autre soupçonne la qualité d'un produit. Bien manié, l'appel aux médias peut être utile, mais il n'appartenait pas aux tribunaux d'inciter au bras de fer au sein de la hiérarchie administrative et politique. L'appréciation serait sans doute différente dans le cas d'un péril massif et immédiat, comme un danger nucléaire.

1. Arrêt du 13 juillet, version ronéotypée, p. 85.
2. Arrêt du 13 juillet, version ronéotypée, p. 85 et 103.
3. Seule l'AFH est concernée.

*
* *

En analysant avec précision les défauts d'intervention de ces deux hauts fonctionnaires, mais aussi les limites qu'ils rencontrèrent dans leur action, le tribunal correctionnel et la cour d'appel mettaient en évidence des aspects de l'affaire qui n'avaient pas été élucidés par l'instruction. Cabinets et conseillers des ministres furent de multiples fois effleurés, le jugement et l'arrêt dessinant avec une certaine cruauté ce que l'un des témoins appela l'« interface opaque » entre les informations qui remontent en principe en direction des ministres et la non-information dont ces mêmes ministres disent avoir souffert. « Retenez bien ce nom, C. Weisselberg c'est la puissance », lancera maître Dreyfus à la fin des audiences.

Les voies de la justice sont insondables. Il est critiquable de n'avoir pas ordonné de supplément d'information pour pallier les carences manifestes de l'instruction, mais finalement, le trait fut suffisamment accusé pour permettre la poursuite de la procédure en d'autres temps et d'autres lieux. Car l'étroit angle mort révélé par la procédure sera bien plus efficace que la litanie « où sont les ministres ? ». La mise en évidence par le jugement et l'arrêt de la part « non élucidée » des décisions en fera une part maudite, qui conduira inéluctablement à la mise en cause des trois ministres appelés comme témoins au cours du mois de juillet 1992, et finalement à la révision de la Constitution.

6. La révision de la Constitution pour trois ministres

Au fur et à mesure que la campagne médiatique puis le procès pénal suivaient leur cours, le drame de la contamination changeait de nature et tournait à l'affaire d'État. Tout y contribuait : le nombre de six mille à huit mille morts en sursis, la divulgation des petites phrases insupportables, les zones d'ombre de l'instruction, le soupçon sur la prise en compte des intérêts de l'Institut Pasteur qui pouvait évoquer une raison d'État, les cabinets ministériels effleurés sans que le rôle de chaque personnage soit caractérisé avec précision, la défense des inculpés qui se présentèrent à la barre comme des lampistes sacrifiés sur l'autel des politiques…

A partir du mois d'octobre 1992, soit juste après le jugement du tribunal correctionnel, une vague de suspicion monte des médias vers une classe politique fragilisée par les affaires de toute nature et le vote de la loi d'amnistie qui permet de sauver l'ancien ministre Ch. Nucci, au moment même où il paraissait devoir être jugé. Droite et gauche survoltées se préparent à une seconde cohabitation dans un climat délétère, et les socialistes refusent toute idée de responsabilité personnelle des ex-ministres. C'est alors que le président de la République intervient à la télévision. Il affirme qu'il est dans l'intérêt de ses anciens ministres d'être jugés, et qu'il faut de toute urgence procéder à la constitution de la Haute Cour de justice, pour qu'ils puissent démontrer leur innocence. Cette proposition qui se veut apaisante déstabilise un peu plus les socialistes, qui sentent leur premier secrétaire lâché ; quant à la droite, qui devrait être satisfaite, elle part en campagne contre la seconde proposition du Président. Constatant que la Haute Cour n'a jamais pu fonctionner depuis le début de la IVe République, il admet que cela peut faire croire à une irresponsabilité pénale de fait des ministres en exercice et il propose de réfléchir à une révision de la Constitution : à tout prendre, autant procéder à une révision en profondeur, qui dépasserait la seule Haute Cour. A peu de mois des élections législatives, cette proposition est prise comme une provocation par la droite qui fait remarquer que le Président avait eu tout le temps pour mener à bien une telle réforme annoncée dans son programme de 1981. Dès lors, la suspicion va peser non seulement sur les ministres mais aussi sur la réforme.

Pourtant, la révision de la Constitution aura bien lieu et, préparée par le gouvernement Bérégovoy, sera votée par la droite revenue au pouvoir. Après les hystéries politiques de la fin de 1992, la mise en place d'un comité consultatif pour la révision de la Constitution présidé par le doyen Vedel va calmer les esprits, et le résultat de cette consultation sera plein d'intérêt : il s'agit d'une proposition de modernisation de la Constitution de 1958 par petites touches qui prétendent ne pas mettre en cause les équilibres généraux. Les propositions de réforme, organisées en trois parties, concernent *le pouvoir exécutif* – c'est dans ce chapitre que seront examinées la responsabilité pénale des ministres et la réforme de la Haute Cour –, *le pouvoir législatif* et, non pas le pouvoir judiciaire, mais *le citoyen*, un citoyen que le comité voudrait « plus présent ».

Que se cache-t-il derrière ce concept peu explicite de *présence du citoyen* ? Essentiellement trois idées : l'élargissement du champ du référendum, l'approfondissement de certains droits et libertés, et un ensemble de retouches apparemment disparates, en réalité très cohérentes, concernant l'amélioration et l'extension des *outils juridictionnels mis à la disposition des citoyens*. Effectivement, pour rendre compte de la réalité contemporaine, il ne devrait plus être question de pouvoir judiciaire, limité aux juridictions civiles et pénales, mais de *pouvoir juridictionnel*, c'est-à-dire de tout ce qui relève d'une activité de jugement entendue au sens technique du terme : outre les juridictions administratives, le Conseil constitutionnel, la Haute Cour de justice, on devrait en fait y compter les deux juridictions européennes, dont les décisions s'imposent dans l'ordre juridique interne des États membres, et peuvent sanctionner lois et règlements nationaux. Au titre de ces nouveaux outils juridictionnels, le comité étudie la possibilité d'offrir au citoyen la possibilité de saisir le Conseil constitutionnel et les moyens pour améliorer l'indépendance de la magistrature. Les transformations de la Haute Cour n'y sont pas mentionnées car elles sont classiquement rattachées au concept de gouvernement, sans prendre en compte le fait qu'elles font en même temps partie de ces nouveaux outils juridictionnels.

La réforme de la Haute Cour affiche deux objectifs essentiels : permettre à « toute personne lésée » de porter plainte contre un ministre qui aurait commis un délit ou un crime dans l'exercice de ses fonctions ; confier le sort de cette plainte à une commission formée de magistrats professionnels et de hauts fonctionnaires pour empêcher l'esquive politique dont semblaient s'être rendus coupables les parlementaires jusqu'à ce jour. *Il y a donc un lien fort entre l'indépendance de la magistrature, la saisine du Conseil constitutionnel par les citoyens et les finalités de la réforme de la Haute Cour.*

Cet ensemble cohérent représentait un pas en avant dans le nouveau dessin d'une société civile participant à l'exercice et au contrôle du pouvoir : le comité cherche à faire du pouvoir judiciaire traditionnel un instrument plus fiable entre les mains des justiciables, mais aussi à *ouvrir aux citoyens de nouvelles procédures et de nouveaux espaces de contrôle de l'activité du pouvoir législatif, via le Conseil constitutionnel, et exécutif, via la réforme de la Haute Cour. Entendue dans un sens large, l'activité de jugement est donc perçue comme l'un des moyens aptes à assurer la présence politique des citoyens, à côté du traditionnel pouvoir électoral.*

L'analyse que je propose va au-delà de la simple exégèse du rapport du comité Vedel, dont elle pousse la logique à l'extrême. Envisagée sous cet angle, la réforme de la Haute Cour est bien plus révolutionnaire qu'il n'y paraît : elle ajoute à la responsabilité politique du gouvernement devant le Parlement[1] une responsabilité pénale dont les conséquences politiques, constitutionnelles sont difficiles à qualifier en termes de recomposition du principe (contesté) de séparation des pouvoirs. Désormais toute personne, physique ou morale, pourra mettre en cause la décision d'un membre du gouvernement si ses conséquences peuvent s'analyser comme une infraction pénale, et la nouvelle infraction dite de mise en danger de la personne pourrait même permettre une contestation de l'action du gouvernement en temps réel.

Dès lors, un ensemble d'outils juridictionnels plus étendus que le traditionnel pouvoir judiciaire est mis à la disposition des citoyens, dont l'action politique ne passe plus uniquement par le suffrage. On pourrait conclure qu'il existe désormais, à côté du pouvoir législatif et du pouvoir exécutif qui font intervenir les citoyens par les mécanismes du suffrage universel et de la représentation, un troisième pouvoir, celui de la société civile s'exprimant par les mécanismes juridictionnels[2]. On en arriverait ainsi à reconnaître deux moyens d'expression différents correspondant à deux figures distinctes de la démocratie : *le citoyen qui vote, la société civile qui plaide*.

Les parlementaires réunis en Congrès à Versailles votèrent donc en juillet 1993 la révision de la Constitution et complétèrent cette œuvre en novembre de la même année par le vote d'une loi organique. Ils le firent à contrecœur, signifiant clairement qu'ils ne légiféraient pas pour leur propre compte mais qu'ils se soumettaient à l'opinion publique. Ils travaillèrent soigneusement si l'on s'en tient aux aspects procéduraux de la réforme, principalement à l'équilibre recherché pour la nouvelle Cour de la République entre le politique et le judiciaire. Mais ils évitèrent non moins soigneusement de parler des problèmes de fond. Il fut admis sans discussion que le droit pénal commun s'appliquait aux ministres, certes de manière particulière. Probablement pris de vertige à l'idée de ce que le droit commun pouvait signifier s'il était appliqué dans toutes ses potentialités, ils refusèrent d'évoquer les multiples homicides involontaires auxquels conduit sans doute le quotidien de l'action gouvernementale si on le jauge au filtre de la sécurité civile ou de la santé publique. Que l'on commence à relier les cancers aux choix de prévention ou aux normes requises pour les autorisations de mise sur le marché, les accidents de la route aux contraintes budgétaires, et les perspectives deviennent illimitées.

Avec un mélange de fatalisme et de sagesse, les parlementaires s'en remirent à une commission des requêtes, juge de l'opportunité des poursuites, pour « filtrer » les plaintes et éviter le « harcèlement procédural ». La commission aura la charge d'inventer ce qui sera probablement une *théorie du choix technique discrétionnaire* car équivalant à un acte politique, qui s'opposerait à

1. Motions de censure et questions de confiance.

2. Le judiciaire, dont l'existence en tant que troisième pouvoir avait toujours été contestée, s'efface curieusement derrière le citoyen envisagé dans sa capacité à ester en justice pour contrôler les pouvoirs législatif et exécutif.

d'autres choix techniques non discrétionnaires, que l'on pourrait contester au filtre du Code pénal, et que l'on ne voit pas bien comment qualifier.

A. D'UNE AFFAIRE D'ÉTAT À LA RÉVISION DE LA CONSTITUTION

La contamination était un drame culturel qui devint une affaire d'État et provoqua la révision de la Constitution. Cet enchaînement étrange a des causes multiples. La plus apparente est le climat politique délétère, en partie conjoncturel – cohabitations, affaires, crise économique –, en partie structurel : le déroulement du procès pénal avait montré de fortes interrogations des victimes sur les mécanismes de prise de décision au sein de l'administration et du gouvernement, interrogations qui furent reprises et amplifiées par les médias. Les dépositions des ministres mirent à nu ce que l'on supputait sans oser le penser : les ministres seraient à ce point sous-informés que l'on se demanda comment ils pouvaient prétendre gouverner. S'ils n'étaient pas coupables d'avoir su et de n'avoir rien fait, alors ils étaient coupables de ne pas s'être organisés pour savoir. Qui sont ces gens qui prétendent gouverner sans être éclairés ? Le trop fameux « responsable mais pas coupable » de G. Dufoix sera retourné durant l'été 1992 : pas coupables ? alors irresponsables !

1. La contamination, affaire d'État

« Ce n'est pas une affaire correctionnelle, mais une affaire d'État. La France est-elle le seul pays où les hommes politiques n'ont jamais à répondre de leurs actes ? Les Français sont lassés de cette République des fusibles. Les ministres doivent comparaître devant la Haute Cour[1]. » Par cette phrase, maître Lecoq clôt, le 28 juillet 1992, un épisode de l'affaire de la transfusion. Pour lui et quelques autres, le procès pénal n'a pas levé les doutes qui pesaient sur les hommes politiques cités comme témoins. Comment en était-on arrivé à s'intéresser aux comportements de ministres pourtant bien éloignés du terrain, et à conclure que le procès aggravait le soupçon pesant sur leur conduite plus qu'il ne le détournait ?

Entre septembre 1991, date du rapport Lucas, et août 1992, quand s'achève le déroulement du procès pénal, une suspicion avait pris forme et s'était étendue. Loin de la désamorcer, le procès allait la faire rebondir et déterminer certains avocats à demander la constitution de la Haute Cour.

1. L. Greilsamer, *Le Procès du sang contaminé*, p. 182.

La mécanique du soupçon

C'est la révélation par l'IGAS de la réunion interministérielle du 9 mai 1985 qui mit le feu aux poudres. Le compte rendu en est pénible à lire, montrant des représentants de ministres attachés à une défense contingente de petits ou grands intérêts économiques et industriels, les arguments touchant à la santé publique étant à peine évoqués une fois par le seul Dr Weisselberg. L. Greilsamer, observateur du procès pour le journal *Le Monde*, parlera de « mandarins en proie à des obsessions de boutiquiers[1] ». Qu'il faille se soucier de la manière dont on finance les décisions de santé publique, personne n'est assez sot pour le contester. La suspicion résulta bien davantage du style, de l'atmosphère qui se dégageait de la réunion, que du seul contenu du compte rendu.

A partir de ce premier choc de septembre 1991, la machine ne cessa de s'emballer ; chaque intervention médiatique des personnalités mentionnées dans le rapport Lucas fut plus maladroite que la précédente ; l'atmosphère était survoltée quand le procès commença. Dès les premières audiences, L. Greilsamer note une alliance objective entre les victimes et les inculpés pour poser de manière lancinante la question : « Où sont les ministres[2] ? » Le 26 juin, maître Dreyfus, avocat de J. Roux, demande sans l'obtenir un supplément d'information. Effectivement, son client sera convaincant lorsqu'il expliquera ses conditions de travail ridicules – un an et demi de discussions pour obtenir du cabinet de P. Bérégovoy le financement d'un poste d'épidémiologiste, les crédits systématiquement diminués, les transferts au centre d'informatique de Servan-Schreiber, les pressions de tous ordres[3].

Cette défense, qui aurait pu paraître partisane, trouva une caution inattendue avec le témoignage du lieutenant-colonel Recordon, qui avait été chargé des commissions rogatoires par le juge d'instruction : son témoignage, impressionnant de rigueur, dessinait les limites de son enquête. Il avait pu travailler facilement au CNTS, mais le ministère de la Santé, six étages et des sous-sols, ne s'était pas montré coopératif ; en fait, il accuse sans états d'âme le directeur de la santé, J.-F. Girard, de lui avoir refusé malgré ses promesses la documentation dont il avait besoin et dont il prendra parfois connaissance par voie de presse. De là à penser que J.-F. Girard protégeait soit le cabinet soit le ministre de la Santé, il n'y avait qu'un pas. Quand le témoin ajoute qu'une véritable perquisition au ministère n'avait pas été envisagée, c'est vers le juge d'instruction que glisse le soupçon : « Si nous avions eu l'audacieux juge Van Ruymbeke à

1. *Le Procès du sang contaminé*, p. 89 ; rappelons que, pour C. Weisselberg, le test de dépistage n'avait aucun intérêt en matière de santé publique.

2. En écho à la ronde des militants d'Act up, promenant des effigies des ministres (*ibid.*, p. 92 et 97). Il est difficile d'analyser les retombées de la campagne médiatique : quand elle en arriva à évoquer les crimes de guerre, il y eut sans aucun doute des excès, mais n'était-ce pas aussi une façon d'exprimer qu'il s'agissait là d'une affaire d'État, où les responsabilités des dirigeants et des exécutants étaient étroitement liés ?

3. *Ibid.*, p. 103.

la place de Mme Foulon la timorée, ce procès aurait été différent », dira maître Korman, avocat du Dr Netter[1].

Le tableau de la suspicion arrive à son terme avec la déposition de M. Lucas, l'auteur du rapport de l'IGAS de septembre 1991. Celui par qui le soupçon était né sera retourné par les avocats des inculpés qui vont le mettre en difficulté. Ici encore, il s'agira des problèmes causés par la rédaction collective d'un rapport. M. Lucas avait mené son enquête avec quatre inspecteurs qui avaient rédigé plusieurs documents préparatoires avant que M. Lucas n'assume seul la synthèse, acceptée, semble-t-il, par ses collègues[2]. Comme toujours, les documents provisoires avaient circulé, et les avocats des inculpés soutinrent que certaines versions (non transmises au tribunal) avaient mis en cause le niveau ministériel, alors que le rapport définitif occultait tout ce qui dépassait le niveau de la DGS. Sans le nier directement, M. Lucas se défendit de deux manières : il s'agissait là de documents intermédiaires sans valeur définitive (curieuse défense car c'est précisément ce qu'on lui reproche) ; ce qui avait été conservé dans la version définitive permettait largement, selon lui, de mettre en cause plusieurs responsables politiques. Dès lors, la charge contre M. Lucas montrait une fois de plus les limites de l'instruction, qui aurait dû se saisir des acquis de l'enquête administrative pour pousser plus loin les investigations.

Du juge d'instruction, la suspicion gagnait logiquement le parquet et le tribunal tout entier. En effet, si réellement les investigations de S. Foulon faisaient apparaître un déficit de curiosité, cela pouvait être compensé par un supplément d'information qui ne fut jamais ordonné. A cela deux explications sont possibles : soit la magistrature tout entière adhérait au souci de protéger le niveau ministériel en ne remontant pas au moins jusqu'aux cabinets, soit elle ne voulait pas provoquer de nouveaux et importants retards dans le déroulement d'une affaire qui n'en avait déjà que trop subi, mais elle courait le risque que ce soit mal interprété.

L'objet du soupçon : qui gouverne ?

Finalement, avant même que le procès ne soit terminé, le jugement tant attendu était relégué au second plan : « Nous ne resterons pas sur le seul terrain de la loi de 1905 visant la tromperie industrielle. C'est une étape, une étape importante, mais nous continuerons. » Qui sont ces ex-ministres « qui ne reçoivent jamais les informations essentielles » ? « En vertu de la Constitution, vous êtes certes incompétents. Mais votre jugement pourrait inspirer à d'autres juridictions le besoin de se former. » *In fine*, l'idée est la suivante : le procès, et surtout l'audition des ministres, a montré que les informations qui auraient été utiles à la décision politique semblaient s'être perdues quelque part, entre le niveau des experts, industriels, fonctionnaires proches du terrain, et celui des

1. L. Greilsamer, *Le Procès du sang contaminé*, p. 191.
2. *Ibid.*, p. 132.

ministres. C'est cet *angle mort*[1] qui sera en question, soit parce qu'il recouvrait une culpabilité directe à laquelle il semble bien que l'on crut de moins en moins, soit plutôt parce qu'il recouvrait une irresponsabilité, une légèreté dans l'exécution de la tâche gouvernementale. De manière démagogique mais révélatrice, le « syndicat des justiciables » intervint pour soutenir l'exercice de l'action publique afin de « dénoncer l'immoralité publique de ceux qui persistent à se prétendre habilités à œuvrer pour le bien public » et « le triste état de l'administration française[2] ».

Sur les produits chauffés qui, seuls, étaient importants pour les hémophiles, la situation est pourtant presque éclaircie devant le tribunal, sauf à admettre des mensonges de la part de G. Dufoix et L. Fabius. En effet, il semble clair que l'erreur industrielle des Drs Allain et Garretta les a conduits à refuser de demander l'importation de produits chauffés parce qu'elle démontrait leur erreur. L'erreur et le camouflage furent couverts par le silence des Drs Roux et Netter, par un mélange de fatigue, devant les refus et les mesquineries, et d'adhésion à l'objectif de la création d'un grand outil industriel français. Tout cela fut démontré avec beaucoup de rigueur par maître Holleaux[3]. Reste inexpliquée la manière dont l'information a circulé de ce niveau à C. Weisselberg, et de ce dernier à E. Hervé.

La déposition de E. Hervé fait apparaître qu'il a bien été prévenu d'un problème le 20 juin, mais dans des termes tels qu'il ne conclut pas à l'urgence et diligente simplement une enquête. Outre le fait que le résultat de cette enquête sera un tissu de mensonges qui n'est pas expliqué par le procès, elle est trop tardive. C'est à la fin de 1984 au plus tard que C. Weisselberg et E. Hervé auraient dû régler le problème. Pour savoir qui présente mal le problème et pourquoi, il suffisait de mettre en examen C. Weisselberg. G. Dufoix semble avoir été prévenue fin juillet, et dans des termes tels que l'on ne voit pas bien comment elle pouvait réagir. L. Fabius n'aurait pas été prévenu du tout.

Le problème des produits antihémophiliques se résout en fait à la question de savoir qui a fait courir le bruit que l'on risquait une rupture d'approvisionnement pouvant causer la mort des hémophiles, oubliant de mentionner qu'il existait des produits chauffés sur le marché international et que l'on pouvait en tout état de cause se passer des concentrés. Cette approche conduisait logiquement les ministres à conclure que la distribution de lots contaminés était inévitable. Qui est responsable de cette mauvaise information : les conseillers qui organisent la rétention de l'information ou les ministres qui n'organisent pas

1. C'est cet angle mort que le second train de mises en examen essaiera de réduire ; elles visent F. Gros, conseiller de L. Fabius, C. Weisselberg, conseiller de E. Hervé, Ch.-H. Filippi, directeur de cabinet de G. Dufoix, G. Rimareix, directeur de cabinet de E. Hervé, M.-Th. Pierre, responsable de la transfusion à la DGS et J.-B. Brunet, épidémiologiste de la DGS à qui était confié le dossier du sida. Cette dernière mise en examen a surpris tout le monde et paraît, en l'état, paradoxale. En effet, ce sont ses travaux qui ont été retenus par le Conseil d'État comme les indicateurs du point de départ de la responsabilité de l'État.

2. Jugement du 23 octobre 1992, version ronéotypée, p. 155.

3. L. Greilsamer, *op. cit.*, p. 177.

une cellule efficace capable de les informer correctement ? Conseillers félons ou ministres incapables ?

Pour le test de dépistage, les choses sont encore plus simples. Le reproche principal ne portait pas tant sur la date retenue, « l'une des plus précoces dans le monde », fit remarquer le Premier ministre, que sur les raisons pour lesquelles l'enregistrement du test américain avait, de manière indubitable, été retardé [1]. Le témoignage de M. Weber, ancien haut fonctionnaire au ministère de la Santé, sembla corroborer les dénégations des responsables de l'Institut Pasteur. L'Institut était prêt à assurer la production en même temps que la firme Abbott, et vendit en Allemagne dès le mois d'avril 1985 [2]. Alors, qui, lors de la réunion du mois de mai, fait courir le bruit qu'il faut retarder Abbott pour protéger l'Institut Pasteur, accréditant sept ans plus tard la thèse de la raison d'État ? Nous ne le saurons pas.

C'est sans doute pour cet ensemble de raisons que L. Greilsamer, sans critiquer directement la mise en cause des ministres, constate à juste titre que *le reproche essentiel qui peut leur être fait est de ne montrer aucune capacité à organiser leur propre information*. Ils semblent entièrement dépendants, n'ont pas de curiosité et, au bout du compte, ne paraissent pas gouverner : « Je ne suis jamais intervenu dans les choix médicaux et éthiques », se défend E. Hervé. Mais alors, à quoi sert un secrétaire d'État à la Santé ?

La Haute Cour serait donc destinée à comprendre comment, dans une telle affaire, les ministres sont soit coupables s'ils ont menti sur l'information dont ils disposaient, soit plus probablement incompétents, irresponsables à force d'être coupés de la réalité, *coupables d'accepter d'assumer des tâches auxquelles aucun homme ne peut suffire : que l'on pense aux mille réunions interministérielles annuelles avouées par L. Fabius. Qui, alors, nous gouverne* ? Si telle est bien la question, la référence à la Haute Cour repose sur une étrange ambiguïté. En permettant de pousser les investigations dans les angles morts de l'instruction de S. Foulon, la nouvelle instance aboutirait, d'une part, à désigner au sein des cabinets les fameux coupables absents du premier procès, ceux qui ont dilué l'information claire détenue par les médecins condamnés, et, d'autre part, à mettre en évidence l'idée que les ministres organisent mal leur travail. A noter que ces reproches forts d'« irresponsabilité », d'« altitude », de « sclérose intellectuelle et affective », ne figurent pas dans le Code pénal [3]. Ils désignent une critique violente de l'opinion publique contre le caractère fictif du gouvernement des sociétés modernes, mais on ne voit pas bien quelle satisfaction, quelle réponse pourrait être apportée [4].

1. L. Greilsamer, *Le Procès du sang contaminé*, p. 147.
2. Ce qui fut de nouveau contesté dans la campagne de presse du début de l'année 1994.
3. L. Greilsamer, *op. cit.*, p. 161, 169.
4. Le comité Vedel avait toutefois recommandé l'interdiction du cumul des mandats. En fait, un ministère devrait être exclusif de toute autre charge, y compris au sein des partis.

2. Le traitement politique du soupçon

Les audiences du mois de juillet avaient attisé l'incendie qui fit rage tout l'été dans les médias. Le 7 octobre, une première proposition de mise en accusation émane du RPR. Elle ouvre un trimestre de soubresauts politiques qui tournent au feuilleton de mauvaise qualité. A droite, on cherche un bénéfice politique d'un drame culturel qui mériterait une réflexion collective non partisane. A gauche, le réflexe est défensif : L. Fabius parle d'ignominie et demande la solidarité de ses troupes, mais on ne règle pas le soupçon par la solidarité et l'exigence enfantine d'un jury d'honneur. Il y faut de la transparence et du droit commun, en admettant que cela suffise.

La période qui se referme le 20 décembre par la libération de la procédure est marquée par quatre enjeux : l'acceptation (ou non) du principe du jugement par la Haute Cour ; le fait d'y renvoyer les deux ministres techniques ou de leur adjoindre l'ex-Premier ministre ; le contenu juridique de la mise en accusation faisant apparaître ou non l'aspect homicide (empoisonnement, administration de substances toxiques, homicide involontaire ou non-assistance à personne en danger, seule qualification acceptée par les socialistes) ; le principe d'une révision de la Constitution, à laquelle la droite est opposée. Alors qu'il fallait vider l'abcès le plus rapidement possible, plus de deux mois auront été nécessaires pour que les socialistes prennent la mesure de l'enjeu politique de cette affaire. L. Fabius, qui changera d'avis à trois reprises, va paraître transformer le PS en machine à voter ou ne pas voter la mise en accusation au gré de son analyse du moment. « Désastre », dira B. Frappat, constatant le blocage de la procédure[1]. Avant de regarder au jour le jour comment fut gérée politiquement la crise, il importe de comprendre pourquoi et comment la procédure de jugement des ministres put être bloquée.

Les raisons du blocage de la procédure[2]

Tous les commentateurs sont d'accord, le particularisme de la procédure devant la Haute Cour de justice aboutit à une *irresponsabilité de fait*, assumée par certains juristes comme J. Foyer, ancien garde des Sceaux et parlementaire, qui revendique l'aspect purement politique de cette justice, *reçue avec fatalisme* par beaucoup, *critiquée à la marge* par un pénaliste comme W. Jean-

1. *Le Monde*, 18 décembre 1992.

2. On lira avec intérêt R. Lindon et D. Amson, *La Haute Cour, 1789-1987*, PUF, 1987 ; M. Tsourkas, *La Protection judiciaire du régime sous la Ve république*, thèse, Paris, 1976 ; et M.-P. Desmottes, *De la responsabilité des ministres en régime parlementaire français*, LGDJ, 1968.

didier ou des constitutionnalistes comme B. Mathieu et D. Turpin[1]. Les raisons de ce blocage sont à la fois historiques et constitutionnelles.

Sur le plan historique, on constate que la difficulté de la procédure de mise en accusation d'un ministre devant la Haute Cour fut voulue. J. Foyer la voit comme une « garantie pour les ministres contre les plaignants », et cela s'explique. Le fait qu'un ministre puisse être coupable d'une infraction fut perçu à l'origine comme une hypothèse exceptionnelle et étrangère à l'univers juridique. On songeait aux crimes politiques tournant autour de l'idée de trahison, et le texte fondateur était le décret du 5 mars 1791 établissant un tribunal chargé d'instruire et de juger en premier et dernier ressort les crimes de lèse-nation[2]. Effectivement, le droit et la justice ont peu à voir dans ces configurations.

Il fallut assez vite diversifier le schéma. Il y eut, d'une part, les tribunaux d'exception chargés de venir à bout d'une situation conjoncturelle, comme la Haute Cour de justice à la Libération et, d'autre part, les véritables Cours de justice permanentes, dont les fonctions s'étaient compliquées en affrontant la réalité.

Cette image d'une justice purement politique reste dominante, alors que l'on s'attache de plus en plus à des *infractions de droit commun* commises dans l'exercice de la fonction gouvernementale : ni haute trahison, ni crime de l'homme, elles sont d'une nature hybride puisque c'est à l'occasion et souvent en profitant de la fonction gouvernementale que le délit ou le crime est perpétré. Ici encore, les débuts furent simples, et l'on eut à connaître des délits évidents et bien caractérisés, *escroqueries, ingérences, détournements de fonds, non-communication de pièces à la justice*, etc. ; ce sont des comportements délictueux classiques de l'univers politique. *L'ère audiovisuelle* amena de nouveaux types de conflits, diffamations, atteintes à l'autorité de la justice[3].

Ce tableau des types d'infractions montre une lente évolution, du politique vers un droit commun encore très lié à la fonction politique. L'affaire de la transfusion sanguine, portant sur une décision technique, constitue à ce titre une véritable rupture. On ne demande plus la sanction d'un comportement permis par la fonction, on veut juger une norme, la production ou la non-production d'une norme dont les conséquences peuvent s'analyser en homicide involon-

1. J. Foyer, « Haute Cour de justice », in *Encyclopédie Dalloz* ; W. Jeandidier, « L'irresponsabilité d'un ministre », in *Semaine juridique*, Éd. G, 1987, doctrine, nº 8, 3275 ; B. Mathieu, « La Haute Cour de justice et la responsabilité pénale des ministres, ou comment se servir d'un sabre de bois », in *RFDC*, nº 4, 1990, p. 743 ; D. Turpin, « Parfaire l'État de droit en réformant ou supprimant la Haute Cour de justice », in *Les Petites Affiches*, nº 54, 4 mai 1992. L'irresponsabilité était à ce point rentrée dans les mœurs que certains manuels de droit constitutionnel ne faisaient même pas allusion à la responsabilité pénale des ministres.

2. Les tribunaux de droit commun furent toujours compétents pour juger les ministres qui avaient commis un crime sans lien avec leur fonction, celui qui tue sa femme par exemple.

3. L'inefficacité de la procédure devant la Haute Cour ayant été constatée, le syndicat de la magistrature essaya de porter l'affaire Ralite devant les tribunaux de droit commun, mais ce contournement fut refusé par la chambre criminelle de la Cour de cassation ; cf. W. Jeandidier, *op. cit.*

taire, non-assistance à personne en danger, ou toute autre infraction ; le projet est d'une nature différente[1].

Or, *malgré l'évolution du contenu des infractions reprochées aux ministres, l'esprit de l'institution et la procédure qui en découle n'avaient pas changé*. La Haute Cour continuait de se revendiquer comme juridiction d'exception, hors de l'organisation judiciaire, juridiction politique qui émane de la souveraineté nationale et « prolonge sur le plan pénal la responsabilité politique ». Les « juges » sont des parlementaires qui disposent *de facto* d'une faculté de jugement discrétionnaire dans la mesure où leurs décisions ne sont pas susceptibles de recours ni soumises à aucun contrôle de légalité. Ils peuvent choisir de juger ou de ne pas juger.

Ce modèle, justifiable pour les infractions politiques, l'est plus difficilement pour les infractions de droit commun qui appellent un retour du politique vers le juridique où l'on ne choisit pas d'être jugé. *L'évolution des types d'accusation dans un contexte de stabilité de l'institution et de la procédure amena une tension croissante tout au long de la Ve République*. Tout le monde fut obligé de le constater : alors que les politiques choisirent de ne pas faire fonctionner la Haute Cour pendant près de quarante ans, l'opinion publique admettait de moins en moins bien cette inertie[2].

Elle s'explique pourtant non seulement par l'histoire mais aussi par les particularismes de la Constitution de la Ve République, à l'origine du « fait majoritaire[3] ». Les institutions de la Ve République conduisent en effet à l'homogénéité politique du gouvernement et de l'Assemblée. Or, pour qu'un ministre soit mis en accusation, il faut réunir un grand nombre de conditions : élection à la majorité absolue dans chaque assemblée des juges qui composent la Haute Cour[4], aval de la proposition de mise en accusation par 10 % au moins des députés, déclaration de recevabilité de la proposition par le bureau de la chambre devant laquelle elle a été déposée, renvoi à une commission élue spécialement pour l'examen de la proposition, vote de la première Assemblée à la majorité absolue après rapport de la commission et débat contradictoire, et

1. Si l'on voulait faire un tableau complet des nouvelles utilisations du pouvoir juridictionnel par les citoyens, il faudrait compter aussi la responsabilité pénale des maires et des élus. Un colloque organisé par l'ASTRAFI le 24 juin 1994 lui a été consacré ; cf. *Les Petites Affiches*, nº 20, 15 février 1995, spécialement les articles de M. Ceoara et Ch. Huglo sur les délits liés au manque de précaution. C'est l'équivalent, au niveau local, de la responsabilité des gouvernants.

2. Cette explication privilégie le contenu des infractions ; il faut la compléter par celle qui a été proposée par G. Vedel. Pour lui, c'est le déclin historique de la responsabilité politique qui conduit les citoyens à rechercher une sanction pénale ; cf. « Haute Cour et déficits juridiques », in *Le Monde*, 31 octobre 1992.

3. Sur l'analyse du fait majoritaire, cf. Ass. nat., rapport A. Fanton, nº 356, enregistré le 17 juin 1993, p. 2 à 28.

4. Si le Sénat a toujours pris soin d'élire ses représentants, ce ne fut pas le cas de l'Assemblée nationale. C'est donc une première cause de blocage : une majorité peut choisir purement et simplement de ne pas nommer ses représentants, ce qui casse la procédure à la base.

enfin nécessité d'un vote identique, également à la majorité absolue, dans la seconde Assemblée. Alors, seulement, la mise en accusation est adoptée. Comprenant l'énoncé sommaire des faits reprochés et les qualifications juridiques sous lesquelles on demande de les poursuivre, le dossier est transmis au procureur général.

La formation politique au pouvoir est évidemment peu pressée de mettre en accusation un ministre choisi en son sein. Le cas le plus évident fut celui de M. Poniatowski. Fortement soupçonné de non-communication de documents à la justice et de violation de secret de l'instruction dans l'affaire de l'assassinat de M. de Broglie, il fit l'objet d'une proposition de résolution de mise en accusation. Son dossier ne franchit pas la commission *ad hoc*, grâce à l'habileté de son ancien collaborateur G. Longuet, qui en fut le rapporteur.

Toutefois, les périodes de cohabitation qui ont caractérisé les deux septennats de F. Mitterrand ont perturbé ces phénomènes de blocage. Il en est résulté que Ch. Nucci, ministre socialiste, put être mis en accusation lors de la première cohabitation ; mais la gauche, revenue au pouvoir, fit voter une loi d'amnistie qui permettait à l'ancien ministre d'éviter la procédure[1]. Au moment où démarre l'affaire de la contamination, la gauche est au pouvoir et peut donc bloquer la procédure en n'élisant pas les juges de l'Assemblée nationale, ce qu'elle commence par faire. Mais elle sait que les prochaines élections ramèneront probablement la droite dans peu de mois. En tout état de cause, les ministres socialistes pourront donc être mis en accusation et jugés, et ils le seront par des parlementaires issus de la nouvelle majorité. Autrement dit, aucune situation n'est satisfaisante. Une majorité répugne à mettre en accusation et à juger les siens, la nouvelle majorité ne le fera que trop volontiers et l'on peut craindre la vengeance politique.

La mise en accusation

Le « trimestre délirant » va occuper le monde politique à résoudre plusieurs questions imbriquées les unes dans les autres. Faut-il juger les ministres ? N'est-ce pas en soi infamant ? Cela ne porte-t-il pas atteinte à la présomption d'innocence ? Une fois que F. Mitterrand aura fait admettre le principe du jugement, il faut encore se mettre d'accord pour savoir qui on va juger – deux, ou trois ministres –, et sur quels fondements juridiques. Partis très fort sur la thèse de l'empoisonnement, les parlementaires de droite vont petit à petit en rabattre puisqu'ils n'ont pas la majorité et ne peuvent rien faire sans l'accord des socialistes. Ceux-ci vont conditionner leur accord à une mise en accusation qui ne fasse apparaître que la non-assistance à personne en danger.

1. C'était la première fois que la mise en accusation d'un membre du gouvernement pouvait être votée par le Parlement sous la Ve République ; cf. B. Mathieu, « La Haute Cour de justice et la responsabilité pénale des ministres, ou comment se servir d'un sabre de bois », *RFDC*, nº 4, 1990.

Derrière ces questions se cache celle de la réforme de la Haute Cour. Au départ, la droite n'y était pas favorable, et F. Mitterrand aura également ici un rôle déterminant en faisant appel à un comité des sages chargé de rendre un rapport suffisamment prospectif pour qu'il ne soit pas considéré comme une obligation de réformer.

Le principe du jugement

7 et 8 octobre 1992, Assemblée nationale : deux propositions de résolution de mise en accusation. La première vise les trois ministres et parle d'empoisonnement, la seconde n'en vise que deux. Ces deux propositions seront rejetées le 14 octobre.

Du 7 octobre au 6 novembre, L. Fabius va parler d'ignominie, de refus d'une justice politique, va proposer d'exposer son cas devant un jury d'honneur, comme les Drs Roux et Garretta en leur temps, et de proposer aussi une réforme de la Haute Cour, qui serait supprimée au profit des tribunaux de droit commun. Les journalistes sont tout de suite critiques : « M. Laurent Fabius paraît réagir plus instinctivement que raisonnablement et il exige de ses camarades une solidarité sans faille, alors même que, selon nombre d'entre eux, le premier secrétaire n'a pas choisi le bon système de défense[1]. » J. Lang, L. Mermaz, P. Joxe serrent les rangs autour du premier secrétaire du PS et critiquent B. Kouchner, accusé de rompre la solidarité gouvernementale en présentant le projet de réforme de la transfusion sanguine[2]. Les critiques de la droite sont analysées comme un lynchage, une campagne immorale, hystérique, ce qui n'est pas faux au demeurant. La droite refuse toute révision constitutionnelle.

9 novembre 1992 : au cours d'un entretien télévisé, F. Mitterrand casse cette première stratégie du refus, en affirmant en même temps l'opportunité d'une réforme et le devoir des parlementaires d'élire les membres de la Haute Cour et de la faire fonctionner normalement[3]. L. Fabius, qui s'attendait à être davantage soutenu par le Président, demande à réfléchir. Les socialistes organisent une commission d'enquête parlementaire, à laquelle la droite refuse de participer[4]. Ils élisent le 18 novembre leurs représentants à la Haute Cour. Une première phase, dont l'enjeu était l'élection des juges parlementaires, et donc le principe de la possibilité d'un jugement, est terminée. Elle est conditionnelle, car le jugement n'aura lieu que si l'on s'entend sur la question de savoir qui juger et sur quel fondement.

1. T. Bréhier, *Le Monde*, 6 novembre 1992.
2. P. Jarreau, *Le Monde*, 8-9 novembre 1992.
3. Après avoir, au mois de juillet, soutenu que son gouvernement n'avait commis aucune erreur, l'état de la science ne permettant pas aux hommes politiques de trancher (*Libération*, 15 juillet 1992).
4. C'est la seconde commission d'enquête puisque le Sénat en avait déjà constitué un an auparavant, Sénat, 17 décembre 1991, Ass. nat., 20 novembre 1992.

Juger qui et sur quel fondement ?

12 novembre 1992, Sénat : la droite sénatoriale, majoritaire, dépose une proposition de résolution portant mise en accusation des trois ministres, sur toute une panoplie de fondements : homicide involontaire, coups et blessures involontaires, non-assistance à personne en danger, loi de 1905. La mise en accusation conclut de l'exposé succinct des faits que les ministres « ont pris la responsabilité de faire courir des risques mortels aux patients transfusés comme aux hémophiles ». La proposition sera jugée recevable le 17 novembre.

15 novembre 1992, comité directeur du PS : « Nous n'avons strictement rien, sur le plan pénal, à nous reprocher [...] mais en même temps, nous savons que dans l'opinion publique, il existe un terrible doute ; nous savons que, face au nombre des victimes et compte tenu de l'exploitation politicienne qui existe, il est extraordinairement difficile de faire valoir son innocence en dehors des voies de justice », dit L. Fabius, acceptant le principe du jugement. Mais il affirme en même temps que les socialistes ne peuvent que refuser une mise en accusation qui reviendrait à « demander à des hommes et à des femmes, ou à leurs camarades, de les déclarer, d'abord coupables pour permettre ensuite, qu'on les déclare innocents [1] ». L'ensemble du groupe en déduit qu'il ne peut s'associer à l'acte d'accusation du Sénat [2]. Cela bloque de nouveau la procédure, alors que, le soir même à TF 1, L. Fabius « revendique » de passer devant la Haute Cour.

En fait, ces atermoiements expriment la volonté d'obtenir une modification du contenu de la mise en accusation. Ce compromis est soutenu à droite par P. Méhaignerie, qui souhaite que la proposition de résolution du Sénat soit amendée, car le texte actuel serait en lui-même une accusation.

10 décembre 1992, Sénat : la droite sénatoriale perturbe le jeu en adoptant une nouvelle proposition qui exclut L. Fabius de la procédure et ne vise plus que E. Hervé et G. Dufoix. Le 15 décembre, L. Fabius conclut qu'il est innocenté par le Sénat ; il « change d'avis », ne demandant plus à être traduit devant la Haute Cour. L'exclusion de L. Fabius pose un nouveau problème au PS, confronté au risque d'être accusé de lâcher les ministres techniques.

Nuit du 16 au 17 décembre 1992, Assemblée nationale : sommés par la droite et le parti communiste de laisser passer la justice car « le doute est trop fort, la suspicion trop lourde », les socialistes refusent de se « jeter en pâture à une opinion publique [...] qui le demande avec peut-être un peu trop d'insistance. Moi je respecte le peuple, mais je me méfie de la foule. » Ils profitent de leur majorité pour refuser de voter la proposition de résolution, car il leur semble difficile de paraître « livrer » G. Dufoix et E. Hervé alors que L. Fabius

1. Il fait sans doute allusion à une idée contestable qui reviendra souvent : le concept de mise en accusation lui paraît impliquer une condamnation qui serait contraire à la présomption d'innocence ; en réalité, il ne s'agit que d'une expression consacrée, qui serait une étape intermédiaire entre la simple plainte et l'inculpation du droit commun.

2. P. Jarreau, *Le Monde*, 17 novembre 1992.

serait hors jeu. La situation est bloquée, il y a des pleurs dans l'hémicycle, et les trois ministres semblent échapper à la procédure.

17-20 décembre 1992 : L. Fabius change d'avis une quatrième fois et annonce qu'il se « résout » à demander au groupe PS de l'Assemblée nationale de déposer une nouvelle proposition de résolution tendant à les mettre tous trois en accusation. L'intérêt de donner l'initiative au PS est de permettre de retailler la mise en accusation. Désormais, seule la non-assistance à personne en danger est retenue. Tous les obstacles sont désormais levés : la mise en accusation, transformée en simple « résolution de renvoi » devant la Commission d'instruction, est votée les 19 et 20 décembre à la quasi-unanimité à l'Assemblée et au Sénat. Ne comprenant toujours pas que seul un tribunal peut l'innocenter, L. Fabius persiste : « Innocent, et reconnu comme tel par mes amis, par mes adversaires et par ceux qui ne sont ni l'un ni l'autre, je viens vous demander de m'accuser de fautes que je n'ai pas commises. »

Le choix d'une infraction prescrite

Le compromis politique qui vient d'être décrit ne donnera pas d'excellents résultats, au moins si l'on estime *qu'il était important que l'affaire soit instruite*.

Les socialistes avaient voulu en premier lieu que le renvoi des trois ministres devant la Commission d'instruction ne soit pas une mise en accusation qui leur semblait être une « atteinte à la présomption d'innocence » ; du coup, ils utilisèrent des formules alambiquées qui, formellement, ne constituaient pas la mise en accusation en principe nécessaire pour assurer la saisine de la Commission d'instruction et donc le démarrage de la procédure. Dans la résolution, il apparaît seulement que les ministres ont été « mis en cause » à propos des arrêtés du 23 juillet 1985, et que l'on saisit la Commission afin qu'elle procède « à tous les actes qu'elle jugera utiles à la manifestation de la vérité » ; cette formule évoquait plus une commission d'enquête qu'une instruction.

L'arrêt rendu le 5 février 1993 par la Commission d'instruction sera donc obligé d'interpréter la saisine [1]. Il constate que la résolution des 19 et 20 décembre a renvoyé les trois ministres devant la Commission, à la suite d'enquêtes parlementaires sur la transmission du sida et de pétitions de personnes contaminées adressées aux présidents des deux Assemblées les 27 juillet et 20 août 1992, soit juste après l'audition des ministres par le tribunal correctionnel. Il constate encore que la résolution, quoique ne réalisant pas de mise en accusation, « traduit cependant la volonté non équivoque d'y procéder » et affirme sans autre motivation que la mise en accusation n'est pas contraire à la présomption d'innocence, ce qui était assez évident car la mise en accusation n'est que l'acte nécessaire pour que puisse commencer l'instruction [2].

1. *Droit pénal*, nº 75, mars 1993.

2. Contrairement à ce que pensaient les constitutionnalistes G. Vedel et O. Duhamel, plus sensibles à la charge affective contenue dans l'expression de « mise en accusation » ; cf. « Du bon usage de la Haute Cour », in *Le Monde*, 25 novembre 1992.

Ceci dit, la limitation de la saisine de la Commission à la qualification d'omission de porter secours va empêcher l'instruction tant attendue, en incitant les magistrats à constater la prescription. Cette solution était relativement prévisible, malgré les réquisitions contraires du procureur. En effet, la compétence de la Haute Cour à l'égard des ministres étant exclusive, ils ne peuvent être valablement mis en accusation que par les Assemblées, dont la première manifestation de volonté date du 17 novembre 1992. Tout ce qui a pu se passer dans les juridictions de droit commun est sans effet pour interrompre la prescription, car le procureur ou les particuliers sont sans aucun pouvoir à l'égard de la procédure devant la Haute Cour ; or « la capacité d'interrompre la prescription s'attache à la capacité d'exercer l'action publique ou d'inculper ». La procédure de droit commun mise en mouvement en temps utile le 21 mars 1988 est sans aucun effet à l'égard des ministres. L'action est donc prescrite depuis cinq ans, lorsque les Assemblées se saisissent de l'affaire.

Le raisonnement est formellement impeccable, et les magistrats ouvriront tout de même la voie à de nouvelles poursuites en transmettant le dossier au procureur général aux fins de saisine des Assemblées sur le terrain de l'homicide involontaire : « Que la mort toujours d'actualité, de transfusés victimes de la contamination du sang par le virus du sida, [...] est un élément du délit d'homicide involontaire, qui se renouvelle à chaque décès. »

Pour certains, les juges ont ainsi « pris leurs responsabilités dans les strictes limites de leur compétence[1] ». A dire vrai, les réquisitions du procureur général P. Truche avaient été plus hardies. Se fondant sur le principe constitutionnel de l'égalité entre les justiciables, il admettait certes que la Constitution elle-même rompt cette égalité pour tout ce qui concerne « l'ouverture des poursuites, l'instruction et le jugement de l'affaire mais, une fois l'action publique exercée, une discrimination relative à la prescription qui conduirait, pour les mêmes faits, à réserver au ministre un sort différent de celui de ses collaborateurs susceptibles demain d'être poursuivis en droit commun, romprait l'égalité entre les justiciables[2]... »

Il constatait ensuite que la procédure devant les tribunaux de droit commun, quoique sans valeur juridique, produit tout de même des effets notables : il n'y a pas dépérissement des preuves, l'autorité judiciaire n'est pas inactive, la victime ne renonce pas à ses droits, l'opinion publique n'oublie pas, toutes causes du mécanisme de prescription.

Il conclut de tout cela qu'il faut adopter une *conception plus réaliste et moins formaliste* du point de départ de la prescription. Pour lui, c'est à partir du moment où les Assemblées, seules compétentes pour mettre en mouvement l'action publique, ont connaissance des faits litigieux, que le délai de prescription doit commencer à courir. Or les Assemblées se sont fondées sur un ensemble de documents qui commencent à leur parvenir à partir de la fin de

1. A. Maron, « Pour qui sonne le glas ? » (à propos de l'arrêt de la commission d'instruction de la Haute Cour de justice du 5 février 1993), in *Droit pénal*, nº 9, mars 1993.
2. *Droit pénal*, mars 1993, chronique 8.

l'année 1991 avec le rapport de l'IGAS, puis les commissions d'enquête parlementaires, enfin les premières décisions de justice. En intervenant le 20 décembre 1992, soit un an après avoir eu connaissance des faits, elles sont dans le délai de trois ans. Le procureur conclut que l'action publique n'est pas prescrite et qu'il convient d'instruire. Il reste que l'exigence du parti socialiste de ne retenir que l'abstention délictueuse, jointe à une certaine pusillanimité des magistrats, conduisait une fois de plus la procédure dans l'impasse.

Tout cela n'a sans doute plus beaucoup d'importance aujourd'hui. Certes, l'implication éventuelle de ministres dans des affaires de ce type ne sera souvent révélée que tardivement, au cours d'une procédure de droit commun. Mais celle-ci sera sans doute désormais interruptive de prescription, le procureur et les particuliers ayant compétence pour mettre en mouvement l'action publique. L'arrêt du 5 février visait une situation juridique qui n'existe plus aujourd'hui.

Le ballet politique fut donc clos le 20 décembre 1992. Prenant un peu d'avance sur les rythmes parlementaires, le décret du 2 décembre avait déjà institué un comité consultatif pour la révision de la Constitution [1]. Il est chargé de donner un avis sur les propositions de révision de la Constitution que le président de la République a rendues publiques le 30 novembre 1992, et de formuler des recommandations. Concernant la réforme de la Haute Cour de justice, le Président suggère qu'il serait bon que les citoyens puissent porter plainte de manière à éviter que les majorités politiques ne protègent les leurs et n'accablent leurs adversaires. Toutefois, cette plainte devrait être soumise au contrôle préalable d'une instance chargée de vérifier la recevabilité et le sérieux de la plainte. La juridiction de jugement devrait éviter de ne comprendre que des parlementaires, mais ne devrait pas être composée exclusivement de magistrats professionnels, ce qui constituerait une atteinte à la séparation des pouvoirs. Ce schéma sera transmis aux sages qui vont le radicaliser. Mais il inspirera très directement les parlementaires.

B. LES SAGES, L'ÉTAT DE DROIT ET LES CITOYENS

Le rapport du comité sera remis très vite, le 15 février 1993 [2]. Sur un ton légèrement offusqué, le comité se démarque de cette « sorte de questionnaire » par lequel le chef de l'État avait circonscrit sa mission : « Le comité n'était enfermé ni dans un questionnaire, ni dans une mise à jour. Il devait présenter un travail d'ensemble cohérent. » Sa réflexion ne saurait constituer une « remise en cause ni de l'architecture générale, ni de l'esprit de nos institutions » ; il ne va « ni réinterpréter, ni réinventer la Constitution », il ne touchera pas aux données fondamentales de la Ve République, « le mode d'élection et le rôle du chef de l'État, la fonction du Premier ministre, la responsabilité du gou-

1. D. n° 92-1247, *JO* du 3 décembre 1992, p. 16458.
2. *JO*, avis et communications, 16 février 1993, p. 2537.

vernement devant l'Assemblée nationale, le bicaméralisme différencié, le contrôle de la constitutionnalité des lois ». Alors, pas de révolution ?

La réponse est ambiguë. Après cette déclaration de continuité, le comité prévient que, par le jeu d'effets inattendus qui ne sont pas forcément pervers, des réformes modestes ont des effets induits qui peuvent aller « plus loin qu'on ne le croit », et rappelle qu'une règle ne vaut que par la « pratique politique » qui en est tirée. On peut gager que ce sera le cas de la réforme de la Cour de la République, qui ne vaudra que par l'utilisation qu'en feront les citoyens et la hardiesse de la jurisprudence de la commission des requêtes chargée de « filtrer » les plaintes.

La philosophie de la réforme est claire. « La référence à l'État de droit a été constante dans les travaux du comité et a justifié nombre de propositions intéressant les institutions et les règles particulièrement tournées vers la garantie des personnes. » « Un citoyen plus présent est l'achèvement en guise de conclusion. Le citoyen veut vivre dans un État de droit. Trois termes résument cette exigence : la reconnaissance des droits et des libertés, la protection qui leur est nécessaire, la participation directe à la formation et à l'expression de la volonté générale. Déjà assurée par les textes constitutionnels de 1789, de 1946 et de 1958 tels que les ont interprétés les juges de la République, la reconnaissance des droits reçoit des précisions utiles. Leur protection est garantie par une justice indépendante et efficace, ce qui implique une réforme du Conseil supérieur de la magistrature et une extension du contrôle du Conseil constitutionnel sur les lois. Enfin le domaine du référendum [...]. »

Le projet du comité reste classique en sa forme, mais celle-ci est trompeuse. Il est révolutionnaire en son fond, mais il sera sérieusement châtré par des parlementaires soucieux.

1. Un classicisme trompeur

Le classicisme apparent tient à la place occupée par le projet de réforme de la Haute Cour dans le plan général du rapport, divisé en trois parties : « Un exécutif mieux défini », « Un Parlement plus actif », « Un citoyen plus présent ». Au titre de l'exécutif, le comité examine ce qui concerne le président de la République, le partage des attributions entre le Président, le Premier ministre et son gouvernement. C'est dans le chapitre sur le gouvernement que sera située la responsabilité pénale des ministres, en dehors du pouvoir judiciaire dans le cadre d'une *justice qui reste politique même si elle est judiciarisée.*

« [Une] banalisation totale [de la procédure] comporterait [...] le risque de paralyser le fonctionnement de l'État par l'utilisation des procédures à des fins partisanes, notamment par l'usage abusif des constitutions de partie civile. En outre, la nature de l'action gouvernementale rend nécessaire la création d'une juridiction proche des juridictions ordinaires mais néanmoins spécifique. » La responsabilité pénale des gouvernants ne sera donc pas restituée au droit commun et au pouvoir judiciaire. Elle restera attachée à la sphère de l'exécutif. Rattacher la responsabilité des ministres au gouvernement était classique. Les traités de droit constitutionnel sont en fait révélateurs d'une gêne. Le législatif et l'exécutif sont des concepts clairs ; les développements s'ordonnent bien autour des divers pouvoirs du Président, du gouvernement, du Parlement, et des liens qu'ils entretiennent entre eux ; la manière dont le peuple ou les citoyens, selon les auteurs, exercent le pouvoir en étant identifiés au corps électoral, les théories de la représentation ont une place assurée. La fonction de la Constitution dans l'État de droit et les différentes formes que peut revêtir le contrôle de constitutionnalité des lois sont bien expliquées. Au-delà de cet important noyau dur, chaque constitutionnaliste a sa manière de présenter les autres institutions participant au fonctionnement du système politique.

Le pouvoir judiciaire, techniquement limité aux juridictions civiles et pénales, gêne tout le monde car on ne sait pas où le mettre [1]. Le Conseil constitutionnel est mis par les uns dans les considérations générales sur l'État de droit et ils insistent alors sur son rôle croissant dans la définition des valeurs et des droits fondamentaux ; d'autres le rattachent au concept de Constitution et insisteront souvent davantage sur son rôle premier d'instrument de la séparation des pouvoirs. Les juridictions administratives ne sont que rarement évoquées car elles ne figurent pas dans la Constitution ; pourtant, elles participent au contrôle des actes de l'exécutif. Les juridictions européennes sont parfois mentionnées, mais au titre des organisations supranationales, alors qu'elles peuvent être aussi bien caractérisées comme une faculté pour le citoyen d'avoir une action directe contre une loi, une réglementation ou une jurisprudence. Le rôle du citoyen est limité aux pouvoirs qu'il exerce par l'intermédiaire du suffrage (élections et référendum). La problématique des partis politiques est dans la même logique. Dans certains cas, les auteurs ajoutent les mécanismes officiels ou officieux de représentation d'intérêts catégoriels (Conseil économique et social, lobbies intervenant dans le fonctionnement de la bureaucratie).

C'est sans doute O. Duhamel qui va le plus loin dans la déconstruction du droit constitutionnel classique en consacrant près de la moitié de son traité aux différents lieux où s'effectue la limitation du pouvoir. L'énumération, très hétérogène, est néanmoins convaincante. Il y aurait les médias, le Conseil constitutionnel, les droits fondamentaux, et il note l'insuffisance de la « juridictionnalisation », le rôle des entités supranationales, de leurs Parlements et de leurs Cours de justice.

Mais il me semble que personne ne va jusqu'au bout de la logique des évolutions actuelles. Désormais, le citoyen exprime sa participation politique non seulement par le suffrage, mais encore par le procès : en saisissant la cour de Luxembourg et celle de Strasbourg, rarement évoquées, les justiciables contrôlent les pouvoirs législatif et exécutif, et peuvent obtenir une déclaration d'incompatibilité de la loi avec le droit communautaire ou la Convention euro-

1. Déjà, dans l'ancien droit, on préférait parler d'autorité plutôt que de source ; cf. le texte de J. Hilaire, in *Le Procès, Archives de philosophie du droit*, Sirey, 1995, p. 186, 187.

péenne des droits de l'homme. Il n'est même plus nécessaire d'être citoyen : toute personne lésée, qu'elle soit française ou non, peut porter plainte.

Le classicisme du rattachement de la réforme de la Haute Cour à l'exécutif me paraît trompeur. Il faut admettre que je quitte l'exégèse du texte du comité et que l'on peut légitimement estimer que je le reconstruis à ma manière ; la troisième partie du rapport me semble en effet contenir un non-dit dont il ne faudrait pas perdre le message. Les réformes qui y sont proposées sont cohérentes malgré les apparences et c'est dans cet ensemble portant sur la présence du citoyen dans la vie politique qu'aurait pu ou dû figurer la réforme de la Haute Cour.

Le comité ne se borne pas à recommander l'extension des procédures de référendum qui venait tout de suite à l'esprit. Il se donne pour but de « rénover les modes d'expression de la souveraineté nationale, conçue dans toute son extension », précisant qu'un bon équilibre institutionnel qui constitue le cœur du droit constitutionnel ne suffit pas à donner « sa véritable portée au texte fondamental ». Les valeurs portées par la Constitution ne deviennent vivantes que si elles sont entre les mains des citoyens ; pour cela il faut rechercher « une autorité accrue du droit » par l'amélioration de l'indépendance de la magistrature, et renforcer la garantie des droits fondamentaux en permettant aux citoyens d'en demander le respect devant le Conseil constitutionnel et pouvoir les faire reconnaître par la voie du référendum [1].

Autrement dit, l'efficacité de la présence du citoyen repose sur la définition des libertés, et leur garantie par des mécanismes juridictionnels. Il faut donc, sans cesser d'approfondir la définition des droits des personnes, ouvrir de nouvelles possibilités de procès, et améliorer l'indépendance de la magistrature. Le citoyen s'exprime non seulement par le suffrage lui permettant d'élire les représentants, ou directement par la voie référendaire, mais aussi par le procès, qui lui permet d'exiger le respect des valeurs de la République. Le procès comme moyen d'expression politique plutôt que de simple contrôle est à coup sûr une idée nouvelle qui s'inscrit parfaitement bien dans le développement du mouvement associatif. Nul doute que les associations ne manqueront pas à leur vocation, et n'hésiteront pas à porter plainte pour mettre en œuvre la responsabilité des ministres devant la Cour de la République.

C'est ce qu'ont fait deux d'entre elles, de manière certes contestable, en portant plainte en avril 1995 contre divers ministres de droite et de gauche pour avoir retardé l'adoption du décret du 13 mai 1987 libéralisant la vente des seringues. En refusant « de prendre le risque d'une telle mesure », ces ministres auraient commis le délit de coups et blessures involontaires sur la personne de toxicomanes devenus séropositifs [2].

1. G. Haarscher, « Le procès chez Perelman », in *Le Procès*, *Archives de philosophie du droit*, Sirey, 1995, p. 209. L'auteur développe le point de vue de Perelman en contrepoint des doctrines américaines ; les questions de société essentielles sont et doivent être tranchées par le juge – constitutionnel ou plus ou moins spécialisé dans les droits de l'homme.

2. *Le Monde*, 5 avril 1995 ; ce recours avait été préparé en quelque sorte par le mémoire d'une étudiante en droit sur la réglementation de la vente libre des seringues. Elle avait

Le comité n'a pas, pour autant, proposé de réflexion d'ensemble sur cette nouvelle fonction du procès et l'utilisation des tribunaux de tous ordres qui contrôlent désormais les pouvoirs législatif et exécutif de diverses et nouvelles manières. Il inscrit dans cette logique l'indépendance de la magistrature et la saisine directe du Conseil constitutionnel, subsumées dans l'idée d'une « autorité accrue du droit », mais il ne les relie pas à la saisine directe de la Cour de la République qu'il offre aux citoyens et qui participe du même mouvement.

De même, si le rapport met bien en évidence le rôle de la définition des droits et plus particulièrement de la dignité de la personne, dans cette entreprise, il ne désigne pas la santé et la sécurité publiques comme des valeurs majeures. On ne peut pourtant qu'être frappé du fait que les deux premières plaintes devant la Cour de la République concernent bien des « retards » réglementaires accusés d'avoir provoqué ou permis la transmission du sida – cela au moment même où le concept d'infraction à la santé publique fait son apparition dans le livre V du Code pénal. Tendance positive pour rendre nos gouvernants plus responsables, tendance dangereuse de biologisation constante de la politique et du droit.

Évitons de parler de pouvoir judiciaire, et parlons de mécanismes juridictionnels. Il reste que l'équilibre des pouvoirs publics s'est probablement gauchi bien davantage qu'on ne l'imagine en offrant aux citoyens les moyens de contester les décisions du pouvoir législatif ou du pouvoir exécutif par des voies juridictionnelles, qu'il s'agisse de la Cour de la République, du Conseil constitutionnel, de la Cour de justice de Luxembourg ou de celle de Strasbourg. Sans le dire clairement, le rapport incite à penser que le procès est devenu un moyen d'intervention des citoyens dans la vie politique. La réforme de la Haute Cour, qui pourra désormais être saisie par un simple citoyen, est un élément de cette recomposition.

2. Une révolution entravée

Le projet de révision est motivé par la « critique » dont la procédure devant la Haute Cour a été l'objet, et il suit assez exactement les contours de cette critique.

La compétence en matière de haute trahison du président de la République n'ayant jamais été critiquée, on ne touchera donc pas à cette fonction de la Haute Cour.

A l'inverse, les mises en cause de ministres ont montré trois limites de l'institution : la Haute Cour n'a jamais pu fonctionner ; sa saisine est plus politique

---

demandé communication du dossier de préparation du décret de 1987. Déçue de ce qui lui avait été envoyé, elle obtint de la Commission d'accès aux documents administratifs (CADA) un avis favorable à sa requête. On voit dans cet exemple comment s'enchaînent les mécanismes de contre-pouvoirs (*Le Monde,* 20-21 février 1994).

que juridique ; l'institution de jugement, exclusivement composée de parlementaires « est tellement différente des juridictions de droit commun qu'elle en devient incompréhensible pour le public, sauf à lui laisser penser que la loi réserve aux ministres un sort privilégié par rapport aux simples citoyens. La réaction contre cet état de fait et de droit entraîne un fort courant favorable à la soumission des ministres au pur et simple régime de droit commun des juridictions ordinaires. » La réforme devra donc porter sur la saisine pour éviter le blocage politique de la procédure, ainsi que sur la composition de la juridiction de jugement pour que l'on n'ait plus l'impression d'osciller entre l'auto-amnistie et la vengeance politique. Le comité Vedel estime néanmoins qu'il convient de garder un système exorbitant du droit commun, car « la nature de l'action gouvernementale rend nécessaire la création d'une juridiction proche des juridictions ordinaires mais néanmoins spécifique ».

Le comité va donc proposer une réforme qui comporte six points importants.

On garderait une Haute Cour qui a une compétence et un mode de fonctionnement inchangés pour la trahison du président de la République. On crée parallèlement une nouvelle cour dite Cour de la République pour juger de la responsabilité pénale des membres du gouvernement dans l'exercice de leur fonction. L'opportunité de ce dédoublement institutionnel ne sera contestée par personne.

On devrait réformer en profondeur les opérations de saisine de la cour, depuis la mise en mouvement de l'action publique jusqu'au renvoi devant la cour par la Commission d'instruction. Ici, les réformes sont profondes, révolutionnaires, et le comité verra ce bouleversement sérieusement raccourci par les parlementaires. Le comité prévoit que les citoyens iront porter plainte auprès du procureur général près la Cour de cassation, mais ne pourront pas se constituer partie civile : ils seront donc tout de suite exclus de la procédure et n'auront pas accès au dossier. Ce premier point sera conservé, malgré quelques contestations.

Ensuite, pour détourner tout soupçon de blocage de la procédure, le procureur devrait avoir *l'obligation* de soumettre cette plainte, après enquête et avec ses réquisitions, à une commission d'instruction. Il ne serait pas juge de l'opportunité des poursuites, et toute plainte devrait être instruite. Pour le comité, cette compétence liée du procureur général est la contrepartie de l'absence de constitution de partie civile. C'est cette partie du processus qui a été amendée par les parlementaires, de manière telle que le projet politique en a été transformé[1]. En effet, dans le système finalement mis en place, les plaintes sont filtrées par une commission des requêtes, juge de l'opportunité des poursuites. Elle a été instituée et composée dans un but précis : tenir compte de la spécificité de l'action gouvernementale, dont les magistrats professionnels ne maîtriseraient pas tous les

1. Elle avait d'ailleurs tout de suite été critiquée ; cf. B. Mathieu, *RFDC*, nº 14, 1993. Il pensait à juste titre qu'il convenait de donner au procureur le pouvoir de rejeter les plaintes manifestement irrecevables ou infondées. B. Mathieu pense que cela devrait susciter des réserves : « Le maintien d'une juridiction à très large dominante politique peut être contesté. Il eut été, à notre sens, plus opportun de confier le jugement à la chambre criminelle de la Cour de cassation ».

arcanes, pour éviter que soient renvoyées devant la commission d'instruction des affaires qui doivent rester dans la sphère du politique. C'est à ce stade que risquent de réapparaître raison d'État et procédures politisées.

La phase d'instruction n'est pas nouvelle. Il s'agit de magistrats professionnels qui disposent de tous les pouvoirs du juge d'instruction. Cela sera repris tel quel.

Le comité conserve la référence au droit commun et au principe de légalité des délits et des peines. Ce principe avait été considéré par J. Foyer comme une protection des membres du gouvernement contre le risque d'arbitraire. C'est exact si l'on craint l'arbitraire politique qui peut saisir une juridiction dans les périodes politiques troublées ; c'est moins évident si l'on pense aux procès que les citoyens peuvent intenter en matière d'atteinte à la sécurité ou à la santé.

La juridiction de jugement ne serait plus désormais composée exclusivement de parlementaires. Elle serait conçue sur le modèle d'une cour d'assises, avec trois magistrats professionnels et huit jurés parlementaires. Le président serait l'un des magistrats. La réforme effective a porté le nombre de parlementaires à douze, mais il ne s'agit pas là d'un changement de nature.

Enfin, le comité prévoyait un changement d'importance, puisque désormais les décisions de la commission d'instruction et celles de la juridiction de jugement devraient pouvoir faire l'objet de recours judiciaires. Cette réforme, très contestée par les parlementaires car elle signerait la soumission de la justice parlementaire à la justice professionnelle, a été conservée.

Les propositions du comité ont été assez bien suivies, principalement sur l'un des deux points les plus importants, celui donnant au citoyen la possibilité de porter plainte directement. En revanche, « l'obligation d'instruire », à laquelle aboutissait le projet du comité, a été écartée. On peut le regretter, car dans ce genre d'affaires, l'essentiel est probablement de se donner les moyens de « faire la lumière » sur ce qui s'est passé, plutôt que de condamner. C'est à cette attente du public que répondait l'obligation d'instruire.

Le projet participait donc bien de l'État de droit que le comité appelait de ses vœux : il donnait au citoyen un outil juridictionnel qui lui était en quelque sorte soumis par une forte judiciarisation de la procédure, jusqu'au niveau de la juridiction de jugement qui retrouvait, elle, son caractère politique, aux risques et périls des parlementaires qui y siégeaient. Mais, même si l'on pouvait craindre la clémence du jugement, le public était assuré de disposer d'une analyse des faits, censée constituer le point le plus important de sa revendication.

C. LES SOUCIS DU PARLEMENT

La réforme décidée par F. Mitterrand en novembre 1992, étudiée par le comité Vedel en février 1993, fera l'objet d'une préparation par le gouvernement Bérégovoy. Les élections législatives ramènent une majorité de droite qui reprend le projet à son compte. La loi constitutionnelle du 27 juillet 1993 va fixer le cadre de la responsabilité pénale des membres du gouvernement qui s'intègre à la Constitution, tandis que la loi organique du 25 novembre 1993 précisera les modalités de saisine et le fonctionnement de la nouvelle procédure[1].

1. L'étrange contexte de la révision

Il n'est pas si fréquent qu'une nouvelle majorité vote un texte préparé par l'ancienne, et il est plutôt rare que des parlementaires sceptiques sur l'intérêt d'une réforme la travaillent et la votent, simplement parce qu'ils pensent qu'elle va dans le sens de ce que souhaite « l'opinion publique ». C'est pourtant ce qui va se passer ici.

Le changement de majorité

« Il paraît difficile de ne pas considérer l'initiative prise seulement en novembre 1992 par le président de la République comme une opération non dénuée de préoccupations contingentes. Il n'aurait pas été choquant que le gouvernement issu des dernières élections législatives, héritant d'un projet de révision constitutionnelle dont la signification politique est aussi ambiguë, choisisse de ne pas lui donner suite, en n'inscrivant pas le projet déposé sur le bureau du Sénat [...]. Tel n'a pas été son choix : sans doute le gouvernement, suivi en cela par le Sénat, a-t-il considéré que la révision constitutionnelle voulue par le président de la République comportait des aspects positifs répondant à une véritable attente de l'opinion [...] qui éprouve une véritable incompréhension face à l'irresponsabilité pénale apparente dont les ministres semblent bénéficier[2]. » Le ton est poli, mais on sent que A. Fanton, rapporteur à l'Assemblée nationale, n'est pas convaincu.

Un Parlement peu convaincu

Le sénateur Ch. Jolibois dit tout haut ce que beaucoup pensent tout bas : la Haute Cour ne mérite pas les nombreuses critiques dont elle est l'objet, et réalise en fait un régime équilibré de justice politique sans arbitraire. S'il est permis de critiquer les difficultés de la mise en accusation, rien n'autorise à mettre en cause le jugement des parlementaires, puisque aucun ministre soupçonné n'a pu être jugé depuis la Seconde Guerre mondiale, les procédures ayant toujours été arrêtées avant le jugement. Il admet que la paralysie de fait de l'institution

1. *JO* du 28 juillet 1993, p. 10600, Sénat, rapport Ch. Jolibois, nº 316, Ass. nat., rapport A. Fanton, nº 356 ; B. Mathieu, *RFDC*, 15-1993.
2. Rapport A. Fanton, nº 356, p. 7.

n'est plus acceptée par l'opinion publique et que le projet de révision est une manière de « faire droit à ces critiques ». Mais il pense que le projet va au-delà des critiques et modifie sans raison l'équilibre des choses. Attaché à la nature politique de la juridiction et au rôle du Parlement, seul à même de lui conserver cette nature, il va chercher par tous les moyens à refréner la judiciarisation de la procédure, mais n'y réussira qu'en partie.

Il fallait donc « rendre raison » aux critiques légitimes, tout en ne cédant pas à la « tentation du droit commun ». La première ligne de conduite des Assemblées fut d'éviter un trop profond dessaisissement du Parlement. Cela ne doit pas être analysé uniquement comme un réflexe corporatiste. Déjà en 1946, G. Vedel rappelait que sous la IIIe République, le « Sénat constitué en Cour de Justice » avait jugé avec « efficacité et modération [1] ». En fait, l'affaiblissement du pouvoir parlementaire, dû à la fois au particularisme de la Ve République et à l'importance croissante des contraintes internationale et européenne sur le droit interne, est un motif légitime d'inquiétude. Or il est bien certain que la procédure envisagée devant la Cour de la République retirait encore un élément du pouvoir législatif [2]. D'un autre côté, les grands magistrats auditionnés par le Parlement ne montrèrent pas un grand enthousiasme à l'idée d'avoir à endosser la responsabilité de ce contentieux difficile [3].

La deuxième crainte, miroir de la première, fut la judiciarisation totale de l'institution. Le jugement des ministres doit rester une affaire de justice politique : on veut éviter le blocage sans changer la nature de l'institution. En effet, l'essentiel de la responsabilité du gouvernement est politique, et c'est au Parlement qu'il doit rendre des comptes. Si le droit pénal a sa place dans ce schéma, il n'y est que toléré, et seule une juridiction parlementaire permet de laisser entre les mains des représentants du peuple la mise en œuvre de cette responsabilité. Il y avait une certaine logique à ce que les ministres, soumis politiquement aux Assemblées fonctionnant dans les conditions du droit parlementaire, soient soumis pénalement à ces mêmes Assemblées organisées en tribunal. Il y avait de l'une à l'autre des situations, une continuité revendiquée. Faire intervenir la magistrature autrement que de manière technique pendant la phase d'instruction change la nature des choses. Le sénateur n'évoque jamais le particularisme des choix techniques qui, eux, devraient échapper à cette logique, le problème étant évidemment que technique et politique sont toujours mélangés dans une même décision.

1. G. Vedel, « La compétence de la Haute Cour », in *Mélanges dédiés au Professeur J. Magnol*, Sirey, 1948.

2. Cf. à cet égard la réaction violente d'Y. Guéna qui évoque la situation difficile des institutions si un même fait faisait l'objet d'un vote de confiance au Parlement, et se trouvait sanctionné par une condamnation pénale, Sénat, séance du 20 octobre 1993, *JO*, p. 3262 et suiv.

3. Cf. particulièrement P. Drai et P. Truche, annexe au rapport Ch. Jolibois, n° 316 ; le parlementaire le plus acharné contre la judiciarisation de la Haute Cour fut R. Beteille (1re chambre civile de la Cour de cassation), 6 octobre 1993, 1re séance, *JO*, p. 3949. Seul le parti communiste fut favorable à l'application générale du droit commun.

Les parlementaires essayèrent de préserver la part politique de la procédure. Le sénateur Jolibois pense que les juges n'ont pas l'expérience du gouvernement nécessaire pour apprécier le particularisme d'« actes qui sont certes des crimes et des délits mais qui ne sont pas détachables de l'exercice des fonctions des ministres[1] ». Son propos est bien complété par celui de A. Fanton qui cherche à protéger la « Justice contre les conséquences désastreuses que ne manquerait pas d'avoir une extension incontrôlée de sa compétence ». Effectivement, si l'on en reste à l'expérience de la transfusion sanguine, il semble parfois qu'aucune décision ne satisfera jamais certaines victimes, ce que l'on comprend d'ailleurs. Il est alors bien préférable de faire assumer cette impossibilité par une décision politique plutôt que par une décision judiciaire.

2. La mise en mouvement de l'action publique : un nouvel équilibre du politique et du juridique

L'Assemblée nationale et le Sénat sont d'accord sur l'analyse de la critique : ce que l'opinion publique ne supporte pas, c'est le blocage de la procédure avant même qu'elle atteigne la juridiction de jugement. Ce blocage est incontestablement le fait du rôle exclusif joué par le Parlement dans la mise en mouvement de l'action publique. C'est à ce niveau qu'il convient d'agir. Mais les Assemblées ne sont pas d'accord sur le remède.

Plainte et saisine d'office : le dessaisissement total du Parlement

Les conditions de la mise en mouvement de l'action publique figurent dans la Constitution au nouvel article 68-2 : « Toute personne qui se prétend lésée par un crime ou un délit commis par un membre du gouvernement dans l'exercice de ses fonctions peut porter plainte auprès d'une Commission des requêtes. [...] Le procureur général près la Cour de cassation peut aussi saisir d'office la Cour de justice de la République sur avis conforme de la Commission des requêtes. »

« Toute personne » s'entend de toute personne physique ou morale, alors que le Sénat aurait souhaité réserver la possibilité de porter plainte aux personnes physiques[2]. C'était à la fois prudent et frileux : prudent, parce que certaines associations sont des agitatrices professionnelles dont les méthodes peuvent convenir au débat d'idées sans forcément être pertinentes devant les tribunaux ; frileux, parce qu'elles sont parfois nécessaires pour galvaniser les énergies, réunir les moyens et les compétences. On choisit finalement de les

1. Rapport Ch. Jolibois, nº 316, p. 125-126 ; mais il arrive à dire que « les ministres ne sont pas des justiciables comme les autres », ce qui est plus contestable, *ibid.*, p. 36.
2. *Ibid.*, p. 36.

laisser plaider, et le juge devra trouver, comme en d'autres matières, une politique mesurée de recevabilité de leurs actions [1].

Ce qui est important, c'est que le citoyen ait désormais l'initiative de la procédure, sans avoir à envoyer une sorte de « supplique » aux Assemblées, comme l'avaient fait 1 250 hémophiles dans l'affaire du sang contaminé.

L'impossibilité de se constituer partie civile est une limitation importante du pouvoir du citoyen puisqu'il ne peut contraindre à l'instruction et qu'il disparaît de la procédure dès qu'il a porté plainte. Seul le parti communiste contesta cette limitation des droits du citoyen.

On se demande si l'action d'office du procureur est bien utile, car on voit mal comment il pourrait être au courant de faits graves dont les victimes ne se manifesteraient pas. Il existe pourtant des hypothèses que l'on peut espérer plus fréquentes, dans lesquelles l'IGAS, la Cour des comptes, ou tout autre organisme muni de divers pouvoirs d'enquête, mais dépourvu de compétences sur le plan pénal, devrait informer le procureur.

Il y eut un affrontement d'importance entre le Sénat et l'Assemblée nationale sur l'opportunité de conserver aux Assemblées une faculté de saisine de la Cour de la République. Dénonçant le dessaisissement du Parlement qui résultait de cette partie de la réforme, Ch. Jolibois affirme sa « compétence naturelle » à cet égard : « Le Parlement peut très bien être l'autorité la plus adéquate pour apprécier la nécessité d'engager une procédure. C'est notamment le cas pour des infractions très graves mettant en cause les intérêts fondamentaux de la nation [...]. Le Parlement doit pouvoir donner suite à une pétition en saisissant la Cour de justice [...], il doit pouvoir agir spontanément sur certaines affaires très graves pouvant fort bien ne susciter ni dénonciation, ni plainte [2]... »

Le sénateur envisage bien tous les cas de figure, mais le passé le rend peu convaincant ; si le Parlement était si utile, comment se fait-il qu'il n'ait jamais réussi à jouer son rôle depuis si longtemps ? Pourtant, rien n'empêchait effectivement de lui reconnaître une faculté de saisir la Commission des requêtes, en concurrence avec les victimes et le procureur. Cela ne fut pas retenu par l'Assemblée nationale, comme si le discrédit était trop fort, aux yeux des députés eux-mêmes !

1. H. Angevin semble estimer que la recevabilité des actions des personnes morales, tenues de justifier un préjudice personnel et direct, sera difficile à faire admettre, in *Jurisclasseur procédure pénale*, fasc. 2, nº 58.

2. Rapport Ch. Jolibois, nº 316, p. 138.

La Commission des requêtes : retour du politique ou opportunité des poursuites

La commission Vedel, proche de l'opinion publique, prévoyait que le procureur avait l'obligation de transmettre le dossier à la Commission d'instruction, idée reprise par le projet de loi. Ici encore, le Sénat se montra opposé à cette obligation d'instruire, reste de défiance à l'égard du procureur, alors que l'Assemblée nationale l'aurait peut-être votée. Le compromis qui fut trouvé a abouti à la création d'un organe original, qui jouera sans doute un rôle essentiel dans l'élaboration de la pratique qui fera de la responsabilité pénale des ministres un leurre ou une réalité, et une réalité équilibrée ou soumise aux aléas de la démagogie. Selon l'article 68-2 de la Constitution, la Commission des requêtes « ordonne soit le classement de la procédure, soit sa transmission au procureur général près la Cour de cassation aux fins de saisine de la Cour de justice de la République ». La loi du 24 novembre précise que la Commission des requêtes, souvent comparée à un parquet collégial, apprécie la suite à donner aux plaintes qu'elle reçoit.

On est donc passé d'une *obligation d'instruire* exorbitante du droit commun, qui était la marque de la méfiance à l'égard de la raison d'État, à la mise en place d'une institution ambiguë, *filtre des poursuites pour les politiques, juge de l'opportunité des poursuites dans le langage juridique*.

Beaucoup de parlementaires insistèrent sur la nécessité de « protéger » le pouvoir exécutif contre un harcèlement procédural qui rendrait l'exercice du pouvoir impossible et porterait atteinte à la stabilité politique issue de la Constitution de 1958. Recherchant un effet de filtre, ils travaillèrent à composer la Commission de telle manière qu'elle puisse prendre en compte les nécessités de l'action politique sans provoquer la suspicion du public. Elle ne contient aucun politique mais trois magistrats du siège hors hiérarchie de la Cour de cassation, deux conseillers d'État et deux conseillers maîtres à la Cour des comptes. Les magistrats véritables n'ont donc pas la majorité. Les hauts fonctionnaires sont censés « éclairer » les magistrats sur les contraintes du gouvernement. Le propos est naïf, ou malhonnête, au choix [1], les magistrats n'étant pas à ce point ignorants de la chose publique.

Toute la question sera donc de savoir si la Commission va fonctionner comme un filtre politique qui fera renaître les blocages de la solidarité politique ou de la raison d'État, ou comme un véritable juge de l'opportunité des poursuites. Cette appréciation en opportunité est, dans le procès pénal classique, la seule phase qui n'est pas soumise au principe de légalité, et permet un certain retour de l'arbitraire. Elle est en même temps l'un des moments où se pratique une politique pénale nationale, ou celle d'un parquet déterminé. En matière de responsabilité pénale des ministres, il semble difficile de pouvoir se décider autrement qu'au cas par cas. Dès lors, ce sera sans doute la gravité des

1. Sur ces propos, cf. rapport A. Fanton, nº 550, p. 32 et suiv.

faits reprochés qui sera le facteur de choix essentiel. Je me demande d'ailleurs s'il était tellement légitime de placer le filtre à ce niveau, c'est-à-dire avant *l'instruction*.

Car, à mon sens, c'est au niveau de la juridiction de jugement que devrait être prise en compte la spécificité de l'action gouvernementale. En règle générale, il sera du plus grand intérêt que l'affaire soit instruite, que les actes de chacun soient connus, condition de rétablissement de la confiance. C'est ce qu'avait compris la commission Vedel et qui ne fit malheureusement l'objet d'aucun débat de fond, tout étant occulté par la peur du harcèlement.

Il pèse sur cette commission une responsabilité d'autant plus considérable que sa décision est de nature discrétionnaire, non susceptible de recours (art. 14 de la loi du 24 novembre)[1], et qu'on attend d'elle qu'elle recueille quelque chose de l'héritage politique de l'ancienne procédure de mise en accusation sans en reproduire l'aspect auto-amnistiant, quadrature du cercle ! (Cette trop lourde attente a d'ailleurs déséquilibré l'institution.) Puisqu'elle peut bloquer la procédure, il faut que sa décision soit éclairée. Or elle prend sa décision avant de renvoyer devant la Commission d'instruction, donc avant que les faits ne soient établis avec précision. Du coup, le législateur a été obligé de lui donner des « pouvoirs d'investigation » qui doivent lui fournir suffisamment d'éléments pour justifier sa décision sans empiéter sur le travail de la Commission d'instruction et sans impliquer de mesures coercitives : pas de garde à vue, pas de citation à comparaître (nouvelle quadrature du cercle).

La nature de cette Commission, inscrite entre le politique et le juridique, est singulière. Ses membres exercent une activité de jugement, mais les magistrats professionnels n'y ont pas la majorité, et les autres sont de hauts fonctionnaires choisis en fonction de leur connaissance et de leur compréhension à l'égard de l'exercice de la fonction gouvernementale. On équilibre donc le judiciaire non pas par du politique mais par de la haute fonction publique chargée de faire valoir la spécificité du politique. Sa mission n'est pas claire : s'agit-il de défendre l'intérêt général en protégeant le gouvernement des poursuites abusives, malveillantes, infondées, systématiques, ce que les magistrats auraient pu faire sans aide, ou de continuer de faire prévaloir la solidarité politique et la raison d'État ? Dans un cas, on est dans le droit, dans l'autre on est dans la politique. L'absence de voie de recours rattacherait l'institution à une vocation politique[2].

C'est à cette commission que reviendra l'essentiel du travail d'élaboration de la *théorie de l'infraction justifiée par l'action gouvernementale*. Le seul à avoir effleuré ce problème fondamental fut le garde des Sceaux : « La Commission des requêtes aura, semble-t-il, à examiner le lien de causalité entre les faits et la décision du ministre : étendue des délégations intellectuelles et déci-

1. B. Mathieu fait remarquer qu'elle n'a pas l'autorité de la chose jugée. Rien n'empêcherait la commission de reprendre la procédure après avoir décidé un premier classement sans suite. La pression médiatique pourrait être rude (*Actualité législative*, Dalloz, 1994, p. 71).

2. B. Mathieu pense que la composition de la commission qui exclut tout parlementaire suffit à assurer un équilibre entre l'aspect pénal et les contraintes de l'action ministérielle (*ibid.*, 1994, p. 69).

sionnelles, nature des subordinations hiérarchiques[1]. » On voit apparaître un lien de causalité qui ne concerne plus la faute et le préjudice, mais l'acte litigieux et le ministre. Il s'agira de départager ce qui est imputable au ministre de ce qui est imputable à ceux qui l'ont conseillé, ce qui est largement du fait ; il s'agira surtout, en droit, de déterminer ce qui est action politique en dehors de toute appréciation par le droit pénal.

La Commission d'instruction

Il n'y a pas grand-chose à en dire. Instituée par la Constitution de 1958[2], elle est composée de magistrats professionnels. Elle informe « en vertu du réquisitoire du procureur général » qui doit viser la décision de la Commission des requêtes et donc la qualification qu'elle a retenue (art. 16 et 19 de la loi du 24 novembre)[3]. Mais elle peut procéder à tous les actes qu'elle juge utiles, et surtout requalifier les faits (art. 20). Si l'instruction révèle des faits nouveaux distincts de ceux qui ont donné lieu à sa saisine, il faut tout recommencer (procureur, Commission des requêtes qui doit redonner un avis conforme).

La commission a la même fonction qu'un juge d'instruction, dont la structure serait collégiale. Lorsque l'instruction est terminée, elle communique le dossier au procureur général qui prend ses réquisitions et elle prononcera un non-lieu ou ordonnera un renvoi devant la juridiction de jugement. On aperçoit tout de suite une difficulté, inhérente au système. Pendant l'instruction apparaîtront sans doute des personnes qui ne sont pas des ministres et ne relèvent pas de cette procédure spéciale. Si elles ne sont pas déjà comprises dans une procédure de droit commun, il faudra sans doute que la commission transmette ses informations aux juridictions de droit commun. En tout état de cause, de fortes tensions risquent d'apparaître entre les conseillers jugés en droit et les ministres qui relèveront d'une appréciation plus politique.

3. Le jugement : du politique dans une logique juridique

Le jugement ne sera pas une affaire moins ambiguë que les segments précédents. La composition de la juridiction de jugement reste essentiellement politique, mais la présence de trois magistrats professionnels aura une influence dont on ne peut prédire les effets aujourd'hui. Ils appliqueront le droit commun, mais il est difficile de dire si c'est un mécanisme protecteur ou non. Désormais

1. Sénat, 20 octobre 1993, p. 3256.

2. La juridicisation a commencé en 1946 par la reconnaissance du principe de légalité, s'est renforcée en 1958 par l'institution de la Commission d'instruction. La réforme de 1993, plus effective, est tout de même dans la continuité.

3. Le procureur semble ne pouvoir faire à ce stade qu'un réquisitoire totalement lié par le cadre fixé par la Commission des requêtes.

justiciables de recours devant l'assemblée pleinière de la Cour de cassation, les décisions de la Cour de la République ne sont donc plus de nature totalement politique, hors du système judiciaire comme c'était le cas jusqu'à maintenant.

La composition de la Cour de la République

Il y avait deux enjeux : choisirait-on des juges professionnels, une majorité de juges professionnels, ou à l'inverse resterait-on dans une perspective politique ? Il y eut une quasi-unanimité en faveur du politique. Dans cette hypothèse, suivant quelles modalités de suffrage allait-on élire les juges parlementaires ?

Juges parlementaires et magistrats professionnels

On ne reviendra pas sur la légitimité de la nature politique de la juridiction de jugement. F. Mitterrand, le comité Vedel[1] puis la plupart des parlementaires se montrèrent attachés à la présence majoritaire de juges parlementaires, qu'il s'agisse de conserver dans la mise en œuvre de la responsabilité pénale quelque chose de la responsabilité politique[2], ou qu'il s'agisse de protéger la hiérarchie judiciaire des inévitables accusations de vengeance ou de protection politique qui seraient son lot si elle avait seule la charge de ce contentieux.

La proportion retenue fut de douze juges parlementaires, à parité entre sénateurs et députés, et trois juges professionnels, ce qui donne aux magistrats une position d'influence et de conseil mais un poids marginal dans la décision, qui restera donc essentiellement dans l'orbite du politique.

Le comité Vedel avait prévu une juridiction calquée sur le modèle de la cour d'assises. Les parlementaires auraient occupé la position du jury populaire, tandis que les magistrats gardaient leur rôle habituel. Cette solution avait beaucoup d'avantages car elle permettait aux parlementaires d'assumer seuls et de manière souveraine la décision de culpabilité, les magistrats appliquant le droit. De même, il n'était alors pas interdit de calquer la procédure sur les mécanismes bien rôdés de la cour d'assises. Cela fut refusé au profit de la procédure correctionnelle, d'une part, et d'une homogénéité de fonctions entre les juges parlementaires et les magistrats, d'autre part. Il en est pourtant resté quelque chose puisque la procédure de jugement prévoit de voter après la clôture des débats sur la culpabilité de chaque accusé ; s'il est déclaré coupable, on vote sans désemparer sur la peine qui lui est applicable. Il est vrai que cette structure de décision était déjà en place pour la Haute Cour de justice.

1. Mais pas G. Vedel lui-même, qui avait pris parti pour les tribunaux de droit commun, in *Le Monde,* 31 octobre 1992.

2. Dans l'hypothèse inverse, l'atteinte au principe de séparation des pouvoirs serait beaucoup plus évidente.

L'élection des juges parlementaires

L'attention des Assemblées s'est focalisée sur les règles qu'il convenait d'appliquer à l'élection des juges parlementaires, et ce n'est pas sans raison[1]. Le projet de loi déposé par le gouvernement prévoyait un « scrutin de liste secret, avec attribution des sièges à la représentation proportionnelle au plus fort reste ». Ce choix avait pour but d'assurer le pluralisme de l'instance de jugement, et donc une présence des petites formations politiques. Le deuxième avantage était d'empêcher que les Assemblées puissent bloquer le processus à l'origine, en refusant d'élire les juges constituant la Haute Cour.

Il y eut une levée de boucliers contre cette disposition, et le Parlement opta pour le scrutin majoritaire, exigeant la majorité absolue des suffrages et non plus de l'ensemble de l'Assemblée comme dans l'ancien système. L'argument essentiel fut celui de la faible légitimité des parlementaires qui auraient été élus avec un petit nombre de voix. L'affirmation n'est pas si évidente, car la représentativité des minoritaires ne se juge pas uniquement de manière quantitative, mais aussi et peut-être surtout par leur vocation à parler au nom de ceux qui restent autrement sans capacité d'expression, et constituent toujours à ce titre des ferments d'insatisfaction, voire de violence.

La majorité requise, calculée à partir des seuls suffrages exprimés, est censée éviter les blocages dus à l'élection ; l'avenir dira si le calcul se révèle exact.

Mais l'exigence de majorité risque de conduire à des difficultés au regard de la Convention européenne des droits de l'homme. En effet, si le caractère parlementaire de la juridiction est admissible, le pluralisme politique doit être respecté[2]. Or le vote majoritaire d'une Assemblée, elle-même dominée par le fait majoritaire, a toutes les chances de conduire au monolithisme politique de la juridiction de jugement. Les parlementaires se sont tirés de ce mauvais pas en faisant la promesse d'utiliser les mécanismes de l'élection du bureau de l'Assemblée nationale, le règlement intérieur de celle-ci prévoyant effectivement de reproduire approximativement la configuration politique. Les commentateurs ont toutefois regretté à juste titre que cette règle ne soit pas inscrite dans la loi. On peut d'ailleurs se demander si l'idée de configuration politique est équivalente à celle de pluralisme. En effet, la configuration par hypothèse majoritaire de l'Assemblée conduit inévitablement à faire juger un homme politique, soit par ses amis, soit par ses adversaires. Peut-on alors parler de juridiction indépendante des partis comme l'exige la Convention européenne des droits de l'homme[3] ? La proportionnelle ne le permettait pas mieux, en principe, car chacun risque de rester un représentant de son parti ; mais on pouvait espérer que le pluralisme forcément plus large lié à ce mode

1. Cf. le travail effectué par le rapport A. Fanton sur la question des modes de scrutin, rapport n° 550, p. 17 et suiv., et Ass. nat., 1re séance, 6 octobre 1993, *JO*, p. 3944 et suiv.

2. G. Cohen-Jonathan, « Haute Cour et Convention européenne des droits de l'homme », in *La Révision de la Constitution, Association française des constitutionnalistes*, Economica, PUAM, 1992.

3. Cf. rapport A. Fanton, n° 550, p. 8 et suiv.

de scrutin constitue un contre-pouvoir suffisant pour brouiller l'inévitable vote de parti.

Le droit applicable

Ce point fondamental n'a fait l'objet d'aucune discussion nulle part. Depuis la Constitution de 1946, qui institua le principe de légalité, l'application du droit commun aux ministres fut admis d'autant plus facilement qu'on ne les jugeait pas. On a donc une ambiguïté de plus, puisque l'instance de jugement est dans sa composition plus politique que juridique, mais elle doit appliquer le droit sans que le texte dise si elle doit l'appliquer comme l'auraient fait des magistrats ou si elle peut introduire de la souplesse.

Le choix du droit n'allait pas de soi. Il est certainement protecteur dans certains domaines, surtout lorsqu'il s'agit de délits et de crimes purement politiques, le Code pénal protège les ministres d'infractions qui pourraient être imaginées spécialement pour leur cas personnel. Mais si on cesse de bloquer les poursuites, les perspectives sont larges ; bien des ministres ont dû se rendre coupables d'« entraves à l'exécution de la loi » (art. 432-1, cinq ans de prison), d'« atteintes à la liberté individuelle » (art. 432-5, trois ans de prison), d'« atteintes au secret des correspondances » et diverses écoutes illégales. Que pourront donner les manquements à l'obligation de sécurité ? Le Code pénal envisage les manquements à une obligation « imposée par la loi ou les règlements » (art. 222-19), mais que se passera-t-il lorsque les dispositions précises d'un règlement d'application se révéleront violer l'obligation plus générale de sécurité imposée par la loi ? On sera bien obligé ici de disjoindre l'obligation générale et les choix techniques plus précis figurant dans le règlement signé par le ministre…

De même, le Code pénal a multiplié les infractions d'atteinte à la dignité des personnes et aux droits des personnes, qui peuvent être réalisées par la voie de conditions d'hébergement contraires à la dignité humaine, discriminations diverses en raison de la nationalité, de la race, de la religion…, atteintes aux droits des personnes résultant de l'exploitation de fichiers informatiques, etc. Ces infractions ont été conçues pour réprimer les agissements de marchands de sommeil, de trafiquants de travailleurs en situation irrégulière, d'utilisateurs abusifs de fichiers à des fins économiques, etc. Mais si l'on se place à l'échelon supérieur, combien de décrets et règlements, organisant par exemple le fameux dépôt où sont relégués les immigrés clandestins en attente d'expulsion, pourraient être qualifiés d'infractions pénales et permettre d'engager des poursuites contre les ministres signataires ?

Les perspectives ouvertes ainsi paraissent immenses et me semblent changer la nature de l'action gouvernementale : d'une part, le gouvernement est placé sous surveillance du public qui peut demander la mise en mouvement de l'action publique, même s'il n'est pas sûr de l'obtenir. D'autre part et surtout, chaque acte est mis non plus seulement dans une perspective de choix politique discrétionnaire, mais envisagé au filtre de ses conséquences concrètes par rapport à un réseau dense d'infractions pénales préexistantes. Or, si l'on reprend l'exemple des conditions d'hébergement, on se rend compte que les obligations imposées aux particuliers étaient assez strictes, tandis que le gouvernement pouvait mettre en place des conditions de rétention sans commune mesure avec ce qui était exigé des personnes privées. De même, un chef d'entreprise imprudent était condamné en cas d'accident frappant un de ses employés, tandis que le ministre responsable de normes dangereuses pourtant applicables sur l'ensemble du territoire n'était pas susceptible d'être inquiété. S'agit-il d'une réforme ou d'un changement de régime ? A dire vrai, quand j'examine les perspectives d'application du droit commun, qui n'ont pas fait l'objet d'un mot de débat, je suis embarrassée pour apporter la réponse.

On est tenté de minimiser la portée de la réforme en songeant que l'activité réglementaire était déjà soumise à un contrôle de légalité par le Conseil d'État qui pouvait conclure à l'illégalité, non seulement au regard de la loi que la réglementation prétend appliquer, mais également de principes généraux supérieurs à la loi. Toutefois, il est bien évident que l'appréciation des effets concrets d'un acte au regard du droit pénal, et plus seulement de son insertion dans la pyramide des normes, change complètement la configuration du contrôle. A moins, bien sûr, que la notion d'actes accomplis dans l'exercice de la fonction ministérielle soit limitée à des actes personnels (détournements de fonds) excluant l'action réglementaire [1].

Les voies de recours

La Haute Cour, de nature totalement politique, statuait sans voie de recours ; c'était d'autant plus facilement justifiable que, pendant longtemps, on ne reconnut pas le principe de légalité des délits et des peines, et que cette juridiction était située en dehors du pouvoir judiciaire.

Il n'en va plus ainsi désormais. Depuis 1946, on était censé appliquer le droit commun, ce qui entraînait logiquement la nécessité de contrôler la bonne application du droit. La juridicisation de la procédure a donc amené en 1993 cette réforme logique, qui n'en a pas moins suscité bien des déchirements chez les parlementaires conscients du changement de nature qu'elle impliquait. Ils n'étaient pas opposés au progrès que cela représentait en matière de droits de la défense, mais étaient conscients du déséquilibre induit par ce changement : on ne pourra plus dire que la Cour de la République est totalement étrangère au pouvoir judiciaire puisque, outre la présence des trois magistrats dans la formation, l'arrêt sera soumis au contrôle de l'assemblée plénière de la Cour de cassation [2].

1. Pour quelques pistes, cf. M. Dreyfus-Schmidt, Sénat, séance du 20 octobre 1993, *JO*, p. 3260 et suiv.

2. Cf. rapport A. Fanton, nº 550, p. 14, et sa réflexion sur le fait que le contrôle de la Cour de cassation transforme les parlementaires en potiches, Ass. nat., 6 octobre 1993, *JO*, p. 3974.

Cela dit, on ne sait pas très bien ce qui sera contrôlé. Sans doute la qualification retenue en fonction de l'exposé des faits. Les faits, quant à eux, sont établis de manière définitive, et les juges (pour la plupart parlementaires) sont probablement souverains pour décider de la culpabilité. Resterait alors l'application de la peine, difficile à contrôler si l'on suit les travaux parlementaires qui spécifient que les arrêts ne seront pas motivés [1] ; on peut se demander, d'autre part, si la procédure retenue pour choisir la peine est susceptible de contrôle : les juges commencent en effet par examiner la peine la plus lourde correspondant à la qualification retenue et votent en abaissant progressivement la peine, jusqu'à ce qu'ils obtiennent la majorité absolue, procédure qui évoquerait une décision souveraine.

La Haute Cour était une institution presque tombée en désuétude, dont l'ineffectivité suscitait, somme toute, peu de commentaires, mal nécessaire pour les uns, mal inévitable et peu dangereux pour les autres. Deux changements, de nature différente, ont concouru pour donner lieu à une révision, en urgence et transpolitique, de la Constitution. Le premier concerne le rapport à la technique ; ce n'est pas un conflit politique qui a, au premier chef, provoqué la révision mais un drame technologique, hissé à la hauteur du politique. Le second exprime une violente insatisfaction à l'égard des modalités de l'action gouvernementale, qui se manifeste désormais par l'action en justice et non plus seulement lors d'un vote-sanction.

*

* *

La révision, qui approfondit la juridicité de la responsabilité pénale des ministres, s'inscrit dans une recomposition profonde du fonctionnement de la démocratie, de l'arrangement des pouvoirs participant à l'exercice de la souveraineté.

On constate, en premier lieu, l'importance croissante accordée aux éléments matériels de l'idéal démocratique par rapport à leur organisation formelle. C'est ainsi que les livres de droit constitutionnel s'enrichissent chaque année davantage du contenu des droits fondamentaux, réalisant une fusion progressive entre les traités de droit constitutionnel et ceux de libertés publiques. Le comité Vedel fit bien remarquer que la mécanique abstraite, purement procédurale, des institutions qui caractérisait la doctrine du début de la Ve République n'a d'intérêt que par le contenu des droits qu'elle permet de définir et leur mise en œuvre effective. L'une des premières valeurs que reconnaissent nos contemporains est la protection de la santé et de la sécurité, ce qui ne me semble pas avoir été perçu.

Pour garantir l'effectivité de cette mise en œuvre, on procède par petites touches à l'édification d'un véritable pouvoir juridictionnel cohérent, composé

1. H. Angevin, *Jurisclasseur procédure pénale*, fasc. 2, nº 98 ; ce refus de la motivation est à mon sens très grave. Il fut légitimé par le désir de ne pas accroître l'influence des magistrats professionnels, Ass. nat., 6 octobre 1993, 1re séance, *JO*, p. 3944-3945.

de nombreux tribunaux français ou européens, obéissant à un minimum de règles communes tendant à s'organiser autour du concept de « droit à un procès équitable » forgé par la Convention européenne des droits de l'homme. Le temps est venu de faire la théorie du procès dans l'exercice de la souveraineté, en s'affranchissant de la notion trop restrictive de pouvoir judiciaire. Si les procès entre particuliers restent les plus nombreux, les procès contre les normes législatives ou réglementaires se développent rapidement.

Le troisième élément est une conséquence des deux premiers. A côté du citoyen qui s'exprime par le suffrage, à la condition d'être français, on trouve un plaideur fortement soutenu par le tissu associatif : sa capacité d'expression politique n'est plus définie par la nationalité mais par la compétence du tribunal[1].

Le dernier tome des *Archives de philosophie du droit* portant sur le procès éclaire curieusement cet ensemble de remarques, et comme toujours les historiens y sont précieux. Tout au long des études court l'idée que le procès a partie liée, de différentes manières, avec l'État de droit.

Le premier élément est fourni par N. Loraux montrant qu'Aristote avait lié la capacité du citoyen à s'exprimer au cours du procès à sa reconnaissance comme « souverain » en régime démocratique. Certes, les Athéniens élisaient leurs juges, démocratisant la sentence, ce qui n'est pas notre cas. Mais l'importance donnée à la qualité de sujet de droit m'oblige à penser que, malgré les apparences, nous ne sommes pas encore pleinement sujets de droit, et qu'à ce titre la révision de la Constitution est un progrès : chaque citoyen ne sera pleinement sujet de droit que lorsqu'il aura la capacité d'ester en justice devant tous les types de tribunaux, sans exception. La réforme de la saisine du Conseil constitutionnel est à ce titre indispensable ; et il nous reste du chemin avant de pouvoir saisir librement l'organe de règlement des différends de l'Organisation mondiale du commerce, par exemple !

Le deuxième élément est fourni par J. Hilaire lorsqu'il montre la lutte entre la loi et la jurisprudence. Si au XIIIe siècle, le « Parlement, détaché de la personne royale fait du juridisme », il « contribue puissamment par là à créer un État de droit ». Puis les « dérives » des Parlements aboutiront au « légicentrisme » révolutionnaire. G. Haarscher complétera le tableau en analysant la pensée de Perelman. Il mettra en évidence la « montée en puissance des juges », « si visible et si problématique dans l'Europe contemporaine, prise de pouvoir qui signerait décisivement la primauté du droit sur la politique, bref la victoire de l'État de droit » ; mais il reste prudent à l'égard de ce qu'il qualifie de garde-fou de la crise de la démocratie, et non de solution miracle.

Acceptons cette mesure.

1. On peut relier cette constatation à ce que l'on avait dit du fonds d'indemnisation qui n'était pas davantage réservé aux Français malgré la longue tradition d'indemnisation pour cause de solidarité nationale.

L'affaire de la grâce pour solde de tout compte

Le procès pénal est à ce jour inachevé. Ces montagnes de dossiers, de pièces, de témoignages, seront suivies de beaucoup d'autres, lorsque viendra le temps du jugement de l'affaire du test de dépistage. Même si le rite peut aller au bout de lui-même, il est peu probable qu'il puisse réparer totalement le tissu social, qui restera blessé. Les victimes continueront de vivre ou de mourir, selon leur destin biologique et les progrès thérapeutiques. L'horizon du procès aura permis à quelques-uns de donner un sens politique à leur drame, tandis que d'autres se seront perdus dans la répétition des procédures.

Je relis mes notes, je regarde les photos des jours d'audience, les enfants sages qui posent des questions pour comprendre – quoi ? –, le visage colère des adolescents qui furent envoyés en première ligne, preuves vivantes d'un « crime moral » qui ne trouvait pas sa cour d'assises, et je me dis que cet énorme effort de la pensée juridique avait bien peu de choses à leur offrir. Qu'étaient les paroles de l'audience, les dénégations, la patience rusée des magistrats qui poussent toujours plus loin la ligne de défense jusqu'à l'instant où la contradiction surgit ? Que peut offrir l'aveu fatigué, que les victimes n'entendront même pas ?

De toutes ces traces dans ma mémoire, c'est finalement l'atmosphère du procès qui me revient le mieux, la manière salutaire sans doute dont il a fait revivre maints archaïsmes et, lisant un article sur la religiosité du très ancien procès pénal, je m'y sens curieusement chez moi[1]. L'auteur parle de ce que l'on n'aborde plus aujourd'hui, l'expiation, la souffrance du corps du condamné comme partie de sa dette à la société, et de l'inexpiable qui, par impossibilité de satisfaire la dette, conduisait à la condamnation à mort pour exclure le criminel du monde qu'il perturbe ; ses histoires, son langage même, rendent mieux la substance de l'attente des victimes que les propos haineux de certains analystes.

L'abolition de la peine de mort, si nécessaire dans nos sociétés où aucune exécution ne peut être réalisée dans l'évidence de sa légitimité, nous laisse orphelins de l'inexpiable ; les impossibles demandes de certaines victimes le montrent à suffisance. L'une d'entre elles voulait condamner le Dr Garretta à travailler comme infirmier auprès des malades atteints du sida ; en aurait-elle

1. G. Guyon, « L'utopie religieuse dans le procès pénal entre le ve et le xve siècle », in *Le Procès, Archives de philosophie du droit*, Sirey, 1995.

été satisfaite ? c'est peu probable. Quelques-uns se battent encore pour le passage en cour d'assises. Et puis après ? Quelques-uns, plus capables d'abstraction, luttent pour que la qualification d'empoisonnement soit reconnue. Leur démarche est plus conforme à ce que le droit contemporain peut leur offrir, car une telle qualification vaudrait pour l'avenir. D'autres encore réclament que les coupables « reconnaissent leurs fautes » ; il suffit de lire les comptes rendus d'audience : si l'on excepte le Dr Allain, ils l'ont fait, certains ont demandé pardon. Il était impossible de les entendre. Inexpiable.

G. Guyon parle de la place centrale du corps dans ces vieilles procédures, corps pour corps, corps sanglant de la victime au cœur du régime de la preuve. N'avons-nous pas vécu cela, avec cette présence forte des victimes dans la salle, les familles entières alignées, figures muettes ou grondantes d'une accusation de place de Grève ; ne les a-t-on pas retrouvées lors du procès de Furiani, tétraplégiques dans leurs fauteuils roulants venus parler au nom des morts ? et qu'en est-il de « l'homme sans visage » qui assume sa vie défigurée au nom d'une lutte judiciaire contre les pulvérisateurs sous pression ?

Le corps de la victime réclame la souffrance du corps du condamné. N'avons-nous pas senti la volonté de nombre de victimes de faire souffrir le Dr Garretta dans son corps, la volonté de le marquer physiquement par la prison, de le faire souffrir dans son âme – il fut obligé de demander la censure systématique de son courrier aux autorités de la prison pour s'éviter les lettres d'injures et de menaces. N'a-t-on pas entendu le président Mazières être obligé de demander que l'on arrête ces « formes raffinées de torture » à l'encontre des inculpés, et la salle gronder à cet instant ? La cour d'appel n'a-t-elle pas retenti de l'interrogation : « – Et ceux qui ont le sida ? – Je suis profondément meurtri par ce drame. Ce n'est pas parce que j'en souffre et ce n'est pas en me faisant souffrir qu'on leur rendra la paix et la vérité », répondra le Dr Garretta. Et pourtant, si cela était ?

Si rien, effectivement, ne permet de penser que les coupables puissent expier au sens ancien les décisions si légèrement prises, quels progrès plus substantiels que l'emprisonnement de quelques dirigeants la société pouvait-elle offrir aux victimes pour montrer qu'elles avaient été entendues, qu'il y avait un désir que cela ne recommence pas ? L'impossible expiation peut-elle être transmuée en progrès social, progrès dans les institutions et les mentalités juridiques, progrès dans les techniques et les mentalités scientifiques ? Si c'est ce que l'on pouvait attendre de mieux du traitement juridique de la contamination, je crains que le bilan ne soit très inégal.

Côté droit, je n'y reviendrai pas, il y eut la réforme de la transfusion sanguine française, partagée entre d'incontestables réussites et des obscurités [1]. Il y eut la réforme fondamentale de la Haute Cour de justice dont on ne pourra juger les effets que d'ici une vingtaine d'années : le temps que les avocats et les magistrats maîtrisent l'instrument qu'ils ont entre les mains ; le temps, plus

1. Une partie de cette réforme était nécessaire en tout état de cause, mais elle fut profondément inspirée par la volonté d'empêcher le retour d'un tel drame, cf. *supra*, p. 185 et suiv.

aléatoire, que les politiques intériorisent la menace qui pèse sur leur action, et ce raccourci étrange les obligeant à penser que signer un décret peut engager leur responsabilité pénale personnelle. Il y eut l'arrêt très clair du Conseil d'État dessinant les obligations de l'État dans les périodes de transition scientifique. Il y eut la hardiesse des juridictions pénales condamnant des hauts fonctionnaires pour avoir laissé courir un nationalisme industriel qui n'est défendable qu'à la condition de ne pas porter atteinte à la santé des individus. Il y eut dans le nouveau Code pénal le durcissement, encore insuffisant, des peines en matière d'imprévoyance consciente. Malgré toutes les imperfections que j'ai longuement analysées, tout cela représente une victoire directe ou indirecte des victimes, dont elles sont apparemment peu conscientes.

Le défaut principal de ces révolutions juridiques est d'être fragile. Nul ne peut dire aujourd'hui comment les magistrats utiliseront ces nouveaux instruments dans l'avenir. Ce peut n'être qu'une révolution des apparences, et les prochaines victimes, moins médiatiques pour une raison ou pour une autre, se verront infliger un retour progressif aux anciennes solutions [1].

Mais tout cela n'a d'intérêt que si la réforme du droit est capable d'obliger à une réforme équivalente de la *sphère scientifico-industrielle*. Les éléments que l'on a en mains pour juger aujourd'hui cet aspect des choses ne sont pas tellement encourageants. Si l'on en reste à la seule transfusion sanguine des produits labiles, le souci de qualité s'est affirmé, trop lentement sans doute, mais les améliorations semblent constantes. Si l'on se penche sur les produits stables, de grands progrès ont été accomplis dans les techniques d'inactivation, inexistantes en 1980, presque parfaites aujourd'hui pour les virus connus.

Dès que l'on sort de ce double constat, on observe que les mentalités ont peu bougé. Non seulement les produits poolés n'ont pas été remis en cause, mais les pools sont de plus en plus grands, ce qui implique l'acceptation tacite de la prochaine contamination, si prochaine contamination il devait y avoir ; on sait peu de choses sur les éventuels effets secondaires des produits issus du génie génétique qui assurent déjà une proportion importante de la consommation des hémophiles.

D'autre part et surtout, l'analyse très légère que le milieu scientifique et médical a faite du travail réalisé par le droit sur l'ensemble de cette affaire montre que la leçon n'a pas été comprise ; un certain nombre de secteurs de la biomédecine continuent de fonctionner exactement sur la même alliance – entre la politique, la haute fonction publique, l'industrie et une expertise qui ne parvient pas à l'indépendance – que celle qui caractérisait la transfusion sanguine. Nombre de scientifiques n'ont pas compris ou pas voulu comprendre le travail des juridictions ; ils n'ont manifestement même pas lu les décisions, réduisant l'ensemble du droit au droit pénal, le droit pénal à des condamnations plutôt qu'à des analyses de comportements, et les condamnations précises et soi-

1. On peut se demander par exemple si, saisi d'une autre affaire du même ordre, un juge d'instruction sera désormais plus diligent que ne le fut S. Foulon, qui sembla au départ ne pas croire qu'une telle dérive de tout un système était pensable.

gneusement motivées des magistrats à une condamnation globale de « la contamination », toutes périodes confondues. Ils n'ont pas compris non plus que l'exigence d'une preuve scientifique avérée, nécessaire dans la sphère scientifique, avait été déconnectée de l'action politique.

C'est, à mon sens, à l'occasion de « l'affaire de la grâce » que l'échec du travail juridique en direction du monde scientifique fut démontré. L'élément déclenchant fut l'incarcération du Dr Allain – le Dr Garretta, qui n'avait pas d'existence dans le milieu scientifique, ayant été abandonné auparavant à son sort.

L'emprisonnement effectif de l'ancien directeur des recherches sur les produits stables du CNTS donna corps à des critiques violentes de la justice française, publiées à intervalles réguliers dans le *Lancet* ou dans *Nature*, et déboucha sur plusieurs démarches distinctes. L'une partit de Cambridge où avait officié le Dr Allain entre sa démission du CNTS et son incarcération. Ceux qui avaient fait venir le médecin français se trouvaient évidemment mis en difficulté par sa condamnation effective. Ils réagirent en faisant réaliser deux expertises scientifiques sur son comportement. Ce « jury d'honneur » composé d'experts internationaux conclut que le « Pr Allain avait agi tout au long de cette période en tenant compte de toute l'information disponible à ce moment-là et en respectant les plus hauts principes de la pratique médicale » : la justice des pairs est plus compréhensive que celle du droit commun, et cette clémence se comprend d'autant plus facilement que l'Angleterre n'a pas su mieux que la France gérer le cas des hémophiles, alors qu'elle a réagi avec beaucoup d'efficacité pour les transfusés.

En même temps, Max Perutz, prix Nobel et attaché à l'université de Cambridge, lançait une autre action de soutien : trente-trois prix Nobel écrivirent à sa demande au président Mitterrand pour lui demander la clémence pour les condamnés. Des gens pourtant d'une pensée raffinée comme F. Jacob se disent troublés par l'emprisonnement du Pr Allain[1]. Ils dénoncent une condamnation décidée sous la pression médiatique, caractérisée par « le sensationnel aux dépens de la rigueur, les arguments passionnels aux dépens des données objectives ». Ont-ils lu les cent cinquante pages du jugement et les cent cinquante pages de l'arrêt ? c'est peu probable. Comment peuvent-ils parler de rigueur et de données objectives quand, manifestement, ils se prononcent sur fond de lecture d'articles de journaux, sans prendre la peine de vérifier les sources ? Curieux scientifiques…

Exactement en même temps, une initiative française due à W. Rozenbaum et F. Barré-Senoussi, codécouvreurs du virus du sida, débouche sur une pétition signée par une centaine de scientifiques et de médecins et transmise à la presse le 19 janvier 1994. Les journalistes s'amuseront à tracer les réseaux de solidarité des signataires, non sans succès d'ailleurs. *Libération*[2] va montrer la présence de « la filière OMS » soutenant J.-B. Brunet, le soutien massif de cer-

1. *Le Monde*, 21 janvier 1994.
2. *Libération*, 21 janvier 1994.

tains clans pastoriens, la filière américaine de l'épouse de J.-P. Allain, des fragments de la filière de Cambridge, la filière toulousaine au soutien du directeur du centre régional J. Ducos, et une filière suédoise dont les hémophiles sont aussi très contaminés… Si l'on fait le résumé de tout cela, il s'agit de l'entourage des personnes mises en examen dans la deuxième affaire, celle du test de dépistage, de l'entourage de responsables régionaux de la transfusion sanguine et de quelques chirurgiens réalisant des greffes, eux-mêmes accusés par divers patients contaminés au cours de ces opérations, c'est-à-dire de tous les groupes susceptibles de craindre l'élargissement actuel de la première procédure.

Au-delà de cette petite cuisine interne d'un intérêt médiocre, deux autres motivations sont plus troublantes. La première est celle de W. Rozenbaum, partagée semble-t-il par nombre de signataires. Il leur paraît inadmissible de laisser en prison deux hommes alors que « le scandale continue ». Mais il est difficile de dire quel scandale précis continue : W. Rozenbaum citera en vrac la contamination des toxicomanes ou les contaminations des systèmes transfusionnels d'Afrique du Nord, qui n'ont rien à voir avec la question soumise aux tribunaux nationaux ; ou encore le fait que bien d'autres gens qui n'ont rien fait à l'époque n'ont pas été inquiétés. Ce deuxième grief n'est pas pertinent, puisqu'au moment où sort la pétition la première affaire est déjà élargie aux acteurs restés jusque-là dans l'ombre.

La deuxième motivation est expliquée par le Pr Goldberg dans *L'Humanité*. Il dit qu'après avoir longuement hésité avant de signer, il s'est décidé malgré son absence totale de sympathie pour les condamnés, car la condamnation, indissociable de son contexte médiatique « constitue un très grave danger pour la recherche médicale et met en péril le développement de thérapeutiques nouvelles ». Et, curieusement, au journaliste qui lui demande pourquoi évoquer la recherche dans cette affaire plutôt économique, il répond que précisément il demande la grâce des condamnés, non leur amnistie. Il lui semble ainsi qu'il ne remet pas en cause la légitimité des condamnations par la justice. Son propos devient alors incompréhensible pour les juristes : faudrait-il renoncer à l'exécution de peines légitimes dès lors qu'elles concernent des condamnés qui ont quelque chose à voir avec la recherche, même si la condamnation ne porte pas sur la façon dont ils ont mené ces recherches ?

On n'est probablement pas très loin de la cause profonde de la pétition, ou du moins de son succès, au demeurant difficile à apprécier. La pétition, signée par une centaine de personnes, fut en effet présentée selon certains journaux à trois cents ou cinq cents personnes [1], ce qui en fait un succès considérable, selon d'autres à trois mille [2], ce qui rend son succès plus modeste, malgré la qualité des signataires. L'éditorial de G. Dupuy rend bien le sentiment commun : « Les faits incriminés n'ont rien à voir avec la recherche [...] ce n'est certainement pas défendre les droits de la science que de leur accorder une extension aussi exorbitante. » Cette extension est effectivement l'élément marquant de la péti-

1. *Le Monde*, 21 janvier 1994.
2. *Le Figaro*, 21 janvier 1994.

tion qui semble tracer, autour de la recherche scientifique et de tout ce qui la concerne, un large cercle de non-droit où les responsabilités ne devraient être définies que par les pairs.

Le texte de la pétition peut être articulé autour de deux thèmes principaux, l'analyse extraordinairement erronée de la décision de justice d'une part, la portée de cette analyse conduisant les auteurs de la pétition à conclure à un risque grave d'arrêt des progrès scientifiques d'autre part.

L'analyse des décisions de justice est un tissu d'erreurs. Les médecins auraient été condamnés pour des « décisions collectives », alors que le travail des juridictions consista justement à mesurer la participation de chacun dans le processus, ce qui conduisit à terme à mettre en évidence d'autres acteurs et provoqua leur mise en examen ultérieure. Les condamnations auraient été portées sans expertises scientifiques, alors que de multiples experts furent entendus et que de multiples articles scientifiques furent analysés et soigneusement remis dans leur contexte. L'incertitude scientifique aurait été sanctionnée pénalement, alors que la condamnation porte sur une décision économique analysée en fonction des seuls éléments scientifiques avérés à l'époque. Le jugement est présenté comme ayant condamné « la » contamination, c'est-à-dire l'ensemble des contaminations majoritairement intervenues au début des années quatre-vingt, alors qu'il condamne en fait pour un manque de loyauté et d'information, circonscrit à une courte période entre mars et octobre 1985. Les condamnations auraient porté sur quatre « individus sélectionnés », protégeant tous les autres. Ce reproche auquel j'adhère était dépassé au moment où sortait la pétition, puisque certains des « acteurs oubliés » étaient désormais sur la sellette. Il est enfin critiqué que la justice française ait pu condamner des hommes qui n'avaient fait ni pire ni mieux que leurs confrères à l'étranger. Cette affirmation, assez exacte pour les hémophiles, n'a aucune pertinence juridique : les tribunaux ne jugent que ce qui est de leur compétence. Aux tribunaux américains, allemands, etc., de juger les situations qui sont de leur ressort. Or la procédure pénale allemande est inachevée et l'on ne peut donc pas préjuger ses conclusions – mais l'enquête parlementaire qui vient d'être rendue publique semble accablante. Si l'on en croit la pétition, tous ces défauts seraient causés par l'impossibilité pour la justice de résister à la pression populaire organisée par les médias[1].

Que penser alors du deuxième trait de la pétition : « Ces condamnations sont inquiétantes car, sous l'influence des mêmes forces, elles risquent de se repro-

1. Rappelons d'un mot le comportement pas très brillant du conseil de l'Ordre dans cette histoire. Le conseil régional radie à vie le seul Dr Garretta en même temps qu'il est condamné par le tribunal correctionnel. Juste avant l'arrêt de la cour d'appel, le conseil national rend ses conclusions au moment où la cour est en train de statuer : la sanction est ramenée à 2 ans d'interdiction d'exercer. La décision est curieusement incohérente, car elle reconnaît à peu près les mêmes infractions que celles qui sont retenues par les tribunaux, mais n'en trouve pas moins deux circonstances atténuantes, les incertitudes scientifiques et l'attitude des prescripteurs, sur lesquels retombe une large part de la faute sans qu'ils soient le moins du monde inquiétés ! (Cf. *Le Monde*, 28 octobre 1992 et 3 juin 1993.)

duire à propos d'autres problèmes médicaux aux frontières de la connaissance. Elles vont à l'encontre des progrès de la médecine, car, par crainte de représailles judiciaires, elles dissuadent les scientifiques d'assumer les devoirs et responsabilités qui sont les leurs. Elles priveront ainsi la recherche médicale, et par conséquent les malades, de la contribution précieuse de professionnels dévoués et de valeur. [...] il est de notre devoir de mettre en garde contre tout sentiment de défiance injustifié à l'égard des médecins et de la médecine, qui pourrait conduire à l'arrêt des progrès en matière de santé publique. »

Si l'on passe sur la traditionnelle menace du frein au progrès, un élément reste intéressant et inquiétant : les « représailles judiciaires », curieuse façon de qualifier une décision de justice, dissuaderaient les scientifiques d'assumer les devoirs et responsabilités qui sont les leurs. La plupart des signataires considèrent pourtant que les Drs Allain et Garretta n'ont pas été condamnés sans raison. Mais la seule considération d'un risque de mise en cause de la responsabilité dans les conditions normales du droit commun serait de nature à empêcher les scientifiques de prendre leurs responsabilités de scientifiques. Il s'ensuit donc une sorte *d'incompatibilité de nature entre la responsabilité scientifique et la responsabilité juridique*. L'affaire est ici beaucoup plus grave : par-delà les comportements concrets des Drs Garretta et Allain, la pétition affirme un refus de principe de l'intégration de l'activité scientifique dans l'État de droit. Cela se marque tant par la menace *générale* proférée à l'occasion d'une affaire bien particulière, que par le paragraphe introductif de la pétition qui, décrivant le contexte général de la condamnation, rappelle que les sanctions les plus lourdes concernent le directeur d'un grand centre de transfusion et un chercheur de réputation mondiale. Les pétitionnaires semblent oublier que tous les citoyens sont en principe égaux devant la loi, et que ces deux qualités n'impliquent rien d'autre que le droit commun qui fut appliqué ici avec une modération soigneusement étudiée pour éviter de céder à la pression médiatique.

Liant la demande de grâce à la qualité des condamnés, insistant sur sa légitimité plus grande voire unique à l'égard du seul Dr Allain, chercheur « de renommée internationale », les pétitionnaires accréditent un peu plus l'idée d'un statut spécial du chercheur, hors la loi dans les deux sens que pourrait revêtir cette expression. « J'estime que lorsqu'on a passé plusieurs mois en prison, la sanction est déjà assez lourde », dit le Pr Fortier[1]. N'est-ce pas suggérer que dans le pire des cas, un médecin doit recevoir un « avertissement » peut-être sévère, mais qu'il ne s'agira jamais de subir une peine au sens propre du terme ?

La presse fut sidérée avant même d'être critique. Les hémophiles réagirent. La fracture sociale était évidente, marque d'un échec, et le *Lancet* continua ses attaques contre la justice française.

*
* *

1. *La Croix*, 21 janvier 1994.

Alors, rien oublié, rien appris ? Je ne sais pas, je ne sais plus. Je repense à Jean du Fresne qui rappelait la déception des médecins du XVIIe siècle, qui « espéraient que la Cour renvoyeroit par-devant eux pour donner leur avis », alors qu'elle se « détermina pour des raisons générales et supérieures ». Je me souviens du Dr Thouret-Noroy soutenant que « le médecin, dans l'exercice de sa profession, n'est soumis à aucune responsabilité », faute de quoi « il abandonnerait le malade à son sort », quand le procureur général Dupin lui oppose que la Nation ne saurait exister si tous les citoyens n'étaient responsables de leurs actes – la responsabilité comme « principe du droit naturel et du droit constitutionnel ». Je constate la réaction de mon cher Tzanck, qui dénonce une « condamnation qui est à la fois une injustice et un danger. [...] c'est à vous et non aux juristes qu'il appartient de décider. [...] outrepassant l'avis des experts, des décisions juridiques ont condamné des transfuseurs qui s'étaient cependant soumis aux règles en vigueur. Les conséquences de pareilles condamnations peuvent être graves pour les malades eux-mêmes. » Puis les termes si semblables de la pétition de janvier 1994 : « une injustice et un danger », représailles judiciaires qui dissuadent les scientifiques d'assumer les devoirs et responsabilités qui sont les leurs.

Tout commentaire me paraît épuisé.

La Ciotat, septembre 1995.

RÉALISATION : ATELIER GRAPHIQUE DES ÉDITIONS DE SEPTEMBRE À PARIS
IMPRESSION : NORMANDIE ROTO IMPRESSION S.A. À LONRAI
DÉPÔT LÉGAL MARS 1996. N° 28149 (960192)